# 盾构渣土力学及工程应用

Soil Mechanics in Shield Muck and Its Practical Application

王树英　刘朋飞　钟嘉政　陈湘生　著

科学出版社

北　京

# 内 容 简 介

　　盾构渣土经过土舱，由螺旋输送机排出，是建立土压平衡盾构土舱压力的介质，其力学特性影响着盾构能否安全高效低碳地掘进。本书是专门研究盾构渣土力学及工程应用的著作，共 24 章内容，在第 1 章对盾构渣土力学基本问题陈述的基础上，分三大篇介绍研究团队针对盾构渣土力学及其在盾构隧道工程施工中应用的研究成果。第一篇盾构渣土力学，包含 14 章内容，从改良剂对黏土界限含水率的影响规律入手，分别介绍了盾构渣土塑流性、渗透性、压缩性、剪切强度和黏附性，给出了相应的细观力学机理，建立了渗透性、压缩性、强度等力学理论模型。第二篇盾构掘进力学行为，包含 4 章内容，介绍了渣土改良下盾构掘进参数演化规律、盾构渣土渗透性及喷涌风险评估、掘进力学行为、地层响应特征。第三篇盾构渣土改良技术及其智能化，包括 5 章内容，介绍了盾构渣土塑流性调控技术及应用、富水砂性地层盾构渣土喷涌防控技术及应用、黏性地层盾构渣土结泥饼防控技术及应用、盾构渣土改良状态评价方法及应用、盾构渣土改良参数机器学习及应用等研究成果。本书论述深入浅出，提供了必备的预备知识、图片和案例，以利于读者理解与掌握本书内容。

　　本书可供从事隧道及地下工程建设、设计、施工、监理及科研等相关工作的技术人员参考，亦可作为高等院校相关专业师生的参考书目。

**图书在版编目（CIP）数据**

盾构渣土力学及工程应用 / 王树英等著. -- 北京 ：科学出版社，2024. 10. -- ISBN 978-7-03-079748-3

Ⅰ. U455.43

中国国家版本馆 CIP 数据核字第 20246PX469 号

责任编辑：赵敬伟　杨　探 / 责任校对：彭珍珍
责任印制：张　伟 / 封面设计：无极书装

科学出版社 出版

北京东黄城根北街 16 号
邮政编码：100717
http://www.sciencep.com

涿州市般润文化传播有限公司印刷
科学出版社发行　各地新华书店经销

\*

2024 年 10 月第 一 版　　开本：787×1092　1/16
2024 年 10 月第一次印刷　　印张：35 1/2
字数：840 000

**定价：298.00 元**
(如有印装质量问题，我社负责调换)

# 前　　言

　　伴随着我国城市轨道交通等基础设施的快速发展，盾构法在我国隧道及地下工程建设领域的应用愈加普遍。由于设备成本相对较低，场地占用少，因此一般陆域隧道工程多采用土压平衡盾构进行施工。土压平衡盾构刀盘刀具切削地层而形成渣土，流入土舱，经螺旋输送机排出。为了控制开挖面的稳定性和地层沉降，土压平衡盾构通过渣土建立土舱压力来平衡开挖面前方的土水压力。然而，盾构渣土的性质会影响盾构排渣的顺畅性，其渗透性会影响渣土止水性，渗透性强容易引发渣土喷涌，影响土舱压力的建立；另外，渣土黏附性强容易引发盾构结泥饼。为了便于盾构安全高效低碳掘进，盾构渣土需要有合适的塑流性、较低的渗透性、较低的剪切强度、合适的压缩性和较低的黏附强度。为了满足这些性质，土压平衡盾构通过向刀盘前方、土舱内和螺旋输送机内注入改良剂，对渣土进行改良。常用的改良剂包括泡沫、膨润土泥浆、高分子聚合物等，而又以泡沫最为典型。由于土压平衡盾构对渣土的特殊需求以及改良剂对渣土的性质改良，盾构渣土具有区别于自然界常规土的力学性质，其工作环境特殊，力学行为复杂，难以采用经典土力学知识来解释盾构渣土。鉴于此，十年来，本书作者系统开展了盾构渣土力学及工程应用研究，分析了渣土力学性质对盾构掘进行为的影响，提出了相应盾构渣土改良技术，并初步开展了智能化探索，形成系列研究成果，希望汇集成册，促进土压平衡盾构隧道建造水平的进步。

　　本书包括三篇 24 章内容。在第 1 章对盾构渣土力学问题陈述的基础上，分三篇介绍研究团队针对盾构渣土力学及其在盾构隧道工程施工中应用的研究成果。第一篇盾构渣土力学，包含 14 章内容，从改良剂对黏土界限含水率的影响规律入手，分别介绍了盾构渣土塑流性、渗透性、压缩性、剪切强度和黏附性等研究成果，不仅揭示了盾构渣土各方面的特性，而且从细观角度探明了相应的力学机理，建立了渗透性、压缩性、强度等相关力学理论模型。第二篇盾构掘进力学行为，包含 4 章内容，介绍了渣土改良下盾构掘进参数演化规律、盾构渣土渗透性及喷涌风险评估、掘进力学行为、地层响应等研究成果。第三篇盾构渣土改良技术及其智能化，包括 5 章内容，介绍了盾构渣土塑流性调控技术及应用、富水砂性地层盾构渣土喷涌防控技术及应用、黏性地层盾构渣土结泥饼防控技术及应用、盾构渣土改良状态评价方法及应用、盾构渣土改良参数机器学习及应用等研究成果。

　　本书由王树英、刘朋飞、钟嘉政、陈湘生著，汇集了十多位研究生前后跨度十余年的研究成果，参与了本书研究工作的还有瞿同明、倪准林、冯志耀、袁潇、胡钦鑫、杨鹏、黄硕、王海波、刘正日、令凡琳、占永杰、陈宇佳等。另外，中南大学研究生曾俊豪、饶李、范育典等参与了本书部分图片、文字等整理工作。相关研究工作得到了中南大学阳军生、张学民、杨峰、傅金阳、郑响凑、叶新宇、潘秋景，中南林业科技大学张聪，中铁五局集团有限公司张细宝、龚振宇、胡如成，湖南见知工程科技有限公司周峰，中交第二航务工程局有限公司杨钊，以及中国建筑第五工程局有限公司肖超的指导。中铁五局集团有限公司、中交第三航务工程局有限公司、南昌轨道交通集团有限公司、中铁开发投资集团有限公司、南宁轨道交通集团有限责任公司、中铁投资集团有限公司、中铁二局集团有限公司、中铁广州工程局集团有限公司、中交第二航务工程局有限公司等单位对本书的成果推广及应用给予大力支持。本书研究工作得到了国家自然科学基金优秀青年项目 (编号：52022112)、国家自然科学基金面上项目 (编号：51778637)、中国中铁股份有限公司重大课题 (编号：2017–重大–1) 以及上述各企业科技研发合作项目的资助。在此一并向以上所有单位及个人的辛勤付出表示衷心感谢！

虽然为了推动盾构隧道工程技术进步，作者将十余年研究成果汇集出版，但由于盾构渣土力学的特殊性与盾构隧道工程的复杂性，相关工作还有待继续深化研究。由于作者水平有限，书中难免存在疏漏和不足之处，敬请各位专家和读者不吝赐教，多提批评指导意见，以便修正和后续研究。

作　者

2023 年 12 月

# 目　　录

前言

符号表

第1章　绪论 ································································· 1

  1.1　研究背景 ···························································· 1

  1.2　渣土改良剂 ························································· 3

  1.3　盾构渣土力学的提出 ················································ 7

    1.3.1　盾构渣土的物理组成 ············································ 7

    1.3.2　盾构掘进对渣土特性的需求 ······································ 8

    1.3.3　盾构渣土力学问题 ·············································· 9

  1.4　本书内容组织 ······················································ 10

  参考文献 ······························································ 13

## 第一篇　盾构渣土力学

第2章　改良剂作用下黏土界限含水率变化 ···································· 19

  2.1　引言 ······························································ 19

  2.2　液塑限试验 ························································· 20

    2.2.1　试验材料 ····················································· 20

    2.2.2　试验方案 ····················································· 23

  2.3　改良剂作用下黏土液塑限变化特征 ···································· 27

    2.3.1　改良剂与黏土相互作用的时间效应 ································· 27

    2.3.2　改良剂作用下黏土液塑限变化 ···································· 30

  2.4　分散剂作用下黏土液塑限变化特征 ···································· 31

    2.4.1　不同分散剂作用下黏土液塑限变化 ································· 31

    2.4.2　分散剂作用下不同黏土液塑限变化 ································· 32

    2.4.3　分散剂与泡沫耦合作用下黏土液塑限变化 ··························· 36

    2.4.4　分散剂作用下结泥饼防控机理 ···································· 36

  2.5　改良剂作用机理 ···················································· 38

    2.5.1　分散剂电化学作用机理 ·········································· 38

    2.5.2　泡沫细观作用机理 ·············································· 42

  2.6　本章小结 ··························································· 43

参考文献·······················································································44

**第 3 章　盾构泡沫改良土塑流性**·························································46

3.1　引言·······················································································46

3.2　试验方案·················································································47

　　3.2.1　试验土样·········································································47

　　3.2.2　改良剂···········································································48

　　3.2.3　塑流性测试·······································································49

3.3　改良参数对渣土塑流性特征影响·····················································51

　　3.3.1　泡沫注入比对渣土塑流性影响·················································51

　　3.3.2　泡沫改良土塑流状态分类·······················································52

3.4　盾构改良粗粒土塑流性特征··························································54

　　3.4.1　坍落度随改良参数变化·························································55

　　3.4.2　延展度随改良参数变化·························································56

　　3.4.3　坍落体平台随改良参数变化···················································57

3.5　盾构改良细粒土塑流性特征··························································58

　　3.5.1　坍落度随改良参数变化·························································60

　　3.5.2　延展度随改良参数变化·························································60

　　3.5.3　坍落体平台随改良参数变化···················································61

3.6　泡沫改良土塑流性变化机理··························································62

3.7　本章小结·················································································64

参考文献·······················································································65

**第 4 章　盾构泡沫改良土塑流性细观机理**·············································68

4.1　引言·······················································································68

4.2　塑流性试验···············································································68

　　4.2.1　试验材料·········································································68

　　4.2.2　试验装置·········································································70

4.3　泡沫改良土离散元数值模拟··························································71

　　4.3.1　模型建立·········································································72

　　4.3.2　模型参数·········································································74

4.4　泡沫改良土坍落体运动规律··························································74

　　4.4.1　缩尺坍落度试验模型验证·······················································74

　　4.4.2　泡沫改良土坍落形态·····························································75

4.5　泡沫对改良土颗粒接触的影响·······················································78

　　4.5.1　泡沫对改良土接触数量的影响·················································78

　　4.5.2　泡沫对改良土配位数的影响···················································79

　　　4.5.3　泡沫对改良土力链演化的影响 ·············· 79

　4.6　泡沫对改良土细观力学特性的影响 ·············· 82

　　　4.6.1　泡沫对颗粒间接触力方向的影响 ·············· 82

　　　4.6.2　泡沫对颗粒间接触力量值的影响 ·············· 83

　4.7　本章小结 ·············· 84

　参考文献 ·············· 85

第 5 章　盾构泡沫改良土渗透性 ·············· 86

　5.1　引言 ·············· 86

　5.2　渗透试验 ·············· 87

　　　5.2.1　试验材料 ·············· 87

　　　5.2.2　试验装置 ·············· 89

　　　5.2.3　试验步骤 ·············· 90

　5.3　泡沫改良土渗流规律及泡沫变化 ·············· 91

　　　5.3.1　泡沫改良土渗流规律 ·············· 91

　　　5.3.2　渗流中泡沫变化特征 ·············· 94

　5.4　改良参数对渗流性的影响 ·············· 96

　5.5　级配对渗流性的影响 ·············· 98

　　　5.5.1　泡沫改良土渗流特征 ·············· 98

　　　5.5.2　泡沫改良土渗流安全性评估 ·············· 104

　5.6　泡沫改良土渗透机理 ·············· 108

　5.7　本章小结 ·············· 109

　参考文献 ·············· 110

第 6 章　水压力影响下盾构泡沫改良土渗透性 ·············· 113

　6.1　引言 ·············· 113

　6.2　水压影响下渗透试验 ·············· 113

　6.3　水压影响下渣土渗流特征 ·············· 115

　　　6.3.1　水压影响 ·············· 115

　　　6.3.2　水力梯度影响 ·············· 117

　6.4　多因素影响下泡沫改良土渗流特征 ·············· 119

　　　6.4.1　泡沫改良土渗流特征 ·············· 119

　　　6.4.2　水压变化下不同级配泡沫改良土渗流特征 ·············· 121

　　　6.4.3　水压变化下不同注入比泡沫改良土渗流特征 ·············· 122

　6.5　泡沫改良土抗渗机理 ·············· 124

　　　6.5.1　泡沫改良土中消泡规律 ·············· 124

　　　6.5.2　泡沫改良土抗渗机理 ·············· 125

6.6　盾构泡沫改良土渗流简化模型 ····················································· 126

　　6.6.1　简化计算模型 ································································ 126

　　6.6.2　泡沫改良土过流断面分析 ················································ 127

6.7　盾构渣土改良参数合适范围讨论 ················································ 130

6.8　本章小结 ·············································································· 132

参考文献 ···················································································· 133

**第 7 章　盾构多添加剂组合改良土渗透性** ········································· 134

7.1　引言 ···················································································· 134

7.2　泡沫–泥浆组合改良粗粒土渗透试验 ··········································· 135

　　7.2.1　试验材料 ······································································ 135

　　7.2.2　试验方法 ······································································ 136

7.3　泡沫–泥浆组合改良粗粒土渗流特征 ··········································· 137

　　7.3.1　渗透时变规律 ································································ 137

　　7.3.2　水力梯度对渗流特征的影响规律 ········································ 139

7.4　泡沫–泥浆组合改良适用性分析 ·················································· 141

7.5　高水压条件下泡沫–泥浆组合改良土渗流特征 ······························· 144

　　7.5.1　渗透时变规律 ································································ 144

　　7.5.2　细粒迁移规律 ································································ 147

　　7.5.3　水压力影响 ··································································· 148

7.6　泡沫–泥浆–聚合物组合改良土试验 ············································· 150

7.7　泡沫–泥浆–聚合物组合改良土塑流性 ·········································· 151

7.8　泡沫–泥浆–聚合物组合改良土渗透性 ·········································· 152

7.9　泡沫–泥浆–聚合物合适组合改良探讨 ·········································· 155

7.10　讨论 ···················································································· 156

　　7.10.1　膨润土颗粒对泡沫改良增效分析 ········································ 156

　　7.10.2　泡沫–泥浆–聚合物组合改良机理 ······································· 157

7.11　本章小结 ·············································································· 159

参考文献 ···················································································· 160

**第 8 章　盾构泡沫改良土渗透性理论模型** ········································· 164

8.1　引言 ···················································································· 164

8.2　纯泡沫渗流理论 ······································································ 165

　　8.2.1　单通道流速 ··································································· 166

　　8.2.2　单通道横截面积 ····························································· 166

8.3　泡沫改良土有效渗流通道理论 ···················································· 168

8.4　常水头下泡沫改良土初始渗透系数计算 ········································· 171

8.5　考虑水头影响的初始渗透系数计算 ·················································· 171

8.5.1　水头对泡沫改良土初始渗透系数的影响 ······························ 172

8.5.2　水头影响下初始渗透系数计算 ············································ 172

8.6　初始渗透系数计算方法验证 ·························································· 176

8.6.1　泡沫粒径分布 ································································· 176

8.6.2　方法计算效果验证 ··························································· 177

8.7　泡沫改良土抗渗机理诠释 ····························································· 178

8.7.1　土与泡沫相互作用 ··························································· 178

8.7.2　土颗粒对泡沫改良土抗渗影响 ············································ 178

8.8　泡沫改良土初始稳定期计算 ·························································· 179

8.8.1　渗透性常量推导 ······························································ 179

8.8.2　渗透性常量求解 ······························································ 182

8.8.3　初始稳定期时长求解 ························································· 182

8.9　初始稳定期计算方法验证 ····························································· 183

8.10　初始稳定期计算方法应用 ···························································· 183

8.10.1　初始稳定期时长参考曲线 ················································· 183

8.10.2　最佳细度与最佳孔隙率 ···················································· 184

8.10.3　临界粒径 ····································································· 185

8.11　本章小结 ·················································································· 186

参考文献 ························································································· 186

第 9 章　盾构泡沫改良土压缩性 ······························································ 189

9.1　引言 ························································································ 189

9.2　压缩性试验 ·············································································· 190

9.2.1　试验装置 ······································································ 190

9.2.2　试验步骤 ······································································ 191

9.3　盾构改良粗粒土压缩性 ······························································· 194

9.3.1　泡沫注入比对粗粒土压缩性的影响 ······································ 194

9.3.2　泡沫消散时间对粗粒土压缩性的影响 ···································· 199

9.4　盾构改良细粒土压缩性 ······························································· 202

9.4.1　泡沫注入比对细粒土压缩性的影响 ······································ 202

9.4.2　泡沫消散时间对细粒土压缩性的影响 ···································· 205

9.5　级配影响下泡沫改良土压缩性 ······················································ 207

9.5.1　控制粒径的影响 ······························································ 207

9.5.2　曲率系数的影响 ······························································ 208

9.5.3　不均匀系数的影响 ··························································· 209

9.6　级配影响下泡沫改良土压力变化 ·······················210

9.6.1　控制粒径的影响 ·····························210

9.6.2　曲率系数的影响 ·····························211

9.6.3　不均匀系数的影响 ···························212

9.7　泡沫改良土侧向土压力系数 ·······················214

9.8　有效应力–气体控制过渡探究 ·····················216

9.9　泡沫改良土压缩机理 ·····························219

9.10　合理压缩性探讨 ·······························223

9.11　本章小结 ·································224

参考文献 ·····································225

第 10 章　盾构泡沫改良土压缩性理论模型 ·················228

10.1　引言 ····································228

10.2　泡沫改良土孔隙压力计算模型 ····················229

10.3　级配影响下孔隙压力及压缩性计算模型 ···············231

10.3.1　孔隙压力计算模型 ··························231

10.3.2　压缩性计算模型 ···························232

10.3.3　孔隙压力简化计算模型 ·······················234

10.4　计算模型验证 ······························235

10.4.1　压缩性计算模型验证 ·························235

10.4.2　孔隙压力计算模型验证 ·······················237

10.5　本章小结 ·································239

参考文献 ·····································240

第 11 章　盾构泡沫改良土强度特性 ····················241

11.1　引言 ····································241

11.2　不排水带压十字板剪切试验 ······················243

11.2.1　试验材料 ·····························243

11.2.2　试验装置 ·····························245

11.2.3　试验方案 ·····························246

11.3　泡沫改良粗粒土带压剪切大变形特征 ·················249

11.4　泡沫注入比影响下改良粗粒土带压剪切强度变化 ···········252

11.4.1　泡沫注入比对峰值剪切强度的影响 ··················252

11.4.2　泡沫注入比对残余剪切强度的影响 ··················253

11.4.3　带压环境下泡沫对粗粒土的改良机理 ·················254

11.5　土类型影响下改良土剪切强度变化 ··················255

11.5.1　土类型对剪切滞滑的影响 ······················255

11.5.2 土类型对峰值剪切强度的影响 ·············· 256

11.5.3 土类型对残余剪切强度的影响 ·············· 257

11.6 泥浆注入比影响下组合改良粗粒土剪切强度变化 ·············· 258

11.6.1 泥浆注入比对峰值与残余剪切强度的影响 ·············· 259

11.6.2 带压环境下膨润土的增强改良机理 ·············· 260

11.7 塑流性相同下不同改良土剪切强度差异性 ·············· 261

11.8 剪切率影响下泡沫改良土超孔隙压力和孔隙比变化 ·············· 262

11.8.1 剪切率对超孔隙压力的影响 ·············· 262

11.8.2 剪切率对孔隙比的影响 ·············· 263

11.8.3 剪切率的影响机理 ·············· 264

11.9 剪切率影响下泡沫改良土剪切强度变化 ·············· 265

11.9.1 剪切率对峰值剪切强度的影响 ·············· 265

11.9.2 剪切率对残余剪切强度的影响 ·············· 266

11.9.3 剪切率的影响机理 ·············· 267

11.9.4 剪切率对有效内摩擦角的影响 ·············· 268

11.10 剪切大变形后泡沫改良土流体流变行为 ·············· 269

11.10.1 竖向压力与 FIR 影响下流变参数变化 ·············· 269

11.10.2 有效应力影响下流变参数变化 ·············· 271

11.11 本章小结 ·············· 271

参考文献 ·············· 273

第 12 章 泡沫改良土强度理论模型 ·············· 277

12.1 引言 ·············· 277

12.2 常压下泡沫改良土初始孔隙状态参数求解 ·············· 277

12.2.1 初始孔隙比求解 ·············· 278

12.2.2 初始饱和度求解 ·············· 279

12.3 不排水一维压缩下孔隙比与孔隙压力求解 ·············· 279

12.3.1 基本假设 ·············· 279

12.3.2 封闭气相对泡沫改良土的细观作用机理 ·············· 280

12.3.3 $e \geqslant e_{th}$ 加载阶段 ·············· 282

12.3.4 $e < e_{th}$ 加载阶段 ·············· 283

12.4 压缩模型验证与敏感性分析 ·············· 284

12.4.1 模型参数校准 ·············· 284

12.4.2 模型验证 ·············· 285

12.4.3 影响因素敏感性分析 ·············· 287

12.5 有效应力与残余剪切强度求解 ·············· 290

　　　12.5.1　剪切前有效应力状态求解 ·················· 290

　　　12.5.2　不排水剪切引起的超孔隙压力求解 ·········· 291

　　　12.5.3　剪切率相关残余强度计算 ·················· 292

　　12.6　残余剪切强度模型验证与敏感性分析 ············ 293

　　　12.6.1　模型参数校准 ··························· 294

　　　12.6.2　模型验证 ······························· 295

　　　12.6.3　影响因素敏感性分析 ···················· 296

　　12.7　本章小结 ································· 298

　　参考文献 ···································· 299

第 13 章　盾构改良土黏附性 ·························· 301

　　13.1　引言 ···································· 301

　　13.2　旋转剪切试验 ····························· 302

　　　13.2.1　试验材料与仪器 ························· 302

　　　13.2.2　试验步骤 ······························· 305

　　13.3　黏土旋转剪切特征 ························· 307

　　13.4　不同因素影响下黏附强度变化 ··············· 307

　　　13.4.1　软硬状态对黏附强度的影响 ·············· 307

　　　13.4.2　法向压力对黏附强度的影响 ·············· 308

　　　13.4.3　塑性指数对黏附强度的影响 ·············· 309

　　　13.4.4　接触角对黏附强度的影响 ················ 309

　　　13.4.5　粗糙度对黏附强度的影响 ················ 310

　　13.5　黏附强度计算模型 ························· 311

　　　13.5.1　影响因素关联性分析 ···················· 311

　　　13.5.2　黏附强度计算模型 ······················ 314

　　13.6　分散剂作用下黏附强度变化 ················· 315

　　　13.6.1　不同含水率土样黏附强度 ················ 315

　　　13.6.2　不同黏稠指数土样黏附强度 ·············· 317

　　　13.6.3　分散剂对黏附强度影响 ·················· 318

　　13.7　黏附机理探讨 ····························· 320

　　13.8　本章小结 ································· 322

　　参考文献 ···································· 323

第 14 章　黏土-金属界面剪切破坏模式 ················ 325

　　14.1　引言 ···································· 325

　　14.2　黏土抗剪强度变化 ························· 325

　　　14.2.1　试验方案 ······························· 325

　　　　14.2.2　不同法向压力下黏土抗剪强度变化 ·················· 326
　　　　14.2.3　不同含水率下黏土抗剪强度变化 ···················· 328
　　　　14.2.4　不同黏稠指数下黏土抗剪强度变化 ·················· 328
　　14.3　分散剂作用下抗剪强度变化 ······························· 330
　　　　14.3.1　不同含水率下抗剪强度变化 ························· 330
　　　　14.3.2　不同黏稠指数下抗剪强度变化 ······················ 331
　　14.4　旋转剪切数值模拟 ···································· 333
　　　　14.4.1　数值模型 ···································· 333
　　　　14.4.2　模型验证 ···································· 335
　　14.5　数值模拟结果分析 ···································· 336
　　　　14.5.1　旋转剪切破坏模式 ······························· 336
　　　　14.5.2　界面剪切应力变化 ······························· 339
　　14.6　黏土地层盾构渣土合适改良状态判定 ······················ 340
　　14.7　本章小结 ········································· 341
　　参考文献 ············································ 341
第 15 章　粗–细颗粒混合土黏附性 ······························· 343
　　15.1　引言 ··········································· 343
　　15.2　大型旋转剪切试验 ···································· 343
　　　　15.2.1　试验材料 ···································· 343
　　　　15.2.2　试验装置与步骤 ······························· 345
　　15.3　结泥饼渣土临界粒径 ···································· 348
　　　　15.3.1　不同粒径土样黏附强度与法向压力关系 ··············· 348
　　　　15.3.2　渣土结泥饼判据及临界粒径确定 ···················· 350
　　　　15.3.3　界面参数变化机理 ······························· 353
　　15.4　粗–细颗粒混合土结泥饼判定依据 ························· 354
　　　　15.4.1　不同表面积比土样黏附强度与法向压力关系 ············ 355
　　　　15.4.2　界面黏聚力随表面积比变化及结泥饼判定依据 ·········· 357
　　15.5　分散剂作用下界面黏聚力变化 ···························· 358
　　15.6　本章小结 ········································· 359
　　参考文献 ············································ 360

# 第二篇　盾构掘进力学行为

第 16 章　渣土改良下盾构掘进参数演化 ·························· 363
　　16.1　引言 ··········································· 363
　　16.2　DEM–FEM 耦合数值模拟 ····························· 364

16.2.1　盾构机模型 ···································································· 364

16.2.2　地层模型 ······································································· 365

16.2.3　模型参数 ······································································· 366

16.3　渣土改良状态对盾构掘进参数的影响 ································· 368

16.3.1　渣土改良对总推力的影响 ················································ 368

16.3.2　渣土改良对刀盘扭矩的影响 ············································· 369

16.3.3　渣土改良对螺机扭矩的影响 ············································· 370

16.3.4　渣土改良对土舱压力的影响 ············································· 370

16.4　渣土改良状态对渣土流动特征的影响 ······························· 371

16.5　本章小结 ··········································································· 374

参考文献 ····················································································· 375

第 17 章　富水砾砂地层盾构渣土渗透性及喷涌风险评估 ··············· 377

17.1　引言 ················································································· 377

17.2　工程概况 ··········································································· 377

17.3　数值模拟 ··········································································· 380

17.3.1　模型建立 ········································································· 380

17.3.2　计算方法 ········································································· 382

17.4　数值结果分析 ···································································· 382

17.4.1　渣土渗流特征 ··································································· 382

17.4.2　渣土渗透系数对螺机口孔压和流速的影响 ··························· 384

17.4.3　地下水位对螺机口孔压和流速的影响 ································· 385

17.5　渣土喷涌风险评估 ······························································ 386

17.5.1　评估方法 ········································································· 386

17.5.2　案例分析 ········································································· 387

17.6　本章小结 ··········································································· 388

参考文献 ····················································································· 388

第 18 章　富水砾砂地层盾构掘进力学行为与渣土状态关联性 ········· 390

18.1　引言 ················································································· 390

18.2　现场测试 ··········································································· 391

18.3　地层响应规律分析 ······························································ 394

18.3.1　孔压变化规律 ··································································· 394

18.3.2　孔压与掘进参数的关系 ······················································ 397

18.3.3　地表沉降变化规律 ···························································· 398

18.4　渣土改良效果评价 ······························································ 399

18.4.1　颗粒级配 ········································································· 399

　　　　18.4.2　坍落度 ·································································· 399
　　　　18.4.3　渗透性 ·································································· 401
　　18.5　渣土状态对盾构掘进参数的影响 ·································· 402
　　　　18.5.1　渣土状态对掘进力学参数的影响 ························· 402
　　　　18.5.2　渣土状态对地层响应的影响 ······························ 405
　　　　18.5.3　渣土合理坍落度讨论 ······································· 406
　　18.6　本章小结 ································································ 406
　　参考文献 ········································································· 407
第 19 章　渣土改良下盾构掘进富水砾砂地层响应特征研究 ··········· 408
　　19.1　引言 ······································································ 408
　　19.2　数值模拟 ································································ 409
　　　　19.2.1　模型建立 ······················································ 409
　　　　19.2.2　施工模拟方案 ················································ 410
　　19.3　渣土改良效应表征 ··················································· 412
　　19.4　地层扰动分析 ························································· 414
　　　　19.4.1　地层变形 ······················································ 414
　　　　19.4.2　孔压变化 ······················································ 417
　　　　19.4.3　地下水位对地层响应的影响 ······························· 418
　　　　19.4.4　渣土改良对地层响应的影响 ······························· 420
　　19.5　开挖面稳定性分析 ··················································· 421
　　　　19.5.1　开挖面失稳特征 ·············································· 422
　　　　19.5.2　地下水位对开挖面稳定性的影响 ························· 422
　　　　19.5.3　渣土改良对开挖面稳定性的影响 ························· 423
　　19.6　本章小结 ································································ 424
　　参考文献 ········································································· 424

## 第三篇　盾构渣土改良技术及其智能化

第 20 章　盾构渣土塑流性调控技术及应用 ································· 429
　　20.1　引言 ······································································ 429
　　20.2　盾构渣土塑流性改良流程 ··········································· 430
　　20.3　工程概况 ································································ 432
　　　　20.3.1　工程简介 ······················································ 432
　　　　20.3.2　地层条件 ······················································ 432
　　　　20.3.3　施工及设备概况 ·············································· 434
　　20.4　盾构渣土塑流性改良技术方案 ······································ 435

20.4.1　塑流性试验 ·······················································435

20.4.2　现场渣土塑流性改良方案 ·······················437

20.5　现场盾构渣土改良效果验证 ·······················437

20.5.1　现场渣土塑流性状态跟踪 ·······················437

20.5.2　掘进参数分析 ·······················································438

20.6　盾构渣土塑流性状态评价优化及应用 ·······442

20.6.1　塑流性状态评价优化 ·······························442

20.6.2　综合评价指标应用流程 ·······················445

20.6.3　应用案例 ···············································445

20.6.4　讨论 ·······················································449

20.7　本章小结 ·······················································450

参考文献 ·······························································250

第 21 章　盾构渣土喷涌防控技术及应用 ·······452

21.1　引言 ·······························································452

21.2　盾构渣土抗渗改良流程 ·······························453

21.3　富水圆砾地层盾构渣土改良应用案例 ·······455

21.3.1　渣土喷涌可能性评价 ·······················455

21.3.2　改良剂性能试验 ·······························455

21.3.3　渣土改良参数确定 ·······················456

21.3.4　现场应用 ···············································457

21.4　多指标盾构砂性渣土改良工艺 ·······460

21.4.1　砂性渣土改良流程 ·······················460

21.4.2　改良剂性能优选 ·······························461

21.4.3　渣土改良参数确定 ·······················462

21.4.4　盾构改良技术参数确定 ·······················462

21.5　多参数协调的排渣调控技术 ·······················462

21.5.1　排渣调控技术流程 ·······················462

21.5.2　控制目标 ···············································463

21.5.3　逐级循环调控 ·······························463

21.6　砂性地层盾构渣土改良与排渣调控应用案例 ·······464

21.6.1　工程概况 ···············································464

21.6.2　盾构掘进风险识别 ·······················468

21.6.3　改良剂技术参数优选 ·······················468

21.6.4　渣土改良参数确定 ·······················468

21.6.5　现场应用情况 ·······························472

　　　　21.6.6　应用效果评价 ··········································· 473

　　21.7　本章小结 ······················································ 477

　　参考文献 ····························································· 478

第 22 章　盾构渣土结泥饼防控技术及应用 ································ 480

　　22.1　引言 ···························································· 480

　　22.2　盾构渣土结泥饼防控改良流程 ·································· 481

　　22.3　黏土地层盾构渣土改良应用案例 ································ 483

　　　　22.3.1　工程概况 ················································ 483

　　　　22.3.2　结泥饼可能性评价 ········································ 485

　　　　22.3.3　分散型改良剂选型 ········································ 486

　　　　22.3.4　渣土改良参数确定 ········································ 488

　　　　22.3.5　现场应用 ················································ 491

　　22.4　上软下硬地层黏性盾构渣土改良应用案例 ······················ 494

　　　　22.4.1　工程概况 ················································ 494

　　　　22.4.2　盾构结泥饼可能性评价 ···································· 496

　　　　22.4.3　分散型改良剂选型 ········································ 496

　　　　22.4.4　渣土改良参数确定 ········································ 497

　　　　22.4.5　现场应用 ················································ 499

　　22.5　本章小结 ······················································ 503

　　参考文献 ····························································· 503

第 23 章　盾构渣土改良状态评价方法及应用 ···························· 505

　　23.1　引言 ···························································· 505

　　23.2　基于机器学习的渣土表观密度预测方法 ·························· 506

　　　　23.2.1　表观密度计算 ············································ 506

　　　　23.2.2　渣土侧向土压力系数预测方法 ······························ 506

　　23.3　渣土类密度评价方法 ············································ 508

　　　　23.3.1　土舱内渣土类密度计算方法 ································ 508

　　　　23.3.2　土舱压力求解 ············································ 509

　　　　23.3.3　基于类密度的渣土分类 ···································· 510

　　　　23.3.4　基于类密度评价的盾构渣土改良流程 ······················ 511

　　23.4　工程应用与验证 ················································ 512

　　　　23.4.1　工程概况 ················································ 512

　　　　23.4.2　渣土类密度合理范围 ······································ 512

　　　　23.4.3　现场验证 ················································ 514

　　23.5　本章小结 ······················································ 516

参考文献 ··········································································· 516

**第 24 章　盾构渣土改良参数机器学习及应用** ································· 518

24.1　引言 ········································································· 518

24.2　背景介绍 ····································································· 519

24.2.1　问题陈述 ······························································ 519

24.2.2　工程背景 ······························································ 519

24.3　盾构掘进数据特征工程 ······················································ 520

24.3.1　数据预处理 ···························································· 520

24.3.2　特征选择 ······························································ 523

24.3.3　特征工程流程 ·························································· 526

24.4　盾构渣土改良机器学习模型 ·················································· 526

24.4.1　适合渣土改良的机器学习模型 ············································ 526

24.4.2　数据分布对机器学习的影响 ·············································· 528

24.4.3　高维掘进数据可视化 ···················································· 531

24.5　模型预测不确定性评价 ······················································ 533

24.5.1　基于委员会的不确定性评价原理 ·········································· 534

24.5.2　不确定性评价验证 ······················································ 534

24.5.3　不确定性量化数据可视化 ················································ 538

24.6　讨论 ········································································· 539

24.6.1　特征工程 ······························································ 539

24.6.2　不确定性评估的意义 ···················································· 540

24.6.3　优点及局限性 ·························································· 540

24.7　本章小结 ····································································· 540

参考文献 ··········································································· 541

# 符 号 表

| 符号 | | 含义 |
|------|------|------|
| AdaBoost | ———— | 自适应增强 |
| ALE | ———— | 任意拉格朗日–欧拉 |
| $A$ | ———— | 哈马克常数 |
| $A_c$ | ———— | 毛细管的横截面面积 |
| $A_{sf}$ | ———— | 渗流截面积 |
| $A'$ | ———— | 十字板剪切作用下的孔隙压力系数 |
| $A_{ss}$ | ———— | 泡沫的比表面积 |
| $A_\chi$ | ———— | 泡沫中渗流通道的总湿润面积 |
| $a_v$ | ———— | 土的压缩系数 |
| $A_w$ | ———— | 孔隙水截面面积 |
| $a_b$ | ———— | 螺旋叶片厚度 |
| $a$、$b$ | ———— | 压缩材料常数 |
| $a_{v1-2}$ | ———— | 压缩系数 |
| BIR | ———— | 膨润土泥浆注入比 |
| $B_{ss}$ | ———— | 土样的比表面积 |
| $B_c$ | ———— | 盾构土舱长度 |
| $B'$ | ———— | 压缩作用下的孔隙压力系数 |
| CMC | ———— | 羧甲基纤维素 |
| COV | ———— | 变异系数 |
| $C$ | ———— | 压缩性指标 |
| $C_a$ | ———— | 接触角 |
| $C_{bd}$ | ———— | 隧道埋深 |
| $C_u$ | ———— | 不均匀系数 |
| $C_c$ | ———— | 曲率系数 |
| $C_d$ | ———— | 德拜常数 |
| $c_f$ | ———— | 泡沫剂溶液浓度 |
| $C_k$ | ———— | Kozeny 常数 |
| $c_r$ | ———— | 残余黏聚力 |
| $c$ | ———— | 黏聚力 |
| $c_{if}$ | ———— | 界面黏聚力 |
| $C'$ | ———— | 土骨架的一维体积压缩系数 |
| $C'_p$ | ———— | 孔隙流体的一维体积压缩系数 |
| $C'_s$ | ———— | 单个土颗粒的一维体积压缩系数 |
| DEM | ———— | 离散元方法 |
| DLVO | ———— | 胶体稳定性理论 |
| D-P 模型 | ———— | Drucker-Prager 本构模型 |
| $D$ | ———— | 延展度 |

| | | |
|---|---|---|
| $d$ | —— | 顶部平台直径 |
| $D_d$ | —— | 圆盘直径 |
| $D_{sh}$ | —— | 盾构直径 |
| $D_k$ | —— | 气体在泡沫间液体中的扩散系数 |
| $D_e$ | —— | 盾构开挖直径 |
| $D_{loss}$ | —— | 泡沫大量失稳前泡沫体系中损耗的水量 |
| $D_t$ | —— | 邻近土颗粒中心间距 |
| $D_c$ | —— | 螺机筒体内径 |
| $d_{cone}$ | —— | 落锥针入深度 |
| $d_s$ | —— | 土颗粒粒径 |
| $d_{10}$ | —— | 土粒相对含量为 10% 的粒径，有效粒径 |
| $d_{30}$ | —— | 土粒相对含量为 30% 的粒径 |
| $d_{50}$ | —— | 土粒相对含量为 50% 的粒径，平均粒径 |
| $d_{60}$ | —— | 土粒相对含量为 60% 的粒径 |
| $d_{10,f}$ | —— | 泡沫的有效粒径 |
| $d_{10,s}$ | —— | 土颗粒的有效粒径 |
| $d_b$ | —— | 渣土级配参数分界粒径 |
| $d_{fl}$ | —— | 泡沫层厚度 |
| $d_g$ | —— | 管道直径 |
| $d_b$ | —— | 螺杆直径 |
| $d_c$ | —— | 试样腔横截面直径 |
| $d_v$ | —— | 十字板直径 |
| $e$ | —— | 孔隙比 |
| $e_f$ | —— | 改良土内泡沫"孔隙比" |
| $e_i$ | —— | $i$ 级压力下的孔隙比 |
| $e_j$ | —— | 理想状态下单一粒径土样的孔隙比 |
| $e_r$ | —— | 土样剪切进入残余状态后的孔隙比 |
| $e_{max}$ | —— | 最大孔隙比 |
| $e_{th}$ | —— | 孔隙比临界值 |
| $E_s$ | —— | 初始压缩模量 |
| FEM | —— | 有限元方法 |
| FER | —— | 泡沫发泡倍率 |
| FER$'$ | —— | 修正后的发泡倍率 |
| FER$_p$ | —— | 某压力下的发泡倍率 |
| FER$_0$ | —— | 大气压下的发泡倍率 |
| FIR | —— | 泡沫注入比 |
| FIR$'$ | —— | 修正后的泡沫注入比 |
| $F$ | —— | 渣土坍落综合评价指标 |
| $F_f$ | —— | 摩擦力 |
| $F_t$ | —— | 总推力 |
| $f$ | —— | 毛细管管壁对液相的作用力 |
| $f_k$ | —— | 承载力标准值 |
| GBDT | —— | 梯度提升决策树 |
| $G$ | —— | 颗粒脱离能 |
| $G_s$ | —— | 土颗粒比重 |

| | | |
|---|---|---|
| $g_s$ | —————— | 单位体积土颗粒的重力 |
| $g$ | —————— | 重力加速度 |
| H-B 模型 | —————— | Herschel-Bulkley 模型 |
| $H_{gl}$ | —————— | 地下水位 |
| $H_w$ | —————— | 水头高度 |
| $H_{gw}$ | —————— | 盾构顶部与地下水位高度差 |
| $h$ | —————— | 溶解度系数 |
| $h_d$ | —————— | 两渣土颗粒表面间的距离 |
| $h_{ex}$ | —————— | 螺机尾部距盾构底部的高度差 |
| $h_{fl}$ | —————— | 泡沫间的液膜厚度 |
| $h_r$ | —————— | 水头损失 |
| $h_v$ | —————— | 十字板高度 |
| $h_{wf}$ | —————— | 黏土与金属板间水膜的厚度 |
| $I_c$ | —————— | 黏稠指数 |
| $I_P$ | —————— | 塑性指数 |
| $I_s$ | —————— | 泡沫改良土总渗水量达到 2L 所需时间 |
| $i$ | —————— | 水力梯度 |
| KNN | —————— | K-近邻方法 |
| $K$ | —————— | 总侧压力系数 |
| $K'$ | —————— | 有效侧向压力系数 |
| $K_\alpha$ | —————— | 锥角影响系数 |
| $k$ | —————— | 渗透系数 |
| $k_c$ | —————— | 渗透系数上限值 |
| $k_{gas}$ | —————— | 气体在泡沫间的渗透系数 |
| $k_i$ | —————— | 初始渗透系数 |
| $k_n$ | —————— | 法向刚度 |
| $k_s$ | —————— | 切向刚度 |
| $k_{sg}$ | —————— | 缓慢发展期渗透系数 |
| $k_{st}$ | —————— | 稳定渗透系数 |
| $k_u$ | —————— | 未加泡沫土渗透系数 |
| LightGBM | —————— | 改进梯度提升决策树 |
| $L$ | —————— | 螺机长度 |
| $l$ | —————— | 渗流径长 |
| MB | —————— | 平均偏差 |
| M-C | —————— | Mohr-Coulomb |
| MSE | —————— | 均方误差 |
| $M_d$ | —————— | 泡沫消散质量 |
| $m$ | —————— | 粒度分布宽度 |
| $N$ | —————— | 刀盘转速 |
| $n$ | —————— | 孔隙率 |
| $n_0$ | —————— | 最佳孔隙率 |
| $n_f$ | —————— | 泡沫的 "孔隙率" |
| $n_s$ | —————— | 纯土体的孔隙率 |
| $n_{smax}$ | —————— | 纯土体的最大孔隙率 |
| $N_{cs}$ | —————— | 螺旋输送机转速 |

| $N_v$ | ——— | 十字板转速 |
|---|---|---|
| PAC | ——— | 聚阴离子纤维素 |
| PAM | ——— | 聚丙烯酰胺 |
| PE | ——— | 聚乙烯 |
| POM | ——— | 聚甲醛 |
| PCA | ——— | 主成分分析 |
| PIR | ——— | 聚丙烯酰胺注入比 |
| PLC | ——— | 可编程逻辑控制器 |
| $p_{atm}$ | ——— | 大气压 |
| $P_c$ | ——— | 毛细管压力 |
| $P_c^{max}$ | ——— | 最大毛细管压力 |
| $P_a$ | ——— | 切向黏附力 |
| $Q$ | ——— | 渗透总流量 |
| $Q_d$ | ——— | 对应粒径 $d$ 时的累积含量 |
| $Q\Delta t$ | ——— | 一段时间 $\Delta t$ 内的渗流量 |
| $Q_p$ | ——— | 螺机实际排渣质量流量 |
| $Q_t$ | ——— | 螺机理论排渣质量流量 |
| $Q_T$ | ——— | 表征改良土渗流安全性的特征流量 |
| $q$ | ——— | 单渗流通道的流量 |
| $q_c$ | ——— | 单柏拉图通道流量 |
| $q_E$ | ——— | 静电引力 |
| Re | ——— | 雷诺数 |
| RMSE | ——— | 均方根误差 |
| $R$ | ——— | 土颗粒半径 |
| $R_{wf}$ | ——— | 水膜的半径 |
| $R_a$ | ——— | 粗糙度 |
| $R_H$ | ——— | 不规则横截面的水力半径 |
| $R_s$ | ——— | 颗粒表面积比 |
| $r_h$ | ——— | 泡沫半衰期 |
| $r_0$ | ——— | 刀具安装半径 |
| $r$ | ——— | 气液界面的半径 |
| $R_i$ | ——— | 单个气泡的曲率半径 |
| $r_i$ | ——— | 单个气泡截面半径 |
| $r_{fl}$ | ——— | 液膜曲率半径 |
| SD | ——— | 标准差 |
| SF | ——— | 比推力 |
| ST | ——— | 比扭矩 |
| SPT | ——— | 标准贯入试验 |
| SVM | ——— | 支持向量机回归算法 |
| $S$ | ——— | 坍落度 |
| $S_r$ | ——— | 饱和度 |
| $S_s$ | ——— | 气体在泡沫间液体中的溶解系数 |
| $S_i$ | ——— | 单渗流通道的横截面积 |
| $S_u$ | ——— | 不排水抗剪强度 |
| $S_{wf}$ | ——— | 水膜面积 |

| | | |
|---|---|---|
| $s'$ | —————— | 柏拉图通道 (总渗流通道) |
| $s_0$ | —————— | 球形体积等效泡沫的表面积 |
| $s_f$ | —————— | 单气泡与其他气泡接触部分的面积 |
| $s_p$ | —————— | 单气泡与流体接触部分的表面积 |
| $s_t$ | —————— | 单气泡的总表面积 |
| $s_b$ | —————— | 螺距 |
| TSNE | —————— | 基于 t 分布随机邻域嵌入降维方法 |
| $T$ | —————— | 旋转剪切扭矩 |
| $T_c$ | —————— | 刀盘扭矩 |
| $T_e$ | —————— | 体系温度 |
| $t_a$ | —————— | 流速安全时间 |
| $t_q$ | —————— | 流量安全时间 |
| $t_i$ | —————— | 初始稳定期时间 |
| $t_c$ | —————— | 渗流的临界时间 |
| $t_d$ | —————— | 渗流稳定期的时长 |
| $t_s$ | —————— | 出水管出水时间 |
| $U$ | —————— | 无量纲过剩能量密度 |
| $u$ | —————— | 孔隙压力 |
| $u_i$ | —————— | 单渗流通道中流体的流速 |
| $V_A$ | —————— | 范德瓦耳斯力作用总势能 |
| $V_e$ | —————— | 静电斥力作用势能 |
| $V_T$ | —————— | 颗粒间作用总势能 |
| $V_{max}/R$ | —————— | 颗粒间位垒 |
| $v$ | —————— | 渗流流速 |
| $v_{RE}$ | —————— | 液膜排液速率 |
| $v_{cr}$ | —————— | 临界渗流流速 |
| $v_t$ | —————— | 盾构掘进速度 |
| $W_a$ | —————— | 法向黏附力 |
| $W_C$ | —————— | 失稳时的泡沫中含水量 |
| $w$ | —————— | 含水率 |
| $w_0$ | —————— | 初始含水率 |
| $w_L$ | —————— | 土样的液限 |
| $w_P$ | —————— | 土样的塑限 |
| XRD | —————— | X 射线衍射仪 |
| $\alpha$ | —————— | 泡沫扩大系数 |
| $\beta_{if}$ | —————— | 土样–金属界面内摩擦角 |
| $\beta$ | —————— | 泡沫相对于土颗粒的细度 |
| $\beta_0$ | —————— | 最佳细度 |
| $\gamma_s$ | —————— | 气液界面表面张力 |
| $\gamma_w$ | —————— | 水的重度 |
| $\gamma$ | —————— | 剪切率 |
| $\delta$ | —————— | 渗透性常量 |
| $\Delta G$ | —————— | 粒子分离能 |
| $\Delta s$ | —————— | 有效渗流通道的减损量 |
| $\varepsilon$ | —————— | 介电常量 |

| 符号 | | 含义 |
|---|---|---|
| $\varepsilon_0$ | —— | 真空绝对介电常量 |
| $\zeta$ | —— | 局部损失系数 |
| $\zeta_e$ | —— | 总阻力系数 |
| $\eta$ | —— | 排渣效率 |
| $\eta_c$ | —— | 溶液黏度 |
| $\theta$ | —— | 颗粒接触角 |
| $\vartheta$ | —— | 黏性系数 |
| $\kappa$ | —— | 渣土松散系数 |
| $\lambda$ | —— | 泡沫改良土状态参量 |
| $\lambda_l$ | —— | 沿程阻力系数 |
| $\lambda_s$ | —— | 支护应力比 |
| $\mu$ | —— | 摩擦系数 |
| $\mu_f$ | —— | 渗流流体的动力黏度 |
| $\xi$ | —— | 土颗粒对泡沫有效渗流通道的折减因子 |
| $\rho$ | —— | 土的表观密度 |
| $\rho_0$ | —— | 地层的天然密度 |
| $\rho_a$ | —— | 土的类密度 |
| $\rho_d$ | —— | 土的堆积密度 |
| $\rho_s$ | —— | 土的颗粒密度 |
| $\rho_w$ | —— | 孔隙水密度 |
| $\sigma$ | —— | 总应力 |
| $\sigma'$ | —— | 有效应力 |
| $\sigma_l$ | —— | 侧向总应力 |
| $\sigma_l'$ | —— | 侧向有效应力 |
| $\sigma_n$ | —— | 法向压力 |
| $\sigma_s$ | —— | 开挖面中心支护应力 |
| $\sigma_v$ | —— | 竖向总应力 |
| $\sigma_v'$ | —— | 竖向有效应力 |
| $\sigma_c$ | —— | 颗粒间黏结强度 |
| $\tau$ | —— | 剪切应力 |
| $\tau_0$ | —— | 屈服应力 |
| $\tau_{as}$ | —— | 黏附强度 |
| $\tau_p$ | —— | 峰值剪切强度 |
| $\tau_r$ | —— | 残余剪切强度 |
| $\tau_r$ | —— | 残余剪切强度 |
| $\varphi$ | —— | 内摩擦角 |
| $\varphi'$ | —— | 有效内摩擦角 |
| $\varphi_{re}$ | —— | 休止角 |
| $\chi$ | —— | 不规则横截面的湿周 |

# 第 1 章　绪　　论

## 1.1　研究背景

　　基础设施建设是促进社会生产发展和提高人民生活水平的重要举措。但是，基础设施建设会消耗大量能源，由此产生的二氧化碳 (约占二氧化碳总排放量的 20%) 会对环境造成影响 (郑健等，2021)。《中华人民共和国国民经济和社会发展第十四个五年规划和 2035 年远景目标纲要》指出，加快建设交通强国，深入推进交通低碳转型，打造绿色现代化基础设施体系；2021 年全国两会更是提出了 2030 年前 "碳达峰"、2060 年前 "碳中和" 的宏伟目标。在交通隧道建设中，盾构法因更加安全、高效、环保，已经成为隧道工程首选的施工工法之一 (钱七虎和陈健，2021)。盾构法常用盾构机型包括土压平衡盾构和泥水平衡盾构，而陆域隧道往往采用土压平衡盾构进行施工，以目前国内盾构机制造行业某一领头羊企业为例，2017—2020 年供应 814 台，土压平衡盾构占比超过 85%，充分体现了土压平衡盾构使用的普遍性 (童锡来，2021)。土压平衡盾构法是否能够安全高效施工往往取决于盾构选型，否则先天性的盾构选型问题将给隧道施工带来致命性问题。然而，即便盾构选型至关重要，但它并非 "包治百病"，隧道穿越地层往往复杂多变，而盾构一旦始发后就难以更改硬件装置，或者要付出巨大代价。隧道开挖面前方地层经盾构刀盘刀具切削形成盾构渣土，渣土经过土舱、螺旋输送机排出的同时，需在盾构土舱内建立压力予以平衡开挖面前方地层水土压力，进而控制地层沉降及稳定性 (图 1-1)。被刀盘刀具切削形成的渣土往往难以直接满足盾构土舱压力和排渣调控需求，盾构隧道施工过程中常出现渣土结泥饼、喷涌等问题。

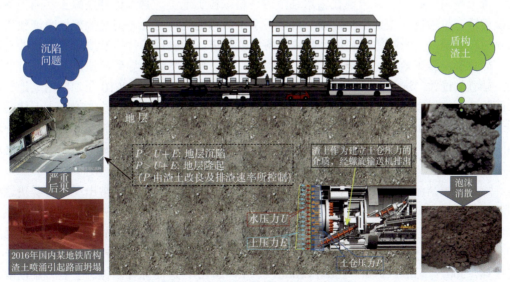

图 1-1　土压平衡盾构开挖面平衡示意

渣土结泥饼 (图 1-2) 易发生在黏土矿物含量高的土层和风化岩层 (Hollmann 和 Thewes，2013；Langmaack 和 Lee，2016；Ye et al.，2016；竺维彬和鞠世健，2003)，渣土黏附在刀盘刀具、土舱隔板、螺旋输送机叶片等金属材料上。盾构渣土一旦结泥饼，轻则导致盾构掘进效率降低，重则导致刀盘开口闭塞、刀具偏磨、土舱进排土不畅，进而导致盾构被迫停机开仓去除泥饼、更换刀具。我国广泛分布有黏土矿物含量较高的土层和风化岩层，如南昌的泥质粉砂岩地层、广州的花岗岩残积土地层、南宁的泥岩地层等 (张萌和孙骋，2015；温勇等，2016)，在这些地层中采用土压平衡盾构掘进时，结泥饼问题一直困扰着工程现场 (李培楠等，2016；程池浩等，2016)。例如，广州地铁二号线海珠广场站-市二宫站盾构区间，在掘进过程中盾构多次结泥饼，掘进速度仅为 0~5mm/min(竺维彬和鞠世健，2003)；南昌地铁一号线盾构区间隧道过程中，至少两个标段在穿越上覆砂砾的泥质粉砂岩地层时盾构刀具出现结泥饼现象，迫使盾构停机开舱除泥饼，其中一个标段仅地层加固和开舱处理就致使节点工期滞后约 25 天，造成较大的经济损失 (Ye et al.，2016)。

(a)                                              (b)

图 1-2　渣土结泥饼：(a) 刀盘糊死；(b) 刀具被渣土包裹

渣土喷涌 (图 1-3) 易出现在富水强渗透性粗颗粒土地层，强渗透性的渣土伴随地下水在螺旋输送机喷出。渣土轻度喷涌，虽然不至于威胁地层稳定性，但是频繁性喷涌致使泥水喷射在隧道内，影响施工环境，导致设备污渍不堪，为确保管片拼装质量需用水冲洗管片，严重影响施工效率，给施工人员带来困扰；渣土严重喷涌会导致出渣速率难以有效控制，排渣量过大，进而引发地层变形过大甚至开挖面失稳。例如，2016 年，国内某地铁区间盾构渣土突发喷涌，路面坍塌区域 14m(长)×11m(宽)×5.5m(深)，约 1000m³ 土体涌入隧道 (王凌等，2017)；又如，2020 年，采用直径 16.1m 土压平衡盾构施工的日本东京外环线隧道，由于盾构超排挖走了过量的泥沙，东京调布市道路附近路面发生坍塌，坍塌区域范围为 5m(长)×2.5m(宽)×5m(深)(徐蓉蓉，2020)。

除了渣土结泥饼、喷涌外，盾构刀具磨损、渣土滞排等问题也经常出现。要解决这些问题，往往 "诉求" 于渣土改良 (Milligan，2000)，向刀盘前方、土舱和螺旋输送机内注入改良剂，在刀盘、搅动棒、叶片等搅拌作用下，使渣土具有良好的塑流性、较低的抗剪强度和黏附强度、较小的渗透系数和一定的压缩性 (Milligan，2000；Messerklinger et al.，2011；魏康林，2007；Vinai et al.，2008；Maidl et al.，2012)，进而弥补盾构选型装备难以解决的问题，提升土压平衡盾构的地层适应性。

图 1-3　渣土喷涌现象：(a) 螺旋输送机出口喷涌 (朱伟等，2004)；(b) 隧底淤泥；(c) 管片布满污泥

## 1.2　渣土改良剂

常用的盾构渣土改良剂大致可分为五种：水、泡沫剂、分散剂、黏土矿物、絮凝剂，不同地层盾构渣土改良剂有所差别。

### 1. 水

渣土中含水率对其自身性质影响极大，其改良作用主要表现在以下方面：① 对于粗粒土及岩质地层，通过向盾构刀盘及土舱内注水，可以减小刀具的磨损，降低刀具、刀盘和渣土温度，同时能够改善渣土的流动性 (EFNARC，2005)；② 对于黏性土地层，通过向盾构刀盘及土舱内注水，不仅能改变渣土的塑流状态，便于盾构出渣，还可以降低其黏附性，防止渣土附着于刀盘或土舱隔板；③ 通过向刀盘前方和土舱内注水，使渣土具有合适的含水率，进而配合其他改良剂对渣土进行联合改良，达到最佳改良效果，例如，当渣土含有适量的水分时注入泡沫，才可发挥泡沫改良作用，否则泡沫极易破灭，难以达到理想的改良效果 (刘朋飞等，2018)。

### 2. 泡沫剂

泡沫是由泡沫剂按一定浓度配制成溶液，经由发泡装置产生 (装置可见第 2 章)。泡沫剂又称起泡剂，能降低液体表面张力，通过与加压空气混合产生大量均匀而又相对稳定的泡沫。泡沫剂组成成分包括表面活性剂、稳泡剂等。表面活性剂分子中含有亲水基和憎水基两个部分，在液体中趋向集中在该液体和另一相的界面，形成薄分子膜而降低液体表面张力，从而使溶液具有发泡功能 (金谷，2008)。稳泡剂的作用主要是减小泡沫的消散性，稳定泡沫。根据泡沫对盾构渣土的不同作用效果，可以分为通用型泡沫剂和分散型泡沫剂。通用型泡沫剂主要用于黏性低的地层，分散型泡沫剂主要用于黏性较大的地层。

泡沫与渣土混合后即可改善渣土性能，主要表现在以下几方面：① 泡沫注入渣土后，能起到一定的润滑作用，可以显著降低渣土的内摩擦角，提高渣土的流动性，利于盾构顺畅排渣，便于有效地建立土舱压力平衡开挖面，同时能够减小盾构机能耗 (Borghi，2006；乔国刚等，2009；马连丛，2010)；② 由于泡沫填充于土颗粒间孔隙，因此可以显著降低改良渣土的渗透性 (Quebaud et al.，1998；Borio 和 Peila，2010)；③ 渣土中注入泡沫后，可提高其压缩性，改良后的渣土可在土舱内形成一个缓冲垫层，类似于一块不透水但具有可压

缩性的 "海绵垫"，当掌子面压力发生突然变化时，盾构机响应的敏感度降低，起到缓冲作用，有利于保持开挖面稳定 (乔国刚，2009；Zumsteg et al.，2012；Zumsteg 和 Langmaack，2017)；④ 分散型泡沫剂还可以使微粒间的黏合力降低，从而防止渣土絮凝或附聚的发生，避免渣土结泥饼现象 (Langmaack，2000；Langmaack 和 Feng，2005)。可以说，泡沫是土压平衡盾构法的基本改良剂，几乎所有采用该工法的隧道施工中都会注入泡沫来改良盾构渣土。

泡沫的主要技术参数是泡沫剂浓度、发泡倍率 (FER)、半衰期和泡沫注入比 (FIR)。泡沫剂的浓度能够显著影响泡沫的发泡倍率和稳定性，现场一般根据厂家建议或现场试验确定。由于少量的表面活性剂即可显著减小水的表面张力，因此泡沫剂浓度较小，一般为 0.5%~5%(刘朋飞等，2018)。

发泡倍率是影响泡沫工作性质至关重要的参数，一般来说发泡倍率越大泡沫性质越佳，但过大的发泡倍率亦会引起泡沫稳定性的降低，因此在渣土改良中往往将发泡倍率控制在 10~20，其中发泡倍率的计算方法如式 (1-1) 所示。

$$FER = \frac{V_F}{V_L} \qquad (1-1)$$

式中，$V_F$ 为工作压力下泡沫的体积；$V_L$ 为泡沫剂溶液的体积。

考虑到泡沫应用于盾构施工时，其在土舱内处于受压状态。同时，泡沫与盾构开挖下的土体混合是在土舱压力状态下拌和的。压力与泡沫的体积成反比，假定压力与体积的乘积为一个定值，则当土舱内压力为 $p$ 时，泡沫剂的发泡倍率如式 (1-2) 所示。

$$FER = \left(\frac{p}{p_0}\right) FER_0 \qquad (1-2)$$

式中，$p$ 为土舱压力；$p_0$ 为标准大气压；$FER_0$ 为在大气压下泡沫剂的发泡倍率。

消泡率指消散泡沫的质量与泡沫总质量的比值，见式 (1-3)，该指标反映了泡沫随时间的变化情况，是衡量泡沫稳定性的重要指标之一 (朱伟等，2003)。其中当消泡率 $r_h$ 达到 50%时，即泡沫消散一半所需要的时间称为半衰期 (Borghi，2006)。根据工程经验，泡沫的半衰期应超过 5min，才能满足盾构施工要求 (闫鑫等，2010)。当泡沫与渣土混合后，由于泡沫的排水、粗化及液膜破裂等作用减缓，其半衰期将大大增加。当泡沫在一定压力环境下时，其消散速率同样将大幅减缓 (Wu et al.，2018)。

$$r_h = \frac{M_d}{M_0} \qquad (1-3)$$

式中，$M_0$ 表示初始泡沫溶液质量；$M_d$ 表示泡沫消散质量。

泡沫注入比指泡沫的添加体积与渣土的体积的比值，即

$$FIR = \frac{V_F}{V_S} \times 100\% \qquad (1-4)$$

式中，$V_S$ 为开挖土体的体积。

一般地，为了使渣土特性满足盾构掘进需求，泡沫注入比往往需要达到 10% 以上，甚至高达 60% 以上，使得泡沫颗粒"抬空"土颗粒 (改良后盾构渣土孔隙比大于未改良土的最大孔隙比)(Bezuijen et al.，1999)，从而渣土呈现良好的流动性和压缩性。

发泡倍率、泡沫半衰期、粒径分布以及泡沫发生系统产生的流量，与泡沫剂的类型、浓度及发泡参数等紧密相关。王斌等 (2024) 通过试验研究发现：气液比相同时，泡沫流量随着气体流量的增加先增大后减小，发泡倍率随着气体流量的增加逐渐减小，泡沫半衰期随着气体流量的增加先增大而后减小；气体流量一定时，泡沫流量随着液体流量的增加近似线性增长，发泡倍率随着液体流量的增加略有下降并趋于稳定，泡沫半衰期随着液体流量的增加先增大后减小；泡沫溶液浓度在 2% 以下时，泡沫流量、发泡倍率以及半衰期随着发泡液浓度的增大迅速增长，泡沫液浓度大于 3% 时，泡沫性能受发泡液浓度的影响较小。相对于液体流量和发泡液浓度，气体流量对泡沫气泡初始粒径分布影响最为显著，随着气体流量的增大，泡沫变得更细更均匀。发泡倍率与泡沫细观尺寸之间存在明显的相关性，泡沫越细，发泡倍率越低；泡沫半衰期与细观尺寸之间的关系不如发泡倍率与细观尺寸之间的关系明显。

### 3. 分散剂

分散剂是指使物质分散于水等介质中而形成胶体溶液的物质，主要是使微粒 (或微滴) 间的黏合力降低，防止絮凝或附聚的发生。分散剂一般分为无机分散剂和有机分散剂两大类。常用的无机分散剂有硅酸盐类和碱金属磷酸盐类 (例如三聚磷酸钠、六偏磷酸钠和焦磷酸钠等)。有机分散剂包括纤维素衍生物、聚羧酸盐类、古尔胶等。目前，盾构渣土改良常用的有机分散剂包括纤维素衍生物、聚羧酸盐等。分散剂可以减弱黏土颗粒间的连接，释放黏土颗粒间的结合水，从而减小黏性渣土的黏附性，降低盾构渣土发生结泥饼的可能性 (刘朋飞等，2018；Liu et al.，2018)。

### 4. 黏土矿物

黏土矿物主要指以天然黏土矿物作为主要成分的改良剂，该类改良剂主要作用机理是通过增加盾构渣土的细颗粒土含量，减小渣土间的内摩擦角，并产生一定的黏聚力，从而改善渣土的连续性，增加土颗粒的流动性，并提高其抗渗性。目前，盾构渣土改良常用的黏土矿物类改良剂主要是膨润土泥浆，膨润土是以蒙脱石为主要成分的非金属黏土类矿物，蒙脱石具有很强的吸附功能，使得膨润土具有很强的膨胀能力。从微观结构来看，膨润土颗粒是粒径小于 $2\mu m$ 的无机质，当膨润土中 $Na^+$ 或 $Ca^{2+}$ 含量占其可交换阳离子总量的 50% 以上时，分别称之为钠基膨润土或钙基膨润土。其中钠基土的吸水率和膨胀倍数更大，阳离子交换容量更高，水分散性更好，其胶体悬浮液的触变性、黏度、润滑性、热稳定性等都更好。膨润土水化后形成不透水的可塑性胶体，同时挤占与之接触的土颗粒之间的孔隙，形成致密的不透水层，从而达到降低渗透性的目的 (Liu et al.，2018)。

膨润土泥浆对渣土的改良作用主要表现在以下几个方面：① 在土舱内及刀盘前方注入的膨润土泥浆，在压力作用下会向开挖面地层进行渗透，泥浆中细小的颗粒在渗透过程中会在开挖面前方形成一定厚度的"滤饼"或"泥膜"，主要是由胶结和固结的膨润土组成，从而形成了一个低渗透性的薄膜，达到止水的目的，从而保证盾构能够维持开挖面前方的稳定性，控制地表沉降 (姜厚停，2013)；② 膨润土泥浆在土舱内与开挖下来的渣土混合，增加了渣土内部细粒的含量，提高了渣土的抗渗性；③ 由于膨润土泥浆具有一定的黏性，混合在渣土内会使其产生一定的黏聚力，提高了渣土的和易性，便于渣土的排出 (Kusakabe et al.，1997)；④ 膨润土泥浆的注入可以起到一定的悬浮作用，将土舱内的粗颗粒悬浮起来便于出渣。

膨润土泥浆的技术参数主要有重度、黏度、胶体率。泥浆重度是泥浆重要的指标之一，当泥浆中细颗粒达到一定量后才能形成具有一定重度的稳定悬浮液，此时泥浆具有良好的工作性能。当泥浆性能不达标时，可加入少量的高分子聚合物，增加泥浆悬浮液的絮凝作用，形成较大的絮凝体，降低开挖土体的渗透性，满足工程需求的泥浆的重度需达到 1.06～1.13g/cm$^3$。

对于盾构隧道施工来说，通过提高泥浆的黏度，可以改变盾构渣土的黏聚力 $c$ 和内摩擦角 $\varphi$，利于成膜，保证开挖面的稳定，防止砾石在泥水舱中的沉积，利于输送渣土。但泥浆表观黏度过大，不利于配制和输送，成本相对提高。对于易发生喷涌的地层，合理提高泥浆的黏度，可以减小渣土的渗透性，避免喷涌事故的发生。施工中可根据具体地层条件，通过马氏黏度计实验确定合适的黏度值范围。

5. 絮凝剂

絮凝剂多为高分子聚合物，能使悬浮在溶液中的微细粒级和亚微细粒级固体物质或胶体通过桥联作用形成大的松散絮团 (图 1-4)，从而实现固–液分离的药剂。目前盾构渣土改良领域最常用的絮凝剂为聚丙烯酰胺 (PAM)、羧甲基纤维素 (CMC)、聚阴离子纤维素 (PAC)。絮凝剂对渣土的改良，主要针对富水地层。当地层渗透性较大时，螺旋输送机口处极易发生喷涌，通过向土舱和螺旋输送机内注入絮凝剂，可以将渣土内颗粒聚团，改善渣土的流塑性状，便于在螺旋输送机内形成"土塞"以达到止水的目的。另外，当地层中的孔隙较大时，单独采用膨润土或絮凝剂难以取得理想的改良效果，可考虑同时添加絮凝剂 (CMC 或 PAC) 和膨润土，二者反应后生成更大的絮状物填充渣土孔隙，达到止水的效果 (Milligan，2000)。

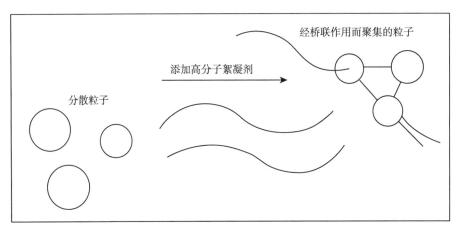

图 1-4 絮凝剂改良机理示意图

综上，不同改良剂的地层适应性及改良特征等如表 1-1 所示。在实际应用中需根据工程地质水文条件对盾构渣土特性进行评价，进而合理地开展改良剂选型，可以根据不同改良剂的改良机理，有时需组合两种及以上的改良剂来达到理想的改良效果。

**表 1-1 不同改良剂的地层适应性及改良特征简表**

| 改良剂类型 | 适应地层 | 特征 | 现场实施注意事项 |
| --- | --- | --- | --- |
| 水 | 各种地层 | 不适应于富水地层 | 需根据渣土状态调整注水量 |
| 泡沫剂 | 各种地层 | 对于缺乏细粒及高水压地层，仅采用泡沫剂很难确保渣土具有较好的流塑性状态及抗渗性 | 需注意泡沫剂的浓度及发泡压力，并根据出渣情况调整泡沫注入量 |
| 分散剂 | 黏性较大的地层 | 对于黏性较大的地层的分散效果较好，但是分散作用需要一定时间 | 需注意分散剂的选型及渣土有效分散所需时间 |
| 黏土矿物 | 缺乏细粒的地层 | 对于砂卵石地层等粗粒含量较多的地层，改良渣土的流塑性不理想 | 注意膨化时间，及时调整注入量防止发生刀盘刀具结泥饼 |
| 絮凝剂 | 富水地层 | 地层中细粒不足时，改良渣土的流塑性及抗渗性不理想 | 需要注意絮凝剂浓度和改良配比 |

## 1.3 盾构渣土力学的提出

盾构渣土的特性对盾构安全顺利掘进具有至关重要的影响，与原始地层岩石、土的性质关系密切，同时又与渣土改良紧密相关。岩石是由具有一定结构构造的矿物 (含结晶和非结晶) 集合体组成的，土是地壳表层岩石在长期风化、挤压和解体后，经地壳运动、水流、冰川、风等自然力剥蚀、搬运及堆积等作用在各种自然环境中生成的松散堆积物，而土压平衡盾构渣土是指由于盾构刀具对地层岩/土切削后经过渣土改良剂改良后形成的松散体。区别于自然界的常规土壤，盾构渣土具有独特的物理组成及力学行为。

### 1.3.1 盾构渣土的物理组成

盾构渣土由岩土、水、气和改良剂组成，含有固、液和气三相介质。

#### 1. 固体

盾构渣土中的固体物质包含原始地层中的土颗粒 (对于岩体，被刀具切削形成土颗粒)、少部分改良剂中的固体，土颗粒构成了渣土的骨架，对渣土的物理力学性质起决定性作用。而随着颗粒大小的不同，土的性质可以有很大的差异，因此渣土的颗粒级配能对其物理力学性质产生重大影响。为保证渣土能够顺利排出，盾构渣土一般要具有良好的级配，当地层中渣土粗颗粒较多时，就需要注入膨润土等细颗粒，增强渣土的塑流性。

#### 2. 液体

液体物质包括地层中的水和改良剂中的水，而渣土中的水又可分为结合水和自由水。受颗粒表面电场作用力吸引而包裹在土颗粒表面的水称为结合水，结合水又可分为强结合水和弱结合水，其中弱结合水的存在是黏性土具有可塑性的原因。土颗粒中不受电场引力作用的水称为自由水。在理想黏性渣土中，主要含有弱结合水，渣土处于可塑状态；在理想粗颗粒渣土中，颗粒间的自由水使渣土具有合适的塑流性。

### 3. 气体

气体物质则包含地层中的气体、泡沫中的空气和盾构掘进过程中注入的气体 (气压辅助模式掘进时)。按照是否与大气相连，渣土中可分为自由气体和密闭气体。自由气体与大气相连，对渣土的性质无较大的影响；密闭气体的体积与压力有关，盾构渣土中注入泡沫则主要是增加渣土中密闭气体的含量，因此可增加渣土的压缩性。

盾构渣土是由盾构刀具对地层切削后形成的松散体，其体积与原地层中土的体积存在一定差异，而盾构渣土与原地层中土的体积比值，则称为松散系数。渣土松散系数 $\kappa$ 取决于原始地层、盾构刀具配置、盾构掘进参数、土体改良情况等，其理论计算公式为

$$\kappa = \kappa_1 \cdot \kappa_2 \cdot \kappa_3 \cdot \kappa_4 \cdot \kappa_5 \tag{1-5}$$

式中，$\kappa_1$ 为土体从开挖面到进入螺旋输送机前产生的松散系数；$\kappa_2$ 为土体经螺旋输送机产生的松散系数；$\kappa_3$ 为土体从螺旋输送机出土口自由落到皮带机上产生的松散系数；$\kappa_4$ 为土体经皮带机产生的松散系数 (可能会小于 1.0)；$\kappa_5$ 为土体从皮带机末端自由落到渣斗产生的松散系数。

### 1.3.2  盾构掘进对渣土特性的需求

土压平衡盾构渣土既要利于建立土舱压力予以支撑隧道开挖面，又要能够通过螺旋输送机顺利排出，因此理想的盾构渣土要具有合适的物理力学参数，如图 1-5 所示，盾构渣土需要满足塑流性、渗透性、剪切强度、压缩性和黏附性等要求。为确保盾构渣土能够顺利排出，渣土需要具有合适的塑流性 (即塑性流动状态)。渣土流动性过大，容易引起 "喷土"，进而引起喷涌现象发生；相反地，渣土流动性过低，渣土排渣困难，黏性渣土会堵塞刀盘或土舱，砂性渣土会引起刀盘、刀具和螺旋输送机叶片磨损严重。目前学者多通过坍落度试验来评价渣土塑流性，结合坍落度值和析水析泡沫状态进行判定，普遍认为理想渣土的坍落度应在 10~20cm，相应地，对于黏性渣土黏稠指数 $I_c$ 应在 0.40~0.75(Milligan，2000；EFNARC，2005)，其中 $I_c$ 的计算方法如下：

$$I_c = \frac{w_L - w}{w_L - w_P} \tag{1-6}$$

式中，$w_L$ 为土样的液限；$w_P$ 为土样的塑限；$w$ 为土样的含水率。

为了盾构顺畅排渣，减小盾构刀盘和螺旋输送机的扭矩值，降低渣土对刀具和叶片的磨损，改良后的渣土需要有较小的剪切强度，其不排水剪切强度一般为 10~25kPa(EFNARC，2005)。在黏性地层中，为防止渣土结泥饼造成盾构掘进效率降低和滚刀偏磨，渣土还应该具有较低的黏附强度，避免渣土黏附在刀盘、刀具等金属材料上。盾构在富水砂性地层中掘进时，当渣土渗透系数过大时，螺旋输送机出口容易产生 "喷水" 现象，进而带走土颗粒，引发喷水型喷涌现象发生，进而影响土舱保压，造成地层超挖、沉降乃至失稳，一般要求渣土渗透系数应至少小于 $10^{-5}$m/s(Budach 和 Thewes，2015)。此外，当渣土的压缩性较小时，盾构机的掘进速度和螺旋输送机的转速有较小的变化，就会引起土舱压力较大的波动，不便于压力控制，而且易造成刀盘、刀具、叶片严重磨损；当渣土的压缩性过大时，渣

土的流动性较大，螺旋输送机易发生"喷土"，不利于盾构出渣控制。因此，渣土还应具有合适的压缩性（Milligan，2000；EFNARC，2005）。

图 1-5　盾构渣土的五大性能需求

### 1.3.3　盾构渣土力学问题

盾构渣土主要源自开挖面前面原始地层，它某种程度上"继承"了原始地层的物理力学特性。例如，开挖面前方若是黏性地层，则未经改良的盾构渣土具有明显的黏聚力，呈现黏附性，容易黏附在刀盘等金属材料上；又如，开挖面前方若是砂土地层，刀具切削地层形成渣土，它的级配基本上与原始砂土类似，在高水压情况下，容易出现喷涌。

为了使源自原始地层盾构渣土的力学特性适应盾构安全高效掘进，需向盾构刀盘前方、土舱及螺旋输送机内部注入改良剂来改良盾构渣土，因此，盾构渣土不仅包含了原始地层物质，还包含了所注入的渣土改良剂。这些改良剂的加入会改变渣土的流动性、渗透性、压缩性、强度特性等。前面提到，土压平衡盾构施工往往需注入足够的泡沫来改良盾构渣土，使土颗粒"抬空"(Bezuijen et al.，1999)，意味着一定工作状态下泡沫改良土的孔隙比会大于未改良土的最大孔隙比。因此，由于泡沫等改良剂的加入，盾构渣土具有以下几个特点：

(1) 盾构渣土包含固-液-气三相介质，但是以表面活性剂为主形成的泡沫壁内含有空气，泡沫是亚稳定结构，随时间会消散，因此它的渗透性、压缩性、强度等物理力学特性是亚稳定的，呈现时变特征。

(2) 盾构渣土是非饱和土，泡沫经历长时间后会消散，但短时间内是稳定的，特别存在于渣土中，稳定性更强。在消散之前，泡沫内空气是封闭的，也就是各泡沫内空气并非连通，因此常规的非饱和土理论未必适用于盾构渣土。

(3) 常规粗颗粒土的渗透性是可以忽略水压力影响的，而泡沫在孔隙压力作用下会收缩，会改变渣土骨架结构和孔隙比，因此，盾构渣土渗透性需要考虑水压力的影响。

(4) 由于泡沫内空气的存在，压缩卸载会伴随空气体积的收缩和膨胀，引起盾构渣土骨架变化，因此盾构渣土可能跟常规土的压缩特性与强度特性存在差别，有效应力原理是否适用于盾构渣土呢？这是需要考量的问题。

(5) 针对盾构刀盘、螺旋输送机叶片旋转而言，盾构渣土与金属材料之间界面力学特性关系到盾构机工作能耗、金属材料黏附以及磨损等诸多问题。因此，针对黏性渣土，还得解决它与金属材料之间的黏附强度问题。

(6) 在添加泡沫的基础上，高水压条件下盾构渣土有时还需注入高分子聚合物等进行组合改良，因此这种情况下，盾构渣土不仅含有亚稳定的泡沫结构，还含有高分子链状结构，其力学特性异常复杂。

基于以上几点原因，作为人工改造土，盾构渣土与自然界的常规土存在明显的力学差异性，所面临的问题也存在独特性。因此，有必要研究盾构渣土力学，为盾构渣土改良提供理论依据，进一步促进土压平衡盾构隧道安全高效低碳施工。

## 1.4　本书内容组织

在第 1 章对盾构渣土力学问题陈述的基础上，本书分三大篇介绍研究团队针对盾构渣土力学及其在盾构隧道工程施工中应用的研究成果。第一篇盾构渣土力学，包含 14 章内容，从改良剂对黏土界限含水率的影响规律入手，分别介绍了盾构渣土塑流性、渗透性、剪切强度和黏附性等研究成果；第二篇渣土改良下盾构掘进力学行为，包含 4 章内容，介绍了渣土改良下盾构掘进参数演化规律、盾构渣土渗透性及喷涌风险评价、掘进力学行为、地层响应等研究成果；第三篇盾构渣土改良技术及智能化，包括 5 章内容，介绍了盾构渣土塑流性调控、喷涌防控、结泥饼防控、基于类密度的渣土改良状态评价、基于机器学习的渣土改良参数预测等技术研究成果。具体内容组织如下所述。

1. 第一篇盾构渣土力学

第 2 章 改良剂作用下黏土界限含水率变化规律：首先，揭示改良剂对黏性盾构渣土界限含水率的作用机理，研究分散剂、泡沫剂和絮凝剂对渣土界限含水率的影响，提出黏土地层盾构渣土合适的改良剂类型；然后，探明分散剂和黏土种类对渣土界限含水率的影响特征；最后，基于 DLVO 理论 (胶体稳定性理论) 从电化学角度揭示了改良剂的作用机理，并结合光学显微镜从细观角度解释泡沫的改良机理。

第 3 章 盾构泡沫改良土塑流性：针对粗、细粒土地层泡沫改良渣土开展塑流性试验，研究含水率、泡沫注入比等改良参数对盾构改良渣土塑流性的影响规律，探究了泡沫改良渣土塑流性机理。

第 4 章 盾构泡沫改良土塑流性细观机理：建立泡沫改良砂土缩尺坍落度试验离散元数值模型，针对不同泡沫注入比条件下渣土的坍落过程进行分析，探究泡沫注入比对渣土细观力学性质的影响，基于颗粒细观力学视角对颗粒间接触力学特性变化进行分析，进而解释泡沫影响下渣土塑流性变化的力学机理。

第 5 章 盾构泡沫改良土渗透性：基于常水头渗透试验，研究泡沫改良土渗透性及其与改良参数、渣土状态之间的关系，并探究泡沫改良土渗透性机理。

第 6 章 水压力影响下盾构泡沫改良土渗透性：探究了不同水压力下泡沫改良砂土渗流特征，再结合管流模型分析了不同水压力下泡沫改良渣土中渗流通道的变化规律。

第 7 章 盾构多添加剂组合改良土渗透性：探究组合改良渣土渗流特征及水力梯度的影响规律，对比分析组合改良作用下渣土塑流性状态，研究水压力对于改良渣土渗流特征的响应规律。

第 8 章 盾构泡沫改良土渗透性理论模型：基于泡沫结构理论及纯泡沫渗流理论，考虑泡沫与土颗粒间的相互作用及水头影响，提出泡沫改良土有效渗流通道等概念，建立泡沫改良土的初始渗透系数定量计算方法，进一步地，基于流体力学原理及有效渗流通道理论，提出泡沫改良土渗透性常量等概念，建立泡沫改良土初始稳定时长的定量计算方法。

第 9 章 盾构泡沫改良土压缩性：采用大型压缩固结仪，探究泡沫注入比及泡沫消散时间等对改良粗、细颗粒土压缩性及孔隙压力等的影响规律，基于非饱和土视角对泡沫改良渣土压缩性进行机理分析，并探讨了渣土合理压缩性指标。

第 10 章 盾构泡沫改良土压缩性理论模型：提出考虑颗粒级配和改良参数的泡沫改良土一维不排水压缩作用下孔隙压力计算模型，并基于双曲线方程推导出泡沫改良土的压缩计算模型，将其引入孔隙压力计算模型。

第 11 章 盾构泡沫改良土强度特性：以泡沫改良砾砂为研究对象，通过加压式十字板剪切仪探究带压状态下不同改良工况砾砂的剪切变形行为，分析泡沫改良砾砂峰值剪切应力的影响因素，探究临界状态改良砾砂的非牛顿流体特性以及应力滞滑现象的影响因素，提出有利于土压平衡盾构进排土过程顺畅的改良建议。

第 12 章 泡沫改良土强度理论模型：考虑泡沫对孔隙物理状态的影响，引入扩大系数计算初始孔隙状态参数，然后根据理想气体方程和土 "有效应力–应变" 的双曲线关系，构建一维压缩状态下孔隙比与孔隙压力计算模型，在此基础上求解有效应力，再根据剪切引起孔压增量的计算方法和莫尔–库仑准则推导十字板残余剪切强度计算模型，并考虑残余剪切强度的剪切率相关性。此外，通过试验结果对比分别验证了压缩性参数和残余剪切强度模型的准确性，并基于计算模型作了因素敏感性分析。

第 13 章 盾构改良土黏附性：自主研制了可测定黏土黏附强度的小型旋转剪切仪，探究黏土种类、软硬状态、金属材料表面性质和剪切圆盘材料对黏附强度的影响规律，运用灰色关联分析确定影响黏附强度的主要因素，建立黏土黏附强度计算模型，分析分散剂对黏附强度的影响，最后揭示黏土的黏附机理。

第 14 章 黏土–金属界面剪切破坏模式：采用直剪仪测定不同状态下黏土的不排水抗剪强度，探究黏土抗剪强度的变化规律，建立黏土不排水抗剪强度计算模型，然后将获得的抗剪强度和黏附强度作为数值模拟中的计算参数，探究不同状态黏土旋转剪切试验时土样–金属界面的破坏模式，获得黏土地层预防泥饼时渣土的合适改良状态。

第 15 章 粗–细颗粒混合土黏附性：为了解决粗–细颗粒混合渣土易结泥饼问题，首先研制了大型旋转剪切仪，然后基于界面黏聚力建立了盾构易结泥饼的判断准则，通过对不同粒径颗粒的黏附强度测定，提出了使盾构易结泥饼的渣土临界粒径，进一步通过对不同细、粗颗粒表面积比的渣土黏附强度测试，确定了易引起盾构结泥饼的细、粗颗粒土临界表面积比，最后探究了改良剂对盾构结泥饼预防的作用效果。

2. 第二篇盾构掘进力学行为

第 16 章 渣土改良下盾构掘进参数演化：建立土压平衡盾构机在粗颗粒土地层中掘进的 DEM(离散元, discrete element method)-FEM(有限元, finite element method) 耦合数值模型，针对未改良、欠改良、合适改良及过度改良四种典型土体改良状态，探究不同改良状态渣土对盾构机掘进参数变化规律和掘进过程中土舱的渣土流动情况。

第 17 章 富水砾砂地层盾构渣土渗透性及喷涌风险评估：针对富水砾砂地层盾构掘进时面临的喷涌风险，采用数值模拟软件 FLAC$^{3D}$，研究不同渣土改良条件下盾构渣土的渗流特征，提出喷涌的评估方法，并从防喷涌的角度给出改良建议。

第 18 章 富水砾砂地层盾构掘进力学行为与渣土状态关联性：依托工程现场开展现场富水砾砂地层的渣土改良试验，评估改良渣土的状态，获得适用于此类富水砾砂地层的渣土改良方案，并将渣土状态与盾构掘进参数及地层变形控制联系起来，分析前者对后者的影响规律。

第 19 章 渣土改良下盾构掘进富水砾砂地层响应特征研究：采用数值模拟手段，研究渣土改良对富水砾砂地层响应特征的影响规律，建立开挖面孔压分布与渣土渗透系数之间关系，分析盾构掘进期间地层位移场与孔压场的变化特征，研究不同渣土改良效果和地下水位对开挖面失稳形式与支护应力的影响。

3. 第三篇盾构渣土改良技术及其智能化

第 20 章 盾构渣土塑流性调控技术及应用：提出了一种盾构粗颗粒渣土塑流性改良工艺，并在此基础上，为了更好地定量反映渣土改良状态，提出综合评价指标 $F$，优化了盾构粗颗粒土渣土塑流性评价优化，并在南宁地铁五号线进行了相关工程应用验证。

第 21 章 盾构渣土喷涌防控技术及应用：针对富水砂性地层盾构渣土改良难题，先是提出了富水砂性地层盾构渣土抗渗改良工艺，依托昆明地铁四号线进行现场应用，验证工艺合理性。进一步地，形成多指标控制下盾构掘进砂性渣土改良工艺和多参数协调盾构排渣调控技术，通过滇中引水工程昆明段盾构区间工程应用验证了技术可行性。

第 22 章 盾构渣土结泥饼防控技术及应用：为解决黏性地层盾构渣土改良问题，首先提出了土压平衡盾构在黏性地层中的渣土改良技术，然后分别针对杭州地铁十号线盾构区间细颗粒土和南宁地铁五号线盾构区间粗细颗粒混合土，将提出的渣土改良技术应用于细颗粒地层和粗–细颗粒混合黏性地层，验证所提出的黏性地层盾构渣土改良技术的合理性。

第 23 章 盾构渣土改良状态评价方法及应用：为判定砂性地层盾构渣土是否处于合适改良状态，提出了一种基于机器学习的表观密度评价方法，首先通过大量的试验数据训练了一个可用于预测侧压力系数的机器学习模型，然后引入了渣土压缩性的相关指标参数，建立了表观密度计算公式，将提出的表观密度评价方法应用于昆明地铁四号线现场，验证所提出方法在提升盾构掘进效率方面的可行性。

第 24 章 盾构渣土改良参数机器学习及应用：系统性地提出一套基于机器学习的智能渣土改良方法，首先采用特征工程对盾构数据进行预处理，选择最优渣土改良机器学习模型，并对比模型在不同数据集划分方式下的性能差异，利用 t 分布随机邻居嵌入 (TSNE) 高维数据降维可视化对差异原因进行分析。最后，提出基于主动学习的不确定性量化策略，确保在不了解真值的情况下，对模型预测结果的可靠性进行判断。

# 参 考 文 献

程池浩, 赵国强, 廖少明, 等, 2016. 武汉老黏土地层土压盾构适应性研究 [J]. 施工技术, 45(19): 105-109, 115.

姜厚停, 龚秋明, 杜修力, 2013. 卵石地层土压平衡盾构施工土体改良试验研究 [J]. 岩土工程学报, 35(2): 284-292.

金谷, 2008. 表面活性剂化学 [M]. 合肥: 中国科学技术大学出版社.

李培楠, 黄德中, 黄俊, 等, 2016. 硬塑高黏度地层盾构施工土体改良试验研究 [J]. 同济大学学报 (自然科学版), 44(1): 59-66.

刘朋飞, 王树英, 阳军生, 等, 2018. 渣土改良剂对黏土液塑限影响及机理分析 [J]. 哈尔滨工业大学学报, 50(6): 91-96.

马连丛, 2010. 富水砂卵石地层盾构施工渣土改良研究 [J]. 隧道建设, 30(4): 411-415.

钱七虎, 陈健, 2021. 大直径盾构掘进风险分析及对特大直径盾构挑战的思考 [J]. 隧道建设 (中英文), 41(2): 157-164.

乔国刚, 2009. 土压平衡盾构用新型发泡剂的开发与泡沫改良土体研究 [D]. 北京: 中国矿业大学.

乔国刚, 陶龙光, 刘波, 等, 2009. 泡沫改良富水砂层工程性质的实验研究 [J]. 现代隧道技术, 46(6): 85-90.

童锡来, 2021. 2021 年中国盾构机行业龙头企业对比: 中铁工业 VS 铁建重工谁是中国 "盾构之王"? [OL]. http://stock.stockstar.com/IG2021101900005900.shtml.

王斌, 王树英, 郑响凑, 2024. 土压平衡盾构渣土改良泡沫发生性能试验研究 [J]. 中国公路学报, 37(1): 154-164.

王凌, 张跃明, 张宇亭, 2017. 盾构推进地面塌陷事故处理及复推方案介绍 [C]. 第四届全国智慧城市与轨道交通学术会议暨轨道交通学组年会: 327-333.

魏康林, 2007. 土压平衡式盾构施工中 "理想状态土体" 的探讨 [J]. 城市轨道交通研究, 10(1): 67-70.

温勇, 杨光华, 汤连生, 等, 2016. 广州地区花岗岩残积土力学特性试验及参数研究 [J]. 岩土力学, 37(S2): 209-215.

徐蓉蓉, 2020. 热点追踪 | 东京外环线 (关越 ~ 东名) 工地附近发生地面塌陷 [PB/OL]. https://www.tunnelling.cn/PNews/ NewsDetail.aspx?newsId=40686, 2020. [2020-10-23].

闫鑫, 龚秋明, 姜厚停, 2010. 土压平衡盾构施工中泡沫改良砂土的试验研究 [J]. 地下空间与工程学报, 6(3): 449-453.

张萌, 孙骋, 2015. 大直径土压平衡盾构在复杂地层中的掘进技术探析 [J]. 隧道建设, 35(S2): 157-161.

郑健, 易陈钰, 陶银辉, 2021. 碳达峰, 碳中和目标下交通领域碳排放计算展望. https://new.qq.com/rain/a/2021 0609A002D900.

朱伟, 秦建设, 魏康林, 2004. 土压平衡盾构喷涌发生机理研究 [J]. 岩土工程学报, 26(5): 589-593.

朱伟, 张明晶, 张志允, 2003. 土压平衡盾构气泡发泡剂的试验研究 [M]//中国土木工程学会. 中国土木工程学会第九届土力学与岩土工程学术会议论文集. 北京：清华大学出版社: 664-669.

竺维彬, 鞠世健, 2003. 盾构施工泥饼 (次生岩块) 的成因及对策 [J]. 地下工程与隧道, (2): 25-29.

Bezuijen A, Schaminée P, Kleinjan A, 1999. Additive testing for earth pressure balance shields [C]. Proceedings of the Geotechnical Engineering for Transportation Infrastructure: Theory and Practice, Planning and Design, Construction and Maintenance, Rotterdam: Balkema.

Borghi F, 2006. Soil conditioning for pipe jacking and tunnelling[D]. Cambridge: University of Cambridge.

Borio L, Peila D, 2010. Study of the permeability of foam conditioned soils with laboratory tests.[J]. American Journal of Environmental Sciences, 6(4): 365-370.

Budach C, Thewes M, 2015. Application ranges of EPB shields in coarse ground based on laboratory research[J]. Tunnelling and Underground Space Technology, 50: 296-304.

EFNARC, 2005. Specification and guidelines for the use of specialist products for soft ground tunnelling[R]. European Federation for Specialist Construction Chemicals and Concrete Systems, Surry, UK.

Hollmann F, Thewes M, 2013. Assessment method for clay clogging and disintegration of fines in mechanised tunnelling [J]. Tunnelling and Underground Space Technology, 37(13): 96-106.

Kusakabe O, Nomoto T, Imamura S, 1997. Panel discussion: geotechnical criteria for selecting mechanized tunnel system and DMM for tunneling[C]. Proceedings of 14th International Conference on Soil Mechanics and Foundation Engineering. Rotterdam: Balkema: 2439-2440.

Langmaack L, 2000. Advanced technology of soil conditioning in EPB shield tunneling[C]. Proceedings of the North American Tunnelling Conference, Rotterdam: Balkema: 525-542.

Langmaack L, Feng Q, 2005. Soil conditioning for EPB machines: balance of functional and ecological properties[C]. Underground Space Use, Analysis of the Past and Lessons for the Future, Two Volume Set. London: Taylor & Francis: 729-735.

Langmaack L, Lee K, 2016. Difficult ground conditions? Use the right chemicals! Chances–limits–requirements [J]. Tunnelling and Underground Space Technology, 57(8): 112-121.

Liu P, Wang S, Ge L, et al, 2018. Changes of Atterberg limits and electrochemical behaviors of clays with dispersants as conditioning agents for EPB shield tunnelling[J]. Tunnelling & Underground Space Technology, 73: 244-251.

Maidl B, Herrenknecht M, Maidl U, et al, 2012. Mechanised Shield Tunnelling[M]. 2nd ed. Berlin: Ernst and Sohn.

Messerklinger S, Zumsteg R, Puzrin A M, 2011. A new pressurized vane shear apparatus[J]. Geotechnical Testing Journal, 34(2): 112-121.

Milligan G, 2000. Lubrication and soil conditioning in tunnelling, pipe jacking and microtunnelling: a state-of-the-art review[R]. London: Geotechnical Consulting Group.

Quebaud S, Sibai M, Henry J, 1998. Use of chemical foam for improvements in drilling by earth-pressure balanced shields in granular soils[J]. Tunnelling and Underground Space Technology, 13(2): 173-180.

Vinai R, Oggeri C, Peila D, 2008. Soil conditioning of sand for EPB applications: a laboratory research[J]. Tunnelling and Underground Space Technology, 23(3): 308-317.

Wu Y, Mooney M, Cha M, 2018. An experimental examination of foam stability under pressure for EPB TBM tunneling[J]. Tunnelling and Underground Space Technology, 77: 80-93.

Ye X, Wang S, Yang J, et al, 2016. Soil conditioning for EPB shield tunneling in argillaceous siltstone with high content of clay minerals: case study [J]. International Journal of Geomechanics, 17(4): 05016002.

Zumsteg R, Langmaack L, 2017. Mechanized tunneling in soft soils: choice of excavation mode and application of soil-conditioning additives in glacial deposits[J]. Engineering, 3(6): 863-870.

Zumsteg R, Plötze M, Puzrin A, 2012. Effect of soil conditioners on the pressure and rate-dependent shear strength of different clays[J]. Journal of Geotechnical and Geoenvironmental Engineering, 138(9): 1138-1146.

# 第一篇
## 盾构渣土力学

# 第 2 章　改良剂作用下黏土界限含水率变化

## 2.1　引　　言

　　无论在黏土还是在粗–细颗粒混合黏性地层中引起盾构结泥饼的主要颗粒是渣土中的细粒土，而改良剂也是通过作用于渣土中的细颗粒，降低其黏附性，预防盾构渣土结泥饼。土压平衡盾构掘进时渣土改良的本质是改良剂通过物理和化学作用改变渣土的物理力学性质，从而满足盾构施工的要求。改良剂首先能够改变渣土自身的性质，进一步影响其在不同状态下的参数，如抗剪强度、压缩系数等，因此需要能够反映土自身属性的参数来表征改良剂与渣土的相互作用，而界限含水率作为一个仅与渣土自身性质 (如矿物成分、颗粒级配等) 相关的参数，可作为表征改良剂对渣土作用效果的量值。

　　关于分散剂对黏土液塑限的影响，杨洪希等 (2020) 针对杭州地铁十号线某盾构区间，研究了一种分散剂对杭州地区粉质黏土界限含水率的影响，结果表明在此种分散剂作用下粉质黏土液塑限基本没有变化，这主要是因为分散剂通过化学作用改良渣土性能，渣土中矿物成分对其作用效果影响较大，当分散剂不能与土样中矿物成分发生反应时，作用效果也就不明显。

　　关于泡沫对渣土液塑限的影响，Ye 等 (2017) 测定泥质粉砂岩地层盾构渣土中加入泡沫后液塑限变化情况，研究表明随着泡沫注入比逐渐增加，土样的液塑限逐渐减小，但总体来说变化不大。这主要是因为泡沫剂的有效成分是表面活性剂，经过发泡产生泡沫后注入渣土中，一方面泡沫能够增大渣土的孔隙率，另一方面泡沫剂中的表面活性剂能够增加颗粒的分散性，因此泡沫能够减小渣土的液塑限。但是由于在黏性较大的地层中泡沫易破灭，且泡沫剂中表面活性剂的含量较低，泡沫对黏性渣土的液塑限影响较小。蔡兵华等 (2019) 针对武汉红黏土地层开发了一种由阴离子表面活性剂、非离子表面活性剂和抗黏添加剂组成的新型泡沫剂，并通过测定泡沫对红黏土液塑限的影响，进一步得到改良剂对渣土黏稠指数的影响，研究表明在不同含水率情况下，加入此新型泡沫后，渣土的黏稠指数降低。

　　关于絮凝剂对黏土液塑限的影响，Merritt(2005) 分别测定黏土中加入不同质量的絮凝剂后土样液塑限变化，研究表明随着絮凝剂的增加，黏土的液塑限和塑性指数逐渐增加，但是液限的增加量明显大于塑限增加量，因此塑性指数也逐渐增大。絮凝剂由于呈长链状结构，能够将土颗粒联结起来 (Milligan, 2000)，增加渣土的塑性，进而使渣土的液塑限增加，但是在土样含水率较大时，溶于土样中的絮凝剂量相对较多，絮凝剂的作用效果增强，因此土样的液限增加量大于塑限增加量。由于絮凝剂能够增大渣土的塑性，因此主要应用于塑性较小的地层，减小渣土的渗透系数，防止渣土从螺旋输送机中挤出或者发生喷涌。另外，絮凝剂还可与黏土矿物混合使用，增大黏土矿物的颗粒，更有利于填充粗颗粒渣土颗粒间的孔隙，增加渣土的抗渗性，有利于盾构保压。

渣土改良的实质就是改变渣土的结构和液体环境,进而改变渣土的性质。关于液体环境对渣土液塑限的影响,一些学者也开展了相关研究。Spagnoli 等 (2010) 研究了土样中介电常量对黏土液塑限的影响,研究表明随着介电常量的增加,钠基和钙基蒙脱土的液限和塑性指数逐渐增大,但钠基蒙脱土更加明显。Gajo 和 Maines(2007) 通过研究发现随着土样酸、碱或者盐浓度的增加,土样的液限先逐渐减小,然后趋于稳定。

为了定量化表征改良剂对渣土的作用效果,本书作者所在团队采用黏土作为基本试验土样,探究改良剂对黏土的作用机理,研究分散剂、泡沫剂和絮凝剂对渣土界限含水率的影响,给出适合黏土的改良剂类型,然后测定不同分散剂对不同渣土的作用效果,研究分散剂和黏土种类对渣土界限含水率的影响,最后基于 DLVO 理论从电化学角度揭示了改良剂的作用机理,并结合光学显微镜从细观角度解释泡沫的改良机理 (Liu et al., 2018)。

## 2.2    液塑限试验

### 2.2.1    试验材料

黏土采用高岭土和蒙脱土作为试验材料,为确定其含有的矿物成分,采用 X 射线衍射 (XRD) 仪分别对高岭土、蒙脱土进行物相分析。两种土样的矿物分析结果如表 2-1 所示,高岭土中主要含有高岭石、白云母和石英;蒙脱土中主要含有钠基蒙脱石、钙基蒙脱石、钠长石、微斜长石、石英和方解石,且钠离子占可交换阳离子总含量的 50%,此种蒙脱土为钠基蒙脱土。

表 2-1    试验土样矿物成分

| 种类 | 成分 | 化学式 | 质量分数/% |
|---|---|---|---|
| 蒙脱土 | 钠基蒙脱石 | $Na_{0.3}(Al,Mg)_2Si_4O_{10}(OH)_2$ | 48.8 |
| | 钙基蒙脱石 | $Ca_{0.2}(Al,Mg)_2Si_4O_{10}(OH)_2$ | 14.1 |
| | 钠长石 | $NaAlSi_3O_8$ | 28.3 |
| | 微斜长石 | $(K_{0.95}Na_{0.05})(AlSi_3O_8)$ | 5.5 |
| | 石英 | $SiO_2$ | 2.5 |
| | 方解石 | $CaCO_3$ | 0.8 |
| 高岭土 | 高岭石 | $Al_2(Si_2O_5)(OH)_4$ | 83.7 |
| | 白云母 | $KAl_{2.2}(Si_3Al)_{0.975}O_{10}((OH)_{1.72}O_{0.28})$ | 14.0 |
| | 石英 | $SiO_2$ | 2.3 |

为确定试验材料的土样分类,测定了两种材料的颗粒级配,结果如图 2-1 所示,高岭土最大粒径约为 0.026mm,蒙脱土的最大粒径为 0.240mm,其中小于 0.075mm 的粒径占比约为 91%。两种土样的液塑限和活性指数如表 2-2 所示,由于两种土的塑性指数 $I_p$ 均大于 17,根据《建筑地基基础设计规范》(GB 50007—2011) 中土的分类,这两种土都属于黏土,且蒙脱土的活性指数大于 1.25,属于活性黏土,而高岭土的活性指数小于 0.75,属于非活性黏土。

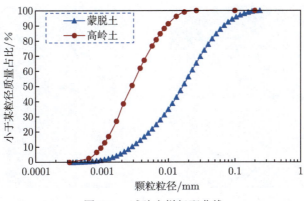

图 2-1　试验土样级配曲线

表 2-2　试验土样特性参数

| 名称 | 塑限/% | 液限/% | 塑性指数 | 活性指数 | 黏土类别 |
|------|--------|--------|----------|----------|----------|
| 蒙脱土 | 59.9 | 316.8 | 256.9 | 42.82 | 活性黏土 |
| 高岭土 | 31.8 | 56.2 | 24.4 | 0.68 | 非活性黏土 |

改良剂分别使用通用型泡沫剂、分散型泡沫剂、絮凝剂和分散剂，其中，为对比不同分散剂的作用效果，采用了六偏磷酸钠和聚丙烯酸钠两种分散剂改良渣土，六偏磷酸钠呈颗粒状 (图 2-2)，聚丙烯酸钠呈液体状 (图 2-3)，泡沫剂 (图 2-4 和图 2-5) 和絮凝剂 (图 2-6) 为液体溶液。为测定各改良剂的有效成分，便于分析改良剂的作用机理，对四种改良剂进行了物质成分分析，获得各改良剂的化学物质组成如表 2-3 所示。六偏磷酸钠的主要成分为多聚磷酸钠，另外还含有硅胶、十四烷基二甲基叔胺、十四醇聚氧乙烯醚-3、氯代十二烷和月桂醇醚-8；聚丙烯酸钠为纯聚丙烯酸钠，不含其他成分；通用型泡沫剂主要成分是阳离子表面活性剂十二烷基三甲基氯化铵、复配有阴离子表面活性剂十二烷基硫酸钠以及非离子表面活性剂氯代十二烷等；分散型泡沫剂主要成分是聚丙烯酸钠、十二烷基硫酸钠、十二烷基三甲基氯化铵、月桂醇聚醚-8、溴代十二烷、氯代十二烷和乙二醇单丁醚，为分散剂和表面活性剂混合溶液；絮凝剂中有效成分是非离子型聚丙烯酰胺。

图 2-2　六偏磷酸钠

图 2-3　聚丙烯酸钠

图 2-4　通用型泡沫剂

图 2-5　分散型泡沫剂

图 2-6　絮凝剂

表 2-3　各改良剂化学成分表

| 改良剂类型 | 成分 | 化学式 | 质量分数/% |
| --- | --- | --- | --- |
| 六偏磷酸钠 | 多聚磷酸钠 | $(NaPO_3)_n$ | 73~74 |
| | 硅胶 | $mSiO_2 \cdot nH_2O$ | 4~5 |
| | 十四烷基二甲基叔胺 | $C_{16}H_{35}N$ | 18~19 |
| | 十四醇聚氧乙烯醚-3 | $C_{17}H_{36}O_3$ | 2~3 |
| | 氯代十二烷 | $C_{12}H_{25}Cl$ | 2~3 |
| | 月桂醇醚-8 | $C_{20}H_{40}O_7$ | 1~2 |
| 聚丙烯酸钠 | 聚丙烯酸钠 | $\ce{[CH_2CHCOONa]_n}$ | 100 |
| 通用型泡沫剂 | 十二烷基硫酸钠 | $C_{12}H_{25}O_4NaS$ | 1.0~1.5 |
| | 氯代十二烷 | $C_{12}H_{25}Cl$ | 0.2~0.3 |
| | 十二烷基三甲基氯化铵 | $C_{15}H_{34}ClN$ | 3.0~3.5 |
| | 硅油 | $[Si(CH_3)_2O]_n$ | 1.0~2.0 |
| | 乙二醇单丁醚 | $C_6H_{14}O_2$ | 1.0~2.0 |
| | 十六醇聚氧乙烯醚-9 | $C_{25}H_{44}O_9$ | 0.1~0.2 |
| | 十五醇聚氧乙烯醚-9 | $C_{24}H_{42}O_9$ | 0.1~0.2 |
| | 水 | $H_2O$ | 93.0~94.0 |

续表

| 改良剂类型 | 成分 | 化学式 | 质量分数/% |
|---|---|---|---|
| 分散型泡沫剂 | 聚丙烯酸钠 | $\{CH_2CHCOONa\}_n$ | 5.0~6.0 |
| | 十二烷基硫酸钠 | $C_{12}H_{25}O_4NaS$ | 1.0~1.5 |
| | 十二烷基三甲基氯化铵 | $C_{15}H_{34}ClN$ | 0.5~1.0 |
| | 月桂醇聚醚-8 | $C_{20}H_{40}O_7$ | 3.0~4.0 |
| | 溴代十二烷 | $C_{12}H_{25}Br$ | 0.5~1.0 |
| | 氯代十二烷 | $C_{12}H_{25}Cl$ | 0.5~1.0 |
| | 乙二醇单丁醚 | $C_6H_{14}O_2$ | 1.0~1.5 |
| | 水 | $H_2O$ | 84.0~88.5 |
| 絮凝剂 | 非离子型聚丙烯酰胺 | $\{CH_2—CH(CONH_2)\}_n$ | 13~14 |
| | 月桂醚-7 | $C_{19}H_{40}O_7$ | 0.5~1.0 |
| | 二甲基硅油 | $\{Si(CH_3)_2O\}_n$ | 1.0~2.0 |
| | 异辛醇聚氧乙烯醚-6 | $C_{14}H_{30}O_6$ | 0.5~1.0 |
| | 硅胶 | $mSiO_2 \cdot nH_2O$ | 1.0~2.0 |
| | 氯代十二烷 | $C_{12}H_{25}Cl$ | 1.0~2.0 |
| | 水 | $H_2O$ | 81.0~83.0 |

## 2.2.2 试验方案

当改良剂为泡沫剂时，需要将泡沫剂稀释成为一定浓度的溶液，然后通过发泡装置产生能够满足盾构施工的泡沫；当改良剂为絮凝剂或者分散剂时，将分散剂或絮凝剂加水配制成一定浓度的溶液。将改良剂加入土样中测定改良剂对黏土液塑限的影响，泡沫改良后的渣土在进行液塑限的同时采用光学显微镜对土样进行扫描拍照，用于观察土样中的泡沫分布情况，最后对土样进行 Zeta 电位测试试验。

### 1. 泡沫参数测试试验

土压平衡盾构掘进时产生的泡沫发泡倍率大于 10(Milligan,2000)、半衰期大于 5min(闫鑫等，2010)，这样才能够满足施工的要求，因此有必要确定试验所用泡沫的参数。采用的发泡系统主要部件示意及实物分别如图 2-7 和图 2-8 所示，主要由空压机、调压阀、发泡枪、储液罐和塑料盘组成：空压机的作用是提供发泡所需的空气，并为储液罐提供发泡所需的压力；调压阀用来调整泡沫剂和空气的注入压力；发泡枪主要用来混合泡沫剂溶液和空气，产生泡沫；储液罐则是用于储存泡沫剂溶液；塑料盘则是方便试验时取泡沫。

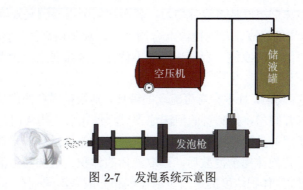

图 2-7 发泡系统示意图

图 2-8　发泡系统实物图

由于盾构施工中常用的发泡压力为 3bar(1bar=$10^5$Pa) 左右，因此试验采用的发泡压力也为 3bar，泡沫制备的具体操作步骤如下所述。

(1) 将泡沫剂与水混合制成 3％体积浓度的溶液，采用长颈漏斗将溶液倒入储液罐内。

(2) 设置空压机的最大压力为 6bar，然后启动空压机，空压机达到指定压力 3bar 后将进入待机状态。

(3) 调节调压阀使空气管路和泡沫剂溶液管路的压力都为 3bar，然后通过发泡枪里的观测腔观察空气与泡沫剂溶液是否混合均匀，若不均匀则需要调整发泡枪的角度。

(4) 当空气与泡沫剂溶液在发泡枪内混合均匀后，观察由观测管排出的泡沫是否均匀，且泡沫中不能含有可流动的液体。若泡沫质量不达标，则需要进一步调整储液罐和发泡枪的进气压力。

(5) 若产生的泡沫均匀，且不含有可流动的液体，则根据需要的泡沫体积将塑料盘放到量筒对应位置处，打开阀门，待制备的泡沫达到目标体积后关闭阀门。

发泡倍率测定所用的量筒量程为 5L，首先取 5L 的泡沫放置于量筒中，然后采用保鲜膜快速封闭量筒口，待泡沫完全消散后，读取液体的体积，泡沫与溶液的体积比即为泡沫的发泡倍率。经测定 3％体积浓度的通用型泡沫剂和分散型泡沫剂在 3bar 的发泡压力下泡沫发泡率分别为 21 和 14，均能满足盾构施工要求。

半衰期是指泡沫质量消散一半时所需要的时间，泡沫的消散性测试装置如图 2-9 所示，通过发泡装置产生的一定质量的泡沫放置于上部塑料容器中，塑料容器采用透水纸封住底部出口，使液体能够通过，但泡沫不能通过，消散后的泡沫剂液体随导流管流入烧杯，随着泡沫的破灭电子秤上的读数会逐渐增加，从而测定在不同时间时消散泡沫占泡沫总质量的比例，得到此泡沫的消散曲线，进而得到其半衰期。经测定 3% 体积浓度的通用型泡沫剂和分散型泡沫剂在 3bar 的发泡压力下产生的泡沫半衰期分别为 16min 和 10min，能够满足盾构泡沫半衰期大于 5min 的需求。

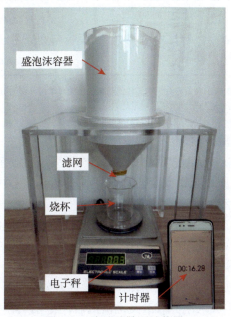

图 2-9　泡沫消散测试装置

#### 2. 改良土液塑限测定试验

液限表征黏性土由流塑状态转入可塑状态的界限含水率，塑限表征黏性土由可塑状态转变为坚硬状态的界限含水率。根据《土工试验方法标准》(GB/T 50123—2019) 中规定，采用落锥法测定黏土的界限含水率，测试仪器为液塑限联合测试仪，黏土在液限和塑限时的锥入深度分别为 17mm 和 2mm。采用落锥法测定黏土液塑限时，落锥的针入深度与土样的不排水抗剪强度存在如下关系 (Wood, 1985)：

$$S_u = \frac{K_\alpha m_{cone}}{d_{cone}^2} \qquad (2-1)$$

式中，$S_u$ 表示土样的不排水抗剪强度；$K_\alpha$ 表示理论锥角影响系数；$m_{cone}$ 表示落锥的质量；$d_{cone}$ 表示落锥针入深度。

《土工试验方法标准》(GB/T 50123—2019) 中规定的液塑限联合测定仪落锥质量为 76g，锥角为 30°，此时式 (2-1) 中的 $K_\alpha$ 和 $m_{cone}$ 都是定值，因此当针入深度 $d$ 也确定时，其不排水抗剪强度也是一个定值。国内外普遍认为当土含水率为液限时抗剪强度是 1.6~1.7kPa，含水率等于塑限时抗剪强度一般为 110~120kPa(Sherwood 和 Ryley，1970；周序源和张剑峰，1985)。因此，采用落锥法测得的液塑限分别对应不排水抗剪强度为 1.6~1.7kPa 和 110~120kPa 时的土样含水率。

为测定改良剂作用下黏土的液塑限变化规律，设计了如表 2-4 所示的液塑限试验工况。

表 2-4　液塑限试验工况

| 试验土样 | 泡沫剂添加比/% | | 分散剂添加比/% | | 絮凝剂添加比/% |
|---|---|---|---|---|---|
| | 通用型泡沫 | 分散型泡沫 | 六偏磷酸钠 | 聚丙烯酸钠 | |
| 蒙脱土、高蒙混合土 (高:蒙=3:1, 1:1, 1:3) 高岭土 | 2、4、6、8 | 2、4、6、8、10 | 2、4、6、8、10 | 2、4、8、14、20 | 2、4、6、8 |

注：表中高:蒙 =3:1，1:1，1:3 表示高蒙混合土中高岭土与蒙脱土的质量比分别为 3:1，1:1，1:3，改良剂 (包括泡沫剂、分散剂、絮凝剂) 添加比表示改良剂原液与干燥土样的质量比。

改良剂作用下黏土液塑限测试步骤如下所述。

(1) 首先将土样在烘箱中以 105℃ 烘干 24h，然后采用橡胶锤破碎结块的土样，取三组破碎后的干燥土样与一定质量蒸馏水混合均匀后静置 24h，其中三组土样加水后要保证其软硬程度分别接近塑限、液限和二者的中间状态。

(2) 土样静置 24h 后，若采用泡沫作为改良剂，则将泡沫剂配制成浓度为 3% 的溶液，然后将配制的溶液倒入储液罐，打开空压机调整发泡压力即可产生泡沫，用量筒量取所需体积的泡沫；若采用絮凝剂和分散剂作为改良剂，则配制絮凝剂、分散剂的浓度分别为 20% 和 10%，按照改良剂添加比加入各土样中所需的絮凝剂或分散剂。

(3) 在润湿后的土样中加入泡沫或改良剂溶液后，采用搅拌棒快速搅拌均匀，然后将土样填入液塑限联合测定仪的试样杯内，在仪器的锥体表面涂上一层凡士林，将试样杯放置在升降台上，调整升降台高度使锥体接触土样表面，然后测定锥体在土样中的针入深度。

(4) 试验完成后，用刮刀削去上部含有凡士林的土样，然后取少量土样放入铝盒内测定其含水率。

(5) 在测定完土样的含水率后，得到含水率与锥体下沉深度的关系，最后求得下沉深度分别为 17mm 和 2mm 时的含水率，即为所测土样的液限和塑限。

3. Zeta 电位测定试验

黏土颗粒一般带有负电荷，通过范德瓦耳斯力和静电引力将金属阳离子吸附在颗粒表面以使其达到电荷平衡，在黏土颗粒表面形成吸附层。图 2-10 给出了 Stern 双电层模型，吸附层分为 Stern 层和扩散层，Stern 层中仅含有金属阳离子，而扩散层中既含有金属阳离子，也含有阴离子，金属阳离子的浓度随着距黏土颗粒表面的距离增大逐渐减小。当黏土颗粒在电场中运动时，该双电层将会出现剪切面，此剪切面处的电位即为 Zeta 电位。各颗粒有同号的 Zeta 电位，即带有同号的电荷，互相排斥，能够减小黏土间的联结。当颗粒的 Zeta 电位同号且绝对值越大时，颗粒的带电量越大，颗粒间的联结越弱，黏土的抗剪强度越小。

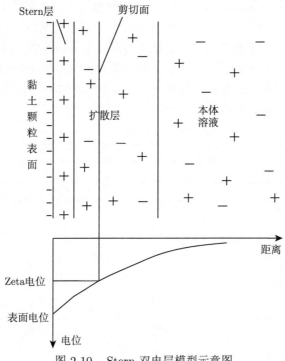

图 2-10　Stern 双电层模型示意图

本试验中采用 Malvern Zetasizer Nano ZS90 纳米粒径电位分析仪测试黏土颗粒的 Zeta 电位。由于当土样含水率等于液限和塑限时，试样的透光性较差，难以测定其 Zeta 电位，因此需要对土样进行加水稀释，若保持土样含水率不变，改变改良剂的添加量，仍能定性反映出改良剂对土样的作用效果。土样的 Zeta 电位测试具体操作步骤如下所述。

(1) 首先将分散剂制成 1% 溶液，然后将一定质量土样与蒸馏水混合均匀，分别按照不同的添加比加入分散剂溶液，最终土样的含水量包含初始加入的水和分散剂溶液中的水，控制每组试样土样与蒸馏水的质量比为 1∶1000。

(2) 采用电磁搅拌机对土样和分散剂混合液搅拌 3min，确保试样均匀后，静置 5min 采用注射器取上层清液。

(3) 然后缓慢注入电解槽内，试验过程要保证电解槽内部完全被溶液填充，且不能有气泡存在，然后将电解槽插入电位分析仪中测定土样的 Zeta 电位。

## 2.3　改良剂作用下黏土液塑限变化特征

### 2.3.1　改良剂与黏土相互作用的时间效应

盾构机有正常掘进和停机两种状态。当盾构正常掘进时，改良剂与渣土作用时间短，在处理"泥饼"等停机状态时，改良剂与渣土作用时间较长。为探究改良剂的时间效应，分别测定加入改良剂不同时间后土样的液塑限。

**1. 泡沫与黏土作用的时间效应**

采用通用型泡沫剂产生泡沫，添加比为 2%，测定泡沫加入蒙脱土中 0h、5h、10h、24h 后土样的液塑限变化。试验结果如图 2-11 所示，在不同时刻测得的液塑限基本相同，即改良时间对渣土的液塑限影响不大。这主要是因为蒙脱土的黏性较大，泡沫加入土样后，在搅拌过程中泡沫就已全部消散 (图 2-12)，此时主要靠泡沫剂中的表面活性剂改良渣土，由表 2-3 可知，泡沫剂中含有的表面活性剂极少，短时间内即可与渣土完成反应，因此改良时间对泡沫改良渣土的影响不明显。

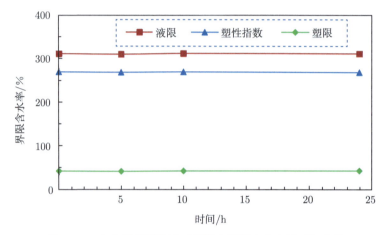

图 2-11　加入通用型泡沫后蒙脱土界限含水率随时间变化

(a)　　　　　　　　　　　　　　　　(b)

图 2-12　搅拌前后土样中通用型泡沫变化对比：(a) 搅拌前；(b) 搅拌后

**2. 絮凝剂与黏土作用的时间效应**

当添加比为 2% 时，絮凝剂改良蒙脱土 0h、5h、29h、53h 后液塑限变化见图 2-13。加入絮凝剂 5h 与 0h 后相比，液限减小，但 5h 后液限基本不再发生变化。然而，随着改良时间的增加塑限基本没有变化，塑性指数的变化趋势与液限相同。在加入絮凝剂 5h 后，蒙脱土的液限、塑限和塑性指数基本趋于稳定。

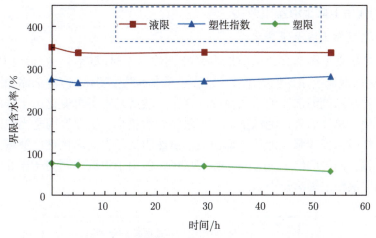

图 2-13  加入絮凝剂后蒙脱土界限含水率随时间变化

### 3. 分散剂与黏土作用的时间效应

当分散剂的添加比为 4% 时，六偏磷酸钠、聚丙烯酸钠分别与蒙脱土混合 0h、5h、10h、24h、48h 后的液塑限变化曲线如图 2-14 所示，图例中 "六" 代表分散剂为六偏磷酸钠，"聚" 代表分散剂为聚丙烯酸钠，下同。蒙脱土中加入六偏磷酸钠后，随着作用时间的增加，其液塑限先减小然后趋于稳定，加入分散剂 5h 后土样的液塑限基本不再发生变化；而蒙脱土与聚丙烯酸钠混合后，随着作用时间增加其液限基本不发生变化，塑限减小幅度也较小，这表明相比于六偏磷酸钠，聚丙烯酸钠与黏土的作用时间较短，能够更加快速地改良渣土。

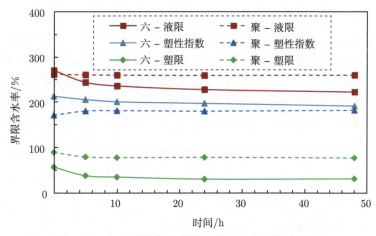

图 2-14  加入分散剂后蒙脱土界限含水率随时间变化

由上述分析可知，泡沫加入土样后，液塑限基本不随时间变化；分散剂和絮凝剂在加入土样 5h 后，蒙脱土的液塑限基本不发生变化，因此对于分散剂和絮凝剂选取加入改良剂 0h 和 5h 后的液塑限，研究盾构机正常掘进和停机两种工作状态时改良渣土的性质变化。由于改良时间对泡沫改良渣土的液塑限影响不明显，因此为减小试验数量，仅选取加入泡沫 0h 后的液塑限表征泡沫对渣土的作用效果。

### 2.3.2　改良剂作用下黏土液塑限变化

**1. 泡沫作用下黏土液塑限变化**

液塑限测定结果见图 2-15，当泡沫剂添加比小于 4% 时，随着泡沫剂添加量的增加土样的液限逐渐减小，泡沫剂添加比大于 4% 后液限基本不发生变化；泡沫剂添加比小于 2% 时，土样的液限随着泡沫剂添加比的增大而逐渐减小，然后基本不再变化；土样的塑性指数则基本不发生变化。总体而言，泡沫剂对液塑限的影响较小，主要原因是当泡沫加入蒙脱土中后，由于土样吸水性较强，泡沫全部消散，虽然阴离子表面活性剂能够增大颗粒间的静电斥力，减小颗粒间的联结 (Langmaack，2000)，但由于溶液中阴离子表面活性剂含量较少，故泡沫剂对液塑限影响较小。

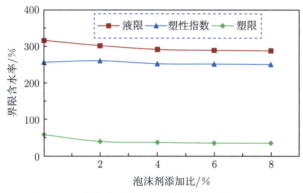

图 2-15　蒙脱土界限含水率随泡沫剂添加比变化

**2. 絮凝剂作用下黏土液塑限变化**

絮凝剂的添加比分别为 2%、4% 和 8%，加入絮凝剂 0h 和 5h 后的液塑限随絮凝剂添加比的变化见图 2-16。土样中加入絮凝剂 0h 和 5h 后，随着添加比由 0% 增加至 8%，蒙脱土的液限逐渐增加，但是在加入絮凝剂 0h 后测得液限具有一定的波动性，而加入絮凝剂 5h 后的液限则不存在这种情况，塑性指数的变化趋势与液限基本相同；而在加入絮凝剂 0h 和 5h 后测得的塑限基本相同，且在添加比为 2% 时有小幅度增大，然后又小幅度减小。

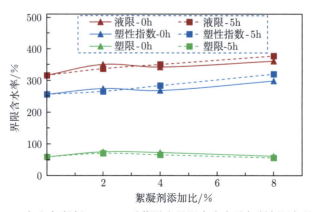

图 2-16　加入絮凝剂 0h、5h 后蒙脱土界限含水率随絮凝剂添加比变化

### 3. 分散剂作用下黏土液塑限变化

选取六偏磷酸钠作为改良剂探究分散剂对黏土液塑限的影响，分散剂添加比分别为2%、4%、6%、8%和10%，蒙脱土中加入六偏磷酸钠 0h 和 5h 后其液塑限变化见图 2-17。由该图可知，蒙脱土的液限基本随着六偏磷酸钠添加比的增大而减小，且添加比分别为 2%、4%时，加入分散剂 0h 和 5h 后的液限减小最快，随着添加比的增加，液限减小速率逐渐变缓。在加入六偏磷酸钠 0h 后，塑限和塑性指数则在添加比为 2%、4%和10%时出现了一定的波动，主要是因为蒙脱土的液塑限较大，土颗粒间储存的结合水含量较高，短时间内六偏磷酸钠难以与蒙脱土颗粒充分作用使土颗粒释放出结合水。加入六偏磷酸钠 5h 后，随着六偏磷酸钠添加量的增加，蒙脱土的塑限在减小，但塑限的减小量小于液限的减小量，所以塑性指数跟着减小。土样中加入改良剂后，蒙脱土液限变化量明显大于塑限变化量，这表明含水率越高，改良剂的改良效果越明显。Zumsteg 等 (2016) 类似地发现黏土越软 (即含水率越高)，高分子分散剂作用效果越明显，但并未从分散剂改变黏土液塑限角度揭示改良机理。

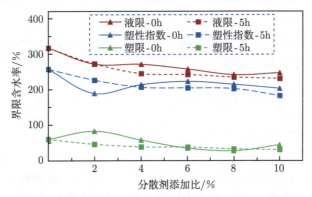

图 2-17 加入六偏磷酸钠 0h、5h 后蒙脱土界限含水率随分散剂添加比变化

由上述可知，通用型泡沫剂改良塑性指数较大的黏土时，由于黏土的吸水性较强造成泡沫易消散，黏土的液塑限变化较小，故在塑性指数较大的黏土地层单独使用通用型泡沫剂难以达到理想的改良效果；絮凝剂能够显著增加黏土的界限含水率，分散剂能够显著减小黏土界限含水率。黏土地层中加入改良剂的目的主要是减弱颗粒间的联结，减小其黏性 (EFNARC，2005)，因此絮凝剂不适合黏土地层，而在黏土地层中分散剂的作用效果要优于通用型泡沫剂。

## 2.4 分散剂作用下黏土液塑限变化特征

### 2.4.1 不同分散剂作用下黏土液塑限变化

为对比不同分散剂的改良效果，增加聚丙烯酸钠改良渣土工况，通过与六偏磷酸钠改良渣土对比，分析在不同分散剂改良情况下液塑限变化规律。蒙脱土中加入聚丙烯酸钠 0h、5h 后的液塑限变化曲线如图 2-18 所示，土样与聚丙烯酸钠混合 0h 和 5h 后测得的曲线基本相似，这也验证了聚丙烯酸钠改良渣土所需时间较短。与六偏磷酸钠作用效果类似，当聚丙烯酸钠添加比小于 4% 时，液限快速减小，但是塑限却有小幅度的增加；当聚丙烯酸钠添加比大于 4% 时，液塑限基本不发生变化，但是当聚丙烯酸钠添加比大于 14% 时，土样的塑限小幅度减小。

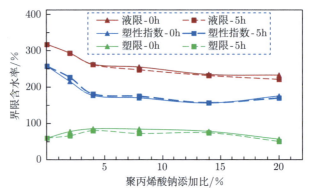

图 2-18　加入聚丙烯酸钠 0h、5h 后蒙脱土界限含水率随分散剂添加比变化

对比图 2-17 和图 2-18 可知，六偏磷酸钠与聚丙烯酸钠均可在添加比为 4% 时取得理想的改良效果，且相比于六偏磷酸钠，聚丙烯酸钠在更短的时间内即可取得理想的改良效果。

### 2.4.2　分散剂作用下不同黏土液塑限变化

为探究分散剂对不同黏土的作用效果，进一步增加了高蒙混合土 (高岭土质量：蒙脱土质量 =3∶1、1∶1、1∶3)、高岭土作为土样时的试验工况。高岭土中分别加入六偏磷酸钠和聚丙烯酸钠 0h 和 5h 后的液塑限变化如图 2-19 所示，加入六偏磷酸钠 0h 和 5h 后液塑限变化趋势基本相似，这主要是因为高岭土的液塑限较小，土颗粒周围的结合水也较少，加入六偏磷酸钠后在较短时间内即可释放出结合水。当土样中六偏磷酸钠的添加比小于 2% 时，高岭土的液限和塑限逐渐减小，而当添加比为 2%~8% 时，高岭土的液限和塑性指数有小幅度的增加 (图 2-19(a))；随着六偏磷酸钠添加比的增加，高岭土的塑限则基本不发生变化。高岭土中加入聚丙烯酸钠后，液塑限变化趋势与加入六偏磷酸钠时比较相似 (图 2-19(b))。

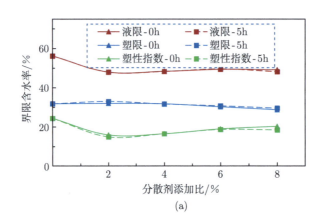

(a)

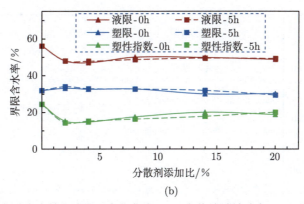

(b)

图 2-19 分散剂改良高岭土液塑限变化曲线: (a) 六偏磷酸钠改良; (b) 聚丙烯酸钠改良

不同比例的高蒙混合土中分别加入六偏磷酸钠和聚丙烯酸钠, 0h 和 5h 后的液塑限变化如图 2-20~ 图 2-22 所示, 与蒙脱土、高岭土的液塑限变化趋势相似, 即随着分散剂添加比的增加, 液限先逐渐减小然后再趋于稳定, 塑性指数的变化趋势也与液限相似, 塑限则基本不发生变化, 这主要是因为土样在塑限时含水率较低, 土样中溶解的分散剂含量少, 分散剂的作用效果差, 塑限的变化也就不明显。

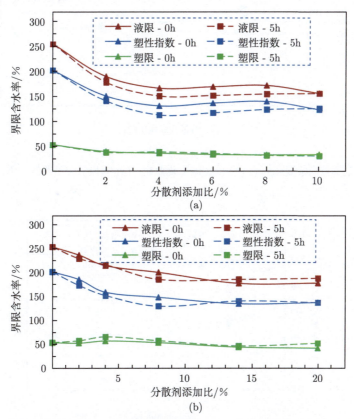

图 2-20 分散剂改良高蒙混合土 (1:3) 液塑限变化曲线: (a) 六偏磷酸钠改良; (b) 聚丙烯酸钠改良

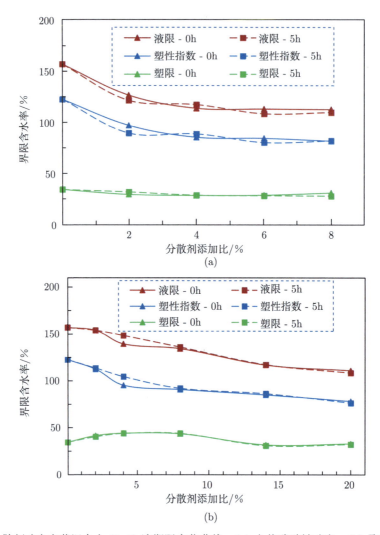

图 2-21   分散剂改良高蒙混合土 (1:1) 液塑限变化曲线：(a) 六偏磷酸钠改良；(b) 聚丙烯酸钠改良

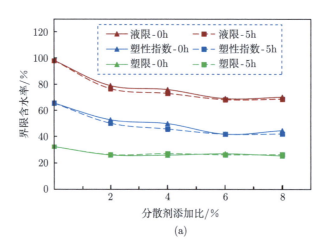

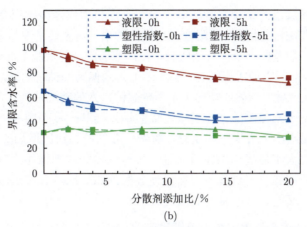

(b)

图 2-22 分散剂改良高蒙混合土 (3:1) 液塑限变化曲线：(a) 六偏磷酸钠改良; (b) 聚丙烯酸钠改良

为探究土样液限变化量与液限的关系，选取分散剂添加比为 4% 作为分析工况，各土样的液限变化量随液限变化曲线如图 2-23 所示，土样液限越大，加入分散剂后其减小量越大，即分散效果越明显，这主要是因为液限越大，黏土颗粒周围的结合水含量越高，分散

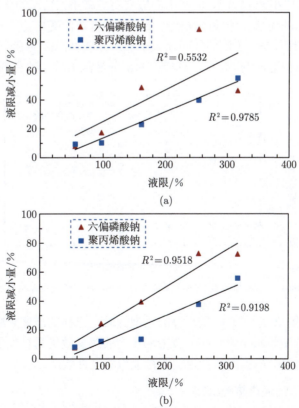

(a)

(b)

图 2-23 添加比为 4% 时土样液限变化量随液限变化曲线：(a) 土样与分散剂混合 0h 后; (b) 土样与分散剂混合 5h 后

剂分散黏土颗粒时释放出的结合水就越多。除了土样与六偏磷酸钠混合 0h 后测得的数据线性较差外，黏土的液限减小量与液限近似呈线性关系，这主要是因为蒙脱土的液限达到了316.8，六偏磷酸钠分散蒙脱土所需时间较长，在六偏磷酸钠与蒙脱土混合 0h 后其作用效果没有充分发挥。当分散剂添加比相同时，黏土中加入六偏磷酸钠时的液限减小量大于加入聚丙烯酸钠时的液限减小量，这表明相比于聚丙烯酸钠，六偏磷酸钠具有更好的分散效果。

综上可知，无论是六偏磷酸钠还是聚丙烯酸钠，当其改良不同种类黏土时均存在一个最优添加比，当添加比小于最优添加比时，随着分散剂的添加比增加改良效果也逐渐变好，但是当分散剂添加比大于最优添加比后，进一步再增加分散剂添加比改良效果也基本不再发生变化。因此，盾构在施工过程中应尽量使分散剂添加比达到最优添加比，这样既能取得理想的改良效果，又能防止改良剂的浪费。

### 2.4.3　分散剂与泡沫耦合作用下黏土液塑限变化

由 2.3.2 节可知，分散剂能降低黏土的液塑限，且作用效果明显，但由于分散剂价格较高，且泡沫能够增加渣土的压缩性，因此现场黏性地层中也会采用泡沫与分散剂共同改良渣土。为探究分散剂与泡沫耦合作用下黏土液塑限变化情况，以蒙脱土作为试验土样，采用分散型泡沫作为改良剂，测定添加比分别在 2%、4%、6%、8% 和 10% 条件下黏土的液塑限。加入分散型泡沫 0h 和 5h 后，蒙脱土的液塑限变化如图 2-24 所示，在泡沫和分散剂共同作用下，当添加比小于 6% 时，蒙脱土的液限明显减小，当添加比达到 6% 后，变化不再明显；随着添加比的增加，塑限的变化较小，塑性指数的变化趋势与液限基本相同。加入分散型泡沫 5h 后，蒙脱土液塑限明显大于加入分散型泡沫剂 0h 后土样的液塑限。这主要是因为加入分散型泡沫剂 5h 后，试样内的部分泡沫消散，改良剂的作用效果减弱。

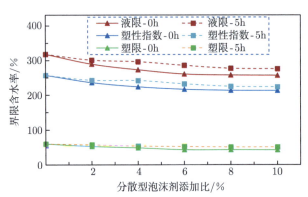

图 2-24　土样与分散型泡沫混合 0h 和 5h 后土样液塑限变化曲线

对比图 2-15 和图 2-24 可知，采用分散型泡沫时，土样的液塑限减小值明显高于通用型泡沫改良渣土的液塑限减小值，即分散型泡沫剂的改良效果明显优于通用型泡沫剂，这表明在黏性地层中采用分散型泡沫剂也能取得理想的改良效果。

### 2.4.4　分散剂作用下结泥饼防控机理

图 2-25 为 Hollmann 和 Thewe(2013) 根据工程实例总结出的黏土地层中结泥饼程度评价图，此图虽然主要适用于未改良渣土的工况，但对改良后渣土结泥饼判定也具有一定

的参考价值。图中黏稠指数 $I_c$ 为液限与土样含水率的差值与塑性指数的比值，即

$$I_c = \frac{w_l - w}{I_p} \tag{2-2}$$

式中，$w_l$ 表示土样的液限；$w$ 表示土样的含水率；$I_p$ 表示土样的塑性指数。

　　图 2-25 中横坐标表示塑限与土样含水率的差值，纵坐标表示液限与土样含水率的差值，根据黏稠指数不同，渣土的状态被划分为非常坚硬、较坚硬、坚硬、柔软、非常柔软和流体六种状态，盾构也相应地分为五种结泥饼的可能性。当发生结泥饼时，盾构渣土处于 "严重堵塞" 状态，施工现场只能向土舱和刀盘前方注水和改良剂以去除 "泥饼"。由图可知，塑性指数越大，渣土由 "严重堵塞状态" 变为 "理想状态" 所需吸收的水分越多，而当盾构发生结泥饼时，刀盘前方和土舱内渣土被压密，水分渗入 "泥饼" 速率较慢，因此现场需对 "泥饼" 浸泡较长的时间。添加分散剂后，黏土塑性指数减小，此时黏土由 "严重堵塞状态" 变为 "理想状态" 所需吸收的水分减小，则去除 "泥饼" 所需的时间将会减小。因此，当盾构发生结泥饼时，采用分散剂溶液能够快速地去除 "泥饼"。

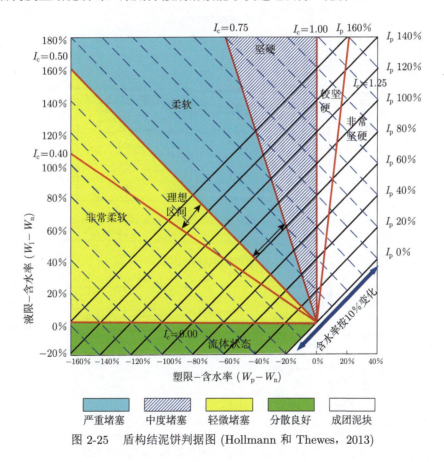

图 2-25　盾构结泥饼判据图 (Hollmann 和 Thewes，2013)

# 2.5   改良剂作用机理

## 2.5.1   分散剂电化学作用机理

### 1. Zeta 电位测试结果及分析

将六偏磷酸钠和聚丙烯酸钠分别加入到蒙脱土、高岭土、高蒙混合土中后，土颗粒的 Zeta 电位测试结果如图 2-26 和图 2-27 所示，图例中"高"代表高岭土，"蒙"代表蒙脱土，三种高蒙混合土土样中高岭土与蒙脱土的质量比分别为 3:1、1:1 和 1:3。由图可知，与土样的液限变化趋势类似，当土样中六偏磷酸钠添加比小于 4% 时，黏土颗粒的 Zeta 电位快速减小，当六偏磷酸钠添加比增加至 4%～10% 时，黏土颗粒的 Zeta 电位减小幅度明显减弱；而土样中加入聚丙烯酸钠后，在添加比小于 4% 时，Zeta 电位减小速率较快，当添加比大于 4% 后，Zeta 电位则基本保持不变。由于 Zeta 电位为负值，因此电位减小即代表黏土颗粒的电荷量增强，即分散剂能够显著增加黏土颗粒的负电荷量。当分散剂添加比相同时，高蒙混合土的 Zeta 电位介于蒙脱土与高岭土之间。

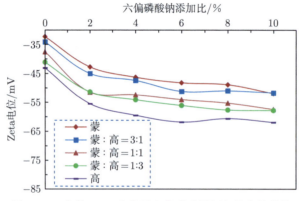

图 2-26   土样 Zeta 电位随六偏磷酸钠添加比变化曲线

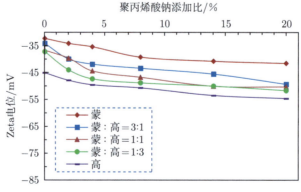

图 2-27   土样 Zeta 电位随聚丙烯酸钠添加比变化曲线

由于 Zeta 电位与液限随分散剂添加比的变化趋势相似，进一步通过图 2-28 探究分散剂改良后 5h 的黏土液限随黏土颗粒 Zeta 电位的变化，由图可知，随着 Zeta 电位的减小

(负电荷增多) 液限逐渐线性减小, 由于 Zeta 电位是分散剂作用效果的化学尺度反映, Zeta 电位与液限呈现出较好的线性关系, 因此液限也能直接反映出分散剂对于土样的改良效果; 加入六偏磷酸钠后土样的 Zeta 电位减小量大于加入聚丙烯酸钠的土样, 这表明六偏磷酸钠能够使黏土颗粒增加的负电荷量大于聚丙烯酸钠, 导致加入六偏磷酸钠的土样液限减小量大于加入聚丙烯酸钠的土样, 即六偏磷酸钠分散效果强于聚丙烯酸钠。

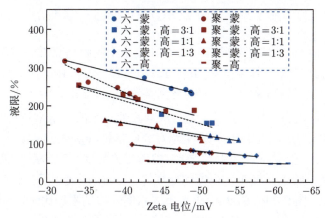

图 2-28　各土样 Zeta 电位与加入分散剂 5h 后液限关系图

**2. 加入分散剂前后颗粒间互斥能变化**

DLVO 胶体稳定性理论是指由 Darjaguin、Landau、Verwey 和 Overbeek 提出的带电胶体粒子稳定的理论 (张志军等, 2014)。根据 DLVO 理论, 分散剂主要是通过增大颗粒间的排斥作用能达到分散效果, 颗粒间的总势能等于范德瓦耳斯力作用势能与静电作用势能之和, 即

$$V_T = V_A + V_e \tag{2-3}$$

式中, $V_T$ 表示颗粒间作用总势能; $V_A$ 表示范德瓦耳斯力作用势能; $V_e$ 表示静电斥力作用势能。

以蒙脱土为例, 对于半径为 $R_1$ 和 $R_2$ 的颗粒有 (张志军等, 2014)

$$V_A = -\frac{A}{6h} \cdot \frac{R_1 R_2}{R_1 + R_2} \tag{2-4}$$

$$V_e = \frac{\pi \varepsilon R_1 R_2}{R_1 + R_2} (\varphi_{01}^2 + \varphi_{02}^2) \left\{ \frac{2\varphi_{01}\varphi_{02}}{\varphi_{01}^2 + \varphi_{02}^2} \ln \frac{1 + \exp(-C_d h_d)}{1 - \exp(-C_d h_d)} + \ln[1 - \exp(-2C_d h_d)] \right\} \tag{2-5}$$

式中, $A$ 为哈马克 (Hamaker) 常数; $\varepsilon$ 为介电常量; $\varphi_{01}$、$\varphi_{02}$ 分别为两颗粒的表面电位; $C_d$ 为德拜常数; $h_d$ 为两颗粒的表面距离。

假设相邻两颗粒粒径相等, 即 $d_{s1} = d_{s2} = d_s$, 对于单位长度半径的颗粒有

$$\frac{2V_T}{d_s} = -\frac{A}{12h_d} + \frac{\pi \varepsilon}{2} (\varphi_{01}^2 + \varphi_{02}^2) \left\{ \frac{2\varphi_{01}\varphi_{02}}{\varphi_{01}^2 + \varphi_{02}^2} \ln \frac{1 + \exp(-C_d h_d)}{1 - \exp(-C_d h_d)} + \ln[1 - \exp(-2C_d h_d)] \right\}$$

$$\tag{2-6}$$

Novich 和 Ring(1984) 测得蒙脱土、高岭土、伊利土在水中的哈马克常数分别为 $A_\mathrm{m} = 2.2\times10^{-20}\mathrm{J}$，$A_\mathrm{g} = 3.1\times10^{-20}\mathrm{J}$，$A_\mathrm{I} = 2.5\times10^{-20}\mathrm{J}$，其中伊利土的测定结果与 Israelachvili 和 Adams(1978) 测得的结果相同，由于三者之间的晶体结构相似，且测试结果在同一数量级，故可认为蒙脱土和高岭土的测试结果也合理。计算物质 1、2 在介质 3 中的哈马克常数为

$$A_{132} = (\sqrt{A_{11}} - \sqrt{A_{33}}) - (\sqrt{A_{22}} - \sqrt{A_{33}}) \tag{2-7}$$

式中，$A_{11}$，$A_{22}$、$A_{33}$ 分别表示物质 1、2、3 在真空中的哈马克常数，而蒙脱土、高岭土、水在真空中的哈马克常数分别为 $1.3\times10^{-19}\mathrm{J}$、$1.5\times10^{-19}\mathrm{J}$、$4.4\times10^{-20}\mathrm{J}$(Novich 和 Ring, 1984)，利用式 (2-7) 得到高蒙混合土的哈马克常数 $A_\mathrm{gm}=2.68\times10^{-20}\mathrm{J}$。

由于分散剂含量较小，故可近似认为分散剂溶液与水的介电常量相等，即 $\varepsilon_\mathrm{r}=80$，则 $\varepsilon = \varepsilon_\mathrm{r}\varepsilon_0=7.08\times10^{-10}\mathrm{F/m}$，其中 $\varepsilon_0$ 为真空绝对介电常量，$\varepsilon_0=8.85\times10^{-12}\mathrm{F/m}$；$\kappa$ 的取值主要取决于土样中改良剂的离子浓度和化合价，参考相关文献 (夏启斌等，2002) 取 $\kappa=1.471\times10^{8}\mathrm{m}^{-1}$；由于分散剂添加量较小，根据邱冠周等 (1993) 所述，可近似认为表面电位 $\varphi_{01}$、$\varphi_{02}$ 等于 Zeta 电位。图 2-29～图 2-31 表示不同六偏磷酸钠添加比时，单位直径蒙脱土、高

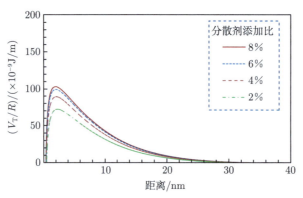

图 2-29  不同六偏磷酸钠添加比条件下蒙脱土颗粒间总作用能随距离变化曲线

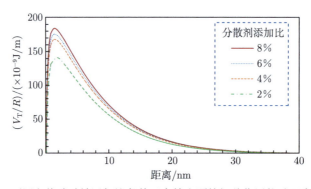

图 2-30  不同六偏磷酸钠添加比条件下高岭土颗粒间总作用能随距离变化曲线

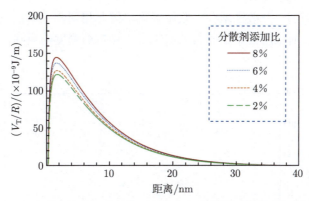

图 2-31    不同六偏磷酸钠添加比条件下高蒙混合土颗粒间总作用能随距离变化曲线

岭土、高蒙混合土 (1:1) 颗粒间作用总势能 $V_T/R$ 随颗粒间距的变化曲线, 位能曲线上出现一个峰值 $V_{max}/R$, 称为 "位垒"。随着六偏磷酸钠用量的增加, 蒙脱土、高岭土、高蒙混合土的粒间位垒 $V_{max}/R$ 不断增高。分散的蒙脱土颗粒若发生联结则必须克服这一位垒, 因此位垒 $V_{max}/R$ 不断增高使土样难于聚团, 利于分散。因此, 颗粒间的最大排斥能能够反映分散剂的作用效果。

图 2-32 表示土样颗粒间最大排斥能 (即 "位垒") 随分散剂添加比变化曲线, 随着分散剂添加比的增大, 相同土样颗粒间最大排斥能增加, 颗粒更加难以聚团, 分散效果更明显, 且加入六偏磷酸钠后的土样颗粒间最大排斥能大于加入聚丙烯酸钠后的土样, 因此六偏磷酸钠比聚丙烯酸钠的分散效果更好。当分散剂添加比较小时, 颗粒间最大排斥能增大较快; 当分散剂添加比大于一定值之后, 最大排斥能增长速率明显变缓, 因此改良剂的改良效果减弱。

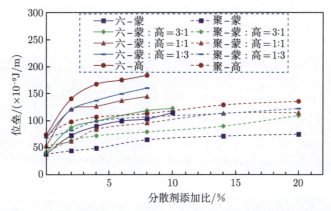

图 2-32    土样颗粒间最大排斥能 (即 "位垒") 随分散剂添加比变化曲线

图 2-33 表示颗粒间位垒与液限 (加入分散剂 5h 后) 关系图, 黏土的液限基本随着颗粒间位垒的增大而线性减小。这表明随着分散剂添加比和位垒的增加, 土颗粒间的分散性增强, 土样的液限也逐渐减小。这主要是因为黏土中加入分散剂后, 分散剂中的阴离子能够吸附在片状黏土带正电的边角处, 增大黏土颗粒的负电荷量, 增强 Zeta 电位, 促使颗粒间位垒 $V_{max}/R$ 增大, 导致颗粒聚团需要克服的最大排斥能增加, 增加了颗粒的分散性;

黏土颗粒间的斥力增加，分散性增强，联结减弱，因此相同含水率情况下加入分散剂后土样的抗剪强度降低，而采用落锥法测得的液限是土样抗剪强度的反映，因此土样的液限也逐渐减小。

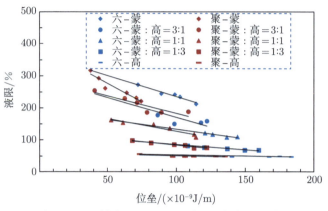

图 2-33　土样液限 (5h) 与颗粒间 "位垒" 关系图

## 2.5.2　泡沫细观作用机理

为探究泡沫的作用机理，采用光学显微镜观察泡沫改良黏土的细观状态，显微镜放大倍数为 500，试验材料为蒙脱土，改良剂采用分散剂泡沫剂，试验土样初始含水率为 280%，然后按照不同添加比加入泡沫，并对土样进行放大后结果如图 2-34 所示，图中红色圆圈表示此处存在泡沫，随着泡沫剂添加比的增加，土样中的泡沫密集程度逐渐增加。当土的孔隙中存在泡沫时，颗粒间的接触状态将会改变，气泡会对土颗粒起到一定的润滑作用，减弱土颗粒间的联结，因此土样的抗剪强度将会减小 (乔国刚，2009)，而黏土的液塑限是抗剪强度的反映，因此黏土的液塑限也会减小。

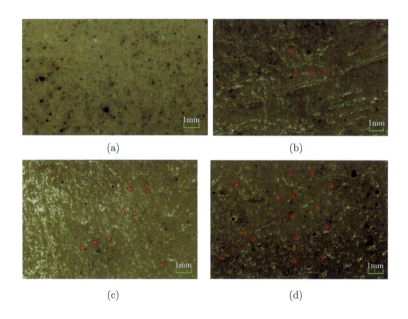

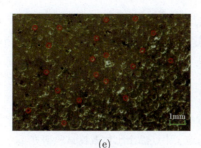

(e)　　　　　　　　　　　　　　　(f)

图 2-34　泡沫改良土试样放大图：(a) FIR=0%；(b) FIR=2%；(c) FIR=4%；(d) FIR=6%；
(e) FIR=8%；(f) FIR=10%

采用分散型泡沫改良黏土时，分散剂能够作用于黏土颗粒，使颗粒间的联结减弱，利于颗粒间的分散，释放出黏土颗粒间的结合水，使土样中的自由水含量增加，自由水增加后泡沫在土样中将难以破灭，因此采用分散型泡沫剂改良黏土时泡沫能够存在于土样中，而采用通用型泡沫改良黏土时，泡沫快速破灭，难以取得理想的渣土改良效果。

## 2.6　本章小结

通过液塑限试验，研究了不同改良剂对不同土样的界限含水率的影响，基于电化学理论揭示了分散剂的作用机理，结合光学显微镜从细观角度解释了泡沫的改良机理。主要结论如下所述。

(1) 泡沫加入黏土中后，由于泡沫消散，液塑限值基本不随时间变化；分散剂六偏磷酸钠和絮凝剂则需要在加入改良剂 5h 后，才能充分发挥作用；分散剂聚丙烯酸钠则是加入渣土中即可充分发挥改良作用。

(2) 泡沫改良塑性指数较大的黏土时，由于黏土的吸水性较强，泡沫易消散，泡沫剂对蒙脱土的液塑限影响有限；随着添加比的增加，絮凝剂改良后的蒙脱土液限和塑性指数逐渐增加，而分散剂和分散型泡沫改良后的黏土液限、塑限和塑性指数都在减小。因此分散剂和分散型泡沫剂可减小黏土抗剪强度，利于改良黏性渣土。

(3) 当土样中分散剂添加比较小时，土样的液限减小速率较快，分散剂的作用效果显著；当分散剂添加比大于一定值后，土样的液限基本不再发生变化，分散剂的作用效果不再增强。六偏磷酸钠改良土样的液限减小量大于聚丙烯酸钠改良渣土的液限减小量，因此六偏磷酸钠的作用效果要优于聚丙烯酸钠，但是聚丙烯酸钠能够更快速地改良渣土。

(4) 相对于高岭土，由于高蒙混合土和蒙脱土结合水含量高，需要更多的分散剂和作用时间，改良作用才得以稳定发挥；土样的液限越高，分散剂改良后渣土的液限减小量也就越大，即作用效果越明显。

(5) 随着分散剂添加比的增加，蒙脱土、高岭土、高蒙混合土的 Zeta 电位减小后趋于稳定；相同分散剂添加比时，六偏磷酸钠改良渣土的 Zeta 电位小于聚丙烯酸钠改良渣土的 Zeta 电位；添加分散剂能够减小黏土颗粒的 Zeta 电位，增强颗粒的负电荷量，使黏土颗粒聚团的位垒 $V_{\max}/R$ 不断增高，利于黏土颗粒分散，减弱颗粒间的联结，因此土样的不排水抗剪强度降低，界限含水率也减小。

(6) 黏土中加入分散型泡沫后，由于分散剂能使黏土释放出颗粒间的结合水，泡沫能够存在于黏土颗粒间，气泡会对土颗粒起到一定的润滑作用，减弱土颗粒间的联结，因此黏土的界限含水率减小。

## 参 考 文 献

蔡兵华, 李忠超, 余守龙, 等, 2019. 土压平衡盾构施工中红黏土土体改良试验研究 [J]. 现代隧道技术, 56(5): 218-227.

乔国刚, 2009. 土压平衡盾构用新型发泡剂的开发与泡沫改良土体研究 [D]. 北京: 中国矿业大学.

邱冠周, 胡岳华, 王淀佐, 1993. 颗粒间相互作用与细粒浮选 [M]. 长沙：中南工业大学出版社.

夏启斌, 李忠, 邱显扬, 等, 2002. 六偏磷酸钠对蛇纹石的分散机理研究 [J]. 矿冶工程, 22(2): 51-54.

闫鑫, 龚秋明, 姜厚停, 2010. 土压平衡盾构施工中泡沫改良砂土的试验研究 [J]. 地下空间与工程学报, 6(3): 449-453.

杨洪希, 黄伟, 王树英, 等, 2020. 粉质黏土地层土压平衡盾构渣土改良技术 [J]. 隧道与地下工程灾害防治, 2(2): 76-82.

张志军, 刘炯天, 冯莉, 等, 2014. 基于 DLVO 理论的煤泥水体系的临界硬度计算 [J]. 中国矿业大学学报, 43(1): 120-125.

中华人民共和国水利部, 2019. 土工试验方法标准: GB/T 50123—2019[S]. 北京: 中国计划出版社.

中华人民共和国住房和城乡建设部, 2012. 建筑地基基础设计规范：GB50007—2011[S]. 北京：中国建筑工业出版社.

周序源, 张剑峰, 1985. 界限含水量试验的现状及展望 [J]. 岩土工程学报, (3): 90-99.

EFNARC, 2005. Specification and guidelines for the use of specialist products for soft ground tunnelling[R]. European Federation for Specialist Construction Chemicals and Concrete Systems, Surry, UK.

Gajo A, Maines M, 2007. Mechanical effects of aqueous solutions of inorganic acids and bases on a natural active clay[J]. Geotechnique, 57(8): 687-699.

Hollmann F S, Thewes M, 2013. Assessment method for clay clogging and disintegration of fines in mechanised tunnelling[J]. Tunnelling and Underground Space Technology, 37: 96-106.

Israelachvili J N, Adams G E, 1978. Measurement of forces between two mica surfaces in aqueous electrolyte solutions in the range 0~100 nm[J]. Journal of the Chemical Society, 74: 975-1001.

Langmaack L, 2000. Advanced technology of soil conditioning in EPB shield tunnelling[C]. Proceedings of North American Tunneling, Rotterdam, Netherlands: MBT Publication: 525-542.

Liu P, Wang S, Ge L, et al, 2018. Changes of Atterberg limits and electrochemical behaviors of clays with dispersants as conditioning agents for EPB shield tunnelling [J]. Tunnelling and Underground Space Technology, 73: 244-251

Merritt A S, 2005. Conditioning of clay soils for tunnelling machine screw conveyors[D]. Cambridge: University of Cambridge.

Milligan G, 2000. Lubrication and soil conditioning in tunnelling, pipe jacking and microtunnelling: a state-of-the-art review[R]. London: Geotechnical Consulting Group.

Novich B E, Ring T A, 1984. Colloid stability of clays using photon correlation spectroscopy[J]. Clays and Clay minerals, 32(5): 400-406.

Sherwood P T, Ryley M D, 1970. An investigation of a cone-penetrometer method for the determination of the liquid limit[J]. Géotechnique, 20(2): 203-208.

Spagnoli G, Fernández-Steeger T, Feinendegen M, et al, 2010. The influence of the dielectric constant and electrolyte concentration of the pore fluids on the undrained shear strength of smectite[J]. Soils and Foundations, 50(5): 757-763.

Wood D M, 1985. Some fall-cone tests[J]. Geotechnique, 35(1): 64-68.

Ye X, Wang S, Yang J, et al, 2017. Soil conditioning for EPB shield tunneling in argillaceous siltstone with high content of clay minerals: case study[J]. International Journal of Geomechanics, 17(4): 05016002.

Zumsteg R, Puzrin A M, Anagnostou G, 2016. Effects of slurry on stickiness of excavated clays and clogging of equipment in fluid supported excavations[J]. Tunnelling and Underground Space Technology, 58: 197-208.

# 第 3 章　盾构泡沫改良土塑流性

## 3.1　引　言

盾构掘进过程中若渣土流动性差，则易出现出渣不畅和刀盘螺机扭矩过大等问题，且因渣土在土舱中填充不均，土舱压力不能均匀地作用于开挖面，易导致开挖面局部失稳；若渣土流动性过大，则易造成渣土直接从螺机口挤出，土舱压力难以控制。渣土塑流性表征渣土的塑性流动性，坍落度试验因其操作简单方便，且可以快速判断渣土的整体改良特性，是目前施工现场检验渣土改良性能最常用的试验方法。

不同的改良剂改良后的渣土塑流性差异较大，且在使用相同改良剂时，不同改良参数条件下渣土也呈不同的塑流性状态。国内外学者在渣土塑流性的研究方面，较多集中于不同改良剂和改良参数对渣土塑流性的影响规律。乔国刚 (2009) 研究了发泡剂浓度和泡沫注入比 (FIR) 对细砂塑流性的影响，发现坍落度随着泡沫注入比的增大而增大，相同注入比的渣土，坍落度随着泡沫浓度的增大而增大。郭付军等 (2017) 使用聚丙烯酰胺 (PAM) 溶液对纯砂土地层盾构渣土进行改良，发现 PAM 溶液能够有效改善渣土塑流性。林富志 (2016) 研究泡沫、膨润土泥浆、CMC 和 PAM 等改良剂对渣土塑流性的影响，试验结果表明：当含水率超过某值后，泡沫的注入易导致析水现象；当使用低浓度泥浆改良渣土时，额外注入 PAM 能够有效改善渣土析水现象，但因 PAM 价格高昂，故在泥浆中加入 CMC 是一种有效且经济的改良方法。闫鑫等 (2010) 通过变化试验中含水率 ($\omega$) 和泡沫注入比发现，泡沫注入比相同时，含水率低于某值可增加土颗粒间黏聚力，大于该含水率后，水会降低颗粒间黏聚力，导致坍落度增大。Duarte(2007) 根据坍落度试验观察渣土提出渣土析水界限，即渣土含水率增大至一定值后，泡沫注入量过大时会导致渣土中的水析出，且含水率的增大会导致界限泡沫注入比降低。叶晨立 (2018) 通过福州地铁砂性土改良试验研究发现，使用"泥浆 +CMC"改良过饱和渣土，坍落度不能满足工程要求，需额外加入 PAM 才能使坍落度满足要求。Peila 等 (2009) 将坍落度试验结果与 Quebaud(1998) 和 Williamson(1999) 的试验结果拟合，发现相同含水率下，渣土坍落度与泡沫注入比呈线性增大关系。Vinai 等 (2008) 通过坍落度试验证实了 Peila 等 (2009) 提出的渣土坍落度与泡沫注入比呈线性关系的结论，并且指出泡沫和水作为一种润滑剂分别作用于粉黏土颗粒和颗粒土。

不同的渣土改良剂适用于不同级配的渣土，Maidl 和 Pierri(2014) 根据改良剂的适用范围提出土压平衡盾构的掘进地层级配范围。在此基础上，Budach 和 Thewes(2015) 根据 21 组不同级配渣土的塑流性和压缩性等试验结果，进一步修正了土压平衡盾构的掘进地层级配范围。Peila 等 (2009) 对 4 种不同级配的改良砂土进行坍落度试验，发现砂土中各粒径颗粒占比对泡沫和水的改良效果有较大影响，当砂土中粒径较大的颗粒占比较大或者整体颗粒尺寸过大时，在 $w$-FIR 图中合理改良参数区域范围缩小，甚至泡沫和水无法使渣土达到理想改良状态。此外，Peila 等 (2013，2014) 还设计了能够模拟现场的螺旋输送机，研究螺旋输送机排出不同状态改良渣土时的压力分布，发现渣土在合适状态下更接近理论计算值。Özarmut 和 Steeb(2015) 通过电子显微镜观测等方式研究泡沫和不同粒径的玻璃球的混合情况，发现当试样中的固体占比超过一定值后，固体对泡沫的吸收作用非常明显而导致泡沫不能较好地存在于试样中。

改良剂对渣土改良效果具有时效性，且受到温度影响，一些学者研究了改良时间和温度对渣土塑流性的影响。乔国刚 (2009) 考虑到盾构在停机时渣土在土舱内滞留时间较长，探究了泡沫改良渣土坍落度随着时间的变化规律，发现坍落度随着时间逐渐降低，即泡沫改良效果随着时间衰弱；Peila 等 (2008) 考虑到时间因素和土舱内温度一般高于室内温度的因素，将温度和时间因素加入到坍落度试验中，发现随着温度的增长，改良效果随时间衰弱加快。

坍落度试验作为一种简单、高效的评价新拌混凝土和易性状态的手段，现已被广泛地应用于改良渣土塑流性状态评价。国内外学者针对不同地层提出了合适改良渣土坍落度建议值，在实际应用过程中，经常会出现改良渣土坍落度值满足，但实际塑流性状态并不满足的状况，往往还要结合试验人员对渣土的表观状态进行判断。此外，不同改良参数下，改良渣土的坍落度值和延展度值的变化规律尚不清楚。因此，为了更加合理地评价盾构泡沫改良渣土塑流性状态，本章通过坍落度试验，研究了泡沫改良参数对渣土塑流性特征的影响，分析了改良参数对改良粗、细颗粒土塑流性状态的影响规律，并对改良渣土塑流性特征进行了机理解释 (Wang et al.，2020；Wang et al.，2022)。

## 3.2 试 验 方 案

### 3.2.1 试验土样

试验土采用湘江流域河砂，为保证试验的可重复性，每次试验所用的砂土为烘干筛分后重新配制，试验土样级配曲线见图 3-1，土样主要含 32.05% 砾粒 (4.75mm$<d<$75mm) 和 67.87% 砂粒 (0.075mm$<d<$4.75mm)，粉黏粒 ($d<$0.075mm) 含量极少，仅占 0.08%；不均匀系数 ($C_u$) 为 9.85，曲率系数 ($C_c$) 为 0.39；根据美国材料与试验协会 (American Society for Testing Materials，ASTM) 标准 (D2488—2009)，该类土属于 SP(级配不良) 类，根据《建筑地基基础设计规范》(GB 50007—2011)，该类土属于砾砂，通过比重试验测得该土样比重为 2.634g/cm$^3$。

为了进一步对比泡沫改良粗粒土和细粒土塑流性影响，另外选取了江西九江流域的天然河砂和杭州地区典型的粉质黏土开展坍落度试验。参考《土工试验方法标准》(GB/T 50123—2019) 所规定的试验方法，对土样的级配、颗粒密度等基本物理指标展开测定。测得土样级配曲线如图 3-2 所示，相应物理指标汇总如表 3-1 所示。由图 3-3 可知，对于粗颗粒土，其中 2~20mm 的砾粒占比为 51.2%，0.075~2mm 的砂粒占比为 47.28%，粒径小于 0.075mm 的粉黏粒占比为 1.52%；对于细颗粒土，其中 0.075~2mm 的砂粒占比为 18.64%，0.005~0.075mm 的粉粒占比为 59.32%，粒径小于 0.005mm 的黏粒占比为 22.04%。依据《土的工程分类标准》(GB/T 50145—2007)，该粗颗粒土属于级配不良砾 (GP)，细颗粒土属于低液限黏土 (CL)。

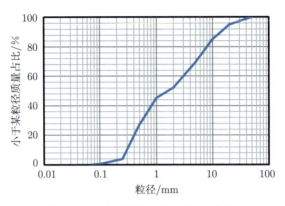

图 3-1    湘江流域河砂试样级配曲线

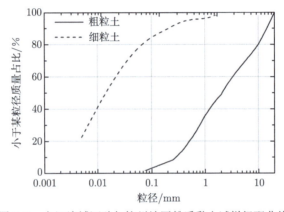

图 3-2    九江流域河砂与杭州地区粉质黏土试样级配曲线

表 3-1    试验土样基本物理指标

| 类型 | 粗颗粒土 | 细颗粒土 |
| --- | --- | --- |
| 平均粒径 $d_{20}$/mm | 0.5 | 0.005 |
| 不均匀系数 $C_u$ | 10.37 | 15 |
| 曲率系数 $C_c$ | 0.77 | 1.1 |
| 颗粒密度 $\rho_s$/(g/cm$^3$) | 2.64 | 2.57 |
| 塑限 $w_P$/% | — | 21 |
| 液限 $w_L$/% | — | 33 |

### 3.2.2    改良剂

将泡沫剂按一定浓度配制成溶液,通过发泡装置产生大量的泡沫,生成的泡沫与渣土混合后即可改善渣土性能 (图 3-3)。实际渣土改良过程中,泡沫的稳定性对改良土的性能影响很大,而影响泡沫稳定性的因素很多,如泡沫剂的种类、发泡方式、泡沫剂浓度、发泡压力等。本试验所用发泡系统如第 2 章一样,同样参考 EFNARC(2005) 所用的发泡系统。试验所用发泡参数见表 3-2。

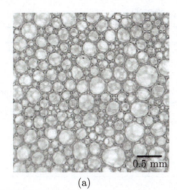
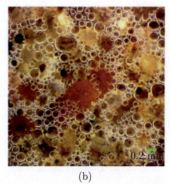

(a)          (b)

图 3-3    泡沫及泡沫改良砂土细观结构图：(a) 泡沫细观结构；(b) 泡沫改良砂土细观结构 (Wu et al., 2018)

表 3-2    发泡及泡沫性能参数

| 参数 | 数值及类型 |
| --- | --- |
| 泡沫类型 | 阴阳离子型 |
| 泡沫剂浓度/% | 3 |
| 泡沫剂溶液密度/(g/cm$^3$) | 1.08 |
| 发泡压力/bar | 3 |
| 发泡倍率 | 13.6 |
| 半衰期 /min | 16.5 |

### 3.2.3    塑流性测试

试验装置采用改进型坍落度试验装置 (图 3-4)，相应的试验工况选取如表 3-3 所示，其中粗颗粒土的含水率以 2.5% 为梯度增加至有水析出，泡沫注入比以 10% 为梯度增加至有泡沫析出；细颗粒土的含水率以 3% 为梯度增加至高于液限，泡沫注入比以 20% 为梯度增加至有泡沫析出。坍落筒尺寸与常规坍落筒相同，高 (30cm)× 上部直径 (10cm)× 下部直径 (20cm)。与常规坍落筒的差别在于在坍落金属板上加装了竖向滑竿，通过筒壁两侧的水平支架及竖向滑竿能够确保坍落筒沿着竖直方向滑动，以减少竖向提起坍落筒偏向所带来的人为误差影响。渣土坍落度试验的基本步骤如下所述。

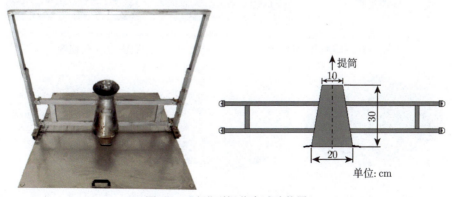

图 3-4    改进型坍落度试验装置

表 3-3 坍落度试验工况

| | 含水率/% | 泡沫注入比/% |
|---|---|---|
| 湘江砂 | 2.5 | 0、5、10、15、20、30、35、40 |
| | 5 | 0、5、10、20、30、35、40 |
| | 7.5 | 0、5、10、15、20、30、40 |
| | 10 | 0、5、10、15、20、30、40 |
| 九江砂 | 5 | |
| | 7.5 | |
| | 10 | 0、10、20、30、40 |
| | 12.5 | |
| | 15 | |
| 细粒土 | 27 | |
| | 30 | |
| | 33 | 0、20、40、60 |
| | 36 | |

(1) 根据试样含水率计算并称量一定质量的纯水，对于粗颗粒土将其与称量好的纯水倒入搅拌桶内正反转各搅拌 60s 完成试样制备；对于细颗粒土将其与称量好的纯水倒入土样箱中，盖上保鲜膜充分浸润 24h 后完成试样制备。

(2) 启动发泡装置，按照前面规定的发泡剂浓度和发泡压力等产生泡沫，用量杯量取定量泡沫与制备好的土样倒入搅拌桶正反转 60s。

(3) 将改良渣土分 6 层装入坍落桶内，由于泡沫改良土振捣容易导致泡沫上浮和破灭，影响试样的均匀性和稳定性，为了更准确地体现试样拌和后的塑流性状态，装样过程无须振捣；并从泡沫开始倒入搅拌桶起计时，待 170s 后将坍落桶在 5s 内沿垂直方向匀速缓慢提起。

(4) 如图 3-5 所示，每次试验记录其坍落度 ($S$)、延展度 ($D$)、顶部平台直径 ($d$) 以及改良渣土整体特性，并采用单反相机予以拍照。其中，改良渣土顶部平台直径的取值依据渣土状态分为三种情况：① 改良渣土顶部没有平台 (图 3-6(a))，塑性较差，此时顶部平台

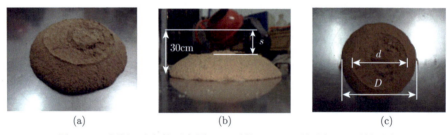

图 3-5 试验记录参数示意图：(a) 斜视；(b) 平视图；(c) 俯视图

图 3-6 改良渣土三种平台直径：(a) 无平台；(b) 有平台；(c) 平台过大

直径为 0；② 改良渣土顶部形成平台 (图 3-6(b))，测量值即为平台直径；③ 改良渣土顶部平台较大 (图 3-6(c))，流动性较强，此时顶部平台直径与延展度相等。

(5) 根据《土工试验方法标准》(GB/T 50123—2019)，如果试样出现坍边、不对称，则应当作废，并重新进行试验；为了确保搅拌的均匀性，试样延展度最大和最小值的差值不应超过 5cm，并对同一试样进行 3 次测量取平均值。

## 3.3 改良参数对渣土塑流性特征影响

### 3.3.1 泡沫注入比对渣土塑流性影响

图 3-7 和图 3-8 分别给出了泡沫改良湘江砾砂坍落度值和延展度值与 FIR 的变化关系。随着 FIR 的增大，坍落度均呈先下降后上升的趋势，下降向上升变化的拐点前的部分改良渣土坍落度在 150~200mm，但并不具有流动性。例如 $w=2.5\%$ 的渣土，FIR 小于 15％时，渣土坍落度和延展度随着 FIR 的增大而减小，且 FIR 为 5％和 10％时，渣土坍落度虽然在 150~200mm，但结合渣土可知，渣土均不具有流动性；当 FIR 大于 15％时，坍落度和延展度随着 FIR 增大而增大，当 FIR 为 20％、25％和 30％时，渣土坍落度在 150~200mm，且具有良好的塑形流动性。此外，结合图标可发现拐点所对应的 FIR 随着含水率的增大而减小，例如 $w=2.5\%$ 的渣土坍落度和延展度的拐点均为 15％；但当 $w=5\%$ 和 $w=7.5\%$ 时，拐点对应的 FIR 下降至 5％；而当 $w=10\%$ 时，渣土直接随着 FIR 的增大而增大。值得注意的是，渣土的坍落度拐点和延展度拐点有时并不相同，例如 $w=5\%$ 渣土在 FIR=5％时为坍落度的拐点，而 FIR=10％ 为延展度的拐点；同样的情况也出现在 $w=7.5\%$ 和 $w=10\%$ 时，这是因为试验中 FIR 最小以 5％为梯度进行。虽然在总的趋势中可以看出某 FIR 为该含水率的拐点，但实际上该拐点并非真正的拐点，实际拐点对应的 FIR 值应在坍落度对应的 FIR 值和延展度对应的 FIR 值之间。

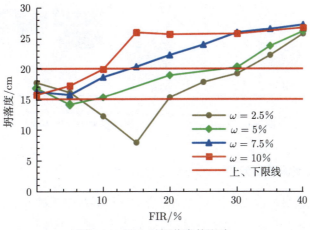

图 3-7 FIR 对坍落度的影响

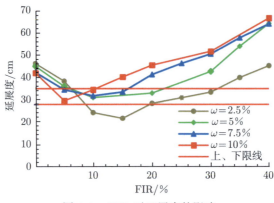

图 3-8　FIR 对延展度的影响

从坍落度和延展度结果结合改良参数的关系，将 FIR 对坍落度和延展度影响的一般规律 (图 3-9) 总结如下：渣土在未注入泡沫改良剂时，呈散粒状，不具有流动性，坍落度值大；当有少量注入渣土后，渣土呈现一定的黏聚力，呈散块状，坍落度和延展度减小，坍落筒提起后渣土出现断腰现象；当 FIR 增大至一定值后，渣土呈微流动性，坍落度和延展度减小至最小值；继续增大 FIR，渣土流动性增强，当坍落度值增大至 150~200mm 时，渣土具有良好的塑流性；当 FIR 过大时，渣土坍落度大于 200mm，渣土流动性过大，当 FIR 增大至一定值后，因渣土体积限制，坍落度不再变化。

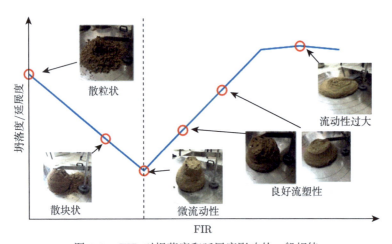

图 3-9　FIR 对坍落度和延展度影响的一般规律

### 3.3.2　泡沫改良土塑流状态分类

Peila(2009) 将改良后渣土分为不合适、合适和边界状态三种。本文根据坍落度试验结果，建议将其分为 5 类状态：欠改良、流动性过大 (可能析泡沫)、流动性过大且析水、塑流性合适、流动性合适但析水，下面对每种状态的渣土进行介绍。

(1) 塑流性合适：当改良参数为 $w = 2.5\%$ / FIR $= 20\%$，$w = 2.5\%$ / FIR $= 30\%$，$w = 5\%$ / FIR $= 10\%$，$w = 5\%$ / FIR $= 20\%$(图 3-10(a))，$w = 5\%$ / FIR $= 30\%$，$w$

$= 7.5\%$ / FIR $= 10\%$ 和 $w = 7.5\%$ / FIR $= 15\%$ 时，坍落度在 $150 \sim 200$mm，渣土呈现良好的塑流性且无泡沫和水析出，满足盾构隧道出渣需求。

(2) 欠改良状态：当改良参数为 $w = 2.5\%$ / FIR $= 0\%$，$w = 5\%$ / FIR $= 0\%$，$w = 7.5\%$ / FIR $= 0\%$ 和 $w = 10\%$ / FIR $= 0\%$(图 3-10(b) 中 I 子图) 时，渣土呈自然散粒状；改良参数为 $w = 2.5\%$ / FIR $= 5\%$，$w = 2.5\%$ / FIR $= 10\%$ 和 $w = 5\%$ / FIR $= 5\%$(图 3-10(b) 中 II 子图) 时，少量的泡沫注入使渣土具有一定的黏聚力，渣土呈散块状。改良参数为 $w = 2.5\%$ / FIR $= 15\%$ 和 $w = 7.5\%$ / FIR $= 5\%$(图 3-10(b) 中 III 子图) 时，泡沫具有一定的塑流性，但坍落度小于 150mm，塑流性差。欠改良渣土均不能满足盾构的出渣要求。

(3) 流动性合适但析水：当改良参数为 $w = 10\%$ / FIR $= 5\%$(图 3-10(c)) 和 $w = 10\%$ / FIR $= 10\%$ 时，坍落度在 $150 \sim 200$mm，渣土呈良好的流动性，但由于含水率过大，渣土坍落后不断有水析出。

(4) 流动性过大 (可能析泡沫)：当改良参数为 $w = 2.5\%$ / FIR$= 35\%$，$w = 2.5\%$ / FIR $= 40\%$，$w = 5\%$ / FIR $= 35\%$ 和 $w = 5\%$ / FIR $= 40\%$ (图 3-10(d)) 时，坍落度值大于 200mm。塑流性过大，甚至有泡沫于渣土表面析出。Vinai 等 (2008) 通过螺机试验发现，塑流性过大的渣土容易直接从螺机中挤出，土舱压力难以稳定。

(5) 流动性过大且析水：当改良参数为 $w = 7.5\%$ / FIR $= 20\%$，$w = 7.5\%$ / FIR $= 30\%$，$w = 7.5\%$ / FIR $= 40\%$，$w = 10\%$ / FIR $= 15\%$，$w = 10\%$ / FIR $= 20\%$，$w = 10\%$ / FIR $= 30\%$ 和 $w = 10\%$ / FIR $= 40\%$ (图 3-10(e)) 时，坍落度值均大于 200mm，流动性过大，且出现了析水现象。

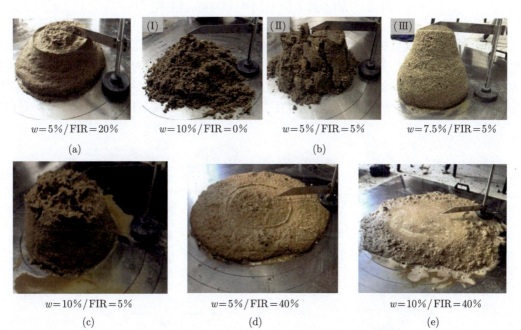

图 3-10　不同渣土状态：(a) 塑流性合适；(b) 欠改良；(c) 流动性合适但析水；(d) 流动性过大 (可能析泡沫)；(e) 流动性过大且析水

将改良参数结合渣土的状态整理成图 3-11，图中① 区域为渣土改良合理区域，该区域内的渣土塑流性良好，而且没有出现析水和析泡沫等现象，由图可见，合理区域内随着含水率的增大，渣土达到合理改良状态所需的泡沫注入比越小。当注入比或含水率 (② 区域) 小于渣土合理改良区域的注入比时，渣土处于欠改良状态，渣土呈散粒、散块或低塑流性。当注入比或含水率大于该区域的注入比时 (区域④)，坍落度均大于 200mm，塑流性过大，其中含水率 5% 的渣土在泡沫注入比为 40% 时出现了析泡沫现象；区域③ 中的渣土流动性合适，但由于渣土含水率较大，渣土均出现了析水现象；而泡沫注入比大于区域③ 时 (区域⑤)，渣土流动性大且出现了析水的现象。

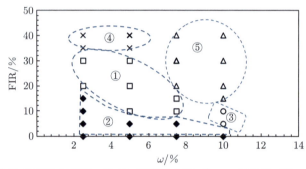

图 3-11　渣土状态与改良参数分类图：① □- 塑流性合适；② ◆ - 欠改良；③ ○ - 流动性合适但析水；
④ × - 流动性过大 (可能析泡沫)；⑤ △ - 流动性过大且析水

## 3.4　盾构改良粗粒土塑流性特征

首先判断渣土改良状态是否合适，判断依据主要结合试样坍落后整体状态，例如渣土是否析水、析泡沫等，并参照 Vinai 等 (2008) 提出的标准，认为粗颗粒渣土合理坍落度值为 15~20cm。图 3-12 给出了以九江砾砂为试验粗颗粒土改良参数分布情况，三角标符号 (▲) 表示渣土改良合适的工况，合适改良工况分别为 $w = 5\%/\mathrm{FIR} = 30\%$，$w = 5\%/\mathrm{FIR}$

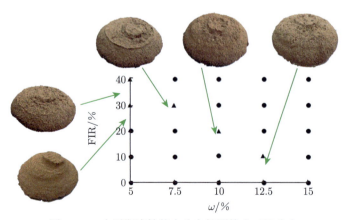

图 3-12　合适塑流性状态改良粗颗粒土工况分布

$= 40\%$，$w = 7.5\%$/FIR $= 30\%$，$w = 10\%$/FIR $= 20\%$，$w = 12.5\%$/FIR$=10\%$。可以发现泡沫改良粗颗粒土适应于含水率低于 15% 的试样，若含水率较高，则粗颗粒土容易出现析泌水、析泡沫现象。同时，随着粗颗粒土含水率的增高，合适改良粗颗粒土所需的泡沫注入比 (FIR) 逐渐降低。

### 3.4.1 坍落度随改良参数变化

图 3-13 给出了改良粗颗粒土坍落度随改良参数变化规律，其中图 3-13(a) 给出了不同含水率下改良粗颗粒土坍落度随泡沫注入比的变化情况，由于粗颗粒土几乎无黏聚性，因此坍落度普遍偏大。可以发现，当试样含水率较低 (5%、7.5%、10%) 时，试样坍落度随着泡沫注入比的增加先减后增。究其原因，含水量低的试样呈散体状，当加入少量泡沫时，改良渣土基质吸力增强其塑性增加，坍落度减小。当继续增加泡沫时，改良渣土的屈服强度减小，流动性增强，此时坍落度增加 (闫鑫等，2010)。试样含水量较高 (12.5%、15%) 时，试样坍落度随着泡沫注入比的增加而增加。分析认为，含水量高的试样仅有较少的泡沫填充进内部孔隙，因此塑性没有明显增强，但随着泡沫注入比的增加，改良渣土的屈服强度逐渐减小，渣土的坍落度逐渐增加。图 3-13(b) 给出了不同泡沫注入比下改良粗颗粒土坍落度随含水率的变化情况，可以发现：当泡沫注入比为 0 时，试样含水率增加对改良渣土的坍落度影响较小，由于土样呈松散状态，坍落度都很大。当泡沫注入比较低 (10%、20%) 时，随着含水率增加，试样坍落度先减小后逐渐增加至稳定。究其原因，当含水率稍有增加时，试样的基质吸力增加，且泡沫与试样搅拌后的稳定性增强，试样的塑性增强，试样坍落度值降低，但当试样含水率较高时，试样的屈服强度会出现降低，坍落度增加。当泡沫注入比较高 (30%、40%) 时，试样坍落度随含水率的增加先增加后趋于稳定。究其原因，此时泡沫含量较高，处于过改良状态，改良渣土流动性较强。当含水率增加时，改良渣土基质吸力减小，坍落度增加；当含水率继续增加时，试样开始析水、析泡沫，坍落度变化趋于稳定。此外，从图 3-13 可知，介于最佳坍落度范围 15～20cm 的工况较多，但部分工况塑流性较差，出现析水、析泡沫等现象 (图 3-14)，说明仅根据坍落度来评价改良粗颗粒土塑流性状态是不够合理的。

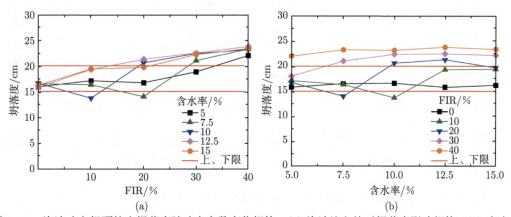

图 3-13　泡沫改良粗颗粒土坍落度随改良参数变化规律：(a) 泡沫注入比对坍落度影响规律；(b) 含水率对坍落度影响规律

|  $w = 5\%/FIR = 10\%$ | $w = 15\%/FIR = 10\%$ | $w = 15\%/FIR = 20\%$ |
| :---: | :---: | :---: |
| (a) | (b) | (c) |

图 3-14　泡沫改良粗颗粒土合理坍落度范围内表观状态较差工况示例：(a) 试样塑流性差；(b) 试样塑性差；(c) 试样析水、析泡沫

### 3.4.2　延展度随改良参数变化

图 3-15 给出了改良粗颗粒土延展度随改良参数变化规律，其中图 3-15(a) 给出了不同含水率下改良粗颗粒土延展度随泡沫注入比的变化情况，可以发现：在含水率不变的情况下，随泡沫注入比的增加，试样延展度先减小后增加。出现该现象的原因和坍落度相似，当泡沫注入比稍有增加时，试样的塑性增强，延展度减小；当泡沫注入比继续增加时，改良渣土的屈服强度逐渐减小，流动性增强，延展度增大。图 3-15(b) 给出了不同泡沫注入比下改良粗颗粒土延展度随含水率的变化情况，可以发现：当泡沫注入比较低 (0、10%、20%) 时，随着含水率的增加，试样的延展度先减小后增大。与坍落度相同，含水率增加，试样基质吸力增加导致塑性增强，延展度减小；继续增加试样的含水率，试样屈服强度逐渐降低，流动性增强，延展度增加。当泡沫注入比较高 (30%、40%) 时，随着含水率的增加，改良渣土延展度逐渐增加。究其原因，此时泡沫含量较高，试样处于过改良状态流动性较强，当含水率增加时，试样屈服强度进一步降低，延展度增加。此外，由图 3-15 可以看出，合理改良工况延展度介于 34~40cm，但在该范围内部分工况塑流性较差 (图 3-16)，同样说明仅依据延展度评价改良粗颗粒土塑流性状态是不够合理的。

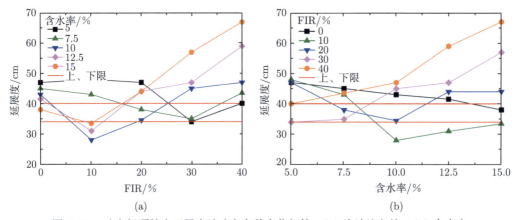

图 3-15　改良粗颗粒土延展度随改良参数变化规律：(a) 泡沫注入比；(b) 含水率

| $w=15\%/\mathrm{FIR}=0\%$ | $w=7.5\%/\mathrm{FIR}=20\%$ | $w=15\%/\mathrm{FIR}=10\%$ |
|:---:|:---:|:---:|
| (a) | (b) | (c) |

图 3-16 改良粗颗粒土合理延展度范围内表观状态较差工况示例：(a) 试样塑性、流动性差；(b) 试样流动性差；(c) 试样塑性差

### 3.4.3 坍落体平台随改良参数变化

由前文所述，仅通过坍落度、延展度来评价渣土改良状态不够合理，而试验中发现合适改良状态渣土会在顶部形成平台，因此对各工况下所形成的平台直径情况进行了统计分析。图 3-17 给出了改良粗颗粒土顶部平台直径随改良参数的变化规律，其中图 3-17(a) 给出了不同含水率下改良粗颗粒土的顶部平台直径随泡沫注入比的变化情况，可以发现：当含水率较低 (5%) 时，加入少量泡沫，试样顶部很难形成平台，继续增加泡沫注入比，试样顶部开始形成平台，且平台直径不断增大。究其原因，含水量低的试样较为松散，随着泡沫的加入，试样的基质吸力增加导致其塑性增强，试样逐渐从松散状向连续状过渡，并开始形成平台且其直径逐渐增加。当含水量大于 5% 时，加入少量泡沫，试样顶部就会形成平台，且平台直径随着泡沫注入比的增加而增大。究其原因，含水量较高时，加入少量的泡沫，其基质吸力增加得比较显著，平台更容易形成；继续加入泡沫，试样屈服强度进一步减小，平台直径逐渐增大；当泡沫注入比值过大时，试样开始析水、析泡沫，处于过改良状态，平台直径开始趋于稳定。

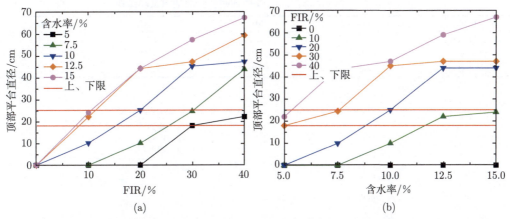

图 3-17 改良粗颗粒土顶部平台直径随改良参数的变化规律：(a) 泡沫注入比；(b) 含水率

图 3-17(b) 给出了不同泡沫注入比下改良粗颗粒土平台直径随含水率的变化情况，可以发现：当泡沫注入比为 0 时，试样顶部直径均为 0，分析可知，未加入泡沫的渣土基质吸力较小，塑性较差，因此顶部很难形成平台。当泡沫注入比大于 0 时，随着含水率增加，改良渣土顶部平台直径逐渐增大。究其原因，随着含水率的增加，试样基质吸力逐渐减小，平台直径逐渐增大。此外，由图 3-17(b) 所示，存在顶部平台直径介于 18~25cm，但在该

范围内部分工况塑流性较差 (图 3-18)，同样说明仅依据顶部平台直径评价改良粗颗粒土塑流性状态是不够合理的。

$w=15\%/\mathrm{FIR}=10\%$

图 3-18　改良粗颗粒土合理顶部平台直径范围内表观状态较差工况

## 3.5　盾构改良细粒土塑流性特征

不同于粗颗粒土，由于细颗粒土的黏聚力较大，因此细颗粒土的坍落度普遍较小且可塑性较好。一般地，用黏稠指数 $I_c$ 来表征黏土的黏稠状态，进而通过结合坍落度试验来评价其塑流性状态，黏稠指数按照公式 (2-2) 计算。为了探究泡沫注入比对细颗粒土液塑限值的影响规律，以杭州地区粉质黏土作为试验的细颗粒土，参照《土工试验方法标准》(GB/T 50123—2019) 开展液塑限试验，试验结果汇总如表 3-4 所示，试验结果整理如图 3-19 所示。根据液塑限试验结果对试验所用细颗粒土各工况黏稠指数进行计算，结果汇总如表 3-5 和表 3-6 所示。

表 3-4　不同泡沫注入比改良细颗粒土液塑限试验结果

| FIR | 0% | 20% | 40% | 60% |
|---|---|---|---|---|
| 液限 $w_L$ | 33.0% | 30.1% | 27.5% | 24.4% |
| 塑限 $w_P$ | 21.0% | 20.2% | 19.7% | 19.1% |
| 塑性指数 $I_p$ | 12.0% | 10.0% | 7.8% | 5.3% |

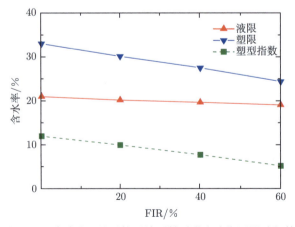

图 3-19　泡沫注入比对杭州地区粉质黏土液塑限影响规律

表 3-5　泡沫改良粉质黏土的黏稠指数及坍落度汇总情况

| $w/\%$ | FIR | | | | | | | |
|---|---|---|---|---|---|---|---|---|
| | 0% | | 20% | | 40% | | 60% | |
| | $I_c$ | 坍落度/cm | $I_c$ | 坍落度/cm | $I_c$ | 坍落度/cm | $I_c$ | 坍落度/cm |
| 27 | 0.53 | 0 | 0.31 | 4 | 0.06 | 8 | −0.49 | 15 |
| 30 | 0.28 | 7 | 0.01 | 13 | −0.32 | 16 | −1.06 | 17 |
| 33 | 0 | 13 | −0.33 | 16 | −0.75 | 20 | −1.70 | 23 |
| 36 | −0.21 | 18 | −0.59 | 20 | −1.09 | 22 | −2.19 | 24 |

表 3-6　泡沫改良粉质黏土的软硬状态

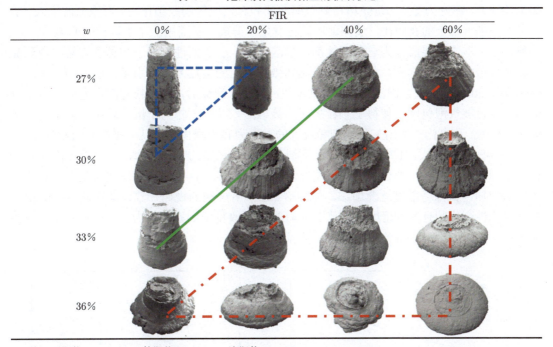

注：可塑状 ━ ━ ━ ；软塑状 ━━━ ；流塑状 ━ ·· ━ 。

　　对于黏性土 $I_c$ 在不同范围内，渣土所对应的状态也不同。当 $I_c \leqslant 0$ 时，渣土处于流塑状态；当 $0 < I_c \leqslant 0.25$ 时，渣土处于软塑状态；当 $0.25 < I_c \leqslant 0.75$ 时，渣土处于可塑状态；当 $0.75 < I_c \leqslant 1$ 时，渣土处于硬塑状态；当 $I_c \geqslant 1$ 时，渣土处于坚硬状态。如表 3-6 所示，上述改良工况细颗粒土的 $I_c$ 值主要对应三种状态，分别为可塑状态、软塑状态及流塑状态。Hollmann 和 Thewes(2013) 采用黏稠指数预测盾构在黏土地层掘进时结泥饼风险等级，将黏稠指数介于 0~0.5 划为结泥饼低风险区域，黏稠指数介于 0.5~0.75 划为结泥饼高风险区域。而 Maidl 等 (2012) 将黏稠指数结合掘进参数分析，发现黏稠指数介于 0.4~0.75 时，渣土能为开挖面提供有效的支护压力；当黏稠指数小于 0.4 时，渣土较软需通过控制出渣来保持土舱压力。考虑到盾构实际掘进过程中刀盘结泥饼对施工效率、成本及安全性影响较大，需将结泥饼控制在低风险区域，即黏稠指数介于 0~0.5 时较为合理。此外，需结合坍落度值大小，渣土是否析水、析泡沫等表观状态，对泡沫改良细颗粒土塑流性状态

进行评定。如表 3-6 所示，合适改良状态渣土共 3 组包括：$w=27\%$，FIR$=40\%$；$w=30\%$，FIR$=20\%$；$w=33\%$，FIR$=0\%$。可以看出，本试验合适塑流性状态细颗粒土均处于软塑状态，即黏稠指数均介于 0~0.25，且坍落度介于 8~13cm。

### 3.5.1　坍落度随改良参数变化

图 3-20 给出了泡沫改良粉质黏土坍落度随改良参数的变化规律，其中图 3-20(a) 给出了不同含水率下坍落度随泡沫注入比的变化规律。可以看出，在同一含水率下，坍落度均随着泡沫注入比的增加而增加。究其原因，如下所述。与粗颗粒土不同的是，细颗粒土自身的黏聚力较大，而细颗粒土的黏聚力主要包括两部分：一是颗粒之间的电荷作用，如范德瓦耳斯力、库仑力等；二是充填在颗粒间的盐和有机质等的胶结作用。而泡沫的加入，明显增大了细颗粒土的孔隙比，使团聚的颗粒发生了分离，从而削弱了土颗粒间的电荷作用；此外，由于泡沫主要成分为表面活性剂、稳泡剂等，表面活性剂分子和离子容易结合到黏土的微片层叠聚体结构中，从而增大了相邻微片层间的电斥力，减小了片层间的摩擦阻力(乔国刚，2009)。因此，泡沫通过其 "轴承效应"(注入泡沫后，土颗粒孔隙中充满了微小气泡，土颗粒被气泡包围，使得土颗粒之间的接触面积减小，相当于给土颗粒穿上了一件带滚珠的外衣) 及电化学作用来降低细颗粒土的黏聚力和内摩擦角，从而提高其流动性。

图 3-20(b) 给出了不同泡沫注入比下坍落度随含水率的变化规律，可以看出，与粗颗粒土不同的是细颗粒土通过加水能够明显增加其坍落度，且在同一泡沫注入比下，随着含水率的增加，试样坍落度逐渐增加，与图 3-20(a) 所展现的规律一致，即坍落度随改良参数均呈线性变化，且在坍落度参考范围 8~13cm 内改良细颗粒土均为合适改良状态，说明采用坍落度可以合理评价改良细颗粒土塑流性状态。

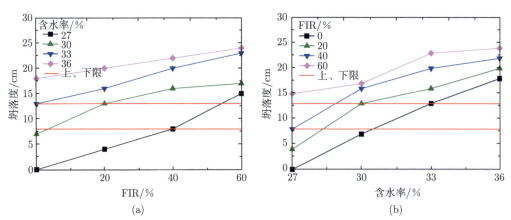

图 3-20　泡沫改良粉质黏土坍落度随改良参数的变化规律：(a) 泡沫注入比；(b) 含水率

### 3.5.2　延展度随改良参数变化

图 3-21 给出泡沫改良粉质黏土延展度随改良参数的变化规律，其中图 3-21(a) 给出了不同含水率下延展度随泡沫注入比的变化规律，可以看出，当含水率 ($w=27\%$, $30\%$) 低于液限时，随泡沫注入比的增加，延展度增加较平缓；而当含水率 ($w=36\%$) 高于液限时，随泡沫注入比的增加，延展度增长较快。图 3-21(b) 给出了不同泡沫注入比下延展度随含

水率的变化情况，可以看出，当泡沫注入比较低时 (FIR=0%, 20%, 40%)，随含水率的增加，延展度增长缓慢；当泡沫注入比较高时 (FIR=60%)，随着含水率的增加，延展度逐渐增加，特别地，当含水率超过液限时，改良土的延展度值增加速率明显加快。可以发现，延展度随改良参数基本呈正相关关系，合适改良状态细颗粒土延展度介于 24~25cm，且该范围内均为合适改良状态，说明采用延展度同样可以合理评价改良细颗粒土塑流性状态。

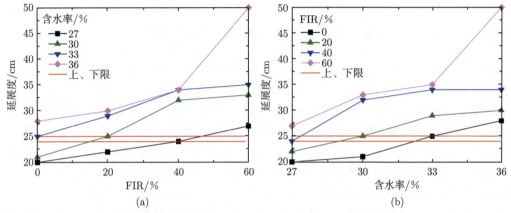

图 3-21　泡沫改良粉质黏土延展度随改良参数的变化规律：(a) 泡沫注入比；(b) 含水率

### 3.5.3 坍落体平台随改良参数变化

由于细颗粒土自身具有一定的黏聚力，因此与粗颗粒土明显不同的是细颗粒土坍落后大部会在顶部形成明显的平台。图 3-22 给出了改良细颗粒土顶部平台直径随改良参数的变化规律，其中图 3-22(a) 给出了泡沫注入比对改良细颗粒土顶部平台直径的影响规律，可以看出，当含水率 ($w$=27%, 30%) 低于液限时，随着泡沫注入比增加，改良细颗粒土平台直径变化比较小；当含水率 ($w$=33%, 36%) 大于或等于液限时，随着泡沫注入比的增加，改良细颗粒土平台直径逐渐增加。图 3-22(b) 给出了含水率对改良细颗粒土顶部平台直径

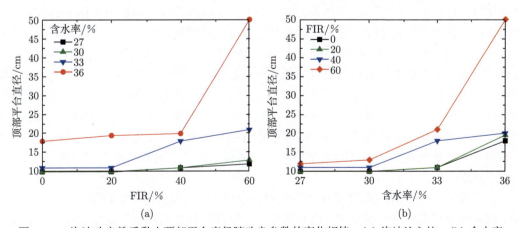

图 3-22　泡沫改良粉质黏土顶部平台直径随改良参数的变化规律：(a) 泡沫注入比；(b) 含水率

的影响规律，可以看出，当泡沫注入比较低时 (FIR=0%，20%)，细颗粒土含水率大于液限 ($w>33\%$) 后其平台直径才会明显增加；而当泡沫注入比较高时 (FIR=40%，60%)，细颗粒土含水率尚未达到液限 ($w<33\%$) 其平台直径即开始增加且增加速率逐渐加快。此外，从图 3-22 可以看出合适改良状态细颗粒土顶部平台直径约为 11cm，除高含水率 ($w>33\%$) 和高泡沫注入比 (FIR>40%) 工况外，由于细颗粒土自身黏聚力较大，多数工况顶部直径均处于 11cm 左右，因此根据顶部平台直径很难区分其塑流性状态。

## 3.6   泡沫改良土塑流性变化机理

坍落度试验是反映试样在自重应力作用下的变形情况，对于粗、细颗粒土由于其自身组成成分及结构性的不同，改良剂对其塑流性特征的作用机理也各不相同。

粗颗粒土颗粒粒径较大，比表面积较小，在粒间作用力中，重力起决定性作用，所以一般认为粗颗粒土不具有黏聚强度。对于黏聚作用相对较小的粗颗粒土，坍落后土颗粒在自重的作用下发生相对滑移并坍落成一定形状。与砂土的天然休止角类似，其稳定后形成的平衡状态主要与砂土自身的摩擦强度 (颗粒间的滑动摩擦和咬合作用) 有关 (李广信等，2013)。对于粗颗粒土其以摩擦强度为主，但当注入一定水和泡沫后，由于毛细水及泡沫的表面张力作用，会在土体内产生毛细压力，同样也有黏结土颗粒的作用，也称为"假黏聚力"。由试验结果可以看出，对于含水量较低的粗颗粒土，其坍落后的形状类似为圆锥体 (图 3-16(a))，土体内部的黏结强度 (假黏聚力) 较低，很难保持顶部平台的形成。当注入一定量的泡沫后，试样坍落后的形状近似圆台且具有一定的可塑性 (图 3-16(b))，泡沫的注入显著地增强了土体内部的毛细压力，提高了土体的黏结强度 (假黏聚力)；当泡沫注入量过大时，试样坍落后的形状仍近似于圆台 (图 3-16(c))，但此时试样可塑性较低、流动性较强。

对于粗颗粒土泡沫的注入不仅能使其产生"假黏聚力"，此外泡沫也充填在颗粒之间发挥"轴承"的作用，即过多的泡沫会抬升试样骨架，增大试样的孔隙比，土颗粒在泡沫的"支撑"与"润滑"作用下发生滑移，如图 3-23(a) 所示。而对于细颗粒土，特别是黏土颗粒，由于颗粒粒径较小 (自重小)，具有较大的比表面积，因此起主导作用的是土颗粒间的粒间作用，如范德瓦耳斯力、库仑力、化学胶结及毛细压力等。细颗粒土由于具有较强的粒间作用，其自身的黏结强度较大，普遍具有较强的可塑性，坍落后的形状均近似于圆台 (表 3-6)。由于泡沫主要是由发泡剂、稳泡剂、聚合物等组成，以试验所用泡沫为例，其主要组成成分为十二烷基硫酸钠、十二烷基三甲基氯化铵等表面活性剂。因此，泡沫注入细颗粒土不仅起到"轴承"作用 (乔国刚，2009)，同时也起到电化学作用。其中泡沫所起到的电化学作用主要为泡沫中离子所带电荷降低了黏土间的库仑力，如图 3-23(b) 所示。由于黏土的片层结构，当注入泡沫后，泡沫中带有电荷的离子可以进入其片层结构之间，增大其电斥力，从而减小了片层间的摩擦阻力，使黏土片层之间容易发生相对滑移 (Boone et al.，2005)。

王子明 (2006) 在研究新拌混凝土流变特性中指出：当剪应力大于屈服应力时，新拌混凝土就表现出流变性，坍落度试验测到的结果为试样在自重的作用下克服屈服剪应力而流动的性能。砂土土体内部发生剪切，实质上是土颗粒间相互错动的过程。迟明杰等 (2009)

对砂土的剪切过程提出图 3-24 中的简化模型,他认为砂土中颗粒和颗粒间主要存在下列 3 种关系:状态 a 和状态 c 时,渣土孔隙处于孔隙率最小的时候;状态 b 中,孔隙率随着颗粒间夹角增大而增大,当夹角为 45° 时,孔隙率最大,松砂中状态 b 的土占比大。状态 a 中,颗粒 A 与 C 的圆形连线与水平向夹角达到最大,颗粒需要翻越所需克服的动力势能最小,且翻越时路程最短,则需克服的摩擦能也就越小,因此状态 a 中颗粒发生所需的总能最小,土体中这种状态的颗粒团越多,越易发生剪切。相反,状态 c 需要的能量最大,状态 b 在两者之间,状态 b 越接近状态 a,所需的能量就越小,越易发生翻越而发生剪切。

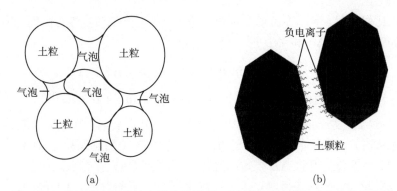

图 3-23 泡沫改良粗粒渣土塑流性机理:(a)"轴承" 作用;(b) 电化学作用

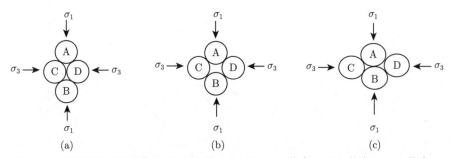

图 3-24 简化砂土剪切模型 (迟明杰等,2009):(a) 状态 a; (b) 状态 b; (c) 状态 c

搅拌桶的搅拌作用使颗粒处于松散状态,此时颗粒团绝大多数处于图 3-25(a) 中的状态,此时颗粒 A 翻越颗粒 C 所需的总能量 ($W$) 为

$$W = W_{\mathrm{h}} + W_{\mathrm{f}}, \quad W_{\mathrm{h}} = (F_{\mathrm{e}} + w_{\mathrm{p}}) \cdot \Delta h, \quad W_{\mathrm{f}} = F_{\mathrm{f}} \cdot \Delta L \tag{3-1}$$

式中,$W_{\mathrm{h}}$ 表示颗粒 A 翻越颗粒 C 时需克服有效应力 $F_{\mathrm{e}}$ 和重力 $w_{\mathrm{p}}$ 的作用抬高 $\Delta h$;$W_{\mathrm{f}}$ 表示颗粒 A 翻越颗粒 C 时需要克服摩擦力 $F_{\mathrm{f}}$ 的作用移动 $\Delta L$ 的长度。$\Delta h$ 和 $\Delta L$ 的计算公式为

$$\Delta h = 2R \cdot (1 - \sin\theta), \quad \Delta L = R \cdot (\pi/2 - \theta) \tag{3-2}$$

式中,$R$ 为颗粒半径;$\theta$ 为发生运动的颗粒的圆心连线与水平方向的夹角。

Psomas(2001),Psomas 与 Houlsby(2002),Houlsby 与 Psomas(2002) 通过泡沫改良渣土的压缩试验发现加入泡沫会使渣土的孔隙率大于其最大孔隙率,当泡沫注入量较大时，将远大于最大孔隙率。当泡沫与渣土混合后，当仅有少量泡沫填充于颗粒孔隙间时 (图 3-25(b))，将导致 $\theta$ 增大但颗粒间摩擦力保持不变，因此颗粒间的角度变化 $\Delta\theta$ 总为正值，这种情况下 $\Delta h$ 和 $\Delta L$ 的计算公式分别为

$$\Delta h = 2R \cdot [1 - \sin(\theta + \Delta\theta)], \quad \Delta L = R \cdot [\pi/2 - (\theta + \Delta\theta)] \tag{3-3}$$

因 $\theta + \Delta\theta$ 最大的值为 45°，因此式中 $\sin(\theta + \Delta\theta)$ 始终随着 $\theta + \Delta\theta$ 增大而增大且恒为正值，这意味着 $\Delta h$ 和 $\Delta L$ 随着 $\Delta\theta$ 的增大而减小，颗粒 A 翻越颗粒 B 所需的总能量随着 $\Delta\theta$ 的增大而减小。

泡沫注入比较大时，泡沫不仅填充颗粒孔隙中，还填充在颗粒接触面间 (图 3-25(c)) 形成泡沫层 (厚度为 $d_{\mathrm{fl}}$)。$\Delta h$ 和 $\Delta L$ 的计算公式分别为

$$\Delta h = 2R \cdot [1 - \sin(\theta + \Delta\theta)] - d_{\mathrm{fl}} \cdot \sin(\theta + \Delta\theta) \tag{3-4}$$

$$\Delta L = 2\{(2R^2 + R \cdot d_{\mathrm{fl}}) \cdot [1 - \cos(\theta + \Delta\theta)] + 0.25d_{\mathrm{fl}}^2\}^{0.5} \tag{3-5}$$

该类情况 $\theta + \Delta\theta$ 大于或等于 45°，因此 $\Delta h$ 小于公式 (3-3) 中 $\Delta h$ 的最小值，甚至当泡沫注入比过大时，$\Delta h$ 可能等于或小于 0，意味着颗粒 A 翻越颗粒 B 时不需要克服有效应力和自重力。尽管公式中的 $\Delta L$ 一定程度增大，但泡沫填充在颗粒之间使原本的颗粒–颗粒接触转变成颗粒–泡沫–颗粒接触，很大程度上减小了摩擦力 $F_{\mathrm{f}}$，同样降低了 $W_{\mathrm{f}}$。

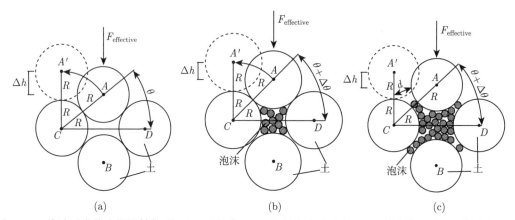

图 3-25    泡沫改良渣土塑流性机理：(a) 无填充；(b) 仅填充在孔隙间；(c) 填充在孔隙和颗粒接触面间

因此，泡沫的注入能够显著减小颗粒 A 翻越颗粒 B 所需的总能量，渣土在重力作用下更易发生剪切变形，即在坍落度试验中渣土表现出一定的流动性。此外，泡沫对颗粒间翻越能量的减少作用随着泡沫注入比的增大而减小，即泡沫注入比的升高能够使渣土流动性增强。

## 3.7  本 章 小 结

本章以通过湘江流域河砂、九江流域河砂和杭州地区粉质黏土为试验土，开展一系列坍落度试验，探究了不同改良参数下粗、细颗粒土塑流性的变化规律，并讨论了改良剂对渣土塑流性影响的内在机理。主要结论如下所述。

(1) 针对湘江流域河砂，随着泡沫注入比的增大，泡沫改良粗颗粒土的坍落度和延展度呈先下降后上升的趋势。当含水率较低，泡沫注入比小或没有泡沫注入时，渣土呈散粒状或散块状，坍落度和延展度呈下降趋势，随着泡沫注入比的增加，当泡沫注入比到某值后，渣土的坍落度和延展度达到最小值。继续增大泡沫注入比，渣土由散粒状转向塑流状态，坍落度和延展度值随着泡沫注入增大而增大，当增大到某值后，限于试验体积限制，便不再增大，若以 150~200mm 的坍落度为改良合适渣土坍落度范围，则延展度范围为 280~350mm。

(2) 根据改良渣土的坍落度、延展度和渣土表观状态，可将泡沫改良渣土细分为塑流性合适、欠改良状态、流动性合适但析水、流动性过大 (可能析泡沫) 和流动性过大且析水 5 种状态，当渣土含水率和泡沫注入比较小时，渣土呈欠改良状态，当含水率较小，但泡沫注入比较大时，渣土呈流动性过大 (可能析泡沫) 状态，但含水量较大且泡沫注入比较大时，渣土呈流动性过大且析水状态，仅有当含水率和泡沫注入比在一定范围内时，渣土呈塑流性合适状态，在塑流性合适的改良参数范围内，使渣土达到塑流性合适所需的泡沫注入比随含水率的增大而降低，当渣土含水率过大时，虽然少量的泡沫注入就可使渣土具有较好的流动性，但渣土出现严重的析水现象。

(3) 针对九江流域天然河砂，泡沫改良粗颗粒土适应于含水率低于 15% 的试样，若含水率较高，则粗颗粒土容易泌水、泡沫流动性极强，且注水对粗颗粒土塑流性状态改变较小，与粗颗粒土不同的是细颗粒土通过加水能够明显改善其塑流性。泡沫改良粗颗粒土含水率低于 10% 时，随着泡沫注入比的增加，坍落度先减后增；当含水率高于 10% 时，随着泡沫注入比的增加，坍落度先增后趋于稳定。泡沫改良粗颗粒土延展度随泡沫注入比的增加先减小后增大，顶部平台直径随泡沫注入比的增加而增大。

(4) 针对杭州地区粉质黏土，泡沫改良细颗粒土坍落度随泡沫注入比的增加，改良细颗粒土坍落度、延展度和顶部平台直径逐渐增加。当细颗粒土含水率 ($w=27\%$、$30\%$) 低于液限时，随泡沫注入比的增加，改良细颗粒土的延展度和顶部平台直径增长较缓慢；而当细颗粒土含水率 ($w=36\%$) 高于液限时，随泡沫注入比的增加，改良细颗粒土的延展度和顶部平台直径的增长明显变快。

(5) 从泡沫改良粗颗粒土的机理模型可以看出，当泡沫注入比较小时，泡沫填充在颗粒土孔隙中，将土骨架撑起，减少了颗粒发生错动需要克服的重力势能，当泡沫注入比较大时，泡沫能够填充在颗粒间，使原本的颗粒-颗粒接触变成了颗粒-泡沫接触，在减少重力势能的同时减少了颗粒发生错动需要克服的摩擦能。综上所述，泡沫的注入能够使颗粒间更易发生翻越，渣土在重力作用下更易发生剪切，且这种效果随着泡沫注入比的增大而增强，即在坍落度试验中表现为渣土流动性随着泡沫注入比的增大而增强。

## 参 考 文 献

迟明杰, 赵成刚, 李小军, 2009. 砂土剪胀机理的研究 [J]. 土木工程学报, 3: 99-104.

郭付军, 赵振威, 张杰, 等, 2017. 使用聚合物对纯砂层进行渣土改良的试验研究 [J]. 隧道建设, 37(s1): 53-58.

李广信, 张丙印, 于玉贞, 2013. 土力学 [M]. 2 版. 北京: 清华大学出版社: 172-179.

林富志, 2016. 富水砂卵石层渣土改良试验研究 [J]. 四川水力发电, 35(6): 15-19.

乔国刚, 2009. 土压平衡盾构用新型发泡剂的开发与泡沫改良土体研究 [D]. 北京: 中国矿业大学.

乔国刚, 陶龙光, 刘波, 等, 2009. 泡沫改良富水砂层工程性质的实验研究 [J]. 现代隧道技术, 46(6): 79-84.

王子明, 2006. "水泥–水–高效减水剂" 系统的界面化学现象与流变性能 [D]. 北京: 北京工业大学.

闫鑫, 龚秋明, 姜厚停, 2010. 土压平衡盾构施工中泡沫改良砂土的试验研究 [J]. 地下空间与工程学报, 6(3): 449-453.

叶晨立, 2018. 高水压高渗透砂性地层土压平衡盾构施工渣土改良技术研究 [J]. 隧道建设 (中英文), 38(2): 300-307.

中华人民共和国水利部, 2008. 土的工程分类标准: GB/T50145—2008[S]. 北京: 中国计划出版社.

中华人民共和国水利部, 2019. 土工试验方法标准: GB/T 50123—2019[S]. 北京: 中国计划出版社.

中华人民共和国住房和城乡建设部, 2012. 建筑地基基础设计规范: GB50007—2011[S]. 北京: 中国建筑工业出版社.

American Society for Testing and Materials (ASTM), 2009. Standard Practice for Description and Identification of Soils: ASTM D2488-09.

Boone S J, Artigiani E, Shirlaw J N, et al, 2005. Use of ground conditioning agents for Earth Pressure Balance machine tunnelling[C]. Congres international de Chambéry, Octobre: 313-319.

Budach C, Thewes M, 2015. Application ranges of EPB shields in coarse ground based on laboratory research[J]. Tunnelling and Underground Space Technology, 50: 296-304.

Duarte P, 2007. Foam as a soil conditioner in tunnelling : physical and mechanical properties of conditioned sands[D]. London: University of Oxford.

EFNARC, 2005. Specification and guidelines for the use of specialist products for soft ground tunnelling[R]. European Federation for Specialist Construction Chemicals and Concrete Systems, Surry, UK.

Hollmann F S, Thewes M, 2013. Assessment method for clay clogging and disintegration of fines in mechanised tunneling[J]. Tunnelling and Underground Space Technology, 37(13): 96-106.

Houlsby G T, Psomas S, 2002. Soil conditioning for pipe jacking and tunneling: properties of foam/sand mixtures[J]. Proceedings of Underground Construction: 128-138.

Maidl B, Herrenknecht M, Maidl U, et al, 2012. Mechanised Shield Tunnelling[M]. Berlin: Ernst & Sohn.

Maidl U, Pierri D, 2014. Innovative hybrid EPB tunnelling in Rio de Janeiro[J]. Geomechanik Und Tunnelbau, 7(1): 55-63.

Özarmut Ö, Steeb H, 2015. Rheological properties of liquid and particle stabilized foam[J]. Journal of Physics: Conference Series, 602(1): 012031.

Peila D, 2014. Soil conditioning for EPB shield tunnelling[J]. KSCE Journal of Civil Engineering, 18: 831-836.

Peila D, Oggeri C, Borio L, 2008. Influence of granulometry, time and temperature on soil conditioning for EPBS applications[C]. In Proceedings World Tunnel Congress: 22-24.

Peila D, Oggeri C, Borio L, 2009. Using the slump to assess the behavior of conditioned soil for EPB tunneling[J]. Environmental & Engineering Geoscience, 15(3): 167-174.

Peila D, Picchio A, Chieregato A, 2013. Earth pressure balance tunnelling in rock masses: laboratory feasibility study of the conditioning process[J]. Tunnelling and Underground Space Technology, 35: 55-66.

Psomas S, Houlsby G T, 2002. Soil conditioning for EPBM tunnelling:compressibility behaviour of foam/sand mixtures[C]. Geo-technical Aspects of Construction in Soft Ground, Balkema: 215-220.

Psomas S, 2001. Properties of foam/sand mixtures for tunnelling applications[D]. London: Oxford University.

Quebaud S, Sibai M, Henry J, 1998. Use of chemical foam for improvements in drilling by earth-pressure balanced shields in granular soils[J]. Tunnelling and Underground Space Technology, 13(2): 173-180.

Vinai R, Oggeri C, Peila D, 2008. Soil conditioning of sand for EPB applications: a laboratory research[J]. Tunnelling and Underground Space Technology, 23(3): 308-317.

Wang S, Hu Q, Wang H, et al, 2020. Permeability characteristics of poorly graded sand-conditioned with foam mixtures in different conditioning states [J]. Journal of Testing and Evaluation, ASTM, 49(5): 1-17.

Wang S, Ni Z, Qu T, et al, 2022. A novel index to evaluate the workability of conditioned coarse-grained soil for EPB shield tunnelling[J]. Journal of Construction Engineering and Management, 148(6): 04022028.

Williamson G E, Traylor M T, Higuchi M, 1999. Soil conditioning for EPB shield tunneling on the South Bay Ocean Outfall[C]. Rapid Excavation and Tunneling Conference 1999: SME, Littleton, CO: 897-925.

Wu Y, Mooney M, Cha M, 2018. An experimental examination of foam stability under pressure for EPB TBM tunneling[J]. Tunnelling and Underground Space Technology, 77: 80-93.

# 第 4 章　盾构泡沫改良土塑流性细观机理

## 4.1　引　　言

砂性土是颗粒性明显的散体材料,与泡沫混合后形成具有一定塑性的黏聚体 (Hu et al.,2020;刘朋飞等,2018)。砂性土宏观性质的变化是由其细观尺度上接触力学关系改变而引起的,学者们大多采用离散元数值模拟方法对其进行研究 (Nordell,1997;Hastie et al.,2008)。通过观察试样内部颗粒运动状态,可解析砂土受剪破坏时其剪切带形成的细观机制 (蒋明镜,2010),能够较好地应用于散体材料的模拟,解释相关过程的力学机理 (Gröger 和Katterfeld,2006;Sinnott 和 Cleary,2016)。

就泡沫改良砂土而言,加入泡沫后土体中的细观接触关系由单一的砂土–砂土颗粒间的接触转变为砂土–砂土、砂土–泡沫、泡沫–泡沫三种颗粒间接触关系共存状态。为实现泡沫改良土的精细化模拟,需选择合适的本构模型及对应细观参数来反映此三种接触关系。其中砂土–砂土颗粒间的接触力学行为主要是线弹性行为,可选线性接触模型作为其本构模型 (Qu et al.,2019)。相对而言,泡沫–泡沫及泡沫–砂土颗粒间表现出一定的黏结力,因此需选择可体现颗粒间黏结作用的平行黏结模型 (Mak et al.,2012)。泡沫颗粒的引入使土体中出现了黏结力,从而改变了砂土的塑流性,因而合理地确定颗粒间的黏结强度参数,对模型能否准确地反映泡沫改良土的真实特性有至关重要的作用。刘正日等 (2022) 基于能量守恒原理,推导了泡沫–泡沫与泡沫–砂土颗粒间的抗拉强度计算解析式,揭示了粒径间抗拉强度与泡沫颗粒粒径、表面张力的关系,通过对比试验结果,证明了解析式能较好地计算泡沫–泡沫、泡沫–砂土颗粒间的抗拉强度。

当前,现场多基于常压条件下坍落度试验来确定盾构掘进过程中渣土改良参数 (宋上明等,2019),本章建立泡沫改良砂土离散元数值模型,针对不同泡沫注入比条件下渣土的坍落过程进行分析,探究泡沫注入比对渣土细观力学性质的影响,基于颗粒细观力学视角对颗粒间接触力学特性变化进行分析,进而解释泡沫影响渣土塑流性的力学机理 (刘正日,2021;Liu et al.,2022)。

## 4.2　塑流性试验

### 4.2.1　试验材料

#### 1. 试验砂土

选用天然河砂作为试验土,依照《土工试验方法标准》(GB/T 50123—2019) 所提供的试验方法,测定试验砂土的颗粒级配、颗粒密度等基本物理性质。通过试验测得其相关物理指标如表 4-1 所示,级配曲线如图 4-1。

表 4-1    试验砂土物理特性表

| 物理指标 | 量值 |
| --- | --- |
| 平均粒径 $d_{50}$ | 2.18mm |
| 不均匀系数 $C_u$ | 7.16 |
| 曲率系数 $C_c$ | 1.10 |
| 颗粒密度 $\rho_s$ | 2.65g/cm$^3$ |

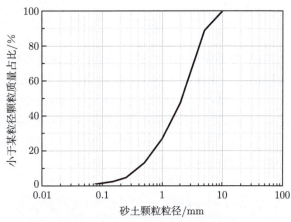

图 4-1    试验砂土颗粒级配曲线图

### 2. 泡沫改良剂

采用第 2 章所述方法生成所用泡沫,采用通用型盾构泡沫改良剂,其主要成分见表 4-2,泡沫图片及对应细观结构分别如图 4-2(a)、(b) 所示。发泡参数如表 4-3 所示,经测定,试验泡沫发泡倍率为 12.9,半衰期约为 7min。

表 4-2    泡沫改良剂成分表

| 组分 | 占比 | 作用 |
| --- | --- | --- |
| 十二烷基三甲基氯化铵 | 3%~3.5% | 表面活性剂 (阳离子) |
| 十二烷基硫酸钠 | 1%~1.5% | 表面活性剂 (阴离子) |
| 硅油 | 1%~2% | 稳泡剂 |
| 水 | 93%~94% | 溶剂 |

(a)

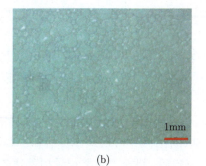

1mm

(b)

图 4-2    泡沫及泡沫细观结构图

表 4-3　泡沫制备参数

| 参数 | 量值 |
| --- | --- |
| 泡沫剂类型 | 阴阳离子复合型泡沫剂 |
| 泡沫剂原液密度 | $1.12g/cm^3$ |
| 泡沫混合液浓度 | 3% |
| 输气压力 | 3bar |
| 输液压力 | 2.5bar |

### 4.2.2　试验装置

鉴于模拟普通坍落度试验所需砂土颗粒数量巨大，当前计算能力难以满足此种超大型试验的原尺模拟。为解决这一难题，本书作者所在团队自主设计尺寸为 5cm(上底面直径)×10cm(下底面直径)×15cm(桶高) 的缩尺坍落度桶 (图 4-3)。通过缩尺坍落度试验，可在兼顾对泡沫改良砂性渣土塑流性进行定量评价的基础上，有效减少每组坍落度试验所需的土颗粒数量，从而明显降低建立精细化泡沫改良土离散元数值模型所需生成的颗粒数量，实现泡沫改善砂性渣土塑流性的细观力学作用机理的研究。

图 4-3　缩尺坍落度桶

依据塑流性试验结果选择未改良、欠改良、合适改良及过度改良四种典型状态作为试验工况，主要试验步骤如下所述。

(1) 依据试验所需砂性渣土质量，取一定质量的烘干砂土，依据试验工况所定含水率配制未改良砂土试样。

(2) 启动发泡装置，根据试验工况量取目标体积泡沫，将泡沫添加至未改良渣土试样中，启动搅拌机顺时针搅拌 45s 后，逆时针搅拌 45s，将泡沫与渣土混合均匀制成泡沫改良砂土试样。

(3) 将泡沫改良渣土分为 3 层装入缩尺坍落度桶中，每填充一层后用捣棒轻捣均匀。从往渣土中添加泡沫开始计时，在 180s 内完成装样，并在 3~5s 内竖向匀速提起坍落度桶。

(4) 坍落完成后，迅速测量并记录坍落体的坍落度值及延展度值，拍摄照片记录泡沫改良砂土坍落状态 (坍落状态见图 4-4)。

图 4-4 缩尺坍落试验坍落状态图

## 4.3 泡沫改良土离散元数值模拟

离散元数值方法可有效模拟散体材料的力学行为，就砂性土此类颗粒性明显的松散土体而言，采用离散元方法能真实反映出模拟对象的离散特性，且可通过细观力学角度解释宏观力学行为的作用机理。当砂性土中含水率为 10% 时，注入不同量的泡沫后，其塑流性发生明显变化。因而，选择含水率为 10% 的砂土为试验土体，以未改良状态、欠改良状态、合适改良状态及过度改良状态四种典型改良渣土状态的相应泡沫注入比作为缩尺坍落度试验的试验工况 (见表 4-4)，改良状态如图 4-5 所示。

表 4-4 缩尺坍落度试验工况表

| 编号 | 含水率/% | 泡沫注入比/% | 状态 | 坍落度值/cm | 延展度值/cm |
|---|---|---|---|---|---|
| 1 | 10 | 0 | 未改良 | 5.7 | 19.7 |
| 2 | 10 | 5 | 欠改良 | 5.5 | 17.8 |
| 3 | 10 | 15 | 合适改良 | 4.9 | 13.7 |
| 4 | 10 | 25 | 过度改良 | 10.8 | 18.7 |

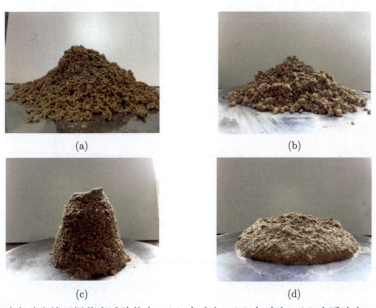

(a)

(b)

(c)

(d)

图 4-5 泡沫改良砂土缩尺坍落度试验状态：(a) 未改良；(b) 欠改良；(c) 合适改良；(d) 过度改良

### 4.3.1　模型建立

依据泡沫改良砂土的塑流性试验结果可知,在含水率合适的条件下,泡沫颗粒对渣土力学特性有明显影响,为深入探究泡沫在渣土中的作用,应用离散元数值软件 PFC³ᴰ 建立精细化泡沫改良渣土模型,实现砂土与泡沫双颗粒共存状态。数值模拟对象为泡沫改良砂土的缩尺坍落度试验,模型主要由缩尺坍落度桶、砂土颗粒及泡沫颗粒组成。此外,由于土体中水的存在,主要对颗粒间的摩擦系数产生影响,因而在数值模型中以砂土颗粒间的摩擦系数变化表征含水率对土体力学特性的影响。

#### 1. 坍落度桶

坍落度桶模型依照缩尺坍落度桶建立,在建模域内建立圆台形的坍落度桶模型,其为中空构造且上下表面皆为开口状态。在坍落度桶下底面所在平面生成坍落平台,以及在上底面处生成封口面,以防止坍落桶内颗粒在平衡过程中溢出坍落桶范围。

#### 2. 砂土颗粒

泡沫改良砂土由砂土颗粒及泡沫两部分以指定比例生成,砂土颗粒粒径组成依据筛分试验结果确定。但由于砂土粒径在各个区间内连续分布,因此难以真实还原砂土粒径实际分布情况。因而,模型中仅选取具有代表性的粒径,即所用筛网的孔径尺寸为标准区分不同粒径区间,粒径区间范围内颗粒粒径取为高斯分布。同时,考虑到土体中粒径小于 0.5mm 的部分仅占不到 10%,如果实际模拟该部分土体,则会造成模型过于庞大,难以运算。因此,将该部分土体的占比按比例分配至其余粒径区间。模拟试验所用砂土颗粒级配曲线见图 4-6。

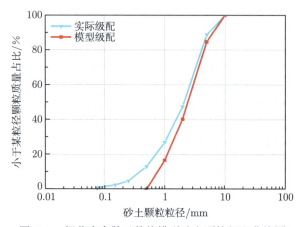

图 4-6　坍落度离散元数值模型砂土颗粒级配曲线图

#### 3. 泡沫颗粒

为获得真实泡沫颗粒粒径,采用光学显微镜观察泡沫细观图像,统计泡沫粒径后获得泡沫颗粒粒径分布曲线。泡沫细观结构图片获取及图像处理的具体过程如下所述。

(1) 配制改良试验指定浓度的泡沫混合液,使用发泡装置生成试验所需泡沫。

(2) 使用光学显微镜观察并捕获泡沫生成后 180s 的泡沫细观结构图像。

(3) 将泡沫细观结构图片作为光栅参照图片导入 Auto CAD 中, 由于图中泡沫大体上为圆形, 因此近似采用圆形边界标识泡沫颗粒图像, 图 4-7 为标记后的图片。

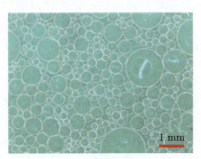

图 4-7　泡沫颗粒标记结果

(4) 将标记完成的泡沫图像导出为 dxf 格式数据文件, 通过自主开发的转换程序自动提取 dxf 数据文件中所标记泡沫颗粒的粒径及形心坐标, 并生成记录相关数据的 Excel 文档。

(5) 利用标记比例尺校准 Excel 文档中泡沫颗粒粒径数据, 最终得到图像中泡沫颗粒实际粒径结果。

由图像处理结果可绘出图 4-8 所示泡沫颗粒级配曲线, 考虑到泡沫颗粒粒径分布范围较小, 且在模型中真实还原泡沫粒径分布会使模型过于庞大, 造成计算效率大幅下降, 因而在模型中以相同粒径的球颗粒表征泡沫颗粒, 其值取为 0.15mm, 即泡沫颗粒的平均粒径。

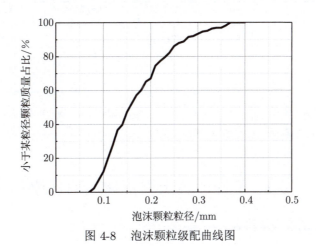

图 4-8　泡沫颗粒级配曲线图

4. 模拟过程

缩尺坍落度试验模拟过程依据室内试验相应操作步骤进行, 具体数值模拟过程如下所述。

(1) 按照缩尺坍落度桶尺寸建立坍落度桶模型, 并在下底面生成坍落平面, 在上底面处建立封口面, 防止颗粒平衡过程中溢出坍落桶。

(2) 依据不同改良状态工况, 生成指定泡沫注入比的泡沫改良砂性渣土。

(3) 将模型平衡至最大不平衡力小于 $10^{-4}$ 后，删除坍落度桶上部封口板及坍落度桶范围外的所有颗粒。

(4) 以 0.03m/s 的速度竖直提起坍落度桶，使土体自由坍落。

(5) 通过自主编写的 fish 函数提取模型坍落过程所需参数，模型坍落计算时间与实际试验保持一致，为提桶后 10s，坍落完成后记录土体的坍落度值、延展度值等相关参数。

### 4.3.2　模型参数

结合前面试验结果与刘正日 (2021) 提出的泡沫改良砂土本构模型参数自动标定算法，可得模型中砂土颗粒粒径分布及占比如表 4-5 所示，各改良工况所采用的颗粒间细观接触参数如表 4-6 所示。

表 4-5　模型颗粒粒径分布及占比

| 粒径/mm | 0.25~0.5 | 0.5~1.0 | 1~2.5 | 2.5~5.0 |
|---|---|---|---|---|
| 占比/% | 16.7 | 23.6 | 44.4 | 15.3 |

表 4-6　模型细观参数表

| 编号 | 改良状态 | 接触关系 | $k_n$ | $k_s$ | $\mu$ | $\sigma_c$ |
|---|---|---|---|---|---|---|
| 1 | 未改良 | s-s | $3.67\times10^5$ | $3.67\times10^5$ | 0.86 | 0 |
| 2 | 欠改良 | s-s | $3.67\times10^5$ | $3.67\times10^5$ | 0.73 | 0 |
|  |  | f-f | $3.21\times10^{-2}$ | $3.21\times10^{-2}$ | 0.01 | 35.4 |
|  |  | f-s | $3.21\times10^{-2}$ | $3.21\times10^{-2}$ | 0.31 | 21.6 |
| 3 | 合适改良 | s-s | $3.67\times10^5$ | $3.67\times10^5$ | 0.53 | 0 |
|  |  | f-f | $3.2\times10^{-2}$ | $3.21\times10^{-2}$ | 0.01 | 35.4 |
|  |  | f-s | $3.21\times10^{-2}$ | $3.21\times10^{-2}$ | 0.28 | 21.6 |
| 4 | 过度改良 | s-s | $3.67\times10^5$ | $3.67\times10^5$ | 0.32 | 0 |
|  |  | f-f | $3.21\times10^{-2}$ | $3.21\times10^{-2}$ | 0.01 | 35.4 |
|  |  | f-s | $3.21\times10^{-2}$ | $3.21\times10^{-2}$ | 0.23 | 21.6 |

注：s-s，f-f，f-s 分别表示接触关系为砂土–砂土 (soil-soil)，泡沫–泡沫 (foam-foam)，泡沫–砂土 (foam-soil)。$k_n$ 为法向刚度；$k_s$ 为切向刚度；$\mu$ 为摩擦系数；$\sigma_c$ 为颗粒间黏结强度。

## 4.4　泡沫改良土坍落体运动规律

### 4.4.1　缩尺坍落度试验模型验证

为验证所建立的泡沫改良砂性土坍落度试验离散元数值模型，以及所选择的本构模型细观参数能否准确反映不同泡沫注入比条件下的土体塑流性，对数值模型及室内试验的宏观变形进行对比分析。坍落度试验的坍落度值及延展度值是评价改良土体塑流性的关键参数，通过比较试验结果与模拟结果的坍落度值及延展度值的差异，可定量地反映数值模型的可靠性。对比室内试验及数值模拟结果，可得如表 4-7 所示两者相对误差表。就泡沫改良土体坍落度值而言，最大模拟误差出现在欠改良工况，数值试验坍落度值与室内试验坍落度值相差 0.4cm(误差 7.2%)，其余工况误差值均不超过 6%。针对坍落体延展度这一参数，最大误差工况为过度改良状态，但其误差值仅为 0.9cm，整体不超过 5%。

　　此外，结合图 4-9 所示缩尺坍落度试验及数值模拟结果图可知，不同改良状态下泡沫改良砂土的缩尺坍落度试验坍落状态与对应室内试验中土体坍落状态的相似度较高，该数值模型可较好地模拟出不同改良状态砂土的坍落形态，反映不同泡沫注入比条件下改良砂土的塑流性。此结果表明文中所述建模方法、本构模型的选择及对应细观参数的选取皆较为可靠，基于该泡沫及砂土双颗粒共存的泡沫改良砂土离散元数值模型，分析泡沫影响砂性土体塑流性的细观力学机理是较为合理的。

表 4-7　缩尺坍落度试验及数值模拟结果

| 编号 | 状态 | 试验坍落度值/cm | 数值坍落度值/cm | 误差/% | 试验延展度值/cm | 数值延展度值/cm | 误差/% |
| --- | --- | --- | --- | --- | --- | --- | --- |
| 1 | 未改良 | 5.7 | 5.5 | 3.5 | 19.7 | 18.6 | 4.6 |
| 2 | 欠改良 | 5.5 | 5.1 | 7.2 | 17.8 | 17.4 | 2.2 |
| 3 | 合适改良 | 4.9 | 4.7 | 4.1 | 13.7 | 14.1 | 2.9 |
| 4 | 过度改良 | 10.8 | 10.3 | 4.6 | 18.7 | 19.6 | 4.8 |

图 4-9　缩尺坍落度试验及数值模拟结果图片：(a) 未改良；(b) 欠改良；(c) 合适改良；(d) 过度改良

### 4.4.2　泡沫改良土坍落形态

　　泡沫对砂性土体的流动特性有较为显著的影响，分析不同泡沫注入比情况下改良砂土的坍落变形过程，可有效解释泡沫注入量对土体运动状态的影响规律。在数值模型中土体的整个坍落度过程持续时间为 10s，模拟过程中每隔 2s 记录一次泡沫改良砂土的坍落形态，以分析其在坍落过程中的变形特性。

　　图 4-10 为未改良、欠改良、合适改良、过度改良四种改良状态砂土坍落过程记录图，可依据坍落体的坍落变形过程将其归结为滑落变形、协同变形及侧向变形三种变形模式。滑落变形模式为坍落体上部土体由外向内逐渐向下滑落或外侧土体受扰动作用后直接整体向四周崩落，而坍落体中部土体基本上保持原位。此坍落模式下最终坍落形状一般呈圆锥状，且坍落体表面起伏不平。变形模式为滑落变形的土体具有黏聚力较小及内摩擦角较大的特点。就砂性土体而言，未改良以及欠改良状态的泡沫改良土的坍落模式通常为滑落型。

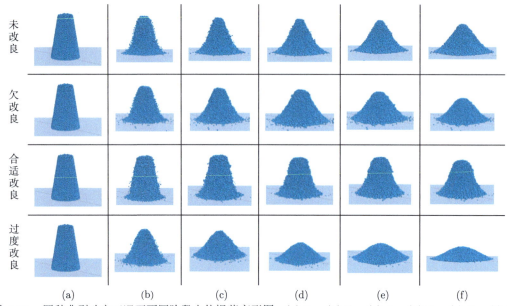

未改良

欠改良

合适改良

过度改良

(a)　　　　　(b)　　　　　(c)　　　　　(d)　　　　　(e)　　　　　(f)

图 4-10　四种典型改良工况下不同阶段土体坍落变形图：(a) 0s；(b) 2s；(c) 4s；(d) 6s；(e) 8s；(f) 10s

协同变形模式为土体坍落过程中表现为坍落体上部土体向下坍落变形的同时也发生径向变形，两部分土体变过程较为一致，且变形速度相当。此变形模式的最终坍落形态一般呈圆台状与坍落桶相似，且坍落体表面较为平滑。泡沫改良砂土坍落过程发生协同变形表明，其具有适宜的黏聚力以及较小的内摩擦角，合适改良状态的砂性渣土一般为此变形模式。

侧向变形模式为提桶后坍落体下部土体在上部土压力的作用下，发生向四周扩散的快速变形，上部土体由于失去下部土体的支撑而向下坍落变形。土体的最终坍落形态一般为圆饼状，且坍落表面较为光滑平整。此状态土体的内摩擦角及屈服强度较小，但具有适宜的黏聚力，过度改良状态砂性渣土通常为侧向变形模式。

图 4-11 为不同改良状态砂土坍落过程的坍落度值变化曲线，其中未改良、欠改良及合适改良状态渣土的坍落度值变化值较为接近，但三者坍落运动的作用机理不同。未改良及欠改良状态砂土由于颗粒间缺少黏聚力呈松散状态，提桶后坍落体上部土体受扰动后难以保持原状向四周掉落，此表现为土体坍落初期 (2s) 坍落度值迅速增加。而后上部土体在不平衡力的作用下逐渐向四周滑落，坍落度值随之逐渐增加，并最终形成圆锥状坍落体。合适改良状态的砂性渣土在泡沫的影响下，土体具有一定黏聚力且塑流性良好，坍落体在其自身重力的作用下发生协同变形而逐渐向平衡态转化。坍落过程中土体表现为整体连续变形，下部土体阻碍上部土体坍落运动。因此，该改良土体坍落过程的坍落变形发展较其余状态土体的缓慢。随泡沫注入比不断增加，土体转变为过度改良状态，流动性显著增强。土体转变为类似流体状态，屈服强度明显减小，在自重的作用下，土体发生迅速的坍落变形且坍落度值更大。

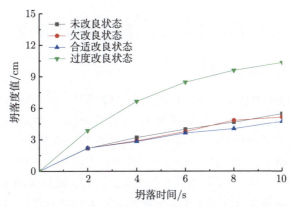

图 4-11　不同改良状态砂土坍落过程的坍落度值变化曲线

　　图 4-12 给出了不同改良状态砂土坍落过程的延展度值变化曲线，砂土改良状态对土体坍落过程的延展度变化有较为明显的影响。未改良及欠改良状态砂性土的延展度在坍落初始阶段出现骤增现象，而后增长速度变缓。此现象主要由于该状态下砂土的黏聚力较小，土体呈松散堆积状态整体性较差。受到提桶扰动后，坍落体上部土体向四周塌落，从而使得延展度值在坍落的初始阶段骤增。而后，上部多余土体逐渐向四周滑落，使坍落体形态逐渐趋于稳定，表现出延展度在此过程中稳步增加。此外，欠改良土体的延展度值相较未改良土体而言更大，主要由于泡沫的加入一定程度上减小了土体的内摩擦角，使坍落体在同等重力势能的作用下出现更大的延展变形值。合适改良状态砂性土的延展度值较其他改良状态小，该状态土体塑流性良好，坍落变形过程为整体协同变形，即上部土体向下坍落，下部土体在土体自重压力的作用下向四周延展变形。由于土体黏聚力有所改善，下部土体的变形受内部土体黏聚力作用限制了土体向四周延展作用。对于过度改良土体而言，大量的泡沫有效减小了土体的屈服应力，表现为延展度大幅增加。在土体自重土压力的作用下，屈服应力较小的过度改良砂性土在提桶后，迅速向四周延展变形。同时上部土体由于下部支撑迅速减弱而发生竖直向下的坍落，产生冲力使土体延展度再次增加，因而过度改良状态砂性土表现为较大的延展度。

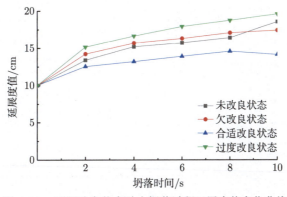

图 4-12　不同改良状态砂土坍落过程延展度值变化曲线

## 4.5　泡沫对改良土颗粒接触的影响

### 4.5.1　泡沫对改良土接触数量的影响

　　颗粒间的接触是泡沫改良土体内部作用力的传输路径，接触数量越多可使土体中的接触力分布更加均匀，同时接触数量也表征着土体内部颗粒间的关联情况。在泡沫改良砂土的离散元数值模型中，存在着一个颗粒周围仅存在单个颗粒或没有颗粒与其接触的情况，该类型颗粒称为"悬浮颗粒"。悬浮颗粒在土体内部不能发挥传力作用，因而在计算颗粒间的接触数量时，应去除所有与悬浮颗粒相联系的接触，剩余的颗粒间的接触关系则统称为"有效接触"。在颗粒间接触相关规律探究中，分析对象皆为剔除悬浮颗粒后的有效接触及相应颗粒。

　　图 4-13 给出了不同改良状态砂性土坍落过程中颗粒间有效接触数量变化曲线，可以发现各种改良状态土体在初始坍落阶段 (0~4s)，颗粒间的接触数量都有一定程度的增长。这主要是由于提桶后，坍落体失去四周筒壁的约束，造成土体内部出现不平衡力。在该作用力的驱动下，改良土体内部颗粒发生重排列运动，从而改变土体内部接触力的分布以消除该不平衡力，使土体逐渐向平衡状态转变，此即为土体的坍落现象的发生机理。由于颗粒间的弱接触力相较于强接触力更易稳定存在，因而在改良土体内部颗粒重排列的过程中会发生自发的大接触力转化为小接触力的现象。但由于坍落体的自重作用力为定值，颗粒在运动过程中只能通过整体颗粒间的排布结构使颗粒间的接触数量尽可能增加，以减小每个颗粒间接触所承担的作用力量值，促使坍落体处于较为稳定的状态。因此，坍落体坍落过程中颗粒间的接触数量表现出增长的趋势。

　　此外，对比不同改良状态砂性土的颗粒间有效接触数量可知，随泡沫注入比增加，颗粒间的有效接触数量随之增加。由于土颗粒的粒径明显大于泡沫颗粒的粒径，因此往土体中注入泡沫后，泡沫颗粒会填充于砂土颗粒的孔隙之间，在原本砂土颗粒间无法产生接触的位置，生成泡沫--砂土或泡沫--泡沫颗粒间的接触这两种新的接触关系，使得添加泡沫后的改良土体内部接触数量大大增加。

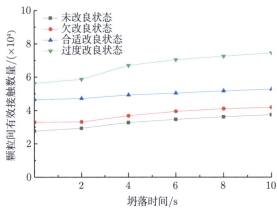

图 4-13　不同改良状态砂性土坍落过程中颗粒间有效接触数量变化曲线

### 4.5.2 泡沫对改良土配位数的影响

配位数是指材料内部中心颗粒周围的配位颗粒个数，对于砂性土此类由大量颗粒组成的散体材料而言，一般采用试样的平均配位数描述该特性，即土体试样中每个颗粒周围与其相接触的颗粒数目平均值。配位数是评价土体内部颗粒间排列密实程度的重要指标。

图 4-14 给出了不同改良状态砂性土坍落过程中颗粒间配位数变化曲线，可知土体在初始坍落阶段 (0~4s) 配位数有明显的上升趋势，而最后坍落阶段 (6~10s) 土体配位数基本上保持较为稳定的水平。同时，随泡沫注入比的增加，改良砂性土的配位数亦随之增加。未改良状态砂性土的配位数在 2.1~3.0 范围内波动，而随泡沫的加入使土体达到合适改良状态后，土体配位数达到 2.8~3.9，相比于未改良状态数值明显提高。继续增加泡沫注入比，土体配位数则达到了 3.5~4.6。这表明，加入泡沫后可使改良土体内部颗粒排布更加密实，土体均质性明显增强。

究其原因，未改良砂土中砂土颗粒的粒径及颗粒排布会导致存在较多孔隙。泡沫由于其粒径及刚度较小可较好填充于砂土颗粒间的孔隙中，原本无法存在砂土颗粒的位置可容纳下泡沫颗粒，正是泡沫的这一特性使土体配位数明显增加。此外，砂土颗粒间的孔隙被泡沫颗粒所填充会明显减少土体内部孔隙，从而使得改良土体内部颗粒排列更加紧密，也就在一定程度上提高了土体的均质性。

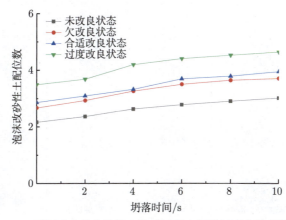

图 4-14　不同改良状态砂性土坍落过程中颗粒间配位数变化曲线

### 4.5.3 泡沫对改良土力链演化的影响

改良砂性土的塑流性随泡沫注入比的改变而发生明显的变化，究其原因，泡沫的加入向土体中引入了泡沫颗粒这一与砂土颗粒性质迥异的基本组成单元。双相颗粒 (砂土颗粒与泡沫颗粒) 共存的泡沫改良砂土与由单一颗粒组成的砂性土在颗粒接触关系方面差异明显，改良砂土中存在砂土–砂土、泡沫–砂土及泡沫–泡沫三种颗粒间基本接触关系，而砂性土中则仅为砂土–砂土颗粒间的接触。土体的宏观变形及力学特性是其基本组成颗粒间的接触作用的综合表现，颗粒间的基本接触关系改变，必然引起土体的力学响应特性变化。

泡沫颗粒的压缩性良好且具有一定的黏聚力，其性质与砂土颗粒差异较大。泡沫颗粒填充于砂土颗粒的空隙中受外力作用后，发生明显的形变作用而与砂土颗粒的轮廓更加贴合，并通过其胶结作用使临近颗粒相互黏结为整体。泡沫的注入改变土体中基本颗粒组成从而影响颗粒间的传力特性，进而对改良土体整体接触力分布特征产生影响。

力链是依照颗粒间接触力量值大小，以不同粗细的线段连接颗粒质心形成的表征物质内部接触力分布情况的链状结构。图 4-15 为不同改良状态砂性土坍落过程力链演化图，可以发现在坍落过程中坍落体中部分布着集中且强度较高的粗力链，同时其具有下部力链强度明显高于上部力链强度，内部力链强度高于外部力链强度的特点。然而，亦可观察到土体坍落过程的力链分布规律及演化情况受改良状态影响较大。

由图 4-15(a) 可知，未改良状态砂土中部存在着强度较高的主力链结构，在主力链结构的四周即沿坍落体的周边土体分布着强度相对弱的力链结构。对比初始及最终坍落体内部的力链分布情况可知，土体坍落过程中主要沿弱力链处发生变形破坏，强力链结构保持较为完整，且其最终坍落形态与初始状态中坍落体中强力链的分布形态基本一致。可以推断坍落体运动是由土体内部的力链网络构成所主导，弱力链易受外界扰动作用断裂从而发生破坏变形，因而组成该区域的土体相对较易运动。强力链结构较为稳定保持自身结构的能力较强，使得该部分土体运动所需的扰动力较大。依据未改良土体中的力链分布情况可知，土体内部布满密集的强力链，其发生运动所需克服的阻力较大，这与该改良状态土体塑流性差的特点是相应的。同时，土体中力链网络不断发生断裂及重构的动态变化，此过程中力链强弱差异逐渐减小使土体力链结构最终演化至平衡态。

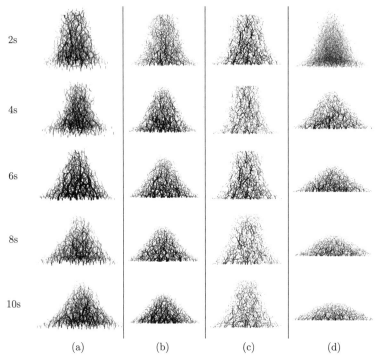

图 4-15　不同改良状态砂性土坍落过程力链演化图：(a) 未改良；(b) 欠改良；(c) 合适改良；(d) 过度改良

图 4-15(b) 所示欠改良状态砂土力链分布规律及演化特征与未改良状态砂土类似，但欠改良状态砂土内部力链强度对比未改良状态较弱，且坍落体核心土位置处的强力链数量

相对较少。在强力链的周围分布着数量较多的弱力链，从而构成了相应的力链网络。由该状态下的力链分布情况可知，土体的均质性较差，接触力在土体内部的分布不均匀，存在局部区域接触力较大的现象，但总体情况较未改良状态有所改善。力链结构的强度在一定程度上出现弱化，破坏该力链结构所需的外力随之减小，表明此状态土体变形性能有所提升，土体的塑流性在一定程度得到改善。

图 4-15(c) 给出了合适改良状态砂性土的力链分布示意图，可以发现仅初始坍落阶段的核心部分土体中存在少数强力链，同时在强力链周围布满长度较短的弱力链。坍落体坍落过程中，强力链结构在破坏和修复的动态变化过程中逐渐弱化为弱力链，坍落体内部的接触力大小分布逐步趋向均匀化，其力链结构表现出较为平衡的状态。此种力链分布状态表明采用泡沫改良砂性土后，土体的均质性在较大程度上得到改善，土体中的作用力可以较均匀地分布于土体的坍落体各部位，接触力集中现象在很大程度上得到改善。此外，土体内部力链网络主要由弱力链构成，因而破坏现有力链结构使土体发生运动所需的外部作用力相比于未完全改良状态砂性土更小。这意味着经泡沫改良合适后，土体的均质性流动性得到较大程度提高，土体的塑流性明显改善。

图 4-15(d) 为过度改良状态砂性土坍落过程的力链演化图，可见该状态土体的内部力链分布规律与其他改良状态的力链分布情况差异显著。过度改良土体内部力链网络近乎不存在连续的强力链，绝大部分由细密的短小力链构成，仅在坍落体下部中心区域出现少量强度相对较高的力链。这一力链分布规律表明，改良土体的均质性进一步提高，土体中的接触力间的差异进一步减小。依据坍落初期土体中未出现明显的强力链支撑土体结构，可判断此状态改良土体在自重作用下会发生明显的变形，这意味着土体的流动性过强已达过度改良状态。

通过对不同改良状态土体内部力链分布规律的分析可知，往土体中注少量泡沫后 (欠改良状态)，泡沫颗粒作为细颗粒介质填充于砂土颗粒的孔隙之中。由于引入泡沫颗粒后，土体内部颗粒间的接触数量增多，引起颗粒间的传力路径复杂化，原本较为集中的强力链在传力过程中通过多路径传力效应被弱化。这一变化使得欠改良状态砂土中的整体力链强度相较于未改良渣土更弱，在相同的自重作用下，土体可以破坏更多的力链结构而发生运动，从而表现出注入泡沫后，改良土体塑流性在一定程度上得到改善。进一步增加土体中的泡沫注入量，土颗粒间的孔隙中逐渐填充进大量的泡沫颗粒 (合适改良状态)。这一现象使得土体骨架在一定程度上被泡沫颗粒撑开，土体力链网络中部分砂土–砂土颗粒间的接触逐渐被泡沫–砂土颗粒间的接触所取代。泡沫自身传力性能有限且泡沫颗粒的添加大大增加了土体中的传力路径。经砂土颗粒传递而来的较大接触力遇到大量泡沫颗粒时会被分散为较小的接触力向四周传递，从而使得合适改良土体的力链强度相较于欠改良状态出现明显的弱化。土体内部力链结构更易遭受破坏发生变形运动，因而表现出合适改良砂土的塑流性明显提升。随着土体中的泡沫注入比不断增加，土颗粒间的孔隙被过量的泡沫颗粒填充，土骨架被整体抬空。土体内部力链结构中原本占主导地位的砂土–砂土颗粒间的接触转变为泡沫–砂土及泡沫–泡沫颗粒间的接触。这一变化使得土体内部力链强度被进一步弱化，且泡沫颗粒在外力作用下易产生较大变形，可在砂土颗粒之间发挥滚轮作用，使改良土体更易流动。但加入过量的泡沫会使改良土体流性过大，其流动变形行为难以控制，因而会使砂性土成为过改良状态。

综上可知，泡沫注入砂性土体后，填充于砂土颗粒的孔隙之间，使土体内部颗粒结构更加紧密,有效提升土体均质性及连续性。同时泡沫颗粒的引入明显增加了颗粒间的接触数量,使土体内部的传力路径大大增加,接触力传递过程更加复杂化。其由单一的砂土颗粒间传力模式转变为砂土及泡沫颗粒交错传力模式,但泡沫颗粒所能传递的接触力量值明显小于砂土颗粒,因而其能起到弱化改良土体内部力链结构强度的作用,使土体发生变形所需施加的外部作用力幅值下降,土体更易发生流动变形,从而表现出改良砂性土体的塑流性明显改善。

## 4.6　泡沫对改良土细观力学特性的影响

泡沫的加入对改良砂性土内部的接触力的量值及分布特征影响明显,为进一步定量解释泡沫对土体塑流性的影响机理,对加入泡沫后的改良土体内部接触力情况进行定量分析。

### 4.6.1　泡沫对颗粒间接触力方向的影响

图 4-16 为不同改良状态砂性土颗粒间法向接触力方向分布统计图,其中图 4-16(a)~(d)分别为未改良状态、欠改良状态、合适改良状态及过度改良状态的接触力方向统计图。

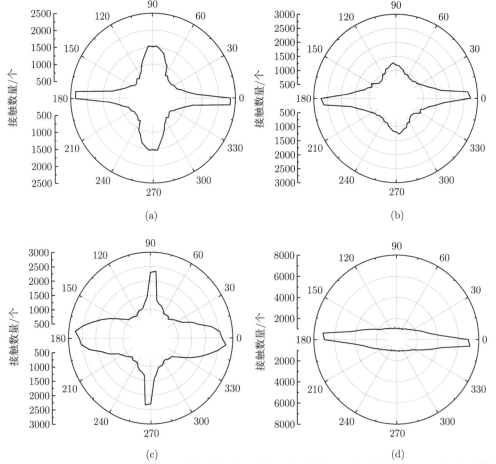

图 4-16　不同改良状态砂性土颗粒间法向接触力方向分布统计图:(a) 未改良状态;(b) 欠改良状态;(c) 合适改良状态;(d) 过度改良状态

由图 4-16(a) 所示图形可知，未改良状态砂性土内部颗粒间的法向接触力方向约有 65%分布在与竖直方向呈 45° 的范围内，而仅有约 35%的法向接触力方向分布在与竖向呈 45° ~ 90° 范围内，表明土体内部的法向接触力分布方向以竖向及其临近方向为主，与 4.5 节所述未改良状态土体中部沿竖直方向分布着较多的强力链这一结论一致。

图 4-16(b) 给出了欠改良状态砂性土内部颗粒间法向力方向的分布情况，可以发现分布在与竖直方向呈 45° 范围内的法向接触占比约为 42%，相较于未改良砂性土该量值有较为明显的下降，而方向分布在与竖向呈 45° ~ 90° 范围内的法向接触力占比则上升至接近 60%。这意味着往土体中注入泡沫后，整体的接触力法向方向发生明显的从竖直向到水平向的偏转。由于土体颗粒发生运动需克服摩擦力，当其所受作用力方向与竖直方向的夹角小于其内摩擦角时，土体颗粒会发生 "自锁" 作用而无法运动。而泡沫的加入使土颗粒间的法向接触力方向发生向水平向的整体偏移，无疑是减小了颗粒发生运动所需的外界作用力，这就意味着加入泡沫后土体的流动性明显改善。

图 4-16(c) 给出了合适改良状态砂性土内部颗粒间法向接触力方向的分布图，可以知道该状态土体中分布在与竖直方向呈 45° 范围内的法向接触占比约为 38%，相比于欠改良状态该值进一步减小，而且法向接触力方向分布在与竖直方向呈 60° ~90° 范围内的接触力数量增加较为明显，表明土体的流动性进一步提高。同时，加入泡沫后由于泡沫本身具有一定的黏聚力，土体内部颗粒通过泡沫颗粒相互连接后有效增强土体的塑性，因而表现出该状态砂性土的塑流性得到明显改善。

图 4-16(d) 呈现了过度改良状态砂性土内部颗粒间法向力方向的分布情况，可以清楚看出，该状态土体在与竖直方向呈 45° 范围内的法向接触数量占比约为 27%，相较于其他改良状态大幅度减小。方向分布在与竖向呈 45° ~ 90° 范围内的法向接触力占比则上升至接近 73%，其中有将近 60%法向接触力方向分布在 60° ~90° 范围内。这意味着加入过量的泡沫后，土体内部法向接触力的主方向更加明显地向水平方向偏转，颗粒的法向接触力有驱使颗粒向接近水平向运动的趋势，因而表现出土体的流动性显著增加。

综上可知，往砂性土体中加入泡沫后，土体内部颗粒间法向接触力的主方向发生从竖直向水平方向的偏转，使土体内部颗粒在法向接触力的作用下有向四周水平向运动的趋势，在相同的外界作用力条件下土体更易发生运动，这意味着泡沫改良砂性土的塑流性明显改善。

### 4.6.2 泡沫对颗粒间接触力量值的影响

图 4-17 为不同改良状态砂性土内部颗粒间的法向接触力量值分布曲线图，可以发现随砂性土改良程度的提高，接触力量值分布曲线逐渐向左偏移，表明改良土体内部颗粒间的整体法向接触力量值随之逐渐减小。随泡沫注入比的提高，颗粒间法向接触力平均值由 $1.2 \times 10^{-3}$N(未改良状态) 变化至 $5.5 \times 10^{-4}$N(过度改良状态)，最小法向接触力平均值为最大法向接触力平均值的 0.46 倍，这意味加入过量泡沫的情况下，土体内部颗粒间的法向接触力平均值可减至未改良状态的一半以下。

究其原因，泡沫颗粒填充于砂土颗粒的孔隙中，可一定程度上撑开砂土颗粒并承担颗粒间的传力作用，但由于泡沫颗粒的传力能力劣于砂土颗粒，其所能承担的接触峰值有限。因而加入泡沫颗粒后，改良砂性土的整体法向接触力平均值出现下降的趋势。

此外，由于颗粒间发生运动需克服摩擦力，而摩擦力的量值与颗粒间的法向接触力及摩擦系数相关，加入泡沫后可对砂土颗粒产生润滑作用，减小对应摩擦系数，同时减小颗粒间的法向接触力，因而可使土体发生运动所需克服的摩擦阻力较大程度地减小，在相同的外力作用下更易发生运动，这就意味着改良砂性土的塑流性得到有效提升。

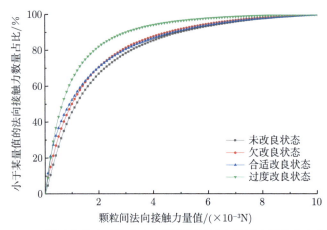

图 4-17　不同改良状态砂性土内部颗粒间的法向接触力量值分布曲线图

## 4.7　本 章 小 结

通过建立泡沫与砂土两相颗粒共存的泡沫改良砂性土精细化离散元数值模型，较为真实地还原未改良、欠改良、合适改良及过度改良四种典型状态的砂性土缩尺坍落度试验。基于颗粒接触力学视角，对泡沫能有效改善砂性土体塑流性的细观力学机理进行分析。主要得如下结论。

(1) 土颗粒的粒径明显大于泡沫颗粒的粒径，往土体中注入泡沫后，泡沫颗粒会填充于砂土颗粒的孔隙之间，在原本砂土颗粒间无法产生接触的位置，生成泡沫–砂土和泡沫–泡沫颗粒间这两种新的接触关系，使得添加泡沫后的改良土体内部的接触数量大大增加。

(2) 泡沫由于其粒径及刚度较小可较好填充于砂土颗粒间的孔隙中，原本无法存在砂土颗粒的位置可容纳下泡沫颗粒，正是泡沫的这一特性使土体配位数明显增加。此外，将泡沫颗粒视为一类颗粒，砂土颗粒间的孔隙被泡沫颗粒所填充会明显减少土体的孔隙体积，从而使得改良土体内部颗粒排列更加密实，也就在一定程度上提高了土体的配位数。

(3) 引入泡沫颗粒后明显增加了颗粒间的接触数量，使土体内部的传力路径大大增加，接触力传递过程更加复杂化。其由单一的砂土颗粒间传力模式转变为砂土及泡沫颗粒交错传力模式。由于泡沫颗粒所能传递的接触力量值明显小于砂土颗粒，因而其起到弱化改良土体内部力链结构强度的作用，使土体发生变形所需施加的外部作用力幅值下降，土体更易发生流动变形，从而表现出改良砂性土体的流动性明显改善。

(4) 往砂性土体中加入泡沫后，土体内部颗粒间法向接触力的主方向发生从竖直向水平方向的偏转，使土体内部颗粒在法向接触力的作用下有向四周水平向运动的趋势，在相同的外界作用力条件下土体更易发生运动，这意味着泡沫改良砂性土的流动性明显改善。

(5) 随泡沫注入比的提高，颗粒间法向接触力平均值由 $1.2 \times 10^{-3}$N(未改良状态) 变化至 $5.5 \times 10^{-4}$N(过度改良状态)，最小法向接触力平均值为最大法向接触力平均值的 0.46 倍，这意味着加入过量泡沫的情况下，土体内部颗粒间的法向接触力平均值可减至未改良状态的一半以下。

(6) 颗粒间发生运动需克服摩擦力，而摩擦力的量值与颗粒间的法向接触力及摩擦系数相关，加入泡沫后可对砂土颗粒产生润滑作用减小对应摩擦系数，同时减小颗粒间的法向接触力，因而可使土体发生运动所需克服的摩擦阻力较大程度地减小，在相同的外力作用下更易发生运动，这就意味着改良砂性土的流动性得到有效提升。

# 参 考 文 献

蒋明镜, 王富周, 朱合华, 2010. 单粒组密砂剪切带的直剪试验离散元数值分析 [J]. 岩土力学, 31(1): 253-257.

刘朋飞, 王树英, 阳军生, 等, 2018. 渣土改良剂对黏土液塑限影响及机理分析 [J]. 哈尔滨工业大学学报, 50(6): 91-96.

刘正日, 2021. 粗颗粒土地层渣土改良机理及盾构掘进离散元数值仿真研究 [D]. 长沙: 中南大学.

刘正日, 王树英, 王海波, 等, 2022. 泡沫混合土中颗粒间黏结强度理论计算方法 [J]. 中南大学学报 (自然科学版), 53(4): 1320-1330.

宋上明, 李志军, 陈先智, 2019. 昆明地区砾砂复合地层土压平衡盾构渣土改良技术 [J]. 施工技术, 48(10): 112-116.

中华人民共和国水利部, 2019. 土工试验方法标准: GB/T 50123—2019[S]. 北京: 中国计划出版社.

Gröger T, Katterfeld A, 2006. On the numerical calibration of discrete element models for the simulation of bulk solids[J]. Computer Aided Chemical Engineering, 21(A): 533.

Hastie D B, Grima A P, Wypych P W, 2008. Validation of particle flow through a conveyor transfer hood via particle velocity analysis[C]. Proceedings of International Symposium Reliable Flow of Particulate Solids IV: 574-579.

Hu Q, Wang S, Qu T, et al, 2020. Effect of hydraulic gradient on the permeability characteristics of foam-conditioned sand for mechanized tunnelling[J]. Tunnelling and Underground Space Technology, 99: 103377.

Liu Z, Wang S, Qu T, et al, 2022. The role of foam in improving the workability of sand: insights from DEM[J]. Minerals, 12(186): 1-20.

Mak J, Chen Y, Sadek M A, 2012. Determining parameters of a discrete element model for soil-tool interaction[J]. Soil and Tillage Research, 118: 117-122.

Nordell L K, 1997. Particle flow modeling: transfer chutes and other applications[C]. International Materials Handling Conference (BELTCON 9), Johannesburg, South Africa.

Qu T, Wang S, Hu Q, 2019. Coupled discrete element-finite difference method for analysing effects of cohesionless soil conditioning on tunneling behaviour of EPB shield[J]. KSCE Journal of Civil Engineering, 23(10): 4538-4552.

Sinnott M D, Cleary P W, 2016. The effect of particle shape on mixing in a high shear mixer[J]. Computational Particle Mechanics, 3(4): 477-504.

# 第 5 章 盾构泡沫改良土渗透性

## 5.1 引　言

富水地层中盾构掘进渣土不仅需具有较好的塑流性，也要具有一定的抗渗性，需通过渣土改良降低渗透性来遏制渣土"喷涌"。Wilms (1995) 指出土舱和螺机中渣土的渗透系数应低于 $10^{-5}$m/s。Budach (2012) 考虑到盾构拼装管片和其他因素，认为改良砂土渗透系数需保持在 $10^{-5}$m/s 以下至少 90min。国内外学者从试验、理论、数值等角度研究了渣土"喷涌"发生机理。朱伟等 (2004) 认为盾构螺机的水流量与渣土所承受的水压力为诱发"喷涌"的关键所在，并推导了螺机内水压变化模型，给出了"喷涌"的临界流量及诱发机理。秦建设和朱伟 (2004) 从螺机出渣与地下水渗流的相对速度入手，探明了"喷涌"的判别条件。魏康林 (2003) 指出盾构螺机喷出的水体可分为"渗流水"与"输送水"，"输送水"是在螺机排土过程中不可避免的排水量，控制渣土"喷涌"的关键是控制螺机出口渣土的"渗流水"。张淑朝等 (2017)、张淑朝 (2018) 开展了大型渗透试验对砂卵石地层改良土的渗透性进行了测试，确定了防止螺机"喷涌"的渣土改良技术参数。贺少辉等 (2017)、朱自鹏 (2016) 为探究盾构螺机的真实排土状况与"喷涌"条件，自制了螺机模型，并对膨润土和泡沫改良渣土的渗透性进行了测试，探究了改良工况对渣土渗透性的影响与"喷涌"的防治效果。Zheng 等 (2015) 从流体力学角度，基于 Ergun 方程建立了螺机内部的水压分布模型，进而采用数值模拟分析了"喷涌"时螺机口水量的渗流规律。茅华等 (2014) 统计分析了盾构掘进过程中"喷涌"工程实例，分析了相应事故的发生原因及影响因素，阐述了"喷涌"发生机理，并提出了相应工程应对措施。

国内外研究了渣土改良参数对粗颗粒土渗透性的影响。Quebaud 等 (1998) 通过常水头渗透试验测试改良砂土的渗透性，发现发泡倍率较小的泡沫对砂土渗透性的改良更加明显，当单位体积土样消耗的泡沫剂量达到某值后，渗透系数就趋于稳定。添加聚合物的泡沫剂生成的泡沫，抗渗性改善更好。Budach (2012) 对不同级配砂土进行常水头试验，发现未改良砂土的渗透性是改良砂土的 10~100 倍。Borio 和 Peila (2010) 认为盾构在富水地层掘进时，水位高度基本不变，因此抗渗试验应为常水头试验，在水头压力为 0.1bar 和 1bar 条件下，渗流量随着泡沫注入比增大而减小，相同的泡沫注入比下，发泡倍率较小的泡沫改良效果更佳；相同改良参数渣土在不同水压力下的渗流量不符合达西定律。乔国刚 (2009) 通过渗透试验发现，泡沫注入比或泡沫剂浓度越大，泡沫改良砂性渣土的抗渗性越好，但当泡沫注入比过大时其渗透性基本维持不变甚至有增长的趋势，含水率的增大会对抗渗性起削弱作用。进一步地，乔国刚 (2009) 还探究了发泡剂浓度对于泡沫改良土渗透性的影响，结果表明只有当发泡剂浓度适中 (约 3%) 时，泡沫对于土渗透性的改良最明显。

泡沫改良土的基本组成为土与泡沫，其中土的粒径大小对砂性改良土渗透性有重要影响，在土颗粒大小适中的条件下，泡沫对土颗粒间的间隙封堵效果最好，渗透系数较低；而对于颗粒过粗、过细的土,其封堵效果较差 (Borio 和 Peila,2010;Peila,2014;Budach 和 Thewes,2015)。Bezuijen 等 (1999) 认为改良土的渗透性与泡沫对土孔隙的填充情况密不可分,泡沫对土孔隙填充越好,泡沫改良土渗透性越差。Quebaud 等 (1998) 选取了三种粒径不同的土,在特定泡沫改良工况下开展渗透试验,试验表明过粗或过细的土粒都不能很好地被改良至要求的渗透系数,只有颗粒粒径适中时其渗透性才能很好地被改良。Borio 和 Peila (2010)、Peila (2014) 认为采用流量比采用渗透系数更能代表泡沫改良土的渗透特征,借此提出了指标 $I_s$ (即从泡沫改良土开始渗流到总渗水量达到 2L 时所花费的时间) 作为泡沫改良土渗透性的表征指标并开展相关试验,试验结果表明土颗粒越细,改良土的抗渗性越好。Budach 和 Thewes (2015) 对 9 种土在含水率 $w = 10\%$、不同泡沫注入比 (FIR $= 0\% \sim 65\%$) 条件下开展渗透试验,发现泡沫对砂性土的渗透性改良效果较好,对粉土和卵石土的改良效果较差。王海波等 (2018) 取湘江流域的砂土,通过大量室内试验后指出,砂土级配对其渗透性有较大影响,泡沫剂体积分数越大改良效果越好,且存在最优的泡沫注入比。

本章对不同状态的泡沫改良粗粒土进行常水头渗透试验,研究低水压条件下泡沫改良后渣土渗流特征,分析改良参数对渣土渗流特征的影响规律,探讨渣土塑流状态与渣土渗流特征的关系,进一步地,研究级配特征参数对时变曲线各阶段渗透系数大小及持续时长特征的影响,提出渗流特征时间以评价渗流的安全性,阐释泡沫改良渣土渗透性的机理 (Wang et al.,2020;王树英等,2020)。

## 5.2 渗 透 试 验

### 5.2.1 试验材料

为了研究泡沫改良参数对泡沫改良土渗透性的影响,同样采用了第 3 章所研究的湘江砂作为试验材料。为保证试验的可重复性,每次试验所用的砂土均先进行烘干并筛分。试验土样如图 5-1 所示,其级配曲线见图 5-2,土样主要含 32.05% 砾粒 (4.75mm $< d <$ 75mm) 和 67.87% 砂粒 (0.075mm $< d <$ 4.75mm),粉黏粒 ($d <$ 0.075mm) 含量极少,仅占 0.08%;不均匀系数 ($C_u$) 为 9.85,曲率系数 ($C_c$) 为 0.39;根据 ASTM 标准 (D2488—2017),该类土属于 SP 类,根据《建筑地基基础设计规范》(GB 50007—2011),该类土属于砾砂,通过比重试验测得该土样比重为 2.634g/cm$^3$。

图 5-1　试验土样

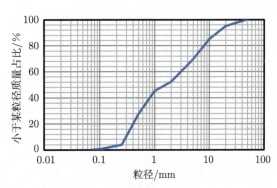

图 5-2　试验土样级配图

另外，为了研究级配影响，配制了不同级配的粗颗粒土，选取土的有效粒径 $d_{10}$、曲率系数 $C_c$ 及不均匀系数 $C_u$ 三个参数来表征土的级配，按照如图 5-3 所示的级配曲线配

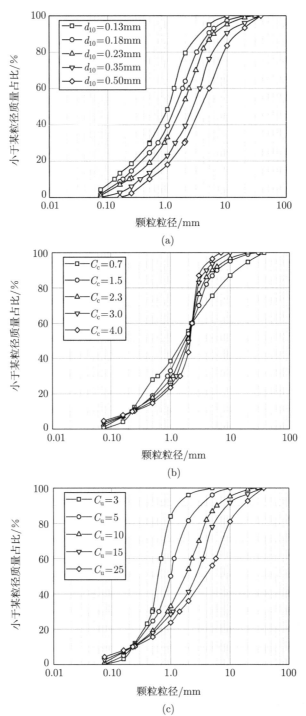

图 5-3   试验土级配曲线：(a) 固定 $C_c$、$C_u$，变化 $d_{10}$；(b) 固定 $d_{10}$、$C_u$，变化 $C_c$；(c) 固定 $d_{10}$、$C_c$，变化 $C_u$

制试验土。有以下三种情况:① 如图 5-3(a) 所示,固定 $C_c = 1.5$,$C_u = 10$ 不变,分别取 $d_{10}$ 为 0.13mm、0.18mm、0.23mm、0.35mm 和 0.50mm;② 如图 5-3(b) 所示,固定 $d_{10} = 0.23$mm,$C_u = 10$ 不变的情况下,分别取 $C_c$ 为 0.7、1.5、2.3、3.0 和 4.0;③ 如图 5-3(c) 所示,固定 $d_{10} = 0.23$mm,$C_c = 1.5$ 情况下,分别取 $C_u$ 为 3、5、10、15 和 25。其所有土样的基本物理力学性质如表 5-1 所示。可知所设计的土样粒径分布较广,跨越粗砂、砾砂、圆砾三种土的工程分类,不同土样未改良时的渗透系数差别较大,能够充分反映级配变化下泡沫对于土渗透性的影响。

试验所采用的泡沫剂与第 4 章相同,但由于泡沫溶液浓度有别,这里产生的泡沫发泡倍率为 10~11,半衰期为 5~6min。

表 5-1　级配变化下的试样土基本物理力学性质表

| 编号 | $d_{10}$/mm | $C_c$ | $C_u$ | $\rho_d$/(g/cm$^3$) | $\rho_s$/(g/cm$^3$) | $n_s$ | 分类 |
|---|---|---|---|---|---|---|---|
| 1 | 0.13 | 1.5 | 10 | 1.60 | 2.65 | 0.40 | 粗砂 |
| 2 | 0.18 | 1.5 | 10 | 1.58 | 2.65 | 0.40 | 砾砂 |
| 3 | 0.23 | 1.5 | 10 | 1.59 | 2.65 | 0.40 | 砾砂 |
| 4 | 0.35 | 1.5 | 10 | 1.59 | 2.65 | 0.40 | 圆砾 |
| 5 | 0.5 | 1.5 | 10 | 1.63 | 2.65 | 0.38 | 圆砾 |
| 6 | 0.23 | 0.7 | 10 | 1.67 | 2.65 | 0.37 | 砾砂 |
| 7 | 0.23 | 2.3 | 10 | 1.57 | 2.65 | 0.41 | 砾砂 |
| 8 | 0.23 | 3 | 10 | 1.52 | 2.65 | 0.43 | 圆砾 |
| 9 | 0.23 | 4 | 10 | 1.51 | 2.65 | 0.43 | 圆砾 |
| 10 | 0.23 | 1.5 | 3 | 1.44 | 2.65 | 0.46 | 粗砂 |
| 11 | 0.23 | 1.5 | 5 | 1.48 | 2.65 | 0.44 | 粗砂 |
| 12 | 0.23 | 1.5 | 15 | 1.63 | 2.65 | 0.38 | 圆砾 |
| 13 | 0.23 | 1.5 | 25 | 1.73 | 2.65 | 0.35 | 圆砾 |

注:$\rho_d$ 为土的堆积密度;$\rho_s$ 为土的颗粒密度;$n_s$ 为土的孔隙率。

### 5.2.2　试验装置

由于容器体积小限制了土样颗粒尺寸,且试验时可施加水压力较低,传统的常水压渗透仪不能对渣土进行较高水压测试,因此这里采用大型渗透仪测试渣土渗透性。该大型渗透仪 (图 5-4) 直径 30cm,高 75cm,制样高度 60cm,试样上方和下方设置有水压力测试孔,测试孔间距 60cm,测试孔外接水压力表测试水压力,试验水压力通过调节供水溢流水箱 (图 5-4) 的高度实现,渗流仪压力调节范围为 0~5bar。渗透仪由一个钢化玻璃缸、顶板、底板、上孔板、下孔板和手拧螺栓组成,钢化玻璃缸上有 2 个开孔,孔内为内螺纹,可将接头旋入并通过接头连接压力表;玻璃缸侧面贴有一个 10cm×10cm 方形框,用于渗流过程中土颗粒和泡沫混合状态的观察;底板材料为铝合金,底板中央开有出水孔,为避免渗流试验过程中土壤中的细粒沉积,堵住出水孔,因此底板处上侧的出水孔略高于底板上平面,底板上放置支脚 5cm 的孔板,在渗流试验过程中,下孔板和底板间的空间被水充满,下孔压孔测试的即为该处的水压力。为防止当水流过快时,水流将土样上方冲出坑,不能使水在试样中均匀渗流,试样装填完成后需盖上上孔板。当试样装填完成后即可将顶板盖上,连接在底板的长杆,盖上后的盖板通过拧紧的手拧螺栓给玻璃钢施加反力,使玻璃缸与顶板底板间的橡胶圈压缩,达到密封目的,另外两个孔分别连接进水管和排气管。

图 5-4　大型渗透仪

### 5.2.3　试验步骤

渗流试验主要步骤如下：

(1) 按照指定含水率和泡沫注入比将水和泡沫先后与渣土混合均匀；

(2) 先将溢流堰放在指定高度，关闭进水管阀门，并打开溢流堰供水管蓄水；

(3) 将渣土倒入渗透仪中，当试样装填 60cm 高后停止装样；

(4) 盖上渗流仪上盖后，快速拧紧手拧螺栓，并连接进水管和排气管，同时将排气管阀门打开；

(5) 打开溢流堰供水管阀门，当排气管中有水流出时，关闭排气管阀门，并开始计时；

(6) 试验过程中记录经历不同时刻的土样高度 $h$、试样顶部压力表显值 $P_1$、底部压力表显值 $P_2$ 和一段时间 $\Delta t$ 内的渗流量 $Q_{\Delta t}$。

通过下式计算渗流流速：

$$v = \frac{Q_{\Delta t}}{A_{\mathrm{L}} \cdot \Delta t} \tag{5-1}$$

式中，$v$ 为流速；$A_{\mathrm{L}}$ 为试样横断面面积。

水力梯度 $i$ 计算公式为

$$i = \frac{P_1 + \Delta H - P_2}{h} \tag{5-2}$$

式中，$\Delta H$ 为上下压力表高度差。

根据渣土级配曲线计算临界渗流流速 $v_{\mathrm{cr}}$：

$$v_{\mathrm{cr}} = \frac{10 \cdot \vartheta}{d_{10}} \tag{5-3}$$

式中，$\vartheta$ 为水的黏度；$d_{10}$ 为有效粒径。

若 $\vartheta < v_{cr}$，则通过达西公式计算渗透系数：

$$k = \frac{v}{i} \tag{5-4}$$

若 $v \geqslant v_{cr}$，则通过非达西公式计算渗透系数：

$$\lg \frac{Q}{A} = \lg k + m \lg i \tag{5-5}$$

式中，$m$ 为拟合系数；将至少 3 组数据在坐标轴上拟合，$x$ 轴为 $\lg i$，$y$ 轴为 $\lg \frac{Q}{A}$，得到直线的斜率为 $m$，截距为 $\lg k$。

渗透试验工况根据坍落度试验结果选取，试验均在 1m 水头下进行。为了研究改良参数对泡沫改良湘江砂渗透性的影响，试验工况包含所有改良状态渣土，具体见表 5-2。

表 5-2 渗透试验工况

| $w/\%$ | FIR/% |
|---|---|
| 2.5 | 5、10、20、30、40 |
| 5 | 5、10、20、30、40 |
| 7.5 | 5、10、20、30、40 |
| 10 | 5、10、20、30、40 |

为了分析级配对泡沫改良土渗透性的影响，试验工况具体见表 5-3。需要说明的是界定土体是否被泡沫充分改良的标准为改良土的孔隙率 $n$ 大于纯土体的最大孔隙率 $n_{smax}$ (Bezuijen et al.，2006；Bezuijen，2012；Hajialilue-Bonab et al.，2014)，由表 5-3 可知在既定的改良工况下本试验所有泡沫改良土均达到充分改良的标准。

表 5-3 试验土泡沫改良工况表

| 编号 | 1 | 2 | 3 | 4 | 5 | 6 | 7 |
|---|---|---|---|---|---|---|---|
| $w/\%$ | 7.5 | 7.5 | 7.5 | 7.5 | 7.5 | 7.5 | 7.5 |
| FIR/% | 20 | 20 | 20 | 20 | 20 | 20 | 20 |
| $n_s$ | 0.40 | 0.40 | 0.40 | 0.40 | 0.38 | 0.37 | 0.41 |
| $n$ | 0.498 | 0.521 | 0.506 | 0.506 | 0.506 | 0.464 | 0.498 |
| 编号 | 8 | 9 | 10 | 11 | 12 | 13 | |
| $w/\%$ | 7.5 | 7.5 | 7.5 | 7.5 | 7.5 | 7.5 | |
| FIR/% | 20 | 20 | 20 | 20 | 20 | 20 | |
| $n_s$ | 0.43 | 0.43 | 0.46 | 0.44 | 0.38 | 0.35 | |
| $n$ | 0.525 | 0.528 | 0.558 | 0.506 | 0.479 | 0.464 | |

## 5.3 泡沫改良土渗流规律及泡沫变化

### 5.3.1 泡沫改良土渗流规律

图 5-5 为不同改良条件下渗透系数随渗流时间的变化关系。图 5-5(a) 给出了 $w = 2.5\%$ 条件下泡沫改良渣土渗透系数变化情况：当 FIR $= 5\%$ 时，渣土渗流特征与原状渣土

无异；当 FIR = 10%时，初期渗透系数明显降低，渗流试验开始后，渗透系数先经历一个快速增长时期，随后当渗流时间达到 720min (12h) 后进入一个缓慢增长的阶段；当 FIR = 20%时，渣土初期渗透系数 $(k)$ 达到 $3.23\times10^{-6}$m/s，盾构隧道施工要求小于 $10^{-5}$m/s，因此满足工程需求，且渗透性维持 1380min (23h) 后才开始增大。当 FIR = 30%和 40%时，初期渗透系数变化不明显，但低渗透性的维持时间随着注入比增加而增长，注入比等于 40%时，维持时间高达 3180min (160h)。

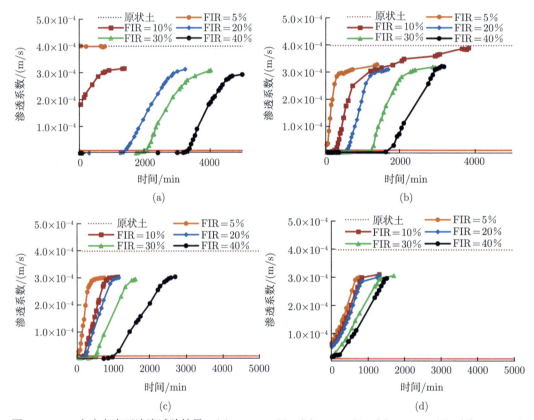

图 5-5　1m 水头高度下渗流试验结果：(a) $w=2.5\%$；(b) $w=5\%$；(c) $w=7.5\%$；(d) $w=10\%$

图 5-5(b) 给出 $w=5\%$条件下泡沫改良渣土渗透系数变化情况：当 FIR = 5%时，初期渗透系数为 $3.45\times10^{-5}$m/s，远小于原状土，然而渗流试验开始后渗透系数快速增大；当 FIR ≥ 10%时，渣土的渗透性达到工程要求，出现初始渗流稳定阶段，随着注入比增加，初期渗透系数值变化不明显，因此泡沫对初期渗透性改良效果不明显，然而渗透系数的维持时间明显增长。对比图 5-5(a) 和 (b) 可知，当 FIR 相同时，$w=5\%$时的渗透系数稳定时间明显低于 $w=2.5\%$的渣土，如 FIR = 20%、30%和 40%时，$w=2.5\%$的渣土的稳定时间为 1380min、1980min 和 3180min (23h、33h 和 53h)，而 $w=5\%$的渗透稳定时间为 240min、1260min 和 1620min (8h、21h 和 27h)。

图 5-5(c) 给出了 $w=7.5\%$条件下泡沫改良渣土渗透系数变化情况：只当 FIR = 5%时初期渗流性达不到改良要求。随着注入比的增加，抗渗性改良效果有略微的增强，渗流稳

定期的时间也随着泡沫注入比的增加而延长，但是相同注入比下的渗流稳定期时间明显小于 $w = 2.5\%$ 和 5%。图 5-5(d) 给出了 $w = 10\%$ 条件下泡沫改良渣土渗透系数变化情况：渣土自渗流试验开始后，渗透系数就开始增大，无渗流稳定期；渗透性改良效果随着注入比的增加有略微增长，但其初期渗透系数都大于工程要求值 $10^{-5}$m/s。

根据渗流试验结果，将泡沫改良砂性渣土渗流特征的规律进行总结。可将渗流过程中渗透系数的变化过程分为稳定期、快速发展期和缓慢发展期三个时期 (图 5-6)。① 稳定期：在渗流试验初期，渣土渗透系数维持低渗透系数较长时间，该段时间称为渗流稳定期；图 5-7 中为含水率 5%，注入比 15% 的改良渣土渗透系数时变图，该改良参数下的渣土塑流性良好，渗流试验时有约 300min 渗流稳定期。② 快速发展期：渗流稳定期后，渣土的渗透系数经历快速上升时期，这一时期称为快速发展期。如图 5-7 中，渗流试验第 300~700min 时为快速发展期，渗透系数由 $3\times10^{-6}$m/s 衰变至约 $2.5\times10^{-4}$m/s，约增长 83 倍。③ 缓慢发展期：快速发展期后，渣土的渗透系数增大速率逐渐放缓，渣土渗透系数缓慢逼近原状渣土渗透系数的时期称为缓慢发展期。因缓慢发展期时长很长，且缓慢发展期时渣土的渗透系数已经远大于工程要求值，因此对工程意义不大，因此大多数试验在渣土缓慢发展期结束。图 5-7 中第 700~4000min 为快速发展期，渗透系数由 $2.5\times10^{-4}$m/s 衰变至约 $4\times10^{-4}$m/s，约 1.6 倍。

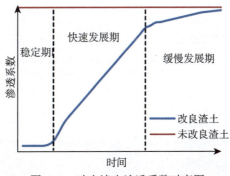

图 5-6 改良渣土渗透系数时变图

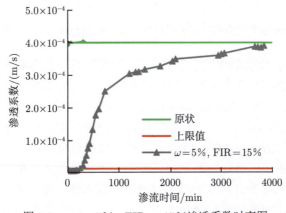

图 5-7 $w = 5\%$，FIR = 15% 渗透系数时变图

### 5.3.2　渗流中泡沫变化特征

5.3.1 节对泡沫改良渣土一般规律进行总结，但从渗流试验可以看出，欠改良渣土和 $w = 10\%$ 的渣土 (包含流动性过大且析水和流动性合适但析水) 渗流稳定期极短或没有渗流稳定期，通过拍摄渗透仪观察框处泡沫与土颗粒混合状态，分析不同改良状态渣土的渗流变化特征。

欠改良状态：欠改良状态的渣土都达不到盾构掘进渗透性要求值 (渗透系数保持在 $10^{-5}$m/s 至少 90min)，且没有渗透系数稳定期。图 5-8 为含水率 2.5%，注入比 10% 的渣土渗透系数时变曲线，渣土渗透系数在试验开始后直接增大，图 5-8(b) 为该试验观察框中渣土与泡沫混合状态图，由图可见装样后第 40min 时，拍摄范围内渣土孔隙中泡沫量很少，大多数孔隙只能部分填充，渗流试验开始后，就形成了较多的渗流通道，水从孔隙中流出并带出了泡沫，因此没有渗流稳定期，直接进入快速发展期，第 60min 时土颗粒间几乎已观测不到泡沫，第 1320min 时处于缓慢发展期，观察框中土颗粒和泡沫混合状态与第 60min 时无异。

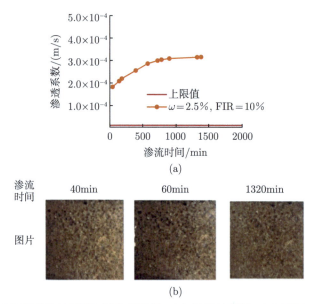

图 5-8　欠改良渣土渗透系数时变图与试验观察框：(a) 渗流时变图；(b) 不同时间试验观察框图片

塑流性合适状态和部分流动性过大且析水：塑流性合适状态和部分流动性过大且析水 ($w = 7.5\%$，FIR $\geqslant 20\%$) 的渣土具有较长的低渗透性稳定期维持时间。图 5-9 为含水率 2.5%，注入比 20% 的渣土渗透系数随时间变化关系图。从图 5-9 中，渣土流稳定期维持约 1380min，渗流试验刚开始时，第 40min 的图片中较多的泡沫分布于土颗粒的孔隙内，土颗粒被泡沫包裹，此时渣土中大部分渗流通道被泡沫完全堵住，堵水作用强，水流只能从泡沫填充少的通道中流出。到稳定期末期，泡沫本身破灭和渗流少量泡沫流失，导致泡沫损失一部分。第 1320min 的图片中泡沫明显减少。进入快速发展期后，渗流通道陆续被贯穿，水流在贯穿的渗流通道中流动会带走大量的泡沫，渣土渗透系数不断增大。当到达快速发展期的末期 (第 2880min) 时，拍摄范围内只能观察到少量的气泡。进入缓慢发展期后，拍摄范围内几乎观察不到泡沫，渣土内的泡沫大多处于很难被水流冲走的泡沫死角中，起到一定的堵水作用，渗透系数缓慢衰减。

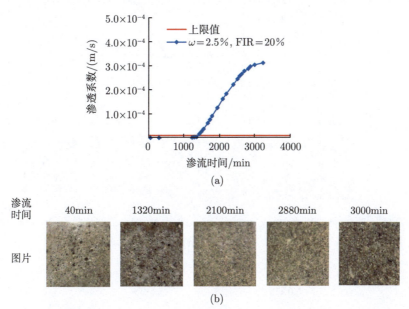

(a)

| 渗流时间 | 40min | 1320min | 2100min | 2880min | 3000min |

(b)

图 5-9　塑流渣土合适渗透系数时变图与试验观察框图片：(a) 渗流时变图；(b) 不同时间试验观察框图片

流动性过大 (可能析泡沫)：当含水率为 2.5%、5% 时，泡沫注入比大于 30% 后的渣土呈流动性过大，甚至有泡沫析出的现象，该类渣土渗流稳定期极长。图 5-10 为含水率 2.5%，注入比 40% 的改良渣土渗透曲线，从图中可知渗透稳定期长达 3300min。第 40min 的照片中，拍摄范围内有大量的泡沫，土颗粒被泡沫包裹住，这种情况下绝大部分渗流通道被泡沫堵住，水流侵入孔隙并贯穿需要很长时间。稳定期末期 (第 3000min)，泡沫显著减少。进入快速发展期 (第 3300~4620min) 后，拍摄范围内泡沫随着渗流快速减少 (第 3600min)，快速发展期末期 (第 4600min) 和缓慢发展期内 (第 4980min)，拍摄范围内几乎观察不到泡沫。

流动性合适但析水和部分流动性过大且析水状态：当渣土含水率较大时 ($w = 10\%$)，较低的泡沫注入比 (FIR = 5%~10%) 就可使渣土具有一定的流动性，但同时渣土出现了严重析水的情况；FIR ≥ 15% 后，渣土流动性过大且出现严重析水，通过试验可知，严重析水的渣土均无渗流稳定期。图 5-11 中为含水率 10%，注入比 20% 的改良渣土渗流曲线图，含水率较大的渣土，因孔隙中含有大量的自由水，泡沫不能与渣土均匀混合，泡沫只能成团地分布在局部，不能均匀地填充在孔隙中，第 40min 时的拍摄范围中，泡沫并未均匀填充于土颗粒孔隙间，出现团聚现象。因自由水较多，在重力的作用下自由水会从孔隙中流出并带走一定量的泡沫。孔隙中的泡沫因不能完全填充，堵水效果弱，水压加到试样上后，水流便陆续贯穿渗流通道，析水渣土在渗流过程直接进入快速发展期。进入快速发展期后，拍摄范围内的泡沫消失较快 (第 120min)，快速发展后期 (第 240min) 和缓慢发展期 (第 960min)，拍摄范围内观测不到肉眼可见的泡沫。

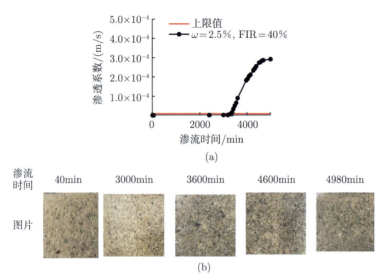

图 5-10　流动性过大 (可能析泡沫) 渣土渗透系数时变图与试验观察框图片：(a) 渗流时变图；(b) 不同时间试验观察框图片

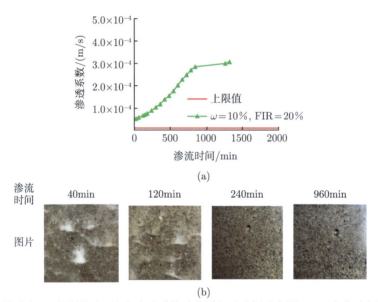

图 5-11　流动性过大 (可能析泡沫) 渣土渗透系数时变图与试验框观察图：(a) 渗流时变图；(b) 不同时间试验观察框图片

## 5.4　改良参数对渗流性的影响

**1. 泡沫注入比对渗流性影响**

图 5-12 为泡沫注入比对渣土改良后初始渗透系数 $k_i$ (有渗流稳定期的初始渗透系数为渗流稳定期渗透系数的平均值，无渗流稳定期的初始渗透系数为改良后第一个测试出的渗透系数)、出水管出水时间 $t_s$ 和渗流稳定期的时长 $t_d$ 的影响。由图可知，当渣土为欠改

良渣土时 ($w = 2.5\%$/FIR $= 5\%\sim10\%$; $w = 5\%$/FIR $= 5\%\sim10\%$; $w = 7.5\%$/FIR $= 5\%$), $k_i$ 随着 FIR 的增大快速降低, 但 $t_s$ 几乎为 0 且无渗流稳定期; 当渣土从欠改良状态转变为塑流性合适状态时 ($w = 2.5\%$/FIR $= 10\%\sim20\%$; $w = 5\%$/FIR $= 5\%\sim10\%$; $w = 7.5\%$/FIR $= 5\%\sim10\%$), $k_i$ 随着注入比增大依然有较大程度下降, 同时 $t_s$ 和 $t_d$ 出现明显延长。当渣土为流动性过大 (可能析泡沫) 状态时 ($w = 2.5\%$, FIR $= 20\%\sim40\%$; $w = 5\%$, FIR $= 10\%\sim40\%$), 随着注入比的增大, $k_i$ 变化很小但 $t_s$ 和 $t_d$ 明显延长。当渣土为流动性过大且析水状态, 但析水不严重 ($w = 7.5\%$, FIR $= 10\%\sim40\%$) 时, 试样装样后, 施加水压力前就有水从渣土中析出, 因此导致 $t_s$ 出现了缩短的现象; 然而 $w = 10\%$ 时, 流动性过大且析水或流动性合适但析水状态渣土, 均出现了严重析水的现象, 虽然 $k_i$ 随着 FIR 增大有一定程度的增大, 但因析水严重, $t_s$ 接近 0 且均无渗流稳定期。

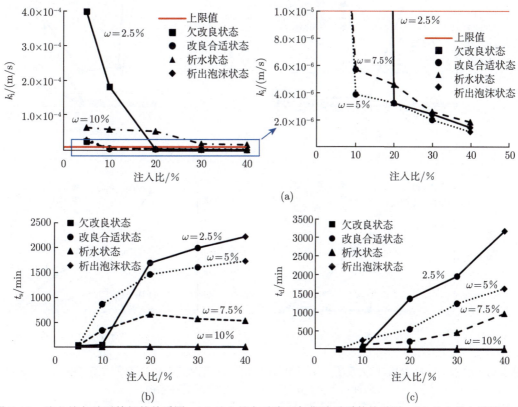

图 5-12　注入比与渗透特征的关系图: (a) 注入比与改良后初期渗透系数关系图; (b) 注入比与渗流出水时间关系图; (c) 注入比与渗流稳定期关系图

**2. 含水率对渗流性影响**

图 5-13 为含水率对渣土改良后初始渗透系数 $k_i$ (有渗流稳定期的初始渗透系数为渗流稳定期渗透系数的平均值, 无渗流稳定期的初始渗透系数为改良后第一个测试出的渗透系数)、出水管出水时间 $t_s$ 和渗流稳定期的时长 $t_d$ 的影响。当渣土为欠改良状态时 (FIR $= 5\%$, $w = 2.5\%\sim7.5\%$), $k_i$ 在 $w$ 从 $2.5\%$ 增大至 $5\%$ 时明显降低 (渣土在含水率较低时会吸收泡沫液膜中的水使泡沫破灭, 在注入比较低时, 仅有极少量泡沫在渣土中, 增大含水

率可使较多泡沫留存于渣土孔隙中，降低渣土初始渗透系数)，但 $w$ 从 5%增大至 7.5%时，因渣土含水率在 5%时已足够使泡沫留存于孔隙中，因此再增大 $w$ 对 $k_i$ 影响不明显；当渣土从欠改良向塑流性合适转变时 (FIR = 10%/$w$ = 2.5%~5%)，$k_i$ 随着 FIR 的增大而减小，而 $t_s$ 和 $t_d$ 随着注入比增大而延长；当渣土为塑流性合适和流动性过大 (可能析泡沫) 状态时 (FIR = 10%/$w$ = 5%~7.5%；FIR = 20%/$w$ = 2.5%~7.5%；FIR = 30%/$w$ = 2.5%~7.5%；FIR = 40%/$w$ = 2.5%~7.5%)，含水率的增大使渣土出现一定程度的析水，$k_i$ 随着含水率变化不大，但 $t_s$ 和 $t_d$ 随着含水率的增大而缩短。当 $w$ 增大至 10%时，渣土均出现严重析水现象，$k_i$ 明显上升，$t_s$ 和 $t_d$ 缩短至 0。

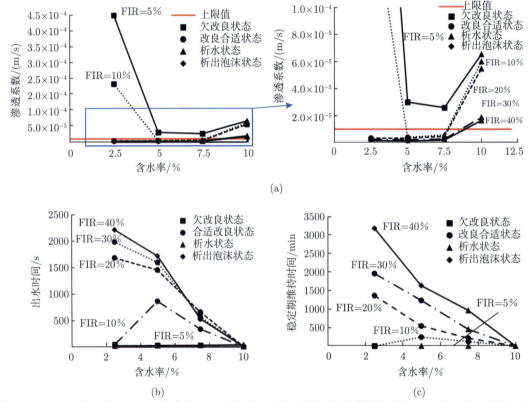

图 5-13　含水率与渗透特征的关系图：(a) 含水率与改良后初期渗透系数关系图；(b) 含水率与渗流出水时间关系图；(c) 含水率与渗流稳定期关系图

## 5.5　级配对渗流性的影响

### 5.5.1　泡沫改良土渗流特征

1. 级配影响下泡沫改良土渗流时变特征

图 5-14 为不同级配特征参数下，泡沫改良土渗透系数的整体时变曲线，可以发现所有工况下渗透系数时变曲线整体上均经历了初始稳定期、快速发展期和缓慢变化期 (Wang et al.，2020)。然而，将初始稳定期时变曲线放大后，由于渗流初期在动水作用下泡沫排列结

构调整至一种最有效的堵水状态, 所以渗流初期渗透系数呈现一定的短时下降, 其后土中泡沫排列结构相对稳定, 泡沫改良土进入渗透系数的初始稳定期, 此时渗透系数变化微小基本稳定, 由于级配情况不同, 初始稳定期时长呈现一定的差别。初始稳定期结束后, 由于土中泡沫的破灭与合并, 会有一个渗透系数快速发展期。最后, 泡沫基本破灭或流失, 改良土透水结构趋于稳定, 渗透系数进入缓慢变化期, 这一时期泡沫改良土的渗透系数基本不变或缓慢增长。

图 5-14(a) 给出了 $d_{10}$ 变化下泡沫改良土渗透性时变曲线, 随着 $d_{10}$ 的增大, 泡沫改良土渗透系数初始稳定期和快速发展期的时长明显缩短, 相应地快速发展期曲线斜率增大, 意味着该时期下渗透系数增长更快, 同时缓慢变化期渗透系数会越大。在未改良土中土颗粒之间存在着孔隙, 成为水在土中渗流的主要通道, 由于泡沫的注入有效地填充了土中孔隙因而造成土渗透系数的大幅降低。同时, 由于细颗粒土间孔隙较小, 小尺度的泡沫更易充分填充细颗粒土间的孔隙从而更好地起到阻水作用, 因而砂性土的颗粒越细其泡沫改良的渗透系数往往越小。尺度不同的泡沫相互接触, 由于泡沫内气压不同, 泡沫往往容易破灭或粗化成更大的泡沫, 这就意味着一旦团聚在一起的泡沫过多, 泡沫之间因其内部的气压不同而更易破灭。因此, 由于较细颗粒土间的孔隙较小, 泡沫相对独立分散, 因而增加了泡沫的稳定性, 所以颗粒越细的泡沫改良土, 其渗透系数随时间的变化越慢。

图 5-14(b) 给出了 $C_c$ 变化下泡沫改良土渗透性整体时变曲线, 随着曲率系数 $C_c$ 的增加, 泡沫改良土渗透系数初始稳定期和快速发展期的时长逐渐缩短, 相应地快速发展期曲线斜率增大, 意味着该时期下渗透系数增长更快, 同时缓慢变化期渗透系数会更大。泡沫在土中主要是填充土内部中、细颗粒间的孔隙, 首先泡沫对土内部细颗粒的孔隙进行填充, 泡沫与细颗粒形成的混合体填充于土内部中颗粒间的孔隙形成堵水结构, 并最终封堵粗颗粒间的渗流通道。由土的曲率系数 $C_c$、不均匀系数 $C_u$ 定义 ($C_c = (d_{30})^2/(d_{10} \times d_{60})$, $C_u = d_{60}/d_{10}$) 可知, 在 $d_{10}$、$C_u$ 不变的情况下, 相当于固定了土的 $d_{10}$ 及 $d_{60}$ 不变, $C_c$ 增大意味着土 $d_{30}$ 的增大, 这就说明土总体上变粗, 导致土内部粗颗粒增多中颗粒缺失, 土的孔隙性增强。如果泡沫填充于渗透性较高的多孔介质中, 则泡沫的稳定性降低, 极易在气流影响下消散 (乔国刚, 2009)。同理, 当 $C_c$ 较大时, 细颗粒在泡沫作用下仍能成功封堵粗颗粒间的孔隙, 但土的粗颗粒与细颗粒之间缺乏中颗粒作为良好的衔接, 泡沫极易在动水作用下消散, 导致渗透稳定性降低。因此, $C_c$ 越大, 渗透系数初始稳定期及快速发展期越短, 快速发展期渗透系数增长越快, 最终达到缓慢变化期的时间也越短。

图 5-14(c) 给出了 $C_u$ 变化下泡沫改良土渗透性时变曲线, 随着 $C_u$ 的增大, 泡沫改良土初始稳定期和快速发展期的时长逐渐增加, 相应地快速发展期曲线斜率减小, 意味着该时期下渗透系数增长变缓, 同时缓慢变化期渗透系数会更小。$C_u$ 表征土的不均匀性, $C_u$ 越大土越不均匀, 相对更加密实, 孔隙更小, 因此泡沫加入土中更加易于充分填充孔隙, 泡沫与土内部中、细颗粒相互作用, 会形成更加密实的堵水结构来封堵粗颗粒间的渗流通道, 由于此时土颗粒间的孔隙相对更加细小, 泡沫在土中的分布更加分散独立, 泡沫的稳定性更强, 其渗透系数变化更为缓慢。因此随着 $C_u$ 增大, 泡沫改良土初始稳定期及快速发展期持续时间更长, 渗透系数增长更慢, 达到缓慢变化期所需要的时间也更长。

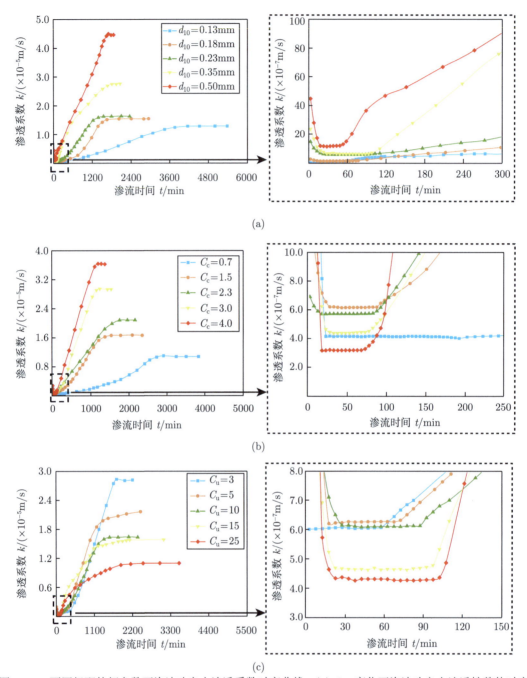

图 5-14　不同级配特征参数下泡沫改良土渗透系数时变曲线：(a) $d_{10}$ 变化下泡沫改良土渗透性整体时变曲线；(b) $C_c$ 变化下泡沫改良土渗透性整体时变曲线；(c) $C_u$ 变化下泡沫改良土渗透性整体时变曲线

**2. 泡沫改良土初始渗透系数变化情况**

定义初始稳定期渗透系数的平均值为初始渗透系数 ($k_i$)，各试样 $k_i$ 具体值详见表 5-4。图 5-15(a) 呈现了泡沫改良土初始渗透系数随有效粒径 $d_{10}$ 的变化情况，随着 $d_{10}$ 的增加初始渗透系数增大且增幅较大。例如，$d_{10}$ 由 0.13mm 增大到 0.5mm，泡沫改良土的渗透

系数由 $5.7 \times 10^{-8}$m/s 增加到 $1.2 \times 10^{-6}$m/s，增大了两个数量级。图中曲线呈 "台阶状"，表明随 $d_{10}$ 的增加初始渗透系数呈先增加后减缓后再增加的趋势。其原因是当土的粒径较小时，土颗粒易于和泡沫共同作用形成良好的堵水结构，泡沫的注入相当于增加了土内细颗粒的含量，而土中更多的细颗粒填充了粗颗粒间的孔隙，使得粗颗粒在土中呈一种 "悬浮" 状态，因而土的结构更加紧凑，减少了土的渗透性 (张淑朝等，2017)。随着土颗粒增粗，整个改良土的尺寸增大，填充于粗颗粒间的细颗粒相对减少，故泡沫改良土的渗透系数会增大。土颗粒继续增粗，颗粒间的孔隙变大，Hazen (1982) 提出了砂性土渗透系数预测公式：

$$k = C_{\mathrm{e}} \cdot d_{10}^2 \tag{5-6}$$

式中，$C_{\mathrm{e}}$ 为一个与土孔隙特征有关的参数；$d_{10}$ 为土的有效粒径 (mm)。

表 5-4　不同级配特征参数下泡沫改良土初始渗透系数汇总表

| $C_{\mathrm{c}} = 1.5,\ C_{\mathrm{u}} = 10$ | | $d_{10} = 0.23$mm,\ $C_{\mathrm{u}} = 10$ | | $d_{10} = 0.23$mm,\ $C_{\mathrm{c}} = 1.5$ | |
|---|---|---|---|---|---|
| $d_{10}$/mm | $k_{\mathrm{i}}$/(m/s) | $C_{\mathrm{c}}$ | $k_{\mathrm{i}}$/(m/s) | $C_{\mathrm{u}}$ | $k_{\mathrm{i}}$/(m/s) |
| 0.13 | $5.70 \times 10^{-8}$ | 0.7 | $4.06 \times 10^{-7}$ | 3 | $6.06 \times 10^{-7}$ |
| 0.18 | $1.65 \times 10^{-7}$ | 1.5 | $6.11 \times 10^{-7}$ | 5 | $6.27 \times 10^{-7}$ |
| 0.23 | $6.11 \times 10^{-7}$ | 2.3 | $5.67 \times 10^{-7}$ | 10 | $6.11 \times 10^{-7}$ |
| 0.35 | $6.72 \times 10^{-7}$ | 3.0 | $4.34 \times 10^{-7}$ | 15 | $4.66 \times 10^{-7}$ |
| 0.50 | $1.21 \times 10^{-6}$ | 4.0 | $3.12 \times 10^{-7}$ | 25 | $4.30 \times 10^{-7}$ |

可知当 $d_{10}$ 比较大时土本身的渗透性较强，可认为改良土中土颗粒部分对阻水作用较小，此时改良土的阻水特性主要取决于土孔隙中填充的泡沫，土颗粒越粗土本身阻水的能力越弱，泡沫阻水占整个改良土阻水能力的比重越大。因此随着颗粒直径的增大，整个改良土的初始渗透系数会趋近于泡沫本身的渗透系数，因而存在一个改良渗透系数增大速率减小趋于平缓的过程。然而，此时土颗粒的粒径尺度并未增大到土内粗颗粒相互接触形成土骨架的程度，此时土仍然处于良好改良的状态。随着 $d_{10}$ 继续增大，粗颗粒之间相接触形成土的骨架，土颗粒间的孔隙急剧增大，泡沫无法很好地填充土颗粒间的孔隙，改良由充分变为不充分，此时更多的水直接从土颗粒之间的渗流通道中过流，因而导致渗透系数急剧增加。

图 5-15(b) 呈现了泡沫改良土初始渗透系数随曲率系数 $C_{\mathrm{c}}$ 的变化情况，随着 $C_{\mathrm{c}}$ 增大，初始渗透系数呈先增大后减小的变化趋势，但其变化幅度不大，最大、最小渗透系数分别为 $6.11 \times 10^{-7}$m/s 和 $3.12 \times 10^{-7}$m/s，最大值仅为最小值的 1.96 倍。未改良土渗透系数的预测中将 $d_{10}$ 考虑为影响未改良土渗透性的最主要因素 (Terzaghi et al.，1964)，通过本试验表明在级配影响下泡沫改良土渗透系数的决定因素中 $d_{10}$ 仍然占据主导地位，在 $d_{10}$ 不变的前提条件下 $C_{\mathrm{c}}$ 的改变仅会引起改良土初始渗透系数小范围的变化，因为 $d_{10}$ 一旦不发生变化，则无论 $C_{\mathrm{c}}$ 如何改变，土的孔隙尺度变化不大，泡沫均能顶起土骨架，使渗透系数维持在较低水平并小范围变化。随着 $C_{\mathrm{c}}$ 的增大，改良土初始渗透系数先增大后减小。因为 $C_{\mathrm{c}}$ 的增大伴随着土内中颗粒部分增粗，造成了中颗粒部分一定程度的缺失，

如图 5-16 所示，因此在小于临界值 (本试验 $C_c \approx 1.5$) 时，随着 $C_c$ 增大，土内中颗粒部分缺失越来越严重，缺少了中颗粒部分的参与，导致泡沫与细颗粒相互作用形成的堵水结构更难包裹粗颗粒，于是改良土初始渗透系数伴随着 $C_c$ 的增大而增大。然而，从另一层面来讲，由图 5-15(b) 可知，$C_c$ 越大级配土中小于 0.23mm 的细颗粒含量越高，因此当 $C_c$ 大于临界值时由于细颗粒含量的增加，细颗粒与泡沫相互作用形成的堵水结构不需要中颗粒的加入便有足够的能力封堵粗颗粒之间的渗流通道，导致改良土的初始渗透系数降低。然而，前文分析可知此时泡沫的赋存不甚稳定极易消散引起渗透系数的变化。由此也可知改良土中泡沫与细颗粒相互作用形成的堵水结构优劣是改良土能够有效抗渗的关键之一。

图 5-15(c) 呈现了泡沫改良土初始渗透系数随 $C_u$ 的变化情况，随着 $C_u$ 增大，改良土初始渗透系数前期变化不大后期逐渐下降，但总体上初始渗透系数的变幅较小，由最大 $6.27 \times 10^{-7}$m/s 变化至最小 $4.30 \times 10^{-7}$m/s，最小初始渗透系数为最大初始渗透系数的 0.69 倍。与 $C_c$ 变化下改良土初始渗透系数变化类似，由于影响土渗透系数的最首要因素是 $d_{10}$，因此在 $d_{10}$ 不变的情况下仅仅改变 $C_u$ 并不会引起改良土初始渗透系数太大范围的变化。同时，随着土 $C_u$ 的增大，土的不均匀性增强，土中粗颗粒骨架间的孔隙很大程度上已经被土内中、细颗粒填充，泡沫加入土中充分填充了土内中、细颗粒间的孔隙，很容易顶起粗颗粒骨架，封堵粗颗粒间的渗流通道，减小土的渗透性。

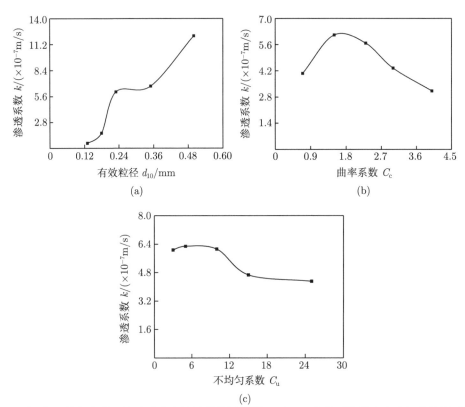

(a)

(b)

(c)

图 5-15   不同级配特征参数下泡沫改良土渗透系数折线图：(a) $d_{10}$ 变化下泡沫改良土初始渗透系数折线图；(b) $C_c$ 变化下泡沫改良土初始渗透系数折线图；(c) $C_u$ 变化下泡沫改良土初始渗透系数折线图

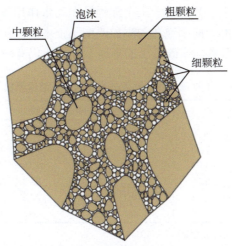

图 5-16  中颗粒缺乏时泡沫在图中的填充情况图 (此时泡沫在土中的赋存不稳定)

**3. 泡沫对改良土缓慢变化期稳定渗透系数的影响情况**

由图 5-14 可知,每种改良土在渗流过程中其渗透系数最终都会进入缓慢变化期,在该时期下改良土的渗透系数基本不变或十分缓慢地增长。把渗透系数刚刚进入缓慢变化期时 (即缓慢变化期拟合直线与快速变化期拟合直线的交点) 对应的渗透系数称为稳定渗透系数 $(k_{st})$,其确定方法如图 5-17 所示。表 5-5 呈现了不同级配条件下未加泡沫土渗透系数 $(k_u)$ 与 $k_{st}$ 的比值,以探究泡沫基本消散后由泡沫添加对土渗透性造成的影响。

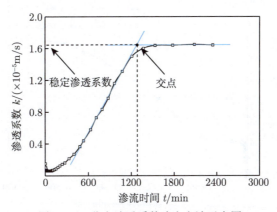

图 5-17  稳定渗透系数确定方法示意图

所有试样的 $k_{st}/k_u$ 均大于 1,表明当改良土渗透系数进入缓慢变化期后其距离未改良土的渗透系数仍有一定差距的。长时间地测试了 $d_{10} = 0.23$mm, $C_c = 1.5$, $C_u = 15$ 这一土样的改良渗透系数 (图 5-18),试验显示该土样的渗透系数在渗透试验开展一天内即达到了 $1.50 \times 10^{-5}$m/s,渗透系数较初始渗透系数增大了 129 倍;在渗透试验开展 12 天后,渗透系数仅变为 $1.80 \times 10^{-5}$m/s,距离该土样未加泡沫时的渗透系数 $6.04 \times 10^{-5}$m/s 仍有很大差距;而当试验开展近两个月后,改良土的渗透系数达到 $5.83 \times 10^{-5}$m/s,依旧未超过未加泡沫时的渗透系数。可知在渗流初期土中添加的泡沫逐渐消散,使得改良土渗透系数迅速上升到一个比较高的水平，其后由于土中细颗粒在动水作用下逐渐流失，改良土的渗透系数会有缓慢地增长，但由于前期泡沫的添加改变了土本身的结构及饱和状态，因而在泡沫消散之后改良土的渗透系数与未改良土的渗透系数相比仍有较大差距。

表 5-5　土样稳定渗透系数与未加泡沫土渗透系数汇总表

| $C_c =1.5$, $C_u = 10$ | | | | $d_{10} = 0.23$mm, $C_u = 10$ | | | | $d_{10} = 0.23$mm, $C_c = 1.5$ | | | |
|---|---|---|---|---|---|---|---|---|---|---|---|
| $d_{10}$/(mm) | $k_u$/(m/s) | $k_{st}$/(m/s) | $k_u/k_s$ | $C_c$ | $k_u$/(m/s) | $k_{st}$/(m/s) | $k_u/k_s$ | $C_u$ | $k_u$/(m/s) | $k_{st}$/(m/s) | $k_u/k_s$ |
| 0.13 | 3.71 | 1.30 | 2.85 | 0.7 | 7.92 | 1.06 | 7.47 | 3 | 31.6 | 2.83 | 11.2 |
| 0.18 | 6.22 | 1.53 | 4.07 | 1.5 | 16.1 | 1.65 | 9.76 | 5 | 18.1 | 1.98 | 9.14 |
| 0.23 | 16.1 | 1.65 | 9.76 | 2.3 | 58.1 | 2.05 | 28.3 | 10 | 16.1 | 1.50 | 9.76 |
| 0.35 | 89.2 | 2.75 | 32.4 | 3.0 | 79.1 | 2.90 | 27.3 | 15 | 6.04 | 1.40 | 4.31 |
| 0.50 | 120 | 4.45 | 26.8 | 4.0 | 100 | 3.7 | 26.5 | 25 | 2.64 | 1.10 | 2.40 |

注：出于数据展示需要表中所有渗透系数均乘以了 $10^5$。

上述论述表明对于泡沫改良的渣土并不能机械地认为泡沫大部分或全部消散后其渗透系数就一定接近或达到了加泡沫前的渗透系数 (Wang et al.，2020)，这一点对于渣土的后处理如弃渣场、路堤堆砌后其排水性能的考量，以及相应加固措施的选取具有一定指导意义，如果渣土后期利用中希望渣土的渗透性较强，则应针对性地选择土本身 $d_{10}$、$C_c$ 较大，$C_u$ 较小的渣土；如果希望渣土渗透性较小，则反之。目前该领域的相关研究较少有待后期更多研究。

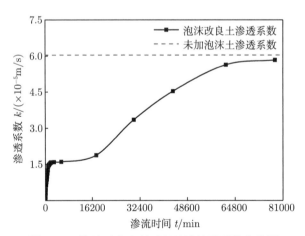

图 5-18　泡沫改良土长时间渗流渗透系数变化图

### 5.5.2　泡沫改良土渗流安全性评估

1. 盾构掘进过程中渣土渗透性特征时间

要评价强透水性地层土压平衡盾构螺旋输送机出渣喷涌风险，主要是考量经改良后渣土的渗透系数是否处在规定上限值 $k_c$ 以下及其持续时间。对于此上限值 $k_c$，众多学者认为其一般介于 $10^{-6} \sim 10^{-5}$m/s，只要泡沫将渣土的渗透系数降低到这一上限值以下，就视为渣土改良达到要求 (van Lottum，2006；Budach 和 Thewes，2015；Mori et al.，2017；

肖超, 2016)。然而, 上限值 $k_c$ 实际与很多非渣土自身特性的客观条件有关, 比如渣土所赋存环境的水头情况, 施工现场对于最大涌水量的要求等, 因此从提高施工安全性的角度尽量严格控制涌水量, 将改良土初始稳定期渗透系数的上限值 $k_c$ 定为 $10^{-6}\mathrm{m/s}$, 认为通过渣土改良将渗透系数降到 $10^{-6}\mathrm{m/s}$ 以下, 即达到工程上对不透水层的要求。

另外, 螺机出口水流量是盾构掘进是否发生喷涌的重要判据, 在实际工程中涌水是否致灾最直接的就是判断涌水量是否超过现场的处理能力 (朱伟等, 2004)。加之仅仅依据渗透系数上限值 $k_c$ 来判断泡沫改良土渗流的安全性实际上是有一定局限性的, 因为根据达西定律可知渗透流速或涌水量不仅与渗透系数有关, 也与水力梯度 $i$ 等其他因素密切相关。故定义一个能够表征改良土渗流安全性的特征流量 $Q_T$。为了保障施工安全改良土的渗透系数应维持在 $k_c$ 以下一定时长 $t_c$ (称之为临界时间), 考虑到盾构隧道实际施工过程中管片拼装等工序耗费的时间, 认为临界时间 $t_c = 90\mathrm{min}$ (Bezuijen et al., 1999)。因此结合达西定律可得式 (5-7), 算得的 $Q_T$ 即是在保障施工安全的时间内所能承受的最大涌水量。

$$Q_T = k_c i A_{\mathrm{sf}} t_c \tag{5-7}$$

式中, $Q_T$ 为特征流量 $(\mathrm{m^3/s})$; $k_c$ 为渗透系数上限值 $(\mathrm{m/s})$; $i$ 为改良土渗流时的水力梯度; $A_{\mathrm{sf}}$ 为渗流截面积 $(\mathrm{m^2})$; $t_c$ 为渗流的临界时间 $(\mathrm{s})$。本试验渗透仪的截面积为 $0.07065\mathrm{m^2}$, 常水头渗透试验水力梯度 $i = 2.67$, 在渗透系数上限值 $k_c = 10^{-6}\mathrm{m/s}$ 和临界时间 $t_c = 90\mathrm{min}$ 的要求下, 由式 (5-7) 可计算得本试验改良土的特征流量 $Q_T = 1.02\mathrm{L}$。

为更好地解释级配影响下泡沫改良土的安全状态, 定义如下两个特征时间。

流速安全时间 $t_a$: 改良土实际渗透系数能维持在渗透系数上限值 $k_c$ 以下的时长, 即渗透系数达到 $k_c$ 所需的时间。由达西定律可知渗透流速 $v = ki$, 若水力梯度 $i$ 不变, 则通过限制渗透系数 $k$ 即可控制渗透流速 $v$, 因此在水力梯度一定的情况下 $t_a$ 从流速上保证了渗流的安全性。

流量安全时间 $t_q$: 从渗流开始到渗水总量达到特征流量 $Q_T$ 时所需的时间。该时间从流量上保证了渗流的安全性。

根据上述各特征时间的定义可知, 临界时间是改良土渗流是否达到工程需求标准的安全度量, 为一个根据工程实际情况设定的参考量。而流量安全时间和流速安全时间则是改良土本身透水性质的体现。

2. 盾构掘进过程中螺机喷涌潜在风险评价

图 5-19 呈现了在级配特征参数变化下泡沫改良土各渗流特征时间的变化关系, 具体数值详见表 5-6。当流量安全时间曲线位于流速安全时间曲线以下时, 表明改良土渗透系数在未达到其上限值时其总流量就已达到特征流量; 否则当流量安全时间曲线位于流速安全时间曲线以上时, 表明改良土渗透系数在达到其上限值之后其总流量才达到特征流量。但其渗流具体是否安全, 还需要考量图 5-19 中两个安全时间与临界时间的关系, 临界时间 $t_c$ 一般取 90min (Budach 和 Thewes, 2015), 如果渣土实际的流速安全时间和流量安全时间均能超过临界时间, 即表明在流速及流量两个层面上保障了渗流的安全。

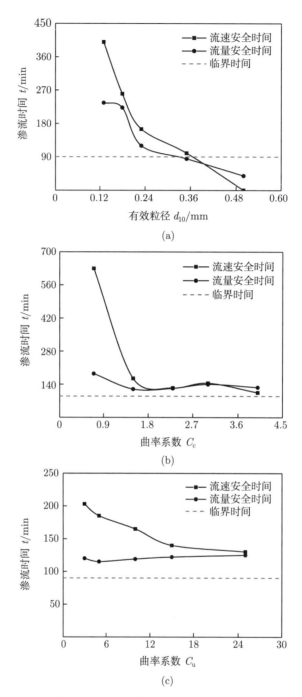

图 5-19　不同级配特征参数下泡沫改良土各渗流特征时间变化折线图：(a) $d_{10}$ 变化下泡沫改良土特征时间变化折线图；(b) $C_c$ 变化下泡沫改良土特征时间变化折线图；(c) $C_u$ 变化下泡沫改良土特征时间变化折线图

图 5-19(a) 为 $d_{10}$ 变化下泡沫改良土各渗流特征时间的变化情况，随着 $d_{10}$ 增加，即土颗粒越来越粗，由于泡沫对土颗粒间孔隙的填充效果变差，泡沫对水的封堵能力减弱，流

速安全时间和流量安全时间均缩短。在 $d_{10} \approx 0.33\text{mm}$ 时流量安全时间首先降至临界时间 $(t_c = 90\text{min})$ 以下，意味着其总涌水量已超过界定值，渣土改良不达标。当 $d_{10} \approx 0.37\text{mm}$ 时，流速安全时间也降至临界时间 $(90\text{min})$ 以下，水的流速安全时间满足不了盾构出渣安全要求。因此对于该试验，存在 $d_{10} = 0.33\text{mm}$ 为粒径变化的临界值，即在该种工况下渣土改良由达标变为不达标的临界值，同时也表明此时泡沫对土孔隙的填充能力及泡沫在土中赋存的稳定性也达不到要求，需要采用增大泡沫注入比或更换改良剂等方式使得改良土的渗透性达标。需要说明的是，当前试验结果是在泡沫添加比等于 20% 情况下的试验结果，泡沫注入比情况不同，渗流由安全转为不安全的 $d_{10}$ 值势必有差别，换句话说，$d_{10}$ 值不同，要达到渣土抗渗需求的泡沫注入比是不同的。

表 5-6 不同级配特征参数下泡沫改良土各渗流特征时间变化汇总表

| $C_c = 1.5, C_u = 10$ | | | $d_{10} = 0.23\text{mm}, C_u = 10$ | | | $d_{10} = 0.23\text{mm}, C_c = 1.5$ | | |
|---|---|---|---|---|---|---|---|---|
| $d_{10}/\text{mm}$ | $t_a/\text{min}$ | $t_q/\text{min}$ | $C_c$ | $t_a/\text{min}$ | $t_q/\text{min}$ | $C_u$ | $t_a/\text{min}$ | $t_q/\text{min}$ |
| 0.13 | 400 | 236 | 0.7 | 630 | 185 | 3 | 203 | 120 |
| 0.18 | 260 | 223 | 1.5 | 165 | 120 | 5 | 185 | 115 |
| 0.23 | 165 | 120 | 2.3 | 125 | 123 | 10 | 165 | 119 |
| 0.35 | 100 | 85 | 3.0 | 145 | 140 | 15 | 140 | 122 |
| 0.50 | 0 | 39 | 4.0 | 105 | 127 | 25 | 130 | 125 |

图 5-19(b)、(c) 分别为 $C_c$、$C_u$ 变化下泡沫改良土各渗流特征时间的变化情况，由图可知随着 $C_c$、$C_u$ 增大，流速安全时间总体呈下降态势，意味着采用该改良条件盾构出渣喷涌风险增大。流量安全时间基本平稳，在试验范围内没有太大波动。由图 5-19(b)、(c) 可知，由于在 $C_c$、$C_u$ 变化过程中泡沫改良土的初始渗透系数变化并不大，因而导致了 $C_c$、$C_u$ 变化过程中其流速安全时间与流量安全时间变幅亦较小。在试验范围内流速安全时间和流量安全时间均在临界时间以上，则 $C_c$、$C_u$ 变化下所有的试验组渗流均是安全的。

以上试验结果充分证明了 $d_{10}$ 对于泡沫改良土渗流安全性的重要影响，由于 $d_{10}$ 的增大，泡沫改良土由渗流安全转变为渗流不安全。但 $C_c$、$C_u$ 发生变化流速安全时间 $t_a$ 及流量安全时间 $t_q$ 虽有变化但其变化幅度并不大，亦不足以对盾构出渣喷涌风险造成影响，试验范围内所有试样渗流均为安全。

需要注意的是对于流速安全时间 $t_a$

$$k_c = k(t) \quad (t = t_a) \tag{5-8}$$

式中，$k(t)$ 为泡沫改良土渗透系数的时变函数，该函数取决于泡沫改良土自身的渗流特性以及其渗流的水力梯度 $i$。

对于流量安全时间 $t_q$

$$Q_t = \int_0^{t_q} k(t)iA\text{d}t = iA \int_0^{t_q} k(t)\text{d}t \tag{5-9}$$

结合式 (5-6) 可得

$$iA \int_0^{t_q} k(t)\mathrm{d}t = k_c iAt_c \rightarrow \int_0^{t_q} k(t)\mathrm{d}t = k_c t_c \qquad (5\text{-}10)$$

由上述分析可知，$t_a$、$t_q$ 取决于泡沫改良土的渗透性时变函数 $k(t)$，而与泡沫改良土的渗流截面面积 $A$ 等其他因素无关，在泡沫改良土自身渗流特性确定后，$k(t)$ 取决于泡沫改良土的水力梯度 $i$，当 $i$ 变化时 $k(t)$ 会相应发生变化，进而影响安全时间。如果 $i$ 的变化使得泡沫改良土渗流的安全性得不到保障，则需要通过调整泡沫改良参数来满足改良土的抗渗性要求。

## 5.6　泡沫改良土渗透机理

下面对泡沫改良颗粒土渗透特性机理进行系统分析。Bezuijen (2012) 曾提出泡沫改良砂土的渗透性和渣土中泡沫的填充率相关。根据土力学中土的渗透性基础知识可知，渗透性与颗粒土中孔隙的大小和孔隙间的连通程度密切相关，土样中连通的孔隙越多，孔隙直径越大，则渣土的渗透性越好。当某连通的孔隙通道被泡沫完全堵塞后，水不能从该通道通过。泡沫和渣土混合后，泡沫填充于土颗粒的孔隙间，有的孔隙通道被泡沫不完全填充，有的被完全填充。

图 5-20 为渗流机理简图，当少量泡沫填充在土颗粒渗流通道中时，大多数泡沫黏附于土颗粒表面，主要起到缩小渗流通道过流断面的作用，渣土整体过流断面面积小于原状土，因此少量的泡沫注入就可明显降低渣土渗透系数，但大多数渗流通道中的泡沫未形成完全堵水结构，渗流试验开始后水流快速贯通大多数渗流通道，且水贯通后的渗流通道中，水流动会快速带走泡沫和水界面接触的泡沫，因此贯通后的渗流通道过流断面随着时间快速增大，渣土渗透系数快速增大，即快速增长期。快速发展期间，位于水流下部颗粒的泡沫会被较快地冲走，但部分泡沫因一些死角的抵挡作用，很难被冲走。相比水流下部的死角，水流上部死角的泡沫泡沫损失量较少，且水流中的泡沫因浮力作用，部分会补充进水流上部的死角中 (图 5-20(d))。当较外围的泡沫被冲走后，水流在短期内难以冲走死角深处的泡沫，形成了水流上部的泡沫略多于水流下部的泡沫 (图 5-20(e)) 相对稳定的渗流通道，渣土渗透系数增长速率放缓，即缓慢发展期。当时间足够长时，泡沫会因自身破灭或被水流全部冲走，最后渗流通道全部被水填充，当泡沫被完全冲走后，渗流特征与原状土一致 (图 5-20(e))。

随着泡沫注入比的增大，渗流通道中局部被泡沫封闭 (图 5-20(a1))，泡沫在通道中形成完全堵水结构。试样上方与水接触的泡沫因水压力的作用，使泡沫内的空气压缩，水膜压力变大，导致了部分泡沫破裂；同时孔隙末端的泡沫被挤出，从孔隙中流出；在这两种情况的综合作用下，孔隙中慢慢留出让水浸入的空间 (图 5-20(b2))，因此水贯通渗流通道需要一定时间。堵水结构的堵水作用随着泡沫的增多而增强，随着孔隙的增大而减弱，渗流通道中泡沫堵水结构堵水作用越强，其被水流贯通的时间越长，当泡沫注入比达到一定量时，大多数渗流通道中泡沫形成较强的堵水结构，渗流试验开始后，少量堵水作用较弱的渗流通道被水流快速贯通，而堵水作用较强的渗流通道需一段时间才能被水流贯通，渣土在这段时间维持较低的渗透系数，即渗流稳定期，且随着泡沫注入比的增大，渗流通道堵水作用越强，水流贯通大多数渗流通道的时间越长，即渗流稳定期延长。当大多数渗流通道贯通后，孔隙中渗流的规律和未完全填充孔隙中渗流过程 (图 5-20(c)~(e)) 一致。

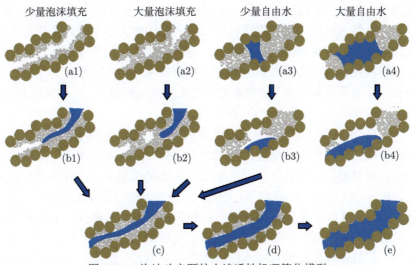

图 5-20　泡沫改良颗粒土渗透性机理简化模型

状态 (a1)~(a4)，渗流试验开始时；状态 (b1)~(b4)，水流在渗流通道中运动；状态 (c)，水流贯通渗流通道；状态 (d)，渗流通道过流断面增大；状态 (e)，渗流通道中无泡沫

渣土含水率较大时，渗流通道中含一定量自由水，当自由水体积较小时，由于重力作用，水有向下流动的趋势，如图 5-20(a3) 所示。水体在重力作用慢慢向下移动 (图 5-20(b3))，会带走一部分泡沫或使其中一部分泡沫破灭，削弱泡沫堵水结构的堵塞作用。水在孔隙中贯穿的速度随着自由水体含量增多、水体体积的增大而变快，因此水流贯通渗流通道的时长随着含水率的增大而缩短，即相同注入比下的渣土渗流稳定期时长随着含水率增大而缩短。当渣土含水率过大时，渗流通道中含有大量的自由水体且水体体积较大 (图 5-20(a4))，混合后的渣土中泡沫不能均匀填充于孔隙间，自由水体流动过程会造成大量的泡沫损失，严重破坏堵水结构 (图 5-20(b4))，甚至水会直接从孔隙中流出，渗流试验开始后大多数渗流通道直接被水流贯通，渣土无渗流稳定期。

## 5.7　本 章 小 结

(1) 泡沫改良渣土在渗流试验中，渗透系数的变化一般经历渗流稳定期、快速发展期和缓慢发展期三个时期，但欠改良渣土和含水率过高的渣土无渗流稳定期，渗流试验开始后渗透系数直接增大，进入快速发展期。

(2) 对于欠改良渣土，土颗粒间填充的泡沫较少，但泡沫起到减小渗流通道过流断面面积的作用，因此泡沫的注入可显著降低渣土渗透系数，且当渣土为欠改良状态时，渗透系数随着泡沫注入比的增大而显著降低，但欠改良渣土渗流通道中的泡沫不能形成有效的堵水结构, 渗流试验开始后, 水流直接贯通大多数渗流通道, 贯通的渗流通道中水流在流动过程中带走了大量的泡沫, 渗流通道过流断面面积快速增大, 因此欠改良渣土无渗流稳定期, 渗流试验开始后直接进入快速发展期。

(3) 当泡沫注入比增大到一定量时, 渣土由欠改良状态转变为塑流性合适状态, 泡沫能够均匀分布在土颗粒的孔隙中, 渗流试验开始后水流仅能贯通少数渗流通道, 形成有效堵水结构的渗流通道需要一定时间才会被水流贯通, 因此渣土保持在较低渗透系数一段时间, 即渗流稳定期, 且堵水结构堵水作用随着泡沫注入比的增大而增强, 水流贯通渣土的时间越长, 但此时渣土改良后初始渗透系数较低, 泡沫的注入对初始渗透系数的影响较小, 即表现为渣土在塑流性合适状态时, 初始渗透系数随着泡沫注入比增大变化较小, 但渗流稳定期显著增长, 特别是当泡沫注入比过高时, 渣土为流动性过大 (可能析泡沫) 状态, 渗流稳定期极长。

(4) 在 $C_u$、$C_c$ 不变条件下, 随着 $d_{10}$ 的增加, 由于颗粒粒径增粗, 泡沫对土颗粒间填充条件变差且泡沫自身的稳定性变差, 因此改良土初始渗透系数增大, 且初始稳定期和快速发展期的时长明显缩短, 而且快速发展期渗透系数增长加快, 缓慢发展期对应的稳定渗透系数增大。在 $d_{10}$、$C_u$ 不变的条件下, 随着 $C_c$ 增大, 相当于 $d_{30}$ 增大, 泡沫与土内细颗粒形成的堵水结构由于缺少中颗粒作为媒介而稳定性较差, 导致改良土初始渗透系数先增大后减小, 且改良土渗透系数初始稳定期和快速发展期的时长逐渐缩短, 快速发展期渗透系数增长加快, 而且缓慢发展期对应的稳定渗透系数增大。在 $d_{10}$、$C_c$ 不变的条件下, 随着 $C_u$ 增大, 由于土的不均匀性增加, 土颗粒间相互填充的性能更好, 泡沫加入更易于封堵土颗粒间的孔隙, 顶起粗颗粒骨架, 因此改良土初始渗透系数有所减小, 且改良土渗透系数初始稳定期和快速发展期的时长逐渐增长, 快速变化期渗透系数增长减慢, 而且缓慢变化期对应的稳定渗透系数减小。

(5) 相同注入比的渣土, 随着含水率的增大, 渣土中自由水含量增多, 因重力作用, 孔隙中自由水的运动会使泡沫破灭, 削弱堵水结构, 使水流贯通渗流通道时间缩短, 因此随着含水率增大, 渣土渗流稳定期缩短, 特别当含水率过大时, 自由水对泡沫堵水结构破坏严重, 水流可在渗透试验开始时直接贯通渗流通道, 渣土无渗流稳定期。

## 参 考 文 献

贺少辉, 张淑朝, 李承辉, 等, 2017. 砂卵石地层高水压条件下盾构掘进喷涌控制研究 [J]. 岩土工程学报, 9: 1583-1590.

茅华, 2014. 隧道施工盾构螺旋机喷涌应对措施 [J]. 铁道建筑, 10: 39-41.

乔国刚, 2009. 土压平衡盾构用新型发泡剂的开发与泡沫改良土体研究 [D]. 北京: 中国矿业大学.

秦建设, 朱伟, 2004. 土压式盾构施工中地下水出渗机理研究 [J]. 岩土力学, 25(10): 1632-1636.

王海波, 王树英, 胡钦鑫, 等, 2018. 盾构砂性渣土–泡沫混合物渗透性影响因素研究 [J]. 隧道建设 (中英文), 38(5): 834-839.

王树英, 胡钦鑫, 王海波, 等, 2020. 盾构泡沫改良砂性渣土渗透性及其受水压力影响特征研究 [J]. 中国公路学报, 33 (2): 94-102.

魏康林, 2003. 土压平衡式盾构施工中喷涌问题的发生机理及其防治措施研究 [D]. 南京: 河海大学.

肖超, 2016. 基于渣土特性的土压平衡盾构施工力学行为及其应用研究 [D]. 长沙: 中南大学.

张淑朝, 贺少辉, 朱自鹏, 等, 2017. 兰州富水砂卵石层土压平衡盾构渣土改良研究 [J]. 岩土力学, (S2): 279-286.

张淑朝, 2018. 兰州地铁低含砂率强渗透性砂卵石降低土压平衡盾构扭矩及防喷涌研究 [D]. 北京: 北京交通大学.

朱伟, 秦建设, 魏康林, 2004. 土压平衡盾构喷涌发生机理研究 [J]. 岩土工程学报, 26(5): 589-593.

朱自鹏, 2016. 砂卵石地层高水压条件下土压平衡盾构防喷涌研究 [D]. 北京: 北京交通大学.

Bezuijen A, 2012. Foam used during EPB tunneling in saturated sand, parameters determining foam consumption[C]. Proc., WTC 2012, Bangkok, Thailand: 267-269.

Bezuijen A, 2012. Foam used during EPB tunnelling in saturated sand, parameters determining foam consumption[C]. World Tunnel Congress: 267-269.

Bezuijen A, Schaminee P, Kleinjan J, 1999. Additive testing for earth pressure balance shields[C]. Proc., Twelfth European Conference on Soil Mechanics and Geotechnical Engineering.

Bezuijen A, Talmon A M, Joustra J F W, et al, 2006. Pressure gradients and muck properties at the face of an EPB[C]. Proceeding of Geotechnical Aspects of Under-ground Construction in Soft Ground, 43: 195-201.

Bezuijen A, 2002. The influence of soil permeability on the properties of a foam mixture in a TBM[C]. Tunnelling. A. Decade of Progress. GeoDelft, Netherlands: 35-41.

Borio L, Peila D, 2010. Study of the permeability of foam conditioned soils with laboratory tests[J]. American Journal of Environmental Sciences, 6(4): 365-370.

Budach C, Thewes M, 2015. Application ranges of EPB shields in coarse ground based on laboratory research[J]. Tunnelling and Underground Space Technology, 50: 296-304.

Budach C, 2012. Unter suchungen zumerweiterten Einsatz von Erddrucks childening robkörni gem Lockergestein (Transl.: Investigations for extended use of EPB shields in coarse-grained soils) [D]. Bochum: Ruhr-Universität Bochum.

Hajialilue-Bonab M, Sabetamal H, Bezuijen A, 2014. Experimental study on foamed sandy soil for EPBM tunneling[J]. Advances in Railway Engineering, 2(1): 27-40.

Hazen A, 1982. Some physical properties of sands and gravels, with special reference to their use in filtration[R]. 24th Annual Report, Massachusetts State Board of Health, Pub.Doc. No.34: 539-556.

Mori L, Alavi E, Mooney M, 2017. Apparent density evaluation methods to assess the effectiveness of soil conditioning[J]. Tunnelling and Underground Space Technology, 67: 175-186.

Peila D, 2014. Soil Conditioning for EPB shield tunneling[J]. KSCE Journal of Civil Engineering, 18(3): 831-836.

Quebaud S, Sibai M, Henry J, 1998. Use of chemical foam for improvements in drilling by earth-pressure balanced shields in granular soils[J]. Tunnelling and Underground Space Technology, 13(2): 173-180.

Terzaghi K, Peck R B, Mesri G, 1964. Soil Mechanics in Engineering Practice[M]. New York: John Wiley & Sons.

Wang S, Hu Q, Wang H, et al, 2020. Permeability characteristics of poorly graded sand-conditioned with foam mixtures in different conditioning states[J]. Journal of Testing and Evaluation, ASTM, 49(5): 1-17.

Wang S, Hu Q, Wang H, et al, 2020. Permeability characteristics of poorly graded sand conditioned with foam in different conditioning states[J]. Journal of Testing and Evaluation, 49(5): 3620-3636.

Zheng G, Dai X, Diao Y, 2015. Parameter analysis of water flow during EPBS tunnelling and an evaluation method of spewing failure based on a simplified model[J]. Engineering Failure Analysis, 58(part_P1): 96-112.

# 第 6 章　水压力影响下盾构泡沫改良土渗透性

## 6.1　引　　言

关于水压影响下的多孔介质渗流，国内外学者开展了一定研究。Hansbo (1960) 通过对不同地层进行不同水压的渗透系数测试，证明达西定律适用大多数地层。同样 Olsen (1996) 通过对高岭土进行不同水压的渗透系数测试，也指出达西定律适用于大多数地层，但在黏粒较多的地层，特别是含蒙脱土较多的地层是不适用的。周健等 (2007) 利用离散元软件模拟砂土在不同水压的渗流，发现渗流压力越大，颗粒流失越多，砂土渗透系数越大。针对粗颗粒土而言，一般是忽略水压力对土体渗透性的影响。然而，不同于自然界常规土，盾构渣土常用改良剂泡沫主要为气相 (发泡倍率一般大于 10)，所处的水压力环境会改变泡沫大小；另外泡沫是一种亚稳定体，其在不同水压力下稳定性也不同，进而改变盾构渣土的孔隙状态，因此水压力对盾构渣土渗透性存在影响，不同于纯土体渗流性。Borio 和 Peila (2010) 发现泡沫改良砂性渣土在不同的水压力下渗透系数不一致，水压力越低对应的渣土渗透系数越小。

目前水压力影响下盾构泡沫改良土渗透性鲜有研究，本书研究团队开展了一些相关研究工作 (胡钦鑫，2019；黄硕，2020；王树英等，2020；Hu et al.，2020)。本章先是陈述了水压力作用下渗流试验方案，然后分析了不同水压力作用下泡沫改良土的渗透性，并分析了水压与其他因素耦合影响下泡沫改良土渗透性，最后简要介绍了水压等环境下泡沫改良土渗透机理。

## 6.2　水压影响下渗透试验

为了研究水压对泡沫改良土渗透性的影响特征，同样采用湘江砂作为试验原材料。在盾构掘进过程中，渣土必须保持一定的塑流性以保证顺利出渣，因此在探究高水压对泡沫改良渣土渗流特征试验选取工况中排除了欠改良状态渣土，选取塑流性合适、流动性过大 (可能析泡沫)、流动性合适但析水和流动性过大且析水状态渣土进行试验 (图 6-1)。开展不同水头下泡沫改良土的渗透试验，试验方案跟第 5 章类似，区别在于设置了表 6-1 所示的不同水头高度。

另外，为了研究不同水压 (用水头高度 $H_w$ 表示) 下粗颗粒土粒径对渗透性的影响，调配粗、中、细三种不同级配的砂土，三者由粗到细 $d_{10}$ 分别为 0.27mm、0.20mm、0.15mm，均为级配良好的砾砂，其级配曲线如图 6-2 所示，土样基本物理性质如表 6-2 所示。

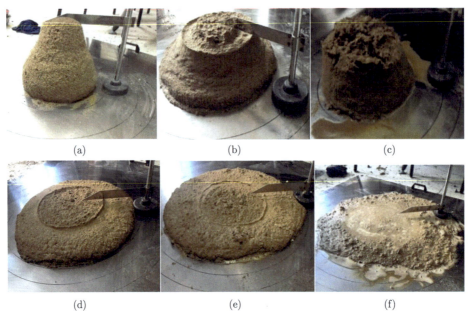

图 6-1　不同渣土状态：(a) 欠改良渣土 ($w = 7.5\%$，FIR $= 5\%$)；(b) 塑流性合适 ($w = 5\%$，FIR $= 20\%$)；(c) 流动性合适但析水 ($w = 10\%$，FIR $= 5\%$)；(d) 流动性过大 ($w = 2.5\%$，FIR $= 40\%$)；(e) 流动性过大 (可能析泡沫) ($w = 5\%$，FIR $= 40\%$)；(f) 流动性过大且析水 ($w = 10\%$，FIR $= 40\%$)

表 6-1　高水压试验工况

| 含水率 $w$ | 泡沫注入比 (FIR) | 渣土状态 | 水头高度 |
|---|---|---|---|
| 2.5% | 20% | 塑流性合适 | |
| | 40% | 流动性过大 (可能析泡沫) | |
| 5% | 20% | 塑流性合适 | 1.9m、2.9m、5.6m 和 9.6m |
| | 40% | 流动性过大 (可能析泡沫) | |
| 10% | 10% | 流动性合适但析水 | |
| | 20% | 流动性过大且析水 | |

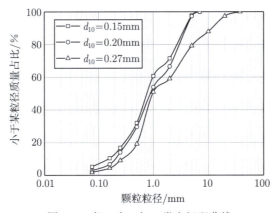

图 6-2　粗、中、细三类土级配曲线

表 6-2 水头变化下的试样土基本物理力学性质表

| 编号 | $d_{10}$/mm | $H_w$/m | $\rho_d$/(g/cm³) | $\rho_s$/(g/cm³) | $n_s$ | 分类 |
|---|---|---|---|---|---|---|
| 1 | 0.15 | 1.45 | 1.53 | 2.65 | 0.42 | 砾砂 |
| 2 | 0.15 | 1.95 | 1.53 | 2.65 | 0.42 | 砾砂 |
| 3 | 0.15 | 2.45 | 1.53 | 2.65 | 0.42 | 砾砂 |
| 4 | 0.15 | 2.95 | 1.53 | 2.65 | 0.42 | 砾砂 |
| 5 | 0.20 | 1.45 | 1.43 | 2.65 | 0.46 | 砾砂 |
| 6 | 0.20 | 1.95 | 1.43 | 2.65 | 0.46 | 砾砂 |
| 7 | 0.20 | 2.45 | 1.43 | 2.65 | 0.46 | 砾砂 |
| 8 | 0.20 | 2.95 | 1.43 | 2.65 | 0.46 | 砾砂 |
| 9 | 0.20 | 1.45 | 1.43 | 2.65 | 0.46 | 砾砂 |
| 10 | 0.20 | 1.45 | 1.43 | 2.65 | 0.46 | 砾砂 |
| 11 | 0.20 | 1.95 | 1.43 | 2.65 | 0.46 | 砾砂 |
| 12 | 0.20 | 1.95 | 1.43 | 2.65 | 0.46 | 砾砂 |
| 13 | 0.20 | 2.95 | 1.43 | 2.65 | 0.46 | 砾砂 |
| 14 | 0.20 | 2.95 | 1.43 | 2.65 | 0.46 | 砾砂 |
| 15 | 0.27 | 1.45 | 1.59 | 2.65 | 0.40 | 砾砂 |
| 16 | 0.27 | 1.95 | 1.59 | 2.65 | 0.40 | 砾砂 |
| 17 | 0.27 | 2.45 | 1.59 | 2.65 | 0.40 | 砾砂 |
| 18 | 0.27 | 2.95 | 1.59 | 2.65 | 0.40 | 砾砂 |

# 6.3 水压影响下渣土渗流特征

## 6.3.1 水压影响

图 6-3 为不同状态渣土在不同静水压力下渗流时变曲线图,改良渣土在不同静水压力下的渗流特征明显不同。如图 6-3(a) 所示,对于可能析泡沫的流动性过大渣土,当初始压力为 1.9m、2.9m 和 5.6m 时,相同注入比的渣土含水率越高,渗流初始稳定期时长越短,甚至无初始稳定期,即含水率的增大削弱了泡沫对渣土抗渗性的改良效果。当改良参数 $w$ = 2.5%/FIR = 40% 的渣土在 1.9m 初始压力下时,渗透系数为 $2.15 \times 10^{-6}$ m/s,渣土维持此低渗透系数约 1280min 后才进入渗透系数快速发展期,快速发展期渗透系数平均增大速率为每小时增大 $8.75 \times 10^{-6}$ m/s;而当初始压力为 2.9m 和 5.6m 时,改良渣土初期渗透系数分别为 $2.59 \times 10^{-6}$ m/s 和 $4.33 \times 10^{-6}$ m/s,渗流初始稳定期时长分别缩短至 443min 和 167min,快速发展期渗透系数增大速率分别提高至每小时 $1.1 \times 10^{-5}$ m/s 和 $1.2 \times 10^{-5}$ m/s。当初始水压力增大至 9.6m 时,渣土渗流试验开始后,渗流稳定期仅维持 47min 后直接进入快速发展期,快速发展期发展速率为每小时增大 $5 \times 10^{-5}$ m/s,无渗流稳定期,不能够满足工程需求。因此,在相同泡沫注入比和含水率的改良条件下,随着水压力的增大,渣土表现为渗流初始稳定期的缩短,并且快速发展期渗透系数的发展速率增大。

对于塑流性合适的渣土,如图 6-3(b) 所示,随着初始水压力的增加,渣土渗流初始稳定期的缩短,与可能析泡沫的流动性过大渣土相比,可以发现,在更小的水压力下渣土渗流初始稳定期已缩短至 90min (工程所需最小稳定期时长)。例如,$w$ = 2.5%/FIR = 20% 的塑流性合适渣土在 5.6m 的初始水压力下改良后初始渗透系数为 $9.73 \times 10^{-6}$ m/s,略小于 $10^{-5}$ m/s,渗流初始稳定期缩短至 74min,低于规定最小值,快速发展期发展速率为 $1.4 \times 10^{-5}$ m/s;而 $w$ = 5%/FIR = 20% 的流动性过大的渣土初始渗透系数为 1.83×

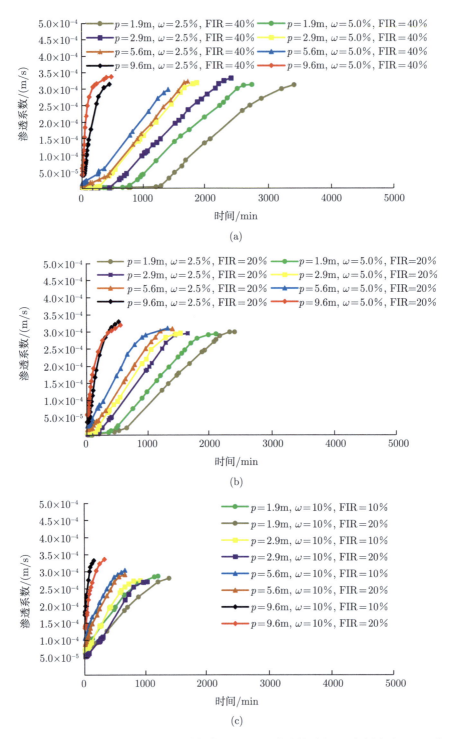

图 6-3　不同静水压力下泡沫改良渣土渗流时变曲线图: (a) 流动性过大 (可能析泡沫); (b) 塑流性合适渣土; (c) 流动性合适但析水和流动性过大且析水

$10^{-5}$m/s，大于 $10^{-5}$m/s，在 5.6m 初始水压条件下无渗流稳定期，快速发展期增长速率为 $5.2 \times 10^{-5}$m/s，两者均不能满足施工要求。

对于严重析水的渣土 (包括流动性合适但析水和流动性过大且析水) 渣土，如图 6-3(c) 所示，因含水率过大导致泡沫不能在渗流通道形成有效的堵水结构，渣土在低初始水压力下均没有渗流初始稳定期，随着初始水压力的增大，改良渣土初始渗透系数会增大。如 $w = 10\%$/FIR $= 20\%$ (塑流性过大且析水)，在初始压力为 1.9m 增大至 5.6m 时，初始渗透系数从 $5.24 \times 10^{-5}$m/s 增大至 $8.76 \times 10^{-5}$m/s，快速发展期发展速率从每小时 $1.2 \times 10^{-5}$m/s 增大至 $1.6 \times 10^{-5}$m/s；当初始水压力增大至 9.6m 时，初始渗透系数为 $1.35 \times 10^{-4}$m/s，初始渗透系数增大了一个数量级，而快速发展期发展速率增大至每小时 $5.9 \times 10^{-5}$m/s。

### 6.3.2  水力梯度影响

为了表征水流损失对渗流特征的影响，以下分别探究了水力梯度变化下泡沫改良砂土初始渗透系数、初始稳定期时长和渗透系数快速增长率的影响。

图 6-4 为初始渗透系数与水力梯度间的关系，由图可见，随着水力梯度的上升，泡沫改良渣土的初始渗透系数呈增大趋势。当水力梯度在 4~7 时，塑流性合适渣土 ($w = 2.5\%$/FIR $= 20\%$ 和 $w = 5.0\%$/FIR $= 20\%$) 和流动性过大 (可能析泡沫) 的渣土 ($w = 2.5\%$/FIR $= 40\%$ 和 $w = 5.0\%$/ FIR $= 40\%$) 初始渗透系数都可以保持在一个较低的水平且差别不大；但当水力梯度在 10~12 时，塑流性合适状态中改良参数为 $w = 5.0\%$/FIR $= 20\%$的渣土初始渗透系数明显增大，且大于 $10^{-5}$m/s；水力梯度大于 16 时，塑流性合适渣土 ($w = 2.5\%$/FIR $= 20\%$) 和流动性过大 (可能析泡沫) 渣土在改良后初始渗透系数也均出现明显增大的趋势。对于流动性合适但析水 ($w = 10\%$/FIR $= 10\%$) 和流动性过大且析水的渣土 ($w = 10\%$/FIR $= 20\%$)，由于泡沫未能形成有效的堵水结构，初始渗透系数明显大于其他改良状态的渣土，且随着水力梯度增大，初始渗透系数增幅明显加大。

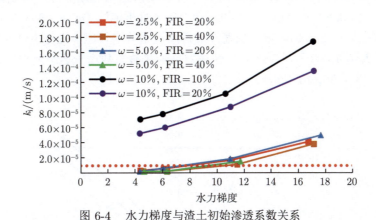

图 6-4  水力梯度与渣土初始渗透系数关系

图 6-5 为渗流初始稳定期的时长与水力梯度之间的关系，由图可见，流动性合适但析水和流动性过大且析水的渣土在任何压力梯度下均无渗流稳定期。塑流性合适状态和流动性过大 (可能析泡沫) 状态的渣土随着水力梯度的增大，特别是水力梯度较低时，渗流初始稳定期明显缩短。例如，对于塑流性合适的渣土 ($w = 5\%$/FIR $= 20\%$)，当水力梯度为

4.33 时，渗流初始稳定期时长为 350min；而水力梯度增大到 6.03 时，渗流初始稳定期缩短至 132min；当水力梯度为 10.9 时，初始稳定期时长缩短至 0。再如流动性过大 (可能析泡沫) 状态的渣土 ($w = 5\%$/FIR $= 40\%$)，在压力梯度为 4.63 时，渗流初始稳定期时长为 743min；水力梯度增大至 6.38 时，渗流初始稳定期时长缩短至 228min；水力梯度为 11.73 时，渣土仍存在 94min 的渗流初始稳定期；直到水力梯度为 20.93 时，渗流初始稳定期消失。

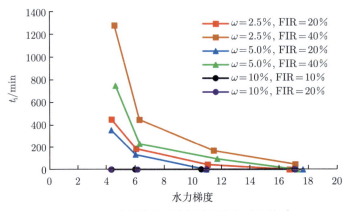

图 6-5　水力梯度与渗流初始稳定期时长关系

　　图 6-6 为渣土快速发展期渗透系数增长速率与水力梯度之间的关系，由图可知，所有改良状态渣土的快速发展期渗透系数增长速率均随着水力梯度增大而增大，其中流动性合适但析水和流动性过大且析水的渣土渗透系数增大率最大，塑流性合适的渣土次之，塑流性过大 (可能析泡沫) 渣土增大率最低。例如流动性合适但析水 ($w = 10\%$/FIR $= 10\%$) 的渣土，在水力梯度为 4.35 时，渣土快速发展期渗透系数增长速率为每小时 $1.58 \times 10^{-5}$m/s；当水力梯度增大到 10.62 和 17.82 时，快速发展期渗透系数增长速率分别增大至每小时 $2.58 \times 10^{-5}$m/s 和 $6.96 \times 10^{-5}$m/s。再如流动性过大且析泡沫 ($w = 2.5\%$/FIR $= 40\%$) 的渣土，在水力梯度为 4.55 时，渣土快速发展期渗透系数增长速率为每小时 $8.74 \times 10^{-6}$m/s；当水力梯度增大到 10.62 和 17.82 时，快速发展期渗透系数增长速率分别增大至为每小时 $2.58 \times 10^{-5}$m/s 和 $6.96 \times 10^{-5}$m/s。

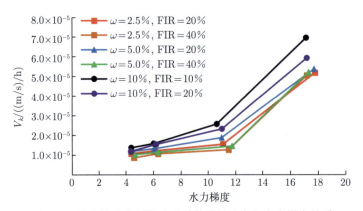

图 6-6　渣土快速发展期渗透系数增长速率与水力梯度关系

# 6.4 多因素影响下泡沫改良土渗流特征

第 5 章研究了级配对泡沫改良土渗透性的影响，认为土的级配是影响泡沫改良土渗透性的关键因素之一，因此，这里补充分析不同水压力条件下级配及泡沫注入比对泡沫改良土渗透性的影响特征 (Huang et al.，2019；黄硕，2020)。

## 6.4.1 泡沫改良土渗流特征

图 6-7 为水头变化下不同 $d_{10}$ 泡沫改良土渗透系数的时变曲线，图 6-8 为水头变化下不同 FIR 泡沫改良土渗透系数的时变曲线。对比可知曲线的趋势与前述表述的渗透系数时变曲线基本一致，同样具有初始稳定期、快速发展期、缓慢变化期三个基本阶段 (部分试样渗流初期亦存在短暂下降期)，但由于水头的增大，渗透系数亦会相应增大，同时渗流过程中动水对泡沫改良土中泡沫的扰动更加明显，部分改良土在较高水头下会缺失短暂下降期和初始稳定期而直接进入快速增长期。

由图 6-7 和图 6-8 可知，当水头逐渐增加时，泡沫改良土的渗流稳定性越来越差，表现为改良土渗透系数增大越来越快。由于泡沫是一种极不稳定的介质，外部水头逐渐增大，无论是较大的外部水压还是加快流动的水流都会使得泡沫的稳定性变差，使之易于失稳，进而影响泡沫改良土的渗透性。而在纯土体渗流理论中一般认为土的渗流系数不随外部水头的变化而变化，因为土的基本结构和颗粒形态几乎不受水头的影响。因此，外部水头变化下泡沫改良土渗透系数的变异性是其有别于纯土体渗流的重要特征，也是泡沫改良土抗渗问题中需要考虑的重要因素。

水头增大泡沫改良土的渗透稳定性虽有削弱但其所能达到的稳定渗透系数却有所减小，其归因为泡沫改良土中的气水相互作用，称之为水的 "液封作用"。在渗流作用下当

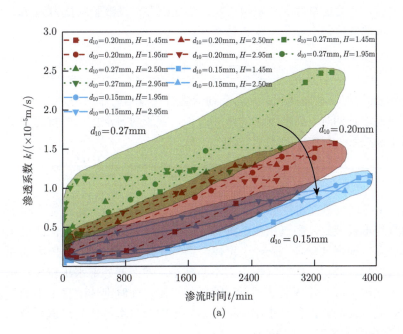

(a)

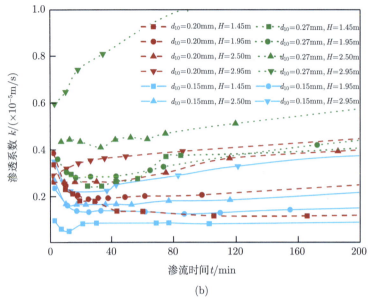

(b)

图 6-7　水头变化下不同 $d_{10}$ 泡沫改良土渗透系数时变曲线：(a) 整体时变曲线图；(b) 渗流初期局部放大图

泡沫改良土度过其快速增长期后，其中的所有泡沫已基本全部破灭，泡沫中的气体一部分逸散出泡沫改良土，而另一部分赋存于土中的各类孔角及毛细管中使得进入缓慢增长期后的泡沫改良土表现出非饱和土的特性。假设有如图 6-9 所示的毛细管，管中存在一定气相，由其两端的液相对气相形成液封，设气相的气压为 $P_g$，水相的水压为 $P_w$。由 Young-Laplace 方程可知，在泡沫的液膜里外存在着一定压差，之所以存在压差是因为液膜的存在抵消了一部分泡沫内压，从而使得气泡在水相中实现稳定赋存。设液膜的抗力为 $f_k$，则对于毛细管中液相所形成的液柱，有如下平衡关系存在：

$$P_g A = P_w A_c + f + f_k \tag{6-1}$$

式中，$A_c$ 为毛细管的横截面面积；$f$ 为毛细管管壁对液相的作用力。

然而在快速增长期时，随着泡沫的液膜破灭，液膜对气泡内压的抗力消失，使得毛细管中原有的平衡关系 (式 6-1) 被打破，则

$$P_g A > P_w A + f \tag{6-2}$$

此时，气相体积会增大进而将毛细管中的液相排出 (图 6-9(b))，此时若外部水压 $P_w$ 较小，液相无法对气相形成液封，则气相从毛细管中逸散而出，导致整个泡沫改良土的气含量降低，含水率提高。根据玻意耳 (Boyle) 定律，当气相体积增大时，其压力会减小，因此气相体积不断增大排出液相，同时气相压力不断减小。然而若外部水压较大，则依然能够形成液封，气体无法逸散，并逐渐达到下一阶段的平衡，此时泡沫改良土中的气含量依然较高，含水率较低。根据非饱和土渗流理论可知，土中含水率越低其渗透系数越小 (李萍等，2013)，则稳定渗透系数在水头较高时反而较小。

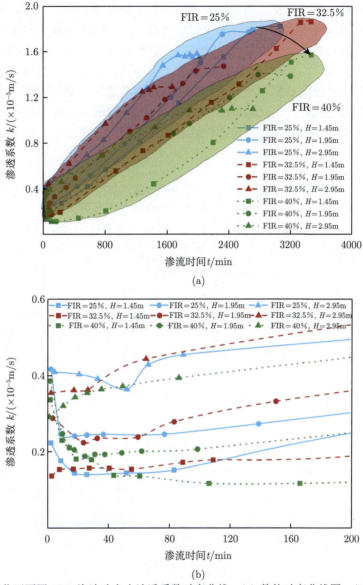

(a)

(b)

图 6-8　水头变化下不同 FIR 泡沫改良土渗透系数时变曲线：(a) 整体时变曲线图；(b) 渗流初期局部
放大图

图 6-9　毛细管模型示意图：(a) 泡沫未破灭时气水关系示意图；(b) 泡沫破灭后气水关系示意图

## 6.4.2　水压变化下不同级配泡沫改良土渗流特征

不同级配泡沫改良土，其渗流特征对于水头变化的响应程度有所不同。图 6-10 呈现了
三种不同级配土的初始渗透系数及稳定渗透系数随水头变化趋势，从图中可明显看出，随

着颗粒粒径的增粗，泡沫改良土的特征渗透系数变化幅度越来越大，证明泡沫改良土对于水头变化的响应越来越明显。其原因为土颗粒增粗，土中细颗粒减少，泡沫改良土中由泡沫与土相互作用形成的堵水结构稳定性较差，一旦水头发生改变，堵水结构极易发生破坏，整个泡沫改良土变得更加灵敏。图 6-11 呈现了三种不同粒径土的初始稳定期时长随水头变化趋势，随着颗粒粒径的增粗，泡沫改良土的初始稳定期时长变化幅度反而越来越小，其原因为当颗粒粒径较粗时，虽然水头较小，但其渗透系数的稳定性依然较差，初始稳定期时长较短，当水头增大时其初始稳定期时长本身再无较大下降空间，导致其随水头增大变化幅度较小。

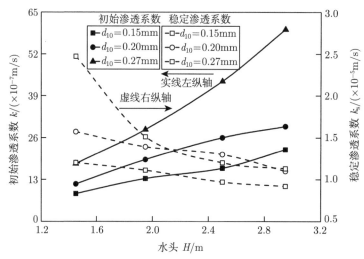

图 6-10　不同级配泡沫改良土特征渗透系数随水头变化趋势

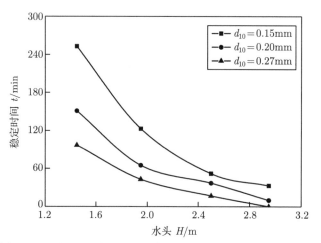

图 6-11　不同级配泡沫改良土初始稳定期时长随水头变化趋势

### 6.4.3　水压变化下不同注入比泡沫改良土渗流特征

不同泡沫注入比的泡沫改良土其渗流特征对于水头变化的响应程度亦有不同。类似于水头变化下不同级配泡沫改良土渗流特征响应分析，见图 6-12。从图 6-12(a) 中可看出，随着泡沫注入比的增大，泡沫改良土的特征渗透系数变化幅度越来越小，证明泡沫改良土对于水头变化的响应越来越弱。其原因为泡沫注入比增大，有更多的泡沫能够与土中颗粒相互作用形成堵水结构，且形成的堵水结构更加稳定，抵抗高水头的能力更强，因此即使在高水头下动水也很难破坏稳定的堵水结构，从而使得在较高注入比时无论水头高低，其渗透性的各项指标差别相对较小。由图 6-12(b) 可知，随着泡沫注入比增大，泡沫改良土的初始稳定期时长变化幅度反而增大，原因为当水头较低时泡沫注入比较大，能在土中形成稳定的堵水结构，使得初始稳定期较长；当水头增大时，泡沫在高水头下不稳定，堵水结构的堵水性能削弱，且堵水结构中泡沫越多这种削弱能力越强，导致泡沫注入比较大的情况下增大水头，初始稳定期时长下降幅度较大。

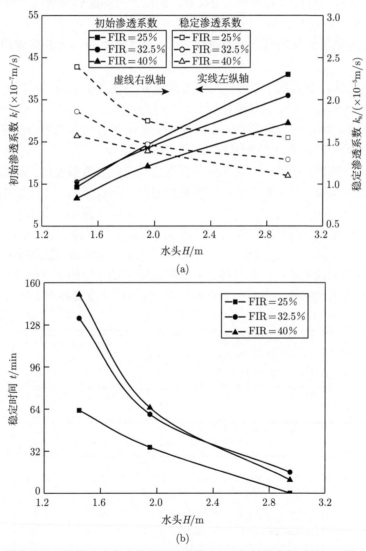

图 6-12 不同泡沫注入比泡沫改良土特征渗透系数 (a) 和初始稳定期时长 (b) 随水头变化趋势

## 6.5　泡沫改良土抗渗机理

### 6.5.1　泡沫改良土中消泡规律

由于泡沫与土拌和后很难观测到其在土中的赋存状态及变化规律，因此主要通过开展直剪试验测量不同阶段泡沫改良土的抗剪强度指标间接反映泡沫在改良土中的赋存情况。直剪试验步骤如下：

(1) 取部分试验土样进行烘干以测试其含水率；

(2) 取相应试样于环刀中，测试各环刀体积下土的质量，并计算其密度；

(3) 采用四联式直剪仪作为相应试验仪器，加载方式为砝码加载，加载压强 $\sigma$ 分别为 100kPa、200kPa、300kPa、400kPa；

(4) 将环刀内试样转移到剪切仪的剪切盒中，注意在试样顶部和底部均须装配滤纸和透水石；

(5) 将所设定的四个加载压强通过剪切盒顶盖分别垂直加至四个试样之上，后以等应变速率对试样进行剪切，直至试样破坏；

(6) 结合直剪仪量力环参数将所测得的不同压强 $\sigma$ 下剪切盒的剪切位移转化为试样的抗剪强度 $\tau$，进而基于 $\sigma$ 和 $\tau$ 绘制试样的抗剪强度包络线。

在泡沫改良土渗透试验结束，即泡沫改良土达到稳定渗透系数后，对部分泡沫改良土进行了直剪试验。泡沫改良土在级配相同的前提条件下其抗剪强度主要取决于其含水率和泡沫含量，在直剪试验前测试了各土样的含水率，如图 6-13 所示。可知土样级配相同下含水率差别不大，则此时影响泡沫改良土抗剪强度的因素仅为泡沫含量。由图 6-14 所示，在土级配相同前提下不管是改变泡沫注入比还是外部水头，泡沫改良土达到稳定渗透系数下的抗剪强度指标均无较大差距，则间接证明此时泡沫改良土中的泡沫已全部消散，达到渗透系数稳定增长期的泡沫改良土为典型非饱和土，其抗剪强度受控于土的级配及饱和情况。

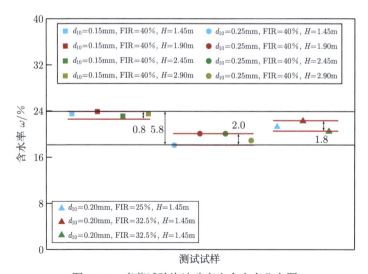

图 6-13　直剪试验泡沫改良土含水率分布图

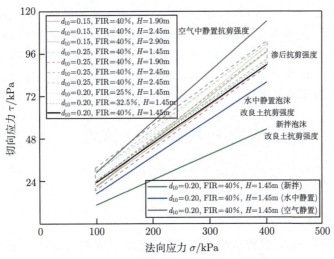

图 6-14 各类泡沫改良土直剪试验结果

为进一步说明渗流试验过程中泡沫的消泡规律，以表 6-2 中 5 号试样 (即工况 $w = 12.5\%$，FER $= 11$，FIR $= 40\%$) 为基础，分别测试如下三类泡沫改良土的抗剪强度。

新拌渣土抗剪强度：刚刚拌和而成泡沫改良土的抗剪强度。

水中静置渣土抗剪强度：水中静置至渗透系数进入缓慢变化期对应时长的泡沫改良土的抗剪强度。

空气中静置渣土抗剪强度：空气中静置至渗透系数进入缓慢变化期对应时长的泡沫改良土的抗剪强度。

同样，由图 6-14 可知，泡沫改良土空气中静置抗剪强度、渗后抗剪强度、水中静置抗剪强度和新拌泡沫改良土抗剪强度四者有显著不同，依次减小。水中静置下的抗剪强度小于空气中静置下的抗剪强度，表示前者中存在的泡沫比后者多，说明了水环境可以极大地增加泡沫在土中赋存的稳定性，减缓了泡沫的消散，然而渗后抗剪强度又大于水中静置下的抗剪强度，说明在渗流过程中存在的动水作用一定程度上又削弱了泡沫在改良土中的稳定性，加速了泡沫的消散，以至于最终泡沫完全消散，改良土进入渗透系数缓慢增长期。

所以，水环境是存在双重效应的，即在渗流过程中，泡沫赋存水环境，极大地减缓了其衰变速率，使得改良土渗透系数能长期处于低位。另一方面，水头增大又能够影响泡沫结构，进而增大改良土渗透系数并削弱其渗透稳定性。

### 6.5.2 泡沫改良土抗渗机理

5.6 节中提及泡沫与土中细颗粒相互作用所形成的堵水结构是改良土抗渗的关键之一，即泡沫具有封堵效应：泡沫与土中细颗粒相互作用形成 "堵水结构" 对土中粗颗粒间的渗流通道进行封堵，进而使得渣土由土自身粗孔隙作为渗流通道转化为泡沫中微通道作为渗流通道，而泡沫的状态又决定了堵水结构堵水性能的优劣。6.5.1 节又指出水环境能够极大地提升改良土中泡沫的稳定性，强化了堵水结构的堵水性能，因而泡沫改良土的渗透系数能长时间维持在较低水平。

同时，泡沫改良土抗渗也是多个因素综合作用的结果。以本文研究的三个指标 $d_{10}$、$H$、

FIR 为例，$d_{10}$ 增加，土中孔隙增大，泡沫更难以填充土中的孔隙，因而渗透系数增大，稳定性变差；$H$ 增加，能够改变改良土中泡沫的结构和状态，泡沫的过流能力增强，因而渗透系数增大，稳定性变差；FIR 增加，土中泡沫量增加，泡沫更容易填充土中的孔隙，因而渗透系数减小，稳定性变好。根据以上论述进一步提炼可知，泡沫对土的填充情况和泡沫的结构与状态显著影响着泡沫改良土的渗流特性。

## 6.6　盾构泡沫改良土渗流简化模型

下面结合试验过程中记录的水压力变化值和简化的管流模型，对不同水压力下渣土渗流特征进行分析。

### 6.6.1　简化计算模型

颗粒土属于多孔介质，其渗透特征取决于渣土中孔隙的大小和连通程度，将渣土中的渗流过程假设为在一个竖直的圆形管道中的层流运动 (图 6-15)，渗流过程中圆管的长度 $l$ 不变，渗透系数的变化取决于圆管的直径，水流从试样上方进入管道，进入试样时过流断面圆管直径突然减小，水流流出圆管后过流断面直径增大至与进入圆管前一致。圆管的直径大小与渣土中渗流通道的数量和大小有关，渣土中渗流通道越多，渗流通道过流断面越大，则假设渗流圆管的直径越大，因此相同压力下，渗流量随圆管直径增大而增大。

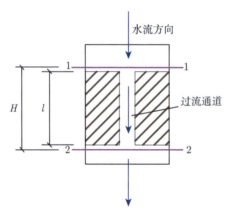

图 6-15　泡沫改良渣土渗流管流模型

取土样上方截面 1-1 为土样上方压力表测量的过流断面，2-2 为土样下方压力表测量的过流断面。建立伯努利方程：

$$z_1 + \frac{p_1}{\gamma_w} + \frac{v_1^2}{2g} = z_2 + \frac{p_2}{\gamma_w} + \frac{v_2^2}{2g} + h_r \tag{6-3}$$

式中，$z_1$ 和 $z_2$ 为截面 1-1 和 2-2 的势能；$p_1$ 和 $p_2$ 分别为 1-1 和 2-2 处的压力，试验时即为表显压力值；$v_1$ 和 $v_2$ 分别为 1-1 和 2-2 处水的流速；$\gamma_w$ 为水的重度；$h_r$ 为水头损失，其包含沿程损失和局部损失。水力学中 $h_r$ 的公式为

$$h_r = \zeta_e \frac{v^2}{2g} \tag{6-4}$$

式中，$v$ 为假设的渗流圆管中的流速；$\zeta_e$ 为总阻力系数，表达式为

$$\zeta_e = \lambda_l \frac{l}{d_g} + \zeta \tag{6-5}$$

其中，$l$ 为假设的圆管管长，即试样高度；$d_g$ 为圆管直径；$\zeta$ 为局部损失系数，因渣土在未改良状态下的圆管直径远小于试样直径，因此 $\zeta$ 取 0.5；$\lambda_l$ 为沿程阻力系数，圆管层流中 $\lambda_l = 64/\text{Re}$，这里 Re 为雷诺数，雷诺数表达式为

$$\text{Re} = \frac{v d_g}{\vartheta} \tag{6-6}$$

式中，$\vartheta$ 为黏滞系数，与温度相关，试验中水温平均为 20℃，黏滞系数取 1.005。将式 (6-6) 代入式 (6-5) 中，可得

$$\zeta_e = \frac{32 \vartheta l}{g d^2} v + \zeta \tag{6-7}$$

取 1-1 和 2-2 截面分析，1-1 和 2-2 截面平均流速 $v_1 = v_2$，代入公式 (6-3) 为

$$z_1 - z_2 + \frac{p_1 - p_2}{\gamma_w} = h_r \tag{6-8}$$

式中，$z_1 - z_2$ 为压力表高差，为 0.6m；将式 (6-7) 和式 (6-4) 代入式 (6-8) 中，则圆管直径 $d_g$ 为

$$d_g = \frac{64 \vartheta l}{\dfrac{\left( H + \dfrac{p_1 - p_2}{\gamma_w} \right) 2g}{v} - \zeta v} \tag{6-9}$$

综上所述，渗流圆管直径 $d_g$ 与 $p_1 - p_2$ 的差值成反比，与速度 $v$ 成正比。即渗流过程中，试样顶部受相同初始水压力条件下，压力差值越小，流速越快，则假设渗流圆管直径 $d_g$ 越大，渗流通道的过流断面面积越大。

### 6.6.2 泡沫改良土过流断面分析

基于渗流试验测试结果和公式 (6-9)，可对泡沫改良渣土渗流试验中渗流通道的变化规律进行分析。图 6-16 为可能析泡沫的流动性过大渣土渗流试验中测试到的上下压力时变曲线，由图可见，泡沫改良渣土在渗流初始稳定期间，上压力值接近静水压力值，下压力值接近 0。例如，当改良参数为 $w = 2.5\%$/FIR $= 40\%$，静水压力为 1.9m 和 2.9m 时，渣土渗流初始稳定期间，上压力分别在 0.18~0.19bar 和 0.28~0.29bar 小范围波动，下压力均在 0.001~0.002bar 波动，上压力接近静水压力值，下压力接近 0，渣土接近不透水的结构。通过公式 (6-9) 计算，在渗流初始稳定期间，假设渗流圆管直径接近 0 (图 6-17)，即渣土中渗流通道关闭，原因是在渗流初始稳定期间渗流通道中泡沫形成有效的堵水结构，渗流量稳定且低，试样上下压力值稳定。随着水压力的增大，上下压力差增大渗流初始稳定期缩短，这是渗流稳定期间渗流通道中与水接触的泡沫液膜压力增大，泡沫破灭速率加快，

水侵入渗流通道并贯通的时间缩短导致；此外，当改良参数为 $w = 5\%/\mathrm{FIR} = 40\%$、$w = 2.5\%/\mathrm{FIR} = 40\%$，试样在上部初始水压力分别增大至 5.6m 和 9.6m 时，渣土均无渗流稳定期，且渗流初期试样上压力分别为 0.516bar 和 0.812bar，与初始试样上部水压力差距较大，渗流试验开始后假设渗流圆管的直径大于相同改良参数较低水压下的直径，即渣土在渗流试验开始后就有较大过流断面，这是较大的压力在渗流试验开始后短时间内快速击穿大多数渗流堵水结构导致。

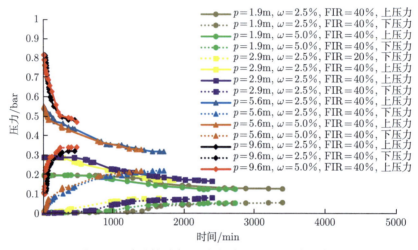

图 6-16　流动性过大 (可能析泡沫) 状态压力时变图

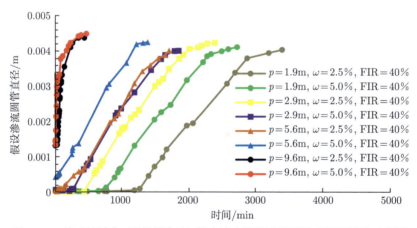

图 6-17　流动性过大 (可能析泡沫) 状态渣土假设渗流圆管直径计算值时变图

　　渗流初始稳定期后，渣土进入快速发展期，渣土渗透系数快速增大导致流速上升，上压力下降，下压力上升，压力差变小，假设渗流圆管的直径在快速发展期内不断增大，这是由于快速发展期内渗流通道中泡沫堵水结构陆续被水击穿后形成渗流，水的渗流会携带着通道中的泡沫，水流流经渣土水头损失减小，过流断面增大同时导致流速增大，水的压力势能转化为动能，即上压力下降，下压力上升，压力差减小。另外，随着试样初始上部水压力的增大，相同改良参数的渣土渗透系数快速发展期上下压力变化的速率和流速增大速率增快，即初始压力增大引起了圆形管道直径增大速率增大。这是由于流速随着初始压力增大而增大，流速越大，水流更易在渗流过程中携带泡沫导致了过流断面增大速率增大。

快速发展期后渣土渗流参数进入缓慢发展期，渣土渗透系数增大速率变低，水压力变化速度变缓，即在缓慢发展期时，假设圆管的直径扩大速率变缓。造成该现象的原因是渗流通道中大量的泡沫被水流携带冲走，仍有少量的泡沫在渗流通道中的角落较难被水流冲走，渣土渗透系数的增长速率与压力差的减小速率均放缓。

塑流性合适渣土的初始稳定期时长低于流动性过大 (可能析泡沫) 的渣土，对比 (图 6-18) 测试结果和假设渗流圆管直径计算结果 (图 6-19) 可知，塑流性合适的渣土上下压力的稳定期时长短于流动性过大状态的渣土。例如试样上部初始水压力 1.9m 条件下，改良参数 $w = 2.5\%/\text{FIR} = 40\%$ 的流动性过大渣土上下压力稳定时长比改良参数 $w = 2.5\%/\text{FIR} = 20\%$ 的塑流性合适渣土长 762min，这是由于增大泡沫的注入量可增强渗流通道中泡沫堵水结构，延长了水流击穿渗流通道时间。

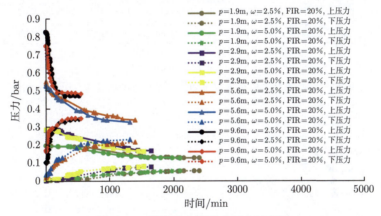

图 6-18 塑流性合适状态压力时变图

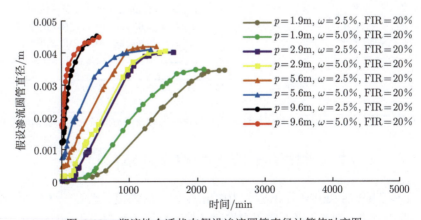

图 6-19 塑流性合适状态假设渗流圆管直径计算值时变图

图 6-20 和图 6-21 分别为流动性合适但析水和流动性过大且析水的渣土压力时变曲线和假设渗流圆管直径图。该两种渣土在 1.9m 的上部初始水压条件下均无渗流初始稳定期，

渗流试验开始后，上下压力差直接减小，假设渗流管道直径直接增大。这是因为渣土含水率较大，渗流通道中自由水较多，泡沫注入后，一方面因为自由水占用了渗流通道中一定的空间，泡沫无法均匀填充；另一方面是自由水会增大泡沫液膜的压力，使泡沫破灭较快，导致渗流通道中无法形成有效的堵水结构，渗流试验开始后水流快速击穿部分渗流通道。随着水压力的增大，渗流试验开始后瞬间被击穿的渗流通道增多，初始假设渗流圆管直径增大。

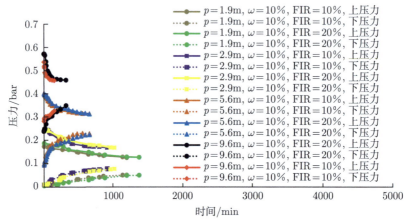

图 6-20　流动性合适但析水和流动性过大且析水状态渣土压力时变图

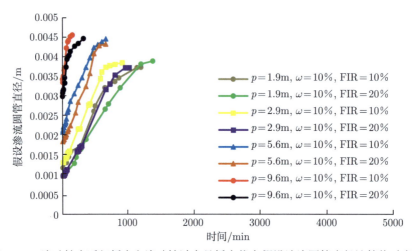

图 6-21　流动性合适但析水和流动性过大且析水状态假设渗流圆管直径计算值时变图

## 6.7　盾构渣土改良参数合适范围讨论

Budach 和 Thewes (2015) 提出渣土 $10^{-5}$m/s 以下的渗透系数必须保持 90min 以上才能满足盾构掘进要求。为此，将不同压力梯度条件下以渗透系数小于 $10^{-5}$m/s 且能够保持 90min 作为渣土控制喷涌的临界条件，将符合掘进需求的改良参数范围绘制于图 6-22 所示的 $w$-FIR 坐标中。随着水力梯度的增大，符合盾构掘进要求的渣土改良参数范围在逐渐缩小。在水力梯度为 4 的情况下，部分塑流性合适，所有流动性过大且可能析泡沫和部分塑流性过大且析水的泡沫改良渣土满足盾构掘进抗渗性要求。当压力梯度为 11 时，试验工况里仅有流动性过大 (可能析泡沫) 状态的渣土 ($w = 2.5\%$/FIR $= 40\%$和 $w = 5\%$/FIR $= 40\%$) 符合抗渗性要求；而当压力梯度大于 18 时，试验工况中均不能满足工程抗渗性要求。

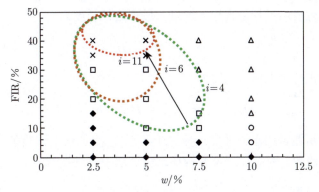

图 6-22　不同水力梯度满足盾构掘进需求渣土改良参数范围

□-塑流性合适；◆-欠改良状态；○-塑流性合适但析水；×-塑流性过大可能析泡沫；△-塑流性过大且析水

综上所述，随着水力梯度的增大，符合盾构掘进渗透性要求的渣土改良参数范围在逐渐向低含水率和高注入比的方向缩小。当水力梯度增大到一定值后，满足塑流性要求的渣土不一定能够满足渗透性要求，即水力梯度越高，发生喷涌的风险越大，对渣土改良要求也越高，特别当水力梯度过大时，仅用泡沫不能够有效改善渣土的渗透性。因此盾构在富水地层中掘进时，应提前针对取样进行改良试验，改良试验包括塑流性测试和渗透性测试，渗透性测试时应根据实际盾构掘进时的最大水力梯度设置试验水压以保证盾构顺利掘进。

为了确定最大水力梯度，建立盾构机内部渗流简化模型 (图 6-23)，假设盾构土舱和螺机内被渣土填满，盾构顶部与地下水位高度差为 $H_{gw}$，盾构直径为 $D_{sh}$，盾构土舱长度为 $B_c$，螺机长度为 $L$，螺机尾部距盾构底部的高度差为 $h_{ex}$。

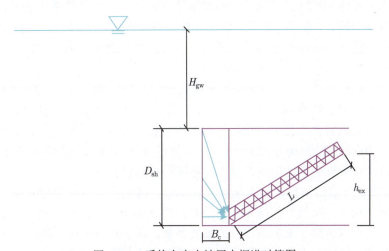

图 6-23　盾构在富水地层中掘进时简图

螺机出口与大气接触，水压力较小，可假设螺机出口处水压力为 0，根据水力学计算得盾构刀盘面任意点与螺机尾部的势能差均为

$$\Delta h = H_{\text{gw}} + D_{\text{sh}} - h_{\text{ex}} \tag{6-10}$$

水流从地层中进入盾构机土舱后再进入螺机，则由图 6-23 可知，水的最短渗流路径为从盾构土舱下方与螺机口平行位置进入螺机，最短路径长度为

$$S_{\min} = B_{\text{c}} + L \tag{6-11}$$

因此盾构在掘进时最大水力梯度为

$$i_{\max} = \Delta h / S_{\min} = (H_{\text{gw}} + D_{\text{sh}} - h_{\text{ex}})/(B_{\text{c}} + L) \tag{6-12}$$

室内渗透试验所测试的水力梯度 $i$ 应大于等于 $i_{\max}$ 以保证试验条件与实际情况接近，较为准确地确定出渣改良参数以保证盾构在掘进过程中不发生喷涌。

## 6.8  本 章 小 结

本章针对不同水压以及其与级配、泡沫耦合影响下泡沫改良粗颗粒土渗透性开展研究，得到如下主要结论。

(1) 随着水压力的增大，泡沫改良渣土渗流初始稳定期缩短，当渗流初始稳定期缩短至 0 后，随着水压力进一步增大，初始渗透系数增大。抗渗性越强的泡沫改良渣土，其渗流初始稳定期缩短至 0 时所需的水压力越大；渗流初始稳定期缩短至 0 后，抗渗性越强，则渣土的初始渗透系数随着水压力增大而增大的幅度越小。

(2) 无渗流稳定期的泡沫改良渣土表现为初始渗透系数随着水力梯度增大而增大，初始渗透系数随水力梯度增大的幅度随着抗渗性的增强而降低。任何状态渣土快速发展期的渗透系数增长速率均随着水力梯度的增大而增大。

(3) 在土的级配不变的前提下，随着水头 $H$ 增大，泡沫结构会发生变化，且渗流过程中水对改良土中泡沫的扰动更加明显，导致泡沫过流能力变强且稳定性变差，因而改良土初始渗透系数逐渐增大，初始稳定期、快速发展期有所缩短。但 "液封作用" 的存在导致水头较高时改良土进入渗透系数缓慢增长期后具有较高的气含量，因而对应的稳定渗透系数较小。

(4) 通过比较 $d_{10}$、$C_u$、$C_c$、$H$ 对泡沫改良土的影响可知，$d_{10}$ 和 $H$ 对泡沫改良土初始渗透系数及渗流安全性有显著影响。因为泡沫能否对土进行良好改良，关键在于泡沫能否充分填充土的孔隙且在土孔隙中稳定存在，而颗粒粒径决定了土孔隙的大小，进而决定了相同注入比的泡沫能否充分地填充土孔隙。同时，水头高低又深刻影响着泡沫自身结构，高水头下的动水作用亦会大大削弱改良土中泡沫的稳定性。

(5) 泡沫改良土渗透系数在进入缓慢变化期后，渗透系数变化缓慢且低于未加泡沫的渗透系数，表明对于泡沫改良的渣土并不能机械地认为泡沫大部分消散或全部消散后其渗透系数就一定接近或达到了未加泡沫前的渗透系数。这一点对于渣土的后处理，如弃渣场、路堤堆砌后其排水性能的考量以及相应加固措施的选取具有一定指导意义。

(6) 渣土在渗流初始稳定期中维持着较小的过流断面，当进入快速发展期后，过流断面迅速增大，直到缓慢发展期渗流增速降低。水压力对过流断面的影响主要体现在两个方面：一方面，使渗流通道贯通泡沫形成的堵水结构时间缩短，过流断面面积扩大时间随着水压力增大而提前；另一方面，快速发展期衰变过流断面扩大速率增大。

(7) 随着水力梯度的增大，符合盾构掘进需求的渣土改良参数范围越小，则盾构渣土改良难度越大；在盾构掘进前应根据实际盾构掘进时的情况设置渗透试验参数对渣土进行试验，以确定合理的改良参数保证盾构顺利掘进。

# 参 考 文 献

胡钦鑫, 2019. 盾构改良粗颗粒渣土渗流特征及控制技术研究 [D]. 长沙：中南大学.

黄硕, 2020. 盾构泡沫改良粗颗粒渣土渗流时变性及其理论预测方法研究 [D]. 长沙：中南大学, 2020.

李萍, 李同录, 王红, 等, 2013. 非饱和黄土–水特征曲线与渗透系数 Childs & Collis-Geroge 模型预测 [J]. 岩土力学, 34(S2): 184-189.

王树英, 胡钦鑫, 王海波, 等, 2020. 盾构泡沫改良砂性渣土渗透性及其受水压力影响特征研究 [J]. 中国公路学报, 33(2): 94-102.

周健, 姚志雄, 张刚, 2007. 砂土渗流过程的细观数值模拟 [J]. 岩土工程学报, 29(7): 977-981.

Borio L, Peila D, 2010. Study of the permeability of foam conditioned soils with laboratory tests[J]. American Journal of Environmental Sciences, 6(4): 365-370.

Budach C, Thewes M, 2015. Application ranges of EPB shields in coarse ground based on laboratory research[J]. Tunnelling and Underground Space Technology, 50: 296-304.

Hansbo S, 1960. Consolidation of clay with special reference to the influence of vertical sand drains[C]. Swedish Geotech. Inst. Proc., 18: 41-46.

Hu Q, Wang S, Qu T, et al, 2020. Effect of hydraulic gradient on the permeability characteristics of foam conditioned sand for mechanized tunnelling[J]. Tunnelling and Underground Space Technology, 99: 103377.

Huang S, Wang S, Xu C, et al, 2019. Effect of grain gradation on the permeability characteristics of coarse-grained soil conditioned with foam for EPB shield tunneling[J]. KSCE Journal of Civil Engineering, 23(11): 4662-4674.

Olsen H, 1996. Darcy's law in saturated kaolinite[J]. Water Rerourse Research, 2(2): 287-295.

# 第 7 章　盾构多添加剂组合改良土渗透性

## 7.1　引　言

由于高水压粗粒土地层中泡沫易流失，堵水结构极易丧失稳定性，因此仅使用泡沫进行改良难以抑制喷涌。Hu 等 (2020) 对泡沫改良砂土进行坍落度试验与变水压渗透实验，发现高泡沫用量易造成渣土析水析泡沫，塑流性不满足要求，且高水压下即使增加泡沫用量也无法使渣土满足抗渗要求。Huang 等 (2019) 指出粗粒土 $d_{10}$ 越大，渗透系数增长越快，泡沫改良效果越差，需考虑其他改良剂与泡沫进行组合改良。

膨润土泥浆能补充渣土中的细粒组分，适用于缺乏细粒的粗粒土地层。胡长明等 (2013) 开展了膨润土泥浆试验，得到了最优膨润土膨化浓度及膨润土泥浆掺入比，并通过渗透试验发现膨润土泥浆能显著提升砂土抗渗性能。董金玉等 (2016) 通过砂卵石土渗透试验发现膨润土泥浆注入比越大，土体渗透系数越小。然而，由于膨润土泥浆难以附着于卵砾石等大颗粒上，若不使用其他添加剂，则只能通过增加用量来提高黏度。

膨润土泥浆不仅能填充土体孔隙，还能增强泡沫稳定性 (Ling et al., 2022)，因此在粗粒土地层中可使用两者进行组合改良。魏康林 (2003) 研究了泡沫和膨润土改良后砂土的渗透性规律和机理，认为泡沫在土体中占用了渗流通道使得渗透系数降低，膨润土可在土颗粒间胶结和固结形成 "滤饼" 形态的低渗透性的薄膜以堵塞渗流通道达到降低渗透系数的目的。朱自鹏 (2016)、张淑朝等 (2017) 采用水击穿试验验证渣土渗透性改良效果，发现砂卵石原状土样因为渗透系数过大，无法在试验中建立压力，采用泡沫和膨润土泥浆综合改良可显著改善渣土抗击穿能力，并提高其塑流性。宋克志等 (2005) 对无水砂卵石地层渣土进行改良试验，发现泡沫–膨润土泥浆组合改良比纯泥浆改良能更好地保持开挖面稳定性。然而，当盾构在穿江过河等水压很高的粗粒土地层中掘进时，朱海军和周明洋 (2018) 发现使用泡沫和膨润土泥浆作为渣土改良剂不再适用，需改用堵水能力更强的高分子聚合物进行渣土改良才能有效抑制喷涌。

刘卫 (2015) 认为南昌富水砂砾层日常掘进时可使用泡沫与膨润土泥浆进行渣土改良，但在螺机背部压力过高与盾构停机时需改用高分子聚合物进行止水。邱龑等 (2015) 通过深圳砂性地层的试验，发现泡沫对富水砂土地层渗透性的改良效果差，但膨润土和高分子聚合物对渗透性改良明显。申兴柱等 (2017) 研究膨润土泥浆浓度和 CMC 的掺入量对改良砂土渗透性的影响，发现相同掺入比的情况下，渣土渗透系数随着泥浆浓度或 CMC 掺入比的增大而降低，当浓度大于一定比例后渗透系数趋于平稳。刘滨滨 (2022) 通过坍落度试验，认为泡沫、膨润土泥浆复合改良不适用于南昌富水砂层，须在此基础上添加高分子聚合物才能保证渣土黏聚性与保水性。朱碧堂等 (2022) 针对细颗粒含量低的风化泥质粉砂岩土样开展坍落度与渗透试验，发现泡沫、膨润土泥浆两者单独或组合改良时渣土流动性过大，渗透系数过高，而增加高分子聚合物改良后显著改善了上述现象，调整后的改良方案成功应用于南昌富水砾砂复合地层。

综上所述，工程实践表明在水压较高、土颗粒较粗的地层中，盾构掘进仅采用泡沫无法有效起到止水效果，需要组合膨润土泥浆、高分子材料对富水粗粒土进行改良来降低渣土的渗透性。因此，本章主要针对既有研究中无法满足抗渗要求的泡沫改良渣土加入膨润土泥浆、高分子材料等，探究组合改良渣土渗流特征及水力梯度的影响规律，对比分析组合改良作用下渣土塑流性状态，研究水压力对改良渣土渗流特征的响应规律，为盾构掘进高水压粗粒土地层时渣土喷涌防控提供基础依据 (Ling et al.，2022；王树英等，2023)。

## 7.2　泡沫–泥浆组合改良粗粒土渗透试验

### 7.2.1　试验材料

试验所用土样同样源自长沙湘江，土样的颗粒级配如图 7-1 所示，按照《岩土工程勘察规范》(GB/T 50021—2001) 可知，该类土属于砾砂。土样不均匀系数 ($C_u$) 为 9.85，曲率系数 ($C_c$) 为 0.39。通过比重试验测得该土样比重为 $2.634\text{g/cm}^3$，其最大孔隙率与干密度分别为 0.340 和 $1.740\text{g/cm}^3$。根据 ASTM 标准 (D2488—2017) 可知，该土样主要含 32.05％砾粒 (4.750~75.000mm) 和 67.87％砂粒 (0.075~4.750mm)，粉黏粒 (< 0.075mm) 含量极低，仅占 0.08％，该类土属于 SP 类 (SP 表示级配不良)。

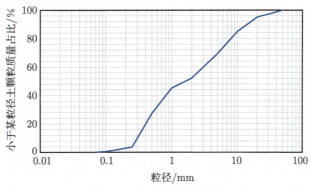

图 7-1　试验土样级配曲线

试验所用泡沫剂与第 4 章相同，膨润土泥浆采用钠基膨润土制备而成，其矿物组成如表 7-1 所示。一般地，盾构施工中表征膨润土泥浆注入量的代表性参数及其定义式如下：

$$\omega_b = \frac{m_b}{m_w + m_b} \tag{7-1}$$

$$\text{BIR} = \frac{V_b}{V_s} \times 100\% \tag{7-2}$$

式中，$\omega_b$ 为膨润土在泥浆中的质量分数，％；$m_b$ 为膨润土泥浆的溶质质量，g；$m_w$ 为膨润土泥浆的溶剂质量，g；BIR 为膨润土泥浆注入比，％；$V_b$ 为注入膨润土泥浆的体积，L。

将钠基膨润土与水按 1:13 比例混合搅拌，待搅拌均匀后，密封静置膨化 18h 得到用于盾构渣土改良的膨润土泥浆，泥浆马氏漏斗黏度在要求范围 30~50s (API, 2003; Milligan, 2000)，相关性能参数如表 7-2 所示。

表 7-1　试验膨润土矿物成分

| 种类 | 成分 | 化学式 | 质量分数/% |
| --- | --- | --- | --- |
| 钠基膨润土 | 钠基蒙脱石 | $Na_{0.3}(Al,Mg)_2Si_4O_{10}(OH)_2$ | 48.8 |
| | 钙基蒙脱石 | $Ca_{0.2}(Al,Mg)_2Si_4O_{10}(OH)_2$ | 14.1 |
| | 钠长石 | $NaAlSi_3O_8$ | 28.3 |
| | 微斜长石 | $(K_{0.95}Na_{0.05})(AlSi_3O_8)$ | 5.5 |
| | 石英 | $SiO_2$ | 2.5 |
| | 方解石 | $CaCO_3$ | 0.8 |

表 7-2　试验膨润土泥浆性能参数

| 质量分数/% | 膨化时间/h | 比重/$(g/cm^3)$ | 胶体率/% | 含砂率/% | 马氏漏斗黏度/s |
| --- | --- | --- | --- | --- | --- |
| 7 | 18 | 1.06 | 98 | 1.1 | 45 |

## 7.2.2　试验方法

将试验用土与水混合搅拌 1min，并静置以保证土样得到均匀浸润。随后加入称量好的已膨化钠基膨润土泥浆 (在使用前预先搅拌 5min)，搅拌 1min 后加入称量好的泡沫，在混凝土搅拌筒中混合搅拌 1min，得到渗透试验所需的组合改良渣土。其他试验步骤与第 4 章的渗透试验相同。

为探究水力梯度对泡沫–膨润土泥浆组合改良土渗透性的作用规律，试验的主要变量为泡沫注入比、膨润土泥浆注入比和水头高度 (对应不同水力梯度)，在出水口压力为零条件下变化进水口压力，具体试验工况以及改良土塑流性状态如表 7-3 所示。

表 7-3　泡沫–膨润土泥浆组合改良粗粒土渗透试验工况

| 含水率/$w$ | 泡沫注入比 (FIR) | 膨润土泥浆注入比 (BIR) | 改良状态 | 水头高度/$H_w$ | 水力梯度/$i$ |
| --- | --- | --- | --- | --- | --- |
| 10% | 10% | 5% | 塑流性良好 | 1.9m | 4.17 |
| | | 10% | 流动性过大但不析水 | 2.9m | 5.83 |
| | 20% | 5% | 流动性过大但不析水 | 5.6m | 10.3 |
| | | 10% | 流动性过大但不析水 | 9.6m | 17.0 |

需要注意的是，所选含水率、泡沫注入比均为泡沫单一改良无法满足改良渣土抗渗要求的渗流条件工况，但在其基础上补充注入膨润土泥浆进行组合改良，改良后土样状态如图 7-2 所示，土样流动性随泡沫注入比和膨润土泥浆注入比增加而增强，但均未出现析水、析泡沫的现象。

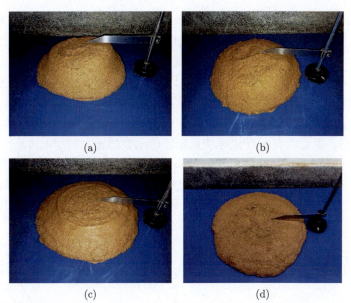

图 7-2 泡沫–膨润土组合改良渣土：(a) $w = 10\%$, FIR $= 10\%$, BIR $= 5\%$；(b) $w = 10\%$, FIR $= 10\%$, BIR $= 10\%$；(c) $w = 10\%$, FIR $= 20\%$, BIR $= 5\%$；(d) $w = 10\%$, FIR $= 20\%$, BIR $= 10\%$

# 7.3 泡沫–泥浆组合改良粗粒土渗流特征

## 7.3.1 渗透时变规律

泡沫–泥浆组合改良土渗透系数时变曲线如图 7-3 所示，渗透系数随渗透时间呈现初始稳定期、快速增长期和缓慢增长期三个主要阶段，这与第 5 章泡沫改良土的渗流特征 (Hu et al.，2020；Huang et al.，2019) 基本一致。在动水作用下，泡沫和膨润土颗粒在土骨架中不断调整自身位置，以形成最有效阻水结构，故在渗透试验初期，存在一个渗透系数减小的过程，渗透系数初始阶段局部放大如图 7-4 所示。在泡沫和膨润土颗粒稳定于土中形成阻水结构之后，渗透系数进入很长一段时间的初始稳定期，在这期间，渗透系数维持在一个很低水平，初始稳定期时长与 FIR 和 BIR 有关，当 FIR 不变时，随 BIR 增大而增长；当 BIR 不变时，随 FIR 增大而增长。BIR 相较于 FIR 对初始稳定期时长的影响更为显著，如图 7-3(a) 中，在水头高度 1.9m 和含水率 $w = 10\%$ 不变的情况下，当改良工况由 FIR $= 10\%$/BIR $= 5\%$ 变化为 FIR $= 20\%$/BIR $= 5\%$ 和 FIR $= 10\%$/BIR $= 10\%$ 时，FIR 和 BIR 分别增加一倍，初稳定期时长分别从 932min 增长至 1200min 和 1626min，可见 BIR 增长一倍引起的初始渗透系数稳定时间更长，同样的规律亦可在图 7-3(b)~(d) 中观察得到。

初始稳定期结束后，泡沫不断粗化、破灭以及在动水作用下被水流冲出，在改良土体中形成大量渗流通道，导致改良土体的渗透系数迅速增大，进入快速增长期。最后，在大量泡沫破灭或随水流出土体后，土体阻水结构趋于稳定，渗透系数增速减慢或基本不变，进入缓慢增长期。由图 7-3(a)~(d) 可以看出，随水头高度增加，泡沫–膨润土泥浆组合改良土渗透系数变化更快，表现为初始稳定期缩短、快速增长期增速变快、进入缓慢增长期时间提前。在改良工况为 $w = 10\%$，FIR $= 10\%$，BIR $= 10\%$，水头高度在 1.9m、2.9m、5.6m 和

9.6m 时，改良土初始稳定期时长分别为 1626min、1104min、465min 和 100min，随水头高度增加初始稳定时长明显缩短。特别地，在改良工况为 $w = 10\%$，FIR $=10\%$，BIR $=5\%$ 和 $w = 10\%$，FIR $=20\%$，BIR $=5\%$，水头高度达到 9.6m 时，几乎不存在初始稳定期。究其原因，随着水头高度的提升，作用在改良土上的水压力增大且动水流速变快，即使有膨润土颗粒填充，但填充于土颗粒间隙的泡沫结构易于失稳，进而被动水冲走，形成大量渗流通道，改良土渗透系数迅速增长。以 $w = 10\%$，FIR $=10\%$，BIR $=5\%$ 改良工况为例，水头高度为 1.9m 时，组合改良土在快速增长期渗透系数增速为每小时 $4.93\times10^{-7}$m/s，随着水头高度依次增长为 2.9m、5.9m 和 9.6m 时，渗透系数增速分别为每小时 $6.62\times10^{-7}$m/s、$1.11\times10^{-6}$m/s 和 $1.19\times10^{-6}$m/s，增速变化反映为图 7-3(a)~(d) 中渗透系数时变曲线快速增长期的斜率。而在同一水头高度且 FIR 不变时，渗透系数增速随 BIR 增加而减缓。

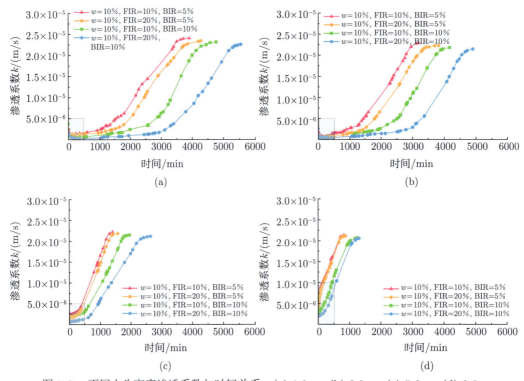

图 7-3　不同水头高度渗透系数与时间关系：(a) 1.9m；(b) 2.9m；(c) 5.6m；(d) 9.6m

膨润土泥浆作为高黏流体，一方面，能够包裹试验土中细颗粒，对土中孔隙进行充填，降低砂土渗透性；另一方面，膨润土细颗粒会吸附于泡沫气液界面，增加水在泡沫液膜上的流动阻力 (Zhao et al., 2016)，能够使泡沫形状大小得到控制，且片状膨润土颗粒赋存于泡沫膜和平行于泡沫膜表面的渗流通道，会阻碍气泡之间的气体交换以及泡沫排液，减慢泡沫的粗化、破灭 (Erasov et al., 2015)。举例来说，在水头高度为 1.9m，$w = 10\%$，FIR $=10\%$时，BIR 从 5%增长到 10%时，改良土渗透系数增速从每小时 $4.93\times10^{-7}$m/s 降低为 $4.08\times10^{-7}$m/s，这同样也说明，细颗粒加入只能减缓但不能阻止泡沫粗化和破灭 (Louvet et al., 2010)。

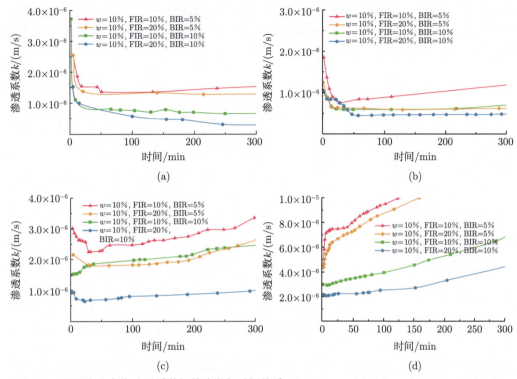

图 7-4　不同水头高度渗透系数初始阶段与时间关系：(a) 1.9m；(b) 2.9m；(c) 5.6m；(d) 9.6m

### 7.3.2　水力梯度对渗流特征的影响规律

为了探究水压力对泡沫–泥浆组合改良土渗流特征的影响，改变水头高度，采用不同水力梯度进行多工况渗透试验，得到初始稳定期时间、初始渗透系数和缓慢增长期渗透系数与水力梯度的关系。图 7-5 为组合改良土渗透系数初始稳定期时间 $(t_i)$ 与水力梯度 $(i)$ 之间的关系。由图可知，改良土渗透系数初始稳定期时间随水力梯度增大而减小，曲线斜率趋于平缓说明渗透系数初始稳定期时间随水力梯度变化的速度减缓，表现为水力梯度较低时，初始稳定期时间随水力梯度变化更为明显。由达西定律可知，相同改良工况条件下，水力梯度增大，渗透流速随之增大，而动水对于泡沫结构的扰动增大，改良土中泡沫更易被水流带出，导致阻水结构破坏，过流断面面积增加，初始稳定期时间迅速缩短。例如改良工况为 $w = 10\%$，$\mathrm{FIR} = 20\%$，$\mathrm{BIR} = 10\%$ 时，在水力梯度由 4.01 增加到 5.77 时，初始稳定期时间由 1950min 减小到 1398min；而在水力梯度由 11.3 增加到 17.5 时，初始稳定期时间从 626min 下降到 152min，后者初始稳定期时间降低幅度仅为前者的 24.4%。原因在于水力梯度增大到一定程度，土体中大多数泡沫所封堵的渗流通道被水流迅速贯通，只剩一小部分赋存于土中的各类孔角及毛细管中的泡沫能保持稳定，初始稳定期时间能够下降的空间也越来越小。对比改良工况 $w = 10\%$，$\mathrm{FIR} = 20\%$，$\mathrm{BIR} = 5\%$ 与 $w = 10\%$，$\mathrm{FIR} = 20\%$，$\mathrm{BIR} = 10\%$，随膨润土泥浆注入比增加，初始稳定时间在各个水力梯度下均明显增长。究其原因，更多的膨润土颗粒在填充土骨架补充细颗粒的同时，还能够吸附在泡沫液膜上，在泡沫壁上交错分布形成更加紧密的结构，能够填堵其渗流通道，阻碍泡沫液膜排液和泡沫间发生气体交换，延缓泡沫衰变速率，提高其稳定性 (Bhakta 和 Ruckenstein，1997)，让更多的泡沫能够长时间稳定地赋存于改良土的孔隙中，进一步增强组合改良土抗渗性。

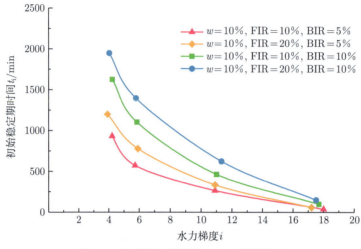

图 7-5　初始稳定期时间与水力梯度关系

图 7-6 表示泡沫–膨润土泥浆组合改良土初始渗透系数 ($k_i$) 与水力梯度 ($i$) 的关系，随水力梯度增大，初始渗透系数逐渐增大，且增速逐渐提高。在水力梯度较小时，初始渗透系数增速均较慢，比如改良工况 $w = 10\%$，FIR = 10%，BIR = 5%，水力梯度从 4.2 增长到 10.9，增长约 2.6 倍，而初始渗透系数从 $1.74 \times 10^{-6}$m/s 增长为 $2.64 \times 10^{-6}$m/s，仅增长1.5 倍。随着水力梯度增大，初始渗透系数增速逐渐增大，水力梯度从 10.9 增长到 18，增长约 1.7 倍，初始渗透系数从 $2.64 \times 10^{-6}$m/s 增长为 $6.94 \times 10^{-6}$m/s，增长达到 2.6 倍。同样能够看出的是，膨润土泥浆注入比在一定程度上会改变水力梯度对初始渗透系数的影响，等体积的膨润土泥浆比泡沫改良效果好。高水力梯度工况下，膨润土泥浆注入比由 5% 增

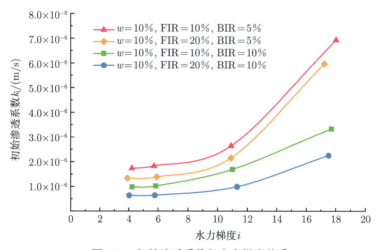

图 7-6　初始渗透系数与水力梯度关系

加到 10%，初始渗透系数增长幅度明显减缓，比如在改良工况为 $w = 10\%$，$\text{FIR} = 20\%$，$\text{BIR} = 5\%$ 和 $w = 10\%$，$\text{FIR} = 20\%$，$\text{BIR} = 10\%$，水力梯度为 17.0 时，初始渗透系数为 $5.97 \times 10^{-6}\text{m/s}$ 和 $2.26 \times 10^{-6}\text{m/s}$，膨润土泥浆注入比增加 1 倍，初始渗透系数降低约 60%。

图 7-7 表示泡沫–膨润土泥浆组合改良土缓慢增长期渗透系数 ($k_{\text{sg}}$) 与水力梯度 ($i$) 的关系，随水力梯度增大，缓慢增长期渗透系数逐渐减小，且由曲线斜率可知，缓慢增长期渗透系数减小的速度逐渐变慢。在改良工况为 $w = 10\%$，$\text{FIR} = 20\%$，$\text{BIR} = 5\%$ 时，试验水力梯度由 3.9 增加到 17.2，改良土缓慢增长期渗透系数从 $2.35 \times 10^{-5}\text{m/s}$ 降低到 $2.12 \times 10^{-5}\text{m/s}$，降低约 10%。渗透系数减小的原因在于随水力梯度增大，可压缩性较大的组合改良土存在一个渗透压密过程。Fox (1996) 在研究中也指出，采用过大的水力梯度会导致土样渗透系数出现小幅度的降低，特别是对于压缩性较高的土壤如软黏土和土–膨润土泥浆混合物等更为明显。在提高水力梯度的过程中，还会引起改良土中细颗粒的迁移，迁移的颗粒可能会被困在试样舱下游的土样中 (Olson 和 Daniel，1981；Leonards et al.，1991)，片层状的膨润土细颗粒排列紧密，对渗流通道进行封堵，挤占土颗粒之间的孔隙，导致流出端渗透系数下降，关于细粒迁移现象的分析在 7.5.2 节中进行了较为详细的阐释。此外，由于渗透仪流出端的底部土样有效应力大于顶部土样，在水力梯度增长到一定程度时，下部土体中较大的有效应力能够使动水形成的渗流通道愈合，在此基础上再提高水力梯度，则对改良土缓慢增长期渗透系数的降低影响越来越弱。这一效应也被广泛应用于土–膨润土回填作为防渗浆墙。

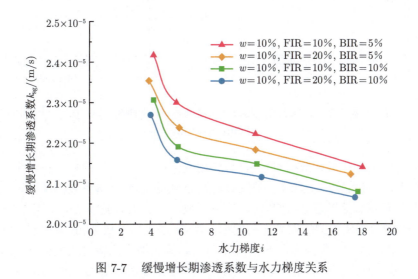

图 7-7　缓慢增长期渗透系数与水力梯度关系

## 7.4　泡沫–泥浆组合改良适用性分析

### 1. 渗透性

根据第 6 章研究结果，当水压力比较大时，仅采用泡沫无法完全满足工程抗渗要求，特别是 $w = 10\%$，$\text{FIR} = 10\%$ 和 $w = 10\%$，$\text{FIR} = 20\%$ 改良工况下，在 1.9m、2.9m、

5.6m 和 9.6m 四个水头高度下，泡沫单一改良土的渗透系数均不满足低于 $10^{-5}$m/s 并持续 90min 要求。采用泡沫–膨润土泥浆对该级配渣土进行组合改良，渗透系数时变曲线对比如图 7-8 所示，其中，虚线数据均来自第 6 章研究成果，黑色实线表示渣土改良预防喷涌的理想渗透系数上限值 $10^{-5}$m/s。

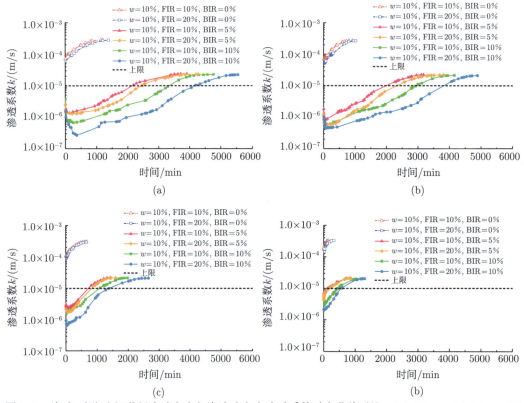

图 7-8　泡沫–膨润土泥浆组合改良土与泡沫改良土渗透系数时变曲线对比：(a) 1.9m；(b) 2.9m；(c) 5.6m；(d) 9.6m

由图 7-8(a)~(d) 中虚线数据可以看出，使用泡沫单一改良时，改良土在各个水头高度的渗透性均较大，渗透系数时变曲线几乎没有初始稳定期，起始渗透系数已经远远超过上限值 $10^{-5}$m/s，且快速增长期增速非常快。对比改良工况 $w=10\%$，FIR$=20\%$，BIR$=0\%$ 和 $w=10\%$，FIR$=20\%$，BIR$=5\%$。前者无初始稳定期，在水头高度从 1.9m 增加到 5.6m 时，初始渗透系数从 $5.24\times10^{-5}$m/s 增大至 $8.76\times10^{-5}$m/s，快速增长期增速从每小时 $1.2\times10^{-5}$m/s 增大至 $1.6\times10^{-5}$ms；当水头高度增大至 9.6m 时，初始渗透系数为 $1.35\times10^{-4}$m/s，初始渗透系数增大了一个数量级，而快速增长期增速达到每小时 $5.9\times10^{-5}$m/s。而反观后者，存在较长初始稳定期，在水头高度从 1.9m 增加到 5.6m 时，初始渗透系数从 $1.57\times10^{-6}$m/s 增长到 $2.16\times10^{-6}$m/s；当水头高度增大至 9.6m 时，初始渗透系数为 $6.20\times10^{-6}$m/s，而快速增长期增速也由每小时 $4.70\times10^{-7}$m/s 增长到 $1.19\times10^{-6}$m/s。待到达缓慢增长期，1.9m 水头高度时，前者渗透系数为 $2.71\times10^{-4}$m/s，后者为 $2.35\times10^{-5}$m/s，组合改良约为泡沫单一改良的 1/10。对于泡沫单一改良无法满足抗渗要求的工况，采用泡沫–膨润土泥浆组合改良后均能满足渣土抗渗要求。分析可知，在高水压条件下，泡沫结构易失稳而被水流冲走，导致阻水结构破坏，渗流通道完全贯通，改良土的渗透系数随之快速增长。在一定程度上，膨润土泥浆的注入，为土样提供了更多细颗粒，有效填充粗颗粒形成的土骨架。同时细颗粒聚集增加泡沫的液相黏度，提高泡沫结构稳定性。膨润土颗粒与泡沫共同组成阻水结构，维持改良土较低的渗透性。

由图 6-22 可知，随水力梯度增大，适宜改良工况减少，改良方向朝着 $w$ 减小和 FIR 增大的方向移动。在含水率较低时，采用过多的泡沫才能勉强维持盾构掘进所需安全渗透系数；而在含水率较高的情况下，注入泡沫并不能达到要求，缺少对于高水力梯度的适宜改良方案。而在膨润土泥浆作用下，泡沫改良土的适宜改良方向能够朝着 $w$ 增大和 FIR 减小的方向扩展，将原先不满足抗渗要求的工况融入，扩大适宜改良工况范围，为施工现场提供更多可行的改良方案，降低喷涌风险。

2. 塑流性

图 7-9 所展示的是用于渗透试验的四种工况组合改良土的坍落度值，除此之外还进行了一些工况的坍落度试验，将结果一同整理在图 7-9 中。需要注意的是，黑实线所示改良工况 BIR = 0% 的数据来源于第 3 章，即相同级配土样在泡沫单一改良条件下的坍落度值。

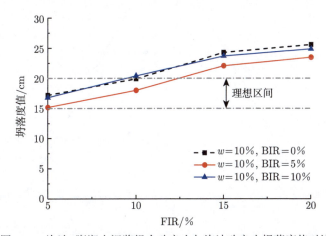

图 7-9    泡沫–膨润土泥浆组合改良土与泡沫改良土坍落度值对比

根据图 7-9 不难看出，在泡沫单一改良的工况下，坍落度值普遍偏大，且随 FIR 增加而增大，特别是在 FIR 大于 10% 时，渣土表现为过改良状态，塑流性过大，坍落度值超过理想值 15~20cm (Vinai et al.，2008；Wang et al.，2020)。在补充加入少量膨润土泥浆 (如 BIR = 5%) 后，塑流性状态有所改善，坍落度值明显降低，比如在 $w = 10\%$，FIR = 10% 不变，BIR = 0% 和 BIR = 5% 时，坍落度值分别为 19.9cm 和 18.0cm。膨润土泥浆能够充填粗颗粒之间的孔隙，将土中细颗粒胶结在一起 (Xu 和 Bezuijen，2019)，使得渣土能够具有更好的保水性，不再出现析水现象，并产生一定黏聚性，利于螺旋输送机出渣以及排土量控制，从而更好地控制开挖面的稳定性。然而，BIR 并非越高越好。在 BIR = 10% 时，组合改良土的坍落度值已经增长至接近泡沫单一改良土的坍落度值。原因在于 BIR 增幅过大时，改良土的流动性增强，其抗剪强度逐渐转化为由膨润土泥浆起主导作用，而膨润土泥浆的屈服强度较低，能够提高改良土发生剪切变形的能力。

在图 6-22 的基础上，引入泡沫–膨润土泥浆组合改良工况如图 7-10 所示，不难看出水力梯度在 2~17 范围内对应的渣土改良工况，其中 $w$ 取值范围为 0%~10%，FIR 为 0%~40%，BIR 为 0%~10%，在进行三元图绘制时需要进行均一化处理，故取值区间为 [0,1]。需要注意的是，所列工况在对应水力梯度下均满足渣土抗渗要求，红色虚线表示不同水力梯度下渣土的合理改良方向。在水力梯度由 2 增长到 11 的过程中，可仅采用泡沫进行改良。但在水力梯度增长至 11 时，满足要求的改良工况 (如 $w = 5\%$，FIR = 40%) 注入泡沫过多，导致渣土呈现可能析泡沫状态。因此在水力梯度进一步提高时，应考虑加入膨润土泥浆进行组合改良。由图 7-10 可以看出，在水力梯度增长至 17 时，少量膨润土泥浆的注入，能够在满足渣土抗渗要求的基础上减少泡沫消耗量，增强保水性，改善渣土塑流性状态。比如在改良工况为 $w = 10\%$，FIR = 20% 时，渣土呈现塑流性过大且析水状态，而在补充注入膨润土泥浆 BIR = 10% 后，渣土呈现塑流性过大但不析水状态。

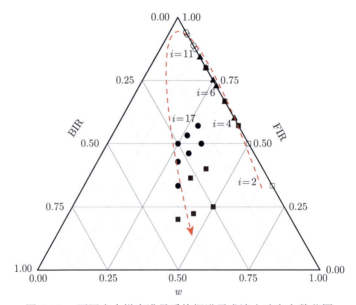

图 7-10　不同水力梯度满足盾构掘进需求渣土改良参数范围

□-塑流性合适但析水；▲-塑流性过大且析水；■-塑流性合适；○-塑流性过大可能析泡沫；●-塑流性过大但不析水

综上所述，在水力梯度位于 2~11 范围内，相应的改良工况朝着 $w$ 降低、FIR 提高的方向进行。若水力梯度持续增大，则喷涌风险增加，应在泡沫改良的基础上补充加入少量膨润土泥浆。合理改良方向朝着 FIR 减小，BIR 增大的方向进行。

## 7.5　高水压条件下泡沫–泥浆组合改良土渗流特征

### 7.5.1　渗透时变规律

前面渗透试验是在出水口压力为零条件下变化进水口压力，为了分析水压力对泡沫–膨润土泥浆组合改良土渗透系数的影响，研究了在不同进、出水口压力条件下泡沫–膨润土泥浆组合改良土渗透系数时变特征。如图 7-11 所示，渗透系数随渗透时间呈现初始稳定期、快速增长期和缓慢增长期三个主要阶段，这与前述泡沫–膨润土泥浆组合改良土的渗流特征基本一致。在初始稳定期阶段，渗透系数维持在一个较低的水平，而后伴随着泡沫逐渐粗化、消散，渗透系数进入快速增长期，最终伴随大量泡沫消散，仅存的位于土骨架孔角的少量封闭气泡形成的抗渗阻水结构基本稳定，改良土渗透系数增速减缓或基本不变，进入缓慢增长期。

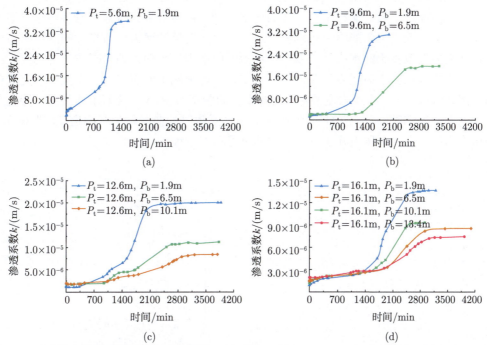

图 7-11　改良渣土渗透系数随时间变化规律：(a) 进水口压力 $P_t = 5.6$m；(b) 进水口压力 $P_t = 9.6$m；(c) 进水口压力 $P_t = 12.6$m；(d) 进水口压力 $P_t = 16.1$m

Hu 等 (2020) 研究发现，控制出水口压力 $P_b = 0$，改变进水口压力 $P_t$ 以提供不同水力梯度的渗透试验中，改良参数为 $w = 10\%$/FIR $= 10\%$ 与 $w = 10\%$/FIR $= 20\%$ 的工况下测得泡沫改良土的渗透系数均大于 $10^{-5}$m/s，渗透性高于抗渗要求。而在本试验中采用泡沫–膨润土泥浆组合改良方案 (补充注入膨润土泥浆，BIR $= 5\%$) 后，由图 7-11 能够看出，在不同水压作用下，改良土的初始渗透系数均能在 $10^{-5}$m/s 以下维持超过 90min，因此采用泡沫与膨润土泥浆组合改良方案对于指导盾构掘进高水压砂土地层喷涌风险防治是可行的。分析可知，在高水力梯度条件下，泡沫结构易失稳而被水流冲走，导致阻水结构破坏，渗流通道完全贯通，改良土的渗透系数随之快速增长。在一定程度上，膨润土泥浆的注入为土样提供了更多细颗粒，有效填充粗颗粒形成的土骨架。同时细颗粒聚集增加泡沫液相黏度，能够提高泡沫自身稳定性 (Zhao et al., 2016)。膨润土颗粒与泡沫共同组成阻水结构，维持改良土的低渗透性。其次，膨润土细颗粒对泡沫结构维持稳定有一定促进作用，其对泡沫改良土的增效作用将在 7.10.1 节中进行较为详细的介绍。

根据图 7-11(b)~(d) 能够看出，在进水口压力不变时，改良土的初始渗透系数随出水口压力增加呈现一定程度的增加, 初始稳定期变长, 同时到达缓慢增长期的时间有所推迟。在渗透试验起始阶段, 泡沫与膨润土颗粒在动水作用下在土骨架中不断运动调整位置, 以形成最有效阻水结构, 而出水口压力的增大会抑制这一调整过程, 因此随出水口压力增大, 初始渗透系数有所增加。出水口压力增大的同时, 土样受到的上、下压力逐渐接近, 渗透试验的水力梯度降低, 随之降低的渗透力能够使泡沫更加稳定而不易被水流击破或冲出土样, 能够更好地赋存于土颗粒孔隙中发挥其良好的抗渗作用, 有效延长改良土渗透系数的初始稳定期。而且根据 Wu 等 (2018) 的研究表明, 在压力增大过程中泡沫粗化时间明显滞后, 泡沫能够维持较好的稳定性。在快速增长期, 伴随着液膜排液与气体转移, 泡沫发生粗化、消散, 改良土中的阻水结构被贯通, 渗流速度持续增大, 改良土的渗透系数快速增长, 水流通过改良土的水头损失减小, 过流断面增大, 水的压力势能转化为动能, 出现进水口压力降低, 出水口压力升高, 上、下压力差逐渐减小的现象。而在泡沫稳定赋存的初始稳定期阶段, 上、下压力差基本维持不变, 如图 7-12 所示, 竖直虚线为渣土渗透系数进入快速增长期的时间节点 (对应图 7-11 中渗透系数时变曲线斜率开始增长的时间节点), 其与压力曲线中上、下压力开始发生变化的位置基本一致。

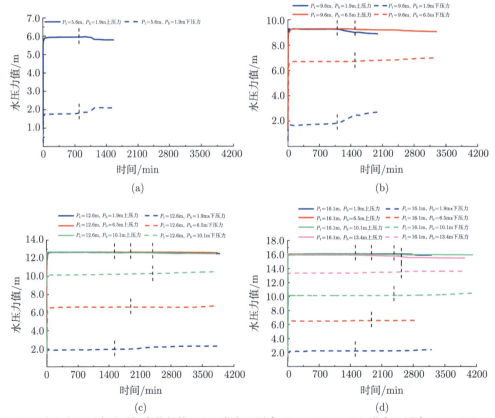

图 7-12　进出水口压力随时间变化规律: (a) 进水口压力 $P_t = 5.6\mathrm{m}$; (b) 进水口压力 $P_t = 9.6\mathrm{m}$; (c) 进水口压力 $P_t = 12.6\mathrm{m}$; (d) 进水口压力 $P_t = 16.1\mathrm{m}$

而且能够看出，在进水口压力不变时，渗透系数进入快速增长期的时间随出水口压力增大而延后，这也从侧面印证了在水压力增大时，土中泡沫的结构更加稳定而不易破坏，能够较好地发挥抗渗作用。

### 7.5.2 细粒迁移规律

图 7-13 所呈现的是不同进、出水口压力作用下，改良土渗透系数在缓慢增长期的变化情况。不难看出，在进水口压力不变时，缓慢增长期渗透系数随出水口压力增大而出现下降趋势，且下降速度逐渐趋于缓慢。根据试验结果分析认为，由于土样所受水压力增大，土体内部泡沫结构更稳定，泡沫消散程度不如低水压的工况，因此能够更持久地有效发挥其抗渗阻水作用。故而即使在水力梯度较高时，缓慢增长期渗透系数仍会高于水力梯度较低时，同时也说明，水力梯度与水压力对于改良土渗流特征具有耦合作用。

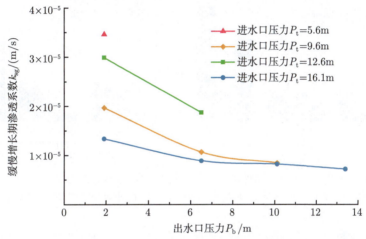

图 7-13 缓慢增长期渗透系数与水压力变化关系

为了更深入地研究水压力作用下细粒迁移现象，对进水口压力 16.1m，出水口压力分别为 1.9m、6.5m、10.1m 和 13.4m 的四组工况渗透试验后的渣土进行取样，取样位置分别为试样上部和下部，并在烘干后进行筛分，得到其级配情况与试验土级配情况进行对比。根据 Chen 等 (2020) 的研究成果，1mm 可作为研究土在渗流作用下发生细粒迁移的粗细颗粒分界点，本次试验取三个细颗粒粒径区间 (< 0.075mm、0.075~0.100mm、0.100~0.250mm) 研究细粒迁移情况，试验结果如图 7-14 所示。

分析可知，所列三个粒径区间均能看到细粒迁移现象，即下部土细颗粒含量高于上部土，如图 7-14(c) 所示下部土粒径小于 0.075mm 的质量占比是上部土的 1.6 倍。而出现的上、下部土的质量占比大于原定试验土级配是因为膨润土泥浆的加入增加了土样中细颗粒的含量。由图 7-14 能够看出，在渗流作用下，下部土的细颗粒含量要高于上部土，而在出水口压力较小时，上、下压差较大，水力梯度增大，泡沫结构易失稳，而更多的细颗粒被水流带出而流失，膨润土颗粒发挥的抗渗作用受到削弱，导致改良土渗透系数在快速增长期增速更快，且到达缓慢增长期时的渗透系数更高，可以在图 7-11(d) 中得到反映。

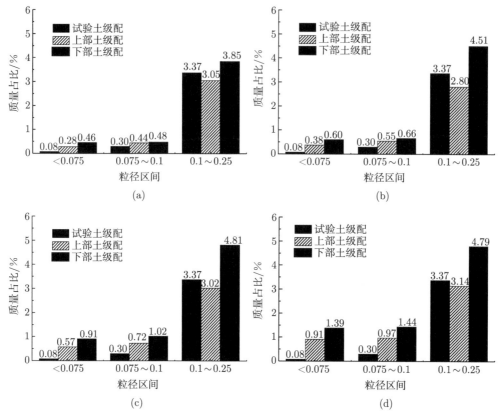

图 7-14  进水口压力 $P_t = 16.1$m 时细颗粒质量占比情况：(a) 出水口压力 $P_b = 1.9$m；(b) 出水口压力 $P_b = 6.5$m；(c) 出水口压力 $P_b = 10.1$m；(d) 出水口压力 $P_b = 13.4$m

### 7.5.3  水压力影响

为更好地研究水压力对改良土渗流特征的作用规律，应控制水力梯度不变，即渗透力恒定。结合 7.3 节的部分试验结果，在水力梯度相同或较为接近时，对泡沫–膨润土泥浆组合改良土在不同进、出水口压力作用下渗流特征的响应进行分析，结果如图 7-15 所示。需要注意的是，点画线所示 $P_b = 0$m 工况的试验数据均来自 7.3 节，即为渗透仪底部出水口处无水压力的工况。

在水力梯度相同时，组合改良土渗透系数时变曲线随进、出水口压力增加而呈现右移，即时变周期增长的现象。以图 7-15(c) 为例，在水力梯度 18.0 左右时，随进、出水口压力 $P_t$、$P_b$ 增大，改良土初始稳定期明显增长。根据图 7-15(a)~(c)，这一现象随水力梯度增大而更加明显，主要表现为渗透系数初始稳定期时间缩短甚至消失，更快地通过快速增长期并到达缓慢增长期。在工况为 $P_t = 9.6$m$/P_b = 0$m$/i = 18.2$ (低水压) 和 $P_t = 16.1$m$/P_b = 6.5$m$/i = 18.2$ (高水压) 两组试验开展过程中，对渗透仪中改良土状态特别是泡沫在土中赋存状态进行跟踪观察，如图 7-16 所示。

通过对比图 7-16(a)、(b) 不难发现，随着渗透试验的进行，在低水压条件下，泡沫粗化、消散较快，在渗透时间到达 813min 时，土体孔隙中泡沫大多已经消散，说明其在土颗粒间所形成的阻水结构已经趋于失稳；反观在高水压条件下，泡沫消散速度明显，能够更好地保持较小的尺寸，在渗透时间到达 1514min 时，土体孔隙中泡沫赋存量仍然较多，且在渗透时间到达 2417min 时，仍有小部分气泡赋存，说明在高水压条件下，泡沫所形成的阻水结构稳定性明显增强。这与 Wu 等 (2018) 对不同压力下泡沫尺寸跟踪观察的结果相同，即随压力升高，泡沫尺寸更细小更均匀，且随时间增长，其衰变速度也变得缓慢。本试验中所出现的高水压条件下渗透系数变化更为缓慢的现象，正是因为泡沫所受水压力增大，液膜排液与泡沫粗化速度减缓，使泡沫能够维持较小粒径并保持结构稳定，提高阻水抗渗效果。

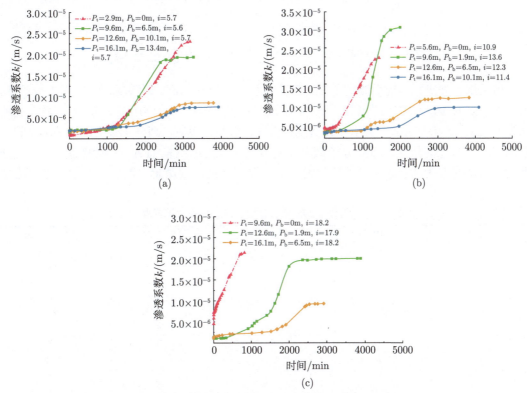

图 7-15　相同水力梯度下水压力对渗流特征影响规律：(a) $i = 5.7$；(b) $I = 12$；(c) $i = 18$

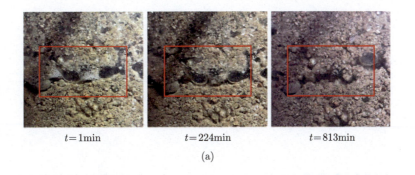

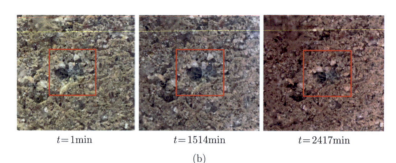

$t=1$min　　　　　　$t=1514$min　　　　　　$t=2417$min

(b)

图 7-16　不同水压力作用下土样中泡沫赋存状态: (a) $P_t = 9.6$m, $P_b = 0$m, $i = 18.2$ (低水压); (b) $P_t$ $= 16.1$m, $P_b = 6.5$m, $i = 18.2$ (高水压)

## 7.6　泡沫–泥浆–聚合物组合改良土试验

　　所采用土样级配与前面略有差别, 有效粒径 $d_{10}$ 为 0.5mm, 曲率系数 $C_c$ 为 1.5、不均匀系数 $C_u$ 为 10, 根据《岩土工程勘察规范》(GB/T 50021—2001) 属于砾砂, 最大孔隙比为 0.623, 比重为 2.65。试验用改良剂为泡沫、膨润土泥浆、高分子聚合物溶液等, 其中前两者材料与之前相同, 而高分子聚合物溶液采用聚丙烯酰胺 (PAM) 配制而成, 质量分数为 5‰, 密度为 1.01g/cm³。针对表 7-4 工况开展坍落度试验, 然后选取改良土塑流性

表 7-4　泡沫–泥浆–聚合物组合改良粗粒土试验参数

| $w$/% | FIR/% | BIR/% | PIR/% | 坍落度值/cm |
|---|---|---|---|---|
| 10 | 10 | 0 | 0 | 17 |
| | | | 1 | 17 |
| | | | 2 | 18 |
| | | | 4 | 20 |
| | | | 6 | 21 |
| | | | 8 | 21 |
| | | 5 | 0 | 18 |
| | | | 1 | 15.5 |
| | | | 2 | 19 |
| | | | 4 | 21 |
| | | | 6 | 21 |
| | | | 8 | 21.5 |
| | | 7.5 | 0 | 18.5 |
| | | | 1 | 17 |
| | | | 2 | 19 |
| | | | 4 | 20 |
| | | | 6 | 21 |
| | | | 8 | 22 |
| | | 10 | 0 | 18.5 |
| | | | 1 | 16 |
| | | | 2 | 21 |
| | | | 4 | 21.5 |
| | | | 6 | 22 |
| | | | 8 | 22 |

合适且 BIR ⩾ 5% 的工况开展渗透试验，其中 $w$ 和 FIR 与坍落度试验的保持一致，皆为 10%，BIR 取 5%、7.5%、10%，PIR 取 4%、6%、8%，进水压力 $P$ 为 0.056mPa，出水压力为 0，水力梯度为 10.3。

## 7.7 泡沫–泥浆–聚合物组合改良土塑流性

图 7-17 是组合改良土在不同 BIR 条件下坍落度随 PIR 的变化情况。随着 PIR 的增大，改良土坍落度先降低后增大，最后趋于不变。当 PIR = 1% 时，坍落度值最小。进一步分析 BIR 对改良土坍落度和表观状态的影响。当 PIR = 0 时，BIR 由 0 增加至 10%，改良土坍落度变化不大，介于 17~18.5cm。然而，由图 7-18 改良土坍落状态看出，随着 BIR 增加，表观特征出现了明显变化：未添加膨润土泥浆时，土体呈现一种顶部较尖的锥形状态；随着 BIR 的增加，土体形态未发生明显改变，但析浆、析泡沫越严重，大量泥浆携带着泡沫从土体中流出；各 BIR 下土颗粒间皆不呈现黏聚力，呈颗粒状堆积，改良土不具有塑性和流动性，明显不满足盾构掘进及出渣要求。

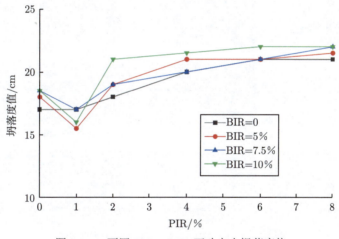

图 7-17　不同 PIR、BIR 下改良土坍落度值

当 PIR = 1% 时，改良土虽仍存在析浆、析泡沫现象，但程度相比 PIR = 0 时有所减轻；随着 BIR 增加，析浆、析泡沫程度加重，坍落度变化不大，介于 15~17.5cm；土颗粒间开始出现黏性和聚团现象，改良土具有一定塑性。当 PIR = 2% 时，仍有析浆、析泡沫，但程度继续减轻，泡沫及膨润土泥浆都聚集在摊开的土体周围；土体明显聚团，有较强黏性，随着 BIR 增加，改良土流动性增强，坍落度明显增大。

当 PIR ⩾ 4% 时，经搅拌后泡沫、膨润土泥浆能与土体均匀混合，在同一 BIR 下，相对于 PIR < 4%，高分子聚合物与膨润土泥浆混合物已能较好包裹土颗粒，改良土离析程度降低，未出现析浆、析泡沫现象，改良土坍落度皆 ⩾ 20cm，具有较大的流动性，颗粒间呈现强黏聚性。

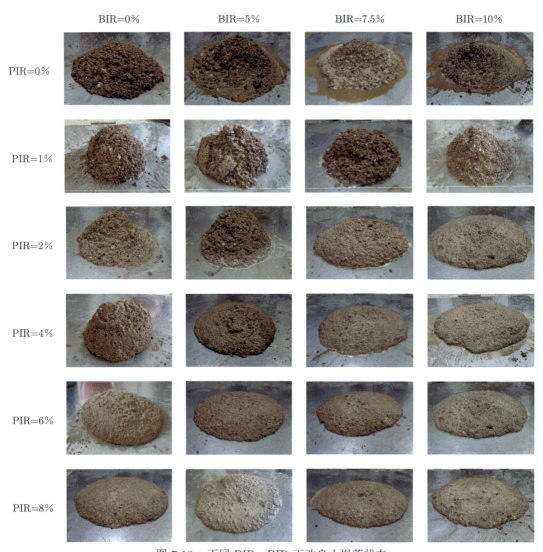

图 7-18　不同 PIR、BIR 下改良土坍落状态

## 7.8　泡沫–泥浆–聚合物组合改良土渗透性

如图 7-19 所示，组合改良土的渗透系数时变曲线大致可分为三个阶段：初始稳定期、快速增长期、缓慢发展期 (Wang et al.，2020)。初始稳定期 (a) 表明初始阶段土颗粒和改良剂在渗流水作用下调整至最有效的堵水状态，渗透系数存在短暂下降，后维持较低水平；而后组合改良土的泡沫大量流失，渗流通道被贯通，出水量增大，渗透系数进入快速增长期 (b)；最后，组合改良土的渗流通道中泡沫较少，残余泡沫缓慢消散，随着水流被带走，渗透系数进入缓慢发展期 (c)。

图 7-20 给出了不同 PIR、BIR 条件下改良土渗透系数随时间的变化曲线，其中右图为左图初始阶段放大图。如图 7-20(a) 所示，在 PIR = 4％条件下，BIR = 5％的改良土渗透系数不存在初始稳定期，从 0min 开始，渗透系数经历时长约 20min 的快速增长期；渗透

系数在 20min 时达到 $1.2\times10^{-4}$m/s，后进入缓慢发展期，不满足盾构掘进过程中渣土渗透系数小于 $10^{-5}$m/s 的时间要大于 90min 的抗渗要求 (Budach 和 Thewes，2015)。当 BIR 由 5％增加至 7.5％、10％时，改良土渗透系数出现很短的初始稳定期，从 0min 开始，改良土 BIR＝7.5％、10％时分别经历时长为 7min、13min 的初始稳定期。缓慢发展期的渗透系数有所减小，但渗透系数小于 $10^{-5}$m/s 的时长仍不足 90min，改良土渗透性仍不合适。图 7-21 为 PIR＝4％，BIR＝10％工况下，透过渗透仪筒壁拍摄的同一处土体照片，可见 0min 时改良土中存在大量改良剂，难以分辨土颗粒，而 10min 时已能清晰辨识出土颗粒，说明从 0min 开始，试验进行 10min 后大部分改良剂已逸出土体。处于缓慢发展期的改良土渗透系数在很长的时间内都维持增长状态，期间改良土中的渗流通道仍随残余改良剂流出、泡沫消散等在缓慢发展。

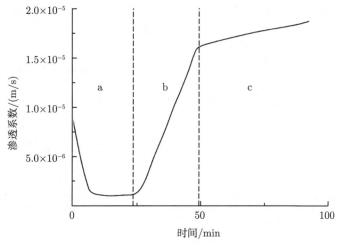

图 7-19 改良土渗透系数随时间变化曲线示意图

a：初始稳定期；b：快速增长期；c：缓慢发展期

如图 7-20(b) 所示，在 PIR＝6％，BIR＝7.5％下改良土渗透系数经历时长为 12min 的初始稳定期；而后经历时长为 13min 的快速增长期 (13～26min)；渗透系数在 26min 时达到了 $7.5\times10^{-5}$m/s，仍不满足抗渗要求，这是由于本试验用土 $d_{10}$ 达到了 0.5mm，土颗粒粗，孔隙比大，虽 PIR 已较大，能发挥一定堵水作用，但仍不足以填充土体孔隙，需增大 BIR 来补充土体细粒组分，以填充孔隙。而 BIR 达到 10％时，0～100min 为改良土渗透系数初始稳定期，初始稳定期时长相比 BIR＝7.5％工况延长至 100min；100～300min 为快速增长期，快速增长期时长相比 BIR＝7.5％工况延长至 200min；渗透系数在 200min 时达到 $8\times10^{-6}$m/s 且趋于稳定，表明渗透性满足抗渗要求。然而，如图 7-20(a) 所示，即使 BIR 高达 10％，但 PIR＝4％条件下改良状态也不合适，表明仅增加膨润土泥浆用量无法使试验所用粗粒土达到合适的渗透性改良效果。如图 7-21 所示，PIR 较小时泡沫与膨润土泥浆黏聚性不佳，易析出，无法有效填充土颗粒孔隙，因此渗流过程中易被渗流水带走，导致改良土孔隙中迅速形成渗流通道，渗透系数快速增长。PIR 较大时泡沫与膨润土泥浆能更稳定地存在于改良土中，渗流过程中改良土渗透系数增长减缓，且增长至一定量值后基本不变。总的来说，当 PIR $= 6\%$，BIR $= 10\%$ 和 PIR $= 8\%$，BIR $= 7.5\%$、$10\%$时，改良土渗透系数在试验后期趋于稳定，且满足抗渗要求。

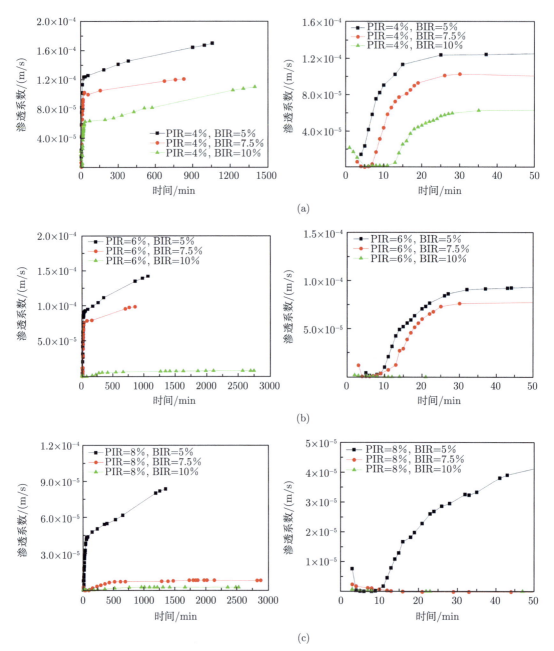

图 7-20　不同 PIR、BIR 下改良土渗透系数随时间变化曲线 (右图为初始阶段局部放大图)：(a) PIR $=$ $4\%$，BIR $= 5\%$、$7.5\%$、$10\%$；(b) PIR $= 6\%$，BIR $= 5\%$、$7.5\%$、$10\%$；(c) PIR $= 8\%$，BIR $=$ $5\%$、$7.5\%$、$10\%$

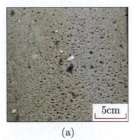 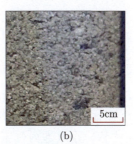

图 7-21　PIR = 4%，BIR = 10%工况下改良土历经不同时间渗透作用后的状态变化情况：(a) 0min 时；(b) 10min 时

## 7.9　泡沫–泥浆–聚合物合适组合改良探讨

渣土塑流性合适的判断依据是不析泥浆、析泡沫，而且坍落度范围为 20~25cm (Jancsecz et al.，1999)；而渣土渗透性合适的标准是渗透系数维持在 $10^{-5}$m/s 以下的时间大于 90min (Budach 和 Thewes，2015)。图 7-22 为土样改良状态分布情况，在 PIR < 4%条件下塑流性改良皆不合适，而 PIR ⩾ 4%后，添加了更多的 PAM 溶液进行吸水、增稠，改良土塑流性改良合适 (见图 7-22 中蓝色虚线框内工况)。虽然 PIR ⩾ 4%、BIR ⩾ 5%的所有改良工况下改良土塑流性都合适，但只有当 PIR = 6%，BIR = 10%和 PIR = 8%，BIR ⩾ 7.5%时，改良土渗透性才合适 (见图 7-22 中红色虚线框内工况)。这是由于塑流性合适的改良土孔隙不一定被改良剂完全填充，未填充的孔隙在渗流过程中会被水体填充，形成大量渗流通道，处于水环境下的泡沫易消散；且渗流过程中的改良土受水压力作用，即使膨润土泥浆含量较大，若其流动性过大也易被渗流水带出，改良土渗透性依然不合适。

由以上分析可知，具有合适塑流性的改良土，其渗透性不一定合适，需考虑渗透试验水压力等条件。因此在现场实际应用中，除了通过坍落度试验评价改良渣土的塑流性外，还需模拟盾构渣土水头条件开展渗透试验，评价改良渣土在水压力作用下的抗渗能力。

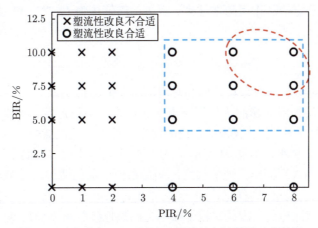

图 7-22　各改良工况下改良土塑流性与渗透性改良情况

# 7.10　讨　　论

## 7.10.1　膨润土颗粒对泡沫改良增效分析

　　泡沫气泡之间存在良好的液体通道，即柏拉图渗流通道 (Rouyer et al.，2014；Wang 和 Nguyen, 2016)。固体颗粒在稳定泡沫过程中发挥着重要作用。由于泡沫大小不均一，根据 Young-Laplace 方程，小气泡内气压高于大气泡，在接触时小气泡内气体会透过液膜进入大气泡而发生粗化。膨润土细颗粒赋存于泡沫液膜之间，能够在泡沫间形成一个屏障体系，限制泡沫液膜向柏拉图渗流通道进行排水的同时减少泡沫接触，防止气泡过早粗化或是破灭 (Erasov et al.，2015)。

　　一方面，粒子自身需要稳定在气–液界面。粒子脱离能 ($\Delta G$) 是影响粒子稳定泡沫的一个重要因素。脱离能与从气–液界面除去吸附粒子所涉及的自由能有关。在忽略浮力和重力影响时，粒子分离能 ($\Delta G$) 可由式 (7-3) 进行计算：

$$\Delta G = \pi R^2 \sigma (1 - \cos\theta)^2 \tag{7-3}$$

式中，$R$ 为颗粒半径；$\sigma$ 为气–液界面的表面张力；$\theta$ 为颗粒接触角。

　　在膨润土泥浆加入至泡沫改良土后，膨润土颗粒在泡沫间聚集过程中会形成一个空间屏障，阻隔了泡沫接触、合并，在粒子脱离能较大时有较好的稳泡效果，且这一屏障在动水渗透过程中不易被破坏，从而使渣土能够维持较低的渗透系数。根据试验结果，在改良工况 $w = 10\%$/FIR $= 10\%$ 时，补充注入 BIR $= 5\%$ 的膨润土泥浆，在 $i = 17$ 时仍能达到较好的抗渗效果。

　　另一方面，粒子必须稳定薄膜，分离大气泡。这种机理认为稳定泡沫主要依靠泡沫之间的毛细管压力，泡沫气泡试图打破砂中膨润土颗粒的孔隙堵塞效应。毛细管压力 ($P_c$) 定义为气泡 ($P_1$) 与液膜间液 ($P_2$) 之间的压差。图 7-23 展示的是赋存于泡沫液膜间的膨润土颗粒。在排液发生时，泡沫在膨润土颗粒周边形成一个弯月弧，随着排液过程加剧，弯月弧度增大，液膜厚度 ($h_{fl}$) 减小，毛细管压力增大。在排液过程基本结束时，$H$ 趋于 0，泡沫互相接触，颗粒稳定泡沫作用随之结束。最大毛细管压力 ($P_c^{max}$) 可根据 Kaptay (2006) 提出的式 (7-4) 进行计算：

$$P_c^{max} = \pm p \frac{2\sigma}{R} \cos\theta \tag{7-4}$$

式中，$p$ 为一个理论参数，与颗粒结构和对泡沫覆盖情况相关。

　　上述机理能够用来解释膨润土作用下泡沫在渣土中的稳定性。根据 Wu 等 (2020) 试验结果表明，泡沫在泡沫–土混合物中粒径变化速率远小于纯泡沫中。由式 (7-4) 能够看出，填充颗粒的接触角 $\theta$ 越小，半径 $R$ 越小，$P_c^{max}$ 越大。基于此，膨润土细颗粒亲水性较强，在渣土改良过程中加入膨润土，能够很好地满足稳定泡沫的要求，使泡沫排液后聚集所需克服的毛细管压力更高。但同样地，对于式 (7-3)，在 $\theta$ 变小，$R$ 变小的过程中，$\Delta G$ 却随之减小，不利于泡沫稳定。因此，粒子在一定的最佳接触角下稳定泡沫作用能达到最好，且细颗粒粒径不宜过大或过小。关于最佳接触角的研究，Kaptay (2006) 中有详细推导过程，并指出最佳稳泡粒子的接触角应位于 70°~110°，而且经测定，膨润土颗粒的接触角约为 70.82° (陈花等，2016)，因此较为符合稳泡粒子要求，这也从侧面印证了膨润土泥浆的注入能够提升泡沫改良土抗渗性能。

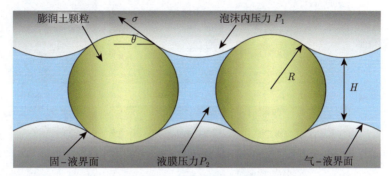

图 7-23    膨润土颗粒稳定泡沫结构示意图

### 7.10.2    泡沫–泥浆–聚合物组合改良机理

#### 1. 组合改良剂填充作用

为观察泡沫–泥浆–聚合物组合效果，使用光学显微镜观察了不同改良方案下渗透试验前后的粗粒土的结构特征，如图 7-24 所示。当仅用泡沫改良时 (FIR = 10%)，如图 7-24(a) 所示，试验前土颗粒相互接触，这样的泡沫无法有效润滑土体；由于渗透过程中泡沫极易被水流带离土体，堵水结构无法有效形成，因此试验后填充于改良土孔隙间的泡沫几乎全部消散 (图 7-24(d))，泡沫无法起到有效的改良作用。当用泡沫和膨润土泥浆改良时 (FIR = 10%，BIR = 10%)，如图 7-24(b) 所示，由于土体孔隙较大且相互连通，加之泡沫与膨润土泥浆黏聚力不佳，改良剂同样面临易析出的问题，单纯增加泥浆用量无法明显改善土样塑流性，反而会加重析浆、析泡沫，泥浆难以充分发挥其填充作用，试验后改良土细观结构与纯泡沫改良时的类似，如图 7-24(e) 所示。因此，在图 7-24 所有 PIR < 4% 的工况中，即使改良土 BIR 从 0 增加至 10%，塑流性也均不合适。当用高分子聚合物、膨润土泥浆、泡沫组合改良时 (PIR = 6%，BIR = 10%，FIR = 10%)，如图 7-24(c) 所示，泡沫均匀地分布于其他改良剂中，土颗粒分离现象明显；因此即使经历了长时间的渗透，试验后改良土内依然存在较多泡沫及高分子聚合物和泥浆混合物，如图 7-24 (f) 所示，混合改良剂能够充分发挥其填充作用，同时说明泡沫稳定性增强。图 7-25 从微观角度展示了高分子聚合物、泡沫、膨润土的相互作用。高分子聚合物具有增稠性，如图 7-25 的右侧部分所示，达到一定量后能通过桥联作用增大膨润土泥浆黏度 (Heller 和 Keren，2002)，使其能黏附于土颗粒表面，长期稳定地赋存于土体孔隙中。

因此，改良剂填充土体孔隙对组合改良土塑流性和渗透性的贡献在于：一方面高分子聚合物与泡沫、膨润土颗粒能将相互接触的土颗粒抬起，共同形成均匀、致密的混合体，减小土体内摩擦角，提高土体流动性；另一方面高分子聚合物和膨润土泥浆能填充泡沫间的渗流通道，或黏附于渗流通道壁，减小其截面面积，进而减小土体初始渗透系数；同时由于泡沫悬浮于改良剂混合物中，渗流水对泡沫的直接冲刷作用减小，避免了渗流过程中泡沫过快排离土体。

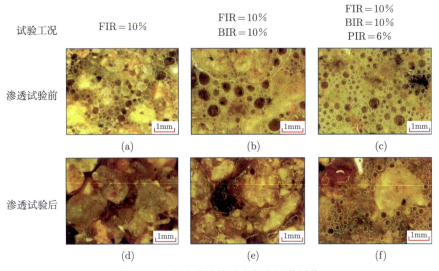

试验工况　　　　FIR = 10%　　　　　FIR = 10%　　　　　FIR = 10%
　　　　　　　　　　　　　　　　　　BIR = 10%　　　　　BIR = 10%
　　　　　　　　　　　　　　　　　　　　　　　　　　　PIR = 6%

渗透试验前

(a)　　　　　　　　　　　(b)　　　　　　　　　　　(c)

渗透试验后

(d)　　　　　　　　　　　(e)　　　　　　　　　　　(f)

图 7-24　　渗透试验前后改良土显微图像

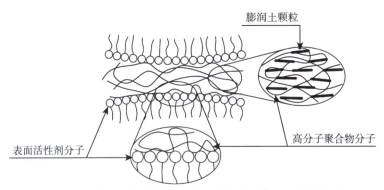

图 7-25　　高分子聚合物、泡沫、膨润土泥浆相互作用模型

## 2. 高分子聚合物稳泡作用

由 7.8 节、7.9 节分析可知，渗流过程中泡沫不仅会在水压力的作用下流失，而且随时间增加会逐渐消散，导致改良土渗透系数增大。因此，改良合适渣土不仅需要足够的改良剂填充孔隙，还需要高分子聚合物来维持泡沫稳定性。Wu 等 (2020) 提出土中的泡沫消散主要有以下三个机制。

(1) 排液，即组成泡沫的液体由于重力等原因向下排离泡沫。Adkins 等 (2010) 提出泡沫液膜排液速率公式如下：

$$v_{\mathrm{RE}} = -\frac{\mathrm{d}h_{\mathrm{fl}}}{\mathrm{d}t} = \frac{2h_{\mathrm{fl}}^3}{3\eta_{\mathrm{c}}r_{\mathrm{fl}}^2}\Delta p_{\mathrm{fl}} \tag{7-5}$$

式中，$v_{\mathrm{RE}}$ 为液膜排液速率；$h_{\mathrm{fl}}$ 为液膜厚度；$t$ 为时间；$r_{\mathrm{fl}}$ 为液膜曲率半径；$\eta_{\mathrm{c}}$ 为溶液黏度；$\Delta p_{\mathrm{fl}}$ 为液膜两侧压力差。

由式 (7-5) 可知液膜排液速率 $v_{\mathrm{RE}}$ 随 $\eta_{\mathrm{c}}$ 增大而减小。泡沫改良土与高分子聚合物溶液搅拌后，渗透试验初期改良土孔隙内溶液的 $\eta_{\mathrm{c}}$ 增大，$v_{\mathrm{RE}}$ 减小，因此高分子聚合物可减缓改良土中的泡沫在渗流初期的排液 (Safouane et al.，2006)。

(2) 粗化，即大小泡沫内气体压力差驱动小泡沫内气体向大气泡内扩散。泡沫粗化是气体在泡沫间的迁移过程，渗透试验初期泡沫液膜较厚，Princen 等 (1965) 给出了厚膜情况下气体在泡沫间的渗透系数公式如下：

$$k_{gas} = \frac{D_k S_s}{h_{fl}} \tag{7-6}$$

式中，$k_{gas}$ 为气体在泡沫间的渗透系数；$D_k$ 为气体在泡沫间液体中的扩散系数；$S_s$ 为气体在泡沫间液体中的溶解系数；$h_{fl}$ 为泡沫间的液膜厚度。

由式 (7-6) 可知 $k_{gas}$ 与 $D_k$、$S_s$ 成正比，与 $h_{fl}$ 成反比。溶液中存在高分子聚合物时，气体的 $D_k$ 和 $S_s$ 都会减小 (Masuda et al., 1988)，同时 $h_{fl}$ 会增加 (Jean et al., 2009)，因此 $k_{gas}$ 会减小，改良土中的泡沫减缓。

(3) 聚并，即两个泡沫之间的液膜破裂，合并为一个大泡沫。如图 7-25 的下方部分所示，高分子聚合物具有长大分子链，能与液膜上的表面活性剂通过交联等作用形成网状界面凝胶复合物，增大液膜物理强度 (朱玥珺和张健，2010)，从而增强泡沫液膜抗破裂能力，减缓泡沫聚并速率。

综上，高分子聚合物不仅能加强泡沫和膨润土泥浆的填充效果，改良土体塑流性，减小土体初始渗透系数，还能增强泡沫稳定性，有效延长改良土渗透系数初始稳定期时长、降低渗流试验后期渗透系数，从而提升土体抗渗性能。

## 7.11  本 章 小 结

通过开展不同改良工况下泡沫–膨润土泥浆组合改良砂土渗透试验，研究泡沫–膨润土泥浆作用下组合改良砂土的渗流机理，得到以下几点结论。

(1) 泡沫–膨润土泥浆组合改良砂土在动水作用下，泡沫和膨润土颗粒不断调整自身位置，在土骨架中运动以形成最佳阻水结构，故在渗透试验初期，存在一个渗透系数减小的过程。在泡沫和膨润土颗粒稳定于土中形成阻水结构之后，渗透系数进入很长一段时间的初始稳定期，在这期间，渗透系数维持在一个很低水平，初始稳定期时长与泡沫注入比 (FIR) 和膨润土泥浆注入比 (BIR) 有关，当 FIR 不变时，随 BIR 增大而增长；当 BIR 不变时，随 FIR 增大而增长，且 BIR 相较于 FIR 对初始稳定期时长的影响更为显著。

(2) 在水力梯度增大的过程中，膨润土颗粒不足以充分稳定泡沫，渣土渗透系数时变曲线快速通过初始稳定期和快速增长期，更早地进入缓慢增长期。泡沫在动水作用下更易被带出土体或自身粗化、破灭，因而初始渗透系数不断增长且增速越来越快，在快速发展期增速也越来越快。一个特别的发现是水力梯度较高时，缓慢增长期的渗透系数有所减小，主要在于膨润土细颗粒在更快流速的动水作用下向下发生迁移，引起土样底部对渗流通道的封堵更加完全。

(3) 对泡沫–膨润土泥浆组合改良和泡沫单一改良渣土渗透性进行对比分析，研究发现组合改良土的渗透系数时变曲线大体与泡沫改良土相类似，但其渗透系数远低于泡沫改良土，降低约一个数量级；且由渗透系数时变曲线知，初始稳定期时间增长，快速增长期增速明显减缓，改良土在渗透系数上限值以下稳定时间更久。土压平衡盾构掘进砂土地层时，随水力梯度增大，合理改良方案应朝着 $w$ 降低、FIR 提高的方向进行，可行域逐渐缩小。在补充注入膨润土泥浆后，合理改良区域向着 $w$ 增大、FIR 减小的方向扩展，应增大合理改良区域范围，为多变的施工环境提供充足的抗渗改良方案。

(4) 对泡沫–膨润土泥浆组合改良和泡沫单一改良渣土塑流性进行对比分析，发现注入少量膨润土泥浆能够有效降低改良土的坍落度，使其具有适宜的塑流性，降低土压平衡盾构发生喷涌的可能。然而当 FIR 不变时，随 BIR 持续增大，膨润土泥浆对土体细颗粒的胶结作用减弱，渣土整体流动性增大，导致坍落度与泡沫单一改良时无异，故在实际施工采用泡沫–膨润土泥浆组合改良过程中，应注意泥浆的注入比不宜过大。

(5) 通过对细颗粒与泡沫作用机理进行研究，并基于粒子脱离能 ($\Delta G$) 和最大毛细管压力 ($P_c^{\max}$) 两种理论对膨润土颗粒作为亲水颗粒稳定泡沫的作用进行解释，并揭示泡沫–膨润土泥浆组合改良抗渗机理。

(6) 泡沫–膨润土泥浆组合的改良效果优于泡沫单一改良，主要表现在补充注入膨润土泥浆进行组合改良后，渣土渗透系数均能够降低至 $10^{-5}$m/s 以下并维持超过 90min。在进、出水口压力提高的过程中，组合改良土的渗透系数初始稳定期延长，快速增长期增速减慢，到达缓慢增长期的时间有所增长。

(7) 渗流过程中出现自上而下的细粒迁移现象，在一定程度上增加了土样下部细颗粒的含量，且这一现象随进、出水口压力增大而更加明显，进而引起改良土在缓慢增长期的渗透系数降低。在进水口压力不变时，缓慢增长期渗透系数随出水口压力增大而降低，主要是渗透力随水力梯度降低而降低，泡沫不易消散，降低幅度随出水口压力增大而减小。

(8) 当水力梯度维持不变时，组合改良土渗透系数时变周期随进、出水口压力增加而增长。随水压力增大，气泡能够更好地维持在较小的尺寸、粗化速率减缓，气泡结构稳定而能够更好地发挥阻水抗渗作用，维持改良渣土的低渗透性。

(9) 泡沫与膨润土泥浆组合改良难以改善富水粗粒土塑流性，改良土易析浆、析泡沫，塑流性较差。高分子聚合物能增加膨润土泥浆的黏性和土颗粒间黏聚力，增强改良土塑性；高分子聚合物的添加还会减小土体内摩擦角，增强改良土流动性。

(10) 膨润土泥浆能减小粗粒土渗透系数并延缓其增长，但改良效果有限，仅增加其用量无法有效降低粗粒土渗透性。加入高分子聚合物组合改良能避免泡沫与膨润土泥浆过快流失，显著提高粗粒土抗渗能力。

(11) 塑流性合适的改良土不一定具有较低的渗透性，盾构在高水压粗粒土地层中掘进时，需要对现场渣土进行渗透试验才能有效规避喷涌风险。

(12) 高分子聚合物能增大膨润土泥浆黏度，加强泡沫在土体孔隙中的赋存能力，发挥组合改良剂的孔隙填充作用，提高改良土的塑流性。改良土抗渗性能的提升，一方面通过组合改良剂填充孔隙来堵塞渗流通道；另一方面通过添加高分子聚合物来降低泡沫的排液、粗化和聚并效应，从而增强泡沫的稳定性，延长渗透系数的初始稳定时长。

## 参 考 文 献

陈花, 李迎军, 周元林, 等, 2016. 钠基蒙脱土的有机改性及表征 [J]. 武汉理工大学学报, 38(3): 36-40.

董金玉, 王闯, 周建军, 等, 2016. 膨润土泥浆改良砂卵石土的试验研究 [J]. 现代隧道技术, 53(S2): 543-551.

胡长明, 崔耀, 王雪艳, 等, 2013. 土压平衡盾构施工穿越砂层渣土改良试验研究 [J]. 西安建筑科技大学学报 (自然科学版), 45(6): 761-766.

刘滨滨, 2022. 南昌富水砂层渣土改良技术研究 [J]. 路基工程, 3: 122-127.

刘卫, 2015. 南昌复合地层盾构渣土改良技术 [J]. 隧道建设, 35(5): 455-462.

邱龑, 杨新安, 唐卓华, 等, 2015. 富水砂层土压平衡盾构施工渣土改良试验 [J]. 同济大学学报 (自然科学版), 43(11): 1703-1708.

申兴柱, 高锋, 王帆, 等, 2017. 土压平衡盾构穿越透水砾砂层渣土改良试验研究 [J]. 铁道标准设计, 4: 124-128.

宋克志, 汪波, 孔恒, 等, 2005. 无水砂卵石地层土压盾构施工泡沫技术研究 [J]. 岩石力学与工程学报, 13: 2327-2332.

王树英, 陈宇佳, 钟嘉政, 等, 2023. 泡沫–泥浆–聚合物组合改良粗粒土塑流性及渗透性特征研究 [J]. 中国公路学报, 36(8): 214-224.

魏康林, 2003. 土压平衡式盾构施工中喷涌问题的发生机理及其防治措施研究 [D]. 南京: 河海大学.

张淑朝, 贺少辉, 朱自鹏, 等, 2017. 兰州富水砂卵石层土压平衡盾构渣土改良研究 [J]. 岩土力学, 38(2): 279-286.

中华人民共和国建设部, 2001. 岩土工程勘察规范: GB 50021—2001. 北京: 中国建筑工业出版社.

朱碧堂, 余金, 王凌, 等, 2022. 富水砾砂–泥质粉砂岩复合地层渣土改良试验研究 [J]. 土木与环境工程学报 (中英文), 44(5): 29-37.

朱海军, 周明洋, 2018. 富水砂层地铁施工中的土压平衡式盾构机喷涌控制技术 [J]. 建筑施工, 40(1): 100-102.

朱玥珺, 张健, 2010. 泡沫液膜中聚合物与表面活性剂相互作用的研究进展 [J]. 石油化工, 39(11): 1296-1303.

朱自鹏, 2016. 砂卵石地层高水压条件下土压平衡盾构防喷涌研究 [D]. 北京: 北京交通大学.

Adkins S, Chen X, Chan I, et al, 2010. Morphology and stability of $CO_2$ in water foams with nonionic hydrocarbon surfactants[J]. Langmuir, 26(8): 5335-5348.

API (American Petroleum Institute), 2003. Recommended Practice Standard Procedure for Field Testing Water-Based Drilling Fluids, $1^{3B}$-1, 3rd ed[M]. Washington: American Petroleum Institute.

ASTM (American Society for Testing and Materials), 2017. Standard Practice for Description and Identification of Soils: ASTM D2488-17ε1[S]. ASTM International, West Conshohocken, PA.

Bhakta A, Ruckenstein E, 1997. Drainage and coalescence in standing foams[J]. Journal of colloid and interface science, 191(1): 184-201.

Budach C, Thewes M, 2015. Application ranges of EPB shields in coarse ground based on laboratory research[J]. Tunnelling and Underground Space Technology, 50: 296-304.

Chen L, He J, Yang S, et al, 2020. Experimental study on the evolution of the drained mechanical properties of soil subjected to internal erosion[J]. Natural Hazards, 103(1): 1565-1589.

Erasov V, Pletnev M, Pokidko B, 2015. Stability and rheology of foams containing microbial polysaccharide and particles of silica and bentonite clay[J]. Colloid Journal, 77(5): 614-621.

Fox P, 1996. Analysis of hydraulic gradient effects for laboratory hydraulic conductivity testing[J]. Geotechnical Testing Journal, 1996, 19(2): 181-190.

Heller H, Keren R, 2002. Anionic polyacrylamide polymers effect on rheological behavior of sodium-montmorillonite suspensions[J]. Soil Science Society of America Journal, 66(1): 19-25.

Hu Q, Wang S, Qu T, et al, 2020. Effect of hydraulic gradient on the permeability characteristics of foam-conditioned sand for mechanized tunnelling[J]. Tunnelling and Underground Space Technology, 99: 103377.

Huang S, Wang S, Xu C, et al, 2019. Effect of grain gradation on the permeability characteristics of coarse-grained soil conditioned with foam for EPB shield tunneling[J]. KSCE Journal of Civil Engineering, 23(11): 4662-4674.

Jancsecz S, Krause R, Langmaack L, 1999. Advantages of soil conditioning in shield tunneling. Experiences of LRTS Izmir[C]. OSLO S. Congress Challenges for the 21st Century. Rotterdam: Balkma: 865-875.

Jean B, Lee L T, Cabane B, et al, 2009. Foam films from thermosensitive PNIPAM and SDS solutions[J]. Langmuir, 25(7): 3966-3971.

Kaptay G, 2006. On the equation of the maximum capillary pressure induced by solid particles to stabilize emulsions and foams and on the emulsion stability diagrams[J]. Colloids and Surfaces A Physicochemical and Engineering Aspects, 282: 387-401.

Leonards G A, Huang A B, Ramos J, 1991. Piping and erosion tests at conner run dam[J]. Journal of Geotechnical Engineering, American Society of Civil Engineers, 117(1): 108-117.

Ling F, Wang S, Hu Q, et al, 2022. Effect of bentonite slurry on the function of foam for changing the permeability characteristics of sand under high hydraulic gradients[J]. Canadian Geotechnical Journal, 59(7): 1061-1070.

Ling F, Wang S, Hu Q, et al, 2022. Effect of bentonite slurry on the function of foam for changing the permeability characteristics of sand under high hydraulic gradients [J]. Canadian Geotechnical Journal, 59(7): 1061-1070.

Louvet N, Höhler R, Pitois O, 2010. Capture of particles in soft porous media[J]. Physical Review E Statistical Nonlinear & Soft Matter Physics, 82(4): 041405.

Masuda T, Iguchi Y, Tang B Z, et al, 1988. Diffusion and solution of gases in substituted polyacetylene membranes[J]. Polymer, 29(11): 2041-2049.

Milligan G, 2000. Lubrication and soil conditioning in tunnelling, pipe jacking and micro-tunnelling: a state-of-the-art review[R]. Geotechnical Consulting Group, London, UK.

Olson R, Daniel D, 1981. Measurement of the hydraulic conductivity of fine grained soils[M]//Zimmie T, Riggs C. Permeability and Groundwater Contaminant Transport. West Conshohocken: PA: ASTM: 18-64.

Princen H M, Mason S G, 1965. The permeability of soap films to gases[J]. Journal of Colloid Science, 20(4): 353-375.

Rouyer F, Haffner B, Louvet N, et al, 2014. Foam clogging[J]. Soft Matter, 10(36): 6990-6998.

Safouane M, Saint-jalmes A, Bergeron V, et al, 2006. Viscosity effects in foam dra tabiliziwtonian and non-newtonian foaming fluids[J]. The European Physical Journal E, 19(2): 195-202.

Vinai R, Oggeri C, Peila D, 2008. Soil conditioning of sand for EPB applications: a laboratory research[J]. Tunnelling and Underground Space Technology, 23(3): 308-317.

Wang J, Nguyen A V, 2016. Foam drainage in the presence of solid particles[J]. Soft Matter, 12(12): 3004-3012.

Wang S, Hu Q, Wang H, et al, 2020. Permeability characteristics of poorly graded sand conditioned with foam in different conditioning states[J]. Journal of Testing and Evaluation, ASTM, 49(5): 20190539.

Wu Y, Mooney M, Cha M, 2018. An experimental examination of foam stability under pressure for EPB TBM tunnelling[J]. Tunnelling and Underground Space Technology, 77: 80-93.

Wu Y, Nazem A, Meng F, et al, 2020. Experimental study on the stability of foam-conditioned sand under pressure in the EPBM chamber[J]. Tunnelling and Underground Space Technology: 106.

Wu Y, Nazem A, Meng F, et al, 2020. Experimental study on the stability of foam-conditioned sand under pressure in the EPBM chamber[J]. Tunnelling and Underground Space Technology, 106: 103590.

Xu T, Bezuijen A, 2019. Experimental study on the mechanisms of bentonite slurry penetration in front of a slurry TBM[J]. Tunnelling and Underground Space Technology, 93(11): 103052.1-103052.10.

Zhao G, Dai C, Wen D, et al, 2016. Stability mechanism of a novel three-Phase foam by adding dispersed particle gel[J]. Colloids and Surfaces, A. Physicochemical and Engineering Aspects, 497: 214-224.

# 第 8 章　盾构泡沫改良土渗透性理论模型

## 8.1　引　　言

泡沫作为填充在岩土基质中的封堵物，其本身的渗流特征对泡沫-岩土混合体的渗流特征有着极其重要的影响，但现阶段对于泡沫的封堵机理和性态时变仍然缺乏一定研究 (Chan et al.，2011)。Lorenceau 等 (2009) 推导了一定渗流压力下纯泡沫的渗透系数计算公式，并认为纯泡沫的渗透系数与泡沫粒径的二次方成正比，这一点与多孔介质渗透系数的计算十分类似。如前所述，泡沫也可被视为一类多孔介质，气泡之间存在众多细小的液体通道作为泡沫渗流的主要通道 (Tien，2013)，该类通道即柏拉图通道 (Weaire 和 Phelan，1996；Durian 和 Weitz，1994；黄晋和孙其诚，2007)。一般认为，液体由流动产生的黏性损失仅发生在柏拉图边界上 (Goldshtein et al.，1996，Verbist et al.，1996)，并假设渗流通道边界不发生移动，则在泡沫通道中的渗流可视作泊肃叶流动 (Koehler et al.，2002；Koehler et al.，2004)。

泡沫的界面特性对其宏观特性有重要影响 (Monroy et al.，1998)，纯泡沫体系中一旦加入固体颗粒，其界面特性发生改变，其性质便会发生很大变化。泡沫在大范围破灭之前会存在一定时长的稳定期，当泡沫中加入固体颗粒时，其稳定期便可大大增长 (Horozov et al.，2008)，从而增长泡沫的封堵寿命。泡沫中细颗粒的加入可增加泡沫的界面刚度与其中流体的黏性损失，并从一定程度上封堵渗流通道，进而显著降低泡沫的渗透性 (Rouyer et al.，2014；Wang 和 Nguyen，2016)。

另外，泡沫改良粗粒土渗透性还与泡沫稳定性紧密相关，其中泡沫的稳定性从本质上取决于组成泡沫的液膜排液过程的稳定性 (Bhakta 和 Ruckenstein，1997)，所以研究泡沫体系失稳破灭的关键点是泡沫的排液，尤其是液膜的薄化。泡沫体系中液膜排液主要有两种模式：① 在重力作用下直接自上而下排液；② 在压差驱动下由液膜向柏拉图通道中排液 (Weaire 和 Phelan，1996)。其中，对于含水量较高的泡沫，第 ① 类模式占主导；对于含水量较低的泡沫，第 ② 类模式占主导。环境压力也会对泡沫排液能力产生一定影响，泡沫所处环境压力越大，泡沫排液时间越长，其稳定期越长 (Wu et al.，2018)。泡沫自身表面活性剂的浓度也会对泡沫稳定性产生影响，通常表面活性剂的溶解度提高，液膜稳定性降低 (Seiwert 和 Cantat，2015；Lin et al.，2005)。自 1936 年 Derjaguin 首次提出分离压的概念后，众多学者从分离压的角度来研究泡沫薄化与破灭失稳，并提出了相应的分离压计算公式 (Lin et al.，2005；Butt 和 Kappl，2010；Israelachvili，2012)。Wang 等 (2010) 认为，当泡沫间的附加压力大于其分离压力时，泡沫发生磨灭。目前物理领域常见的研究液膜排液的模型为雷诺 (Reynolds) 方程 (Chan et al.，2011)，该方程同样涉及分离压的计算。黄晋和孙其诚 (2007) 指出，当泡沫中气体占比在 90% 及以上时，认为泡沫为干泡沫；90% 以下时为湿泡沫。而用于对渣土进行改良的泡沫其发泡倍率 (FER) 在 10 及其以上最佳 (EFNARC，2005)，因此在渣土改良中所用的泡沫可以视作干泡沫，则泡沫改良土中泡沫液膜的排液视作第 ② 类排液模式，即液膜中的水主要在拉普拉斯压差的驱动下流向柏拉图通道，再于柏拉图通道中进行渗流，进而发生流失，薄化液膜直至磨灭。

因此，液膜排液主要受柏拉图通道的影响，泡沫改良土中柏拉图通道的数量越多，液膜排液的通道数就越多，整个泡沫体系对于液膜的排液能力也就越强，于是泡沫中液膜水量的流失可以通过柏拉图通道的流量来定量评价。刘述忠等 (2016) 指出，当泡沫的液膜厚度达 10nm 左右时，泡沫将十分容易破灭。则可认为，泡沫中液膜的排液通道越多，整个泡沫体系就越快通过排液使液膜的厚度达到 10nm 左右进而破灭。进而可推断，泡沫改良土体系中柏拉图通道数量越多，液膜排液越快，整个泡沫体系的稳定期越短，渗透系数初始稳定期越短。

综上，可将泡沫类比为多孔介质进而采用既有的多孔介质渗透性研究体系对其进行研究，然而由于泡沫是一类亚稳态体系，对压力等外部环境特征敏感度高，其性质表现出时变性，具有动态特征。一旦将其与性质稳定的土进行拌和，此类 "动静结合" 的多项体系的复杂性往往 "一加一大于二"，土与泡沫相互作用后所表现出的独特的渗流力学特性有待进一步研究。

本章基于泡沫结构理论及纯泡沫渗流理论，考虑泡沫与土颗粒间的相互作用及水头影响，提出泡沫改良土有效渗流通道等概念，建立泡沫改良土的初始渗透系数定量计算方法，并基于泡沫与土相互作用相关原理，进一步阐释改良土抗渗机理。然后，基于流体力学原理及有效渗流通道理论，提出泡沫改良土渗透性常量等概念，建立泡沫改良土初始稳定时长的定量计算方法 (Wang et al.，2020；Wang et al.，2021；王树英等，2021；Wang et al.，2023)。

## 8.2　纯泡沫渗流理论

泡沫是一类具有高度自组织结构的不稳定系统，前人已对纯泡沫的渗流特性作了较多研究 (Weaire 和 Phelan，1996；Durian 和 Weitz，1994；黄晋和孙其诚，2007)。如图 8-1(a) 所示，四个泡沫相互组成泡沫系统中的一个单元体，泡沫间存在的柏拉图通道为流体在泡沫中的主要渗流通道 (图 8-1(b))，则泡沫中单渗流通道的流量 $q$ 计算如下：

$$q = S_i u_i \tag{8-1}$$

式中，$S_i$ 为单渗流通道的横截面积；$u_i$ 为单渗流通道中流体的流速。

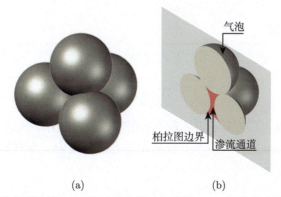

(a)            (b)

图 8-1　泡沫体系简图：(a) 泡沫基本单元示意图；(b) 泡沫内渗流通道示意图

### 8.2.1　单通道流速

泡沫的体积含水率对其渗透性参数 $K_f$ 有关键的影响，因为其决定了泡沫的表面积 (Pitois et al.，2008)，而泡沫的比表面积 $A_{ss}$ (定义为泡沫的表面积除以其体积) 是其表面积的重要数学表征量。泡沫的比表面积 $A_{ss}$ 与其渗透性参数 $K_f$ 可通过 Kozeny-Carman 方程相联系 (Pitois et al.，2008；Kozeny，1927；Carman，1997)：

$$K_f = \frac{n_f^3}{C_K(1-n_f)^2 A_{ss}^2} \tag{8-2}$$

式中，$C_K$ 为 Kozeny 常数，一般取 4.5～5.1；$n_f$ 为泡沫的体积含水率 (将泡沫类比为多孔介质，由于泡间充满了液相，故可将 $n_f$ 视作泡沫的孔隙率)。

泡沫的渗透系数 $k_f$ 取决于其渗透性参数 $K_f$ 及渗流流体的物理特性，存在如下关系：

$$k_f = \frac{\gamma}{\mu_f} K_f \tag{8-3}$$

式中，$\mu_f$ 为渗流流体的动力黏度 (Pa·s)；$\gamma$ 为流体容重 (kN/m$^3$)。

于是可求得纯泡沫的渗透系数表达式为

$$k_f = \frac{n_f^3}{C_K(1-n_f)^2 \tilde{A}_{ss}^2} R^2 \frac{\gamma}{\mu_f} = \frac{n_f^3}{4C_K(1-n_f)^2 \tilde{A}_{ss}^2} d_{10,f}^2 \frac{\gamma}{\mu_f} \tag{8-4}$$

式中，$\tilde{A}_{ss}$ 为无量纲比表面积 ($\tilde{A}_{ss} = R A_{ss}$)；$R$ 为泡沫的半径 (即 $d_{10,f}/2$)。

由于泡沫中达西流速是其单渗流通道中流体实际流速的 $n_f$ 倍，单渗流通道的渗透系数 $k_{s,f}$ 可由式 (8-5) 算得

$$k_{s,f} = \frac{n_f^2}{4C_K(1-n_f)^2 \tilde{A}_{ss}^2} d_{10,f}^2 \frac{\gamma}{\mu_f} \tag{8-5}$$

根据达西定律，单通道中流体的流速 $u$ 计算如下：

$$u = k_{s,f} i = \frac{n_f^2}{4C_K(1-n_f)^2 \tilde{A}_{ss}^2} d_{10,f}^2 \frac{\gamma}{\mu_f} i \tag{8-6}$$

### 8.2.2　单通道横截面积

根据流体力学相关定义，$W$ 可由下式算得

$$W = R_H \chi \tag{8-7}$$

式中，$\chi$ 为不规则横截面的湿周；$R_H$ 是不规则横截面的水力半径。

由于 Kozeny-Carman 公式将多孔介质中的孔隙假设为一系列横截面积相等的单渗流通道，式 (8-7) 可被改进为

$$R_H = \frac{V_p}{A_\chi} \tag{8-8}$$

式中，$V_p$ 为泡沫中的总孔隙体积 (即泡沫中的体积含水量)；$A_\chi$ 为泡沫中渗流通道的总湿润面积 (亦即总表面积)。

根据比表面积 $A_{ss}$ 的定义及 Kozeny-Carman 公式的假设，可得

$$R_H = \frac{n_f}{A_{ss}(1 - n_f)} \tag{8-9}$$

联立式 (8-7) 和式 (8-10) 可得

$$W = \frac{n_f \chi}{A_{ss}(1 - n_f)} = \frac{n_f \chi d_{10,f}}{2\tilde{A}_{ss}(1 - n_f)} \tag{8-10}$$

图 8-2 呈现了单个气泡的横截面情况，存在如下关系：

$$s_p = s_t - s_f \tag{8-11}$$

式中，$s_p$ 为单气泡与流体接触部分的表面积 (即气泡的红线部分)；$s_t$ 为单气泡的总表面积；$s_f$ 为单气泡与其他气泡接触部分的面积 (即气泡的蓝线部分)。

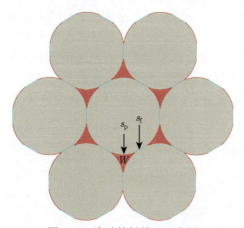

图 8-2　泡沫接触情况示意图

根据 Pitois 等 (2008) 的研究，$s_t$ 与 $s_f$ 计算方式如下：

$$s_t = \left[1 + \frac{U}{3(1 - e_f)}\right] s_0 \tag{8-12}$$

$$s_f = 1.1\alpha s_0 \tag{8-13}$$

式中，$s_0$ 为球形体积等效泡沫的表面积；$U$ 为无量纲过剩能量密度，Lacasse 等 (1996) 与 Hohler 等 (2008) 对其取值进行了相关研究；$e_f$ 为泡沫的 “孔隙比”，$e_f = n_f/(1 - n_f)$；$\alpha$ 为与 $e_f$ 相关的计算参数，其计算式如下 (Hilgenfeldt et al., 2001)：

$$\alpha = (1 - 1.52\sqrt{e_f})^2 \tag{8-14}$$

由于泡沫中的渗流通道为如图 8-2 所示的三段红线围成的曲边三角形，则有如下关系：

$$\chi = \frac{s_{\mathrm{p}}}{2} \tag{8-15}$$

联立式 (8-10)~ 式 (8-15)，且将 $d_{10,\mathrm{f}}$ 作为球形体积等效泡沫的直径，则 $W$ 可计算如下：

$$W = \frac{\pi e_{\mathrm{f}}\{3(1-e_{\mathrm{f}})[1-1.1(1-1.52\sqrt{e_{\mathrm{f}}})^2]+U\}}{12(1-e_{\mathrm{f}})\tilde{A}_{\mathrm{ss}}} d_{10,\mathrm{f}}^2 \tag{8-16}$$

将式 (8-6) 和式 (8-16) 代入式 (8-1)，可求得泡沫中单渗流通道的平均流速：

$$q = \theta d_{10,\mathrm{f}}^4 \frac{\gamma}{\mu_{\mathrm{f}}} i \tag{8-17}$$

式中，$\theta = \dfrac{\pi e_{\mathrm{f}}^3\{3(1-e_{\mathrm{f}})[1-1.1(1-1.52\sqrt{e_{\mathrm{f}}})^2]+U\}}{48C_{\mathrm{K}}(1-e_{\mathrm{f}})\tilde{A}_{\mathrm{ss}}^3}$ 为泡沫的结构参数。

## 8.3　泡沫改良土有效渗流通道理论

泡沫是一类高度微小孔隙多而细的堆积体，相比于泡沫土是一类粒度较粗孔隙少而大的堆积体，泡沫与土混合，势必会造成细小泡沫在土孔隙中的填充，使得泡沫改良土的孔隙特征与纯泡沫及非改良土差异甚大。下面考量泡沫改良土的孔隙特性。

如图 8-3 所示，假设土已被泡沫充分改良，泡沫填充了土颗粒骨架，设泡沫改良土的孔隙率为 $n$，泡沫改良土土样横截面积为 $S$，则截面上土颗粒的总面积为 $(1-n)S$，孔隙的总面积为 $nS$，由于泡沫填充了土颗粒骨架，则可认为该截面上泡沫的面积为 $nS$。

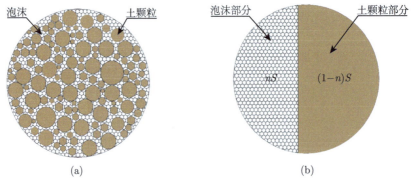

图 8-3　土中泡沫填充示意图：(a) 泡沫在土中实际填充情况图；(b) 泡沫与土各自占比示意图

由于土颗粒和泡沫是粒径大小不均一的堆积体，为了对土颗粒和泡沫的渗透性进行数学分析，分别取它们的有效粒径来分析渗透特性。设土颗粒的有效粒径为 $d_{10,\mathrm{s}}$，泡沫的有效粒径为 $d_{10,\mathrm{f}}$，并将土与泡沫分别视作直径为 $d_{10,\mathrm{s}}$ 和 $d_{10,\mathrm{f}}$ 的单直径球形颗粒堆积体。

设该截面上土颗粒的数量为 $m$，泡沫数量为 $p$，则 $m$、$p$ 可分别由式 (8-18)、式 (8-19) 计算得到

$$m = \frac{4(1-n)S}{\pi d_{10,\mathrm{s}}^2} \tag{8-18}$$

$$p = \frac{4nS}{\pi d_{10,\mathrm{f}}^2} \tag{8-19}$$

由于泡沫填充在土颗粒间的孔隙之中，其填充方式可概化为如图 8-4 所示的模型，在土颗粒孔隙中均匀良好地填充直径为 $d_{10,\mathrm{f}}$ 的等粒径泡沫，每三个泡沫相互接触形成一个柏拉图通道；由于土颗粒表面的亲水性，泡沫与土接触会产生一定接触角，因而不能形成柏拉图通道 (Zhang et al., 2006；Kameda 和 Nakabayashi，2008，Borkent et al.，2009)，而柏拉图通道为泡沫改良土中主要的渗流通道。

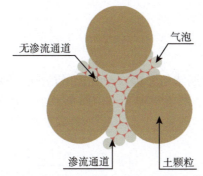

图 8-4　泡沫在土颗粒间填充方式概化模型

由图 8-5 所示的模型可知，在等粒堆积的泡沫团聚体中每个泡沫数量 $p$ 与柏拉图通道 (总渗流通道) 数量 $s'$ 有如式 (8-20) 所示的关系。

$$s' = 2p \tag{8-20}$$

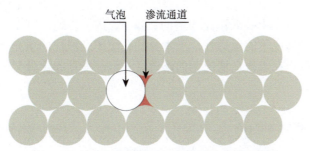

图 8-5　柏拉图通道数量与泡沫数量关系示意图

但由前述可知，泡沫与土颗粒接触无法形成泡沫中有效的渗流通道，因此泡沫中一旦混合了土颗粒泡沫中的有效渗流通道会相应减小，可以利用式 (8-21) 计算与土颗粒接触泡沫的总数量 $p'$，计算简图如图 8-6 所示。

$$p' = \frac{l_{\mathrm{s}}}{d_{10,\mathrm{f}}} \tag{8-21}$$

式中，$l_{\mathrm{s}}$ 为泡沫改良土截面上所有颗粒的外周长度总和，即 $l_{\mathrm{s}} = \pi m d_{10,\mathrm{s}}$

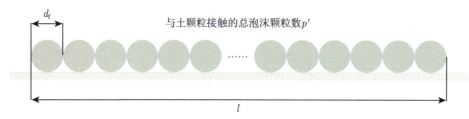

$d_{\mathrm{f}}$

与土颗粒接触的总泡沫颗粒数 $p'$

$l$

图 8-6　与土颗粒接触的泡沫数量计算概化图

结合式 (8-18)、式 (8-21)，推导可得式 (8-22)

$$p' = \frac{4(1-n)S}{d_{10,\mathrm{s}}d_{10,\mathrm{f}}} \tag{8-22}$$

图 8-7 所示呈现了该类泡沫与土颗粒相互作用时柏拉图通道的变化情况，可知每个泡沫一旦与土颗粒边界接触，便会减少一个 (两个半个) 柏拉图通道，则结合式 (8-19)、式 (8-20)、式 (8-22) 可知泡沫改良土中总的有效渗流通道数量 $s$ 为

$$s = s' - p' = \left[ 1 - \frac{\pi(1-n)d_{10,\mathrm{f}}}{2nd_{10,\mathrm{s}}} \right] \frac{8nS}{\pi d_{10,\mathrm{f}}^2} \tag{8-23}$$

由式 (8-23) 可知，在泡沫自身参数一定的情况下泡沫改良土的有效渗流通道数量 (即过流能力) 主要取决于泡沫改良土的孔隙率 $n$ 和土的有效粒径 $d_{10,\mathrm{s}}$。因为 $d_{10,\mathrm{s}}$ 及 $n$ 的增大能够减少泡沫改良土有效渗流通道的减损量 $\Delta s$ (亦即 $p'$)，因此对于泡沫改良土，当 $d_{10,\mathrm{s}}$ 及 $n$ 较大时所伴随的结果是有效渗流通道数 $s$ 的增加，从而导致泡沫改良土的过流能力增强。而土本身的级配情况决定了土的有效粒径 $d_{10,\mathrm{s}}$，土的孔隙率和泡沫对土的填充情况决定了泡沫改良土的孔隙率 $n$，即土自身的级配情况、土的孔隙率、泡沫对土的填充情况三者共同决定了泡沫改良土中有效渗流通道的数量 $s$。进一步地，可以认为土本身的级配情况决定了土在未改良情况下的渗透性，土本身的孔隙率及泡沫的填充情况决定了泡沫能顶起土骨架的程度，则土在未改良情况下的渗透性与泡沫能顶起土骨架的程度共同决定了泡沫改良土的渗透性。

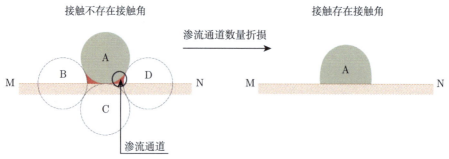

接触不存在接触角　　　　　　　　　　　　接触存在接触角

渗流通道数量折损

M　　　　B　　A　　D　　　N　　　　　　M　　　A　　　　　N

C

渗流通道

图 8-7　泡沫与土接触柏拉图通道变化情况示意图

## 8.4 常水头下泡沫改良土初始渗透系数计算

8.2 节和 8.3 节分别导出了单柏拉图通道流量 $q_c$ 和有效渗流通道数量 $s$ 的计算公式，则在截面积 $S$ 上的渗透总流量 $Q$ 为

$$Q = sq_c \tag{8-24}$$

由流体流速 $v$ 与流量 $Q$ 间关系可得泡沫改良土的达西流速计算式为

$$v = \frac{sq_c}{S} \tag{8-25}$$

由达西定律可得泡沫改良土的渗透系数为

$$k = \frac{sq_c}{Si} \tag{8-26}$$

将式 (8-18)、式 (8-24) 代入式 (8-26)，可得

$$k = \frac{8\theta}{\pi} \left[ n - \frac{\pi(1-n)}{2} D_{fs} \right] d_{10,f}^2 \frac{\gamma}{\mu} \tag{8-27}$$

式中，$D_{fs} = d_{10,f}/d_{10,s}$ 表征泡沫相对于土颗粒的细度。

实际中，$e_f$ 主要取决于泡沫的发泡倍率 (FER)，其定义为

$$\text{FER} = \frac{V_f}{V_l} \tag{8-28}$$

式中，$V_f$ 和 $V_l$ 分别为泡沫和发泡溶液的体积。

根据 Bezuijen 和 van Lottum (2006) 的相关研究，$n_f = 1/\text{FER}$，则

$$e_f = \frac{1}{\text{FER} - 1} \tag{8-29}$$

从而可以利用 FER 这个在实际操作中简单易得的指标对式 (8-27) 进行计算，大大增加了式 (8-27) 的实用性。

## 8.5 考虑水头影响的初始渗透系数计算

盾构于富水地层中掘进，更为常见且具有代表性的问题是盾构在高水头下掘进的渣土抗渗性改良问题，由第 6 章中的分析可知外部水头对于泡沫改良土的渗流特性具有重要影响，其往往决定着盾构施工现场是否发生 "喷涌"。因此有必要对水头影响下泡沫改良土初始渗透系数计算方法的修正进行专项研究。

### 8.5.1　水头对泡沫改良土初始渗透系数的影响

针对泡沫改良土渗透系数在不同水头下响应的机理研究，需要着眼于泡沫改良土与纯土样有所不同的渗流特性。6.4 节中提到之所以泡沫改良土在不同水头下表现出不同的渗流特性，是因为泡沫在不同水头下自身物理状态的变化。更加具体地，在本节中指出，由于泡沫具有较高的压缩性，若泡沫体系所处的液态环境液压增大，其渗流通道中的流体静压力相应增大，则渗流通道的截面积会增大，从而使得泡沫的液相比例增加，由式 (8-27) 可知，泡沫改良土的渗透系数相应增大，其示意图如图 8-8 所示。

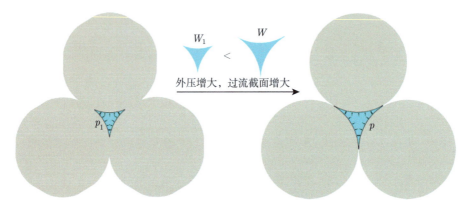

图 8-8　水头对泡沫改良土渗透系数影响机理图

由 Wu (2018) 的研究可知，随着外压力的增加，气泡的体积理论上会持续缩小。泡沫中气泡体积不断缩小的结果是泡沫中液相比例不断增加，而根据 Poits 等 (2008) 的研究，当泡沫 "孔隙比" $e_f > 0.32$ 时，泡沫中的气泡相互分离。若泡沫改良土的外部水头不断增加，当其达到某一临界值后，泡沫改良土中的泡沫颗粒相互分离，泡沫于泡沫改良土中处于游离状态，极易流失耗散，泡沫改良土渗透系数大且稳定性差。其后随着外部水头的增加，泡沫改良土中泡沫的阻水性能大大削弱，泡沫改良土渗透系数迅速增加，直到外部水头增大到一定程度，泡沫的阻水性能完全丧失，整个泡沫改良土的渗透系数转变为纯土的渗透系数。

至此可从泡沫与土相互作用的角度总结归纳出初始渗透系数的发展转化关系：从纯泡沫渗流理论入手计算纯泡沫的渗透系数，考虑到泡沫改良土中土颗粒对于纯泡沫有效渗流通道的折损，计算泡沫改良土初始渗透系数；进一步地，考虑到水头增大条件下改良土中泡沫结构所发生的变化，水头越大，泡沫改良土渗透系数越接近纯土样。

### 8.5.2　水头影响下初始渗透系数计算

根据上文描述，考虑水头作用对泡沫改良土的初始渗透系数进行修正的关键在于求解水头作用下改良土中泡沫体积含水率的变化，下面求解之。

当外部水头增大时改良土中的泡沫气相会受压，由式 (8-29) 知，发泡倍率 (FER) 会相应发生变化。通过发泡系统刚发生出的泡沫暴露于大气压下，设大气压为 $p_{atm}$，此时对应的发泡倍率为 $FER_0$。泡沫与土拌和成泡沫改良土后施加水头进行渗透，此时泡沫所受

的外压为 $p_{外}$，对应的发泡倍率为 $\mathrm{FER}_{\mathrm{p}}$。Young-Laplace 公式形式如下：

$$p_{内} - p_{外} = \frac{2\gamma}{r} \tag{8-30}$$

通常 $2\gamma/r \ll p_{外}$，因此 $p_{内} \approx p_{外}$，则根据玻意耳定律，结合 FER 的定义，存在如下关系：

$$\frac{p_{\mathrm{atm}}}{p} = \frac{\mathrm{FER}_0 - 1}{\mathrm{FER}_{\mathrm{p}} - 1} \rightarrow \mathrm{FER}_{\mathrm{p}} = \frac{p_{\mathrm{atm}}}{p}(\mathrm{FER}_0 - 1) + 1 \tag{8-31}$$

进一步地，根据 $e$ 与 FER 的定义，可得

$$e = \frac{p}{p_{\mathrm{atm}}}\left(1 + \frac{1}{\mathrm{FER}_0 - 1}\right) - 1 \tag{8-32}$$

由于水在泡沫改良土中渗流，沿其渗流方向水头逐渐下降，因此泡沫改良土中水压力沿水的渗流方向分布并不均匀呈逐渐减小的状态，则泡沫改良土中泡沫的"孔隙比" $e_{\mathrm{f}}$ 沿水的渗流方向分布亦不均匀，导致泡沫改良土中渗流最上端泡沫所承受的水压力最大，泡沫改良土渗透系数沿渗流方向逐渐减小。

经分析泡沫改良土中渗流进口泡沫所承受的水压力最大，为所施加的外部水头与大气压力之和，设为 $p_2$，渗流出口泡沫所承受的压力最小为大气压 $p_1$。利用式 (8-33) 核算此时 $p_2$ 对应的 $e_{\mathrm{f}}$ 是否大于 0.32，并选择相应的分析计算方法。

此时存在三种情况。

1) 改良土内泡沫"孔隙比"最大值 $e_{\mathrm{f,max}} < 0.32$

根据前文描述，此时改良土中的所有泡沫尚未分离，改良土中的泡沫处于稳定的状态，此时可按照如下所述方法对其渗透系数进行计算。

(1) 改良土渗透系数变化函数计算。

设 $p_1$、$p_2$ 下泡沫改良土对应的渗透系数分别为 $k_1$、$k_2$，考虑到外压 $p$ 发生变化同样会对泡沫粒径造成影响，依据 Young-Laplace 公式，采用式 (8-33) 对 $p_2$ 下的泡沫有效粒径 $d'_{10,\mathrm{f}}$ 进行修正。

$$d'_{10,\mathrm{f}} = \left(\frac{p_1}{p_2}\right)^{\frac{2}{3}} \times d_{10,\mathrm{f}} \tag{8-33}$$

将式 (8-27)、式 (8-32) 相结合并代入修正后的泡沫有效粒径，计算 $k_1$ 与 $k_2$。

根据前人对土渗流问题的研究可知，水头沿水的渗流方向线性降低 (李广信, 2013)，由于泡沫中渗流通道的过流面积随水压增大而增大，而水压沿渗流方向逐渐减小，则类似地将渗透系数沿渗流方向的变化假设为线性变化，示意图如图 8-9 所示，计算渗透系数 $k$ 随渗流径长 $l$ 的变化关系 $k(l) = al + b$，解得

$$k(l) = \frac{k_2 - k_1}{h}l + k_1 \tag{8-34}$$

式中，$h$ 为土样高度。

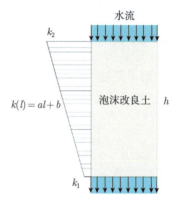

图 8-9　泡沫未相互分离改良土渗透系数变化示意图

(2) 改良土等效渗透系数计算。

基于成层土垂直层面渗流等效渗透系数计算公式 (陈崇希，2011)，提出渗透系数渐变地层垂直渗流等效渗透系数计算公式，如下：

$$k = \frac{h}{\int_0^h \dfrac{\mathrm{d}l}{k(l)}} \tag{8-35}$$

将式 (8-34) 代入式 (8-35)，计算得

$$k = \frac{k_2 - k_1}{\ln \dfrac{k_2}{k_1}} \tag{8-36}$$

利用式 (8-36) 可计算得到考虑水头递减的泡沫改良土初始渗透系数计算公式，同时该式有其几何意义，即 $k$ 的自然对数函数对应从 $k_1$ 到 $k_2$ 割线的垂线的纵向对称线，如图 8-10 所示。

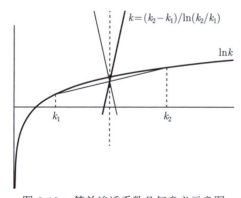

图 8-10　等效渗透系数几何意义示意图

**2) 改良土内泡沫 "孔隙比" 最大值 $e_{f,max} > 0.32$**

虽然在改良土渗流进口处泡沫的孔隙比 $e_{f,max} > 0.32$，此状态下改良土中泡沫相互分离，渗透性较大，但由于泡沫改良土在渗流过程中水压力沿渗流方向递减，则可能在一定渗流里程下，改良土中泡沫的 "孔隙比" $e_f$ 降至 0.32 以下，此状态下泡沫相互接触，渗透性较小。则此时泡沫改良土中存在两类渗流特征不同的对象，即改良土中泡沫 "孔隙比" $e_f$ 大于 0.32 部分和小于 0.32 部分，同样假设各部分渗透系数呈线性变化，如图 8-11 所示。下面叙述此类情况下泡沫改良土初始渗透系数的计算方法。

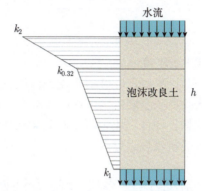

图 8-11 泡沫部分分离改良土渗透系数变化示意图

(1) 改良土渗流进口渗透系数计算。

在 $e_f > 0.32$ 情况下改良土进口的渗透系数不能按照前文所述的常规泡沫改良土渗透系数计算方式进行计算，因为此时由于水压的作用改良土中的泡沫已经相互分离。将相互分离的泡沫考虑为颗粒物质并计算纯泡沫的渗透系数。根据 Odong (2007) 的研究，选用针对颗粒物质的 Kozeny-Carmen 公式进行计算。同时，借鉴纯土体抗渗理论中颗粒的 "粗粒效应" 概念，认为悬浮在泡沫中的土颗粒起到了减小泡沫过流截面的作用，因此需要在颗粒物质 Kozeny-Carmen 公式的基础上乘以泡沫改良土的孔隙率 $n$，此外还需考虑到土颗粒对泡沫有效渗流通道的折减效应，即折减因子 $\xi$，最终计算式如下：

$$k = \xi \times n \times \frac{g}{v} \times 8.3 \times 10^{-3} \times \frac{n_f^3}{(1-n_f)^2} \times d_{10,f}'^2 \qquad (8-37)$$

式中，折减因子 $\xi$ 是泡沫改良土有效渗流通道数 $s$ 与总渗流通道数 $s'$ 之比，即 $\xi = 1 - \frac{\pi(1-n)}{2n}\beta$。

(2) 改良土中泡沫 $e_f = 0.32$ 位置计算。

沿渗流路径泡沫改良土所受水压力不断下降，则在一定渗流距离下改良土中的泡沫孔隙比 $e_f$ 会减小至 0.32 以下，因此需要求解改良土中 $e_f = 0.32$ 的临界位置。

已知 $e_f = 0.32$，根据式 (8-32) 计算此时泡沫所处的环境压力 $p_f$，并进一步根据式 (8-27) 和式 (8-32) 计算得到泡沫 $e_f = 0.32$ 时改良土对应的渗透系数 $k_{0.32}$。

利用式 (8-34) 分别计算渗流进口至 $e_f = 0.32$ 段的渗透系数 $k_a$ 和 $e_f = 0.32$ 至渗流出口段的渗透系数 $k_b$，利用流量连续性原理 (即 $k_a = k_b$) 可得式 (8-38)，以此求解改良土中

$e_f = 0.32$ 位置的深度 $l$。

$$l = \frac{h}{1 + \frac{(p_f - p_1)k_b}{(p_2 - p_f)k_a}} \qquad (8\text{-}38)$$

(3) 改良土等效渗透系数计算。

利用成层土垂直层面渗流等效渗透系数计算公式计算整个改良土的等效渗透系数，公式如下：

$$k = \frac{h}{\frac{l}{k_a} + \frac{(h-l)}{k_b}} \qquad (8\text{-}39)$$

3) 改良土内泡沫"孔隙比"最小值 $e_{f,min} > 0.32$。

改良土内泡沫"孔隙比"最小值大于 0.32 时证明泡沫改良土内任何一处的泡沫均处于相互分离的状态，则此时泡沫改良土全域范围内均被高水头"击穿"，泡沫改良土处于不稳定状态，其渗透系数大且变化快，泡沫已不适用于对此类土体进行改良，需要采用膨润土泥浆甚至高分子聚合物对渣土的抗渗性进行改良。

## 8.6　初始渗透系数计算方法验证

### 8.6.1　泡沫粒径分布

泡沫改良土渗透性是土本身渗透性与纯泡沫渗透性综合作用的结果，土与纯泡沫的级配很大程度上决定了泡沫改良土的渗透性，试验土的级配在第 6 章中已有详述，此处对纯泡沫的级配曲线进行相关介绍。

汪辉武 (2018) 和 Wu 等 (2018) 利用高倍显微镜对制备的泡沫进行了显微拍照，并根据拍得的照片，统计剖析了泡沫的性质。在本试验中同样利用高倍显微镜对试验泡沫作了显微拍照，基于拍摄所得的实物图进行了泡沫粒径的统计，绘制了相应级配曲线。试验所涉及两类泡沫 (泡沫 1 和泡沫 2) 的实物图分别如图 8-12(a) 和 (b) 所示，根据实物图统计所得的泡沫级配曲线如图 8-12(c) 所示。众多学者认为，有效粒径 $d_{10}$ 是一决定多孔介质渗透性的关键粒径，$d_{10}$ 取为其级配曲线上颗粒累计质量小于总质量 10% 所对应的粒径，则由图 8-12(c) 可知 $d_{10,f1} = 0.068mm$，$d_{10,f2} = 0.076mm$。

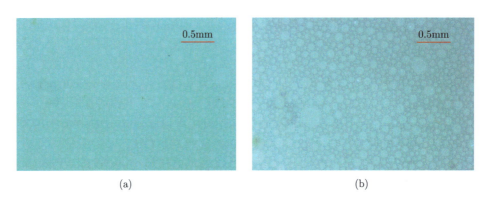

(a)　　　　　　　　　　　　　(b)

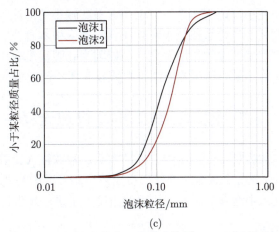

(c)

图 8-12 试验用泡沫基本情况图：(a) 试验泡沫 1 显微实物图；(b) 试验泡沫 2 显微实物图；(c) 试验泡沫级配图

### 8.6.2 方法计算效果验证

基于式 (8-27) 结合考虑水头影响的渗透系数修正法对泡沫改良土试样 1~31 的渗透系数 ($k_{ana}$) 进行计算，并将其与试验所测渗透系数 ($k_{exp}$) 进行对比。相应泡沫改良土的基本物理力学性质指标及计算参数如表 6-2 所示，计算结果与实测结果的对比如图 8-13 所示，可知所提出的方法预测效果较好，当土样发生变化时，无论从数据大小还是变化趋势其预测值基本与实测值基本保持一致，经分析预测渗透系数与实测渗透系数的相关性达到了高度线性相关水平。一般认为，如果预测渗透系数与实测渗透系数能够控制在同一量级内即可认为是较为精确的渗透系数预测，同样说明本方法对渗透性的预测效果较好。考察计算误差大于等于 50% 的情况，所包含试样为表 6-2 中的 1、2、8、9、14 号试样，上述 5 个

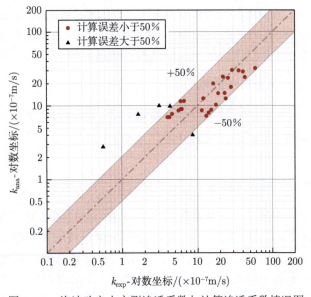

图 8-13 泡沫改良土实测渗透系数与计算渗透系数情况图

试样的实测渗透系数均较小，说明本方法对于渗透系数较小的泡沫改良土计算精度相对较差，推测其原因为当改良土渗透系数较小时往往意味着土中本身孔隙尺度较小，导致泡沫加入土中能很好地起到封堵孔隙的作用，然而同样因为孔隙尺度较小使得泡沫存在一定程度的破损，则导致实际泡沫赋存情况与方法推导假设有所不同，进而产生计算误差。

# 8.7　泡沫改良土抗渗机理诠释

前面章节从影响泡沫改良土的土级配、外部水头、泡沫注入比等角度入手阐释了泡沫改良土的抗渗机理，主要就各个因素对泡沫改良土渗透系数的影响效果及模式进行了论述。进一步地，本节从改良土中泡沫与土相互作用的角度入手进一步剖析改良土的抗渗机理。

## 8.7.1　土与泡沫相互作用

泡沫改良土是土与泡沫的混合体，其性质取决于土自身性质、纯泡沫性质及其泡沫对土填充情况。由式 (8-27) 可知，改良土中泡沫有效粒径 $d_{10,\mathrm{f}}$ 越大，泡沫改良土的渗透系数越大。在泡沫有效粒径 $d_{10,\mathrm{f}}$ 一定的条件下，土的有效粒径 $d_{10,\mathrm{s}}$ 越大，泡沫改良土的渗透系数越大。泡沫改良土的孔隙率 $n$ 越大其渗透系数同样越大，而土的孔隙率和泡沫对土的填充情况又共同决定了泡沫改良土的孔隙率 $n$，通常在泡沫充分填充土孔隙的情况下，土本身的孔隙率越大泡沫改良土的孔隙率越大，从而泡沫改良土的渗透系数越大。则上述分析很好地解释了泡沫改良土中土颗粒越粗、土本身的孔隙率越大，其泡沫改良土渗透系数越大的原因。

进一步地，可推知泡沫改良土中泡沫与土相互作用对于改良土渗透性影响的本质机理，即在泡沫改良土中土颗粒的存在实际上会一定程度降低纯泡沫的渗透性，这种降低的程度取决于改良土的孔隙率 $n$ 以及土颗粒粒径 $d_{\mathrm{s}}$ 两个因素。当改良土的孔隙率及土的粒径尺度增大时，改良土中有效渗流通道的总面积占整个改良土截面积的比例会有所提高，即泡沫有效渗流通道本身渗流能力的发挥程度会升高，因此整个泡沫改良土的渗透系数会提高，且由式 (3-28) 可知，当 $n \to 1$，$d_{\mathrm{s}} \to \infty$ 时，假设此时泡沫依然能很好地填充土的孔隙，则此时泡沫改良土的渗透系数达到极限值，即纯泡沫渗透系数。

## 8.7.2　土颗粒对泡沫改良土抗渗影响

由于泡沫改良土是泡沫与土的混合体，根据前文分析可知土颗粒的存在对于泡沫改良土渗透特征有重要影响，根据本文所建立的计算方法可知，对于泡沫改良土的抗渗性，土颗粒主要发挥如下两个作用。

### 1. 减小泡沫有效渗流通道的数量

对于改良完全的泡沫改良土，其渗流的主要通道为柏拉图通道，而柏拉图通道仅仅只能形成于泡沫与泡沫之间；对于泡沫与土的接触部分由于接触角的存在是无法形成柏拉图通道的。因此，由于土颗粒存在于泡沫之中，与泡沫间形成接触界面实则是对泡沫改良土中的有效渗流通道数量的一种折损，从而降低泡沫改良土的渗透性。同时由式 (8-24) 可知当泡沫尺度及泡沫改良土的孔隙一定时，土颗粒变粗有效粒径 $d_{10,\mathrm{s}}$ 增大，实际上会增加泡沫改良土中的有效渗流通道的数量，因此土颗粒对泡沫改良土有效渗流通道的折损程度会减小，因而泡沫改良土的渗透系数会提高。

### 2. 减小水在泡沫改良土的过流面积

由 1. 小节中分析可知，当 $d_{10,s}$ 很大时土颗粒对泡沫柏拉图通道的折损影响已经十分微弱，此时泡沫改良土的渗透系数依然达不到纯泡沫的渗透系数。其原因为在充分改良的泡沫改良土中泡沫顶起了土颗粒骨架，众多土颗粒相互分离呈"悬浮"状存在于泡沫改良土中，此时土颗粒在泡沫中实际上是起到一个减小过流面积的阻水作用，因此土颗粒的存在事实上是削弱了泡沫改良土的渗透性，造成了整个泡沫改良土的渗透性要低于纯泡沫的渗透性，这一点与非改良土渗透性评价中的"粗粒效应"十分类似。然而，当泡沫无法充分改良土体时，土颗粒无法很好地"悬浮"在泡沫改良土中，土颗粒相互接触形成土的骨架，此时土颗粒的存在实际上是增强了泡沫改良土的渗透性，因为有相当一部分水可以不必通过泡沫孔隙通道而直接通过土颗粒之间未填充泡沫的空隙进行渗流。因此，利用泡沫来改良土渗透性的最终目标就是要尽可能地让土颗粒都能"悬浮"在泡沫改良土中，以充分发挥在泡沫改良土中土颗粒自身的堵水作用。其作用原理可见图 8-14。

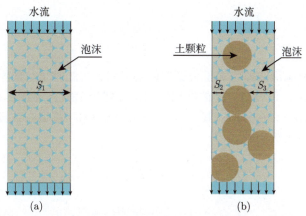

图 8-14　土颗粒对泡沫过流面积的削减作用示意图 $(S_1 > S_2 + S_3)$：(a) 纯泡沫中渗流的截面积示意图；(b) 泡沫改良土中渗流的截面积示意图

综上在充分改良的泡沫改良土中由于上述两个主要因素的综合作用导致整个泡沫改良土的渗透系数处于较低水平，可总结为泡沫改良土中土的抗渗效应：泡沫改良土中存在的粗颗粒起到减小改良土过流截面的作用，则减小了其渗透系数。同时，泡沫与土接触后由于土颗粒的表面亲水性的作用进一步减损了泡沫中的渗流通道数量，从而增强了改良土的抗渗性。

## 8.8　泡沫改良土初始稳定期计算

### 8.8.1　渗透性常量推导

同一泡沫改良土内部所有柏拉图通道单位时间的流量 $q$ 是相同的，则可知泡沫改良土的排液能力与有效渗流通道的数量成正比。

　　具体地例如，常水头下存在泡沫改良土 A、B，其单柏拉图通道中单位时间的流量分别为 $q_{cA}$、$q_{cB}$，如果改良土样 A 横截面上有 $x$ 条有效渗流通道，则其总的单位时间流量是 $q_{cA} = xq_A$；同理，如果改良土样 B 横截面上有 $y$ 条有效渗流通道，则其总的单位时间流量是 $q_{cB} = yq_B$。

　　由上述分析并结合式 (8-17) 可得

$$\frac{q_{cA}}{q_{cB}} = \frac{\theta_A x d_{10,fA}^4 i_A}{\theta_B y d_{10,fB}^4 i_B} \tag{8-40}$$

　　假设 A、B 两种泡沫改良土，其从初始状态泡沫开始渗流，到液膜逐渐薄化，再到泡沫大量失稳，A、B 中泡沫总的渗透流量 $Q_A$、$Q_B$ 与渗流时间 $t$ 之间有如下关系：

$$Q_A = q_{cA} t_A \tag{8-41}$$

$$Q_B = q_{cB} t_B \tag{8-42}$$

两式作比较，可得

$$\frac{Q_A}{Q_B} = \frac{q_{cA} t_A}{q_{cB} t_B} \tag{8-43}$$

考量 A、B 两类改良土泡沫即将大量失稳前的临界状态，此时 A、B 两试样内泡沫的贮水量分别为 $W_{CA}$、$W_{CB}$。假设 A、B 的泡沫注入比分别为 $\mathrm{FIR}_A$、$\mathrm{FIR}_B$，则 A、B 各自的泡沫注入体积为 $V_A \mathrm{FIR}_A$、$V_B \mathrm{FIR}_B$ (其中 $V$ 为改良土体积)。那么在改良土中泡沫大量失稳前泡沫体系中损耗的水量 ($D_{\mathrm{loss}}$) 为

$$D_{\mathrm{lossA}} = V_A \mathrm{FIR}_A / \mathrm{FER}_A - W_{CA} \tag{8-44}$$

$$D_{\mathrm{lossB}} = V_B \mathrm{FIR}_B / \mathrm{FER}_B - W_{CB} \tag{8-45}$$

　　由于泡沫在失稳前有一个大量疏干体系内原存水分的过程，因此泡沫体系失稳时的泡沫中含水量 $W_C$ 应比初始泡沫含水量 VFIR 小得多，即 $W_C \ll \mathrm{VFIR/FER}$，于是 $D_{\mathrm{loss}} = \mathrm{VFIR/FER} - W_C \approx \mathrm{VFIR/FER}$

$$\frac{D_{\mathrm{lossA}}}{D_{\mathrm{lossB}}} = \frac{V_A \mathrm{FIR}_A / \mathrm{FER}_B - W_{CA}}{V_B \mathrm{FIR}_B / \mathrm{FER}_B - W_{CB}} = \frac{V_A \mathrm{FIR}_A / \mathrm{FER}_A}{V_B \mathrm{FIR}_B / \mathrm{FER}_B} \tag{8-46}$$

　　8.1 节已提及，泡沫改良土中渗流通道数量越多，则液膜排液速率越快，泡沫体系中原存水分损耗量 ($D_{\mathrm{loss}}$) 越大。此外，改良土中渗流通道数量越多，其渗透流量 ($Q$) 同样越大。因此，假设泡沫体系原存水分损耗量 ($D_{\mathrm{loss}}$) 与泡沫改良土渗流流量 ($Q$) 成正比：

$$\frac{D_{\mathrm{lossA}}}{D_{\mathrm{lossB}}} = \frac{Q_A}{Q_B} \tag{8-47}$$

故式 (8-44) 和式 (8-47) 相比较可得

$$\frac{V_A\mathrm{FIR}_A\mathrm{FER}_B}{V_B\mathrm{FIR}_B\mathrm{FER}_A}=\frac{x\theta_A d_{10,\mathrm{fA}}^4 i_A t_A}{y\theta_B d_{10,\mathrm{fB}}^4 i_B t_B} \tag{8-48}$$

变化得

$$\frac{t_A}{t_B}=\frac{i_B V_A y\theta_A d_{10,\mathrm{fB}}^4 \mathrm{FIR}_A\mathrm{FER}_B}{i_A V_B x\theta_B d_{10,\mathrm{fA}}^4 \mathrm{FIR}_B\mathrm{FER}_A} \tag{8-49}$$

由式 (8-23) 可得泡沫改良土中有效渗流通道的数量，变换其形式可得

$$sd_{\mathrm{f}}^2=\left[n-\frac{\pi(1-n)}{2}\beta\right]\frac{8S}{\pi} \tag{8-50}$$

于是可得

$$\frac{yd_{10,\mathrm{fB}}^2}{xd_{10,\mathrm{fA}}^2}=\frac{S_B[2n_A-\pi\beta_B(1-n_B)]}{S_A[2n_A-\pi\beta_A(1-n_A)]} \tag{8-51}$$

令 $\eta=n-\pi\beta(1-n)/2$，则

$$\frac{t_A}{t_B}=\frac{i_B\eta_B h_A\theta_A d_{10,\mathrm{fB}}^2\mathrm{FIR}_A\mathrm{FER}_B}{i_A\eta_A h_B\theta_B d_{10,\mathrm{fA}}^2\mathrm{FIR}_B\mathrm{FER}_A} \tag{8-52}$$

进一步变换可得

$$\frac{\mathrm{FIR}_A h_A}{\mathrm{FER}_A\eta_A\theta_A d_{10,\mathrm{fA}}^2 t_A i_A}=\frac{\mathrm{FIR}_B h_B}{\mathrm{FER}_B\eta_B\theta_B d_{10,\mathrm{fB}}^2 t_B i_B} \tag{8-53}$$

由于 FIR、FER、$\theta$、$i$、$d_{\mathrm{f}}$ 与 $h$ 均为仅与泡沫改良土自身状态相关的物理量，因而定义泡沫改良土状态参量 $\lambda=\dfrac{\mathrm{FIR}\times h}{\mathrm{FER}\times\theta\times d_{10,\mathrm{f}}^2\times i}$，则式 (8-53) 可进一步简化为

$$\frac{\lambda_A}{\eta_A\times t_A}=\frac{\lambda_B}{\eta_B\times t_B} \tag{8-54}$$

等式左右两边分别只与 A、B 两泡沫改良土自身性质有关。

由此可知，对于 $\mathrm{A,B,C,D,E,F,G,\cdots},N_1 N+1$ 等不同的泡沫改良土，均有

$$\frac{\lambda_A}{\eta_A\times t_A}=\frac{\lambda_B}{\eta_B\times t_B}=\frac{\lambda_C}{\eta_C\times t_C}=\cdots=\frac{\lambda_N}{\eta_N\times t_N}=\frac{\lambda_{N+1}}{\eta_{N+1}\times t_{N+1}} \tag{8-55}$$

因此，可在性质各不相同的泡沫改良土之间建立数学上的联系，换句话说，可定义一泡沫改良土渗透性常量 $\delta$，计算方式如式 (8-56)，所有充分改良的泡沫改良土均存在此关系。

$$\delta=\frac{\lambda}{\eta\times t} \tag{8-56}$$

#### 8.8.2　渗透性常量求解

对式 (8-56) 做如下转化：

$$\delta = \frac{\lambda}{\eta \times t} \to \delta = \frac{8S}{\pi d_{10,\mathrm{f}}^2} \times \frac{\lambda}{\dfrac{8S}{\pi d_{10,\mathrm{f}}^2}\eta t} \tag{8-57}$$

由式 (8-23) 及 $\eta$ 的定义可得

$$\delta = \frac{8S}{\pi d_{10,\mathrm{f}}^2} \times \frac{\lambda}{st} \tag{8-58}$$

由于 $q_{\mathrm{c}} = s \times q$，且 $q$ 可以由式 (8-17) 计算而来，则可得

$$\delta = \frac{8S}{\pi d_{10,\mathrm{f}}^2} \times \frac{\lambda}{q_{\mathrm{c}}t} \times \theta d_{10,\mathrm{f}}^4 \frac{\gamma}{\mu} i \tag{8-59}$$

又有

$$\frac{\lambda}{q_{\mathrm{c}}t} = \frac{\lambda}{Q} = \frac{\mathrm{FIR} \times h}{\mathrm{FER} \times \theta \times d_{10,\mathrm{f}}^2 \times i \times Q} \tag{8-60}$$

若认为改良土中渗流，初始稳定期阶段排出的液体绝大部分源于泡沫液膜中液体，则可得到近似关系 $Q \approx D \approx \mathrm{VFIR/FER}$，进而，

$$\frac{\lambda}{q_{\mathrm{c}}t} = \frac{\lambda}{Q} = \frac{h}{\theta \times d_{10,\mathrm{f}}^2 \times i \times V} \tag{8-61}$$

结合式 (8-59) 和式 (8-61) 可得

$$\delta = \frac{8}{\pi} \times \frac{\gamma}{\mu} \tag{8-62}$$

式中，$\gamma/\mu$ 表示渗流液体的运动黏度，为与泡沫改良土自身物理力学性质无关的量。因此 $\delta$ 是一个不随泡沫本身、土颗粒本身、泡沫与土颗粒相互作用变化而变化的量，是客观存在的，进一步证明了泡沫改良土渗透性常量 $\delta$ 的客观性。

#### 8.8.3　初始稳定期时长求解

结合式 (8-56) 和式 (8-62) 可推导得出泡沫改良土初始稳定期时长的定量计算式，如下：

$$t = \frac{\pi\lambda}{8\eta} \times \frac{\mu}{\gamma} \tag{8-63}$$

式中，$\lambda$ 与 $\mu/\gamma$ 的单位分别为 $\mathrm{mm}^{-1}$ 和 $\mathrm{mm \cdot min}$，因此 $t$ 的单位为 $\mathrm{min}$。

需要注意的是，$\lambda$ 与 $\theta$ 的取值有关，当 $e_{\mathrm{f}} < 0.32$ 时，$\theta$ 可直接计算求解，即 $\theta = \dfrac{\pi e_{\mathrm{f}}^3 \{3(1-e_{\mathrm{f}})[1-1.1(1-1.52\sqrt{e_{\mathrm{f}}})^2] + U\}}{48 C_{\mathrm{K}}(1-e_{\mathrm{f}})\tilde{A}_{\mathrm{S}}^3}$。而当 $e_{\mathrm{f}} > 0.32$ 时，$\theta$ 无法直接求解，则需先计算出泡沫改良土的渗透系数 $k$，再利用式 (8-28) 反算 $\theta$。

## 8.9 初始稳定期计算方法验证

在大型渗透试验的过程中同样测试了每组泡沫改良土的初始稳定期时长 $(t_{exp})$，利用式 (8-64) 代入相关计算参数计算每组泡沫改良土的理论初始稳定期时长 $(t_{ana})$，并将计算值与试验值进行比较，可验证初始稳定期计算方法的适用性。相关计算参数如表 6-2 所示。

利用式 (8-63) 计算得到的泡沫改良土渗透系数初始稳定期计算值 $(t_{ana})$ 与其实测值 $(t_{exp})$ 的对比如图 8-15 所示，可知两者具有较好吻合度，其线性相关性同样达到了统计学上的较高水平。除 26 号和 31 号试样以外，其余所有试样的计算误差均低于 50%。对于上述两试样，由于其所承受的外水头 (水力梯度) 相对较高，改良土中的堵水结构已无法稳定存在，因此测得的初始稳定期时长为 0min。然而由于计算方法毕竟具有理论性，给出的是参考值，无法做到完全吻合，所以根据理论计算结果上述两个试样均有 10min 左右的初始稳定期。此现象说明本方法对于初始稳定期极短的泡沫改良土预测效果相对较差。

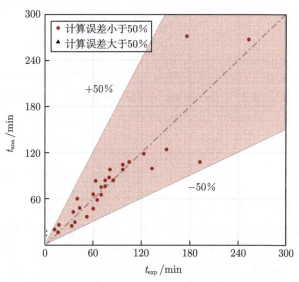

图 8-15　泡沫改良土初始稳定期计算值与实测值对比图

## 8.10 初始稳定期计算方法应用

### 8.10.1 初始稳定期时长参考曲线

由上文分析可知，只要已知泡沫改良土状态参量 $\lambda$，孔隙率 $n$，泡沫细度 $\beta$，相应的泡沫改良土初始稳定期时长即可按照如下方式确定。

设改良土的状态参量 $\lambda = 5 \times 10^7 \mathrm{mm}^{-1}$，从而可以根据式 (8-63) 绘制一曲线组，如图 8-16 所示。

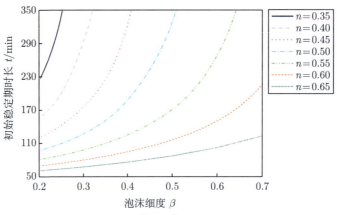

图 8-16　$\lambda = 5 \times 10^7 \text{mm}^{-1}$ 下的 $t$ 与 $\beta$、$n$ 对照图

在工程实践中，泡沫改良土的自身性质千变万化，$\lambda$ 必定无法时刻等于 $5 \times 10^7 \text{mm}^{-1}$ 这一定值。由式 (8-64) 可知，当两组泡沫改良土的孔隙率 $n$ 和泡沫细度 $\beta$ 均相等时初始稳定期时长 $t$ 与改良土状态参量 $\lambda$ 成正比，即

$$\frac{t_A}{t_B} = \frac{\lambda_A}{\lambda_B} \tag{8-64}$$

利用 $\lambda = 5 \times 10^7 \text{mm}^{-1}$ 所绘制的曲线组 (图 8-16) 作为一标准参考，如果存在一泡沫改良土 X (其相关参数记为 $\lambda_X$、$\beta_X$ 和 $n_X$)，利用其 $\beta_X$ 和 $n_X$ 在图 8-16 中找出对应的初始稳定期时长 $t_{\lambda = 5 \times 10^7}$，其后基于式 (8-65) 可计算相应 $\lambda_X$ 下的初始稳定期时长，如下：

$$t_X = \frac{\lambda_X \times t_{\lambda = 5 \times 10^7}}{5 \times 10^7} \tag{8-65}$$

### 8.10.2　最佳细度与最佳孔隙率

同样考察式 (8-63)，若要使得 $t$ 增大，则增大 $\lambda$ 是一类方式，即减小 FER 或 $d_{10,\text{f}}$，抑或者增大 FIR，但如此会消耗大量泡沫剂或对发泡设备提出较高要求，既不经济也难以实现。然而，当 $\eta$ 尽可能小时，也可使得 $t$ 大幅增大，所以考察 $\eta = n - \pi\beta(1-n)/2$，存在一极限情况，即当 $\eta = 0$ 时，$t$ 理论上可以达到无限大。故令 $\eta = 0$，可解得

$$\beta_0 = \frac{2n_0}{\pi(1 - n_0)} \tag{8-66}$$

则 $\beta_0$ 和 $n_0$ 分别称为泡沫改良土的最佳细度与最佳孔隙率。如果 $\beta_0$ 和 $n_0$ 满足式 (8-66) 所示关系，则泡沫改良土初始稳定期理论上可以达到非常大。图 8-17 给出最佳细度与最佳孔隙率的函数曲线通过添加泡沫对渣土进行改良，使得 $\beta_0$ 和 $n_0$ 所确定的点落在图 8-17 所示的曲线上，则可最大限度保证初始稳定期时长。然而，需要注意的是，考虑到泡沫改良渣土的后处理工作，将泡沫改良土的渗透系数长时间维持在较低水平亦不甚合理，因为一些由泡沫改良土构筑的土质结构需要有较好的排水性能，例如盾构渣土弃渣场。

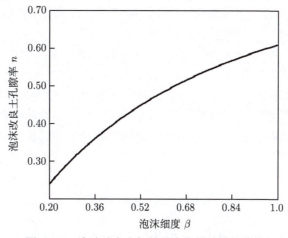

图 8-17 泡沫改良土初始稳定期最佳性能曲线

### 8.10.3 临界粒径

Budach 和 Thewes (2015) 认为改良土渗透系数应处于临界值以下至少 90min。但从保障掘进安全的角度来讲,对于充分改良的泡沫改良土若能使其初始稳定期达到 90min 以上,则对于掘进是更为安全的。因此,仍然基于式 (8-63),令 $t = 90\text{min}$,反算能够保障渗流安全各项泡沫改良土的参数,得到式 (8-67)。

$$n = 1 - \frac{2 - \dfrac{\pi\mu\lambda}{360\gamma}}{2 + \pi\beta} \tag{8-67}$$

由此可绘制式 (8-67) 的函数图像,即泡沫改良土渗流安全参考曲线组,如图 8-18 所

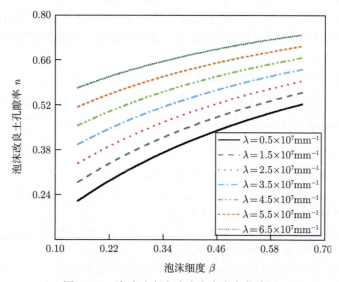

图 8-18 泡沫改良土渗流安全参考曲线组

示。由该图即可对应得到在不同改良状况下，能够保证渗流安全性的泡沫相对细度 $\beta$，进而推知泡沫改良土的渗流临界粒径 $d_{10,c}$。

例如，对于 FIR = 20%，$d_{10,f} = 0.068$mm，$i = 2.67$，$\theta = 2.74 \times 10^{-5}$ 及 $h = 600$mm 的泡沫改良土，计算得其状态参数 $\lambda = 3.55 \times 10^7$mm$^{-1}$，又已知此泡沫改良土孔隙率 $n \approx 0.5$，查图 8-18 可知 $\beta \approx 0.34$。由于 $\beta = d_{10,f}/d_{10,s}$，则求得的 $d_{10,s}$ 即为临界粒径 $d_{10,c} \approx 0.20$mm。

通过大型渗透试验实际验证，当 $d_{10,s} = 0.18$mm 时，初始稳定期时长 $t = 81$min。而根据上述计算，此时的临界粒径为 0.20mm，对应初始稳定期时长 90min，则分析结果与实测结果有较高吻合度。

## 8.11　本　章　小　结

(1) 基于 Kozeny-Carmen 公式，从泡沫与土相互作用角度提出了改良土初始渗透系数计算方法，并考虑到水头作用进行了修正。通过与试验实测数据对比表明，该方法对于充分改良的泡沫改良土具有较高适用性，但对渗透系数较小泡沫改良土而言，计算精度相对较差。

(2) 有效渗流通道理论是泡沫改良土中泡沫与土相互作用原理的体现，即土颗粒的加入减少了改良土中泡沫的有效渗流通道数，从而减小了泡沫改良土的渗透系数。

(3) 泡沫改良土中泡沫有效粒径 $d_{10,f}$ 及土颗粒有效粒径 $d_{10,s}$ 越大，泡沫改良土的渗透系数 $k$ 越大，而土的孔隙率 $n_s$ 和泡沫对土的填充情况共同决定了泡沫改良土的孔隙率 $n$，$n$ 越大其渗透系数 $k$ 同样越大。在泡沫改良土中泡沫与土充分混合，泡沫与土颗粒接触会产生接触角损耗泡沫间的柏拉图通道，导致改良土中泡沫的渗透性大大降低。

(4) 基于纯泡沫渗流理论和有效渗流通道理论，提出了泡沫改良土渗透性常量，通过推导表明该常量是一个不随泡沫改良土自身性质改变而改变的量，在各不同泡沫改良土之间具有统一性。

(5) 通过流体力学理论求解了泡沫改良土渗透性常量，建立了泡沫改良土渗透系数初始稳定期时长的计算方法，通过对比计算值与实测值表明，该方法计算精度较高，31 组试样中 29 组计算误差均在 50% 以内，但该方法对于初始稳定期极短的泡沫改良土预测效果相对较差。

(6) 基于渗透性常量提出了泡沫改良土初始稳定期时长参考曲线组、泡沫改良土最佳细度、最佳孔隙率及泡沫改良土临界粒径等概念与相应求解方法。上述概念可对盾构实际掘进过程中地层土体粒径的安全性、改良参数选取、改良渣土渗透稳定性评价等方面提供重要参考。

## 参 考 文 献

陈崇希, 2011. 地下水动力学 [M]. 武汉：地质出版社.

黄晋, 孙其诚, 2007. 液态泡沫渗流的机理研究进展 [J]. 力学进展, 2: 269-278.

李广信, 2013. 土力学 [M]. 北京：清华大学出版社.

刘述忠, 郭万富, 黄石, 2016. 浮选泡沫的形成、稳定和破灭的力学分析 [J]. 福州大学学报：自然科学版, 210(2): 158-162.

汪辉武, 2018. 全风化花岗岩土压平衡盾构泡沫渣土改良技术试验研究 [D]. 成都: 西南交通大学.

王树英, 令凡琳, 黄硕, 2021. 泡沫改良粗粒渣土渗透性计算模型及适用性对比研究 [J]. 岩石力学与工程学报, 40(11): 2357-2364.

Bezuijen A, van Lottum H, 2006. TUNNELING. A DECADE OF PROGRESS GeoDelft 1995–2005: The Influence of Soil Permeability on the Properties of a Foam Mixture in a TBM[M]. Delft: Taylor & Francis Group: 35-41.

Bhakta A, Ruckenstein E, 1997. Drainage and coalescence in standing foams[J]. Journal of Colloid and Interface Science, 191(1): 184-201.

Borkent B M, de Beer S, Mugele F, et al, 2009. On the shape of surface nanobubbles[J]. Langmuir, 26(1): 260-268.

Budach C, Thewes M, 2015. Application ranges of EPB shields in coarse ground based on laboratory research[J]. Tunnelling and Underground Space Technology, 50: 296-304.

Butt H J, Kappl M, 2010. Surface and Interfacial Forces[M]. Weinheim: Wiley-VCH, USA, 2010.

Carman P C, 1997. Fluid flow through granular beds[J]. Chemical Engineering Research and Design, 75: S32-S48.

Chan D Y, Klaseboer E, Manica R, 2011. Theory of non-equilibrium force measurements involving deformable drops and bubbles[J]. Advances in Colloid and Interface Science, 165(2): 70-90.

Chan D, Klaseboer E, Manica R, 2011. Theory of non-equilibrium force measurements involving deformable drops and bubbles[J]. Advances in Colloid and Interface Science, 165(2): 70-90.

Durian D J, Weitz D A, 1994. Foams[J]. Kirk-Othmer Encyclopedia of Chemical Technology.

EFNARC (European Federation dedicated to Specialist Construction Chemicals and Concrete System), 2005. Specification and Guidelines for the use of specialist products for soft ground tunneling[M]. Farnham: EFNARC, Association House.

Goldshtein V, Goldfarb I, Shreiber I, 1996. Drainage waves structure in gas-liquid foam[J]. International Journal of Multiphase Flow, 22(5): 991-1003.

Hilgenfeldt S, Koehler S A, Stone H A, 2001. Dynamics of coarsening foams: accelerated and self-limiting drainage[J]. Physical Review Letters, 86(20): 4704.

Hohler R, Yip C S, Lorenceau E, et al, 2008. Osmotic pressure and structures of monodisperse ordered foam[J]. Langmuir, 24(2): 418-425.

Horozov T S, 2008. Foams and foam films stabilised by solid particles[J]. Current Opinion in Colloid & Interface Science, 13(3): 134-140.

Israelachvili J, 2012. Intermolecular and Surface Forces[M]. Pittsburgh: Academicpress: Elsevier Pte Ltd.

Kameda N, Nakabayashi S, 2008. Size-induced sign inversion of line tension in nanobubbles at a solid/liquid interface[J]. Chemical Physics Letters, 461(1-3): 122-126.

Koehler S A, Hilgenfeldt S, Stone H A, 2004. Foam drainage on the microscale: II. Imaging flow through single Plateau borders[J]. Journal of Colloid and Interface Science, 276(2): 420-438.

Koehler S A, Hilgenfeldt S, Weeks E R, et al, 2002. Drainage of single plateau borders: direct observation of rigid and mobile interfaces[J]. Physical Review E, 66(4): 040601.

Kozeny J, 1927. Uber kapillare leitung der wasser in boden[J]. Royal Academy of Science, Vienna, Proc. Class I, 136: 271-306.

Lacasse M D, Grest G S, Levine D, 1996. Deformation of small compressed droplets[J]. Physical Review E, 54(5): 5436.

Lin Q, Meyer E, Tadmor M, et al, 2005. Measurement of the long-and short-range hydrophobic attraction between surfactant-coated surfaces[J]. Langmuir, 21(1): 251-255.

Lorenceau E, Louvet N, Rouyer F, et al, 2009. Permeability of aqueous foams[J]. The European Physical Journal E, 28(3): 293-304.

Monroy F, Kahn J G, Langevin D, 1998. Dilational viscoelasticity of surfactant monolayers[J]. Colloids and Surfaces A: Physicochemical and Engineering Aspects, 143(2-3): 251-260.

Odong J, 2007. Evaluation of empirical formulae for determination of hydraulic conductivity based on grain-size analysis[J]. Journal of American Science, 3(3): 54-60.

Pitois O, Lorenceau E, Louvet N, et al, 2008. Specific surface area model for foam permeability[J]. Langmuir, 25(1): 97-100.

Rouyer F, Haffner B, Louvet N, et al, 2014. Foam clogging[J]. Soft Matter, 10(36): 6990-6998.

Seiwert J, Cantat I, 2015. Generation of soap films with instantaneously adsorbed surfactants: concentration-dependent film thinning[J]. Colloids and Surfaces A: Physicochemical and Engineering Aspects, 473: 2-10.

Tien C, 2013. Granular Filtration of Aerosols and Hydrosols: Butterworths Series in Chemical Engineering[M]. Oxford: Butterworth-Heinemann.

Verbist G, Weaire D, Kraynik A M, 1996. The foam drainage equation[J]. Journal of Physics: Condensed Matter, 8(21): 3715.

Wang J, Nguyen A V, 2016. Foam drainage in the presence of solid particles[J]. Soft Matter, 12(12): 3004-3012.

Wang S, Feng Z, Qu T, et al, 2023. Effect of water head on the permeability of foam-conditioned sands: experimental and analytical investigation[J]. Soils and Foundations, 63: 101404.

Wang S, Huang S, Qiu T, et al, 2020. An analytical study of the permeability of a foam-conditioned soil[J]. International Journal of Geomechanics, 20(8): 06020019.

Wang S, Huang S, Zhong J, et al, 2021. Permeability stability calculation model of foam-conditioned soil based on the permeability constant[J]. International Journal for Numerical and Analytical Methods in Geomechanics, 45: 540-559.

Wang Y, Li M, Wen K, et al, 2010. Study on foam seepage mechanism and seepage model[J]. Petroleum Drilling Techniques, 38(4): 104-107.

Weaire D, Phelan R, 1996. The physics of foam[J]. Journal of Physics: Condensed Matter, 8(47): 9519.

Wu Y, Mooney M A, Cha M, 2018. An experimental examination of foam stability under pressure for EPB TBM tunneling[J]. Tunnelling and Underground Space Technology, 77: 80-93.

Zhang X H, Maeda N, Craig V S, 2006. Physical properties of nanobubbles on hydrophobic surfaces in water and aqueous solutions[J]. Langmuir, 22(11): 5025-5035.

# 第 9 章　盾构泡沫改良土压缩性

## 9.1　引　言

泡沫不仅会对土舱渣土的压缩性产生影响，同时会导致其内部孔隙压力及有效压力等产生变化，渣土内部压力的变化对平衡开挖面水土压力尤为重要。此外，盾构掘进过程中经常会遇到短暂停机，例如进行管片拼装及机械维修等，此时泡沫改良土的压缩特性会受时间的影响，进一步影响到开挖面的稳定性，甚至产生一定的地层损失。

为了探究泡沫改良渣土的压缩特性，Houlsby 和 Posmas(2001,2002) 均采用直径为 75mm，最大加载压力为 240kPa 的罗氏 (Rowe) 压缩固结仪对改良渣土进行压缩试验，首先在不排水条件下压缩试样，渣土先发生瞬时的压缩后，压缩量保持稳定，然后打开排水阀，渣土继续压缩发生一定变形后保持稳定。试验发现，泡沫改良后的渣土孔隙率远大于原状渣土的最大孔隙率，随着压力增大孔隙率逐渐降低；泡沫注入比越大初始孔隙率越大，但不同泡沫注入比渣土在 240kPa 压力下压缩稳定后的孔隙率基本相同。此外，针对黏性渣土，乔国刚 (2009) 开展的压缩试验研究结果表明，注入泡沫或水均能够增大渣土的压缩系数，且在相同泡沫注入比时，泡沫剂的浓度越高，渣土的压缩系数越大，最后作者提出黏性渣土合理压缩系数应大于 $0.2\text{MPa}^{-1}$。为了进一步理解泡沫改良渣土在带压状态下的力学行为，Mori 等 (2018) 采用自制大型压缩装置，探究泡沫注入比对改良砂土的竖向有效应力及孔隙比的影响规律，试验结果表明，当渣土的孔隙比与最大孔隙比的比值 $(e/e_{\max})$ 达到一定值时，试样的竖向有效应力较小，可避免改良渣土出现较高的抗剪强度和较低的压缩性。为了对比分析各类改良剂对渣土压缩性的影响规律，李兴春 (2019) 采用自行设计的压缩联合剪切装置，研究泡沫剂、膨润土、高分子聚合物对改良砂土力学性能的影响规律，发现泡沫改良砂土的压缩性明显高于膨润土泥浆和高分子聚合物改良的砂土；经膨润土泥浆和高分子聚合物改良的砂土具有相似的压缩特性。进一步地，为了探究泡沫剂性能对泡沫改良土压缩性的影响规律，Hajialilue-Bonab(2008) 针对三种级配砂土，采用直径为 155mm 的 Rowe 固结仪分别进行排水和非排水压缩试验，结果表明：泡沫剂的种类会对改良砂土的孔隙率造成影响；在压力作用下，不同种类的泡沫剂稳定性存在差异，稳定性好的泡沫剂，可以显著提高改良砂土压缩性。

由于盾构渣土改良及掘进参数的调整，土舱内的渣土密度会随之发生变化，进而可能影响到盾构土舱压力的分布。Bezuijen 等 (2005) 开展了盾构在富水砂层中的渣土改良试验，通过测定土舱内渣土的密度来探究改良渣土竖向压力梯度与渣土密度之间的关系，发现渣土竖向压力梯度受渣土密度的影响较小。此外，Mosavat 等 (2015) 为了探究土舱压力的分布规律及其影响因素，通过对 17.5m 直径土压平衡盾构施工过程中土舱压力进行监测及分析，发现土舱压力梯度会随着地质及渣土改良参数发生明显变化。Mori 等 (2018) 采用 Guglielmetti 等 (2003) 提出的类密度 $(\rho_a)$ 来评价盾构土舱内渣土改良状态，但由于改良渣土在带压情况下有效侧压力系数取值尚不明确，因此无法确定合适改良状态渣土类密度。Mori 通过土舱隔板土压力计示数对土舱渣土类密度值进行计算，结合掘进参数分析发现当类密度接近于水的密度时，说明土体内混合了较多的改良剂，容易在土舱上部富集泡沫；当类密度值大于或等于原状土密度值时，说明渣土改良状态差，容易出现堵塞或结泥饼。

综上所述，在改良渣土压缩性及评价方法方面，现有研究主要局限于排水条件下改良粗颗粒土的压缩特性，但通常合适改良状态渣土渗透性较小，且掘进过程中渣土在土舱内停留的时间较短，分析渣土的不排水压缩特性更接近于实际状态。此外，颗粒级配与土体的强度、变形和渗透等物理力学特性息息相关，不同级配对泡沫改良土各项性质的影响不容忽视。目前，国内外诸多学者对某种单一级配的泡沫改良土进行了少量研究，但是现场地层多变，显然单一级配土体的试验结果难以有效指导土压平衡盾构施工，级配参数对泡沫改良土压缩特性的变化规律仍不明确。此外，由于改良参数、级配对改良渣土侧压力系数影响规律尚缺乏研究，极大地限制了采用类密度 ($\rho_a$) 评价土舱内渣土改良状态在实际盾构施工中的应用。因此，有必要开展改良粗、细颗粒土不排水压缩试验，探究改良参数、级配对泡沫改良土压缩性、孔隙压力及侧压力系数等的影响规律。

本章采用装有孔隙压力、土压力传感器的大型压缩固结仪，先是针对不同泡沫注入比、渣土级配下泡沫改良土进行压缩试验，探究泡沫注入比、泡沫消散时间、渣土级配等对泡沫改良土压缩性及孔隙压力等的影响规律，然后基于非饱和土视角对泡沫改良土压缩性进行机理分析，并探讨了合理压缩性指标 (Wang et al.，2021；Wang et al.，2023)。

## 9.2　压缩性试验

### 9.2.1　试验装置

根据《土工试验方法标准》(GB/T 50123—2019)，我国标准固结试验所用的土样高为 2cm，直径为 6.18cm 或 7.98cm，主要针对细颗粒土。另外，根据 ASTM 标准 (D4186—2006) 固结试验试样的高度应为最大粒径的 10 倍，并且试样的直径与高度之比应大于 2.5。而本次试验所用土样最大粒径为 2cm，颗粒尺寸较大，要测定粗颗粒土的压缩特性，根据颗粒的大小和分布情况应当尽量采用大尺寸的试样，从而减少边界效应的影响 (Bolton 和 Lau，1988)。为了研究碎石土的压缩特性，Kjellman 和 Jakobson(1955) 设计了直径为 50cm、高为 30cm 的碎石土压缩仪；Rowe(1959) 为研究成层且各向异性的天然黏性土固结特性，设计了直径为 25.4cm、高为 15.2cm 的大型固结仪；Mori 等 (2018) 为研究带压情况下泡沫改良砂性土压缩性及剪切特性，设计了直径为 15.6cm，高为 22.9cm 的固结仪。可以看出，由于测试目的的不同，各学者设计的大型压缩固结设备尺寸各不相同，且部分设备尺寸尚未满足规范要求。

本文为了分析泡沫改良粗、细颗粒土压缩特性、孔压及侧向应力变化规律，参照规范及既有设备设计的大型压缩固结仪如图 9-1 所示。该仪器主要由 4 部分组成，包括伺服控制系统、反力架、加载系统和试样腔。仪器的顶部为该设备的伺服控制系统，通过控制面板 (a) 设置试样顶部的压力，并控制加载与卸载过程。仪器中部为反力架结构 (b) 及加载系统 (c)，参照 Psomas(2001) 的泡沫改良土压缩试验系统，加载系统采用电机驱动，属于恒应变式加载，加载速率为 1.0mm/min，最大竖向压力可达 4bar；并具有自动稳压功能，通过加载段与盖板之

间的轴力计 (g)，实时监测竖向压力大小，来进行伺服控制，从而实现稳压功能。仪器的下部为试样腔 (e)，基本尺寸为内径 40cm，高度 38cm；试样腔盖板及试样腔底部均布有排水槽，并开设排水孔，且均装有排水阀。除了加载系统及试验腔外，为了测定试验过程中试样孔压与侧向压力，在试样腔中部对称布置有 2 个土压力盒 (h)、2 个孔压力计 (i)；考虑到试样颗粒尺寸较大，因此选用双膜振弦式土压力盒，土压力盒直径为 110mm，量程为 0~600kPa，精度为 0.1%F.S；相应的孔压力计量程为 0~600kPa，精度为 0.1%F.S(F.S 表示满量程)。

图 9-1    大型压缩固结仪

a. 控制面板；b. 反力架；c. 加载系统；d. 数显式数据采集仪；

e. 试样腔；f. 位移传感器；g. 轴力计；h. 土压力盒；i. 孔压力计

### 9.2.2    试验步骤

根据 9.1 节关于改良渣土压缩性研究调研可知，现有研究主要针对排水条件下改良渣土的压缩特性，但合适改良状态渣土渗透性普遍较小 (Wang et al.，2020)，且掘进过程中渣土在土舱内停留的时间较短，因此分析渣土的不排水压缩特性更接近于实际状态。为了探究泡沫注入比、消散时间对泡沫改良土压缩性的影响规律，这里非排水压缩试验所采用的试样与表 3-1 中改良渣土塑流性试验所用材料相同。

为了探究泡沫注入比及泡沫消散时间等对改良粗、细颗粒土压缩性及孔隙压力等的影响规律，参照塑流性试验的改良参数及试验结果，分别针对含水率为 10%的粗颗粒土、含水率为 30%的细颗粒土开展非排水压缩试验 (需要说明的是，两种含水率试样改良后均包含欠改良、合适改良和过改良这三种塑流性状态，以便于理解塑流性与压缩性间的相互关系)，且盾构实际管片拼装或短暂停机时间普遍介于 1~3h(竺维彬和鞠世健，2009)。因此综合上述因素，本次试验工况汇总如表 9-1 所示。

表 9-1    泡沫改良土非排水压缩试验工况

| 试样类型 | 含水率/% | 泡沫注入比/% | 时间/h |
|---|---|---|---|
| 粗颗粒土 | 10 | 0、10、20、30、40 | 0 |
|  |  | 20 | 1、2、3 |
| 细颗粒土 | 30 | 0、20、40、60 | 0 |
|  |  | 20 | 1、2、3 |

另外，不同地区的砂土颗粒级配组成不尽相同，压缩特性不尽相同。郝建云 (2014) 分

别采用 $d_{60}$＝3.18mm、2.00mm、1.28mm、0.52mm、0.18mm 的未改良土样测试一维压缩变形特性，结果显示压缩系数介于 0.0267～0.2585MPa$^{-1}$，相差近 10 倍。本文通过标准筛将土颗粒分为不同粒组，再将分开的粒组进行重新组合，设计了 13 组不同级配工况，如图 9-2 所示，并根据控制粒径 $d_{60}$、不均匀系数 $C_u$ 和曲率系数 $C_c$ 将试样分成三类：

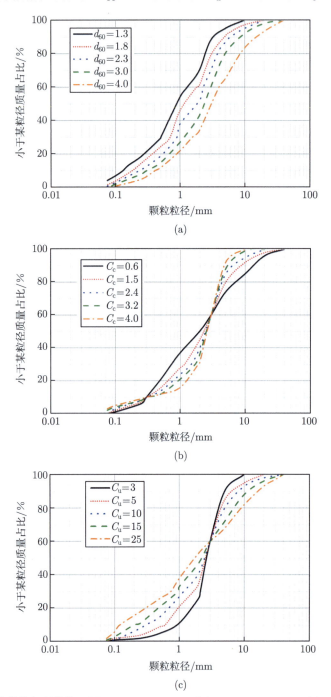

图 9-2　试验土样的级配曲线：(a) $C_c$＝1.5, $C_u$＝10；(b) $d_{60}$＝1.5, $C_u$＝10；(c) $d_{60}$＝1.5, $C_c$＝1.5

①如图 9-2(a) 所示，固定 $C_c=1.5$，$C_u=10$ 不变，分别取 $d_{60}$ 为 1.3mm、1.8mm、2.3mm、3.0mm 和 4.0mm；②如图 9-2(b) 所示，固定 $d_{60}=1.5$mm，$C_u=10$ 不变的情况下，分别取 $C_c$ 为 0.6、1.5、2.4、3.2 和 4.0；③如图 9-2(c) 所示，固定 $d_{60}=1.5$mm，$C_c=1.5$ 情况下，分别取 $C_u$ 为 3、5、10、15 和 25。表 9-2 给出了各级配土的基本物性指标，并根据《土工试验方法标准》(GB/T 50123—2019)，给出了各级配土的工程分类。可以看出，试验土类别包含了级配良好砾 (GW)、级配不良砾 (GP)、含细粒土砂 (SM)、级配良好砂 (SW)，因此试验土囊括了几种典型的粗粒土，粒径分布的设计能够较好地反映颗粒级配变化对泡沫改良土的压缩特性影响。

表 9-2　土样基本物理参数

| 试验工况 | $d_{60}$/mm | $C_c$ | $C_u$ | 干密度 /(g/cm³) | 颗粒密度 /(g/cm³) | 分类 |
|---|---|---|---|---|---|---|
| 1 | 1.3 | 1.5 | 10 | 1.632 | 2.65 | SM |
| 2 | 1.8 | 1.5 | 10 | 1.648 | 2.65 | SW |
| 3 | 2.3 | 1.5 | 10 | 1.621 | 2.65 | SW |
| 4 | 3.0 | 1.5 | 10 | 1.593 | 2.65 | GW |
| 5 | 4.0 | 1.5 | 10 | 1.623 | 2.65 | GW |
| 6 | 3.0 | 0.6 | 10 | 1.679 | 2.65 | GP |
| 7 | 3.0 | 2.4 | 10 | 1.489 | 2.65 | GP |
| 8 | 3.0 | 3.2 | 10 | 1.456 | 2.65 | GP |
| 9 | 3.0 | 4.0 | 10 | 1.402 | 2.65 | GP |
| 10 | 3.0 | 1.5 | 3 | 1.365 | 2.65 | GW |
| 11 | 3.0 | 1.5 | 5 | 1.493 | 2.65 | GW |
| 12 | 3.0 | 1.5 | 15 | 1.630 | 2.65 | SM |
| 13 | 3.0 | 1.5 | 25 | 1.695 | 2.65 | SM |

压缩试验具体步骤如下所述。

(1) 试验前准备：检查各系统及传感器是否工作良好，配制好泡沫剂溶液，将固结仪内壁均匀涂抹凡士林，关闭所有排水阀。

(2) 制备试样：对于粗颗粒土，计算并称取一定质量纯水与烘干后的试样倒入搅拌桶中混合，正反转各 60s 使试样充分搅拌均匀；对于细颗粒土，同样计算并称取一定质量的纯水与烘干后的细颗粒土倒入土样箱中，盖上保鲜膜充分浸润 24h 后完成试样制备。

(3) 制备泡沫改良土：发泡并称取一定体积的泡沫和试样倒入搅拌桶正反转各 60s，并测定其初始孔隙比。

(4) 装样：将拌和好的泡沫改良土倒入固结筒内，装样至 38cm 刻度处，整平表面盖上盖板，确保盖板顶部与固结筒顶部齐平。

(5) 试样加载与卸载：首先打开数据自动采集系统，由于试样消散时间的不同，待泡沫改良土在试样腔中消散至固定时间后，以 25kPa 为间隔进行逐级加压至 200kPa；当垂直压力达到 200kPa 时，同样以 25kPa 为间隔进卸载，加载与卸载速率均为 1.0mm/min。

(6) 试验结束及数据整理：卸载完成后，取下上盖板，测量试样未回弹高度，将采集系统数据进行导出，根据采集到的试样变形、孔隙压力、侧向总应力等，对试验结果展开分析。

首先，根据试样在压力等级 $i$ 下的变形 $h_i$，按照式 (9-1) 计算试样孔隙比 ($e_i$)。

$$e_i = \frac{h_i(1+e_0)}{h_0} - 1 \tag{9-1}$$

其次，根据不同压力等级试样孔隙比 ($e_i$)，按照式 (9-2) 计算某一压力范围内压缩系数 ($a_\text{v}$)。

$$a_\text{v} = -\frac{\Delta e}{\Delta \sigma_\text{v}} \tag{9-2}$$

为了进一步分析泡沫对改良渣土有效应力的变化规律，根据孔隙压力 ($u$) 及侧向总应力 ($\sigma_l$)，按照式 (9-3) 和式 (9-4) 计算某一压力等级下竖向及侧向有效应力 ($\sigma_\text{v}'$、$\sigma_1'$)。

$$\sigma_\text{v}' = \sigma_\text{v} - \mu \tag{9-3}$$

$$\sigma_1' = \sigma_1 - \mu \tag{9-4}$$

根据试样竖向及侧向有效应力和总应力分布情况，按照式 (9-5) 和式 (9-6) 计算某一压力等级下总侧压力系数 ($K$) 及有效侧向压力系数 ($K'$)。

$$K = \frac{\sigma_1}{\sigma_\text{v}} \tag{9-5}$$

$$K' = \frac{\sigma_1'}{\sigma_\text{v}'} \tag{9-6}$$

式 (9-1)～ 式 (9-6) 中，$e_0$ 为初始孔隙比；$h_0$ 为试样初始高度 (cm)；$h_i$ 为 $i$ 级压力下试样高度 (cm)；$e_i$ 为 $i$ 级压力下的孔隙比；$\Delta e$ 为孔隙比变化值；$\Delta \sigma_\text{v}$ 为竖向压力变化值 (kPa)；$a_\text{v}$ 为压缩系数 ($\text{MPa}^{-1}$)；$\sigma_\text{v}$ 为竖向总应力 (kPa)；$\sigma_1$ 为侧向总应力 (kPa)；$\sigma'_\text{v}$ 为竖向有效应力 (kPa)；$\sigma_1'$ 为侧向有效应力 (kPa)；$u$ 为孔隙压力 (kPa)；$K$ 为总侧压力系数；$K'$ 为有效侧压力系数。

## 9.3　盾构改良粗粒土压缩性

### 9.3.1　泡沫注入比对粗粒土压缩性的影响

#### 1. 改良粗颗粒土压缩性

图 9-3 给出了不同泡沫注入比下改良粗颗粒土压缩曲线，与常规排水固结引起土样压缩性研究不同，图中横坐标竖向总压力是以单位比例而不是对数比例绘制 (Yang et al., 2018)。可以看出，在加载阶段，高 FIR 试样具有较高的初始空隙比，因此在同一压力等级下表现出较高的压缩性，且各工况体积压缩率 (试样体积压缩量除以初始体积) 介于 7.6%～10.8%/0.5bar，均大于 Budach(2012) 所提出的建议值 1.9%/0.5bar；在卸压阶段，随着竖向总压力的减小，泡沫改良粗颗粒土的孔隙比逐渐增大，而未改良粗颗粒土孔隙比变化较小，即经泡沫改良后的粗颗粒土其卸压回弹性较好，进一步说明了泡沫的存在有助于盾构隧道掘进过程中土舱压力的控制。此外，可以发现随着泡沫注入比的增加，试样在

卸载后所形成的 "平台" 长度 (卸载初期随着竖向总压力的减小, 试样孔隙比几乎保持不变, 形成一定长度的 "平台") 逐渐减小, 说明高泡沫注入比下试样回弹效应明显增强。

　　图 9-4 给出了不同泡沫注入比下改良粗颗粒土压缩系数变化规律, 可以发现, 当竖向总压力小于 100kPa 时, 试样的压缩系数降低速率较快, 即试样初始压缩性较强。当竖向总压力大于 100kPa 时, 泡沫改良粗颗粒土压缩系数降低速率减缓, 且当 FIR≤30％时, 改良与未改良粗颗粒土的压缩系数较接近。究其原因, 随着竖向总压力的增加试样空隙比逐渐减小, 土颗粒逐渐接触并受力, 因此其压缩性逐渐降低且接近于未改良土。此外, 对于过改良状态试样 (FIR=40％), 其压缩系数明显高于其他改良工况。相似地, Mori 等 (2018) 发现当试样所受竖向总压力超过 100kPa 时, FIR>38％的泡沫改良砂土的压缩性明显增强。

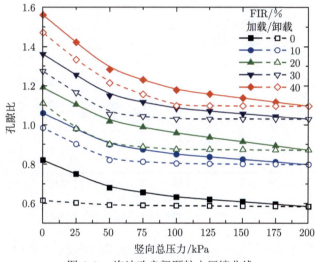

图 9-3　泡沫改良粗颗粒土压缩曲线

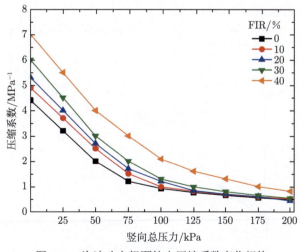

图 9-4　泡沫改良粗颗粒土压缩系数变化规律

**2. 改良粗颗粒土孔隙压力、侧向总压力及有效应力**

图 9-5 给出了不同泡沫注入比下改良粗颗粒土加载–卸载过程孔隙压力变化曲线。可以看出，加载阶段同一竖向压力下，随着泡沫注入比的增加，改良粗颗粒土孔隙压力逐渐增加，且高于未改良粗颗粒土的孔隙压力；特别地，对于过改良状态粗颗粒土 (FIR=40%)，当竖向总压力小于等于 50kPa 时，孔隙压力–竖向总应力曲线斜率接近于 1:1，即其孔隙压力接近于竖向总压力，因此其竖向及侧向有效应力均接近于 0kPa。在卸载阶段，试样的孔隙压力先保持不变后逐渐降低。究其原因，从图 9-3 试样压缩曲线可以看出，在卸载初始阶段，试样体积变化较小，而试样的孔隙压力主要是由气相压缩产生的，因此在卸载初始阶段试样孔隙压力几乎保持恒定，也说明此时主要以释放土骨架所受的有效应力为主。

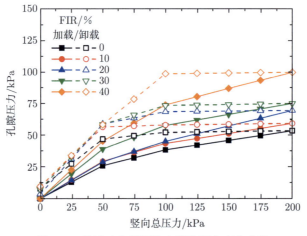

图 9-5　泡沫改良粗颗粒土孔隙压力变化曲线

图 9-6 给出了不同泡沫注入比下改良粗颗粒土加载–卸载过程侧向总压力变化曲线。可以发现，加载阶段在同一竖向压力下，随着泡沫注入比的增加，改良粗颗粒土侧向总压力逐渐增加，且均高于未改良粗颗粒土 (FIR=0%) 的侧向总压力。在卸载阶段，试样的侧向总压力随着竖向总压力的减小而逐渐降低。

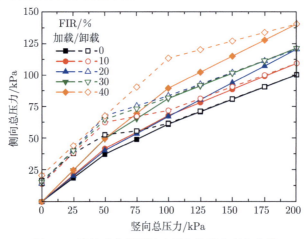

图 9-6　泡沫改良粗颗粒土侧向总压力变化曲线

图 9-7 给出了不同泡沫注入比下改良粗颗粒土加载–卸载过程侧向有效应力变化曲线。可以发现，在加载阶段，随着竖向总压力的增加，试样的侧向有效应力增加；当泡沫注入比较低时 (FIR=0、10%、20%、30%)，试样侧向有效应力变化不大，且均呈线性增长；当泡沫注入比较高时 (FIR=40%)，试样的侧向有效应力低于其他工况侧向有效应力，且在加载初期 (<50kPa) 试样侧向有效应力增长缓慢。在卸载阶段，当竖总向压力介于 200~50kPa 时，随着竖向总压力的减小，试样侧向有效应力逐渐减小。当竖向总压力小于 50kPa 时，对于未改良、欠改良状态试样 (FIR=0、10%)，其侧向有效应力仍逐渐减小；对于合适改良 (FIR=20%)、过改良状态 (FIR=30%、40%) 试样，其侧向有效应力几乎保持恒定。

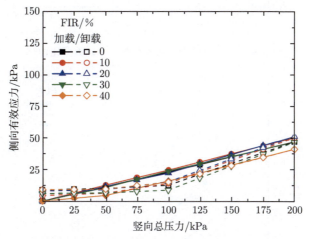

图 9-7 泡沫改良粗颗粒土侧向有效应力变化曲线

### 3. 改良粗颗粒土侧压力系数

图 9-8 给出了不同泡沫注入比下泡沫改良粗颗粒土总侧压力系数变化规律，可以发现随着竖向总压力的增加，试样的总侧压力系数逐渐减小。在同一竖向压力下，试样总侧压力系数随着泡沫注入比的增加而增加，且改良渣土的总侧压力系数明显高于未改良渣土的总侧压力系数；特别地，当竖向总压力小于 50kPa 时，过改良状态 (FIR=30%、40%) 试样的总侧压力系数均接近于 1，类似于"饱和"状态。

图 9-9 给出了不同泡沫注入比下改良粗颗粒土有效侧压力系数变化规律，可以发现与总侧压力系数类似，随着竖向总压力的增加，试样的有效侧压力系数逐渐减小，且均呈指数型减小。在同一竖向压力下，随着泡沫注入比的增加，试样有效侧压力系数逐渐增加，改良试样的有效侧压力系数明显高于未改良试样的有效侧压力系数，且随着压力等级的提高，各改良工况下试样有效侧压力系数差值越来越小。同样，当竖向总压力 <50kPa 时，过改良状态 (FIR=30%、40%) 试样的有效侧压力系数接近于 1。

不同竖向总压力下泡沫注入比对试样侧压力系数的影响规律如图 9-10 所示，可以发现，在压力等级较低时 (50kPa、100kPa)，随泡沫注入比的增加，试样侧压力系数逐渐增

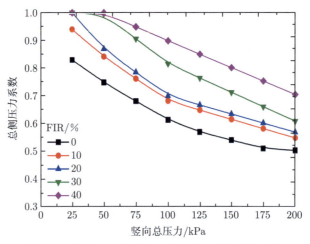

图 9-8　泡沫改良粗颗粒土总侧压力系数变化曲线

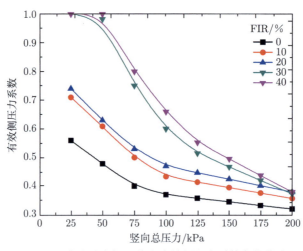

图 9-9　泡沫改良粗颗粒土有效侧压力系数变化曲线

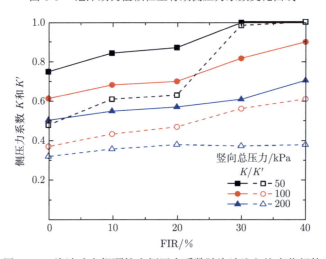

图 9-10　泡沫改良粗颗粒土侧压力系数随泡沫注入比变化规律

加;特别地,当竖向总压力为 50kPa 时,过改良状态试样 (FIR=30%、40%) 侧压力系数均趋近于 1。当压力等级较高时 (200kPa),随着泡沫注入比的增加,试样侧压力系数先增加后趋于稳定。

### 9.3.2 泡沫消散时间对粗粒土压缩性的影响

#### 1. 改良粗颗粒土压缩性

图 9-11 给出了不同消散时间下泡沫改良粗颗粒土压缩曲线,可以发现,在加载阶段,当竖向总压力小于 50kPa 时,不同消散时间试样的孔隙比差异较小;当竖向总压力大于 50kPa 时,不同消散时间试样的孔隙比差值逐渐增大,且消散时间越长,试样孔隙比越大,即试样的压缩性变差。在卸载阶段,消散时间较短的试样 (1h、2h) 完全卸载后的孔隙比与消散时间为 0h 的试样较接近,即消散时间较短时,试样 "缓冲作用" 衰减得不明显;而消散时间较长时 (3h),卸载完成后其孔隙比较小,与初始孔隙比差值较大,说明回弹性变差,即试样 "缓冲作用" 出现明显衰减。图 9-12 给出了不同消散时间下泡沫改良粗颗粒土压缩系数变化规律。可以发现对于消散时间为 1h 的试样,其压缩系数与未消散试样压缩系数差距较小,即压缩性无明显降低。对于消散时间为 2h、3h 的试样,当竖向总压力小于 100kPa 时,其压缩系数明显小于未消散试样压缩系数,即压缩性出现明显降低;当竖向总压力大于 100kPa 时,压缩系数基本接近于未消散试样。

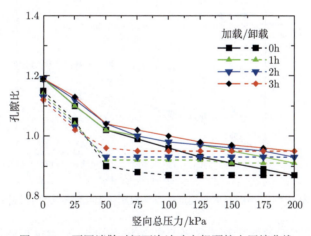

图 9-11 不同消散时间下泡沫改良粗颗粒土压缩曲线

#### 2. 改良粗颗粒土孔隙压力、侧向总压力及有效应力

图 9-13 给出了不同消散时间泡沫改良粗颗粒土加载-卸载过程孔隙压力变化规律。可以看出,在同一加载等级,随着泡沫消散时间的增长,试样孔隙压力逐渐降低。当消散时间较短时 (1h),试样孔隙压力接近未消散试样的孔隙压力,且明显高于消散时间为 2h、3h 的试样。在卸载阶段,当竖向总压力大于 50kPa 时,未消散试样孔压明显高于消散试样孔隙压力,且消散时间越长孔隙压力越小;当竖向总压力小于 50kPa 时,未消散试样孔隙压力逐渐降低且小于其他消散试样孔隙压力。此外,可以发现,各试样在卸载初阶段 (200~50kPa)

均出现一个明显的"缓冲"平台，且平台长度随着消散时间的增长逐渐变长，即试样回弹响应性随着消散时间的增长逐渐变差。

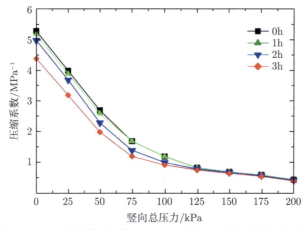

图 9-12　不同消散时间泡沫改良粗颗粒土压缩系数变化规律

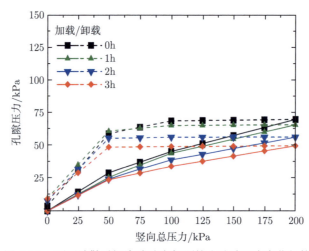

图 9-13　不同消散时间泡沫改良粗颗粒土孔隙压力变化规律

　　图 9-14 给出了不同消散时间泡沫改良粗颗粒土加载–卸载过程侧向总压力变化曲线。可以发现，在加载阶段，当消散时间较短时 (1h)，同一荷载等级下，试样侧向总压力与未消散试样侧向总压力较接近；当消散时间较长时 (2h、3h)，同一荷载等级下，试样侧向总压力明显小于未消散试样侧向纵压力，且试样侧向纵向压力随着消散时间的增加而逐渐减小。在卸载阶段，与加载阶段类似，在同一荷载等级下，随着消散时间的增加，试样侧向总压力逐渐减小。

　　图 9-15 给出了不同消散时间泡沫改良粗颗粒土加载–卸载过程侧向有效应力变化规律。可以发现，在加载阶段，随着竖向总压力的增加，试样的侧向有效应力呈线性增加，且侧向有效应力值基本相同。在卸载阶段，对于消散时间较短的试样 (1h、2h)，其侧向有效应力变化规律和未消散试样基本相同，当竖向总压力小于 100kPa 时，其侧向有效应力逐

渐小于未消散试样的侧向有效应力；消散时间较长 (3h) 的试样，卸压过程其侧向有效应力逐渐趋于线性减小。

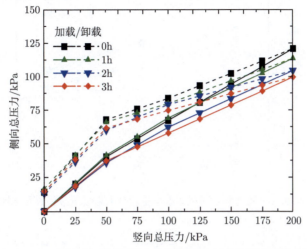

图 9-14　不同消散时间泡沫改良粗颗粒土侧向总压力变化规律

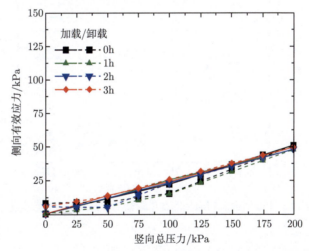

图 9-15　不同消散时间泡沫改良粗颗粒土侧向有效应力变化规律

**3. 改良粗颗粒土侧压力系数**

图 9-16 给出了不同消散时间泡沫改良粗颗粒土总侧压力系数变化规律。可以看出，当泡沫消散时间较短时 (1h)，随着竖向总压力的增加，试样总侧压力系数与未消散试样的总侧压力系数逐渐趋于相等；泡沫消散时间较长 (2h、3h) 的试样总侧压力系数明显小于未消散试样的总侧压力系数；在同一荷载等级下，随消散时间的增加，泡沫改良粗颗粒土总侧压力系数逐渐降低。图 9-17 给出了不同消散时间泡沫改良粗颗粒土有效侧压力系数变化规律，可以发现，经过消散后的试样，其有效侧压力系数明显低于未消散试样；随着竖向总压力的增加，各试样有效侧压力系数降低速率明显减缓，且数值逐渐接近。

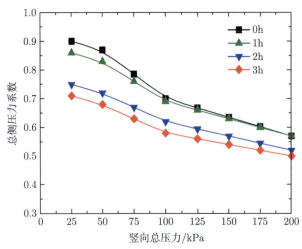

图 9-16　不同消散时间泡沫改良粗颗粒土总侧压力系数变化规律

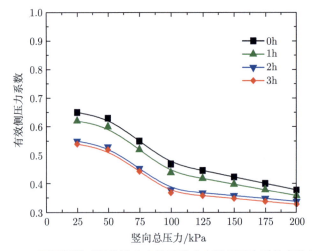

图 9-17　不同消散时间泡沫改良粗颗粒土有效侧压力系数变化规律

## 9.4　盾构改良细粒土压缩性

### 9.4.1　泡沫注入比对细粒土压缩性的影响

1. 改良细颗粒土压缩性

图 9-18 给出了泡沫改良细颗粒土的压缩曲线，可以看出，与粗颗粒土明显不同的是，泡沫改良细颗粒土的加载过程的孔隙比变化曲线与卸载过程的基本重合，说明在 200kPa 压力等级下试样主要发生弹性变形。此外，与粗颗粒土相同的是，试样的初始孔隙比随泡沫注入比的增大逐渐增大，且过改良试样 (FIR=40%、60%) 孔隙比减小速率较快，即试样的压缩性显著增强。

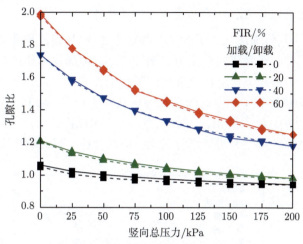

图 9-18　泡沫改良细颗粒土压缩曲线

图 9-19 给出了不同泡沫注入比下改良细颗粒土压缩系数的变化规律，可以发现，与粗颗粒土相同的是，随着竖向总压力的增加，试样的压缩系数均逐渐减小，即压缩性逐渐降低。对于欠改良及合适改良状态细颗粒土 (FIR=0%、20%)，当竖向总压力小于 50kPa 时，细颗粒土压缩系数均小于欠改良及合适改良状态粗颗粒土压缩系数 (图 9-18)，但两者降低速率均较快；当竖向总压力大于 50kPa 时，细颗粒土压缩系数降低速率明显减缓，即压缩性逐渐趋于稳定，而粗颗粒土在竖向总压力达到 100kPa 后压缩性才逐渐趋于稳定 (图 9-18)。合适改良状态细颗粒土压缩系数约为 0.7MPa$^{-1}$，满足乔国刚 (2009) 提出的黏性渣土的压缩系数应大于 0.2MPa$^{-1}$ 要求。对于过改良状态细颗粒土 (FIR=40%、60%)，当竖向总压力达到 150kPa 后，细颗粒土压缩系数减小速率明显变缓。

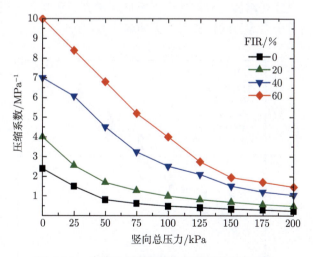

图 9-19　泡沫改良细颗粒土压缩系数变化规律

2. 改良细颗粒土孔隙压力、侧向总应力及有效应力

图 9-20 给出了不同泡沫注入比下改良细颗粒土加载–卸载过程孔隙压力变化曲线。可以发现，在加载过程中，随着竖向总压力的增加，不同泡沫注入比细颗粒土孔隙压力均呈线性增加；在不同压力等级下，泡沫改良后细颗粒土孔隙压力均接近于竖向总压力，即竖向和侧向有效应力均接近于 0，而过改良状态粗颗粒土仅在 50kPa 等级以下满足该规律(图 9-5)。在卸载过程中，随着竖向压力的减小，各工况试样孔隙压力均呈线性减小，与粗颗粒土不同的是改良细颗粒土无明显平台出现，即细颗粒土以孔隙压力释放为主。

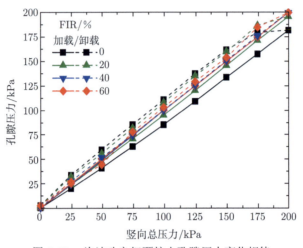

图 9-20   泡沫改良细颗粒土孔隙压力变化规律

图 9-21 给出了不同泡沫注入比下改良细颗粒土加载–卸载过程试样侧向总压力变化曲线。与孔隙压力变化规律基本相同，在加载过程中，随着竖向总压力的增加，泡沫改良细颗粒土侧向总压力均呈线性增加，且均接近于竖向总压力。在卸载过程中，随着竖向总压力的减小，试样侧向总压力均呈线性减小且无明显平台出现。

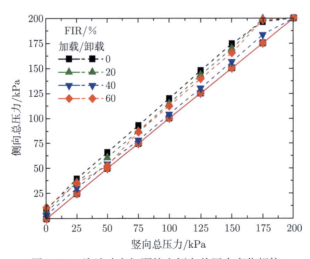

图 9-21   泡沫改良细颗粒土侧向总压力变化规律

图 9-22 给出了不同泡沫注入比下改良细颗粒土侧向有效应力的变化规律,可以发现,合适改良 (FIR=20%) 状态细颗粒土的侧向有效应力均小于 5kPa,即主要以孔隙压力为主。究其原因,细颗粒土初始含水率为 30% 接近于液限,泡沫改良后细颗粒处于软塑或流塑状 (如 2.3 节所述) 的 "假饱和状态"(即通过注入泡沫使试样表现出类似于饱和状态下的塑流性特征),在不排水条件下试样侧向压力的分布趋近于各向同性的 "流体",且以孔隙压力为主。

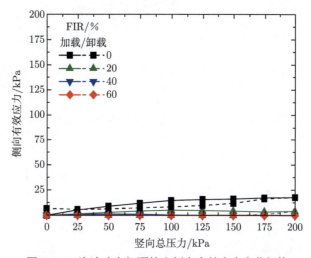

图 9-22　泡沫改良细颗粒土侧向有效应力变化规律

由于合适改良状态细颗粒土侧向总压力与竖向总压力相同,且孔隙压力接近于竖向总压力,因此对于合适改良状态细颗粒土总侧压力系数及有效侧压力系数均接近于 1。对于过改良状态细颗粒土 (FIR=40%、60%),其侧向有效应力均接近于 0kPa,即对于过改良状态细颗粒土总侧压力系数趋于 1。

### 9.4.2　泡沫消散时间对细粒土压缩性的影响

#### 1. 改良细颗粒土压缩性

图 9-23 给出了不同消散时间下泡沫改良细颗粒土压缩曲线。可以看出,与粗颗粒土压缩特性 (图 9-11) 明显不同的是,不同消散时间泡沫改良细颗粒土压缩和回弹曲线基本重合,即试样均处于弹性变形阶段。与粗颗粒土相同的是,当泡沫消散时间为 1h 时,试样的压缩曲线与未消散试样基本相同,说明在无其他因素 (温度、人为扰动等) 影响下,泡沫改良粗、细颗粒土在 1h 内的压缩性基本保持恒定,因此建议实际盾构短暂停机进行管片拼装等工作的时间应控制在 1h 以内。随着衰变时间的增加 (2h、3h),试样压缩曲线逐渐上移,即试样的压缩性逐渐降低。

图 9-24 给出了不同消散时间下泡沫改良细颗粒土压缩系数变化规律,可以发现,对于消散时间为 1h 的试样,其压缩系数与未消散试样压缩系数差距较小,即压缩性无明显降低。对于消散时间为 2h、3h 的试样,其压缩系数明显小于未消散试样压缩系数,即压缩性出现明显降低。

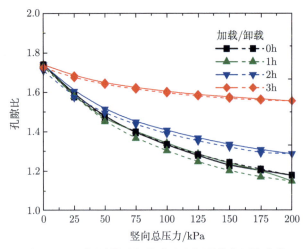

图 9-23　不同消散时间泡沫改良细颗粒土压缩曲线

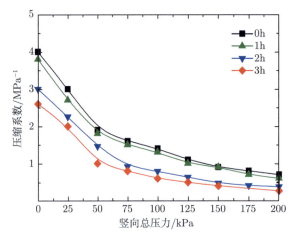

图 9-24　不同消散时间泡沫改良细颗粒土压缩系数变化规律

**2. 改良细颗粒土孔隙压力、侧向总应力及有效应力**

图 9-25 给出了不同消散时间泡沫改良细颗粒土加载–卸载过程孔隙压力变化规律。可以发现，在加载过程中，随着竖向总压力的增加，不同消散时间试样的孔隙压力均呈线性增加，对于消散时间为 3h 的试样孔隙压力稍小于竖向总压力，其余工况均接近于竖向总压力。在卸载过程中，随着竖向总压力的减小，各工况不同消散时间试样孔隙压力均呈线性减小，且无明显平台出现。

图 9-26 给出了不同消散时间下改良细颗粒土加载–卸载过程试样侧向总压力变化曲线。与孔隙压力变化规律相同，在加载过程中，随着竖向压力的增大，不同消散时间试样的侧向总压力均呈线性增大，且均接近于竖向总压力。在卸载过程中，随着竖向总压力的减小，试样侧向压力均呈线性减小且无明显平台出现。

同样，由于不同消散时间细颗粒土侧向总压力与竖向总压力相同，且孔隙压力接近于竖向总压力，所以此时试样总侧压力系数及有效侧压力系数均接近于 1。综上所述可以发现，对于泡沫改良细颗粒土，泡沫的消散主要影响其压缩性，但对其内部孔隙压力、侧向总应力等分布影响较小。

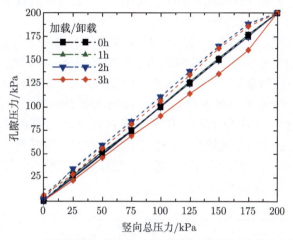

图 9-25　不同消散时间泡沫改良细颗粒土孔隙压力变化规律

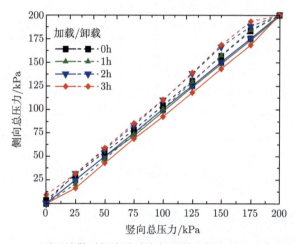

图 9-26　不同消散时间泡沫改良细颗粒土侧向总压力变化规律

## 9.5　级配影响下泡沫改良土压缩性

### 9.5.1　控制粒径的影响

图 9-27 给出了不同 $d_{60}$ 下泡沫改良土压缩曲线。由图 9-27(a) 可知，加载阶段试样 $d_{60}$ 越大，初始孔隙比越大，随着竖向荷载的增大，试样的孔隙比逐渐降低。在卸压阶段，随着竖向总压力的减小，泡沫改良土的孔隙比逐渐增大，竖向压力介于 125~200kPa 时，孔隙比无明显变化，卸载初期主要以释放土骨架所受的有效应力为主，而改良土的变形主要是土中孔隙与泡沫的压缩与回弹，所以卸载初期孔隙比变化相对较小。图 9-27(b) 给出了压缩系数随竖向总压力的变化曲线，各工况初始压缩系数介于 16.4~21.6%/bar，均大于

Budach(2012) 所建议最小值 2.6%/bar，但是随着竖向总压力增大，压缩系数减小；另外 $d_{60}$ 越小的试样压缩性达到建议值的竖向荷载越大，意味着 $d_{60}$ 越小，泡沫改良土压缩性越强。例如，$d_{60}$=4mm 的试样压缩系数在竖向压力 125kPa 左右等于建议值，$d_{60}$=1.3mm 的试样压缩系数在竖向压力 175kPa 等于建议值。Thomas 等 (2011) 认为土压缩特性主要受初始孔隙比 $e_0$ 的控制，$e_0$ 越大，土的压缩性越强，然而泡沫改良土表现不同的现象，泡沫改良土中 $d_{60}$ 增大使得 $e_0$ 越大，泡沫改良土压缩性减小。原因在于，Hajialilue-Bonab 等 (2008) 经过试验发现随着土壤粒径的增大，泡沫容易从土壤空隙中逃逸并聚集在土样上方；而根据 Wu 等 (2020) 的研究发现逃逸出的这部分泡沫不稳定，在制样过程中易消散，泡沫的不稳定会导致改良土中稳定的气相 (泡沫颗粒内) 减少，从而导致泡沫改良土压缩性降低，所以 $d_{60}$ 为 4mm 时 $e_0$ 虽然最大，但是其压缩性最小。其次，颗粒越大的试样会加强土拱效应 (韩高孝等，2013)，随着粒径增大，颗粒间的滑移力矩增大，难以发生相对滑动，导致颗粒较大的试样压缩性较小。

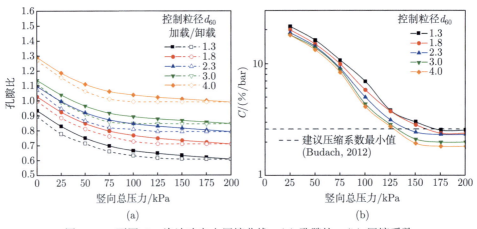

图 9-27　不同 $d_{60}$ 泡沫改良土压缩曲线: (a) 孔隙比; (b) 压缩系数

### 9.5.2　曲率系数的影响

图 9-28 给出了不同 $C_c$ 下泡沫改良土压缩曲线，从图 9-28(a) 可以看出，在加载阶段，试样 $C_c$ 越大，初始孔隙比越大，换句话说，改良土级配曲线连续性越好，初始孔隙比越高。随着竖向荷载增大，改良土的孔隙比逐渐减小。在卸载阶段，竖向压力介于 100~200kPa 时孔隙比无明显变化，竖向荷载小于 100kPa 时试样的孔隙比明显增大。图 9-28(b) 可以看出在相同竖向荷载下 $C_c$ 越大的试样压缩系数越大，随着竖向荷载增大泡沫土压缩性降低，加载初始 (0~75kPa) 压缩系数降低较快，加载后期 (150~200kPa) 压缩系数降低缓慢。$C_c$ 越大的试样压缩系数达到建议值的竖向荷载越大，例如，$C_c$=0.6 的试样在竖向荷载 120kPa 左右等于建议值，而 $C_c$=4 的试样在竖向荷载 145kPa 等于建议值。常压下泡沫粒径介于 0.05~0.3mm，平均粒径为 0.14mm，在压力作用下泡沫粒径会变小；而砂土平均粒径为 2.36mm，最大粒径为 40mm，泡沫粒径相对于土颗粒平均粒径要小得多。$C_c$ 较大的试样大粒径土颗粒较少，大粒径颗粒较少的试样与泡沫的协同压缩能力更强，泡沫作为由液膜包裹的颗粒体可以更好地填充在小粒径含量多的改良土中，所以泡沫改良土的压

缩性会提高。

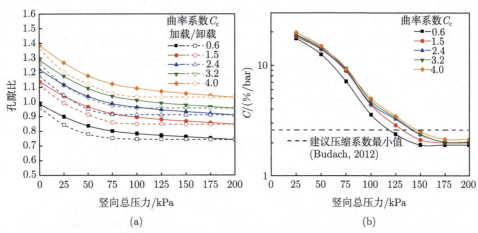

图 9-28　不同 $C_c$ 泡沫改良土压缩曲线：(a) 孔隙比；(b) 压缩系数

### 9.5.3　不均匀系数的影响

　　图 9-29 给出了不同 $C_u$ 下泡沫改良土压缩曲线。从图 9-29(a) 可以看出，在加载阶段试样 $C_u$ 越大，初始孔隙比越小，在一定的改良工况下，填充较密实的试样赋存的泡沫更少，若要获得良好的压缩性则需提高 FIR(Wang et al., 2021)。随着竖向荷载增大，改良土的孔隙比逐渐减小。在卸载阶段，随着竖向荷载减小，试样孔隙比逐渐增大，卸载初期 (100~200kPa) 孔隙比变化较小，小于 100kPa 后孔隙比变化较大。图 9-29(b) 可以看出，随着竖向荷载增大，泡沫土压缩系数降低，然而由于竖向荷载增大引起改良土中的气相内部压力增大，抵抗压缩变形的能力越强，导致加载后期 (150~200kPa) 压缩性降低缓慢。渣土改良的作用之一是减少盾构渣土颗粒的摩擦从而使渣土获得良好的塑流性和减少机械磨损 (Duarte, 2007；Wang et al., 2020；Vinai et al., 2008)，Zhang 等 (2020) 采用离散

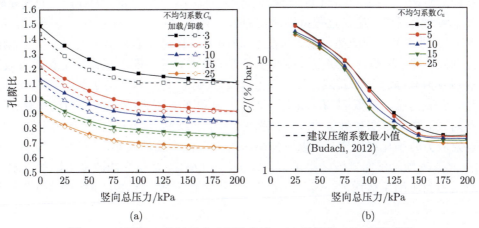

图 9-29　不同 $C_u$ 泡沫改良土压缩曲线：(a) 孔隙比；(b) 压缩系数

元方法研究了颗粒间摩擦对砂土压缩的影响，结果表明，随着颗粒间摩擦的减小，砂土压缩性增大。$C_u$ 越大，不同粒径之间的土颗粒相互填充效果越好，容纳泡沫的孔隙空间体积越小，在竖向荷载作用下试样可产生的变形量减小，同时颗粒间发生相互错动的难度更大，宏观上表现出土颗粒间摩擦力越大。从图 9-29(b) 可以看出在相同竖向荷载下 $C_u$ 越大压缩系数越小，与 Zhang 等 (2020) 的数值模拟结果相同，验证了试验结果的准确性。所以，盾构泡沫改良渣土压缩性提高的原因除了泡沫赋存于颗粒间提高渣土孔隙率外，减少渣土颗粒间的摩擦也是值得关注的因素。

## 9.6　级配影响下泡沫改良土压力变化

### 9.6.1　控制粒径的影响

图 9-30 给出了不同 $d_{60}$ 泡沫改良土压缩时的孔隙压力、竖向有效应力、侧向总压力和侧向有效应力曲线，在同一竖向荷载下，随着 $d_{60}$ 的增加，泡沫改良土孔隙压力和侧向总压力越小，竖向有效应力和侧向有效应力越大。在加载阶段，由图 9-30(a) 看出竖向压力小于 50kPa 时孔隙压力近似呈线性增加，其孔隙压力接近于竖向压力，所以图 9-30(b) 和 (d) 中竖向有效应力和侧向有效应力处于较低水平，由于侧向总压力是孔隙压力与侧向有效应力之和，所以图 9-30(c) 中侧向总压力在竖向压力小于 50kPa 时也近似呈线性增加。随着荷载进一步增大，孔隙压力增长速度减缓，试样土骨架开始压缩，竖向有效应力和侧向有效应力逐渐增大，Wang 等 (2021) 认为泡沫改良砂土中的泡沫与周围土体颗粒接触时，固体颗粒之间可以传递力，导致土体颗粒未接触时有效应力发生变化。众所周知，纯流体的侧向总压力等于竖向压力，而改良合适的渣土会具有良好的塑流性，在 FIR=20% 的改良工况下，$d_{60}$ 越小的试样侧向总压力越大，即试样的塑流性、均匀性更强，但渣土的塑流性随着竖向荷载增大而降低，所以竖向荷载越大侧向总压力增加量越小；又因为由图 9-30(d) 看出侧向有效应力近似呈线性增加，所以孔隙压力增加量也减小。因此，$d_{60}$ 越大的试样，泡沫稳定性越低，导致一维压缩过程中孔隙压力越小，由于泡沫对土颗粒抬升作用减弱，$d_{60}$ 越大的试样侧向有效应力越大。

在卸载阶段，由图 9-30(a) 可以看出试样的孔隙压力在 125~200kPa 之间变化较小，其中 $d_{60}$ 越大的试样，这一过程持续时间越长，对应的孔隙压力越小，这是因为 $d_{60}$ 越大且 FIR 相同的试样回弹能力低。从图 9-30(b) 和 (d) 可以看出竖向有效应力和侧向有效应力立刻下降，说明该时期主要释放土骨架的有效应力，随后试样从土骨架有效应力的卸载转变为孔隙空气的卸载，竖向荷载小于 50kPa 时孔隙压力近似呈线性减小。有趣的是，当竖向压力降低到 50kPa 以下时，孔压和侧向总压力卸载的曲线重叠在一起，说明不同 $d_{60}$ 的试样没有明显的差异。图 9-30(d) 可以看出，当竖向荷载小于 75kPa 时，侧向有效应力几乎保持恒定，所以侧向总压力也近似呈线性减小，与 Mori 等 (2018) 改变 FIR 泡沫改良土压缩试验结果类似。Wang 等 (2021) 发现泡沫改良土随着 FIR 的增大孔隙压力和压缩系数增大，因此，对于 $d_{60}$ 较高的土体，应注入更多的泡沫以达到理想的回弹能力。

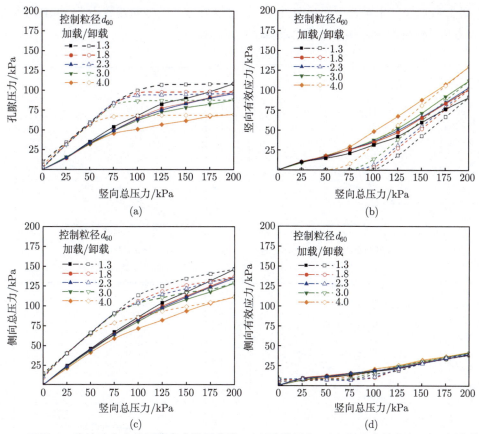

图 9-30 不同 $d_{60}$ 泡沫改良土的压缩应力发展曲线：(a) 孔隙压力；(b) 竖向有效应力；(c) 侧向总压力；(d) 侧向有效应力

## 9.6.2 曲率系数的影响

图 9-31 给出了不同 $C_c$ 泡沫改良土压缩时的孔隙压力、竖向有效应力、侧向总压力和侧向有效应力曲线，在相同竖向荷载下，随着 $C_c$ 的增加，泡沫改良土孔隙压力和侧向总压力越小，竖向有效应力和侧向有效应力越大。在加载阶段，由图 9-31(a) 看出竖向总压力小于 50kPa 时孔隙压力近似呈线性增加，其孔隙压力接近于竖向总压力，所以由图 9-31(b) 和 (d) 可以看出竖向有效应力和侧向有效应力处于较低水平，因此，图 9-31(c) 中侧向总压力在竖向压力小于 50kPa 时也近似呈线性增加。随着荷载进一步增大，孔隙压力增长速度减缓，试样土骨架开始压缩，侧向有效应力逐渐增大。$C_c$ 越小的试样级配曲线连续性较好，与泡沫混合后塑流性更强，从而表现出更大的侧向总压力。但随着竖向荷载增大，试样的塑流性降低，导致侧向总压力增加量减少，从图 9-31(d) 看出侧向有效应力近似呈线性增加，所以孔隙压力增加量也减小，即曲线愈加平缓。

在卸载阶段，由图 9-31(a) 可以看出试样的孔隙压力在 100~200kPa 之间变化较小，且随着 $C_c$ 的增大孔压保持稳定的时间越长。从图 9-31(b) 和 (d) 可以看出竖向有效应力和侧向有效应力立刻下降，说明该时期主要释放土骨架的有效应力，随后试样从土骨架有效应力的卸载转变为孔隙空气的卸载，竖向荷载小于 50kPa 时孔隙压力近似呈线性减小，不

同 $C_c$ 的卸载曲线基本重合，而从图 9-31(d) 可以看出，当竖向荷载小于 50kPa 时，侧向有效应力几乎保持恒定，侧向总压力近似呈线性减小。

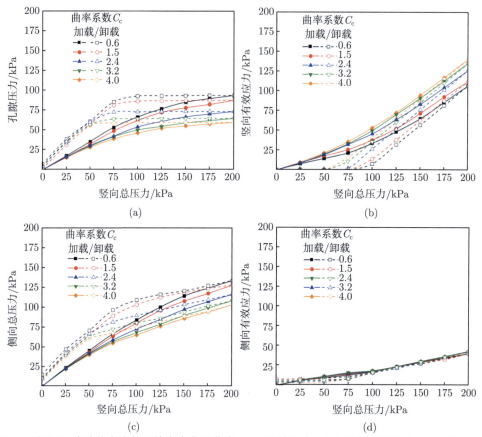

图 9-31　不同 $C_c$ 泡沫改良土的压缩应力发展曲线：(a) 孔隙压力；(b) 竖向有效应力；(c) 侧向总压力；(d) 侧向有效应力

### 9.6.3　不均匀系数的影响

图 9-32 给出了不同 $C_u$ 泡沫改良土压缩时的孔隙压力、竖向有效应力、侧向总压力和侧向有效应力曲线，在同一竖向荷载下，随着 $C_u$ 的增加，泡沫改良土孔隙压力、侧向总压力和侧向有效应力越大，竖向有效应力越小。在加载阶段，由图 9-32(a) 看出竖向总压力小于 50kPa 时孔隙压力近似呈线性增加，其孔隙压力接近于竖向总压力，所以图 9-32(b) 和 (d) 中竖向有效应力和侧向有效应力处于较低水平，因此，图 9-32(c) 中侧向总压力也近似呈线性增加。图 9-32(d) 中各试样侧向有效应力差别较小，曲线近似重叠。随着竖向荷载进一步增大，竖向有效应力呈指数型增大，侧向有效应力近似呈线性增大，孔隙压力与侧向总压力增大量逐渐减小，即曲线更平缓。其中 $C_u$ 越大的试样土颗粒间的填充效果越好，泡沫可以稳定地赋存在土体孔隙中，从而使 $C_u$ 较大的试样较为均匀，所以 $C_u$ 越大的试样侧向总压力较大，又因为由图 9-32(b) 可知 $C_u$ 越大试样有效应力越小，所以 $C_u$ 越大试样孔隙压力也越大。

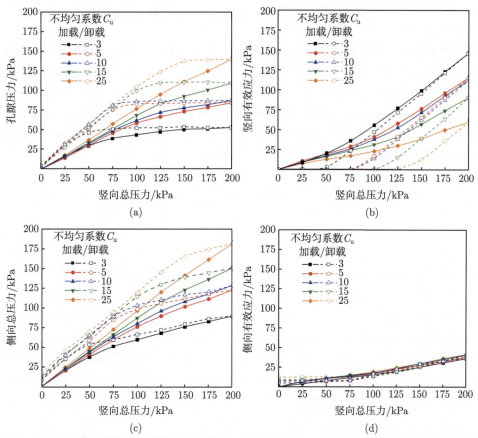

图 9-32　不同 $C_u$ 泡沫改良土压缩应力发展曲线：(a) 孔隙压力；(b) 竖向有效应力；(c) 侧向总压力；
(d) 侧向有效应力

在卸载阶段，由图 9-32(a) 可以看出随着 $C_u$ 的增大，泡沫改良土卸载后孔隙压力保持恒定的曲线长度逐渐减小。例如，$C_u=25$ 时在竖向荷载为 150kPa 时孔隙压力开始显著降低，而 $C_u=3$ 时孔隙压力在 50kPa 时开始显著降低。由此可以推断，在相同的土舱压力和泡沫注入比情况下，盾构土舱中的砂土 $C_u$ 越小，土舱中的孔隙压力越小，平衡开挖面上的地层水压力的能力越弱，但是在土舱压力减小（排渣速率增大等引起）情况下，$C_u$ 越小的试样能在一定时间内更好地稳定土舱中的孔隙压力，防止地下水渗入。Wang 等 (2021) 提出级配一定试样，FIR 的增大可以增大试样的侧向总压力和孔隙压力，但是会缩短孔隙压力卸载平台长度，说明 FIR 的增大可以提高盾构渣土抵抗地层水压力能力，但在土舱压力损失时稳定土舱内孔隙压力的能力降低。当竖向荷载小于 125kPa 时，由图 9-32(a) 可知 $C_u=25$ 的试样孔隙压力卸载曲线近似为直线，相应地，由图 9-32(c) 可知侧向总压力卸载曲线也近似直线，对于不同 $C_u$ 的试样在小于某个荷载后孔隙压力与侧向总压力的卸载曲线均呈线性减少，说明孔隙压力的卸载与侧向总压力的卸载有很强的相关性。当竖向压力小于 50kPa 时，孔压和侧向总压力卸载曲线均近似重叠。

## 9.7　泡沫改良土侧向土压力系数

根据土力学中的有效应力原理定义了侧向土压力系数，计算公式如式 (9-7) 所示，这里为了方便陈述，称为有效侧向土压力系数；另外，定义总侧向土压力系数为总侧应力与总竖向应力之比，如式 (9-8) 所示，可用于描述泡沫改良土的流动状态。渣土改良合适的土可以被视为具有各向同性应力状态的牛顿流体 (Hu 和 Rostami，2021)，其中总侧向应力等于总竖向应力，$K$ 值为 1。然而，如果 FIR 不够高，则不足以分离土颗粒，泡沫改良土将不会表现为等效流体，导致 $K$ 值小于 1。

$$K' = \frac{\sigma_1' - u}{\sigma_v' - u} \tag{9-7}$$

$$K = \frac{\sigma_1}{\sigma_v} \tag{9-8}$$

图 9-33 展示了不同 $d_{60}$ 下泡沫改良土总侧向土压力系数和有效侧向土压力随竖向总压力的变化规律。由图 9-33(a) 可以看出随着竖向总压力的增加，试样的总侧向土压力系数逐渐减小，在同一竖向总压力下，试样总侧向土压力系数随着控制粒径的增加而减少，说明随着 $d_{60}$ 减小，泡沫改良土的流动性越强。蒋明杰等 (2020) 认为总侧向土压力系数随着土样粒径的减小而增大，显然，泡沫改良土也符合上述规律。由图 9-33(b) 可以发现与总侧向土压力系数类似，随着竖向荷载的增加，试样的有效侧向土压力系数呈指数型减小，在同一竖向压力下，随着控制粒径的增加，试样有效侧向土压力系数逐渐减小。

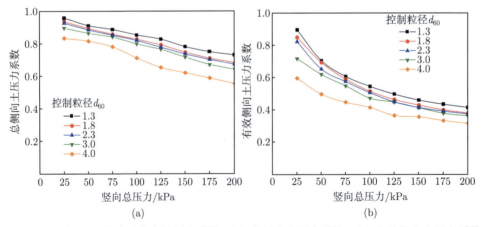

图 9-33　不同 $d_{60}$ 泡沫改良土侧压力系数：(a) 总侧向土压力系数；(b) 有效侧向土压力系数

图 9-34 给出了不同 $C_c$ 下泡沫改良土总侧向土压力系数和有效侧向土压力系数随竖向压力的变化规律。由图 9-34(a) 可以发现随着竖向总压力的增加，试样的总侧向土压力系数逐渐减小。在同一竖向总压力下，试样总侧向土压力系数随着 $C_c$ 的增加而减少，说明随着 $C_c$ 减小，泡沫改良土的流动性越强，原因在于，$C_c$ 越小的试样级配曲线连续性较好，与泡沫混合后塑流性更强。图 9-34(b) 给出了不同 $C_c$ 下改良土有效向土侧压力系数变化规律，可以发现与总侧向土压力系数类似，随着竖向荷载的增加，试样的有效侧向土

压力系数逐渐减小。在同一竖向压力下，随着 $C_c$ 的增加，试样有效侧向土压力系数逐渐减小。

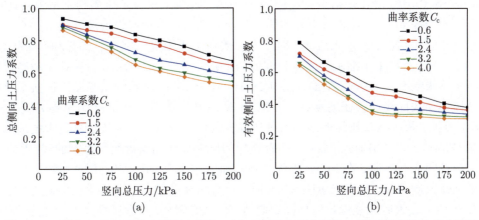

图 9-34 不同 $C_c$ 泡沫改良土侧压力系数：(a) 总侧向土压力系数；(b) 有效侧向土压力系数

图 9-35 给出了不同 $C_u$ 下泡沫改良土总侧向土压力系数和有效侧向土压力系数随竖向总压力的变化规律。由图 9-35(a) 可以发现随着竖向总压力的增加，试样的总侧向土压力系数逐渐减小，其中 $C_u$ 越大总侧向土压力系数减少量越小。在同一竖向总压力下，试样总侧压力系数随着 $C_u$ 的增加而增加，说明在相同条件下随着 $C_u$ 增大，泡沫改良土的流动性越强。蒋明杰等 (2020) 认为越密实的土样在相同竖向压力下总侧向土压力系数越大，而 $C_u$ 可表征试样的密实程度，研究可得泡沫改良土符合上述不同 $C_u$ 未改良土总侧向土压力系数的变化规律。图 9-35(b) 给出了不同 $C_u$ 下改良粗颗粒土有效侧压力系数变化规律，可以发现与总侧压力系数类似，随着竖向荷载的增加，试样的有效侧压力系数逐渐减小。在同一竖向压力下，随着 $C_u$ 的增加，试样有效侧压力系数逐渐增大。

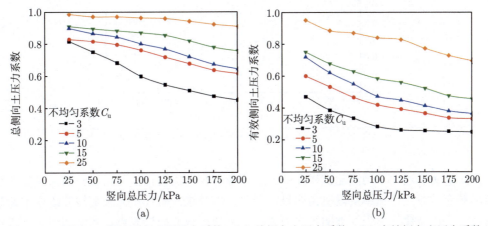

图 9-35 不同 $C_u$ 泡沫改良土侧压力系数：(a) 总侧向土压力系数；(b) 有效侧向土压力系数

# 9.8　有效应力–气体控制过渡探究

　　Mori 等 (2015，2018) 对两种不同级配的泡沫改良土进行了压缩和十字板剪切试验，发现有效应力在 $e/e_{\max}$=1.2 以下开始明显增长。然后，他们假设泡沫改良土存在一个临界 $e/e_{\max}$ 比率，当 $e/e_{\max}$ 大于 1.2 时，泡沫改良土压缩受气泡/空气的控制，$e/e_{\max}$ 低于 1.2 时，泡沫改良土压缩主要受颗粒间应力的控制。他们还指出，目前还不清楚过渡点是否与土壤级配有关。图 9-27(a)、图 9-28(a)、图 9-29(a) 展示的试验结果证实了试验中所有试样的加载曲线均存在过渡点。与 Mori 等 (2015) 类似，图 9-36 为不同 $d_{60}(C_c$=1.5，$C_u$=10) 加载过程中试验压缩曲线与气体压缩曲线的对比图。气体控制曲线根据玻意耳定律绘制 (Mori et al., 2015)。加载后，所有试样的压缩曲线均偏离空气控制曲线，表明加载过程受颗粒间应力控制。在 Mori 等 (2015) 的研究中，当 FIR=49%时，早期加载曲线也偏离了气体控制曲线，只有当 FIR=78%时，试验压缩曲线与气体压缩曲线较好重合，说明只有当 FIR 较大时才能满足气体控制曲线。在本研究中，所有试样的 FIR 设置为 20%，远低于 78%。虽然泡沫改良土的初始孔隙比均大于未改良土的最大孔隙比 (表 2-3)，但在加载初期，泡沫改良土的初始孔隙比不足以使试样完全受气体的控制。不同 $C_c(d_{60}$=3.0，$C_u$=10) 和不同 $C_u(d_{60}$=3.0，$C_c$=1.5) 进行的压缩试验结果显示了类似的行为，在此不重复赘述。

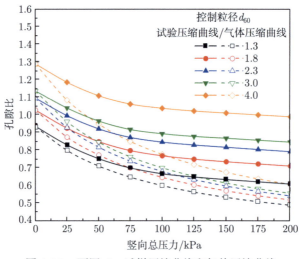

图 9-36　不同 $d_{60}$ 试样压缩曲线和气体压缩曲线

　　正如前文所述，不同级配试样在卸载过程中都存在过渡点，且由试验结果可知卸载时的应力转变过渡点比加载阶段更为明显，因此，本节重点研究不同级配泡沫改良土卸载曲线过渡点变化规律。为表征不同级配泡沫改良土的卸载曲线过渡点，定义卸载时过渡点为 $e$、$u$、$\sigma'_v$ 和 $\sigma_L$，卸载曲线的过渡点示意如图 9-37 所示，其中 $\sigma_{v,t}$ 为过渡点的竖向总压力；$\theta_u$ 为卸载后期 $u$-$\sigma_v$ 曲线的斜率；$\theta_{\sigma L}$ 为卸载后期 $\sigma_L$-$\sigma_v$ 曲线的斜率，$\theta_{\sigma'v}$ 为卸载初期 $\sigma'_v$-$\sigma_v$ 曲线的斜率。

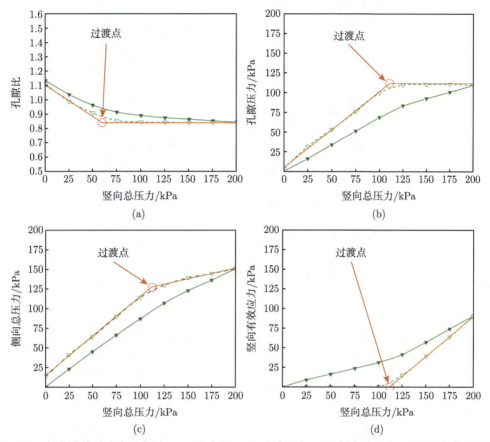

图 9-37 卸载曲线过渡点示意图：(a) 孔隙比；(b) 孔隙压力；(c) 侧向总压力；(d) 竖向有效应力

表 9-3 为试样的卸载曲线特征参数值。不同级配试样卸载过程中的 $e_t/e_{max}$ 比值近似等于 1.0，表明 $e_t/e_{max}$ 的值与土级配无关，该值低于 Mori 等 (2015) 试验发现的加载阶段过渡点 $e/e_{max}=1.2$。因此，颗粒级配对泡沫压缩曲线卸载过程中过渡点没有显著影响。不同级配试样的孔压卸载曲线、竖向有效应力卸载曲线和侧向总压力卸载曲线过渡点对应的竖向总压力相差较小，如图 9-38 所示。由表 9-3 可知，$\theta_u$、$\theta_{\sigma L}$ 和 $\theta_{\sigma'v}$ 均接近于 1.0，表明试样卸载初期竖向总压力的降低主要由土骨架的有效应力控制，经过渡点后转化为气体控制，这一过程与颗粒级配无关。当泡沫改良土的孔隙压力以气体控制为主时，泡沫改良土的卸载主要由气体承担，因此，泡沫土的孔隙压力与竖向总压力呈斜率为 1 的线性关系。

另一方面，从表 9-3 可以看出，颗粒级配对过渡点的竖向总压力值 ($\sigma_{v,t}$) 有显著影响。图 9-39 为孔隙压力、竖向有效应力和侧向总压力卸载曲线过渡点竖向总压力随着 $e_0-e_t$ 的变化图。$\sigma_{v,t}$ 随着 $e_0-e_t$ 的增大而减小，表明初始气相体积越小，试样卸载过程中越早达到气体控制过渡点。因此，当盾构土舱压力骤然下降时 (例如排渣率远大于进土量)，针对 $e_0-e_t$ 越大，即 FIR 越大的渣土，其回弹能力越强，降低土舱压力波动的能力越强。上述研究结论有助于控制盾构开挖面前方地表沉降，保障盾构平稳掘进。

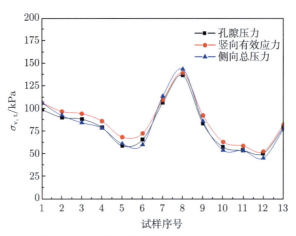

图 9-38　卸载曲线过渡点对应竖向总压力

**表 9-3　试样卸载曲线特征参数取值**

| 编号 | $d_{60}$ | $C_c$ | $C_u$ | $e$ vs. $\sigma_v$ | | $u$ vs. $\sigma_v$ | | $\sigma'_v$ vs. $\sigma_v$ | | $\sigma_L$ vs. $\sigma_v$ | |
|---|---|---|---|---|---|---|---|---|---|---|---|
| | | | | $e_t$ | $e_t/e_{max}$ | $\sigma_{v,t}$ /kPa | $\theta_u$ | $\sigma_{v,t}$ /kPa | $\theta_{\sigma'v}$ | $\sigma_{v,t}$ /kPa | $\theta_{\sigma L}$ |
| 1 | 1.3 | 1.5 | 10 | 0.654 | 0.95 | 98.9 | 0.951 | 106.6 | 0.982 | 106.3 | 0.985 |
| 2 | 1.8 | 1.5 | 10 | 0.741 | 0.97 | 90.3 | 0.998 | 97.0 | 0.989 | 92.6 | 0.989 |
| 3 | 2.3 | 1.5 | 10 | 0.852 | 1.01 | 88.5 | 0.999 | 94.6 | 0.990 | 84.8 | 0.989 |
| 4 | 3.0 | 1.5 | 10 | 0.874 | 1.02 | 79.4 | 0.994 | 86.5 | 0.991 | 78.8 | 0.998 |
| 5 | 4.0 | 1.5 | 10 | 1.008 | 1.18 | 59.0 | 0.994 | 68.9 | 0.995 | 61.3 | 0.992 |
| 6 | 3.0 | 2.4 | 10 | 0.931 | 1.03 | 65.9 | 0.995 | 73.0 | 0.995 | 60.4 | 0.988 |
| 7 | 3.0 | 1.5 | 15 | 0.799 | 1.05 | 106.6 | 0.989 | 109.5 | 0.999 | 113.9 | 0.988 |
| 8 | 3.0 | 1.5 | 25 | 0.722 | 0.98 | 136.8 | 0.970 | 139.4 | 0.986 | 143.9 | 0.995 |
| 9 | 3.0 | 0.6 | 10 | 0.761 | 0.97 | 83.7 | 0.999 | 92.7 | 0.993 | 86.2 | 0.999 |
| 10 | 3.0 | 3.2 | 10 | 0.990 | 1.04 | 57.6 | 0.985 | 63.5 | 0.990 | 54.3 | 0.981 |
| 11 | 3.0 | 4.0 | 10 | 1.082 | 1.09 | 53.9 | 0.984 | 59.1 | 0.995 | 53.9 | 0.985 |
| 12 | 3.0 | 1.5 | 3 | 1.109 | 1.07 | 50.6 | 0.944 | 52.8 | 0.997 | 45.5 | 0.971 |
| 13 | 3.0 | 1.5 | 5 | 0.935 | 1.02 | 79.6 | 0.976 | 82.7 | 0.985 | 77.8 | 0.992 |

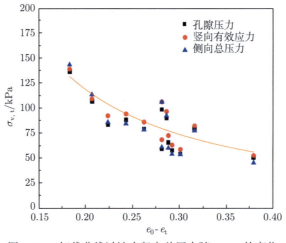

图 9-39　卸载曲线过渡点竖向总压力随 $e_0$-$e_t$ 的变化

## 9.9 泡沫改良土压缩机理

本文不同级配的试验用土的饱和度介于 28.1%~46.7%，泡沫土可以看作是一种特殊类型的非饱和土，因此可以从非饱和土角度对泡沫改良渣土的压缩性进行机理分析。在非饱和土领域，Barden(1965) 根据非饱和土饱和度的不同，将非饱和土划分为三类：①饱和度很高，气封闭，液相连续，气相不连续的非饱和土；②饱和度稍低，液相、气相均连续的非饱和土；③饱和度很低，气相连续，液相不连续的非饱和土。区别于传统非饱和土，泡沫改良渣土中有大量封闭气相介质 (气泡) 的存在，因此其液相和气相连通情况较复杂。泡沫土中固相、液相和气相的连接状态比一般非饱和土更加复杂，泡沫改良土中气体通常以离散气泡的形式存在，不满足单一可压缩流体的非饱和土模型 (Wheeler, 1986；Thomas, 1987)。因此为了便于分析，假设试样孔隙内液相、气相、泡沫三项相连通，即在压缩过程三者处于 "动态平衡状态"，三者所承受孔隙压力相等。

Kam 和 Rossen(2002) 针对泡沫改良砂土的压缩性进行了理论分析，所建立泡沫改良砂土简化模型如图 9-40(a) 所示。其中，作者将土颗粒、泡沫颗粒均进行了等效粒径简化处理，假定土颗粒为层状分布，泡沫填充在三个土颗粒间，形成如图 9-40(b) 所示的单元结构，其中 $R$ 为土颗粒半径、$r$ 为泡沫气液交界面曲率半径、$D_t$ 为邻近土颗粒质点距离。

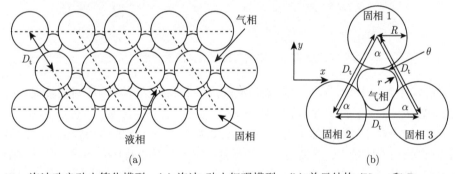

图 9-40　泡沫改良砂土简化模型：(a) 泡沫–砂土细观模型；(b) 单元结构 (Kam 和 Rossen，2002)

根据图 9-40(b) 所给出的单元结构模型，计算得到其孔隙比 $e$ 如式 (9-9) 所示，可以看出，随着 $D_t/R$ 值的增加，试样的孔隙比逐渐增加，理论最小孔隙比在 $D_t/R=2$ 时取得，$e_{\min}=0.103$。在泡沫气液交界面处，存在力学平衡状态，泡沫内部气压力 $u'_a$ 和外部水压力 $u_w$ 之间的关系如式 (9-10) 所示，其中 $T_s$ 为水–气界面表面张力。

$$e = \frac{\sqrt{3}}{2\pi}\left(\frac{D_t}{R}\right)^2 - 1 \tag{9-9}$$

$$u'_a - u_w = \frac{2T_s}{r} \tag{9-10}$$

由试验结果可以发现，随着泡沫注入比的增加，改良渣土的孔隙比逐渐增大。因此，为了解释泡沫改良渣土的压缩特性，基于 Kam 和 Rossen(2002) 所提出的模型，提出了不同泡沫注入比下改良渣土单元结构 2D 模型 (如图 9-41 所示)，其中 $D_{t1}$、$D_{t2}$ 及 $r_1$、$r_2$ 分别表示低泡沫注入比、高泡沫注入比下邻近土颗粒中心间距及泡沫等效直径，且满足 $D_{t1} < D_{t2}$、$r_1 < r_2$。

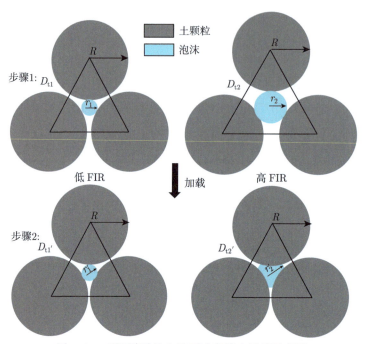

图 9-41　不同泡沫注入比下改良渣土压缩示意图

通过图 9-41 可以看出，在未加载前，泡沫注入比高的试样其颗粒间隙较大，可发生的体积变形量较大；此外，此时试样内部孔隙压力均等于大气，即 $u_w = P_{atm}$，由式 (9-10) 可以看出，当 $r$ 越小时，气泡内部压力 $u'_a$ 越大，即发生压缩变形的阻力较大。与试验所得结论相符，即泡沫注入比越大，改良渣土压缩性越强。在加载过程中，在同一荷载等级下，对于泡沫注入比低的试样，其土颗粒质点间距较小，可供发生体积变形的孔隙体积较小，因此其受压产生的孔隙压力及压缩量较小，相反地，由于其土颗粒间距较小，在同一荷载等级下产生的竖向有效应力较大；对于泡沫注入比高的试样，由于其颗粒内部孔隙较大，可供发生体积变形的体积较大，因此，其受压过程中，首先以孔隙压力增长为主，且在同一荷载等级下，压缩量明显大于低泡沫注入比的试样，且竖向有效应力值较小。在卸载过程中，在卸载初期，由土颗粒骨架所承担的荷载最先释放，随着变形恢复量的增加，试样内部孔隙压力逐渐降低；此外，泡沫作为一种由液膜包裹气相存在的介质，它的存在可以使土颗粒局部承受气相压力的作用，由图 9-41 中步骤 2 可知，高泡沫注入比的试样其气液交界面曲率半径为 $r'_1$ 小于低泡沫注入比的试样曲率半径 $r'_2$，由式 (9-10) 可知，该状态下，高泡沫注入比试样泡沫内部压力较高，即在回弹过程中泡沫作用在土颗粒上的气压力较高，因此其骨架回弹性较好。

通过前面试验结果可知，泡沫改良土压缩性与级配相关，以下从粒径的大小、分布加以分析。

1. 粒径大小

Kam(1998)、Kam 等 (2002) 和 Krasowska 等 (2019) 建立了二维理论模型，得到了被固体包裹的气泡支撑颗粒之间的液体界面的计算模型，研究了泡沫砂屈服应力的来源，揭示了不同级配渣土颗粒–水–泡沫相互作用机理，可为盾构泡沫改良渣土压缩性评价提供理论依据。Wang 等 (2021)，Kam 和 Rossen(2002) 用图 9-42 的单元结构模型解释泡沫改良土的压缩机理。当泡沫改良土受到外部压力时，邻近土颗粒中心间距由 $D_t$ 变为 $D_t - h$，宏观上表现为泡沫土的压缩变形；当泡沫改良土外部压力卸载时，邻近土颗粒中心间距由 $D_t$ 变为 $D_t + h$，宏观上表现为泡沫土体积膨胀。

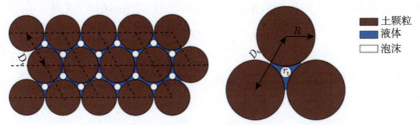

图 9-42　泡沫改良土单元结构模型 (Kam 和 Rossen，2002)

根据式 (9-9) 可知，随着邻近土颗粒中心距离与土颗粒半径之比的增大，泡沫改良土的孔隙比随之增大。由式 (9-10) 可计算出泡沫内外压差，Wu 等 (2020) 认为，泡沫内外压差介于 0.1~6.0kPa，泡沫内外压差能够支撑沙粒的重量。在这里忽略土颗粒自重和泡沫的消散，当 FIR 相同时，相同体积的试样中泡沫体积相同，此时泡沫对土颗粒的抬升效果是相同的。令 $D = 2R + h_d$，其中 $h_d$ 为两渣土颗粒表面间的距离，用以表征泡沫对渣土颗粒的抬升效果，代入式 (9-9) 可得式 (9-12)。

$$e = \frac{\sqrt{3}}{2\pi}\left(\frac{D}{R}\right)^2 - 1 \tag{9-11}$$

$$\Delta p = p_A - p_L \tag{9-12}$$

式中，$p_A$ 为泡沫内的气压；$p_L$ 为泡沫外的液体压力；$\Delta p$ 为泡沫内外压差。

$$e = \frac{\sqrt{3}}{2\pi}\left(2 + \frac{\varepsilon}{R}\right)^2 - 1 \tag{9-13}$$

已知 $\varepsilon$ 是一个恒定值，由式 (9-13) 可得随着渣土颗粒粒径 $d_s = 2R$ 的增大，单元模型中的孔隙体积减小，孔隙中泡沫的减少导致了改良土压缩性的减小。

另一方面，颗粒级配会对泡沫的稳定性产生影响。Wu 等 (2020) 认为毛细管力和颗粒脱离能会影响泡沫稳定性，泡沫的不稳定会导致改良土中稳定的气相 (泡沫颗粒内) 减少，从而导致改良土压缩性降低。最大毛细管力 (Kaptay，2006) 和颗粒脱离能 (Hunter et al.，2008) 的计算公式分别如式 (9-14)、式 (9-15) 所示：

$$P_c^{max} = \pm P\frac{2\gamma_{AW}}{R}\cos\theta \tag{9-14}$$

$$\Delta G = \pi R^2 \gamma_{\mathrm{s}} (1 - \cos\theta)^2 \tag{9-15}$$

式中，$P$ 为理论填充参数，与颗粒浓度和结构对毛细管压力的影响有关；$\gamma_{\mathrm{s}}$ 为气液界面表面张力；$R$ 为土颗粒半径；$\theta$ 为颗粒接触角。

由式 (9-14) 可知土壤颗粒越小，气泡的最大毛细管力越高，气泡越稳定；由式 (9-15) 可知颗粒越小，颗粒脱离能 $G$ 越低，泡沫越容易消散。因此，当泡沫与土颗粒级配相适应时，泡沫不易从土壤孔隙中逃逸并聚集在土壤上方，能充分发挥土颗粒与泡沫作用。

**2. 粒径分布**

泡沫为气相被液体薄膜分离的封闭体，与泡沫改良土中固相-液相界面处存在着力学平衡关系，直接影响到改良土的压缩性能。毛细管压力由式 (9-16) 可求得

$$P_{\mathrm{c}} = \frac{2T_{\mathrm{s}}}{r} \tag{9-16}$$

式中，$T_{\mathrm{s}}$ 为表面张力 (通常 $=20\sim30\mathrm{mN/m}$)；$r$ 为气液界面的半径。

泡沫中的气体压力可以表示为

$$u_{\mathrm{g}} = u_{\mathrm{liq}} + u_{\mathrm{c}} \tag{9-17}$$

式中，$u_{\mathrm{liq}}$ 为液体压力。

泡沫改良土简化的力学分析图如图 9-43 所示。泡沫在盾构渣土中有两种接触界面形式，一是固–液–气界面，二是液–气界面。界面张力与固相的性质和表面粗糙度有关，界面张力将三相接触处的固体拉向气–液界面相切的方向。

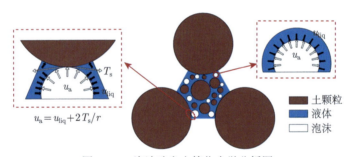

图 9-43　泡沫改良土简化力学分析图

上述讨论的为泡沫改良土的单元模型，且未考虑土颗粒重力作用，当针对变级配泡沫改良土压缩时，还需要考虑各个单元之间的作用影响。考虑重力影响后，泡沫气压 ($u_{\mathrm{g}}$) 与单位体积土颗粒的重力 ($g_{\mathrm{s}}$)、孔隙水压力 ($u_{\mathrm{liq}}$) 和毛细管力 ($u_{\mathrm{c}}$) 的关系如式 (9-18) 所示。

$$u_{\mathrm{g}} = g_{\mathrm{s}} + u_{\mathrm{liq}} + u_{\mathrm{c}} \tag{9-18}$$

颗粒分布不均匀的试样相比于均匀试样，土颗粒间填充得更密实，即单位体积下颗粒分布情况良好的试样质量更高，导致级配良好的试样对泡沫的压力更大，在泡沫与土颗粒充分搅拌混合的情况下，泡沫在土颗粒重力影响下发生压缩变形，这对应 9.5 节变级配泡沫改良土压缩试验中 $C_{\mathrm{u}}$ 越大的试样初始孔隙比越小的现象。由于气相体积减小，能提供压缩变形的体积减小，导致粒径分布越不均匀的试样压缩性越小。

## 9.10 合理压缩性探讨

Budach(2012) 建议适合土压平衡盾构土舱压力稳定的渣土压缩系数最小值为 2.6%/bar，图 9-44 给出了不同级配参数下达到压缩系数最小值的竖向荷载范围。随着 $d_{60}$ 和 $C_u$ 的增大，达到建议值的竖向荷载逐渐减小；随着 $C_c$ 的增大，达到建议值的竖向荷载逐渐增大。对比三幅子图可知，改变 $d_{60}$、$C_c$、$C_u$，试样达到建议值的竖向荷载分别介于128.4~170.5kPa、122.4~145.7kPa、122.4~146.3kPa，所以改变 $d_{60}$ 竖向荷载变化跨度相对较大，而改变 $C_c$ 与 $C_u$，竖向荷载变化跨度影响范围较小，因此，在本次试验中 $d_{60}$ 对泡沫改良土压缩性能影响最大。$d_{60}$ 在一定程度上表征了试样的粗细程度，随着 $d_{60}$ 的增加，试样中的细颗粒逐渐减少，即使 $C_u$ 和 $C_c$ 是相同的，但是土颗粒与泡沫的混合效果却相差甚大，常压下气泡的平均直径是 0.14mm，对于细颗粒越多的试样，泡沫与土颗粒协同作用效果越好，可以发挥出较高压缩性。随着 $C_c$ 的增加，中粗粒径颗粒含量减少，导致压缩性也有一定的提高，达到压缩系数建议最小值的竖向荷载较大。随着 $C_u$ 含量的增加，试样的不均匀性增加，粗粒骨架之间的孔隙在很大程度上被中、细颗粒充填，可以发生压缩变形的气相体积较小，导致达到压缩系数建议最小值的竖向荷载较小。

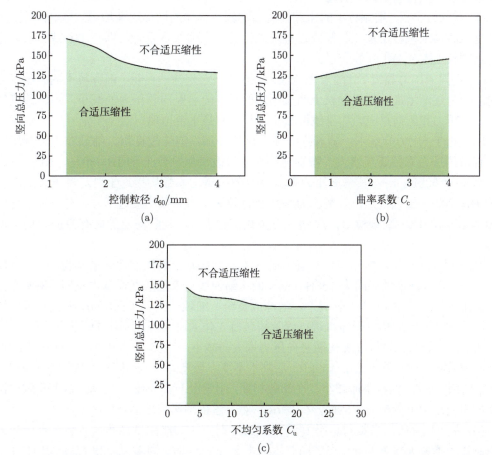

图 9-44 不同级配参数合适压缩性范围：(a) $C_c=1.5,C_u=10$；(b) $d_{60}=3.0,C_u=10$；(c) $d_{60}=3.0,C_c=10$

与此同时，该试验结果也为盾构在不同级配的砂土地层中掘进时提供了渣土压缩性评价指标，根据地勘资料可以得知当前地层的级配参数，再由土舱隔板上的压力传感器得到当前的土舱压力，结合图 9-44 可以得到当前的渣土是否处于合理的压缩性范围内。Wang 等 (2021) 通过一系列的压缩试验认为提高 FIR 可以显著提高渣土的压缩性，若是渣土的压缩性不足，则通过增大泡沫注入比、调整盾构掘进参数等措施，使渣土处于合理压缩性范围，从而减小土舱内的压力波动，提高盾构机的掘进效率。值得一提的是，本次试验为固定的改良工况 ($w$=10%，FIR=20%)，后期可进行不同级配不同 FIR 的压缩试验，得到不同级配参数下不同 FIR 达到压缩性建议值的竖向荷载，完善本文提出的压缩性评价指标，为盾构施工时渣土压缩性评价提供了一种新思路。

## 9.11　本 章 小 结

本章通过对泡沫改良土开展非排水压缩试验，分析并探究了泡沫注入比、泡沫消散时间、土级配对泡沫改良土非排水压缩特性及其孔隙压力、侧压力系数等的影响规律，并基于非饱和土视角对泡沫改良土压缩性进行机理分析，并提出了盾构改良渣土带压下改良状态评价方法。主要结论如下所述。

(1) 泡沫改良粗、细颗粒土的压缩性随着泡沫注入比的增加逐渐增强，与粗颗粒土不同的是泡沫改良细颗粒土加载与卸载过程孔隙比变化曲线基本重合，即在 200kPa 以内泡沫改良细颗粒土主要发生弹性变形。

(2) 在同一压力等级下，随着泡沫注入比的增加，泡沫改良粗、细颗粒土的孔隙压力及侧向总应力逐渐增加。与粗颗粒土明显不同的是，随着竖向总压力的减小，泡沫改良细颗粒土孔隙压力和侧向总应力均呈线性减小，且无明显平台出现。

(3) 在同一压力等级下，随着泡沫注入比的增加，泡沫改良粗、细颗粒土总侧压力系数、有效侧压力系数逐渐增大。特别地，对于过改良粗颗粒土 (FIR=30%、40%)，当竖向压力小于 50kPa 时，其总侧压力系数及有效侧压力系数均接近于 1。对于合适改良状态 (FIR=20%) 细颗粒土，总侧压力系数及有效侧压力系数均接近于 1；对于过改良状态 (FIR=40%、60%) 细颗粒土，总侧压力系数接近于 1，且竖向及侧向有效应力均接近于 0kPa。

(4) 随着泡沫消散时间的增加，泡沫改良粗、细颗粒土的压缩性逐渐减弱。与粗颗粒土相同的是，当泡沫消散时间为 1h 时，试样的压缩曲线与未消散试样基本相同，说明在无其他因素 (温度、人为扰动等) 影响下，泡沫改良粗、细颗粒土在 1h 内的压缩性基本保持恒定，因此建议实际盾构短暂停机进行管片拼装等工作的时间应控制在 1h 以内。

(5) 在加载阶段,试样孔隙比随竖向压力增大而减小,当竖向压力从 0kPa 增加到 150kPa 时，压缩系数迅速下降，大于 150kPa 后基本不变。当竖向压力相同时，压缩系数随着 $d_{60}$ 和 $C_u$ 的增大、$C_c$ 的减小而减小。在卸载初期，孔隙比保持不变，且 $d_{60}$ 越大孔隙比保持不变的竖向压力范围越大，然而，$C_c$ 和 $C_u$ 对上述范围影响较小。

(6) 在加载阶段，当竖向总压力小于 50kPa 时，不同级配试样孔压、竖向有效应力和侧向总压力增幅无显著差异。当竖向总压力大于 50kPa 时，随着 $d_{60}$ 和 $C_c$ 的增加、$C_u$ 的减小，孔压和侧向总压力增幅减小、有效应力增幅增大。加载过程中孔压和侧向总压力变化规律基本一致, 不同级配试样侧向有效应力差异较小。卸载阶段, 随着 $d_{60}$ 和 $C_c$ 的增加, $C_u$ 的减少, 孔压保持稳定的竖向压力范围较大, 随着进一步卸载, 孔压和侧向总压力开始显著降低。当竖向总压力小于 50kPa 时, 孔压和侧向总压力曲线几乎重合。当 $d_{60}$ 和 $C_c$ 越高、$C_u$ 越低时, 总侧向土压力系数和有效侧向土压力系数越低。

(7) 根据非排水压缩试验所得粗、细颗粒土有效侧压力系数变化规律, 结合改良粗、细颗粒土塑流性状态, 分析并建立渣土改量参数 (泡沫注入比及含水率) 与有效侧压力系数 $K'$ 之间的关系, 并提出了土舱内渣土密度的计算方程, 完善了采用类密度评价土舱内渣土改良状态的方法。此外, 为了预测粗颗粒土在带压情况下孔隙压力值, 基于理想气体状态方程, 提出了一种带压情况下改良粗颗粒土孔隙压力计算方程, 并将计算值与实测值进行对比, 验证了计算方程的准确性。

(8) 虽然各级配泡沫改良土初始孔隙比大于最大孔隙比, 但 FIR=20% 不足以使试样加载初期以气体控制为主。当竖向压力下降到 $e_t/e_{max}<1.0$ 时, 试验开始显著回弹, 略低于 Mori 等 (2018) 发现的加载过渡点 $=e/e_{max}=1.2$。颗粒级配对 $e_t/e_{max}$ 无显著影响, 不同级配孔压、竖向有效应力和侧向总压力卸载曲线过渡点对应的竖向总压力随 $e_0-e_t$ 的增加而降低。

(9) 从粒径大小和粒径分布两个层面分析变级配泡沫改良土压缩机理。通过二维单元结构模型可知在相同 FIR 条件下, 改良土单元模型孔隙体积随着粒径增大而减小, 导致压缩性的减小; 土颗粒越小, 气泡的最大毛细管力越高, 颗粒脱离能 $G$ 越低, 说明泡沫与土颗粒级配相适应时才能更好地发挥泡沫改良土的压缩性。随着泡沫改良土颗粒粒径分布越好, 试样初始孔隙比越小, 能提供压缩变形的体积减小, 导致粒径分布越不均匀的试样压缩性越小。

(10) 根据 Budach(2012) 提出的压缩系数建议最小值, 提出了盾构在不同级配砂土地层中掘进时的盾构渣土压缩性评价指标。根据地层级配情况、土舱压力和 FIR 得知渣土是否处于合理压缩性范围, 若是已经超过合理压缩性范围, 则通过调整渣土改良参数和盾构掘进参数等措施使渣土处于合理压缩性范围, 有利于土舱压力的稳定。

## 参 考 文 献

韩高孝, 宫全美, 周顺华, 2013. 摩擦型岩土材料土拱效应微观机制颗粒流模拟分析 [J]. 岩土力学, 34(6): 1791-1798.

郝建云, 2014. 砂泥岩混合料压缩变形特性及 K0 系数试验研究 [D]. 重庆: 重庆交通大学.

蒋明杰, 朱俊高, 梅国雄, 2020. 粗粒土静止侧压力系数影响因素试验研究 [J]. 工程力学, 37(3): 142-148.

李兴春, 2019. 改性砂砾土盾构螺旋输送力学特性研究 [D]. 北京: 北京交通大学.

乔国刚, 2009. 土压平衡盾构用新型发泡剂的开发与泡沫改良土体研究 [D]. 北京: 中国矿业大学.

薛茹镜, 陈冬, 吴婧姝, 2008. 土压平衡盾构排土量控制分析 [J]. 工业建筑, S1: 965-967.

中华人民共和国水利部, 2019. 土工试验方法标准: GB/T 50123—2019[S]. 北京: 中国计划出版社.

竺维彬, 鞠世健, 2009. 地铁盾构施工风险源及典型事故的研究 [M]. 广州: 暨南大学出版社.

ASTM, 2006. D4186—06. Standard test method for one-dimensional consolidation properties of saturated cohesive soils using controlled-strain loading[S]. American Society for Testing and Materials (ASTM).

Barden L, 1965. Consolidation of compacted and unsaturated clays[J]. Geotechnique, 15(3): 267-286.

Bezuijen A, Joustra J F W, Talmon A M, et al, 2005. Pressure gradients at the tunnel face of an Earth Pressure Balance shield[C]. Proceeding of International Tunnelling Association.

Bolton M D, Lau C K, 1988. Scale effects arising from particle size[C]. The International Conference on Geotechnical Centrifuge Modelling, Paris: 127-131.

Budach C, 2012. Untersuchungen zum erweiterten Einsatz von Erddruckschilden in grobkörnigem Lockergestein[D]. Bochum: University of Bochum.

Duarte P, 2007. Foam as a soil conditioner in tunnelling: physical and mechanical properties of conditioned sands[D]. Oxford: University of Oxford.

Guglielmetti V, Grasso P, Gaj F, et al, 2003. Mechanized tunneling in urban environment: control of ground response and face stability, when excavating with an EPB machine[C]. ITA World Tunnelling Congress. Amsterdam, 2: 645-652.

Hajialilue-bonab M, Sabetamal H, Katebi H, et al, 2008. Experimental study on compressibility behavior of foamed sandy soil[C]. Geotechnical Aspects of Underground Construction in Soft Ground: Proceedings of the 6th International Symposium, Shanghai.

Hajialilue-bonab M, Sabetamal H, Katebi H, et al, 2008. Experimental study on compressibility behavior of foamed sandy soil[C]. In Geotechnical Aspects of Underground Construction in Soft Ground: Proceedings of the 6th International Symposium, Shanghai.

Houlsby G, Psomas S, 2001. Soil conditioning for pipejacking and tunnelling: properties of sand/foam mixtures[C]. Underground Construction Symposium, London: 128-138.

Hu W, Rostami J, 2021. Evaluating rheology of conditioned soil using commercially available surfactants (foam) for simulation of material flow through EPB machine[J]. Tunnelling and Underground Space Technology, 112: 103881.

Hunter T, Pugh R, Franks G, et al, 2008. The role of particles in stabilising foams and emulsions[J]. Adv. Colloid Interface Sci., 137(2): 57-81.

Kam S I, 1998. Interaction between bubbles and solids: three applications[D]. Austin: The University of Texas at Austin.

Kam S I, Gauglitz P A, Rossen W R, 2002. The yield stress of foamy sands[J]. Colloids and Surfaces A Physicochemical and Engineering Aspects, 202(1): 53-62.

Kam S I, Rossen W R, 2002. The compressibility of foamy sands[J]. Colloids and Surfaces A: Physicochemical and Engineering Aspects, 202(1): 63-70.

Kaptay G, 2006. On the equation of the maximum capillary pressure induced by solid particles to stabilize emulsions and foams and on the emulsion stability diagrams[J]. Colloids and Surfaces A Physicochemical and Engineering Aspects, 282(none): 387-401.

KjellmaN W, Jakobson B, 1955. Some relations between stress and strain in coarse-grained cohesionless materials[J]. Proc. Royal Swedish Geotechnical Institute: 90-96.

Krasowska M, Malysa K, Beattie D A, 2019. Recent advances in studies of bubble-solid interactions and wetting film stability[J]. Current Opinion in Colloid and Interface Science: 44.

Mori L, Mooney M, Cha M, 2018. Characterizing the influence of stress on foam conditioned sand for EPB tunneling[J]. Tunnelling & Underground Space Technology, 71: 454-465.

Mori L, Wu Y, Cha M, et al, 2015. Measuring the compressibility and shear strength of conditioned sand under pressure[C]. Rapid Excavation and Tunneling Conference.

Mosavat K, 2015. Examination of excavation chamber pressure behavior on a 17.5m diameter earth pressure balance tunnel boring machine[D]. Golden: Colorado School of Mines.

Psomas S, 2001. Properties of foam/sand mixtures for tunneling applications[D]. Oxford: University of Oxford.

Psomas S, Houlsby G, 2002. Soil conditioning for EPBM tunnelling: compressibility behaviour of foam/sand mixtures[C]. Geotechnical Aspect of Underground Construction in Soft Ground, Toulouse: 215-220.

Rowe P W, 1959. Measurement of the coefficient of consolidation of lacustrine clay[J]. Geotechnique, 9(3): 107-118.

Thomas K, Mathieu L, Per S, et al, 2011. Analysis of soil compression curves from uniaxial confined compression tests[J]. Geoderma, 160(12): 13-23.

Thomas S D, 1987. The consolidation behaviour of gassy soil[D]. Oxford: University of Oxford.

Vinai R, Oggeri C, Peila D, 2008. Soil conditioning of sand for EPB applications: a laboratory research[J]. Tunnelling and Underground Space Technology, 23(3): 308-317.

Wang H, Wang S, Zhong J, et al, 2021. Undrained compressibility characteristics and pore pressure calculation model of foam-conditioned sand [J]. Tunnelling and Underground Space Technology, 118: 104161.

Wang H, Wang S, Zhong J, et al, 2021. Undrained compressibility characteristics and pore pressure calculation model of foam-conditioned sand [J]. Tunnelling and Underground Space Technology, 118: 104161.

Wang S, Hu Q, Wang H, et al, 2020. Permeability characteristics of poorly graded sand conditioned with foam in different conditioning states[J]. Journal of Testing and Evaluation, ASTM, 49(5): 3620-3636.

Wang S, Hu Q, Wang H, et al, 2020. Permeability characteristics of poorly graded sand conditioned with foam in different conditioning states[J]. Journal of Testing and Evaluation, 49(5): 3620-3636.

Wang S, Zhan Y, Qu T, et al, 2023. Effect of gradation on undrained compressibility of foam-conditioned coarse-grained soils [J]. International Journal of Geomechanics, 23(7): 04023089.

Wheeler S J, 1986. The stress-strain behaviour of soils containing gas bubbles[D]. Oxford: University of Oxford.

Wu Y, Nazem A, Meng F, et al, 2020. Experimental study on the stability of foam-conditioned sand under pressure in the EPBM chamber[J]. Tunnelling and Underground Space Technology, 106: 103590.

Yang Y, Li X, Li X, 2018. Shear strength and compression coefficient for conditioned sand subjected to earth chamber stress levels[J]. Advances in Materials Science and Engineering 2018(1): 1759151.

Zhang T, Zhang C, Yang Q, et al, 2020. Inter-particle friction and particle sphericity effects on isotropic compression behavior in real-shaped sand assemblies[J]. Computers and Geotechnics, 126(2): 103741.

# 第 10 章　盾构泡沫改良土压缩性理论模型

## 10.1　引　　言

现有土体压缩理论多针对地基固结压缩引起的沉降进行计算 (刘恩龙和沈珠江, 2006)。而对盾构掘进泡沫改良渣土而言, 一方面, 由于渣土中含有泡沫, 压力作用下收缩产生变形; 另一方面, 盾构掘进渣土快速排出, 来不及排水固结。因此, 适用于排水固结土体的压缩性理论并不适用于泡沫改良土的压缩性分析, 目前缺乏针对泡沫改良土的压缩计算模型。另外, 盾构在富水粗颗粒地层中掘进时, 开挖面的水压力可能会直接"击穿"土舱与螺旋机中的渣土, 形成渗流通道, 发生喷涌事故。为了防止地下水入渗, 盾构泡沫改良土的孔隙压力不应小于开挖面前方的水压力 (Wang et al., 2021), 因此, 有必要对改良土孔隙压力计算展开研究。

泡沫改良土中由于存在大量气泡, 属于非饱和土 (Sills et al., 1991), 已有学者对非饱和土受压过程中的孔隙压力计算进行了探究。Huares 和 Rico(1980) 针对非饱和粉黏土提出了考虑土体先期固结压力条件下孔隙压力计算模型, 但该计算模型中的参数需要从三轴试验获取。林成功和吴德伦 (2002) 基于弹性理论推导出排水条件下非饱和黏土孔隙压力计算公式, 并且对该公式进行了验证, 结果表明理论值与实测值误差较小。然而, 盾构渣土经过合理的改良后渗透性较低 (Hu et al., 2020; Ling et al., 2021), 渣土被加压后由螺旋输送机排出速度远大于渣土中渗流速度 (Dang 和 Meschke, 2020), 显然, 泡沫改良渣土在不排水条件下可以更好地揭示盾构掘进过程中改良土在土舱内的孔压变化规律。Wang 等 (2021) 基于玻意耳定律推导了不同泡沫注入比下泡沫改良土不排水孔压计算模型, 但该计算模型未能充分考虑典型级配参数的影响。目前, 孔隙压力计算模型多集中于非饱和黏土, 缺少不排水条件下粗粒土的计算模型, 且计算参数需要通过三轴试验或者数值模拟获取, 计算步骤较为烦琐。

颗粒级配决定了土颗粒间的填充情况, 由于气相体积的不同, 在压力作用下不同级配土体孔隙压力的发展必然不同 (Wang et al., 2021)。李一凡等 (2021) 自制了监测非饱和土孔隙压力的试验装置, 研究发现不同级配的土体对孔隙压力峰值有较大影响, 其中粒径越大, 孔压的峰值越小。陈正汉和郭楠 (2019) 对非饱和土的孔隙压力形成机理、应力特性及影响因素等方面进行了分析, 研究发现非饱和土的力学性能与级配有关。刘兴荣等 (2018) 通过室内水槽试验探究了不同级配的弃渣泥石流形成过程中的孔隙压力变化情况, 当粒径大于 2mm 的砾粒含量大于 50% 时, 孔隙压力迅速增大。总体上, 国内外学者在级配对孔隙压力的影响规律方面取得了一定成果, 然而, 尚未揭示颗粒级配对一维不排水压缩条件下泡沫改良土孔隙压力的影响规律。

为此, 本章在构建泡沫改良土孔隙压力计算模型的基础上, 考虑颗粒级配和改良参数的影响, 建立泡沫改良土一维不排水压缩作用下孔隙压力计算模型, 基于双曲线方程推导出泡沫改良土的压缩计算模型，完善孔隙压力计算模型 (占永杰等，2023)。

## 10.2　泡沫改良土孔隙压力计算模型

由于粗颗粒土地层渗透性较强，故理想情况下盾构土舱渣土在带压情况下产生的孔隙压力要能平衡开挖面上的地层水压力。因此，在确定土舱渣土改良状态合适的前提下，也需要对土舱改良粗颗粒土孔隙压力进行预测。图 10-1 给出了泡沫改良粗颗粒土介质压缩示意图。在加压过程中，由于水、气、泡沫无法排出，孔隙气体及泡沫受到压缩，使孔隙体积减小，产生了收缩变形，孔隙气压力、孔隙水压力增大，同时土体饱和度也在增加；土颗粒互相靠拢，作用面积增大，有效应力增加，形成了由骨架、水、气、泡沫共同分担外部荷载。在不排水条件下，泡沫改良粗颗粒土发生的体积变形主要是由所注入土体的泡沫及其内部气体压缩产生。

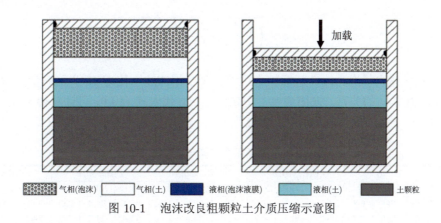

　气相(泡沫)　　　气相(土)　　　液相(泡沫液膜)　　　液相(土)　　　土颗粒

图 10-1　泡沫改良粗颗粒土介质压缩示意图

假设饱和度较低的粗颗粒土其内部液相、气相、泡沫三项连通，即其三项所受压力相等。此外，考虑试验试样初始饱和度较低，泡沫注入后对其含水率的影响忽略不计。由理想气体状态方程 (10-1) 可知，各改良工况下，加压前后满足式 (10-2)。

$$PV = nRT \tag{10-1}$$

$$P_0V_0 = P_1V_1 \tag{10-2}$$

式中，$P_0$ 为初始孔隙压力等于大气压强，即 $P_0 = P_{atm}$；$V_0$ 为试样中气体与泡沫初始总体积；$P_1$ 为加压后试样所受孔隙压力；$V_1$ 为加压后试样中气体与泡沫总体积。

当试样压缩后，有 $V_1 = V_0 - \Delta V$，$P_1 = u + P_{atm}$，其中 $\Delta V$ 为试样压缩体积、$u$ 为施加竖向荷载产生的孔隙压力，代入式 (10-2) 简化得

$$\mu = \frac{P_{atm}\Delta V}{V_0 - \Delta V} \tag{10-3}$$

设试验装样总体积为 $V_S$，根据未改良试样初始含水率 $w_0$、土体比重 $G_s$、孔隙率 $n$、

发泡倍率 FER。

$$V_0 = \frac{n - \dfrac{(1-n)G_s w_0}{\rho_w} + \text{FIR}\left(1 - \dfrac{1}{\text{FER}}\right)}{1 + \text{FIR}} \tag{10-4}$$

将式 (10-4) 代入式 (10-3) 可得

$$u = \frac{P_{\text{atm}} \Delta V (1 + \text{FIR})}{\left[n - \dfrac{(1-n)G_s w_0}{\rho_w} + \text{FIR}\left(1 - \dfrac{1}{\text{FER}}\right)\right] V_S - \Delta V (1 + \text{FIR})} \tag{10-5}$$

对于本试验采用的粗颗粒土, 已知 $P_{\text{atm}}=101\text{kPa}$、孔隙率 $n=0.35$、颗粒比重 $G_s=2.64\text{g/cm}^3$、含水率 $w=10\%$、FER=13.6, 代入化简得

$$u = \frac{101 \Delta V}{0.3 \times \left(3 - \dfrac{2}{1 + \text{FIR}}\right) V_s - \Delta V} \tag{10-6}$$

式 (10-6) 建立了泡沫改良粗颗粒土压缩过程中泡沫注入比 FIR 及压缩量 $\Delta H$ 与试样内部孔隙压力 $u$ 间的关系。采用表 9-1 中试验工况, 代入式 (10-6) 可计算得到孔隙压力如表 10-1 所示, 相应的对比情况如图 10-2 所示。

表 10-1　孔隙压力计算与实测值对比表

| 轴压/kPa | FIR=0 | | | FIR=10% | | | FIR=20% | | | FIR=30% | | | FIR=40% | | |
|---|---|---|---|---|---|---|---|---|---|---|---|---|---|---|---|
| | $T$/kPa | $C$/kPa | $\Delta$/% | $T$/kPa | $C$/kPa | $\Delta$/% | $T$/kPa | $C$/kPa | $\Delta$/% | $T$/kPa | $C$/kPa | $\Delta$/% | $T$/kPa | $C$/kPa | $\Delta$/% |
| 50 | 28.5 | 26.5 | 6.8 | 29.5 | 28.1 | 4.9 | 29 | 26.0 | 10.4 | 39.1 | 34.4 | 12.1 | 45.5 | 40.8 | 10.3 |
| 100 | 41.9 | 39.2 | 6.4 | 43.7 | 40.1 | 8.2 | 45.4 | 38.6 | 15.0 | 57.9 | 54.5 | 5.9 | 74.1 | 65.4 | 11.8 |
| 200 | 57.8 | 54.5 | 5.8 | 59.6 | 55.3 | 7.2 | 69.8 | 62.1 | 11.0 | 75.2 | 71.6 | 4.7 | 100 | 91.4 | 8.6 |

注: $T$-实测值; $C$-计算值, $\Delta$-相对误差, 满足 $\Delta = \dfrac{|C - T|}{T} \times 100\%$。

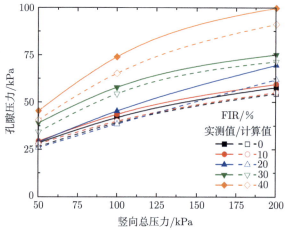

图 10-2　孔隙压力对比情况

可以发现，计算值与实测值的相对误差介于 4.7%～15%，数值较小，这表明假设饱和度低的粗粒土中水、气体和泡沫相互连通是合理的。另外，可以发现计算值略小于实际试验测试结果。分析可知，由于泡沫具有衰变性，从制样到最后装样完成，部分泡沫已经破灭，因此实际泡沫注入比较初始掺入值低，由式 (10-6) 可以看出，当其他参数不变时，孔隙压力 ($u$) 随着泡沫注入比的增加而减小，所以计算值小于实测值。

## 10.3　级配影响下孔隙压力及压缩性计算模型

前面孔隙压力计算模型公式 (10-5) 未考虑级配参数影响，需要知道一维压缩过程中泡沫改良粗颗粒土发生的压缩量才可进行求解。以下在该公式的基础上，考虑级配对泡沫改良土孔隙与压缩量的影响，建立相应的孔隙压力与压缩性计算模型。

### 10.3.1　孔隙压力计算模型

Furnas(1928) 提出了经典的不连续颗粒堆积理论，认为较小的颗粒填充在由较大颗粒形成的孔隙中。基于不连续颗粒堆积理论，考虑多粒径颗粒孔隙比计算模型，假设多粒径颗粒体的孔隙比符合下式：

$$e = e_{\mathrm{j}} - f(m) \tag{10-7}$$

式中，$e_{\mathrm{j}}$ 为理想状态下单一粒径土样的孔隙比，参考 Cubrinovski 和 Ishihara(2002) 采用的理想立方体排列均匀圆球模型取值；$f(m)$ 为 "填隙颗粒" 的固体物质体积分数，与颗粒的级配有关。

在大多数情况下，土颗粒的粒径符合双对数分布：

$$\lg(Q_d) = s \lg d + \lg(Q_{d0}) \tag{10-8}$$

式中，$Q_d$ 为对应粒径 $d$ 时的累积含量；$Q_{d0}$ 和 $s$ 为拟合参数；$s$ 为土颗粒粒径双对数分布拟合线的斜率；$\lg(Q_{d0})$ 为曲线的截距。

张程林 (2013) 通过数值模拟得出 "填隙颗粒" 固体物质体积分数与粒度分布宽度 $m$ 之间的关系，并拟合出了公式 (10-9)：

$$f(m) = 0.34 \times \frac{m^{3.05}}{0.1 + m^{3.05}} \tag{10-9}$$

其中，$m$ 可由土颗粒粒径双对数分布曲线的斜率 $s$ 计算获得，如式 (10-10) 所示：

$$m = \lg \sqrt[s]{19} \tag{10-10}$$

另外，根据土力学知识，土的不均匀系数 $C_{\mathrm{u}}$ 和曲率系数 $C_{\mathrm{c}}$ 分别由式 (10-11)、式 (10-12) 定义：

$$C_{\mathrm{u}} = \frac{d_{60}}{d_{10}} \tag{10-11}$$

$$C_{\mathrm{c}} = \frac{d_{30}^2}{d_{10}d_{60}} \tag{10-12}$$

式中，$d_{60}$、$d_{30}$、$d_{10}$ 分别为粒径分布曲线的纵坐标等于 60%、30%、10%时对应的粒径。

土颗粒的级配曲线符合双对数线性分布，由级配曲线图中两点之间的斜率 $s$ 可分别用 $C_u$、$C_c$ 和 $d_{60}$ 来计算。

采用 $C_u$ 表征 $s$：

$$s = \frac{\lg Q_{60} - \lg Q_{10}}{\lg d_{60} - \lg d_{10}} = \frac{\lg 60 - \lg 10}{\lg d_{60} - \lg d_{10}} = \frac{\lg 6}{\lg \dfrac{d_{60}}{d_{10}}} = \frac{\lg 6}{\lg C_u} \tag{10-13}$$

同理，采用 $C_c$ 表征 $s$：

$$s = \frac{\lg 1.5}{\lg C_c} \tag{10-14}$$

采用 $d_{60}$ 表征 $s$：

$$s = \frac{\lg 60 - \lg (Q_{d0})}{\lg d_{60}} \tag{10-15}$$

式 (10-13)～ 式 (10-15) 分别实现了用 $C_u$、$C_c$、$d_{60}$ 表征 $s$，取三者算数平均值以减少参数 $s$ 计算误差 (白雪梅和赵松山，2000)，如式 (10-16) 所示：

$$s = \frac{(\lg 60 - \lg Q_{d0}) \lg C_u \lg C_c + \lg 6 \lg d_{60} \lg C_c + \lg 1.5 \lg d_{60} \lg C_u}{3 \lg d_{60} \lg C_u \lg C_c} \tag{10-16}$$

令 $\theta = \lg C_u \times \lg C_c \times \lg d_{60}$，联立式 (10-9)、式 (10-10)、式 (10-16) 可得

$$f(m) = \frac{0.34 \times (3 \lg 19\theta)^{3.05}}{0.1 \left( \theta \left( \lg 60/Q_{d0} \right)/\lg d_{60} + \theta \lg 6/\lg C_u + \theta \lg 1.5/\lg C_c \right) + (3 \lg 19\theta)^{3.05}} \tag{10-17}$$

式 (10-17) 实现了将粒径级配曲线典型参数 $C_u$、$C_c$ 和 $d_{60}$ 引入 "填隙颗粒" 的固体物质体积分数方程中，联立式 (10-17)、式 (10-5)、式 (10-7) 可得

$$u = \frac{P_{atm} (1 + FIR)}{\left[ \dfrac{e_j - f(m) - wG_s}{1 + e_j - f(m)} + FIR \left( 1 - \dfrac{1}{FER} \right) \right] \dfrac{V_s}{\Delta V} - (1 + FIR)} \tag{10-18}$$

式 (10-18) 为泡沫改良土孔隙压力计算模型，其建立了泡沫改良土在一维压缩时孔隙压力与颗粒级配参数 $C_u$、$C_c$、$d_{60}$、FIR、FER 和 $w$ 之间的关系。

### 10.3.2　压缩性计算模型

式 (10-18) 建立的孔隙压力计算模型仍然需要进行压缩试验来获取不同竖向压力下泡沫改良土的体积变形量，不利于将其进行现场推广应用，与此同时，泡沫改良土在不同土舱压力下的孔隙比也是判断盾构渣土改良情况的重要指标，因此有必要建立泡沫改良土不排水一维压缩计算模型。

在一维压缩条件下，双曲线方程可以用作表征土的轴向应力–轴向应变关系 (曹文贵等，2015)，彭长学和杨光华 (2008) 基于双曲线方程建立了 $e$-$p$ 曲线分析模型：

$$e_i = e_0 - \frac{(1 + e_0) P_i}{A + B P_i} \tag{10-19}$$

式中，$P_i$ 为竖向压力；$e_i$ 为 $P_i$ 下土的孔隙比；$e_0$ 为土的初始孔隙比；$A$ 与 $B$ 为经验参数，采用数据拟合方式确定。

曹文贵等 (2015) 提出新的模型参数确定方法，赋予参数 $A$ 和 $B$ 明确的物理意义：

$$A = E_s \tag{10-20}$$

$$B = E_s \left[ \sqrt{1 + 8\left(1 + e_0\right)/\left(E_s a_{\text{v1-2}}\right)} - 3 \right]/400 \tag{10-21}$$

式中，$E_s$ 为初始压缩模量；$a_{\text{v1-2}}$ 为 100～200kPa 压力区间内对应的压缩系数。

泡沫改良土与常规土不同的是其内部含有大量气泡，并且为了实现良好的流动性，Bezuijen 等 (1999) 提出改良土初始孔隙比远大于未改良土的最大孔隙比。泡沫改良土初始压缩变形主要由气体控制 (Mori et al.，2018)，由理想气体方程可知

$$PV = nRT_e \tag{10-22}$$

式中，$P$ 为气体压力；$V$ 为气体体积；$n$ 为气体的物质的量；$R$ 为气体常量；$T_e$ 为体系温度。

在 $T_e$ 不变的前提下有

$$P_{\text{atm}} V_0 = \left(P_{\text{atm}} + P_i\right)\left(V_0 - V_i\right) \tag{10-23}$$

式中，$V_0$ 为初始气相体积；$V_i$ 为加压后减小的气相体积，由于泡沫改良土初始压缩主要受气体控制，则泡沫改良土体积变形量等于气相体积变形量。

将式 (10-23) 转化为

$$V_i = V_0 - \frac{P_{\text{atm}} V_0}{P_{\text{atm}} + P_i} \tag{10-24}$$

其中，$V_0$ 可由式 (10-25) 计算：

$$V_0 = nV\left(1 - S_r\right) \tag{10-25}$$

式中，$n$ 为孔隙率；$S_r$ 为饱和度；$V$ 为试样体积。

将式 (10-25) 代入式 (10-24) 可得

$$V_i = nV\left(1 - S_r\right) - \frac{P_{\text{atm}} V n\left(1 - S_r\right)}{P_{\text{atm}} + P_i} \tag{10-26}$$

针对横截面积为 $S$ 的压缩仪，$V_i = S \times h_i$，$V = S \times h$，式 (10-26) 可转化为

$$\frac{h_{\mathrm{i}}}{h} = n\left(1 - S_{\mathrm{r}}\right) - \frac{P_{\mathrm{atm}}n\left(1 - S_{\mathrm{r}}\right)}{P_{\mathrm{atm}} + P_{\mathrm{i}}} \tag{10-27}$$

式中，$h_{\mathrm{i}}$ 为试样压缩变形的高度；$h$ 为试样初始高度。

根据土力学基本知识可得

$$e_{\mathrm{i}} = \frac{\left(h - h_{\mathrm{i}}\right)\left(1 + e_0\right)}{h} - 1 \tag{10-28}$$

$$a_{\mathrm{v1\text{-}2}} = -\frac{\Delta e}{\Delta p} \tag{10-29}$$

$$n = \frac{e_0}{1 + e_0} \tag{10-30}$$

$$E_{\mathrm{s}} = \frac{1 + e_0}{a} \tag{10-31}$$

式中，$a_{\mathrm{v1\text{-}2}}$ 为土的压缩系数；$\Delta e$ 为孔隙比的差值；$\Delta p$ 为竖向压力的差值。

联立式 (10-27)～式 (10-31) 可得

$$E_{\mathrm{s}} = \frac{\alpha\left(1 + e_0\right)P_{\mathrm{i}}}{\left[1 - e_0 S_{\mathrm{r}} + \dfrac{P_{\mathrm{atm}}e_0\left(1 - S_{\mathrm{r}}\right)}{P_{\mathrm{atm}} + P_{\mathrm{i}}}\right] - \left(1 + e_0\right)} \tag{10-32}$$

联立式 (10-19)～式 (10-21) 和式 (10-32) 可得不同压力下泡沫改良土的孔隙比：

$$e_{\mathrm{i}} = e_0 - \frac{\left(1 + e_0\right)P_{\mathrm{i}}}{E_{\mathrm{s}} + \left(E_{\mathrm{s}}\left[\sqrt{1 + 8\left(1 + e_0\right)/\left(E_{\mathrm{s}}a_{1\text{-}2}\right)} - 3\right]/400\right)P_{\mathrm{i}}} \tag{10-33}$$

式 (10-32) 引入了泡沫改良土初始压缩模量修正系数 $\alpha$，由 Mori 等 (2018) 的试验结果可得，FIR=70% 以上的泡沫改良土在压缩初始阶段完全受气体控制，严格遵循理想气体方程。然而，实际工程中考虑到建设成本等因素，FIR 往往低于 70%。因此，理想状态下的泡沫改良土在式 (10-32) 中 $\alpha$ 取 1，而实际的泡沫改良土的初始压缩模量较理想状态更大，所以 $\alpha > 1$。FIR 是影响泡沫改良土初始压缩是否满足理想气体方程的主要因素 (Psomas, 2001)，确定 FIR 后可唯一确定 $\alpha$。

### 10.3.3　孔隙压力简化计算模型

将式 (10-28) 转化为式 (10-34)，与式 (10-33) 联立即可获取泡沫改良土在不同压力下的 $h_{\mathrm{i}}$：

$$h_{\mathrm{i}} = h - \frac{\left(e_{\mathrm{i}} + 1\right)h}{e_0 + 1} \tag{10-34}$$

另外，针对横截面积为 $S$ 的压缩仪，可将式 (10-18) 转化为式 (10-35)：

$$u = \frac{P_{\text{atm}}(1 + \text{FIR})}{\left[\dfrac{e_{\text{j}} - f(m) - \omega G_{\text{S}}}{1 + e_{\text{j}} - f(m)} + \text{FIR}\left(1 - \dfrac{1}{\text{FER}}\right)\right]\dfrac{h}{h_{\text{i}}} - (1 + \text{FIR})} \tag{10-35}$$

联立式 (10-34)、式 (10-35) 可得式 (10-36)：

$$u = \frac{P_{\text{atm}}\left(1 + \text{FIR}\right)}{\left[\dfrac{e_{\text{j}} - f(m) - \omega G_{\text{S}}}{1 + e_{\text{j}} - f(m)} + \text{FIR}\left(1 - \dfrac{1}{\text{FER}}\right)\right]\left(1 - \dfrac{e_{\text{i}} + 1}{e_0 + 1}\right) - (1 + \text{FIR})} \tag{10-36}$$

式 (10-36) 引入了压缩计算模型，建立了孔压简便计算模型，该模型无须进行压缩试验获取渣土在各级压力下的体积变形量，简化了孔隙压力计算步骤，有利于孔压计算模型的推广应用，进一步完善了盾构泡沫改良渣土孔压计算模型。

## 10.4　计算模型验证

采用表 9-2 中一维压缩试验工况对前面建立的泡沫改良土孔隙压力及压缩计算模型进行验证。

### 10.4.1　压缩性计算模型验证

表 10-2 给出了各试样的初始孔隙比与饱和度，由试验可知在 FIR=20% 的条件下不同级配泡沫改良土的 $a_{1\text{-}2}$ 约等于 $0.05(10^{-2}\ \text{kPa}^{-1})$，$P_{\text{i}}$ 取泡沫改良土所受的第一级荷载，为 25kPa，根据压缩试验可得 FIR=20% 条件下的泡沫改良土初始压缩模量与理想情况下的泡沫改良土初始压缩模量的比值介于 3~4，故压缩模量修正系数 $\alpha$ 取 3.5。将所需参数代入式 (10-33) 压缩计算模型中，孔隙比计算值与实测值如图 10-3 所示，可以看出竖向总压力较小时，孔隙比计算值与实测值相差较小，随着竖向总压力增大，两者差异略有增大。Pearson 相关系数可用于考察两个变量的相关程度，将各工况的孔隙比计算值和实测值导入 SPSS 软件进行分析，结果显示不同级配试样的实测值与计算值相关系数达到 0.978，说明总体上两者相差不大，证明了该泡沫改良土压缩计算模型的合理性与可行性。

表 10-2　不同级配泡沫改良土的初始孔隙比与饱和度

| $C_{\text{c}}$=1.5, $C_{\text{u}}$=10 | | | $d_{60}$=3mm, $C_{\text{u}}$=10 | | | $d_{60}$=3mm, $C_{\text{c}}$=1.5 | | |
|---|---|---|---|---|---|---|---|---|
| $d_{60}$/mm | $e_0$ | $S_{\text{r}}$ | $C_{\text{c}}$ | $e_0$ | $S_{\text{r}}$ | $C_{\text{u}}$ | $e_0$ | $S_{\text{r}}$ |
| 1.3 | 0.935 | 0.285 | 0.6 | 0.985 | 0.268 | 3 | 1.488 | 0.179 |
| 1.8 | 1.027 | 0.259 | 1.5 | 1.136 | 0.234 | 5 | 1.251 | 0.212 |
| 2.3 | 1.095 | 0.243 | 2.4 | 1.219 | 0.218 | 10 | 1.136 | 0.234 |
| 3.0 | 1.136 | 0.234 | 3.2 | 1.282 | 0.207 | 15 | 1.006 | 0.264 |

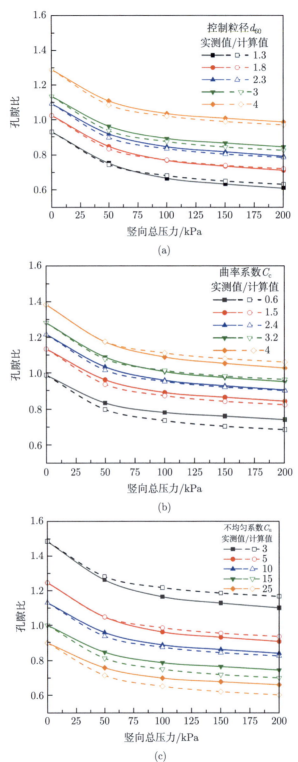

图 10-3　压缩曲线计算值与实测值对比图：(a) $C_c=1.5$，$C_u=10$；(b) $d_{60}=3$，$C_u=10$；(c) $d_{60}=3$，$C_c=1.5$

### 10.4.2 孔隙压力计算模型验证

对比实测值与计算值,以验证式 (10-18) 孔压计算模型的合理性。试验中 $P_{atm}=101kPa$,$G_s=2.65$,$w=10\%$,FER=11,FIR=20%,级配参数如表 9-2 所示,表 10-3 为计算出的不同级配试样粒度分布宽度 $m$,表 10-4 为不同级配泡沫改良土在不同竖向压力作用下的体积变形量 $\Delta V$,将以上参数代入式 (10-18) 孔压计算模型。与此同时,将 Wang 等 (2021) 的试验工况一并对比分析,他们采用泡沫注入比为 10%、20%、30%、40% 的相同级配砂土进行不排水压缩试验,根据砂土级配曲线可求得 $f(m)=0.288$,其余参数为 $P_{atm}=101kPa$,$G_s=2.65$,$w=10\%$,FER=11,计算值与实测值如图 10-4 所示。将孔压计算值与实测值导入 SPSS 软件进行分析,结果显示相关系数达到 0.824,已达到极显著相关 (容睿等,2013),说明计算模型所作假设是合理的,所提出的孔压计算模型的精度可以接受。图 10-4 中蓝色数据为 Wang 等 (2021) 不同 FIR 的试验数据,经过与计算值对比,说明该计算模型对不同 FIR 的工况仍然适用。计算结果显示,除 FIR 会对泡沫改良土的孔隙压力值产生影响 (Wang et al.,2021) 外,级配参数也是影响泡沫改良土孔隙压力值的重要因素。

**表 10-3　不同级配试样粒度分布宽度**

| $C_c=1.5$, $C_u=10$ | | $d_{60}=3mm$, $C_u=10$ | | $d_{60}=3mm$, $C_c=1.5$ | |
| --- | --- | --- | --- | --- | --- |
| $d_{60}/mm$ | $m$ | $C_c$ | $m$ | $C_u$ | $m$ |
| 1.3 | 1.139 | 0.6 | 1.328 | 3 | 1.036 |
| 1.8 | 1.188 | 1.5 | 1.244 | 5 | 1.153 |
| 2.3 | 1.218 | 2.4 | 1.492 | 10 | 1.244 |
| 3.0 | 1.244 | 3.2 | 1.579 | 15 | 1.291 |
| 4.0 | 1.296 | 4.0 | 1.594 | 25 | 1.297 |

**表 10-4　不同竖向压力作用下泡沫改良土体积变形量 $\Delta V$**

| 轴压/kPa | $C_c=1.5$, $C_u=10$ | | | | | $d_{60}=3mm$, $C_u=10$ | | | | | $d_{60}=3mm$, $C_c=1.5$ | | | | |
| --- | --- | --- | --- | --- | --- | --- | --- | --- | --- | --- | --- | --- | --- | --- | --- |
| | $d_{60}/mm$ | | | | | $C_c$ | | | | | $C_u$ | | | | |
| | 1.3 | 1.8 | 2.3 | 3 | 4 | 0.6 | 1.5 | 2.4 | 3.2 | 4 | 3 | 5 | 10 | 15 | 25 |
| 50 | 32.6 | 30.7 | 28.4 | 25.6 | 32.6 | 25.2 | 25.6 | 29.1 | 28.1 | 29.1 | 31.6 | 31.9 | 25.6 | 25.5 | 24.6 |
| 100 | 47.9 | 44.5 | 40.5 | 36.2 | 47.9 | 34.2 | 36.2 | 41.1 | 40 | 41 | 45.4 | 46 | 36.2 | 35.5 | 34.8 |

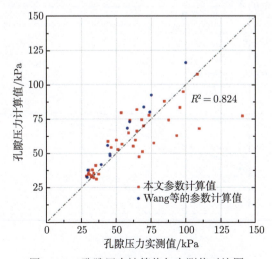

图 10-4　孔隙压力计算值与实测值对比图

进一步地, 为验证式 (10-36) 建立的孔压简便计算模型的可行性, 图 10-5 给出了孔隙压力计算值与实测值对比结果, 其中孔隙压力计算值随着竖向总压力增大, 增长速率逐渐降低, 在相同的竖向总压力下, $d_{60}$、$C_c$ 越小, $C_u$ 越大的试样孔隙压力计算值越大, 与试验结果规律一致。将计算值与实测值导入 SPSS 软件进行分析, 结果显示相关系数达到 0.924, 表明了该模型的合理性。

需要说明的是, 由图 10-5 可以看出, 孔隙压力较低时计算值与实测值误差较小, 孔隙压力较高时部分计算值误差较大, 原因在于, 高的孔隙压力对应着高的竖向总压力, 该计算模型忽略了土颗粒形状与颗粒间的摩擦力对孔隙压力的影响, 随着竖向总压力的增加, 泡沫改良土的压缩主要由土颗粒间的有效应力控制 (Mori et al., 2018), 相比于气体控制的压缩阶段, 竖向总压力较大时土颗粒形状与颗粒间的摩擦力对孔隙压力的影响更大, 导致计算值误差较大。另外, 泡沫注入不同级配粗粒土中的消散情况差异性未知, 可能也是计算

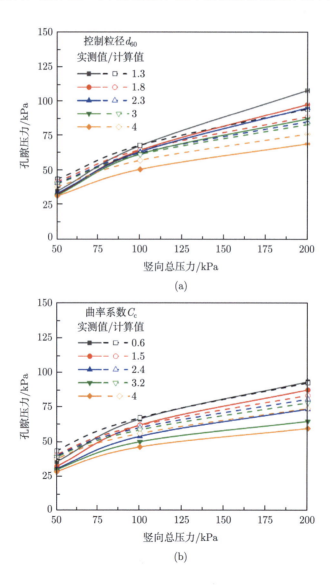

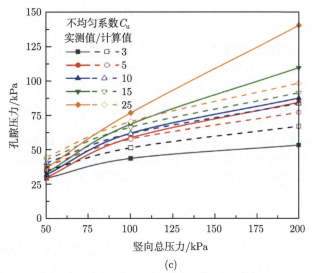

图 10-5　孔隙压力计算值与实测值对比图：(a) $C_c$=1.5, $C_u$=10；(b) $d_{60}$=3, $C_u$=10；(c) $d_{60}$=3, $C_c$=1.5

模型出现误差的原因之一。此外，$C_u$ 较大时，泡沫改良土孔隙压力理论计算值与实测值误差较大，原因在于，$C_u$ 越大的试样土颗粒间的填充效果越好，颗粒间发生相对滑动的难度较大，宏观上表现为土颗粒间摩擦力增大，而摩擦的影响在计算模型中尚未考虑，导致不同 $C_u$ 下泡沫改良土孔隙压力理论计算值误差较大。诚然，由于土颗粒粒组分布的复杂性以及对孔压影响的细观机理尚未揭示，该模型精确性尚存在一定不足，但模型计算值随级配参数变化在规律上与试验值保持一致，后续将对计算模型进行修正与改进。

## 10.5　本章小结

本章在建立一维不排水压缩作用下泡沫改良土孔隙压力计算模型的基础上，提出了变级配泡沫改良土一维压缩及孔隙压力计算模型，通过试验予以印证，得出如下主要结论。

(1) 基于玻意耳定律和不连续颗粒堆积理论，建立了考虑级配参数和渣土改良参数的泡沫改良土不排水孔隙压力计算模型。

(2) 针对泡沫改良土的变形特点，提出了初始压缩模量 $E_s$ 的计算方法，建立了泡沫改良土压缩计算模型，计算结果表明，当竖向压力小于 50kPa 时孔隙比减小较快，随着竖向压力进一步增大，压缩曲线趋近平缓，与试验结果规律一致，不同级配试样的实测值与计算值相关系数为 0.978。

(3) 将泡沫改良土压缩计算模型引入孔压计算模型，提出了孔压简便计算模型，计算结果表明，在相同的竖向压力下，$d_{60}$、$C_c$ 越小，$C_u$ 越大的试样孔隙压力越大，与试验结果规律一致，不同级配试样的实测值与计算值相关系数为 0.924。该模型证明了 FIR 和土体级配参数均会对泡沫改良土的孔隙压力产生明显影响。

# 参 考 文 献

白雪梅, 赵松山, 2000. 浅谈算术平均数的作用 [J]. 浙江统计, 11: 13-14.

曹文贵, 李鹏, 张超, 等, 2015. 土的初始和再压缩曲线分析模型 [J]. 岩石力学与工程学报, 34(1): 166-173.

陈正汉, 郭楠, 2019. 非饱和土与特殊土力学及工程应用研究的新进展 [J]. 岩土力学, 40(1): 1-54.

李一凡, 王俊刚, 徐仁宇, 等, 2021. 砂土孔隙压力影响因素的试验研究 [J]. 山东理工大学学报 (自然科学版), 35(4): 50-55.

林成功, 吴德伦, 2002. 非饱和黏土孔隙压力计算与实验研究 [J]. 岩土工程学报, 24(5): 605-607.

刘恩龙, 沈珠江, 2006. 结构性土压缩曲线的数学模拟 [J]. 岩土力学, 4: 615-620.

刘兴荣, 崔鹏, 王飞, 等, 2018. 不同粒径级配条件下工程弃渣泥石流启动机理研究 [J]. 工程地质学报, 26(6): 1593-1599.

彭长学, 杨光华, 2008. 软土 e-p 曲线确定的简化方法及在非线性沉降计算中的应用 [J]. 岩土力学, 6: 1706-1710.

占永杰, 王树英, 杨秀竹, 等, 2023. 考虑级配影响的盾构泡沫改良粗粒土一维压缩理论计算模型 [J]. 岩土工程学报, 45(8): 1644-1652.

张程林, 2013. 级配颗粒堆积体密度估算方法研究 [D]. 广州: 华南理工大学.

宗睿, 徐飞鹏, 贾瑞卿, 等, 2013. 一种土壤水分传感器性能测试的方法及应用 [J]. 灌溉排水学报, 32(1): 74-76.

Bezuijen A, Schaminee P, Kleinjan J A, 1999. Additive testing for earth pressure balance shields[C]. Geotechnical Engineering for Transportation Infrastructure: Theory and Practice, Planning and Design, Construction and Maintenance Vol.3. Delft Geotechnics, Delft, Netherlands: 1-12.

Cubrinovski M, Ishihara K, 2002. Maximum and minimum void ratio characteristics of sands[J]. Soils and Foundations, 42(6): 65-78.

Dang T S, Meschke G, 2020. Influence of muck properties and chamber design on pressure distribution in EPB pressure chambers — insights from computational flow simul-tions — ScienceDirect[J]. Tunnelling and Underground Space Technology, 99: 103333.

Furnas C C, 1928. Stock distribution and gas-solid contact in the blast furnace[J]. Bureau of Mines Reports of Investigation: 8-18.

Hu Q, Wang S, Qu T, et al, 2020. Effect of hydraulic gradient on the permeability characteristics of foam-conditioned sand for mechanized tunnelling[J]. Tunnelling and Underground Space Technology, 99(4): 103377.

Huares B, Rico R, 1980. Mecanica de Suelos[M]. 3rd ed. Mexico: LIMUSA: 456-466.

Ling F, Wang S, Hu Q, et al, 2021. Effect of bentonite slurry on the function of foam for changing the permeability characteristics of sand under high hydraulic gradients[J]. Canadian Geotechnical Journal, 59 (7): 1061-1070.

Mori L, Mooney M, Cha M, 2018. Characterizing the influence of stress on foam conditioned sand for EPB tunneling[J]. Tunnelling and Underground Space Technology, 71: 454-465.

Psomas S, 2001. Properties of foam/sand mixtures for tunneling applications[D]. Oxford: University of Oxford.

Sills G C, Wheeler S J, Thomas S D, et al, 1991. Behaviour of offshore soils containing gas bubbles[J]. Géotechnique, 41(2): 227-241.

Wang H B, Wang S Y, Zhong J Z, et al, 2021. Undrained compressibility characteristics and pore pressure calculation model of foam-conditioned sand[J]. Tunnelling and Underground Space Technology, 118: 104161.

# 第 11 章　盾构泡沫改良土强度特性

## 11.1　引　　言

盾构渣土的流动性很大程度上影响着盾构掘进安全与效率 (王海波等，2018；赵世森等，2022)。若渣土流动性较差，将导致刀盘与螺机扭矩和刀具磨损过大，进而引起排渣不畅而使土舱压力增加，诱发地表隆起；若渣土流动性太强，则渣土容易喷出导致渣土排出量过大，致使开挖面前方地层过大变形乃至坍塌失稳 (贺少辉等，2017；Wang et al.，2022)。因此，有必要准确掌握泡沫改良粗粒土的力学行为以指导渣土改良，然而由于泡沫赋存于粗粒渣土孔隙空间，改变了土颗粒间的接触关系，泡沫改良粗粒土具有不同于普通粗粒土的复杂力学行为 (肖超等，2016；Wu et al.，2020)。Bezuijen 等 (1999) 提出满足掘进需求的泡沫注入量要使改良渣土孔隙比大于其最大孔隙比，即土颗粒几乎互不接触，此时改良渣土具有良好的流动性。目前国内外现场主要采用坍落度试验来评价泡沫改良粗粒渣土的流动性，然而，渣土坍落度合适范围受地层和地下水条件影响而差异性很大，而且常压下开展的坍落度试验无法准确评价土舱压力下渣土的流动性。由于泡沫具有高压缩性，因此泡沫改良粗粒土的孔隙状态和流动性与土舱压力密切相关 (Yang et al.，2018)。目前关于盾构渣土大变形研究主要从土体剪切力学和流体力学两个角度开展。

### 1. 剪切力学行为

泡沫改良土具有较强的压缩性和流动性，剪切力学试验的制样难度大，为此学者们改进了常规的土工试验设备和土力学试验方法来研究泡沫改良土在压力环境下的剪切力学行为。Martinelli 等 (2017) 改进了常规直剪仪器的密封性，以防止加载过程中强流动性渣土或内部水溢出。通过干砂和泡沫改良砂直剪试验对比发现，干砂的剪切应力–位移曲线存在峰值，而泡沫改良砂的剪切曲线没有峰值，泡沫添加后剪切强度显著降低，原因是泡沫的存在使加载后渣土的有效应力减小。此外，砂土中细颗粒含量越高，泡沫降低剪切强度的作用越显著。但是，由于直剪试验过程中剪切面面积逐渐减小，剪切面应力分布不均匀，测试结果存在局限性。三轴试验能有效测定三维应力状态下土剪切力学行为，Martinelli 等 (2019) 开发了一种新的三轴测试方法，不同于常规的压缩加载路径，而采用拉伸卸载路径来进行三轴剪切测试。该方法不需要使试样负压成型，避免了负压加载使泡沫析出，而且拉伸卸载时试样沿轴向拉伸而沿环向收缩，固定试样的模具不会限制试样变形，因此不需要拆模，避免了拆模后强流动性改良土在自重下坍塌。低围压下，泡沫充当颗粒间的屏障，剪切强度显著降低；随着围压增加，泡沫收缩而颗粒接触更紧密，剪切强度增加。另外，Ni 等 (2023) 也对改良土三轴试验做了新的尝试，在常规三轴仪的基础上为圆柱试样设计了可拆卸的网状模具，初始水围压可在不拆模情况下施加在试样上以保持其直立状态，进而拆除模具再进行常规的压缩加载路径进行三轴剪切测试。试验发现泡沫改良含砾粒黏土呈应变硬化现象，内摩擦角几乎为 0°，且不同围压下均观察到试样的剪缩现象。另外，Yang 等 (2022) 针对停机复推刀盘扭矩过大的问题，对未改良砂和泡沫–膨润土泥浆–聚合物组合改良砂开展了固结不排水三轴剪切试验，结果表明固结后改良砂出现剪胀现象，改良剂添加能提高砂土的黏聚力而减小其内摩擦角，改良土的强度随着固结时间增加而增大，至 12h 后趋于不变。

上述直剪和三轴试验的剪切率和剪切行程有限，难以反映盾构内渣土流动过程中发生的剪切大变形。孟庆琳等 (2011) 设计开发了加压式十字板剪切仪测试改良砂的带压剪切力学行为，改良砂土在不同围压下呈现不同的剪切应力–位移曲线，围压越大，剪切强度越大；还发现剪切应力先达到峰值而后下降，呈现应变软化行为，在较大剪切变形的残余阶段，剪切应力不再随增大的剪切位移而变化。Hu 和 Rostami(2021) 认为环境压力使泡沫收缩和改良砂土孔隙率减小，导致剪切强度增大。Wu 等 (2023) 测试了泡沫–膨润土–CMC(羧甲基纤维素) 组合改良土的十字板剪切强度，发现 CMC 能提高膨润土泥浆和泡沫的稳定性，而随着含水率提高，改良砂满足合适十字板剪切强度所需的泡沫或泥浆注入量呈线性减小，最后提出总应力临界值来评价压力环境下改良方案的可行性，增大泡沫注入比或减小含水率可提高临界总应力。

然而，上述研究尚未考虑有效应力对剪切大变形的影响。随着环境压力增加，当改良粗粒土孔隙比减小至一定值时，有效应力产生，而且有实例表明盾构实践中允许土舱内改良渣土存在有效应力 (Bezuijen，2012)，因此有效应力状态对改良土带压剪切大变形的影响值得被关注。Mori 等 (2018) 通过加压十字板剪切试验发现，随着竖向压力增加，当泡沫改良砂土孔隙比与最大值之比小于 1.2 时，竖向有效应力开始发展，剪切强度才明显增加，但研究未关注改良砂土剪切大变形后有效应力与剪切强度的变化特征及机理，且剪切率的影响亦未被考虑。

2. 流体力学行为

基于流体力学，已有大量研究尝试用非牛顿流体的流变性来表征改良剂或改良粗粒土的剪切大变形，同心圆柱圆筒流变仪 (Yang et al.，2020)、螺旋钻流变仪 (Hu 和 Rosatami，2020)、球测试装置 (Galli，2016)、十字板剪切仪 (Avunduk et al.，2021) 被应用于测试大气压下改良剂或改良粗粒土剪切应力与剪切率的相关性，获得流变参数。

关于改良剂的流变性，Soleymanzadeh 等 (2018) 通过流变试验发现泡沫的表观黏度与剪切率、气相体积分数、液相黏度具有一定的相关性；Rooki 等 (2014) 结合流变试验和固液输运数值模拟结果发现，气相体积分数越大，泡沫黏度越大而幂律指数越小；Benyounes 等 (2010) 利用锥板式流变仪测试膨润土泥浆的剪切屈服特性，泥浆的屈服应力和黏度随膨润土浓度的增加而增大，而 CMC 的补充使膨润土颗粒分散，导致屈服特性消失。另外，Benyounes 和 Benmounah(2016) 发现氰化钾的添加使黏土颗粒斥力减小而颗粒趋于聚集，使膨润土泥浆屈服应力增大。

关于改良土的流变性，Galli 和 Thewes(2019) 采用球测试装置发现大变形改良砂土剪切应力与剪切率的对数值呈线性关系，但变化很小。Yang 等 (2020) 通过十字板剪切试验测试泥浆改良砂土和 CMC 改良砂土的流变行为，发现泥浆改良砂土存在屈服应力而 CMC 改良砂土没有，相同注入比下 CMC 溶液比膨润土泥浆具有更强的润滑效果，对应的改良砂土流动性更强。Hu 和 Rostami(2020) 对比了不同旋转剪切部件，发现螺旋桨作为转子时扭矩对砂土改良参数的敏感性最高，随着含水率增大，旋转剪切试样的屈服应力减小。

进一步考虑土舱压力的影响，学者们利用不同加压式旋转剪切仪来探究带压泡沫改良土的剪切强度与剪切率的相关性。Yang 等 (2018) 发现竖向压力作用下，改良砂土的剪切强度显著增加，且当剪切率低于 28mm/s 时，改良砂土的剪切强度几乎保持恒定，而当剪切率高于 28mm/s 时，剪切强度显著增加。Meng 等 (2011) 利用残余状态剪切强度与剪切率的相关性来表征改良砂土的流变性，其屈服应力和塑性黏度与围压正相关。然而，基于非牛顿流体力学的带压改良砂土剪切大变形后流变行为研究未关注有效应力的影响，且剪切率对剪切引起有效应力状态变化的影响规律及机理尚未明确。粗粒土自身特性、泡沫注入比、环境压力、剪切率都能显著影响泡沫改良粗粒土的剪切大变形特性，但鲜有文献研究多因素影响下泡沫改良粗粒土孔隙状态、有效应力状态和剪切大变形之间的相关性特征，以及由于颗粒力链断裂与重构而出现的剪切应力滞滑现象 (Qu et al.，2019)，且尚未有工作关注不同泡沫填充状态下带压渣土剪切大变形特性差异。因此，亟须探明泡沫压缩性和填充状态对土舱压力环境下粗粒土有效应力状态和剪切大变形的影响规律，阐释盾构泡沫改良粗粒渣土剪切大变形力学机理。

因此，本章首先采用加压式十字板剪切仪开展竖向压力作用下盾构泡沫改良粗粒土旋转剪切试验，讨论剪切特性转变的孔隙比临界值，探究粗粒土类型、FIR、膨润土泥浆注入比对不同竖向压力下峰值和残余剪切强度的影响规律，揭示改良剂在压力环境下的作用机理，另外还分析坍落度接近的不同改良工况粗粒土带压剪切强度的差异。在此基础上，探究不同十字板转速下泡沫改良粗粒土的不排水带压剪切大变形行为，分析剪切率对剪切引起的超孔隙压力和孔隙比变化、峰值与残余剪切强度的影响及细观机理，进一步地，讨论了泡沫改良粗粒土大变形后进入残余状态的压力相关流变行为，分析竖向压力与 FIR 对流变参数的影响（Wang et al.，2023；Zhong et al.，2023）。

## 11.2　不排水带压十字板剪切试验

### 11.2.1　试验材料

#### 1. 试验土样

砾砂、中砂在我国昆明、南昌、福州等城市广泛分布，因此城市隧道建设过程中土压平衡盾构常穿越砾砂和中砂地层 (刘飞等，2020；叶晨立，2018)，故试验采用砾砂和中砂两类粗粒土。为确保十字板剪切试验的可重复性，试验用的粗粒土经烘干后，利用振筛机筛分成不同粒组，再按试验土样对应的级配进行配制。试验土样 A 和 B 的颗粒级配如图 11-1 所示，其基本物理参数如表 11-1 所示。按照《岩土工程勘察规范》(GB/T 50021—2001)，土样 A 归类为砾砂，而土样 B 归类为中砂。

表 11-1　试验土样基本物理参数

| 试验土样 | 有效粒径 $d_{10}$ | 不均匀系数 $C_u$ | 曲率系数 $C_c$ | 颗粒比重 $G_s$ | 最大孔隙比 $e_{max}$ |
|---|---|---|---|---|---|
| A | 0.30mm | 10.00 | 0.70 | 2.658 | 0.768 |
| B | 0.17mm | 3.13 | 1.15 | 2.662 | 0.914 |

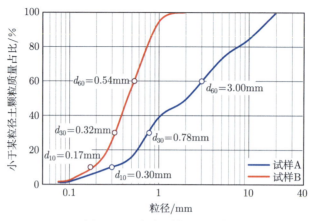

图 11-1　试验土样级配曲线

## 2. 泡沫

泡沫是由许多彼此被液膜分隔的气泡组成的亚稳态聚集物，其宏、细、微观示意图如图 11-2 所示。如图所示，泡沫的存在与降低水表面张力的表面活性剂有关，表面活性剂由亲水和疏水基团组成，它们在液–气界面定向排列，使气相稳定赋存于液相内，表面活性剂的配向密度越高，泡沫稳定性越好 (万泽恩等, 2022)。试验用泡沫剂为来自盾构施工现场的复合型泡沫剂，主要化学组分如表 11-2 所示。泡沫发泡装备及过程与前述章节相似。

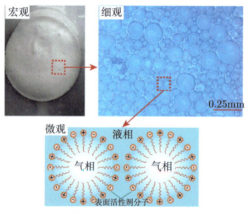

图 11-2　泡沫示意图

表 11-2　盾构用泡沫剂主要化学组分

| 化学成分 | 化学式 | 作用 | 质量分数/% |
|---|---|---|---|
| 十二烷基硫酸钠 | $C_{12}H_{25}SO_4Na$ | 阴离子表面活性剂 | 1~1.5 |
| 十二烷基三甲基氯化铵 | $C_{15}H_{34}ClN$ | 阳离子表面活性剂 | 3~3.5 |
| 氯代十二烷 | $C_{12}H_{25}Cl$ | 非离子表面活性剂 | 0.2~0.3 |
| 硅油 | $C_2H_8O_2Si$ | 稳泡剂 | 1~2 |
| 水 | $H_2O$ | 溶剂 | 93~94 |

### 3. 膨润土泥浆

膨润土泥浆由钠基膨润土和水组成，采用 X 射线衍射仪 (XRD) 对钠基膨润土进行物相分析，矿物成分表如表 11-3 所示。根据《土工试验方法标准》(GB/T 50123—2019) 规定的液塑限联合测定法，获得钠基膨润土的液塑限参数如表 11-4 所示。

表 11-3  钠基膨润土主要化学组分

| 矿物成分 | 化学式 | 质量分数/% |
|---|---|---|
| 钠基蒙脱石 | $Na_{0.3}(Al,Mg)_2Si_4O_{10}(OH)_2$ | 48.8 |
| 钠长石 | $NaAlSi_3O_8$ | 28.3 |
| 钙基蒙脱石 | $Ca_{0.2}(Al,Mg)_2Si_4O_{10}(OH)_2$ | 14.1 |
| 微斜长石 | $(K_{0.95}Na_{0.05})(AlSi_3O_8)$ | 5.5 |
| 石英 | $SiO_2$ | 2.5 |
| 方解石 | $CaCO_3$ | 0.8 |

本次试验采用的膨润土泥浆质量分数为 7%。泥浆制备过程如下：遵循《石油和天然气工业钻井液材料规范》(ISO13500)，利用高速搅拌器将膨润土颗粒和水搅拌混合，而后静置一段时间使混合液充分溶解和有效膨化，膨化时间为 18h，此时膨润土泥浆的马氏漏斗黏度值不再随时间增加而变化，膨化后膨润土泥浆的性能指标如表 11-4 所示。

表 11-4  钠基膨润土及其泥浆物理力学参数

| 钠基膨润土 | 液限/% | 塑限/% | 塑性指数 | 活性指数 | 类别 |
|---|---|---|---|---|---|
|  | 59.9 | 316.8 | 256.9 | 42.82 | 活性黏土 |
| 膨化后膨润土泥浆 | 密度/(g/cm³) | 胶体率/% | 含砂率/% | 马氏漏斗黏度/s | |
|  | 1.05 | 98 | 1.1 | 45 | |

### 11.2.2  试验装置

为测定渣土在大变形情况下的剪切力学行为，且模拟渣土在盾构土舱内的真实受力状态，改良粗粒土剪切力学试验采用课题组自主研发的新型加压式十字板剪切仪，试验仪器实物和原理如图 11-3 所示。

加压式十字板剪切仪主要由试样腔、扭转剪切装置、竖向加载装置和控制装置组成。试样腔包括腔体和加载盖板，腔体用于盛放试验土样，约束土样侧向和径向变形，其内部横截面形状为圆形，底面直径为 20cm，而高度为 20cm。腔体内壁加工成粗糙面，以防止剪切过程中试验土样与腔体内壁相对转动。腔体侧壁安装有孔压计，可实时监测加压和剪切过程中试验土样内部的孔隙压力变化。加载盖板放置于土样上方，可密封试样腔，另外在盖板顶部设置有控制试验排水条件的排水阀和供十字剪切板穿过的圆孔。

竖向加载装置由空压机和气压腔提供载荷，位于试样腔下方的气压腔通入空压机提供的高压气体后，带动试样腔两侧的竖向加载杆以及与其拴接的横梁向下运动，当横梁与加载盖板接触时，竖向压力立即通过横梁和加载盖板均匀传递至试样上表面，以模拟土压平衡盾构土舱压力环境。由于盾构掘进时土舱压力一般为 0~300kPa，仪器的最大可加载竖向压力设计为 500kPa。另外，还安装有压力传感器实时监测施加的竖向压力大小。

扭转剪切装置包括伺服电机、扭矩传感器、对接口和十字剪切板。伺服电机给十字剪切板提供定速旋转的动力，可实现无级变速。扭矩传感器一端与电机连接，另一端与对接口连接，对接口与十字剪切板的竖杆通过螺栓夹持连接；扭矩传感器的量程为 0~30N·m。

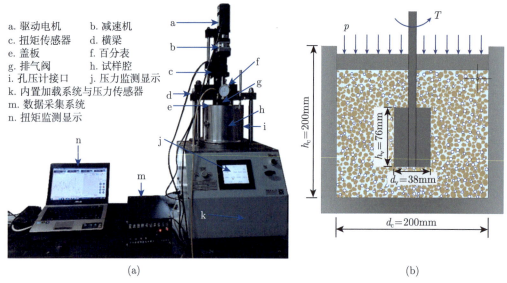

a. 驱动电机　　b. 减速机
c. 扭矩传感器　d. 横梁
e. 盖板　　　　f. 百分表
g. 排气阀　　　h. 试样腔
i. 孔压计接口　j. 压力监测显示
k. 内置加载系统与压力传感器
m. 数据采集系统
n. 扭矩监测显示

图 11-3　加压式十字板剪切仪：(a) 实物图；(b) 原理图

ASTM 标准 (D4648—2011) 中建议剪切破坏面 (即十字板外缘剪切形成的圆柱侧面) 与腔体内壁的间隙至少为十字板直径的两倍，且十字板高度应不小于其直径的两倍。本次试验采用的十字板直径和高度分别为 38mm 和 76mm。因此，间隙 (81mm) 大于十字板直径的两倍，十字板高度与直径之比为 2，均在规范的建议范围之内。另外，张楢 (2014) 建议试验土样的最大粒径应小于间隙的 1/3 和十字板直径的 1/2，因此，该仪器适用于测试试样 A(最大粒径 19mm) 和 B(最大粒径 2mm)。

此外，控制装置可无级调节竖向压力和十字板转速，实时显示竖向压力和剪切扭矩值，并通过设定的采集频率记录和存储试验数据。

### 11.2.3　试验方案

合适改良粗粒土渗透性相对较低，一般认为土舱渣土快速由螺旋输送机排出的过程中来不及排水，故加压十字板剪切试验设计在不排水环境下进行。为了测定改良粗粒土的剪切力学行为，开展不排水加压十字板剪切试验，具体步骤如下所述。

(1) 按照设定的含水率，将一定质量的干燥土与水搅拌混合 60s，然后静置过夜，以保证试样充分被润湿。随后按照设定的泡沫注入比，利用泡沫发生系统产出泡沫后立刻添加入润湿土样中，搅拌混合 60s。对于组合改良粗粒土的制备，需在添加泡沫前，按照设定的膨润土泥浆注入比将已膨化 18h 的泥浆与润湿土样搅拌混合 60s。

(2) 将制备好的试样分三次盛放进试样腔中，每层试样高度约为 6cm。测量第一层 (最底层) 试样的质量，而后第二、三层试样的质量应保证与第一层相等。通过盖板中心圆孔将十字剪切板插入试样中心，随后覆盖上加载盖板。开启排气阀，预加 10kPa 的竖向压力以排出盖板与试样上表面之间的空气，待盖板与试样上表面接触后，关闭排气阀。

(3) 试验在不排水不排气条件下进行，继续往试样施加设定的竖向压力，由于泡沫具有压缩性，试样发生竖向变形，当监测盖板位移的位移百分表读数稳定后，以 1 次/(°) 的采样率实时记录试样压缩阶段的体积变形和孔隙压力。由此可计算孔隙比，如式 (11-1) 所示。

$$e = \frac{V_{p0} - V_0 \varepsilon_v}{V_s} = e_0 - (1 + e_0) \varepsilon_v = e_0 - \frac{(1 + e_0)(H_0 - \Delta H)}{H_0} \tag{11-1}$$

式中，$e$ 为压缩后孔隙比；$e_0$ 为初始孔隙比；$V_{p0}$ 为初始孔隙体积，L；$V_s$ 为土颗粒体积，L；$V_0$ 为初始试样总体积，L；$\varepsilon_v$ 为压缩阶段的试样竖向应变；$H_0$ 为试样初始高度，cm；$\Delta H$ 为压缩阶段的试样高度变化，cm。

Mori 等 (2018) 认为太沙基有效应力原理适用于泡沫改良粗粒土，因此试样竖向有效应力可由竖向总应力减去孔隙压力得到。

(4) 随后开启电机驱动十字剪切板旋转剪切试样，参考《土工试验方法标准》(GB/T 50123—2019)，十字板转速设置为 $\frac{1}{30}$r/min。旋转剪切期间十字剪切板扭矩数据的采样率为 1 次/(°)。采集记录的总扭矩实际由盖板中心圆孔内壁摩擦对杆轴的扭矩和十字剪切板叶片克服试验土样剪切阻抗的扭矩组成。而十字剪切板在试样腔内无土的情况下空转可获得杆轴摩擦扭矩，因此，与试验土样剪应力相关的十字叶片扭矩由总扭矩减去空转扭矩来获得。假定十字剪切板剪切会在试样内部形成圆柱破坏面，剪切破坏面上剪切应力相等并分布均匀，进而推导十字叶片扭矩与试样剪切应力的关系式，如式 (11-2) 所示：

$$\tau = \frac{3T}{500\pi \left(3d_v^2 h_v + d_v^3\right)} \tag{11-2}$$

式中，$\tau$ 为试样剪切应力，kPa；$T$ 为十字叶片扭矩，N·m；$d_v$ 为十字叶片直径，m；$h_v$ 为十字叶片高度，m。

此外，剪切位移 $u$(m) 与十字板旋转角度 $\theta$ (°) 的关系式见式 (11-3)：

$$u = \frac{\pi \theta d}{360} \tag{11-3}$$

(5) 由于试样存在不同粒径的土颗粒，试样不均匀性大，因此剪切过程中监测采集的十字板扭矩出现一定程度的波动，如图 11-4 所示。随着剪切位移增加，位移百分表读数趋于不变，且十字板扭矩读数在较低值附近小范围波动，表明试样进入残余状态。为了获得较大剪切位移后残余状态试样的剪切应力和孔隙比，单次剪切试验十字板旋转角度设定为 1440°(旋转 4 圈)。

正式试验前通过重复试验来验证试验方案的可靠性。图 11-4 对比了相同试验条件下的两次试验获得的十字板扭矩–旋转角度 ($T$-$\theta$) 曲线，结果差异不大，表明研究改良粗粒土不排水剪切力学行为的试验方案具有可重复性。

为探究盾构土舱压力环境下不同因素 (竖向压力、土样类型、泡沫注入比、膨润土泥浆注入比) 对改良粗粒土剪切力学行为的影响规律，试验工况如表 11-5 所示。其中，对比泡沫改良粗粒土 AF0、AF1、AF2、AF3 可探究竖向压力和泡沫注入比的影响，对比泡沫改良粗粒土 AF2 与 BF1、AF3 与 BF2 可探究土样类型的影响，对比泡沫–泥浆组合改良粗粒土 BFS0、BFS1、BFS2、BFS3 可探究膨润土泥浆注入比的影响，对比坍落度值接近、改良参数不同的工况 BF2、BF3、BFS2 可探究相似塑流性改良土的带压剪切力学行为差异。

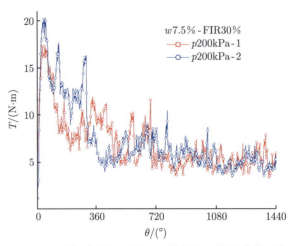

图 11-4　重复试验十字板扭矩–旋转角度原始曲线对比

**表 11-5　加压十字板剪切试验工况表**

| 工况 | 土样类型 | 含水率/% | 泡沫注入比/% | 膨润土泥浆注入比/% | 坍落度/mm | 竖向压力/kPa |
|---|---|---|---|---|---|---|
| AF0 | | | 0 | | 166 | |
| AF1 | A | 10 | 20 | 0 | 206 | |
| AF2 | | | 30 | | 224 | 50，100，200，300 |
| AF3 | | | 40 | | 232 | |
| BF1 | B | 10 | 30 | 0 | 235 | |
| BF2 | | | 40 | | 240 | |
| BFS0 | | | | 0 | 140 | |
| BFS1 | B | 10 | 20 | 10 | 220 | |
| BFS2 | | | | 15 | 239 | 50，200 |
| BFS3 | | | | 20 | 251 | |
| BF3 | B | 17.5 | 20 | 0 | 240 | |

　　为了探究剪切率对剪切大变形行为的影响，试验土样采用土样 A(砾砂)，即对表 11-5 中的工况 AF0、AF1、AF2、AF3 开展不同剪切率下带压不排水十字板剪切大变形行为的测试。至于剪切率的测试范围，目前研究对改良渣土在刀盘和螺旋叶片旋转剪切下大变形行为的剪切率范围尚未达成一致，表 11-6 列出了既有研究剪切率影响的改良土旋转剪切试验所设计的转子转速或剪切率范围。因此，参考既有转速测试范围，本研究设置十字板转速为 1/30r/min、1/5r/min、1r/min、3r/min、5r/min、25r/min，转速工况的间隔随着转速增大而增大。当转子转速较大时，试样剪切区出现的局部液化现象会干扰十字板扭矩的测量，导致获得较低的剪切强度 (Hu 和 Rostami，2020)，故试验的最大十字板转速限制在 25r/min。另外，剪切率可根据 Meng 等 (2011) 推导的换算公式 (见式 (11-4)) 由十字板转速和几何尺寸计算得到，如表 11-7 所示，测试的剪切率范围为 0.007～5.432s$^{-1}$。

$$\dot{\gamma} = 2\frac{2\pi N_{\mathrm{v}}}{60} \cdot \frac{d_{\mathrm{c}}^2}{d_{\mathrm{c}}^2 - d_{\mathrm{v}}^2} \tag{11-4}$$

式中，$\dot{\gamma}$ 为剪切率，s$^{-1}$；$N_{\mathrm{v}}$ 为十字板转速，r/min；$d_{\mathrm{c}}$ 为试样腔横截面直径，m；$d_{\mathrm{v}}$ 为十字板直径，m。

**表 11-6 改良土旋转剪切率或转速测试常见范围**

| 作者 | 试验材料 | 试验仪器 | 剪切率/$s^{-1}$ | 转速/(r/min) |
|---|---|---|---|---|
| 孟庆琳等, 2011 | 泡沫–泥浆改良砂土 | 十字板旋转流变仪 | 0.005~0.067 | 1/30~1/3.4 |
| Zumsteg 等, 2012 | 泡沫/聚合物改良黏质砂 | 十字板剪切仪 | — | 1/36~1 |
| Yang 等, 2018 | 泡沫/膨润土/CMC 改良砂土 | 弹簧加载十字板剪切仪 | — | 3.2~30 |
| Galli 和 Thewes, 2019 | 泡沫改良砂土 | 球测试装置 | 0.06~20 | — |
| Yang 等, 2020 | 膨润土/CMC 改良砂 | Brookfield R/S+旋转黏度计 | 0~10 | — |
| Hu 和 Rostami, 2021 | 泡沫改良砂土 | 螺旋器旋转流变仪 | — | 3~60 |
| 万泽恩, 2022 | 泡沫–喷涌防止剂改良砂土 | 气压加载旋转流变仪 | 0~13.5 | 0~60 |

变转速剪切试验的转速设计方案有恒定式、阶梯式递增式、线性递增式、滞回式 (先增后减) 等 (Galli, 2016), 由于孔隙比小于临界值的试样剪切应力随位移增加出现明显变化 (剪切应力先增长至峰值后下降至趋于残余值), 本研究的单次剪切试验在恒转速下进行, 多次试验后可获得不同剪切率下试样的峰值和残余剪切强度。此外, 由于驱动电机额定功率的限制, 对于剪切强度较高的工况 AF0, 测试的最大十字板转速为 5r/min。

**表 11-7 加压十字板剪切试验的十字板转速与剪切率范围**

| 十字板转速 | $N_v$/(r/min) | 1/30 | 1/5 | 1 | 3 | 5 | 25 |
|---|---|---|---|---|---|---|---|
| 剪切应变率 | $\dot{\gamma}$/$s^{-1}$ | 0.007 | 0.043 | 0.217 | 0.652 | 1.086 | 5.432 |

## 11.3 泡沫改良粗粒土带压剪切大变形特征

以土样 A(砾砂) 为例, 图 11-5 展示了剪切前试样孔隙比和竖向有效应力随竖向总应力的变化情况。随着竖向总应力的增大, 试样孔隙比减小。其中, 50kPa 竖向压力下的试样 AF2(FIR=30%) 以及 50kPa、100kPa 竖向压力下的试样 AF3(FIR=40%) 的孔隙比均大于 $e_{max}$, 且几乎没有有效应力, 这是因为孔隙内泡沫气泡阻碍了试样绝大多数土颗粒的相互接触, 可传递应力的颗粒骨架尚未形成。而对于其余工况, 当前竖向压力下的试样孔隙比小于 $e_{max}$ 时, 颗粒骨架已形成, 有效应力产生, 随着竖向总应力的增大, 孔隙比减小而竖向有效应力增大。因此, 可认为 $e_{max}$ 是试样产生有效应力的孔隙比临界值。

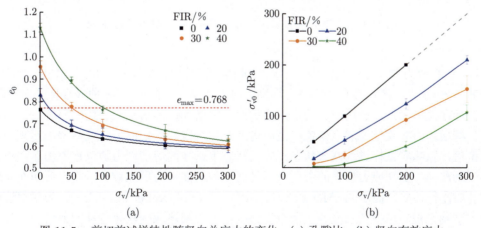

图 11-5 剪切前试样特性随竖向总应力的变化: (a) 孔隙比; (b) 竖向有效应力

　　对于剪切前孔隙比大于和小于临界值的不同工况，试验观察到两类不同的剪切应力–位移 ($\tau$(kPa)-$s$(m)) 关系演化模式 (I 型和 II 型)，如图 11-6 所示。对应的孔隙比和孔隙压力随剪切位移变化曲线如图 11-7 所示。

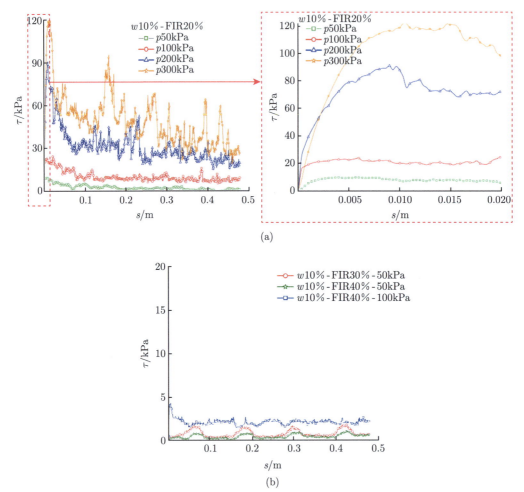

图 11-6　土样 A 典型剪切应力–位移曲线：(a)I 类；(b)II 类

　　I 类剪切应力曲线：以竖向压力 50～300kPa 下的试样 AF1($w$ =10%，FIR=20%) 为例，图 11-6(a) 为试样在其孔隙比小于临界值时的典型 $\tau$-$s$ 曲线。$\tau$-$s$ 曲线经历了三个阶段：首先在弹性变形阶段，剪切应力随位移增加而线性增加；然后进入初始屈服阶段，剪切应力随位移增加而非线性增加至峰值；最后进入软化阶段，剪切应力随位移增加而减小，趋于残余值，意味着试样进入残余状态，残余状态下试样的剪切应力随位移增加而在小范围内不规则波动。剪切应力损失的主要原因是剪切破坏面形成后土颗粒重新沿剪切面有序排列和孔隙流体往剪切面渗流 (Meng et al.，2011；Habibbeygi et al.，2018)。为从剪切应力曲线中准确识别峰值剪切强度和残余剪切强度，采用描述应变软化特性的剪切应力计算模型 (曹文贵等，2012) 来拟合试验曲线，如式 (11-5) 所示：

$$\tau = \begin{cases} k_{\mathrm{s}}s & (\tau \leqslant \tau_{\mathrm{y}}) \\ (k_{\mathrm{s}}s - \tau_{\mathrm{r}})\exp\left[-\left(\dfrac{\tau - \tau_{\mathrm{s}}}{F_0}\right)^M\right] + \tau_{\mathrm{r}} & (\tau > \tau_{\mathrm{y}}) \end{cases} \tag{11-5}$$

式中，$k_{\mathrm{s}}$ 为弹性变形阶段的剪切刚度，kPa/m；$\tau_{\mathrm{s}}$ 为初始屈服阶段的屈服强度，kPa；$\tau_{\mathrm{r}}$ 为残余剪切强度，kPa；$M$ 和 $F_0$(kPa) 为描述剪切微元体损伤随机性的 Weibull 分布参数，分别由式 (11-6) 和式 (11-7) 求解得到

$$M = \frac{k_{\mathrm{s}}s_{\mathrm{p}} - \tau_{\mathrm{s}}}{(k_{\mathrm{s}}s_{\mathrm{p}} - \tau_{\mathrm{r}})\ln\dfrac{k_{\mathrm{s}}s_{\mathrm{p}} - \tau_{\mathrm{r}}}{\tau_{\mathrm{p}} - \tau_{\mathrm{r}}}} \tag{11-6}$$

$$F_0 = (k_{\mathrm{s}}s_{\mathrm{p}} - \tau_s)\left(\ln\frac{k_{\mathrm{s}}s_{\mathrm{p}} - \tau_{\mathrm{r}}}{\tau_{\mathrm{p}} - \tau_{\mathrm{r}}}\right)^{-\frac{1}{M}} \tag{11-7}$$

式中，$\tau_{\mathrm{p}}$ 为峰值剪切强度，kPa；$s_{\mathrm{p}}$ 为达到峰值点对应的剪切位移，m。

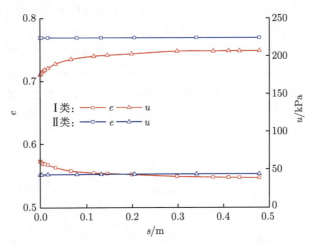

图 11-7　两类试样孔隙比、孔隙压力随剪切位移变化曲线

此外，由图 11-7 可知，I 类试样剪切过程中试样孔隙比略有减小，孔隙压力略有增大，直至试样进入残余状态后趋于不变。

II 类剪切应力曲线：图 11-6(b) 展示了试样在其孔隙比大于临界值时的典型 $\tau$-$s$ 曲线。剪切应力随位移增加略有增长后趋于有规律的波动，示例工况的剪切应力在 1.0~4.0kPa，远低于孔隙比小于临界值的 I 类工况。II 类工况在剪切过程中不存在应变软化特征，故不存在峰值剪切强度，剪切表现类似带悬浮颗粒的流体。消除初始增长段后，取实测剪切应力的平均值作为试样的残余剪切强度。由图 11-7 可知，II 类的孔隙比和孔隙压力在剪切过程中无明显变化。

此外，由图 11-6(a) 可知，当试样处于残余状态时，I 类剪切应力曲线在后半段存在明显的应力波动，这归因于试样的滞滑 (stick-slip) 行为 (Albert et al.，2000)。粗粒土等颗粒材料通过颗粒相互接触来传递内部应力，由于颗粒粒径和形貌的不均匀性，试样内部

会形成不均匀的力链网络来平衡外载荷 (Qu et al.，2021)。由于剪切过程中颗粒错动和重排列，部分强力链的断裂和重构使力链网络发生演变。当强力链断裂时，剪切应力曲线可观察到剪切应力突然降低，随着变形的发展，新的强力链生成，剪切应力逐渐恢复 (Qu et al.，2019)。相比于黏土、粉细砂等颗粒较细的土，滞滑行为在颗粒较粗的粗粒土中更为明显 (Adjemian 和 Evesque，2004)。前者在十字板剪切过程中通常呈现较平滑的剪切应力曲线 (孟庆琳等，2011)。至于孔隙比大于临界值的试样，由于泡沫充分抬升土颗粒，接触应力在颗粒间无法有效传递，力链网络较弱，因此 II 类剪切应力曲线的应力波动不明显。

## 11.4　泡沫注入比影响下改良粗粒土带压剪切强度变化

### 11.4.1　泡沫注入比对峰值剪切强度的影响

峰值剪切强度是试样发生塑性变形后形成剪切破坏面时所能承受的最大剪切应力。对比工况 AF0、AF1、AF2、AF3，图 11-8 展示了不同 FIR 下试样剪切前孔隙比与峰值剪切强度随竖向压力的变化规律。由于孔隙比大于临界值的试样不存在峰值剪切强度，故不在本节讨论范围内。结果表明，对于孔隙比小于临界值的试样，随着竖向压力的增大，由于泡沫收缩，孔隙比减小，峰值剪切强度增大。因此，利用与常压剪切强度相关的坍落度值作为改良效果评价指标，会高估泡沫改良效果。另外，FIR 越大，孔隙比越大，而峰值剪切强度越小，说明泡沫改良有利于降低粗粒土峰值剪切强度。然而，随着竖向压力的增大，相同竖向压力不同 FIR 下孔隙比差异越小，而泡沫对粗粒土剪切强度的削弱作用越明显。

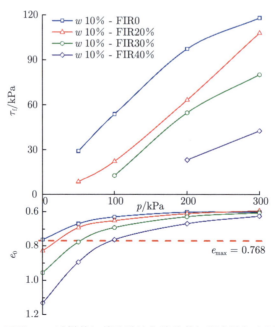

图 11-8　不同 FIR 试样剪切前孔隙比与峰值剪切强度随竖向压力的变化

### 11.4.2 泡沫注入比对残余剪切强度的影响

残余剪切强度表示试样剪切破坏后，破坏界面两侧重排列颗粒相对滑移的剪切阻抗。图 11-9 展示了不同 FIR 下试样残余状态孔隙比与剪切强度随竖向压力的变化规律。当试样孔隙比大于临界值时，残余剪切强度较小，随竖向压力和 FIR 增加而无明显变化。当试样孔隙比小于临界值时，随着竖向压力增大，残余孔隙比减小而残余剪切强度增大。随着 FIR 增大，残余孔隙比增大而残余剪切强度减小。图 11-10 展示了残余剪切强度与对应孔隙比的相关性,结果表明当孔隙比小于临界值时,残余剪切强度对数值与对应的孔隙比呈负相

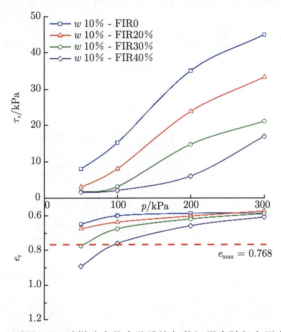

图 11-9 不同 FIR 试样残余状态孔隙比与剪切强度随竖向压力的变化

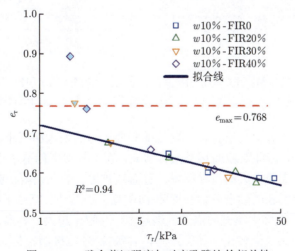

图 11-10 残余剪切强度与对应孔隙比的相关性

关关系，而且不管 FIR 和竖向压力多大，两者在 $e$-$\ln(\tau)$ 空间内服从线性唯一关系。然而，对于孔隙比大于临界值的试样，其残余剪切强度与对应的孔隙比不服从前述相关性。

### 11.4.3　带压环境下泡沫对粗粒土的改良机理

为了加强泡沫对改良粗粒土带压剪切力学行为影响的认识，图 11-11 从细观角度来建立概化模型，阐释泡沫改良机理。粗粒土剪切过程中宏观表现受到的剪切阻抗来源于细观角度上的土颗粒间咬合摩擦和滑动摩擦效应 (图 11-11(a))，这决定了粗粒土剪切强度与外荷载相关或在有水环境下与有效应力相关。颗粒之间相对滑动需克服与颗粒表面粗糙度相关的滑动摩擦阻抗，而颗粒与相邻颗粒在几何上的相互咬合约束了剪切过程中颗粒跨越相邻颗粒和颗粒团的膨胀 (Terzaghi et al., 1996)。峰值剪切强度取决于滑动摩擦和咬合摩擦，而在残余状态下，粗粒土剪切破坏面附近颗粒重新沿破坏面方向排列，此时有序排列的颗粒咬合作用较弱，残余剪切强度主要由滑动摩擦决定。

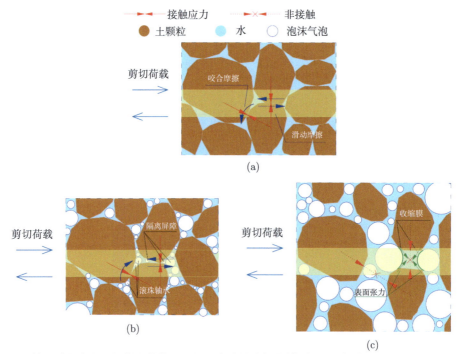

图 11-11　剪切过程中带压粗粒土的剪切阻抗和泡沫效应概化模型：(a) 粗粒土；(b) 泡沫改良粗粒土 (孔隙比小于临界值)；(c) 泡沫改良粗粒土 (孔隙比大于临界值)

对于孔隙比小于临界值的试样，孔隙比随竖向压力的增大而减小，意味着土骨架和内部泡沫气泡发生收缩，因此颗粒间接触面积增大，在土骨架中创造了更多的应力传递路径，导致剪切过程中需要克服更大的滑动摩擦，进而导致更大的残余剪切强度 (图 11-9)。

至于由滑动摩擦引起的残余剪切强度随 FIR 增大而减小，有以下两个潜在原因：一方面，随着 FIR 增大，孔隙中填充的泡沫气泡越多，孔隙比越大，更多原本由土骨架承担的应力被变形更大的泡沫气泡转化为孔隙压力，且颗粒–颗粒接触转化为颗粒–泡沫接触，导致滑动摩擦减少 (图 11-11(b))；另一方面，泡沫液膜的表面活性剂溶液对颗粒表面的润滑作用也有助于降低滑动摩擦系数 (Vinai et al.，2008)。然而，图 11-10 反映的残余剪切强度与对应孔隙比存在唯一性关系，证明了泡沫添加的主要作用是扩大孔隙比进而减小滑动摩擦。

峰值与残余剪切强度的差值可以反映咬合摩擦对峰值剪切强度的贡献，其随竖向压力和 FIR 的变化如图 11-12 所示。由图 11-12 可知，剪切强度差值随竖向压力增大而增大，随 FIR 增大而减小。这是由于竖向压力增大使试样密度增大，颗粒跨越相邻咬合颗粒的距离增大，且颗粒间接触应力增大，导致了更大的咬合摩擦。然而，泡沫气泡在颗粒之间能起到滚珠轴承的作用，随着 FIR 增大，颗粒更松散，且气泡"滚珠"使颗粒跨越相邻颗粒所需的能量减小。

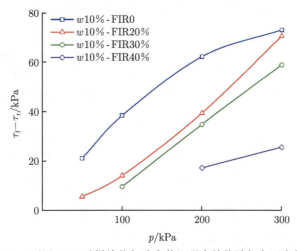

图 11-12　不同 FIR 试样峰值与残余剪切强度差值随竖向压力的变化

此外，当孔隙比大于临界值时，试样内绝大部分颗粒间接触被泡沫隔离，然而气泡液膜的表面张力能给颗粒提供少量的颗粒间黏结力，牵引相邻颗粒 (见图 11-11(c))，宏观表现为"假黏聚力"(Xu 和 Du，2019)，使粗粒土具有一定的剪切强度。

## 11.5　土类型影响下改良土剪切强度变化

### 11.5.1　土类型对剪切滞滑的影响

在探究不同 FIR 下土样 A(砾砂) 带压剪切大变形行为的基础上，对比探究土样 B(中砂) 对应工况 BF1、BF2 的带压剪切大变形行为，以探究砾砂和中砂的剪切大变形差异。图 11-13 展示了不同 FIR 的土样 B 剪切前孔隙比和竖向有效应力随竖向总应力的变化情况。结合图 11-13(a) 和 (b) 分析，发现试样在孔隙比大于 1.1 倍 $e_{max}(1.1 \times 0.914 = 1.01)$ 时，几乎没有有效应力。因此，土样 B 的孔隙比临界值为 $1.1e_{max}$，不同于土样 A(临界值为 $e_{max}$)，说明粒径小且分布均匀的土样 B 在竖向压力作用下更容易形成传递有效应力的土骨架。同样地，当孔隙比小于临界值时，竖向有效应力随竖向总应力增大而增大。

图 11-14 以部分工况为例，展示了土样 B 的 I 类剪切应力-位移曲线。对比图 11-6(a) 可知，土样 B 剪切应力的滞滑程度远小于土样 A。这是由于相较于土样 A，土样 B 的粒

径更细，均匀性更好，剪切过程中力链断裂与重构的概率更低，剪切应力随位移增加出现更小的波动。

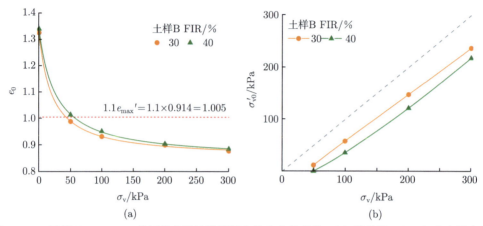

图 11-13   试样 BF1、BF2 剪切前力学特性随竖向总应力的变化：(a) 孔隙比；(b) 竖向有效应力

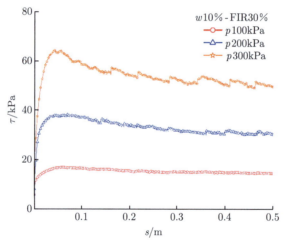

图 11-14   土样 B 的 I 类典型剪切应力–位移曲线

### 11.5.2   土类型对峰值剪切强度的影响

图 11-15 展示了土样 A 和 B 在 FIR 为 30% 和 40% 下剪切前孔隙比和峰值剪切强度随竖向总应力的变化。不同工况的峰值剪切强度均随竖向总应力增大而增大，而土样 B 峰值剪切强度对 FIR 变化敏感性比土样 A 要小。究其原因，土样 B 的控制粒径 ($d_{60}=0.54$mm) 比土样 A 的 ($d_{60}=3.00$mm) 小，且颗粒分布范围 (0~2mm) 比土样 A(0~20mm) 更均匀，因此未改良土样 B 的孔隙相对较小且数量多，表现为最大孔隙比更大 (0.914>0.768)。FIR 越小，泡沫添加后越难填充原孔隙，即原存气相越难被置换，故 FIR 为 30% 和 40% 时泡沫添加量不同，填充程度也不一致，表现为改良后孔隙比大小接近 (图 11-13(a))，导致与孔隙比负相关的剪切强度差异较小。

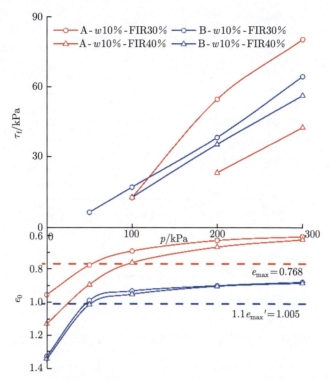

图 11-15   不同土类型剪切前孔隙比与峰值剪切强度随竖向总应力的变化

### 11.5.3   土类型对残余剪切强度的影响

图 11-16 展示了土样 A 和 B 在 FIR 为 30% 和 40% 下残余状态孔隙比和剪切强度随竖向总应力的变化。由图可知，不同 FIR 下土样 A 的孔隙比均小于土样 B，土样 A 的残余剪切强度明显小于土样 B。这是由于土样 B 的颗粒粒径更小且分布更均匀，剪切破坏面上的粒径小且均匀的颗粒团在重新有序排列后的配位数会大于粒径不均匀的颗粒团，因而在相同竖向压力作用下，土样 B 有效应力更大，在残余状态下需克服更大的滑动摩擦，宏观表现为更大的残余剪切强度。

进一步地，图 11-17 展示了不同类型土残余剪切强度与对应孔隙比和有效应力的关系。由图 11-17(a) 可知，土样 B 在孔隙比小于临界值时的残余剪切强度与对应孔隙比在 $e\text{-}\ln(\tau)$ 空间内也服从线性唯一关系，但与土样 A 不一致；由图 11-17(b) 可知，残余状态下剪切强度与有效应力呈线性关系，表明两类泡沫改良粗粒土残余剪切强度与有效应力均符合莫尔-库仑准则，说明泡沫添加后主要是通过改变粗粒土的有效应力状态进而改变剪切强度。拟合直线的截距反映黏聚力的大小，而斜率反映有效内摩擦角的大小。对比可知，改良土样 A 有较小的黏聚力和较大的有效内摩擦角，但总体上改良土样 A 和 B 的残余剪切强度参数差异较小。

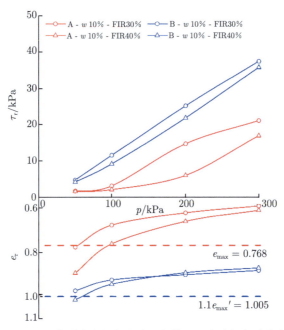

图 11-16　不同土类型残余状态孔隙比与剪切强度随竖向总应力的变化

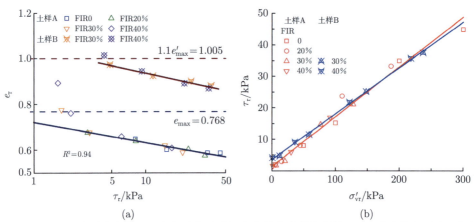

(a)　　　　　　　　　　　　　　　　　　　　(b)

图 11-17　不同土类型残余剪切强度与对应孔隙比和有效应力的相关性：(a) 残余剪切强度–孔隙比；
(b) 残余剪切强度–有效应力

## 11.6　泥浆注入比影响下组合改良粗粒土剪切强度变化

对于富水地层，泡沫在高含水率渣土中易因排水而流失，无法有效改良渣土，由此诱发的渣土滞排或喷涌风险在高水压作用下尤甚 (王树英等，2020)。因此，在泡沫改良的基础上，膨润土泥浆能补充粗粒土中的细粒组分，在孔隙中形成致密的堵水结构，改善塑流性和渗透性 (Ling et al.，2022)。为探究膨润土泥浆注入比 (BIR) 对组合改良粗粒土带压剪切力学行为的影响，对比泡沫–泥浆组合改良粗粒土工况 BFS0、BFS1、BFS2、BFS3 在压力环境下剪切强度的差异。

图 11-18 展示了剪切前组合改良粗粒土在不同竖向压力作用下孔隙比和有效应力随 BIR 的变化。如图 11-18(a) 所示，当 $p=50$kPa 时，孔隙比随 BIR 增加而增大，且均大于临界值，原因是膨化后的泥浆起填充原孔隙甚至抬升土骨架的作用；而当 $p=200$kPa 时，因泡沫被进一步压缩，孔隙比降低至临界值以下，但对 BIR 的有限变化不敏感。如图 11-18(b) 所示，有效应力随 BIR 增大而减小，当 $p=50$kPa 时，有效应力在 BIR$\geqslant 15\%$时几乎为 0，表明颗粒间未建立有效接触，竖向压力几乎全由孔隙压力承担，证明了 2.5 节发现的土样 B 有效应力产生的孔隙比临界值 $e_{th}$ 为 $1.1e_{max}$（图 11-18(a)）。图 11-18(b) 间接反映了试样的孔隙压力随 BIR 增加而增大，进而促进泡沫压缩变形 (Bezuijen et al.，1999)，因此在 $p=200$kPa 下，孔隙比因泡沫压缩而减小的负效应和因泥浆用量增加而增大的正效应相抵消，阐释了图 11-18(a) 中 $p=200$kPa 时孔隙比不随 BIR 变化的原因。

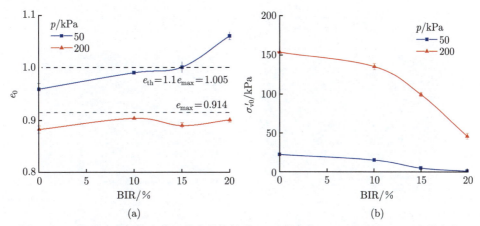

图 11-18　组合改良粗粒土剪切前力学特性随 BIR 的变化：(a) 孔隙比；(b) 有效应力

### 11.6.1　泥浆注入比对峰值与残余剪切强度的影响

图 11-19 展示了组合改良粗粒土剪切强度随 BIR 的变化规律。随着 BIR 增加，峰值

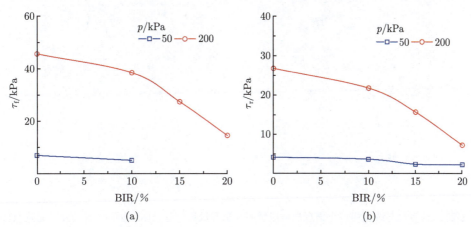

图 11-19　组合改良粗粒土剪切强度随 BIR 的变化：(a) 峰值剪切强度；(b) 残余剪切强度

和残余剪切强度均减小，在竖向压力为 200kPa 下 BIR 对剪切强度的折减效果尤其明显，究其原因是 BIR 增加使试样有效应力减小 (图 11-19(b))，颗粒间接触减弱，剪切过程中颗粒爬升或相对滑移需克服的阻抗减小，宏观表现为剪切强度降低。在竖向压力为 50kPa 下，试样有效应力和剪切强度较小，随 BIR 的变化不明显，当 BIR≥15%，有效应力几乎为 0，剪切过程中呈类流体特征，不存在峰值强度。

### 11.6.2　带压环境下膨润土的增强改良机理

为了进一步探明膨润土颗粒在改善改良粗粒土带压剪切行为中扮演的角色，利用光学显微镜分别获取改良剂溶液和改良粗粒土的细观图像，并在 Wang 等 (2023) 的研究基础上，给出各组分微观机理示意图，如图 11-20 所示。

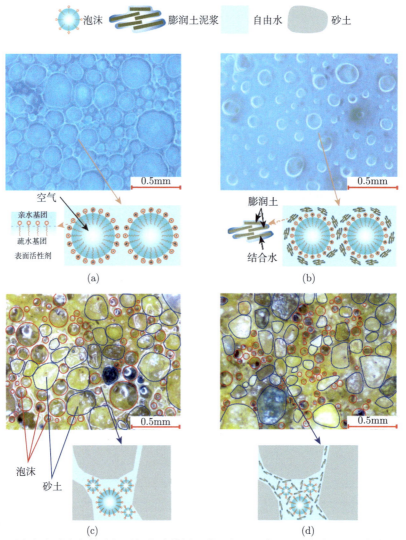

图 11-20　改良剂与改良粗粒土细观视角成像图及微观机理示意：(a) 泡沫；(b) 泡沫–泥浆混合物；(c) 纯泡沫改良粗粒土；(d) 泥浆–泡沫组合改良粗粒土

对比静置 1min 后纯泡沫 (图 11-20(a)) 和泡沫–泥浆混合物 (图 11-20(b)) 的细观图像，发现纯泡沫中气泡迅速衰变，部分气泡粒径因粗化和兼并效应而较大；至于泡沫–泥浆混合物，由于膨润土颗粒赋存于液膜内，溶液黏度增大，液膜排液受黏性力而非惯性力控制，排液时间延长 (Wang et al.，2023)，因而泡沫稳定性提高，气泡平均粒径较小且尺寸差异相对较小。

对比纯泡沫改良粗粒土 (图 11-20(c)) 和泥浆–泡沫组合改良粗粒土 (图 11-20(d)) 的细观图像，发现纯泡沫改良粗粒土中气泡平均粒径较大，较集中地赋存于部分大孔隙中；而泥浆–泡沫组合改良粗粒土中气泡平均粒径较小，能更均匀地分布于各孔隙中，由此可知泡沫–泥浆混合物相比纯泡沫能更有效充当分散粗粒土颗粒的"空间屏障"，削弱颗粒骨架的强度。此外，膨润土颗粒还吸附于粗粒土颗粒表面并起润滑作用，减少颗粒间摩擦力。

综上，膨润土颗粒能在发挥自身降低粗粒土剪切强度的同时，提高泡沫稳定性并提升了泡沫改善粗粒土流动性的能力。

## 11.7　塑流性相同下不同改良土剪切强度差异性

为了对比不同改良剂在削弱改良粗粒土带压剪切强度的作用差异，对比常压下塑流性相似，即坍落度值接近的三类工况改良粗粒土的带压剪切行为。其中 BFS2 为泥浆–泡沫组合改良粗粒土，BF2 和 BF3 为泡沫改良粗粒土，BF2 泡沫注入比更高而 BF3 含水率更高。图 11-21 对比了三类试样在剪切前的孔隙比和有效应力。利用总应力对有效应力进行无量纲化，以表征颗粒骨架承担外荷载的应力比例。由图 11-21(a) 可知，由于泡沫注入比更大，BF2($w$=10%，FIR=40%) 的孔隙比大于 BF3($w$=17.5%，FIR=20%)；而经泥浆和泡沫组合改良的 BFS2($w$=10%，FIR=20%，BIR=15%) 在竖向压力为 50kPa 下的孔隙比大于与其泡沫注入比相同的 BF3，而在竖向压力为 200kPa 下两类土孔隙比相近，表明 BFS2 的压缩性更强。由图 11-21(b) 可知，无论是增加泥浆注入比 (对比 BFS2 与 BF3)，还是增加泡沫注入比 (对比 BF2 与 BF3)，无量纲有效应力均有所降低，而组合改良粗粒土 (BFS2) 的无量纲有效应力最小，BF3 的最大。

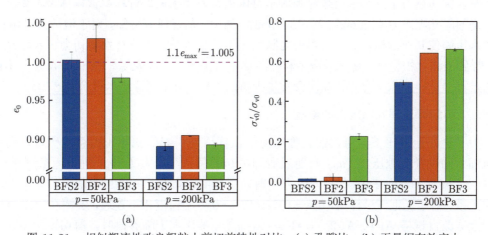

(a)　　　　　　　　　　　　　　　　　(b)

图 11-21　相似塑流性改良粗粒土剪切前特性对比：(a) 孔隙比；(b) 无量纲有效应力

图 11-22 对比了三类试样带压环境下的峰值和残余剪切强度。BFS2 和 BF2 由于几乎没有有效应力,故不存在峰值剪切强度。如图 11-22 所示,常压下具有相似流动性的三类试样在压力环境下呈现不同的剪切强度。对比 BF2 和 BF3 可知,泡沫注入比越大,峰值与残余强度越小,而组合改良粗粒土 (BFS2) 在较高压力 (200kPa) 下的峰值与残余强度显然小于泡沫改良粗粒土 (BF2 和 BF3),意味着在土舱压力 (接近 200kPa) 作用下,被压缩的泡沫在某种程度上仍能扩大试样孔隙比,使剪切强度略有降低,而组合改良中膨润土细颗粒亦不利于传递粗颗粒应力的力链网络的形成,从而削弱颗粒骨架强度,显著减小有效应力和剪切强度。因此,结果表明坍落度试验结果难以反映不同改良参数的改良粗粒土在带压环境下的剪切强度差异,而且在带压环境下泡沫削弱剪切强度的效果比水要显著。此外,相较于纯泡沫改良,带压环境下组合改良方案在提高流动性方面表现出更优的改良效果。

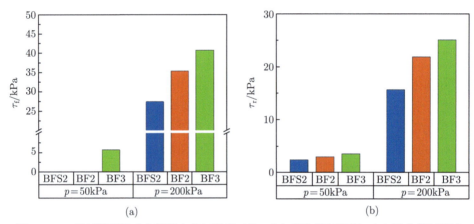

图 11-22  相似塑流性改良粗粒土剪切强度对比: (a) 峰值剪切强度; (b) 残余剪切强度

## 11.8  剪切率影响下泡沫改良土超孔隙压力和孔隙比变化

对于饱和粗粒土,由于土颗粒和水不可压缩,不排水剪切过程中试样体积不变,而产生一定的超孔隙压力 (Terzaghi et al., 1996)。然而,前述研究可知,对于泡沫改良粗粒土,不排水压缩使其变形稳定后,若当前孔隙比小于其临界值,则不排水剪切会引起超孔隙压力,导致泡沫体积收缩,使有效应力和孔隙比略有减小。具体表现如图 11-7 所示,不排水剪切过程中试样孔隙压力和孔隙比会发生少量的变化,直至试样进入残余状态后趋于恒定。

### 11.8.1  剪切率对超孔隙压力的影响

为了更好地对比不同剪切前孔隙压力下试样剪切引起的孔隙压力总变化量,利用一维压缩后的试样孔隙压力 ($u_0$) 对随后剪切引起的超孔隙压力 ($\Delta u_s$) 进行无量纲化处理。图 11-23 展示了不同 FIR 和竖向压力下剪切引起的无量纲超孔隙压力随剪切率的非单调变化关系。对于无泡沫试样 AF0(w=10%,FIR=0),土内液相不连通,实测孔隙压力为 0。对于泡沫改良试样 AF1、AF2 和 AF3,当试样孔隙比大于临界值时,剪切过程中孔隙压力保持不变 (见图 11-23 虚线工况);当试样孔隙比小于临界值时,无量纲超孔隙压力随剪切率的增加先升高后降低 (见图 11-23 实线工况)。泡沫改良粗粒土的试验现象不同于不排水低塑性黏土，后者剪切过程中产生的超孔隙压力随剪切率增加而单调降低 (Mun et al., 2016)，出现差异的原因可能与泡沫改良粗粒土赋存的泡沫有关，作用机理将在 11.8.3 节阐释。此外，对比图 11-23(a)~(c)，无量纲超孔隙压力随竖向压力增大而升高，随 FIR 增大而降低。

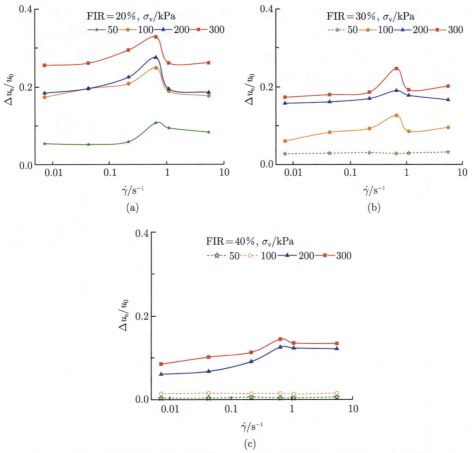

图 11-23　不同 FIR 下带压试样剪切引起超孔隙压力随剪切率的变化: (a) 20%; (b) 30%; (c) 40%(实线为孔隙比小于临界值的试样，虚线为孔隙比大于临界值的试样)

## 11.8.2　剪切率对孔隙比的影响

为了更好地对比不同孔隙比试样的剪切诱导体积变化，采用无量纲孔隙比变化量来表征不排水剪切过程中试样的体积变化，如式 (11-8) 所示。其中正值代表试样剪切过程中发生收缩：

$$\frac{\Delta e}{e_0} = \frac{e_0 - e_{\mathrm{r}}}{e_0} \tag{11-8}$$

式中，$e_0$ 为试样压缩后的孔隙比；$e_{\mathrm{r}}$ 为试样剪切进入残余状态后的孔隙比。

　　图 11-24 展示了不同 FIR 和竖向压力下试样剪切引起孔隙比变化量随剪切率的变化。当试样孔隙比大于临界值时 (见图 11-24 虚线工况)，剪切过程中试样表现类似流体，体积几乎恒定，孔隙比不变。当试样孔隙比小于临界值时 (图 11-24 实线工况)，试样在剪切过程中表现为剪缩，直至进入残余状态。

　　无量纲孔隙比变化量随剪切率增大先增大后减小，在剪切率为 $0.65\mathrm{s}^{-1}$ 时孔隙比变化量达最大值。无量纲孔隙比变化量随竖向压力增大而增大。由图 11-24(a) 可知，对于无泡沫试样，仅与大刚度土骨架变形相关的剪切诱导体应变较小；相比之下，由图 11-24(b)~(d) 可知，泡沫改良试样的剪切诱导体应变更大，这是因为体应变还与超孔隙压力引起的泡沫收缩相关。泡沫注入比越大，试样孔隙比越大 (图 11-5(a))，其表现越接近类流体试样，剪切引起的体应变和孔隙比变化量越小。

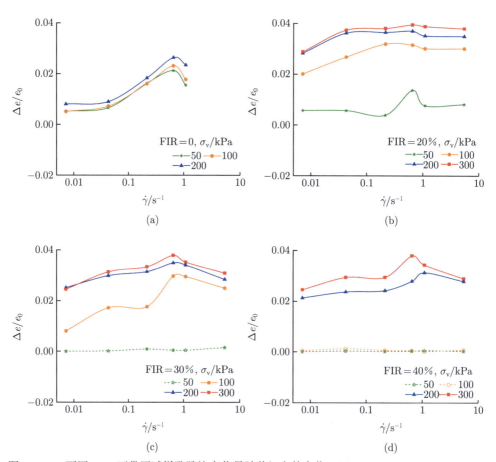

图 11-24　不同 FIR 下带压试样孔隙比变化量随剪切率的变化：(a) 0%；(b) 20%；(c) 30%；
(d) 40%(实线为孔隙比小于临界值的试样，虚线为孔隙比大于临界值的试样)

### 11.8.3　剪切率的影响机理

　　从细观角度来看，剪切引起的土颗粒重新排列和泡沫挤压变形是导致超孔隙压力产生和体积变化的潜在原因，基于细观角度的示意图见图 11-25。当孔隙比大于临界值时，试样内部近似认为土颗粒在泡沫–水混合溶液中悬浮,剪切过程中颗粒和泡沫能随溶液流动而发生自由迁移。当孔隙比小于临界值时,孔隙空间小且孔隙间通道窄,由图 11-25 可知,剪切过程中颗粒相对滑动后引起的孔隙变形导致小气泡的迁移和大气泡的挤压变形。可压缩气泡被挤压后,根据玻意耳气体定律 (定量定温下,气泡内压与体积成反比),气泡体积减小而内压增大,对应地孔隙压力增大。当竖向压力减小或泡沫注入比增加时,孔隙空间增大 (图 11-5(a)),此时剪切过程中气泡倾向于迁移而不是挤压变形,导致无量纲超孔隙压力和孔隙比变化量较小。

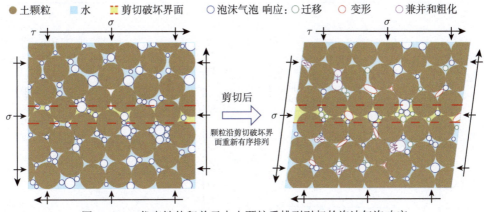

图 11-25 代表性体积单元中土颗粒重排列引起的泡沫气泡响应

随着剪切率增大,颗粒移动和孔隙位置快速演化,泡沫越难迁移,因此剪切引起颗粒骨架重构时,更多气泡发生变形收缩,更多颗粒间接触应力转化为超孔隙压力。然而,亚稳定泡沫随时间推移会发生衰变 (如兼并或粗化),使单个气泡体积增大 (Fameau 和 Salonen,2014)。因此,在剪切率越大时,相同剪切位移下剪切时间越短,泡沫衰变率越低,未衰变的小体积气泡越容易迁移,导致更低的试样体积变化率和超孔隙压力。综上两点剪切率增大引起的相反效果可解释无量纲超孔隙压力和孔隙比变化量随剪切率非单调变化的原因。

## 11.9 剪切率影响下泡沫改良土剪切强度变化

### 11.9.1 剪切率对峰值剪切强度的影响

图 11-26 展示了不同竖向压力和 FIR 下试样峰值剪切强度随剪切率的变化。孔隙比大于临界值的试样不存在峰值剪切强度,故不在本小节讨论范围内。由图可知,FIR≤30% 的试样在竖向压力较大 (≥200kPa) 时,峰值剪切强度随剪切率的增大而减小 (见图 11-26(a)~(c)),折减率达 8.7%~39.4%;而当试样的竖向压力小于 200kPa 或 FIR 为 40% 时,试样峰值剪切强度随剪切率增大几乎不变,这类峰值剪切强度对剪切率不敏感的现象与周杰等 (2010) 观察到的低应力条件下 (≤3.0MPa) 干砂峰值剪切强度呈剪切率无关性一致。

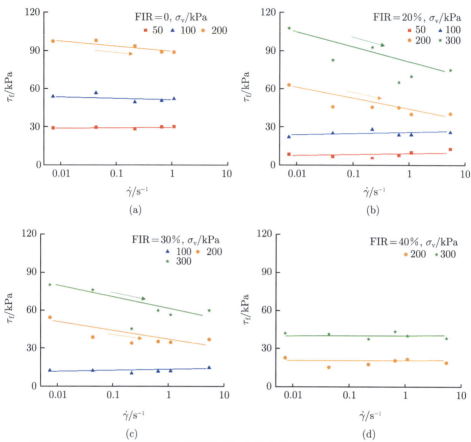

图 11-26　不同 FIR 下带压试样峰值剪切强度随剪切率的变化：(a) 0%；(b) 20%；(c) 30%；(d) 40%

### 11.9.2　剪切率对残余剪切强度的影响

图 11-27 展示了不同竖向压力和 FIR 下，试样残余剪切强度随剪切率的变化。对于孔隙比大于临界值的试样 (见图 11-27 虚线工况)，残余剪切强度很小，随剪切率增大而略有增大，残余剪切强度的剪切率相关性由泡沫的低黏性控制，观察结果类似于 Galli 和 Thewes(2019) 的发现，而从含有机质淤泥和软黏土中观察到的现象不一致，后者的不排水剪切强度随剪切率增大而显著提高 (Ohayon 和 Pinkert，2021；Schlue et al.，2010)。对于孔隙比小于临界值的试样 (见图 11-27 实线工况)，残余剪切强度随剪切率增大而略有增大，而竖向压力或 FIR 变化下残余剪切强度对剪切率的敏感性几乎不变。另外，由 11.3 节可知试样进入残余状态后剪切应力随位移增加而不再变化，因此残余状态改良粗粒土的剪切力学行为与剪切率相关而与剪切位移无关。由图 11-27 可知残余状态改良粗粒土表现为类似带有屈服应力的低黏度流体，可从流体力学视角进一步描述残余状态改良粗粒土的流变行为，详见 11.10 节。

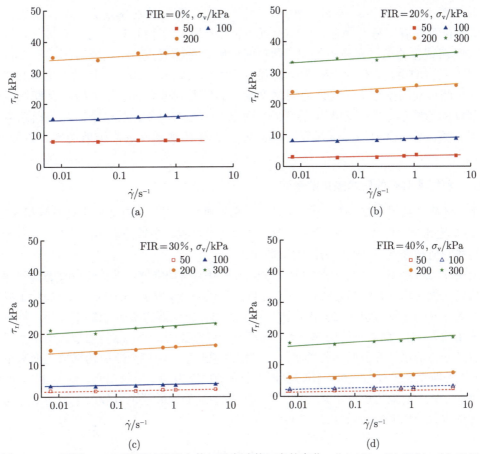

图 11-27　不同 FIR 下带压试样残余剪切强度随剪切率的变化：(a) 0%；(b) 20%；(c) 30%；
(d) 40%(实线为孔隙比小于临界值的试样，虚线为孔隙比大于临界值的试样)

### 11.9.3　剪切率的影响机理

本节从细观角度来解释不同剪切率下峰值和临界状态强度的变化原因。有研究表明，当粗颗粒土有效应力较高或自身强度较低时，由于颗粒破碎程度与剪切率呈强相关性，粗颗粒土剪切强度与剪切率具有相关性 (Wang et al.，2021)。然而，由于泡沫赋存降低了颗粒间摩擦系数和有效应力，本研究的泡沫改良粗粒土 (主要为强度较高的石英砂) 剪切过程中的颗粒破碎情况可忽略。

当试样在较高竖向压力 (≥200kPa) 和较低 FIR 值 (≤30%) 条件下，不排水剪切过程中十字板外缘附近区域首先发生局部破坏，伴随局部区域孔隙压力增加 (Li et al.，2017)，在较大剪切率下此类孔隙比较小且渗透性差的试样局部超孔隙压力越难消散，导致局部有效应力随剪切率增大而减小，该类试样在小剪切变形阶段测得的峰值剪切强度较小。然而，当试样在较低竖向压力 (小于 200kPa) 或较高 FIR 值 (40%) 条件下，颗粒接触应力较小，高剪切率下局部剪切破坏现象不显著，峰值强度表现得与剪切率不相关。

此外，剪切率对不排水残余剪切强度的影响与孔隙介质的流动性以及颗粒重新排列的程度有关。一方面，孔隙介质主要由水和泡沫组成，由于自身黏度较低，它们的流动

性对剪切率不敏感 (Rooki et al., 2014)。另一方面，随着剪切率增大，颗粒位置快速演变，重新排列的有序程度降低，导致土颗粒在残余状态下仍有较大的咬合摩擦。根据颗粒材料剪切试验的离散元模拟结果，颗粒间的咬合摩擦强度，即颗粒与相咬合颗粒相对滚动时需克服的阻抗，有利于残余剪切强度增大 (Qu et al., 2022)。因此，随着剪切率增大，颗粒间滚动阻抗增大，残余剪切强度增大。然而，与剪切率相关的咬合摩擦对残余剪切强度的影响远小于滑动摩擦的影响，而由 11.4.3 节可知，滑动摩擦与竖向总应力和 FIR 强相关，故残余剪切强度对竖向总应力和 FIR 的敏感性远高于剪切率，如图 11-27 所示。

### 11.9.4　剪切率对有效内摩擦角的影响

由前述研究结果可知，泡沫改良粗粒土的剪切强度与对应的有效应力具有强相关性，符合莫尔–库仑准则，如式 (11-9) 所示。为探究剪切率对强度参数的影响，图 11-28 展示了不同剪切率下剪切强度与有效应力的关系曲线。

由图 11-28(a) 和 (b) 可知剪切前有效应力与峰值剪切强度，以及残余状态有效应力与对应的剪切强度均具有较强的线性关系，拟合优度在 0.85 以上。图 11-28(c) 展示了峰值与残余有效内摩擦角随剪切率的变化规律，结果表明在较低剪切率 ($<0.25\mathrm{s}^{-1}$) 下，峰值有效内摩擦角约为 25°，而随着剪切率增大，峰值有效内摩擦角减小，这是由于高剪切率下较高竖向有效应力的试样峰值剪切强度较低，导致峰值有效内摩擦角随剪切率增大而减小。另外，由于颗粒重新排列后咬合摩擦减少，残余有效内摩擦角小于峰值角，约为 11°。随着剪切率增加，残余有效内摩擦角略有增大，这与观察到的硅砂残余有效内摩擦角对剪切率的弱敏感性现象类似 (Saito et al., 2006)。

$$\tau = c + \sigma'_{\mathrm{v}} \tan \varphi' \tag{11-9}$$

式中，$c$ 为黏聚力，kPa；$\varphi'$ 为内摩擦角，(°)。

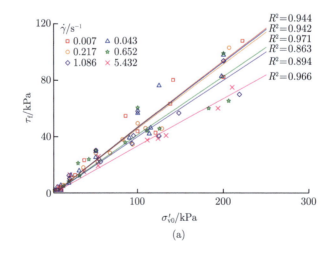

(a)

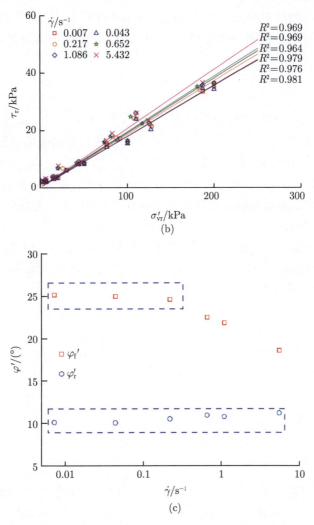

图 11-28 不同剪切率下剪切强度与对应有效应力的相关性：(a) 峰值剪切强度；(b) 残余剪切强度；(c) 峰值与残余有效内摩擦角

## 11.10 剪切大变形后泡沫改良土流体流变行为

根据 11.9.2 节的试验结果，残余状态泡沫改良粗粒土剪切大变形表现类似流体。由于盾构正常掘进过程中土舱和螺旋输送机内渣土被反复剪切后连续流动，本节基于流体力学视角，分析泡沫改良粗粒土在残余状态下的带压流变行为，其压力相关性流变参数可用来表征改良土在土舱压力环境下的连续流动行为，也为后续开展基于计算流体力学的盾构掘进渣土力学行为数值模拟研究提供参数依据。

### 11.10.1 竖向压力与 FIR 影响下流变参数变化

由图 11-27 可知，随着剪切率增加，残余剪切强度的增长率减小，而且残余剪切强度与剪切率的关系曲线存在屈服点 (纵坐标截距)。残余剪切强度可反映残余状态改良粗粒土流动大变形时需克服的剪切应力。因此，利用 Herschel-Bulkley 模型 (简称 H-B 模型，见式 (11-10)) 来分别拟合不同竖向压力和 FIR 下残余状态剪切应力与剪切率的相关性。

$$\tau = \tau_0 + k\dot{\gamma}^n \tag{11-10}$$

式中，$\tau_0$ 为屈服应力，表征 H-B 体从固态到流态的转变点，kPa；$k$ 为塑性黏度，表征剪切应力随剪切率 $\dot{\gamma}$ 的变化大小，kPa·s$^n$；幂律指数 $n$ 表征剪切率的敏感性。

图 11-29 展示了 H-B 模型流变参数 (屈服应力、塑性黏度、幂律指数) 随竖向总应力和 FIR 的变化规律。由图 11-29(a) 可知，在竖向总应力较小时，若有效应力未产生，则屈服应力处于较低值，随后屈服应力随竖向总应力增大而增大；而屈服应力随 FIR 增大而显著降低。由图 11-29(b) 可知，试样塑性黏度较小，表明残余状态下剪切应力随剪切率增加而变化较小，其值远小于屈服应力值，塑性黏度随竖向总应力增大或 FIR 减小而略有增大。由图 11-29(c) 可知，幂律指数小于 1，表明试样为剪切变稀流体，幂律指数随竖向总应力增大或 FIR 增大而略有增大。

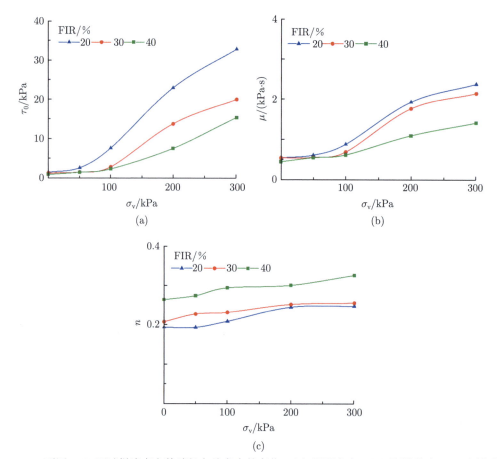

图 11-29　不同 FIR 下试样流变参数随竖向总应力的变化：(a) 屈服应力；(b) 塑性黏度；(c) 幂律指数

### 11.10.2 有效应力影响下流变参数变化

进一步地，图 11-30 展示了 H-B 模型流变参数随残余有效应力的变化。由图 11-30(a) 和图 11-30(b) 可知，屈服应力和塑性黏度均随残余有效应力增大而增大，且与残余有效应力有着较强的线性关系。这表明竖向压力和 FIR 能改变残余状态改良粗粒土的颗粒接触关系，宏观上表现为改变有效应力状态，进而影响改良粗粒土的残余剪切强度和流变参数。另外，由图 11-30(c) 可知，幂律指数随残余有效应力增大而变化较小。

拟合结果表明，残余状态泡沫改良粗粒土表现为具有屈服应力的剪切变稀流体，其残余状态下剪切应力与剪切率的关系可用 H-B 模型表征，但其流变参数并非常数，而与竖向压力和 FIR 有强相关性。因此，盾构掘进渣土力学行为数值模拟中应重点关注环境压力和 FIR 对渣土流变参数的影响，根据试验结果构建渣土流变参数与压力、FIR 的相关性公式。

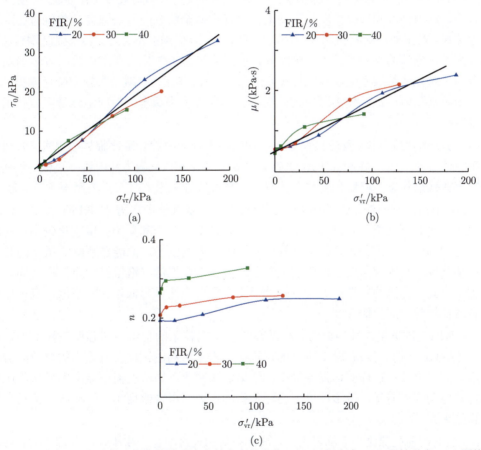

图 11-30　不同 FIR 下试样流变参数随残余有效应力的变化：(a) 屈服应力；(b) 塑性黏度；(c) 幂律指数

## 11.11　本　章　小　结

本章基于加压式十字板剪切仪探究了粗粒土类型、泡沫注入比 (FIR)、膨润土泥浆注入比 (BIR) 对试样带压剪切强度的影响，结合概化模型揭示了带压环境下改良剂的作用机理，明晰了常压下塑流性相似的不同改良工况对应的改良粗粒土带压剪切强度差异，进一步地，针对存在和不存在有效应力的试样工况，探究了剪切率对剪切引起的超孔隙压力和孔隙比变化量、峰值与残余剪切强度的影响，结合概化模型揭示了剪切率的作用机理，进一步基于流体力学视角讨论大变形后残余状态改良粗粒土的压力相关性流变行为，探究竖向压力与 FIR 对流变参数的影响，主要结论如下所述。

(1) 竖向压力作用下泡沫改良粗粒土的不排水剪切大变形行为取决于有效应力状态。当剪切前孔隙比小于临界值时，试样存在有效应力，其剪切应力曲线具有明显的峰值，表现为应变软化行为，试样剪切大变形后进入残余阶段，存在反映骨架强力链反复断裂与重构的应力滞滑行为；当剪切前孔隙比大于临界值时，试样不存在有效应力，其剪切应力曲线较平缓，剪切强度较小，剪切变形过程呈类流体行为。

(2) 对于剪切前孔隙比小于临界值的工况，随着竖向压力增大或 FIR 减小，剪切前孔隙比减小，峰值强度和残余强度显著增大，试样在残余状态的剪切强度对数值与孔隙比呈唯一性关系；对于剪切前孔隙比大于临界值的工况，峰值强度不存在，残余强度均较小。从细观角度看，泡沫的存在可扩大孔隙空间，将土骨架应力转化为孔隙压力，有效削弱与应力相关的土颗粒间摩擦强度，而且泡沫可充当 "轴承" 作用，以减少颗粒间咬合摩擦；当孔隙比大于临界值时，泡沫使土颗粒彼此隔离，剪切强度来源于颗粒间泡沫液膜提供的 "假黏聚力"。

(3) 对比砾砂和中砂，发现粒径更小且均匀性更好的中砂孔隙比临界值更大，剪切强度对 FIR 的敏感性更低，在相同 FIR 下残余剪切强度更小，且应力滞滑程度更低。然而，两类粗粒土在残余状态下剪切强度与有效应力均呈强线性关系，且有效内摩擦角差异较小。

(4) 对于泡沫与膨润土泥浆组合改良粗粒土，在较低竖向压力 (50kPa) 作用下，随着 BIR 增加，剪切前孔隙比逐渐增大至大于临界值，有效应力和剪切强度变化较小；在较高竖向压力 (200kPa) 下，BIR 增加对剪切前孔隙比影响较小，但能显著降低试样的有效应力和剪切强度。从细观角度看，膨润土泥浆一方面能使泡沫气泡维持较小粒径和均匀分布于孔隙中，提高泡沫稳定性；另一方面能吸附土颗粒表面以降低颗粒间摩擦，双重作用削弱组合改良粗粒土的剪切强度。

(5) 对比常压下塑流性相似的三类改良工况下粗粒土的带压剪切强度差异，当竖向压力较高 (200kPa) 时，发现 FIR 更高的试样比含水率更高的试样具有更小的有效应力与剪切强度，而组合改良试样剪切强度最小。结果表明常压下坍落度值不能准确反映带压环境下试样的剪切强度差异，带压环境下泡沫和膨润土泥浆组合改良相比纯泡沫改良具有更优的改良效果。

(6) 当剪切前孔隙比小于临界值时，试样在剪切过程中会产生少量超孔隙压力，且略有剪缩，直至其进入残余状态；反之，剪切过程中试样孔隙比和孔隙压力无明显变化。

(7) 随着剪切率增加，超孔隙压力和孔隙比变化量均先升后降。从细观角度看，剪切引起的颗粒重新排列和泡沫挤压变形会影响孔隙压力和孔隙比。剪切率越大，则孔隙快速演化而泡沫越难迁移，因此颗粒重排列伴随更多气泡变形收缩，且更多颗粒间接触应力转化为超孔隙压力；然而，剪切率较大会使相同变形下泡沫衰变率较低，未衰变的小气泡更容易迁移，导致孔隙比和孔隙压力变化较小。剪切率对孔隙变化特征的相反效应，诠释了超孔隙压力和孔隙比变化量随剪切率增大而非单调变化的原因。

(8) 较小竖向压力 (<200kPa) 下 FIR 较高 (40%) 的试样峰值剪切强度随剪切率增大而几乎不变，而较大竖向压力 (≥200kPa) 下 FIR 较低 (≤30%) 的试样峰值剪切强度随剪切率增大而减小。原因是随着剪切率增大，孔隙比相对小的试样越容易在十字板外缘处先局部破坏且超孔隙压力越难消散，导致局部有效应力和峰值剪切强度随剪切率增大而减小。再者，试样残余剪切强度随剪切率增大而略有增大，这是由于剪切率越大使颗粒重排列有序程度降低，残余状态下咬合摩擦越大。然而，剪切强度对竖向压力和 FIR 的敏感性远高于剪切率。

(9) 剪切大变形后的残余状态泡沫改良粗粒土表现类似带有屈服应力的低黏度流体，残余剪切强度与剪切率的关系可用 H-B 模型拟合。当有效应力尚未产生时，不管竖向压力或 FIR 如何变化，流变参数均很小；而当有效应力存在时，屈服应力和塑性黏度随竖向压力增大而增大，随 FIR 增大而降低，而幂律指数随竖向压力或 FIR 增大而略有增大，其中屈服应力变化最显著。此外，屈服应力和塑性黏度均随残余状态下有效应力增大而近线性增大。结果表明在后续盾构掘进渣土力学行为数值模拟中，渣土的流变参数需重点关注环境压力和泡沫注入量的影响。

# 参 考 文 献

曹文贵, 王江营, 翟友成, 2012. 考虑残余强度影响的结构面与接触面剪切过程损伤模拟方法 [J]. 土木工程学报, 45(4): 127-133.

贺少辉, 张淑朝, 李承辉, 等, 2017. 砂卵石地层高水压条件下盾构掘进喷涌控制研究 [J]. 岩土工程学报, 39(9): 1583-1590.

刘飞, 杨小龙, 冉江陵, 等, 2020. 基于盾构掘进效果的富水砾砂地层渣土改良试验研究 [J]. 隧道建设 (中英文), 40(10): 1426-1432.

孟庆琳, 屈福政, 李守巨, 2011. 土体旋转流变仪开发与土压平衡盾构改性土体塑性流动特性实验 [J]. 岩土工程学报, 33(10): 1642-1648.

万泽恩, 2022. 富水无黏性地层盾构喷涌防治机理与渣土运移规律研究 [D]. 济南: 山东大学.

万泽恩, 李树忱, 赵世森, 等, 2022. 富水砂性地层盾构渣土改良试验与喷涌防治技术 [J]. 土木工程学报, 55(3): 83-93.

王海波, 王树英, 胡钦鑫, 等, 2018. 盾构砂性渣土–泡沫混合物渗透性影响因素研究 [J]. 隧道建设 (中英文), 38(5): 833-838.

王树英, 胡钦鑫, 王海波, 等, 2020. 盾构泡沫改良砂性渣土渗透性及其受流塑性和水压力影响特征研究 [J]. 中国公路学报, 33(2): 94-102.

肖超, 阳军生, 王树英, 等, 2016. 土压平衡盾构改良渣土力学行为及其地层响应特征 [J]. 中南大学学报 (自然科学版), 47(7): 2432-2440.

叶晨立, 2018. 高水压高渗透砂性地层土压平衡盾构施工渣土改良技术研究 [J]. 隧道建设 (中英文), 38(2): 300-307.

张楢, 2014. 基于离散元法的改性砂卵石土体的流变性能研究 [D]. 北京: 中国地质大学 (北京).

赵世森, 李树忱, 王鹏程, 等, 2022. 土压平衡盾构渣土改良泡沫半衰期细观测定方法 [J]. 中国公路学报, 35(4): 195-202.

中华人民共和国建设部, 2009. 岩土工程勘察规范: GB 50021—2001[S]. 北京: 中国建筑工业出版社.

中华人民共和国水利部, 2019. 土工试验方法标准: GB/T 50123—2019[S]. 北京: 中国计划出版社.

周杰, 周国庆, 赵光思, 等, 2010. 高应力下剪切速率对砂土抗剪强度影响研究 [J]. 岩土力学, 31(9): 2805-2810.

Adjemian F, Evesque P, 2004. Experimental study of stick-slip behaviour[J]. International Journal for Numerical and Analytical Methods in Geomechanics, 28(6): 501-530.

Albert I, Tegzes P, Kahng B, et al, 2000. Jamming and fluctuations in granular drag[J]. Physical Review Letters, 84(22): 5122.

ASTM (American Society for Testing and Materials), 2011. Standard test method for laboratory miniature vane shear test for saturated fine-grained clayey soil: ASTM D4648[S]. ASTM International, West Conshohocken, PA.

Avunduk E M R E, Copur H, Tolouei S, et al, 2021. Possibility of using torvane shear testing device for soil conditioning optimization[J]. Tunnelling and Underground Space Technology, 107: 103665.

Benyounes K, Benmounah A, 2016. Rheological and electrokinetic characterization of bentonite particles in aqueous phase in presence of KCl[J]. Particulate Science and Technology, 2016, 34(1): 39-44.

Benyounes K, Mellak A, Benchabane A, 2010. The effect of carboxymethylcellulose and xanthan on the rheology of bentonite suspensions[J]. Energy Sources, Part A: Recovery, Utilization, and Environmental Effects, 32(17): 1634-1643.

Bezuijen A, 2012. Foam used during EPB tunnelling in saturated sand, parameters determining foam consumption[C]. Proceedings of the World Tunnel Congress 2012. Bangkok, Thailand: 267-269.

Bezuijen A, Schaminee P E L, Kleinjan J A, 1999. Additive testing for earth pressure balance shields[C]. Proceedings of the Twelfth European Conference on Soil Mechanics and Geotechnical Engineering, Amsterdam, Netherland, Ministry of Transport, Public Works and Water Management: 1991-1996.

Fameau A L, Salonen A, 2014. Effect of particles and aggregated structures on the foam stability and aging[J]. Comptes Rendus Physique, 15(8-9): 748-760.

Galli M, 2016. Rheological characterisation of earth-pressure-balance (EPB) support medium composed of non-cohesive soils and foam[D]. Bochum: Ruhr-Universität Bochum.

Galli M, Thewes M, 2019. Rheological characterisation of foam-conditioned sands in EPB tunneling[J]. International Journal of Civil Engineering, 17(1): 145-160.

Habibbeygi F, Nikraz H, Irene Torri S, 2018. Effect of shear rate on the residual shear strength of pre-sheared clays[J]. Cogent Geoscience, 4(1): 1453989.

Hu W, Rostami J, 2020. A new method to quantify rheology of conditioned soil for application in EPB TBM tunneling[J]. Tunnelling and Underground Space Technology, 96: 103192.

Hu W, Rostami J, 2021. Evaluating rheology of conditioned soil using commercially available surfactants (foam) for simulation of material flow through EPB machine[J]. Tunnelling and Underground Space Technology, 112: 103881.

ISO (International Organization for Standardization), 2008. Petroleum and natural gas industries-drilling fluid materials-specifications and test: ISO 13500[S]. Brussels: Comité Europé en de Normalisation.

Li D, Yin K, Glade T, et al, 2017. Effect of over-consolidation and shear rate on the residual strength of soils of silty sand in the Three Gorges Reservoir[J]. Scientific Reports, 7(1): 1-11.

Ling F, Wang S, Hu Q, et al, 2022. Effect of bentonite slurry on the function of foam for changing the permeability characteristics of sand under high hydraulic gradients[J]. Canadian Geotechnical Journal, 59(7): 1061-1070.

Martinelli D, Todaro C, Luciani A, et al, 2019. Use of a large triaxial cell for testing conditioned soil for EPBS tunnelling[J]. Tunnelling and Underground Space Technology, 94: 103126.

Martinelli D, Winderholler R, Peila D, 2017. Undrained behaviour of granular soils conditioned for EPB tunnelling — a new experimental procedure[J]. Geomechanics and Tunnelling, 10(1): 81-89.

Meng Q, Qu F, Li S, 2011. Experimental investigation on viscoplastic parameters of conditioned sands in earth pressure balance shield tunneling[J]. Journal of Mechanical Science and Technology, 25(9): 2259-2266.

Mori L, Mooney M, Cha M, 2018. Characterizing the influence of stress on foam conditioned sand for EPB tunneling[J]. Tunnelling and Underground Space Technology, 71: 454-465.

Mun W, Teixeira T, Balci M C, et al, 2016. Rate effects on the undrained shear strength of compacted clay[J]. Soils and Foundations, 56(4): 719-731.

Ni Z, Wang S, Pan Q, et al, 2023. A new triaxial apparatus for high-fluidity shield muck: validation and application[J]. Bulletin of Engineering Geology and the Environment, 82(5): 188.

Ohayon Y H, Pinkert S, 2021. Experimental evaluation of the reference, shear-rate independent, undrained shear strength of soft clays[J]. International Journal of Geomechanics, 21(11): 06021031.

Qu T, Di S, Feng Y T, et al, 2021. Towards data-driven constitutive modelling for granular materials via micromechanics-informed deep learning[J]. International Journal of Plasticity, 144: 103046.

Qu T, Feng Y T, Wang Y, et al, 2019. Discrete element modelling of flexible membrane boundaries for triaxial tests[J]. Computers and Geotechnics, 115: 103154.

Qu T, Wang M, Feng Y, 2022. Applicability of discrete element method with spherical and clumped particles for constitutive study of granular materials[J]. Journal of Rock Mechanics and Geotechnical Engineering, 14(1): 240-251.

Rooki R, Ardejani F D, Moradzadeh A, et al, 2014. CFD simulation of rheological model effect on cuttings transport[J]. Journal of Dispersion Science and Technology, 36(3): 402-410.

Saito R, Fukuoka H, Sassa K, 2006. Experimental study on the rate effect on the shear strength[J]. Disaster Mitigation of Debris Flows, Slope Failures and Landslides: 421-427.

Schlue B F, Moerz T, Kreiter S, 2010. Influence of shear rate on undrained vane shear strength of organic harbor mud[J]. Journal of Geotechnical and Geoenvironmental Engineering, 136(10): 1437-1447.

Soleymanzadeh A, Gahrooei H R E, Joekar-Niasar V, 2018. A new empirical model for bulk foam rheology[J]. Journal of Energy Resources Technology, 140(3): 032911.

Terzaghi K, Peck R B, Mesri G, 1996. Soil Mechanics in Engineering Practice[M]. New York: John Wiley & Sons.

Vinai R, Oggeri C, Peila D, 2008. Soil conditioning of sand for EPB applications: a laboratory research[J]. Tunnelling and Underground Space Technology, 23(3): 308-317.

Wang G, Wang Z, Ye Q, et al, 2021. Particle breakage evolution of coral sand using triaxial compression tests[J]. Journal of Rock Mechanics and Geotechnical Engineering, 13(2): 321-334.

Wang L, Zhu W, Qian Y, et al, 2023. The new bubble-slurry for sand conditioning during EPB shield tunnelling: a laboratory scale study[J]. KSCE Journal of Civil Engineering: 1-11.

Wang S, Liu P, Gong Z, et al, 2022. Auxiliary air pressure balance mode for EPB shield tunneling in water-rich gravelly sand strata Feasibility and soil conditioning[J]. Case Studies in Construction Materials, 16: e00799.

Wang S, Zhong J, Pan Q, et al, 2023. Shear behavior of foam-conditioned gravelly sands: insights from pressurized vane shear tests[J]. Geomechanics and Engineering, 34(6): 637-648.

Wu Y, Nazem A, Meng F, et al, 2020. Experimental study on the stability of foam-conditioned sand under pressure in the EPBM chamber[J]. Tunnelling and Underground Space Technology, 106: 103590.

Wu Z, Chen Z, Hu L, et al, 2023. Effect of conditioning schemes on mechanical properties of EPB shield soil[J]. Transportation Geotechnics, 42: 101058.

Xu J, Du X, 2019. Energy analysis of geosynthetic-reinforced slope in unsaturated soils subjected to steady flow[J]. Journal of Central South University, 26(7): 1769-1779.

Yang Y, Li X, Li X, 2018. Shear strength and compression coefficient for conditioned sand subjected to earth chamber stress levels[J]. Advances in Materials Science and Engineering: 1-11.

Yang Y, Li X, Su W, 2020. Experimental investigation on rheological behaviors of bentonite- and CMC-conditioned sands[J]. KSCE Journal of Civil Engineering, 24(6): 1914-1923.

Yang Z, Yang X, Ding Y, et al, 2022. Characteristics of conditioned sand for EPB shield and its influence on cutterhead torque[J]. Acta Geotechnica, 17(12): 5813-5828.

Zhong J, Wang S, Qu T, 2023. Undrained vane shear strength of sand-foam mixtures subjected to different shear rates[J]. Journal of Rock Mechanics and Geotechnical Engineering, 15(6): 1591-1602.

Zumsteg R, Plötze M, Puzrin A M, 2012. Effect of soil conditioners on the pressure and rate-dependent shear strength of different clays[J]. Journal of Geotechnical and Geoenvironmental Engineering, 138(9): 1138-1146.

# 第 12 章　泡沫改良土强度理论模型

## 12.1　引　　言

　　盾构渣土力学行为准确表征是渣土合理改良和盾构顺利掘进的理论基础。泡沫改良粗粒土一般由土颗粒、水、泡沫、泡沫外空气组成，各相的物理力学特性和体积占比会影响改良土的压缩性，进而影响土舱压力环境下的剪切大变形特性，因此呈现与普通粗粒土不一致的力学行为。由于泡沫是由彼此被液膜隔离的气泡组成的亚稳定聚集物，泡沫改良粗粒土是一种特殊的非饱和土，其孔隙内气泡相互隔离且与外界大气不连通。泡沫气泡改变了改良粗粒土的孔隙比进而影响细观层面的土颗粒接触关系。当泡沫改良粗粒土内颗粒-颗粒接触关系转化为颗粒-气泡、气泡-气泡接触关系时，气泡堵塞了孔隙渗流通道进而影响渗流特征，而且土骨架尚未形成，泡沫改良粗粒土的压缩性或剪切大变形主要由泡沫气泡控制 (Mori et al.，2018)，因此基于土骨架变形与应力传递相关性推导的土力学理论模型不再适用。再者，即便在压力环境下泡沫收缩至土颗粒间建立有效接触 (Mori et al.，2018)，意味着土骨架形成，但是由于压缩或剪切作用下泡沫气泡与土骨架协同变形和分担外荷载，常规土力学模型仍无法准确描述与泡沫性质密切相关的泡沫改良粗粒土复杂力学行为。

　　盾构土舱内渣土常被认为受盾壳径向约束和土舱后方隔板约束，且在开挖面处受到沿隧道纵向的地层压力作用，短暂留存后经螺机再排出，因此渣土的受力状态可被简化假设为准一维加载状态 (Budach，2012)。另外，渣土经合适改良后渗透性较低，快速的进排渣过程可忽略排水效应，故学者们通过室内试验重点关注泡沫改良粗粒土在不排水一维加载下的压缩和剪切力学行为。然而，常规土力学模型无法准确描述与泡沫性质密切相关的泡沫改良粗粒土复杂力学行为，而且尚未有相应的理论模型来表征不排水条件下带压泡沫改良粗粒土的压缩性和剪切大变形行为，并量化环境压力和改良参数对前述力学行为的影响。

　　本章首先考虑泡沫对孔隙物理状态的影响，引入扩大系数计算初始孔隙状态参数，然后根据理想气体方程和土 "有效应力-应变" 的双曲线关系，构建一维压缩状态下孔隙比与孔隙压力计算模型，在此基础上求解有效应力，再根据剪切引起孔压增量的计算方法和莫尔-库仑准则推导十字板残余剪切强度计算模型，并考虑残余剪切强度的剪切率相关性。此外，通过试验结果对比分别验证了压缩性参数和残余剪切强度模型的准确性，并基于计算模型做了因素敏感性分析 (Wang et al.，2024；钟嘉政等，2024)。

## 12.2　常压下泡沫改良土初始孔隙状态参数求解

　　粗粒土等颗粒材料在受压前的初始孔隙物理状态对材料的宏观压缩性有显著影响 (Nakata et al.，2001；Xu et al.，2022)。无约束粗粒土的初始孔隙状态由土颗粒的堆积状态决定 (Guida et al.，2020)，而由于泡沫能填充于孔隙中，泡沫改良粗粒土的初始孔隙状态还取决于泡沫的添加量和填充状态。

### 12.2.1　初始孔隙比求解

图 12-1 展示了粗粒土在未改良和经泡沫改良两种状态下的各物理相组成。未改良的自然粗粒土由气相、液相和固相组成 (图 12-1(a))；至于泡沫改良粗粒土，除了自然粗粒土的三相以外，泡沫作为 "特殊" 相填充于孔隙中。泡沫相实际上由液相 (表面活性剂溶液液膜) 和气相 (被包裹的空气) 组成。泡沫能置换一部分孔隙内原赋存气相和水相 (Bezuijen，2012)，或者能改变土颗粒的堆积状态，扩大原孔隙空间 (Wang et al.，2021)。因此，引入扩大系数来衡量泡沫在改良土中的填充状态，扩大系数 $\alpha$ 由式（12-1）求得

$$\alpha = \frac{V_{\mathrm{c}} - V_{\mathrm{uc}}}{V_{\mathrm{f}}} \tag{12-1}$$

式中，$V_{\mathrm{c}}$ 为泡沫改良粗粒土总体积，L；$V_{\mathrm{f}}$ 为注入泡沫的体积，L；$V_{\mathrm{uc}}$ 为未改良粗粒土总体积，L。

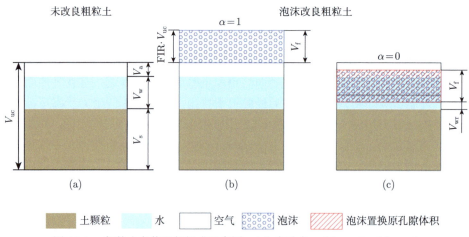

图 12-1　粗粒土各物理相组成示意图：(a) 未改良；(b) $\alpha$=1；(c) $\alpha$=0

扩大系数 $\alpha$ 取值在 0~1，考虑极限情况：当 $\alpha$ 为 1 时，粗粒土原有的气相和水相保留在孔隙中，泡沫仅发挥扩大粗粒土孔隙比的作用 (图 12-1(b))；当 $\alpha$ 为 0 时，泡沫填充于未改良土原孔隙空间，置换了部分原有气相和液相的空间，泡沫注入前后孔隙比不变 (见图 12-1(c))。

由图 12-1 还可获知各物理相比例对粗粒土孔隙比的影响，压缩前未改良和泡沫改良粗粒土的初始孔隙比，即常压下孔隙比，可分别由式 (12-2) 和式 (12-3) 计算得到。

$$e_{\mathrm{uc},p=0} = \frac{V_{\mathrm{w}} + V_{\mathrm{a}}}{V_{\mathrm{s}}} = \frac{V_{\mathrm{uc}} - V_{\mathrm{s}}}{V_{\mathrm{s}}} = \frac{V_{\mathrm{uc}}}{V_{\mathrm{s}}} - 1 \tag{12-2}$$

$$
\begin{aligned}
e_{c,p=0} &= \frac{V_w + V_a + \alpha V_f}{V_s} = \frac{V_{uc} - V_s + \alpha FIR \cdot V_{uc}}{V_s} \\
&= \frac{(1 + \alpha FIR)V_{uc} - V_s}{V_s} \\
&= (1 + \alpha FIR)(1 + e_{uc,p=0}) - 1
\end{aligned}
\tag{12-3}
$$

式中，FIR 为泡沫注入比，%；$e_{uc,p=0}$ 为常压下未改良粗粒土孔隙比；$e_{c,p=0}$ 为常压下泡沫改良粗粒土孔隙比；$V_w$ 为原赋存液相体积，L；$V_a$ 为原赋存气相体积，L；$V_s$ 为土颗粒体积，L。

### 12.2.2 初始饱和度求解

在不排水条件下，饱和土通常是不可压缩的。然而，由于孔隙内气相受压后的体积变化，泡沫改良土具有一定的压缩性 (Mori et al., 2018)。在压缩前孔隙内液相与气相的体积比可用土力学基本指标饱和度 $S_r$ 予以反映。常压下泡沫改良粗粒土饱和度的推导过程如式 (12-4) 所示。

$$
\begin{aligned}
S_r &= \frac{V_{wr} + V_{fl}}{V_p} = \frac{V_w\left[1 - \dfrac{(1-\alpha)V_f}{V_a + V_w}\right] + \dfrac{FIR}{FER} \cdot V_{uc}}{V_p} \\
&= \frac{\dfrac{\rho_s}{\rho_w} w V_s\left[1 - \dfrac{(1-\alpha)V_{uc}FIR}{V_a + V_w}\right] + \dfrac{FIR \cdot V_s}{FER}(1 + e_{uc,p=0})}{e_{c,p=0} V_s} \\
&= \frac{w\rho_s\left[1 - \dfrac{(1-\alpha)(1 + e_{uc,p=0})FIR}{e_{uc,p=0}}\right] + \dfrac{FIR}{FER}(1 + e_{uc,p=0})\rho_w}{\left[(1 + \alpha FIR)(1 + e_{uc,p=0}) - 1\right]\rho_w} \times 100\%
\end{aligned}
\tag{12-4}
$$

式中，FER 为发泡倍率；$V_p$ 为泡沫改良粗粒土孔隙总体积，L；$V_{wr}$ 为泡沫改良粗粒土水相体积，L；$\rho_s$ 为颗粒密度，$kg/m^3$；$\rho_w$ 为孔隙水密度，$kg/m^3$；$w$ 为初始含水率，%。

综上，影响泡沫改良粗粒土压缩性的初始孔隙状态参数，即常压下孔隙比 $e_{c,p=0}$ 和饱和度 $S_r$，可分别由式 (12-3) 和式 (12-4) 求解得到。所需参数包括土的几何与物理特性 (未改良土孔隙比、初始含水率、颗粒密度、孔隙水密度)、泡沫特性 (发泡倍率和泡沫注入比) 与扩大系数。

## 12.3 不排水一维压缩下孔隙比与孔隙压力求解

### 12.3.1 基本假设

为了构建泡沫改良粗粒土不排水一维压缩性计算模型，并进一步推导残余剪切强度计算模型，作出以下五点假设。

(1) 泡沫在改良粗粒土中稳定性较好，尤其在压力环境下，泡沫在孔隙内赋存时间更长 (Wu et al., 2020)，故针对盾构掘进过程中渣土在土舱及螺机内留存期间 (一般在 0.5h 以内)，忽略泡沫破灭消散对渣土力学行为的影响。

(2) 假设不排水条件下泡沫内空气和孔隙原赋存空气均属于封闭气相，在压力环境下与孔隙内液相处于 "动态平衡状态"，忽略气相与液相的压力差 (Wang et al.，2021)。

(3) 假设泡沫改良粗粒土应力状态遵循太沙基的有效应力原理，即总应力等于有效应力和孔隙压力之和。Mori 等 (2018)、Wang 等 (2021) 关于泡沫改良粗粒土压缩性的研究验证了该假设的合理性。

(4) 假设泡沫改良粗粒土压缩与剪切大变形在不排水与等温环境下进行，封闭气相的压力与其体积成反比 (Mori et al.，2018)，而与溶解度成正比 (Liu et al.，2016)。

(5) 压力环境下当泡沫改良粗粒土孔隙比低于其临界值时，假设压缩或剪切过程中土骨架与泡沫气泡等封闭气相变形协调。

### 12.3.2　封闭气相对泡沫改良土的细观作用机理

粗粒土颗粒的体积弹性模量一般大于 $3.6 \times 10^7 \text{kPa}$，而纯水的体积弹性模量大约为 $2.1 \times 10^6 \text{kPa}$，二者均远大于土骨架体积弹性模量 $((3 \sim 30) \times 10^3 \text{kPa})$(Terzaghi et al.，1996)，因此压缩过程中粗粒土颗粒和孔隙水常被假设为不可压缩介质。以高强度二氧化硅为主要成分的粗粒土，不考虑常出现在低强度珊瑚砂中的颗粒破碎现象 (Peng et al.，2020)。另外，由经典土力学知识可知，不排水一维压缩过程中，饱和粗粒土由于孔隙水无法消散，外荷载全部转化为超孔隙水压力。然而，对于泡沫改良粗粒土，孔隙内高压缩性的封闭气相 (包括原赋存空气和泡沫内空气) 能够抑制部分超孔隙压力的产生，这是封闭气相收缩导致改良土体积减小。当孔隙比减小至临界值时，土颗粒相互接触形成土骨架，在土骨架进一步压缩变形过程中部分外荷载增量转化为有效应力。

目前泡沫改良土有效应力初生成对应的孔隙状态临界点尚未有公论，但普遍认为该临界点与干土孔隙比最大值 $e_{\max}$ 有关，Bezuijen 等 (2006) 通过现场实测土舱渣土的土压力、孔隙压力和孔隙比，认为孔隙比小于 $e_{\max}$ 是颗粒土骨架形成和有效应力产生的必要条件；Mori 等 (2018) 以压缩弹簧为加载装置开展了不排水一维压缩试验，总结出当孔隙比与其最大值的比值 $e/e_{\max}$ 小于 1.2 时，泡沫改良土的有效应力开始发展；Wang 等 (2021) 通过应变控制式压缩仪测试了泡沫改良粗粒土的不排水压缩行为，其试验结果表明当 $e/e_{\max}$ 小于 1.35 时，试样开始产生有效应力。根据第 11 章试验结果，土样 A(砾砂) 的孔隙比临界值等于 $e_{\max}$，而土样 B(中砂) 的孔隙比临界值等于 1.1 倍 $e_{\max}$。

基于细观视角，图 12-2 采用代表性体积单元来展示泡沫改良粗粒土受压后的颗粒接触情况和力链特征。考虑到压缩过程中封闭气相呈现不同分布特征，存在一孔隙比临界值 $(e_{\text{th}})$ 将泡沫改良粗粒土的不排水压缩过程划分为两个阶段。如图 12-2(a) 所示，当 $e \geqslant e_{\text{th}}$ 时，在泡沫的阻碍下泡沫改良粗粒土的颗粒间鲜有接触，颗粒间存在少数不稳定力链，宏观上几乎没有有效应力，外荷载全部转化为孔隙压力；当 $e < e_{\text{th}}$ 时，能稳定传递应力的颗粒骨架形成，土骨架和孔隙泡沫–水混合物同时压缩变形，外荷载增量由孔隙压力和有效应力共同承担。

如假设 (2) 所述，泡沫改良粗粒土在不排水环境下其泡沫内空气和原赋存空气可理想化为封闭气相。以下借鉴 Yang 等 (2021) 的推导过程，通过基于细观角度的土颗粒、封闭气相、液相受力分析，从理论上推导总应力与有效应力的关系。图 12-3 展示了一维加载作用下泡沫改良粗粒土的细观角度受力平衡情况，土颗粒和封闭气相被理想化为圆形。

如图 12-3(a) 所示，外荷载下横截面上存在颗粒应力 $\sigma_{s,i}$(kPa)、孔隙水压力 $u_w$(kPa)、气泡内压 $\sigma_{b,i}$(kPa) 和液膜表面张力 $\gamma_s$(kN/m)。

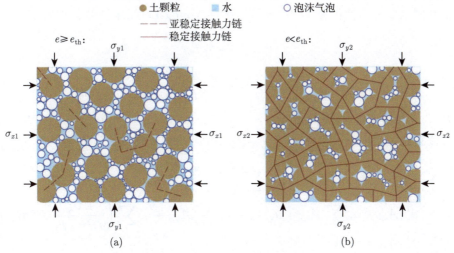

图 12-2　不同阶段泡沫改良粗粒土孔隙内封闭气相填充示意图：(a) $e \geqslant e_{th}$；(b) $e < e_{th}$

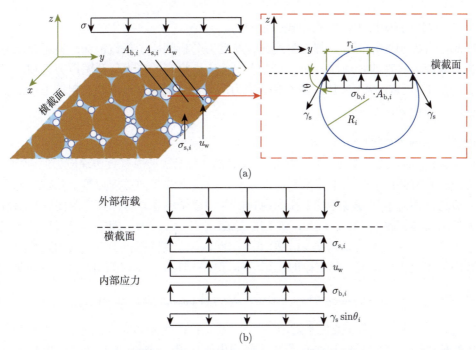

图 12-3　泡沫改良粗粒土理想横截面上的力平衡分析：(a) 横截面受力情况；(b) $z$ 方向上的受力平衡

如图 12-3(b) 所示，横截面上沿加载方向 ($z$ 方向) 的受力平衡式为

$$\sigma A = \sum \sigma_{s,i} A_{s,i} + u_w A_w + \sum \sigma_{b,i} A_{b,i} - \gamma_s \sum 2\pi r_i \sin\theta_i \qquad (12\text{-}5)$$

式中，$\sigma$ 为总应力，kPa；$A$ 为截面总面积，m$^2$；$A_{s,i}$ 为单个土颗粒截面面积，m$^2$；$A_w$ 为

孔隙水截面面积，$m^2$；$A_{b,i}$ 为单个气泡截面面积，$m^2$；$r_i$ 为单个气泡截面半径，m；$\theta_i$ 为表面张力和截面的夹角，$(°)$。

一般地，土颗粒所受应力等于周围孔隙水压力与颗粒间接触应力 $\sigma'_{s,i}$ 之和，如式 (12-6) 所示；而孔隙水压力与被包裹气泡内部气压符合 Young-Laplace 方程，如式 (12-7) 所示。

$$\sigma_{s,i} = u_w + \sigma'_{s,i} \tag{12-6}$$

$$\sigma_{b,i} = u_w + \frac{2\gamma_s}{R_i} \tag{12-7}$$

式中，$R_i$ 为单个气泡的曲率半径，m。

进一步把式 (12-6) 和式 (12-7) 代入式 (12-5)，可化简得到

$$
\begin{aligned}
\sigma A &= \sum \left( u_w + \sigma'_{s,i} \right) A_{s,i} + u_w A_w + \sum \left( u_w + \frac{2\gamma_s}{R_i} \right) A_{b,i} - \gamma_s \sum 2\pi r_i \sin\theta_i \\
&= \sum \sigma'_{s,i} A_{s,i} + u_w \sum A_{s,i} + u_w A_w + u_w \sum A_{b,i} + \gamma_s \sum \left( \frac{2\pi r_i^2}{r_i/\sin\theta_i} - 2\pi r_i \sin\theta_i \right) \\
&= \sum \sigma'_{s,i} A_{s,i} + u_w A \\
&= (\sigma' + u_w) A
\end{aligned}
\tag{12-8}
$$

式中，$\sigma'$ 为名义有效应力，即太沙基有效应力。

因此，由式 (12-8) 可知，细观角度的颗粒受力分析阐明了假设泡沫改良粗粒土应力状态遵循有效应力原理的合理性，即宏观上土的总应力为有效应力与孔隙压力之和。以下按照 $e \geqslant e_{th}$ 和 $e < e_{th}$ 两个阶段，基于有效应力原理，分别建立泡沫改良粗粒土一维压缩过程中孔隙压力计算模型。

### 12.3.3　$e \geqslant e_{th}$ 加载阶段

当 $e \geqslant e_{th}$ 时，绝大部分土颗粒被泡沫气泡抬升，无法形成有效传递应力的骨架，宏观表现为不存在有效应力。在不排水竖向加载时，改良土的竖向总应力等于孔隙压力。如假设 (4) 所述，不排水和等温环境下孔隙内封闭气相遵循玻意耳定律，即封闭气相随着内部气压的增加而体积收缩 (Mori et al., 2018)；还服从 Henry 定律，即封闭等温环境下气相压力与溶解度呈正相关关系 (Liu et al., 2016)。因此，泡沫改良粗粒土封闭气相随孔隙压力增量引起的体积变化可由玻意耳定律的理想气体方程和 Henry 定律的溶解度方程求解得到

$$p_0 \left( V_{a,p=0} + hV_1 \right) = (p_0 + \Delta p_a) \left( V_{a,p=0} - \Delta V_a + hV_1 \right) \tag{12-9}$$

式中，$V_{a,p=0}$ 为常压下泡沫改良土封闭气相体积，L；$V_1$ 为不可压缩的液相体积，L；$p_0$ 为常压绝对值，取 101.325kPa；$\Delta p_a$ 为封闭气相内压增量，kPa；$\Delta V_a$ 为孔隙内封闭气相体积增量，L；$h$ 为溶解度系数 (即 Henry 常数)，空气在水中的溶解度系数一般取 0.02(Yang et al., 2021)。

常压下液相和封闭气相体积可由孔隙比及饱和度求解得到，分别如式 (12-10) 和式 (12-11) 所示：

$$V_1 = e_{c,p=0} V_s S_r \tag{12-10}$$

$$V_{a,p=0} = V_p (1 - S_r) = e_{c,p=0} V_s (1 - S_r) \tag{12-11}$$

如假设 (2) 所述，含气泡粗粒土内封闭气泡的表面张力可被忽略，因此可假设封闭气相内压等于外界大气压和孔隙水压力 $u$ 之和 (Mori et al.，2018)。当竖向总应力从 0 增加至 $\sigma_v$ 时，封闭气相内压增量等于孔隙水压力增量，如式 (12-12) 所示。

$$\Delta p_a = u = \sigma_v \tag{12-12}$$

把式 (12-10)～式 (12-12) 代入式 (12-9)，然后两边同时除以 $V_s$，推导可得到孔隙比 $e$ 与竖向总应力 $\sigma_v$ 的关系式：

$$e = e_{c,p=0} - \frac{\Delta V_a}{V_s} = e_{c,p=0} - \frac{\sigma_v e_{c,p=0} [1 - (1-h)S_r]}{\sigma_v + p_0}$$
$$= \frac{(1-h)\sigma_v \cdot e_{c,p=0} S_r + e_{c,p=0} p_0}{\sigma_v + p_0} \tag{12-13}$$

当竖向总应力增大到一定值时，泡沫改良粗粒土孔隙比减小至临界值 $e_{th}$，竖向有效应力开始发展。由 12.3.1 节可知，目前关于有效应力开始生成的临界孔隙比的相关研究尚未达成一致。因此，压缩预试验时逐步增加荷载至有效应力生成，此时试样孔隙比大小为临界值。将 $e=e_{th}$ 代入式 (12-13) 可得到竖向总应力和孔隙压力临界值：

$$\sigma_{v,th} = u_{th} = \frac{p_0 (e_{c,p=0} - e_{th})}{e_{th} - (1-h) e_{c,p=0} S_r} \tag{12-14}$$

### 12.3.4　$e < e_{th}$ 加载阶段

当 $e < e_{th}$ 时，颗粒相互接触形成土骨架，开始承受有效应力。加载过程中，随着竖向总应力继续增加，竖向总应力增量由有效应力增量和孔隙压力增量共同承担。有效应力增量下土骨架发生压缩。

在完全侧限条件下，曹文贵等 (2015) 认为土体竖向应变 $\varepsilon$ 与所受竖向有效应力 $\sigma'_v$ 关系服从邓肯-张模型，即竖向有效应力-应变呈双曲线关系，如式 (12-15) 所示：

$$\varepsilon = \frac{\sigma'_v}{a + b\sigma'_v} \tag{12-15}$$

式中，$a$，$b$ 为具有明确物理含义的材料常数，可由一维压缩试验结果拟合得到。其中，$a$ 表征零应力状态下的初始压缩模量，kPa；$b$ 表征与初始孔隙比、压缩模量相关的函数。

由土力学知识可知，土骨架竖向应变与孔隙比的关系如式 (12-16) 所示：

$$\varepsilon = \frac{e_{th} - e}{1 + e_{th}} \tag{12-16}$$

进一步地，可由式 (12-15) 和式 (12-16) 推导得到孔隙比 $e$ 与作用于土骨架的竖向有效应力的关系式：

$$e = e_{th} - \frac{\sigma'_v (1 + e_{th})}{a + b\sigma'_v} \tag{12-17}$$

此外，该加载阶段的孔隙压力和封闭气相体积依然遵循修正理想气体方程 (12-9)，参考式 (12-13) 推导过程可得到孔隙比 $e$ 与孔隙压力 $u$ 的关系式：

$$e = \frac{u \cdot e_{c,p=0} S_r (1-h) + e_{c,p=0} p_0}{u + p_0} \tag{12-18}$$

如假设 (5) 所述，在不排水情况下，加载压缩过程中孔隙内封闭气相和土骨架同时收缩，达到新的平衡状态，此时土骨架收缩量应严格地等于孔隙内封闭气相收缩量。因此，由竖向有效应力计算得到的孔隙比 (见式 (12-17)) 与由孔隙压力计算得到的泡沫改良土孔隙比 (见式 (12-18)) 恒定相等。进一步根据有效应力原理 ($\sigma_v = \sigma_v' + u$)，联立式 (12-17) 和式 (12-18) 可推导得到关于孔隙压力的二次函数表达式：

$$Au^2 + Bu + C = 0 \tag{12-19}$$

式中，$A$，$B$，$C$ 的表达式分别如式 (12-20)～ 式 (12-22) 所示。

$$A = e_{th} (1-b) + b e_{c,p=0} S_r (1-h) + 1 \tag{12-20}$$

$$B = [e_{th} (b-1) - 1] (\sigma_v - p_0) - e_{c,p=0} S_r (1-h) (a + b\sigma_v) + b e_{c,p=0} p_0 + a e_{th} \tag{12-21}$$

$$C = p_0 [(a + b\sigma_v) (e_{th} - e_{c,p=0}) - \sigma_v (e_{th} + 1)] \tag{12-22}$$

求解二次函数式 (12-19) 可获得孔隙压力。由于竖向总应力必须大于孔隙压力，因此孔隙压力关于该二次函数式只有唯一解，见式 (12-23)。

$$u = \frac{-B + \sqrt{B^2 - 4AC}}{2A} \tag{12-23}$$

综上，当 $e \geqslant e_{th}$ 时，压缩行为由封闭气相收缩控制，孔隙压力等于竖向总应力，而孔隙比随竖向总应力的变化仅与初始状态参数 (常压下孔隙比和饱和度) 相关，可由式 (12-14) 求解得到；当 $e < e_{th}$ 时，压缩行为由有效应力增量引起的土骨架收缩控制，首先由式 (12-20)～ 式 (12-23) 求解某竖向总应力对应的孔隙压力，再由式 (12-18) 求解相应的孔隙比，所需参数包括初始孔隙状态参数、孔隙比临界值、取决于粗粒土特性的材料常数。

## 12.4　压缩模型验证与敏感性分析

根据第 11 章的室内试验结果，取部分孔隙比和孔隙压力数据作为测试集，拟合上述压缩模型所需的参数，再取剩余数据作为验证集，验证上述压缩模型的可靠性，最后开展理论模型对泡沫注入比、扩大系数、含水率的敏感性分析。

### 12.4.1　模型参数校准

根据第 11 章泡沫改良土样 A(砾砂) 试验结果，图 12-4 展示了试样在 FIR=40％时的竖向有效应力随孔隙比的变化曲线。由逐步施加竖向荷载的预试验可得当试样孔隙比减小

至 $e_{\max}$ 时, 有效应力开始产生, 因此孔隙比临界值等于 $e_{\max}$。利用式 (12-17) 拟合数据点, 得到材料常数 $a$ 和 $b$ 分别为 358.66 和 8.48。

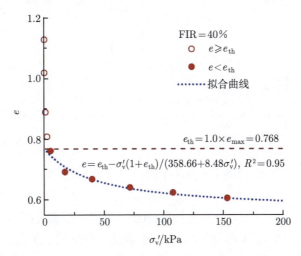

图 12-4　FIR$=$40%泡沫改良粗粒土试样竖向有效应力随孔隙比变化曲线

### 12.4.2　模型验证

拟合得到孔隙比临界值和材料常数后, 利用试样的其余试验数据作为验证集, 验证该计算模型用于表征不同 FIR 下泡沫改良粗粒土不排水压缩行为的可靠性。

图 12-5 展示了不同 FIR 下泡沫改良粗粒土孔隙比和孔隙压力随竖向总应力的变化曲线理论解和多次重复试验值。对比结果表明, 该理论模型能可靠地反映不同 FIR 泡沫改良粗粒土孔隙比和孔隙压力随竖向总应力的变化规律。如图 12-5(a) 所示, 随着竖向总应力增大, 孔隙比呈非线性减小。如图 12-5(b) 所示, 孔隙压力在初始阶段随竖向总应力线性增长, 随后非线性增长。随着泡沫注入比增大, 孔隙压力初期沿对角线增长段越长, 即 $e \geqslant e_{\mathrm{tp}}$ 加载阶段 (总应力等于孔隙压力) 越长; 在 $e < e_{\mathrm{tp}}$ 加载阶段, 孔隙压力承担竖向总应力的比例越高。进一步地, 利用式 (12-24) 定义的变异系数 (COV) 可以评价重复试验的相对误差。

$$\mathrm{COV} = \frac{\sqrt{\dfrac{1}{m}\sum\limits_{i=1}^{m}\left(\varphi_{\mathrm{E}i} - \overline{\varphi_{\mathrm{E}}}\right)^2}}{\overline{\varphi_{\mathrm{E}}}} \tag{12-24}$$

式中, $m$ 为试验工况数; $\varphi_{\mathrm{E}i}$ 为试验结果; $\overline{\varphi_{\mathrm{E}}}$ 为多个重复试验结果的平均值。

孔隙比和孔隙压力的试验结果相对误差分别为 0.121 和 0.525, 数值较小, 表明试验具有可重复性。然而, 从图 12-5(b) 可知, 在较高总应力下, 孔隙压力理论解低于试验值。造成该差异的原因是在自重应力场下测得的粗粒土最大孔隙比可能被低估, 进而由式 (12-17) 拟合得到的材料常数 $a$ 和 $b$ 被高估, 因此由式 (12-20)~ 式 (12-23) 求解得到的孔隙压力偏低。

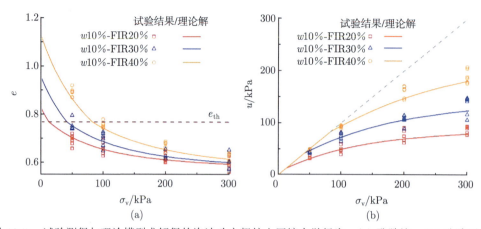

图 12-5　试验测得与理论模型求解得的泡沫改良粗粒土压缩力学行为: (a) 孔隙比; (b) 孔隙压力

此外, 参考 Zou 等 (2021) 和 Ding 等 (2023) 采用的数据分析方法, 对试验解和理论解进行统计分析, 利用平均偏差 (MB)、均方根误差 (RMSE)、拟合优度 ($R^2$) 作为评价指标, 表达式分别如式 (12-25)～ 式 (12-27) 所示。其中, MB 值定义为理论解与试验解之比的平均值, 反映了理论模型的预测性能, 而 RMSE 和 $R^2$ 分别用于反映理论模型的准确性和可靠性。

$$\mathrm{MB} = \frac{1}{m} \sum_{i=1}^{m} \frac{\varphi_{\mathrm{A}i}}{\varphi_{\mathrm{E}i}} \tag{12-25}$$

$$\mathrm{RMSE} = \sqrt{\frac{1}{m} \sum_{i=1}^{m} (\varphi_{\mathrm{A}i} - \varphi_{\mathrm{E}i})^2} \tag{12-26}$$

$$R^2 = 1 - \frac{\dfrac{1}{m} \sum_{i=1}^{m} (\varphi_{\mathrm{E}i} - \varphi_{\mathrm{A}})^2}{\dfrac{1}{m} \sum_{i=1}^{m} (\varphi_{\mathrm{E}i} - \overline{\varphi_{\mathrm{E}}})^2} \tag{12-27}$$

式中, $\varphi_{\mathrm{A}i}$ 为理论模型计算结果。

在特定竖向总应力 (50kPa、100kPa、200kPa、300kPa) 下, 根据理论模型求解孔隙比和孔隙压力, 然后与试验结果进行对比, 并计算对应的 MB、RMSE、$R^2$ 指标, 如图 12-6 所示。数据点均位于 1:1 线 (线上理论值等于试验值) 附近, 孔隙比的 MB 值为 0.991 而孔隙压力的 MB 值为 0.979, 表明理论模型偏保守, 理论值略低于试验值, 与图 12-5(b) 观察到的现象一致。再者, 孔隙比和孔隙压力的 RMSE 值均远低于对应的试验值, 证明了理论模型具有较高的准确度。此外, $R^2$ 均大于 0.9, 证明了理论模型的可靠性。总而言之, 提出的压缩计算模型能有效地表征不同泡沫注入比改良粗粒土在一维加载过程中的孔隙比和孔隙压力。

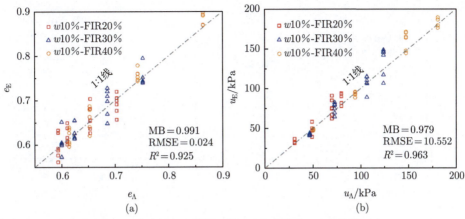

图 12-6 试验解与理论解对比：(a) 孔隙比；(b) 孔隙压力

### 12.4.3 影响因素敏感性分析

1. 扩大系数

如前所述，扩大系数可用于描述压缩前泡沫在孔隙内的填充状态。由式 (12-3) 可知，相同 FIR 和含水率的泡沫改良粗粒土也可能呈现不同的孔隙状态。主要原因是粗粒土与泡沫的混合方式与程度影响了注入泡沫的填充状态和未改良粗粒土孔隙中原存水相和气相的置换程度。图 12-7 展示了由理论表征模型求解得到的泡沫改良粗粒土压缩性随扩大系数的变化曲线。由图 12-7(a) 可得，常压下初始孔隙比和饱和度随扩大系数的增大而增大，表明扩大系数会影响初始孔隙状态，进而不可避免地影响一维压缩性。由图 12-7(b) 可得，孔隙比随扩大系数增大而增大。采用压缩性指标 $C$ 来表征竖向总应力引起的泡沫改良粗粒土体积变化，即材料的可压缩性，计算式如式 (12-28) 所示。

$$C = \frac{\Delta V}{V_0 \Delta \sigma_{\mathrm{v}}} = \frac{\Delta e}{(1 + e_{\mathrm{c},p=0}) \Delta \sigma_{\mathrm{v}}} \tag{12-28}$$

由图 12-7(c) 可得，压缩性指标随竖向总应力的增大而减小。压缩性指标下降至某值会发生突降，然后继续下降，临界点与孔隙比临界值对应，原因是当改良粗粒土孔隙比减小至临界值时，比孔隙溶液压缩性弱的土骨架开始承受部分外荷载，导致改良粗粒土的可压缩性突然下降。扩大系数越大的改良粗粒土内封闭气相体积越大，因而具有更强的可压缩性。由图 12-7(d) 可知，有效应力开始生成对应的孔隙压力临界值与扩大系数呈正相关关系，因此，在 $e < e_{\mathrm{th}}$ 加载阶段，高扩大系数改良粗粒土的孔隙压力会承担更多的总应力增量。分析结果表明，在计算泡沫改良粗粒土不排水压缩行为时应关注泡沫填充状态的影响并正确评估扩大系数的量值。

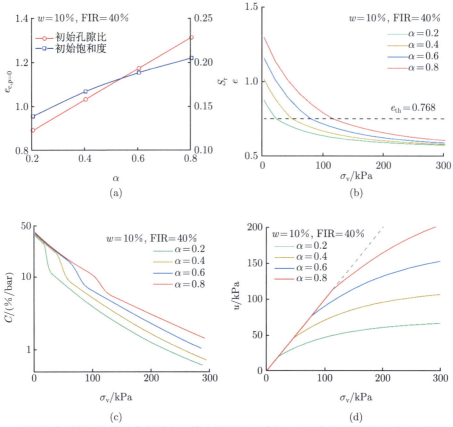

图 12-7　不同扩大系数下泡沫改良粗粒土压缩力学行为理论解：(a) 常压下孔隙比和饱和度；(b) 孔隙比；(c) 压缩性指标；(d) 孔隙压力

### 2. 泡沫注入比

利用提出的压缩理论模型分析 FIR 对泡沫改良粗粒土压缩力学行为的影响，如图 12-8 所示。由图 12-8(a) 可知，FIR 增大会提高初始孔隙比，但降低初始饱和度。由图 12-8(b) 和 (c) 可知，与应力相关的孔隙比和压缩性指标均随 FIR 的增大而增大。还由图 12-8(d) 可知，孔隙压力临界值随着 FIR 增大而增大，因此当 $e < e_{th}$ 时，同一应力水平下 FIR 越大的改良粗粒土具有较高的孔隙压力。计算模型分析结果与第 11 章试验得到的 FIR 影响规律一致。

### 3. 含水率

水是改良粗粒土的另一种有效改良剂，泡沫改良粗粒土的含水率等于初始含水率与额外补充的含水率之和。额外添加的水会改变泡沫改良粗粒土的 FIR 和 FER 实际值，因而推导了 FIR 和 FER 的修正表达式，分别如式 (12-29) 和式 (12-30) 所示。

$$\text{FIR}' = \frac{V_f + V_{wa}}{V_{uc}} = \text{FIR} + \frac{V_{wa}}{V_s\left(1 + e_{uc,p=0}\right)} = \left[\text{FIR} + \frac{\left(w - w_0\right)\rho_s}{\rho_w\left(1 + e_{uc,p=0}\right)}\right] \times 100\% \quad (12\text{-}29)$$

$$\mathrm{FER}' = \frac{V_{\mathrm{wa}} + V_{\mathrm{fl}} + V_{\mathrm{fa}}}{V_{\mathrm{wa}} + V_{\mathrm{fl}}} = \frac{V_{\mathrm{wa}} + V_{\mathrm{f}}}{V_{\mathrm{wa}} + \dfrac{V_{\mathrm{f}}}{\mathrm{FER}}} = 1 + \frac{\left(1 - \dfrac{1}{\mathrm{FER}}\right) V_{\mathrm{f}}}{V_{\mathrm{wa}} + \dfrac{V_{\mathrm{f}}}{\mathrm{FER}}}$$

$$= 1 + \frac{\left[\left(1 - \dfrac{1}{\mathrm{FER}}\right) V_{\mathrm{f}}\right] / V_{\mathrm{uc}}}{\left(V_{\mathrm{wa}} + \dfrac{V_{\mathrm{f}}}{\mathrm{FER}}\right) / V_{\mathrm{uc}}} = 1 + \frac{\mathrm{FIR} \left(1 - \dfrac{1}{\mathrm{FER}}\right)}{\dfrac{(w - w_0) \rho_{\mathrm{s}}}{\rho_{\mathrm{w}} (1 + e_{\mathrm{uc}, p=0})} + \dfrac{\mathrm{FIR}}{\mathrm{FER}}}$$

(12-30)

式中，$\mathrm{FIR}'$ 和 $\mathrm{FER}'$ 分别是修正后的泡沫注入比和发泡倍率；$w$ 为含水率，%；$w_0$ 为初始含水率，%；$V_{\mathrm{wa}}$ 为额外添加水的体积，L。

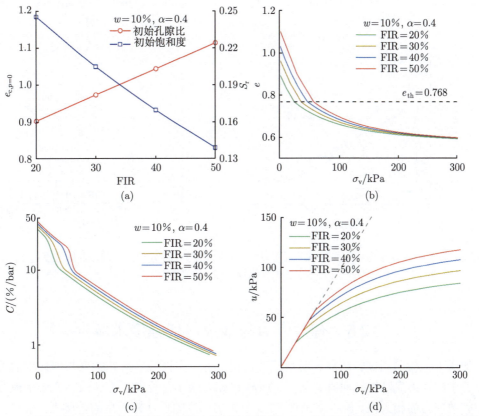

图 12-8 不同 FIR 下泡沫改良粗粒土压缩力学行为理论解：(a) 常压下孔隙比和饱和度；(b) 孔隙比；(c) 压缩性指标；(d) 孔隙压力

利用 $\mathrm{FIR}'$ 和 $\mathrm{FER}'$ 替代式 (12-3)、式 (12-4) 中的 FIR 和 FER，修正后的理论模型可用于揭示含水率的影响。图 12-9 展示了不同含水率下的泡沫改良粗粒土压缩力学行为。

无论总应力多大，含水率的增加会引起更高的初始饱和度和更大的孔隙比 (图 12-9(a) 和 (b))。由图 12-9(c) 可知，当总应力较低 ($\sigma_{\mathrm{v}} \leqslant 20\mathrm{kPa}$) 时，高含水率的改良粗粒土压缩性指标比低含水率的改良粗粒土要小，但在总应力较高 ($\sigma_{\mathrm{v}} > 20\mathrm{kPa}$) 时，高含水率的改良粗粒土反而具有更强的可压缩性。由图 12-9(d) 可知，改良粗粒土在 $e < e_{\mathrm{th}}$ 加载阶段的孔

隙压力随含水率增加而增大。计算模型分析结果表明，额外水注入对改良粗粒土压缩性影响较小，但能显著提高孔隙压力。

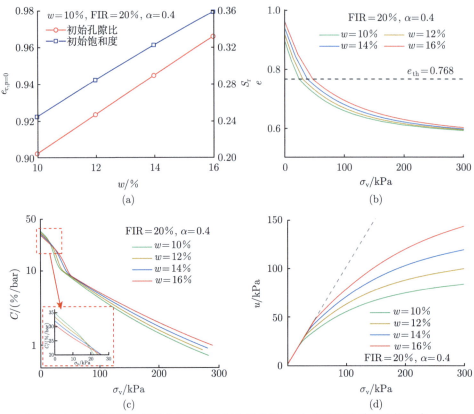

图 12-9    不同含水率下泡沫改良粗粒土压缩力学行为理论解：(a) 常压下孔隙比和饱和度；(b) 孔隙比；(c) 压缩性指标；(d) 孔隙压力

## 12.5    有效应力与残余剪切强度求解

加压十字板剪切试验结果表明泡沫改良粗粒土十字板残余剪切强度与剪切率的关系可表征渣土的连续流动性。而既有研究 (Mori et al.，2018) 反映了泡沫改良土十字板剪切强度与有效应力的相关性，所以本节在 12.3 节提出的压缩性计算模型的基础上，求解有效应力和残余剪切强度计算模型。

### 12.5.1    剪切前有效应力状态求解

参考 12.3 节的孔隙压力推导过程，推导在不同加载阶段的泡沫改良粗粒土有效应力。当 $e \geqslant e_{th}$ 时，外荷载全由孔隙压力承担，有效应力为 0。当 $e < e_{th}$ 时，不排水压缩过程中孔隙内封闭气相和土骨架同时收缩，总应力增量由孔隙压力和有效应力共同承担。根据有效应力原理，联立式 (12-17) 和式 (12-18) 可推导得到关于有效应力的二次函数表达式：

$$D\sigma_v'^2 + E\sigma_v' + F = 0 \tag{12-31}$$

式中，$D$，$E$ 和 $F$ 的表达式分别如式 (12-32)～ 式 (12-34) 所示。

$$D = (1-b)\,e_{\text{th}} + (1-h)\,be_{c,p=0}S_{\text{r}} + 1 \tag{12-32}$$

$$E = [e_{\text{th}}\,(b-1) - 1]\,(\sigma_{\text{v}} + p_0) + (a - b\sigma_{\text{v}})\,(1-h)\,e_{c,p=0}S_{\text{r}} - be_{c,p=0}p_0 - ae_{\text{th}} \tag{12-33}$$

$$F = (\sigma_{\text{v}} + p_0)\,ae_{\text{th}} - [(1-h)\,\sigma_{\text{v}}S_{\text{r}} + p_0]\,ae_{c,p=0} \tag{12-34}$$

通过求根法求解式 (12-31)，由于竖向总应力恒大于有效应力，故竖向有效应力的唯一解如式 (12-35) 所示：

$$\sigma_{\text{v}}{}' = \frac{-E - \sqrt{E^2 - 4DF}}{2D} \tag{12-35}$$

综上，当 $e \geqslant e_{\text{th}}$ 时，压缩行为由封闭气相收缩控制，有效应力为 0；当 $e < e_{\text{th}}$ 时，压缩行为由有效应力增量引起的土骨架收缩控制，可由式 (12-32)～ 式 (12-35) 求解某竖向总应力对应的竖向有效应力。竖向有效应力的统一表达式如式 (12-36) 所示：

$$\begin{cases} \sigma_{\text{v,th}} = \dfrac{p_0\,(e_{c,p=0} - e_{\text{th}})}{e_{\text{th}} - (1-h)\,e_{c,p=0}S_{\text{r}}} \\[2mm] \sigma_{\text{v}}{}' = \begin{cases} 0, & e \geqslant e_{\text{th}},\, \sigma_{\text{v}} \leqslant \sigma_{\text{v,th}} \\[2mm] \dfrac{-E - \sqrt{E^2 - 4DF}}{2D}, & e < e_{\text{th}},\, \sigma_{\text{v}} > \sigma_{\text{v,th}} \end{cases} \\[2mm] \text{其中，}\quad D = (1-b)\,e_{\text{th}} + (1-h)\,be_{c,p=0}S_{\text{r}} + 1 \\[1mm] \qquad\quad E = [e_{\text{th}}\,(b-1) - 1]\,(\sigma_{\text{v}} + p_0) \\[1mm] \qquad\qquad\quad + (a - b\sigma_{\text{v}})\,(1-h)\,e_{c,p=0}S_{\text{r}} - be_{c,p=0}p_0 - ae_{\text{th}} \\[1mm] \qquad\quad F = (\sigma_{\text{v}} + p_0)\,ae_{\text{th}} - [(1-h)\,\sigma_{\text{v}}S_{\text{r}} + p_0]\,ae_{c,p=0} \end{cases} \tag{12-36}$$

### 12.5.2　不排水剪切引起的超孔隙压力求解

进一步地，对于存在有效应力的泡沫改良粗粒土，剪切过程中颗粒重排列和泡沫变形会引起孔隙压力的变化，从而影响土体的竖向有效应力和十字板剪切强度。由第 11 章试验结果可知，不排水条件下泡沫改良粗粒土受剪后产生一定量的超孔隙压力，使有效应力减小，进入残余阶段后，有效应力和剪切应力趋于稳定。

借鉴 Skempton(1954) 和 Bishop(1973) 关于不排水三轴试验超孔隙压力计算的研究，改良粗粒土的加压十字板剪切试验可划分为一维压缩阶段和十字板剪切阶段，尝试建立孔隙压力增量 $\Delta u'$ 的经验公式：

$$\Delta u' = \Delta u_{\text{c}} + \Delta u_{\text{s}} = B'\,(\Delta\sigma_{\text{v}} + A'\Delta\tau) \tag{12-37}$$

式中，$\Delta u'$ 为总的孔隙压力增量，kPa；$\Delta u_{\text{c}}$ 为竖向总应力增量引起的孔隙压力增量，kPa；$\Delta u_{\text{s}}$ 为剪切应力增量引起的孔隙压力增量，kPa；$B'$ 为压缩作用下的孔隙压力系数，参考 Bishop(1973) 推导的孔压系数方程建立算式，见式 (12-38)；$A'$ 为十字板剪切作用下的孔隙压力系数，反映了土体的剪胀性，与土的物性有关。

$$B' = \frac{1}{1 + \dfrac{e\,(C_{\text{p}}{}' - C_{\text{s}}{}')}{(1+e)\,(C' - C_{\text{s}}{}')}} \tag{12-38}$$

式中，$e$ 为孔隙比；$C_{s}{'}$ 为单个土颗粒的一维体积压缩系数，$\mathrm{kPa}^{-1}$，即单位应力增量引起的单位体积颗粒的变化，由于土颗粒假设为不可压缩材料，取 0；$C_{p}{'}$ 为孔隙流体的一维体积压缩系数，$\mathrm{kPa}^{-1}$，与孔隙内封闭气相体积有关；$C'$ 为土骨架整体的一维体积压缩系数，$\mathrm{kPa}^{-1}$。

当 $e \geqslant e_{\mathrm{th}}$ 时，加载后竖向总应力全部转化为孔隙压力，土骨架未形成，即 $C'$ 无限大，此时 $B'=1$；当 $e < e_{\mathrm{th}}$ 时，土颗粒建立有效接触后土骨架开始形成，孔隙流体和土骨架的一维体积压缩系数随封闭气相体积变化而改变，$C_{p}{'}$ 和 $C'$ 可分别由式 (12-39) 和式 (12-40) 推导得

$$C_{p}{'} = \frac{\partial V_{p}}{V_{p} \partial u} = -\frac{\partial e}{e \cdot \partial u} = \frac{p_{0} e_{c,p=0}\left[1-(1-h) S_{r}\right]}{e\left(u+p_{0}\right)^{2}} \tag{12-39}$$

$$C' = \frac{\partial V}{V \partial \sigma_{v}{'}} = \frac{-\partial e}{(1+e) \partial \sigma_{v}{'}} = \frac{a}{\left(a+b \sigma_{v}{'}\right)\left[a+(b-1) \sigma_{v}{'}\right]} \tag{12-40}$$

式中，$V$ 为泡沫改良粗粒土的总体积，L；$V_{p}$ 为泡沫改良粗粒土的孔隙体积，L。

十字板剪切试验结果表明，改良粗粒试样的剪切应力变化与有效应力相关。为在未知剪切应力的前提下求解剪切引起的超孔隙压力，可定义经验函数 $f(\sigma_{v0}')$ 来反映剪切前有效应力状态大小对超孔隙压力的贡献，改良粗粒土试样剪切后进入残余状态产生的总超孔隙压力 $\Delta U_{s}$ 可由式 (12-41) 计算得到

$$\Delta U_{s} = B' \int_{0}^{\tau_{r}} A' \mathrm{d}\tau = B' f(\sigma_{v0}') \tag{12-41}$$

式中，$\sigma_{v0}'$ 为剪切前改良粗粒土的竖向有效应力，kPa，由式 (12-36) 计算得到；$\tau_{r}$ 为残余剪切强度，kPa；$f(\sigma_{v0}')$ 的函数形式需由十字板剪切试验结果验证和确定相关系数。

### 12.5.3　剪切率相关残余强度计算

参考 Mori 等 (2018) 的研究，可基于莫尔–库仑强度准则建立十字板残余剪切强度 $\tau_{r}$ 与残余阶段竖向有效应力 $\sigma_{vr}'$ 的计算式 (12-42)：

$$\tau_{r} = c_{r} + \sigma_{vr}' \tan \varphi_{r}' = c_{r} + (\sigma_{v0}' - \Delta U_{s}) \tan \varphi_{r}' \tag{12-42}$$

式中，$c_{r}$ 为残余黏聚力，kPa；$\varphi_{r}'$ 为有效内摩擦角，(°)。

为描述泡沫改良粗粒土的连续流动特性，需构建剪切率与残余剪切强度的关系式。对于软黏土或粗粒土材料，大量剪切试验 (Meng et al., 2011；Hu 和 Rostami, 2020) 证实了它们的剪切强度具有率相关性，或者剪切流动时呈现非牛顿流体的流变特性。Galli 和 Thewes(2019)，杨益等 (2021) 认为，泡沫改良砂土是具有屈服应力的幂律流体，残余剪切强度与剪切率的关系式可假设为

$$\tau_{r} = \tau_{r\text{-}ref}\left[\delta + \kappa\left(\frac{\dot{\gamma}}{\dot{\gamma}_{ref}}\right)^{n}\right] \tag{12-43}$$

式中，$\gamma_{ref}$ 为剪切率参考值，$\mathrm{s}^{-1}$；$\tau_{r\text{-}ref}$ 为对应的残余剪切强度，kPa；$\delta$、$\kappa$、$n$ 分别为表征剪切率影响的无量纲常数。

该关系式需由变转速十字板剪切试验结果验证和确定相关系数。其中，剪切率参考值对应的残余剪切强度可由式 (12-42) 计算得到，所需的 $f(\sigma'_{v0})$、$c_r$ 和 $\varphi'_r$ 由剪切率参考值下的十字板剪切试验结果拟合得到。

综上，图 12-10 展示了泡沫改良粗粒土残余剪切强度的计算流程示意图。

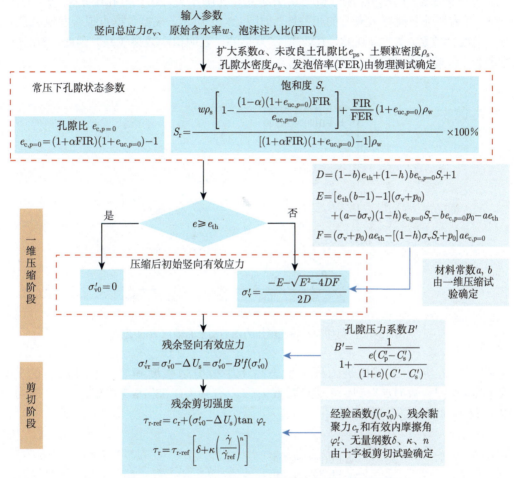

图 12-10　泡沫改良粗粒土残余剪切强度计算流程图

## 12.6　残余剪切强度模型验证与敏感性分析

根据第 11 章的室内试验结果，取部分残余剪切强度数据作为测试集，拟合上述残余剪切强度模型所需的参数，再取剩余数据作为验证集，验证上述残余剪切强度模型的可靠性，最后开展理论模型对竖向总应力、有效应力、泡沫注入比的敏感性分析。

### 12.6.1   模型参数校准

以十字板转速 $\dfrac{1}{30}$ r/min 对应的剪切率 ($\gamma=7.24\times10^{-3}\mathrm{s}^{-1}$) 为参考值，采用 FIR 为 20%和 40%的试样在不同压力下的试验结果来拟合确定计算模型所需的材料常数。

求解经验函数 $f(\sigma'_{v0})$，需分析剪切引起的超孔隙压力 $\Delta U_s$ 与孔压系数 $B'$ 的比值 $\Delta U_s/B'$ 和剪切前竖向有效应力的相关性。如图 12-11 所示，根据数据点拟合发现 $\Delta U_s/B'$ 与 $\sigma'_{v0}$ 呈线性关系，$R^2$ 为 0.93，RMSE 仅为 7.93，表明拟合效果较好。因此，$f(\sigma'_{v0})$ 为线性函数，经验函数的拟合形式为 $f(\sigma'_{v0})=0.662\sigma'_{v0}$。

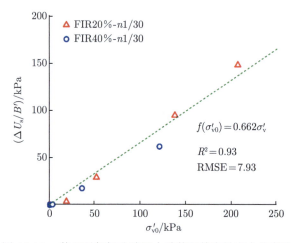

图 12-11   剪切引起超孔隙压力随剪切前有效应力的变化

图 12-12 展示了试样进入残余状态后十字板剪切强度和竖向有效应力的关系。由式 (12-42) 拟合数据点得到残余强度参数 $c_r$、$\varphi_r$ 分别为 1.03kPa 和 12.50°，$R^2$ 为 0.98，RMSE 仅为 0.25，拟合效果较好。

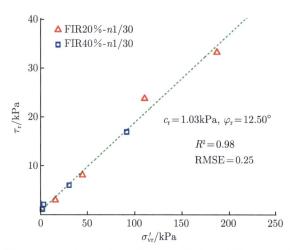

图 12-12   残余阶段十字板剪切强度与竖向有效应力关系

然后，根据 FIR=20%、40%的试样在不同十字板转速下的试验结果，拟合表征剪切率影响的无量纲常数 $\delta$、$\kappa$、$n$。图 12-13 展示了残余剪切强度无量纲值 $\tau_{vr}/\tau_{vr\text{-}ref}$ 随剪切率无量纲值 $\dot{\gamma}/\dot{\gamma}_{ref}$ 的变化。经式 (12-43) 拟合得 $\delta$、$\kappa$、$n$ 分别为 0.969、0.029 和 0.269，$R^2$ 为 0.86，RMSE 仅为 0.022，拟合效果较好。

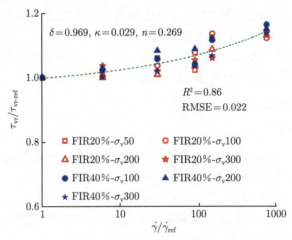

图 12-13　无量纲十字板残余剪切强度与剪切率相关性

综上，图 12-11～ 图 12-13 反映了拟合公式均具有较高的 $R^2$(>0.85)，且 RMSE 远小于目标值，表明理论模型中构建的式 (12-41)～ 式 (12-43) 的可靠性。

### 12.6.2　模型验证

利用 FIR=30%改良粗粒土在不同竖向总应力和十字板转速下的试验结果来验证计算模型的准确性。图 12-14 对比了残余剪切强度理论解 (图中实心符号) 和试验值 (图中空心符号)，发现试验值和理论值的平均误差约为 10%，RMSE 仅为 0.59。表明该计算模型能较

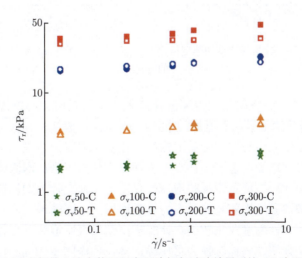

图 12-14　FIR=30%改良粗粒土残余剪切强度理论解与试验结果对比 (C 为理论解，T 为试验值)

准确地表征泡沫改良粗粒土的剪切率相关残余强度，而且根据少量特定工况试验结果拟合得到的材料常数可外推计算任意竖向总应力、泡沫注入比、剪切率下的残余剪切强度。

### 12.6.3　影响因素敏感性分析

采用该理论表征模型来计算竖向总应力和 FIR 对泡沫改良粗粒土十字板残余剪切强度和流变行为的影响。将试验砾砂和泡沫的物理力学参数以及 12.6.1 节拟合得到的材料常数代入计算模型中，另拟定初始含水率取 10%、发泡倍率取 12、剪切率取参考值 $7.24 \times 10^{-3} \mathrm{s}^{-1}$。应注意到扩大系数 $\alpha$ 决定了相同 FIR 下改良土的孔隙状态，取决于泡沫与粗粒土的混合状态。为聚焦竖向总应力和 FIR 的影响，设定扩大系数为 0.5。

1. 竖向总应力与 FIR

图 12-15 展示了不同 FIR 下十字板残余剪切强度随竖向总应力和有效应力的变化情况。由图 12-15(a) 可得，残余剪切强度及其增长率随着竖向总应力的增加而增加；但是，残余剪切强度随着泡沫注入比的增加而减少，而且随着泡沫注入比增加，残余强度随竖向总应力的增长率越小。上述现象与第 11 章中试验得到的规律一致。另外，由图 12-15(b) 可知，即便竖向总应力和泡沫注入比变化，残余强度始终与竖向有效应力呈正相关关系。

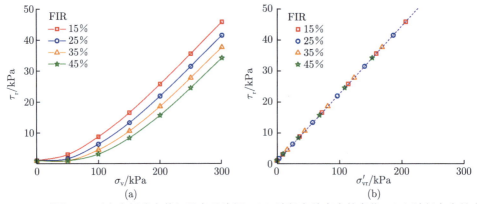

图 12-15　不同 FIR 下十字板残余剪切强度理论解：(a) 随竖向总应力的变化；(b) 随竖向有效应力的变化

图 12-16 展示了不同竖向总应力和泡沫注入比下残余剪切强度理论解随剪切率的变化。残余剪切强度随剪切率增加而增加，增长率逐渐减小，表明泡沫改良粗粒土在残余状态的流变行为与剪切变稀流体类似。随着泡沫注入比减小或竖向总应力增加，剪切率相关残余强度曲线的截距显著增加。进一步计算了表征残余状态下带压泡沫改良粗粒土流体流变行为的流变参数，图 12-17 展示了反映泡沫改良粗粒土流变行为的屈服应力和塑性黏度计算解。屈服应力和塑性黏度均随竖向总应力增加而增加，而随泡沫注入比增加而减小，然而相较于屈服应力，塑性黏度变化较小。计算模型结果表明泡沫改良粗粒土处于压力环境下的剪切行为更难从弹塑性固体转换为可压缩流体，而添加 FIR 能有效降低固-流转换的屈服点。

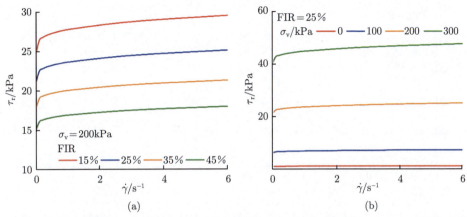

图 12-16　十字板残余剪切强度与剪切率关系曲线理论解：(a) 不同泡沫注入比；(b) 不同竖向总应力

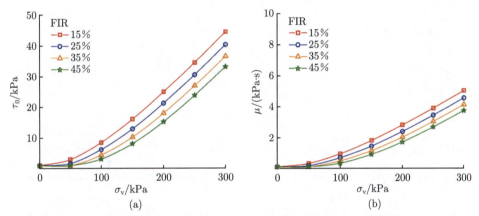

图 12-17　不同 FIR 大变形改良粗粒土流变参数随竖向总应力的变化：(a) 屈服应力；(b) 塑性黏度

### 2. 含水率

固定 FIR 为 25%，进一步探究含水率 $w$ 的影响。图 12-18 展示了不同含水率下十字板残余剪切强度随竖向总应力的变化情况。由图 12-18(a) 可知，随着含水率增大，残余剪切强度降低，残余剪切强度随竖向总应力的增长率减小；由图 12-18(b) 可知，剪切率相关残余强度曲线的截距随含水率增加而减小。进一步获取 H-B 模型流变参数，图 12-19 展示了不同含水率对应的屈服应力和塑性黏度计算解，发现屈服应力和塑性黏度均随含水率增加而减小，表明额外水的注入会降低固–流转换的应力屈服点，且减弱改良粗粒土剪切大变形行为对剪切率的敏感性。

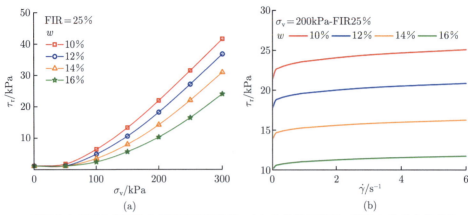

图 12-18　不同含水率下十字板残余剪切强度理论解：(a) 参考剪切率下，随竖向总应力的变化；(b) 随剪切率的变化

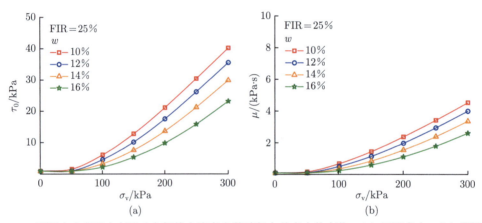

图 12-19　不同含水率下大变形改良粗粒土流变参数随竖向总应力的变化：(a) 屈服应力；(b) 塑性黏度

## 12.7　本 章 小 结

通过理论分析，本章构建了泡沫改良粗粒土不排水一维压缩性和残余剪切强度计算模型，结合室内试验结果分别对压缩和剪切计算模型进行了验证，并开展了敏感性分析，主要结论如下所述。

(1) 提出扩大系数 $\alpha$ 和孔隙比临界值 $e_{th}$ 分别表征泡沫初始充填状态和压缩过程中有效应力生成的临界点，推导初始孔隙比和饱和度；从细观角度揭示泡沫赋存状态重塑泡沫改良粗粒土有效应力的作用机理后，基于玻意耳定律、Henry 定律和土应力–应变的双曲线关系，建立了 $e \geqslant e_{th}$ 和 $e < e_{th}$ 两阶段不排水一维压缩行为的统一计算模型。理论解与试验结果对比验证了该模型的可靠性，揭示了不同 FIR 下孔隙比、孔隙压力随总应力变化规律。

(2) 对压缩性参数计算模型进行敏感性分析，结果表明：当更多泡沫贡献于扩大初始孔隙比，饱和度和应力相关孔隙比均增大，且泡沫改良粗粒土的扩大系数越大会使可压缩性越强，$e < e_{th}$ 阶段的孔隙压力越大；FIR 增加会降低初始饱和度但提高孔隙比，高总应力 ($\sigma_v \geqslant 250$kPa) 下孔隙比随 FIR 几乎不变，而可压缩性和 $e < e_{th}$ 阶段的孔隙压力随着 FIR 增大而增大；额外添加的水量改变了改良粗粒土实际 FIR 和 FER，进而影响压缩行为，孔隙比和孔隙压力随着含水率增加而增大，可压缩性在低总应力 ($\sigma_v < 20$kPa) 下随含水率增大而减小，但在高总应力下反而增大。

(3) 在压缩模型的基础上求解 $e \geqslant e_{th}$ 和 $e < e_{th}$ 两阶段的有效应力，并推导求解不排水剪切引起超孔隙压力的经验函数，然后依据莫尔–库仑准则给出残余状态竖向有效应力与剪切强度的计算公式，最后建立表征残余剪切强度与剪切率的计算公式。剪切试验结果与理论解对比发现，根据某些特定工况的少量试验结果拟合得到的材料常数，适用于外推计算其他总应力和改良参数下泡沫改良粗粒土的残余剪切强度和剪切大变形后的流变参数，克服试验获得的改良土流变参数仅能反映某一特定工况下改良土剪切大变形行为的缺点。

(4) 对十字板残余剪切强度计算模型进行敏感性分析，结果表明：残余剪切强度随竖向总应力增加而增加，随 FIR 或含水率增加而减小，然而残余剪切强度与竖向有效应力的正相关关系不随竖向总应力或 FIR 改变。残余剪切强度随剪切率增大而增大，但增长率减小，大变形泡沫改良粗粒土整体表现似剪切变稀流体。反映带压泡沫改良粗粒土流变行为的屈服应力和塑性黏度计算值均随竖向总应力增加而增加，随 FIR 或含水率增加而减小。

## 参 考 文 献

曹文贵, 李鹏, 张超, 等, 2015. 土的初始和再压缩曲线分析模型[J]. 岩石力学与工程学报, 34(1): 166-173.

杨益, 李兴高, 李兴春, 等, 2021. 基于 Herschel-Bulkley 流变模型的盾构螺旋输送机保压性能 [J]. 湖南大学学报 (自然科学版), 48(11): 195-204.

钟嘉政, 王树英, 冯志耀, 等, 2024. 基于有效应力原理的泡沫改良粗粒土不排水残余剪切强度计算模型 [J]. 岩土工程学报, 45(12): 2614-2623.

Bezuijen A, 2012. Foam used during EPB tunnelling in saturated sand, parameters determining foam consumption[C]. Proceedings of the World Tunnel Congress 2012. Bangkok, Thailand: 267-269.

Bezuijen A, Talmon A M, Joustra J F W, et al, 2006. Pressure gradients and muck properties at the face of an EPB[C]. Proceedings of the Symp. on Geotechnical Aspects of Underground Construction in Soft Ground, Rotterdam: 43-49.

Bishop A W, 1973. The influence of an undrained change in stress on the pore pressure in porous media of low compressibility[J]. Géotechnique, 23(3): 435-442.

Budach C, 2012. Untersuchungen zum erweiterten Einsatz von Erddruckschilden in grobkörnigem Lockergestein[D]. Bochum: Ruhr-Universität Bochum.

Ding L, Xiao C, Cui F, 2023. Analytical model for predicting time-dependent lateral deformation of geosynthetics-reinforced soil walls with modular block facing[J]. Journal of Rock Mechanics and Geotechnical Engineering, online, 16(2): 711-725.

Galli M, Thewes M, 2019. Rheological characterisation of foam-conditioned sands in EPB tunnel-ing[J]. International Journal of Civil Engineering, 17(1): 145-160.

Guida G, Einav I, Marks B, et al, 2020. Linking micro grainsize polydispersity to macro porosity[J]. International Journal of Solids and Structures, 187: 75-84.

Hu W, Rostami J, 2020. A new method to quantify rheology of conditioned soil for application in EPB TBM tunneling[J]. Tunnelling and Underground Space Technology, 96: 103192.

Liu K, Xue J, Yang M, 2016. Deformation behaviour of geotechnical materials with gas bubbles and time dependent compressible organic matter[J]. Engineering Geology, 213: 98-106.

Meng Q, Qu F, Li S, 2011. Experimental investigation on viscoplastic parameters of conditioned sands in earth pressure balance shield tunneling[J]. Journal of Mechanical Science and Technology, 25(9): 2259-2266.

Mori L, Mooney M, Cha M, 2018. Characterizing the influence of stress on foam conditioned sand for EPB tunneling[J]. Tunnelling and Underground Space Technology, 71: 454-465.

Nakata Y, Kato Y, Hyodo M, et al, 2001. One-dimensional compression behaviour of uniformly graded sand related to single particle crushing strength[J]. Soils and Foundations, 41(2): 39-51.

Peng Y, Ding X, Xiao Y, et al, 2020. Detailed amount of particle breakage in nonuniformly graded sands under one-dimensional compression[J]. Canadian Geotechnical Journal, 57(8): 1239-1246.

Skempton A W, 1954. The pore-pressure coefficients A and B[J]. Géotechnique, 4(4): 143-147.

Terzaghi K, Peck R B, Mesri G, 1996. Soil Mechanics in Engineering Practice[M]. New York: John Wiley & Sons.

Wang H, Wang S, Zhong J, et al, 2021. Undrained compressibility characteristics and pore pressure calculation model of foam-conditioned sand[J]. Tunnelling and Underground Space Technology, 118: 104161.

Wang S, Zhong J, Qu T, et al, 2024. A unified analytical model for undrained compressibility behavior of foam-conditioned coarse-grained soils based on effective stress analysis[J]. International Journal of Geomechanics, 24(5): 04024066.

Wu Y, Nazem A, Meng F, et al, 2020. Experimental study on the stability of foam-conditioned sand under pressure in the EPBM chamber[J]. Tunnelling and Underground Space Technology, 106: 103590.

Xu Y, Xu Y, Wang A, 2022. One-dimensional compression characteristics of uniformly graded sand under high stresses[J]. Granular Matter, 24(2): 1-12.

Yang G, Bai B, Liu Y, et al, 2021. Constitutive modeling for undrained shear behavior of gassy sand considering energy dissipation at the mesoscopic level[J]. Ocean Engineering, 219: 108307.

Zou W, Han Z, Ding L, et al, 2021. Predicting resilient modulus of compacted subgrade soils under influences of freeze-thaw cycles and moisture using gene expression programming and artificial neural network approaches[J]. Transportation Geotechnics, 28: 100520.

# 第 13 章 盾构改良土黏附性

## 13.1 引　　言

当盾构穿越黏性地层时，渣土容易黏附在刀盘面板、刀具、土舱内壁等金属材料，造成"结泥饼"现象，降低盾构掘进效率 (Peila et al., 2015; Thewes 和 Hollmann, 2016)。渣土是否"结泥饼"取决于渣土与刀盘等金属材料间的黏附强度 (Maidl et al., 1996; Milligan, 2000; EFNARC, 2005)。黏附强度主要由水膜张力、毛细管力、黏滞力和分子间引力等组成 (Fountaine, 1954; Akiyama 和 Yokoi, 1972; Bowden 和 Tabor, 1950; Ren et al., 2001)。土样含水率是影响土–金属界面黏附强度的最主要因素之一，国内外学者对于黏土与金属界面黏附强度随含水率的变化情况进行了相关研究。Birch 等 (2016) 采用自制的黏土–金属黏附测试仪测定土样与金属板间的切向黏附强度，随着含水率的增加，土样与金属板间的摩擦系数先增加然后减小，而黏聚力则一直增大。Basmenj 等 (2016) 采用直剪仪测定黏土–金属界面的黏附强度，随着含水率的增大，黏土–金属界面的切向黏附强度逐渐减小。Stafford 和 Tanner (1977) 同样采用直剪仪测定土样的切向黏附强度，得到土样与金属板间的摩擦系数、黏聚力随含水率的变化趋势与 Birch 等的结果相同。Zumsteg 和 Puzrin (2012) 采用自制旋转剪切仪测定了改良前后的渣土与金属的黏附强度，并采用公式拟合含水率与切向黏附强度的关系。虽然含水率很大程度上影响黏性土的黏附强度，然而，含水率却并不能准确反映黏性土的软硬状态，液塑限不同的黏性土即使含水率相同，二者所处的状态也可能截然不同，因此相同含水率时不同土样的黏附强度差别也较大。黏稠指数 $I_c$(见公式 (1-5)) 作为判断土的软硬状态的指标，能够更加客观反映出黏性土所处的状态，因此研究黏附强度随黏稠指数的变化情况，更能客观反映改良剂对黏性土黏附性的影响。

部分学者对黏土的黏附性随黏稠指数变化进行了研究。Feinendegen 等 (2011)、Spagnoli (2011) 将锥形金属块放入黏土试样中，然后缓慢拉伸圆锥金属块，以圆锥块上的黏土质量评价黏土的黏附性，试验结果表明随着黏稠指数的增加，圆锥上黏结的土样质量先增大然后逐渐减小。Thewes (1999)、Basmenj 等 (2016) 的试验结果表明随着黏稠指数的增加，黏土的黏附强度迅速增大。虽然上述研究阐述了黏土的黏附强度随黏稠指数的变化规律，但黏土的黏附强度与黏稠指数的定量关系仍然不明确，且未考虑黏土受改良剂的影响。在黏土中加入改良剂后，能够对黏土的液塑限产生显著的影响 (Merritt, 2005; Ye et al., 2016; Liu et al., 2018)，进而影响渣土的黏稠指数，因此黏土的黏附强度与黏稠指数的关系必然需要考虑渣土改良的影响。

本章通过旋转剪切仪试验，测定不同法向压力、黏稠指数、改良剂添加比时土样的黏土–金属界面切向黏附强度，分析改良剂对黏附强度的影响规律，在考虑改良剂对土样液塑限影响的情况下，建立黏附强度与黏稠指数、法向压力的关系，并探究黏附强度减小量随液限减小量的变化规律 (Liu et al., 2019; Wang et al., 2020)。

# 13.2　旋转剪切试验

## 13.2.1　试验材料与仪器

试验材料采用蒙脱土和高岭土,材料详细参数见 2.2.1 节。为评价黏土黏附性,首先需要能够测定黏土黏附强度的试验仪器。目前评价黏土黏附性的试验仪器主要有直剪仪 (Basmenj et al., 2016;桑伟等, 2015)、静态黏附仪 (Peila et al., 2016)、黏附阻力测试仪 (刘大鹏, 2012) 和圆盘剪切仪 (Zumsteg 和 Puzrin, 2012) 等。直剪仪通过将下剪切盒填入金属块、上剪切盒填入土样来实现土样黏附强度的测定,但是此种方法仅能测试黏稠指数较高 (含水率较低) 的土样,黏稠指数较低 (含水率较高) 的土样易被剪切盒挤出,且难以测定大变形情况下土样的黏附强度。静态黏附仪通过在金属板上放置试验土样,然后缓缓抬升金属板一侧直至土样开始滑动,记录此时的角度来评价渣土的黏附性,但此种方法不能获得土样的黏附强度,且仅能在大气压条件下进行,土样与盾构渣土受力状态不同。黏附阻力测试仪通过在桶中装入一定质量的土样,桶上方连接拉力计,竖向拉动拉力计带动桶壁缓缓提升,当桶刚要提起时,记录此时拉力计的示数,依此拉力评价土样的黏附性,但此试验也无法对土样施加法向压力。Zumsteg 和 Puzrin (2012) 提出采用圆盘旋转剪切仪来测定土样黏附强度,旋转剪切仪主要包含试样腔、加载装置和电机等,将金属剪切圆盘埋于土样之中,对试样腔施加一定压力,使金属剪切圆盘在一定土压下进行旋转剪切,并记录剪切所需的扭矩,依此计算土样的黏附强度,该试验能够模拟盾构渣土的受力状态,并直接测定黏土的黏附强度。然而,该仪器的试样腔截面为正方形,尖角处难以填实土样,且试样腔位于仪器顶部,不便于试验操作,另外试验腔尺寸过小,易因尺寸效应影响试验的可靠性。

在调研已有仪器的基础上,研发了新型旋转剪切仪 (图 13-1),试验仪器原理如图 13-1 (a) 所示,对土样施加法向压力 $P$ 后,转动圆盘,根据转动过程中测得的扭矩 $T$,采用式 (13-1) 即可得到黏土–金属界面间的剪切应力 (Zumsteg 和 Puzrin, 2012):

$$\tau = \frac{6T}{\pi D_{\mathrm{d}}^3} \tag{13-1}$$

式中, $\tau$ 表示黏土–金属界面剪切应力; $T$ 表示旋转扭矩; $D_{\mathrm{d}}$ 表示圆盘直径。

试验仪器 (图 13-1) 由试样腔、圆盘、加载系统、动力系统和控制系统组成。试样腔内主要放置土样,圆盘埋置于土样中,加载系统给试样提供法向压力,动力系统则用于带动圆盘旋转,控制系统能够控制试验条件并采集和储存试验数据。

试样腔 (图 13-2 (a)) 包括腔体、透水板和盖板,腔体用于盛放土样,透水板放置于土样顶部,既能对土样进行排水又能防止土样黏附在加载板上,便于加载板拆卸,加载板放置于透水板上部,用于密封试样腔,且传递法向压力给透水板,实现对土样的加载,在盖板顶部设置有排水阀,控制试验排水条件。为便于土样能够在试样腔内填实,将试样腔截面形状设计成圆形。试样腔内径为 200mm,采用不锈钢制成,为防止剪切过程中由于土样与试样腔内壁黏结不牢造成试样整体转动,将试样腔内壁加工成粗糙面。

圆盘 (图 13-2 (b)) 能够独立拆卸,其尺寸主要参考 ASTM 标准 (D2573—2018) 中对十字剪切板的建议:对于坚硬的土样,直径可取 35 ~ 50mm;对于较软的土样,直径可取 75 ~ 100mm，由于盾构渣土含水率较高，土样处于较软的状态，因此圆盘的直径定为 75mm。此外，圆盘轴的尺寸不能超过圆盘直径的 10%，在保证强度的前提下圆盘轴的直径定为 5mm。

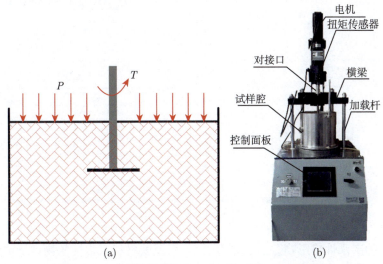

图 13-1 小型旋转剪切仪：(a) 原理图；(b) 实物图

图 13-2 试样腔和圆盘实物图：(a) 试样腔；(b) 圆盘

加载系统包括位于仪器内部的气压腔、仪器两侧的加载杆和盖板上部的横梁，气压腔内通入高压气体后带动加载杆向下运动，加载杆向下运动与横梁接触后将压力传递给横梁，横梁对盖板施压后再将压力传递至土样，实现对土样的法向压力加载。由于盾构施工时土舱压力一般不超过 3bar，因此仪器的最大可加载法向压力定为 5bar。

动力系统包括伺服电机、扭矩传感器和对接口，电机可以实现无级变速，扭矩传感器固定在电机一端，另一端与对接口相连，对接口另一端与圆盘采用螺栓夹持连接，电机带动扭矩传感器，扭矩传感器通过对接口带动圆盘旋转。

控制系统包括控制面板和控制软件，控制面板上实时显示法向压力和实时扭矩值，控制软件 (图 13-3) 则能够控制法向压力、剪切速度和数据采集频率等参数，并记录和储存试验数据。

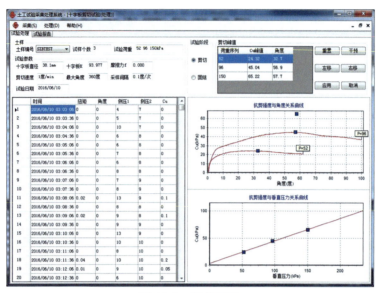

图 13-3  软件界面

圆盘材料的亲水性将影响黏土的黏附强度,而反映材料亲水性的物理量称为接触角,即在气体、液体和固体的交点处所作的气–液界面的切线在液体一方与固–液交界线之间的夹角 $\theta$ (图 13-4)。当液体为水时,接触角表征固体材料的亲水程度,接触角越大,表明固体材料疏水性越强;接触角越小,表明材料亲水性越强。

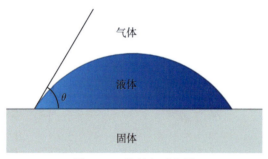

图 13-4  接触角示意图

仪器中的圆盘可以更换,为了探究接触角 ($C_a$) 对黏土黏附强度的影响,制作了不同材料的圆盘,其中金属材料有 304 不锈钢、$Cr_{12}MoV$ 模具钢、45 钢、Q235 钢,各材料的接触角如表 13-1 所示。由于以上材料均属于金属材料,其接触角差别不大,为了扩大接触角的范围,方便深度探究接触角对黏土黏附强度的影响,又增加了聚甲醛 (POM) 和聚乙烯 (PE) 两种材料,二者的接触角分别为 78.32° 和 94.51°。为了研究粗糙度对黏附强度的影响,还将 304 不锈钢加工成不同粗糙度 ($R_a$),测定在不同粗糙度工况下黏土的黏附强度变化规律,不同材质粗糙度如表 13-1 所示。

表 13-1 不同材料圆盘接触角与粗糙度

| 材料 | 接触角/(°) | 粗糙度/μm |
|---|---|---|
| $Cr_{12}MoV$ 模具钢 | 58.96 | 0.34 |
| 45 钢 | 58.76 | 0.34 |
| Q235 钢 | 57.15 | 0.34 |
| 304 不锈钢 | 62.04 | 0.34 |
| 304 不锈钢 | 62.04 | 4.84 |
| 304 不锈钢 | 62.04 | 11.03 |
| 聚甲醛 | 78.32 | 0.34 |
| 聚乙烯 | 94.51 | 0.34 |

### 13.2.2 试验步骤

为了测定黏土的黏附强度，开展小型旋转剪切试验，主要步骤如下所述。

(1) 将土样在 105° 情况下烘干 24h，称取 10kg 干燥后的土样，然后根据液塑限和黏稠指数计算获得土样所需水的质量，并将所需的水加入土样中，搅拌均匀后，密封放置 24h，充分润湿土样 (图 13-5 (a))。

图 13-5 小型旋转剪切试验过程：(a) 准备试样；(b) 装样；(c) 放置加载板；(d) 加载剪切

(2) 如需加入分散剂，则将分散剂与水混合后加入土样中，并快速搅拌均匀。然后将配制的土样装入试样腔内，分层压实；当装样至试验腔高度的 2/3 处时，刮平试样表面，将圆盘轻压入土样表面 (图 13-5 (b))，继续分层装样，直至装满试样腔，然后盖上透水板 (图 13-5 (c))。除探究不同材质对黏附强度影响时分别采用以上 6 种材料的圆盘外，其余工况均采用 304 不锈钢圆盘。

(3) 为排出加载板与土样之间的空气，试验加载前首先打开排水阀，采用 10kPa 法向应力对试样预加载 30s。由于盾构在掘进过程中土舱内的渣土来不及排水固结，因此旋转剪切试验条件定为不排水不固结。关闭排水阀，按照预定法向压力对试样进行加载。为确定法向压力加载时间，在法向压力分别为 50kPa、100kPa、200kPa 和 300kPa 条件下对试样连续加载 1h，每隔一段时间读取法向位移，得到法向位移与时间关系如图 13-6 所示。在加载初始阶段，法向位移快速增加，最后逐渐趋于稳定。当加载时间达到 5min 后，法向位移基本不发生变化，因此法向压力加载时间定为 5min。

(4) 在加载过程中将电机与剪切板连接，待法向加载完成后，开始对试样进行剪切。参考 ASTM 标准 (D4648—2000) 中对于室内十字剪切板的建议，圆盘剪切速度设定为 20°/min，试验过程中数据的采集频率为 1 次/(°) (图 13-5 (d))。

(5) 剪切结束后，存储并处理数据，取圆盘附近土样测定实际含水率。

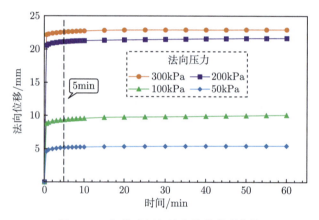

图 13-6　加载时间与法向位移关系曲线

为探究不同影响因素下黏土黏附强度的变化规律，试验工况如表 13-2 所示。

表 13-2　小型旋转剪切试验工况表

| 黏稠指数 | 法向压力/kPa | 塑性指数 | 接触角/(°) | 粗糙度/μm | 分散剂添加比/% |
|---|---|---|---|---|---|
| 0.2 ~ 1 | 50<br>100<br>200<br>300 | 256.9<br>122.4<br>89.4<br>81.8<br>24.4 | 58.96<br>58.76<br>57.15<br>62.04<br>78.32<br>94.51 | 0.34<br>4.84<br>11.03 | 2<br>4<br>6<br>8 |

注：表中黏稠指数按照公式 (2-2) 计算得到，由于盾构渣土黏稠指数一般为 0.4 ~ 0.75，则为探究黏附强度变化规律，将土样的黏稠指数扩大至 0.2 ~ 1.0。在配制试样时根据设计黏稠指数加入了定量的水，但试样含水率则依据试验结束后采集的圆盘周围土样的含水率测定结果，导致土样含水率数据过多，换算成黏稠指数后，在表中采用范围表示。

## 13.3  黏土旋转剪切特征

图 13-7 给出了含水率 37.3%、28.0%情况下试样的旋转剪切曲线,试验土样在不同压力、分散剂添加比情况下,其剪切曲线变化趋势基本相同:当开始剪切时,随着剪切角度的增加,剪切应力快速增加;当达到一定值,即土样破坏后,剪切应力基本保持不变。黏土–金属界面剪切力学行为呈现理想弹塑性特征,且改良剂不会改变这种力学特性,在其他含水率条件下,黏土–金属界面剪切力学行为呈现出相似的特征。采用稳定后剪切应力的平均值作为黏土的黏附强度,即当间隔 1° 采集得到的扭矩差值小于 0.02N·m 时,以此采集点为起点,求得其后所有剪切应力平均值即为黏附强度。

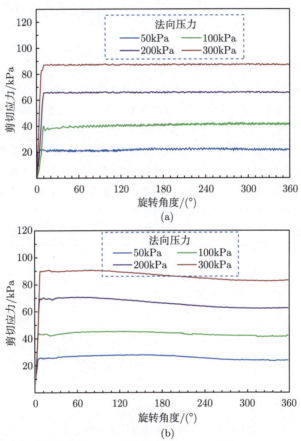

图 13-7  高蒙混合土改良前后剪切曲线:(a) 添加比 0%,含水率为 37.3%;(b) 添加比 4%,含水率为 28.0%

## 13.4  不同因素影响下黏附强度变化

### 13.4.1  软硬状态对黏附强度的影响

黏土的黏附强度随含水率变化如图 13-8 所示,当土样含水率小于 105.1%时,随着含水率的增加,土样的黏附强度急剧减小,且不同法向压力状态下黏附强度差别较大;而当含水率大于 105.1%后，随着含水率的增大，黏附强度则基本保持不变，且不同法向压力状态下黏附强度差别不大。

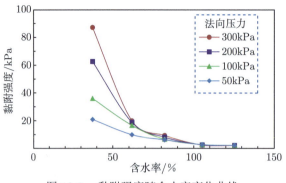

图 13-8　黏附强度随含水率变化曲线

由于不同黏土的界限含水率不同，即使相同含水率的土样，其软硬状态也差别较大，而黏稠指数 $I_c$ 则同时考虑了土样的液塑限和含水率，将黏土在液限和塑限时的含水率状态分别用 0 和 1 表示，液塑限之间的状态则用 0 和 1 之间的数值表示，实现了对黏土状态的归一化，因此可采用黏稠指数表征渣土的软硬状态。将含水率换算成为黏稠指数后，得到黏附强度随黏稠指数变化如图 13-9 所示，当黏稠指数小于 0.5 时，土样的黏附强度很小，且不同黏稠指数土样的黏附强度差别不大；当黏稠指数大于 0.5 时，土样的黏附强度急剧增加，且不同法向压力状态下，黏附强度差别较大。

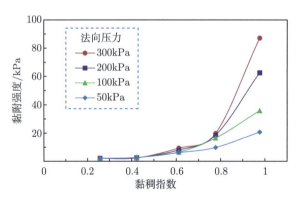

图 13-9　黏附强度随黏稠指数变化曲线

### 13.4.2　法向压力对黏附强度的影响

为研究法向压力对黏土黏附强度的影响，测定黏稠指数为 0.4 和 0.8 时不同法向压力下高蒙混合土的黏附强度，试验结果如图 13-10 所示。当土样的黏稠指数为 0.8 时，若法向压力小于 200kPa，则黏土的黏附强度随着法向压力的增加逐渐增大；当法向压力大于 200kPa 时，土样的黏附强度基本不再变化。随着法向压力的逐渐增加，黏土的黏附强度与法向压力的曲线斜率逐渐减小，这表明法向压力对黏附强度的影响逐渐减弱，这主要是因为当法向压力增大时，试样被压缩后趋于饱和。当黏稠指数减小至 0.4 时，黏附强度与法向压力的曲线斜率基本为 0，即黏土的黏附强度不再随法向压力的增加而变化，这主要是因为土样的含水率增加后，土样基本饱和，此时法向压力由土样中的水承担，法向压力不再对黏附强度产生影响，与饱和土的不排水抗剪强度变化特征类似。

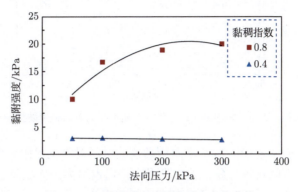

图 13-10　黏附强度随法向压力变化曲线

### 13.4.3　塑性指数对黏附强度的影响

为研究塑性指数对黏土黏附强度的影响，以蒙脱土、高岭土和高蒙混合土为试验土样，测定在法向压力 100kPa 情况下黏土的黏附强度，试验土样的塑性指数分别为 256.9、122.4、89.4、81.8 和 24.4，试验结果如图 13-11 所示。在测试范围内，随黏稠指数的增大，五种土样的黏附强度都是先缓慢增大然后急剧增加，黏附强度随黏稠指数的变化规律基本相同。当黏稠指数相同时，不同塑性指数的黏土的黏附强度差别较小，即塑性指数对黏土的黏附强度影响不大。

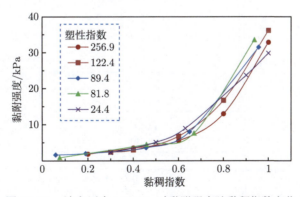

图 13-11　法向压力 100kPa 时黏附强度随黏稠指数变化

### 13.4.4　接触角对黏附强度的影响

为研究接触角对黏土黏附强度的影响，分别采用模具钢、45 钢、Q235 钢、304 不锈钢、聚甲醛 (POM) 和聚乙烯 (PE) 加工成剪切圆盘，测定在 100kPa 法向压力时黏土的黏附强度，结果如图 13-12 所示。

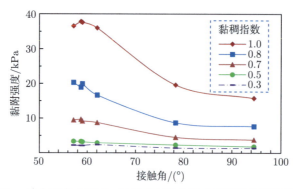

图 13-12    法向压力 100kPa 时圆盘与黏土间的黏附强度随接触角变化

当土样的黏稠指数小于 0.5 时，不同接触角的材料对黏土黏附强度影响不大，但当黏稠指数大于 0.5 时，不同材料与黏土的黏附强度差别也增大，接触角越大，黏附强度越小。由于金属材料的接触角介于 57.15° ~ 62.04°，相差不大，因此不同金属材料间的黏附强度差别较小；而两种有机材料聚甲醛和聚乙烯的接触角明显大于金属的接触角 (见表 13-1)，黏土的黏附强度也就明显减小。因此，接触角对黏附强度的影响较大，但是由于金属材料的接触角相似，其与黏土界面的黏附强度并不存在差异。

### 13.4.5    粗糙度对黏附强度的影响

为研究圆盘粗糙度对黏土黏附强度的影响，将 304 不锈钢的圆盘的表面粗糙度分别加工为 0.34μm、4.84μm 和 11.03μm，分别测定在 50kPa 和 100kPa 法向压力下黏土的黏附强度，试验结果如图 13-13 所示。在黏稠指数较小时，不同粗糙度的圆盘与黏土界面的黏

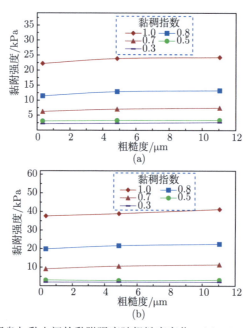

图 13-13    圆盘与黏土间的黏附强度随粗糙度变化：(a)50kPa；(b)100kPa

附强度基本相同；随着黏稠指数的增加，粗糙度对黏土黏附强度的影响逐渐增强，即粗糙度越大，黏土的黏附强度也就越大。虽然粗糙度能够在一定程度上影响黏附强度，但总体来说，粗糙度对黏土黏附强度的影响相对较小。

# 13.5　黏附强度计算模型

## 13.5.1　影响因素关联性分析

黏土的黏稠指数、法向压力、塑性指数、圆盘的接触角和粗糙度均能影响黏附强度，但各因素影响程度不同。为了分析不同因素对黏土黏附强度影响大小，需要一种能够定量化描述各因素对黏土黏附强度影响程度的方法。Deng (1989) 提出的灰色理论是针对一个不确定、数据有限、信息贫乏的系统而设计的。这种方法可以在有限的数据条件下找到因变量与各种自变量之间的相关性。灰色关联分析是灰色系统理论的一部分，该技术为分析因变量与各种自变量之间的相关性提供了一种新的方法。无论样本大小，以及数据是否满足某种常规分布，灰色关联分析都适用 (Liu 和 Forrest，2010)。因此，灰色关联分析是一种较为合适的分析黏土黏附强度与影响因素之间关系的方法。用于灰色关联分析的试验工况和数据见表 13-3。

表 13-3　不同试验工况下的测试结果

| 黏稠指数 | 法向压力/kPa | 塑性指数 | 接触角/(°) | 粗糙度/μm | 黏附强度/kPa |
|---|---|---|---|---|---|
| 1.0 | 100 | 122.4 | 62.04 | 0.34 | 36.10 |
| 0.8 | 100 | 122.4 | 62.04 | 0.34 | 16.73 |
| 0.6 | 100 | 122.4 | 62.04 | 0.34 | 6.81 |
| 0.4 | 100 | 122.4 | 62.04 | 0.34 | 2.97 |
| 0.3 | 100 | 122.4 | 62.04 | 0.34 | 2.38 |
| 0.2 | 100 | 122.4 | 62.04 | 0.34 | 2.33 |
| 0.1 | 100 | 122.4 | 62.04 | 0.34 | 1.80 |
| 1.0 | 50 | 122.4 | 62.04 | 0.34 | 21.01 |
| 1.0 | 100 | 122.4 | 62.04 | 0.34 | 36.10 |
| 1.0 | 200 | 122.4 | 62.04 | 0.34 | 62.77 |
| 1.0 | 300 | 122.4 | 62.04 | 0.34 | 87.26 |
| 1.0 | 100 | 24.4 | 62.04 | 0.34 | 29.83 |
| 1.0 | 100 | 65.6 | 62.04 | 0.34 | 30.72 |
| 1.0 | 100 | 122.4 | 62.04 | 0.34 | 36.10 |
| 1.0 | 100 | 201.5 | 62.04 | 0.34 | 31.21 |
| 1.0 | 100 | 256.9 | 62.04 | 0.34 | 32.82 |
| 1.0 | 100 | 122.4 | 57.15 | 0.34 | 36.67 |
| 1.0 | 100 | 122.4 | 58.67 | 0.34 | 37.94 |
| 1.0 | 100 | 122.4 | 58.96 | 0.34 | 37.72 |
| 1.0 | 100 | 122.4 | 62.04 | 0.34 | 36.10 |
| 1.0 | 100 | 122.4 | 78.32 | 0.34 | 19.64 |
| 1.0 | 100 | 122.4 | 94.51 | 0.34 | 14.84 |
| 1.0 | 100 | 122.4 | 62.04 | 0.34 | 37.72 |
| 1.0 | 100 | 122.4 | 62.04 | 4.84 | 39.04 |
| 1.0 | 100 | 122.4 | 62.04 | 11.03 | 41.39 |
| 1.0 | 100 | 122.4 | 62.04 | 23.20 | 42.24 |

将黏稠指数、法向压力、塑性指数、接触角和粗糙度分别记为变量 $X_1 \sim X_5$，将黏土

的黏附强度记为 $Y_i$，则

$$\begin{bmatrix} X_1 \\ Y_1 \end{bmatrix} = \begin{bmatrix} 1.0 & 0.8 & 0.6 & 0.4 & 0.3 & 0.2 & 0.1 \\ 36.10 & 16.73 & 6.81 & 2.97 & 2.38 & 2.33 & 1.80 \end{bmatrix}$$

$$\begin{bmatrix} X_2 \\ Y_2 \end{bmatrix} = \begin{bmatrix} 50 & 100 & 200 & 300 \\ 21.01 & 36.10 & 62.77 & 87.26 \end{bmatrix}$$

$$\begin{bmatrix} X_3 \\ Y_3 \end{bmatrix} = \begin{bmatrix} 24.4 & 65.6 & 122.4 & 201.5 & 256.9 \\ 29.83 & 30.72 & 36.10 & 31.21 & 32.82 \end{bmatrix}$$

$$\begin{bmatrix} X_4 \\ Y_4 \end{bmatrix} = \begin{bmatrix} 57.15 & 58.67 & 58.96 & 62.04 & 78.32 & 94.51 \\ 36.67 & 37.94 & 37.72 & 36.10 & 19.64 & 14.84 \end{bmatrix}$$

$$\begin{bmatrix} X_5 \\ Y_5 \end{bmatrix} = \begin{bmatrix} 0.34 & 4.84 & 11.03 & 23.20 \\ 37.72 & 39.04 & 41.39 & 42.24 \end{bmatrix}$$

### 1. 无量纲化处理

由于 $X_i$、$Y_i$ 的单位不统一，无法进行计算，因此需要对各参数首先进行无量纲化处理，可采用式 (13-2) 和式 (13-3) 的均质算子对各参数进行无量纲化处理。

$$X'_i = \frac{x_i(k)}{\overline{X_i}} \tag{13-2}$$

$$Y'_i = \frac{y_i(k)}{\overline{Y_i}} \tag{13-3}$$

式中，$x_i(k)$、$y_i(k)$ 表示 $X_i$、$Y_i$ 的第 $k$ 个元素；$\overline{X_i}=[x_i(1) + x_i(2) + \cdots + x_i(n)]/n$；$\overline{Y_i} = [y_i(1) + y_i(2) + \cdots + y_i(n)]/n$。

各数据无量纲化后的计算结果如下：

$$\begin{bmatrix} X'_1 \\ Y'_1 \end{bmatrix} = \begin{bmatrix} 2.06 & 1.65 & 1.24 & 0.82 & 0.62 & 0.41 & 0.21 \\ 3.75 & 1.65 & 0.67 & 0.29 & 0.23 & 0.23 & 0.18 \end{bmatrix}$$

$$\begin{bmatrix} X'_2 \\ Y'_2 \end{bmatrix} = \begin{bmatrix} 0.31 & 0.62 & 1.23 & 1.85 \\ 0.41 & 0.70 & 1.21 & 1.69 \end{bmatrix}$$

$$\begin{bmatrix} X'_3 \\ Y'_3 \end{bmatrix} = \begin{bmatrix} 0.18 & 0.49 & 0.91 & 1.50 & 1.91 \\ 0.93 & 0.96 & 1.12 & 0.97 & 1.02 \end{bmatrix}$$

$$\begin{bmatrix} X'_4 \\ Y'_4 \end{bmatrix} = \begin{bmatrix} 0.84 & 0.86 & 0.86 & 0.91 & 1.15 & 1.38 \\ 1.20 & 1.24 & 1.24 & 1.18 & 0.64 & 0.49 \end{bmatrix}$$

$$\begin{bmatrix} X'_5 \\ Y'_5 \end{bmatrix} = \begin{bmatrix} 0.03 & 0.49 & 1.12 & 2.35 \\ 0.94 & 0.97 & 1.03 & 1.05 \end{bmatrix}$$

### 2. 绝对差计算

按照公式 (13-4) 计算各个序列在各点的绝对差，并求解得到最大和最小绝对差值。

$$\Delta_i(k) = |y'_i(k) - x'_i(k)| \tag{13-4}$$

式中，$\Delta_i(k)$ 为各指标的绝对差；$x_i'(k)$、$y_i'(k)$ 分别表示 $X_i'$、$Y_i'$ 的第 $k$ 个元素。

各数据的绝对差计算结果如下：

$$[\Delta_1] = [1.69\ 0\ 0.57\ 0.53\ 0.38\ 0.18\ 0.03]$$

$$[\Delta_2] = [0.10\ 0.08\ 0.02\ 0.16]$$

$$[\Delta_3] = [0.74\ 0.47\ 0.21\ 0.53\ 0.89]$$

$$[\Delta_4] = [0.37\ 0.39\ 0.37\ 0.28\ 0.50\ 0.90]$$

$$[\Delta_5] = [0.91\ 0.48\ 0.09\ 1.30]$$

最大绝对差 $M = \max\limits_i \max\limits_k \Delta_i(k) = 1.69$，最小绝对差 $m = \min\limits_i \min\limits_k \Delta_i(k) = 0$，这里，$\max\limits_k \Delta_i(k)$、$\min\limits_k \Delta_i(k)$ 分别为差序列 $\Delta_i$ 的一级最大和最小差，$\max\limits_i \max\limits_k \Delta_i(k)$、$\min\limits_i \min\limits_k \Delta_i(k)$ 分别为差序列 $\Delta_i$ 的二级最大和最小差。

3. 关联度计算

按照以下公式即可分别计算得到黏稠指数、法向压力、塑性指数、接触角、粗糙度与黏土黏附强度的关联系数。

$$\varepsilon_i(k) = \frac{m + \rho M}{\Delta_i(k) + \rho M} \tag{13-5}$$

式中，$\varepsilon_i(k)$ 表示第 $k$ 个元素与 $Y$ 的关联系数；$\rho$ 为分辨系数，按照下列方法取值。

令 $\Delta_v$ 为绝对差序列 $\Delta$ 的平均值，即

$$\Delta_v = \frac{1}{26} \sum_i \sum_k \Delta_i(k) \tag{13-6}$$

当 $M > 3\Delta_v$ 时，$\dfrac{\Delta_v}{M} \leqslant \rho \leqslant \dfrac{1.5\Delta_v}{M}$；当 $M < 3\Delta_v$ 时，$\dfrac{1.5\Delta_v}{M} \leqslant \rho \leqslant \dfrac{2\Delta_v}{M}$。

由式 (13-6) 求得 $\Delta_v = 0.48$，进一步得到 $0.3 \leqslant \rho \leqslant 0.5$，取 $\rho$ 为 0.4。关联度 $r_i$ 的计算方法如下式所示：

$$r_i = \frac{1}{n} \sum_{k=1}^n \varepsilon_i(k) \tag{13-7}$$

最终得到黏稠指数、法向压力、塑性指数、接触角、粗糙度与黏土黏附强度的关联度如表 13-4 所示。

表 13-4　各影响因素与黏土黏附强度的关联度

| 影响因素 | 黏稠指数 $I_c$ | 法向压力 $\sigma_n$ | 塑性指数 $I_p$ | 接触角 $C_a$ | 粗糙度 $R_a$ |
|---|---|---|---|---|---|
| 关联度 $r_i$ | 0.68 | 0.89 | 0.56 | 0.61 | 0.56 |

4. 关联度分析

灰色关联度 $r_i$ 用于评价两个序列间的相关性指标，其值越接近 1，表明两序列间的关联性越好；其值越接近 0，表明两序列间的关联性越差。由表 13-4 可知，$r_2 > r_1 > r_4 > r_3 = r_5$，

即对黏土黏附强度影响的因素由大到小依次是：法向压力 > 黏稠指数 > 接触角 > 塑性指数 = 粗糙度。Liu 和 Forrest (2010) 指出当自变量与因变量间的灰色关联度大于 0.6 时，可认为二者有重要联系，因此法向压力、黏稠指数、接触角对黏土的黏附强度均有重要影响。

### 13.5.2 黏附强度计算模型

法向压力、黏稠指数和接触角都能够对黏土的黏附强度产生重要影响，而土样的塑性指数和金属板表面粗糙度对黏附强度影响有限，在分析时可忽略二者影响。进一步地，由于盾构刀盘、刀具、土舱隔板等均为金属材料制成，由表 13-1 和图 13-12 可知，金属材料间的接触角差别较小，且不同金属材料与黏土间的黏附强度差别不大，因此在计算黏土的黏附强度时，也可忽略接触角的影响。

由上述分析可知，黏土黏附强度的主要影响因素有土样的黏稠指数和法向压力。由图 13-9 可知，黏土的黏附强度与黏稠指数间基本符合指数函数关系，因此采用指数函数拟合二者关系，并考虑法向压力的影响，得到黏附强度与黏稠指数、法向压力间的关系式如下：

$$a = 1.37 \cdot (0.17 \cdot \sigma_n + 7.65)^{I_c} \tag{13-8}$$

式中，$a$ 表示黏土黏附强度；$\sigma_n$ 表示法向压力；$I_c$ 表示土样的黏稠指数。

不同法向压力下，黏土的黏附强度测试值与拟合曲线如图 13-14 所示，图例中 "$I_p$-$C_a$-$R_a$" 分别表示土样的塑性指数、接触角 (°) 和金属板表面粗糙度 (μm)，下同。由图可知，拟合值与实测值基本相符，且拟合系数达到 0.91，可认为拟合模型正确，需要注意的是由于试验中土样的最大黏稠指数为 1.0，式 (13-8) 仅适用于土样的黏稠指数小于 1.0 的情况。

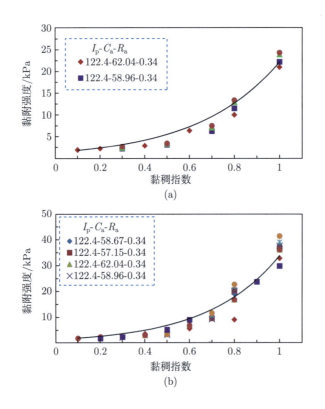

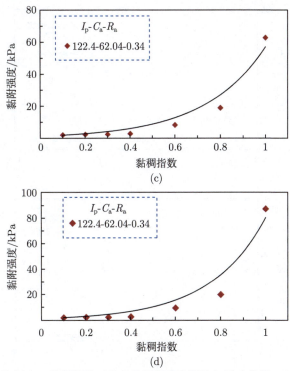

图 13-14    在不同法向压力、黏稠指数下黏土黏附强度实测值与拟合曲线：(a)50kPa；(b)100kPa；
(c)200kPa；(d)300kPa

## 13.6    分散剂作用下黏附强度变化

### 13.6.1    不同含水率土样黏附强度

盾构在黏性较大的地层中掘进时，一般需采用分散剂减小渣土对刀盘、刀具等金属材料的黏附性。为探究分散剂对黏土黏附强度影响，以高蒙混合土作为试验土样，六偏磷酸钠作为分散剂，测定不同分散剂添加比时土样的黏附强度变化规律。

图 13-15 给出了不同法向压力下高蒙混合土的黏附强度随含水率变化曲线，随着含水率的增加，土样的黏附强度先急剧减小，然后逐渐趋于稳定。在相同含水率时，改良后渣土的黏附强度明显小于改良前，且含水率越低或法向压力越大，黏附强度越大，黏附强度减小也越明显。这主要是因为六偏磷酸钠主要成分为多偏磷酸钠，每个多偏磷酸钠阴离子中含有 $30 \sim 90$ 个磷酸根基团，可形成一条类似有机物的长链 (刘亚川和张克仁，1993)。由 2.5.1 节可知六偏磷酸钠溶于水后产生的多偏磷酸离子能够吸附在黏土颗粒的边角处，使黏土颗粒的 Zeta 电位增加 (即颗粒的负电荷增强)，进一步使颗粒间的互斥能增加，黏土颗粒间的联结减弱，抗剪强度和液限显著减小。颗粒间排斥能增大造成颗粒的分散性增强，结合水含量降低，土样中的自由水含量增加，自由水能够填充在黏土颗粒和金属板间，起到润滑作用，因此在相同含水率时，加入分散剂后土样的黏附强度明显降低。随着分散剂添加比的增加，土样中的六偏磷酸钠浓度增大，吸附在黏土颗粒边角位置上的多偏磷酸离子

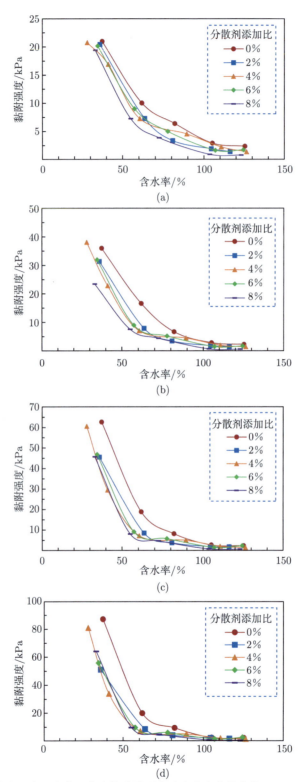

图 13-15　不同法向压力下高蒙混合土的黏附强度随含水率变化曲线：(a)50kPa ；(b)100kPa；
(c)200kPa；(d)300kPa

也增多，使土颗粒的负电荷量增大，土样的分散性增强，土样中的结合水含量降低，自由水含量增加，因此随着分散剂添加比的增加，土样的黏附强度减小。

### 13.6.2 不同黏稠指数土样黏附强度

相比于含水率，黏稠指数 $I_c$ 更能够表征黏土的软硬状态，在考虑分散剂对土样液塑限影响后，得到黏土黏附强度随黏稠指数变化曲线如图 13-16 所示。当黏稠指数小于 0.6 时，随着黏稠指数的增大，土样的黏附强度缓慢增大；当黏稠指数大于 0.6 时，土样的黏附强度急剧增大。改良后黏土的黏附强度变化趋势与 Thewes（1999）、Basmenj 等（2016）测得的黏土结果一致，但他们没有考虑改良剂对黏附强度的影响。土样的黏附强度与黏稠指数基本呈指数关系，即对于改良前后的土样，只要其黏稠指数相同，土样的黏附强度也相等。黏稠指数是表征土样软硬程度的物理量，因此只要土样的软硬程度相同，黏附强度也差别不大。

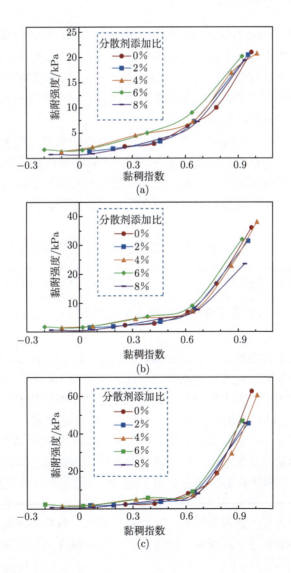

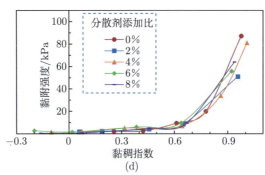

图 13-16　不同法向压力下黏附强度随黏稠指数变化曲线：(a)50kPa ； (b)100kPa； (c)200kPa；
(d)300kPa

### 13.6.3　分散剂对黏附强度影响

将由式 (13-8) 得到的拟合曲线与分散剂作用情况下测得的黏附强度进行对比，结果如图 13-17 所示，测试数据与拟合曲线的相关性较好，在法向压力 50kPa、100kPa、150kPa 和 200kPa 条件下拟合系数分别达到了 0.9305、0.9178、0.8893 和 0.8779，因此上述拟合公式也适用于分散剂作用下的改良渣土黏附强度计算。拟合曲线与测试数据的高度相关性也进一步验证了拟合公式的正确性。

为了定量地评价分散剂的作用效果，现提出平均黏附强度的概念，表示某一含水率范围内黏土黏附强度的平均值，具体求解方法如下：土样的黏稠指数由液塑限和含水率确定，因此将式 (13-8) 中的黏稠指数用式 (2-2) 代替，即可得到黏附强度与含水率、法向压力的关系，则土样在某个含水率范围内的黏附强度平均值由下式求得

$$\overline{\tau_{\mathrm{as}}}=\frac{\int_{w_1}^{w_2}\tau_{\mathrm{as}}\mathrm{d}w}{w_2-w_1}=\frac{\int_{w_1}^{w_2}1.37\cdot(0.17\cdot\sigma_{\mathrm{n}}+7.65)^{\frac{w_{\mathrm{L}}-w}{I_{\mathrm{P}}}}\mathrm{d}w}{w_2-w_1} \tag{13-9}$$

式中，$w_1$ 和 $w_2$ 分别表示测试土样的最小和最大含水率，$\tau_{\mathrm{as}}$ 表示在 $w_1\sim w_2$ 含水率范围内黏附强度平均值。

测定土样的含水率范围为 25% ~ 130%，因此 $w_2$ 取 130%，$w_1$ 取 25%。在不同法向压力下，土样平均黏附强度随改良剂添加比变化情况如图 13-18 所示，随着六偏磷酸钠添加比的增加，相同含水率范围土样的平均黏附强度先减小然后基本保持不变。当添加比小于 4% 时，随着六偏磷酸钠添加比的增加，平均黏附强度逐渐减小，但曲线斜率逐渐减小，这表明改良效果逐渐减弱；当添加比大于 4% 时，平均黏附强度基本保持不变，即此时改良效果已达到最佳，增加改良剂对改良效果也不再变化。这主要是因为当添加比小于 4% 时，分散剂中的阴离子能够吸附在黏土颗粒的边角处，增强黏土颗粒的电荷量和颗粒间排斥力，释放出颗粒间的结合水，降低黏土的黏附强度；当添加比大于 4% 后，黏土颗粒的边角处被分散剂阴离子完全占据，随着分散剂的添加量的增加，颗粒的电荷量也趋于稳定，黏土颗粒间的结合水也不能被进一步释放，因此黏土的黏附强度也不再发生变化。

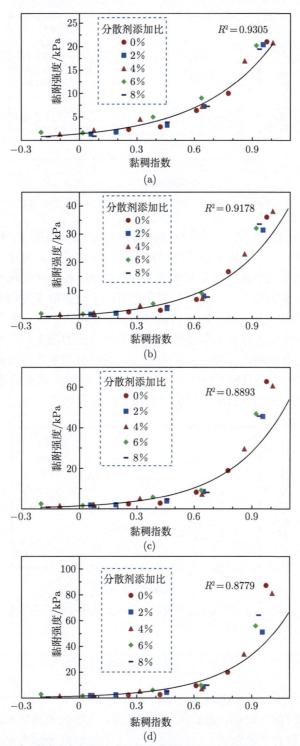

图 13-17　不同法向压力下黏附强度测试值与拟合曲线对比：(a)50kPa；(b)100kPa；(c)200kPa；
(d)300kPa

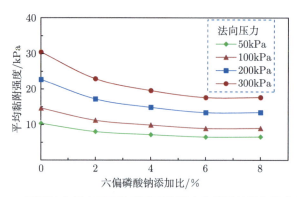

图 13-18　不同法向压力下平均黏附强度随六偏磷酸钠添加比变化曲线

对比图 2-20 和图 13-18 可知，随着六偏磷酸钠添加比的增加，土样的液限与平均黏附强度的变化趋势基本一致，为探究液限与平均黏附强度的关系，将不同法向压力下平均黏附强度的减小量随液限减小量的变化情况列于图 13-19，其中液限减小量表示未改良土样的液限与相应分散剂添加比情况下土样的液限差值，平均黏附强度同理。随着液限减小量的增加，不同法向压力情况下土样的平均黏附强度逐渐增大，且二者基本呈线性关系，这表明液限的减小能够表征土样黏附强度的减小。当法向压力增大时，平均黏附强度减小量与液限减小量之比也逐渐增大，即法向压力越大，黏附强度变化量对液限变化量的依赖性越强。黏性渣土改良的主要目的是减小渣土的黏附性，液限的减小能够表征黏附性的降低，因此可通过测定改良剂作用下液限的变化评价改良的作用效果。

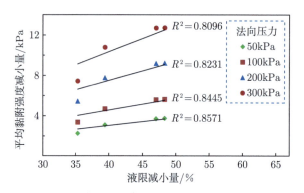

图 13-19　平均黏附强度减小量与液限减小量关系曲线

## 13.7　黏附机理探讨

由于黏土颗粒呈片状，金属板呈板状，因此任露泉等 (1990) 认为可将黏土与金属界面简化为板–水–板模型 (图 13-20)，上板代表黏土颗粒，下板代表金属板，黏土与金属板间水膜的厚度为 $h_{wf}$，水膜的半径为 $R_{wf}$，金属板、黏土的接触角分别为 $\theta_1$、$\theta_2$，水的表面张力为 $\gamma_L$，则根据拉普拉斯公式可知两平板间的法向黏附力为

$$W_a = \frac{\pi R_{wf}^2 \gamma_L (\cos\theta_1 + \cos\theta_2)}{h_{wf}} \tag{13-10}$$

则切向黏附力为

$$P_{\mathrm{a}} = \mu W = \frac{\mu \pi R_{\mathrm{wf}}^2 \gamma_{\mathrm{L}} (\cos\theta_1 + \cos\theta_2)}{h_{\mathrm{wf}}} \tag{13-11}$$

式中，$\mu$ 为黏土与金属板的摩擦系数。

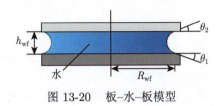

图 13-20　板–水–板模型

由式 (13-11) 可知，两平板间的切向黏附力与水膜面积 $S_{\mathrm{wf}}$ (即 $\pi R^2$) 成正比，而与水膜厚度 $h_{\mathrm{wf}}$ 成反比。Zhang 等 (2004) 指出随着黏土含水率由 0 增加至液限，黏土与金属界面的水膜可以分为三个阶段：水膜缓慢增加阶段、水膜快速增长阶段、水膜变化缓慢并接近饱和状态。试验工况选取的含水率介于液塑限之间，因此黏土与金属界面的水膜状态主要位于第二和三阶段。在第二阶段，当含水率达到一定值后，水膜基本完全覆盖金属板，即水膜面积趋于饱和，此时水膜厚度迅速增加，因此黏附强度逐渐减小；在第三阶段，黏土与金属界面的水膜面积和厚度均达到饱和，此时随着含水率的增加，黏附强度基本不发生变化。因此，随着含水率的增加，即黏稠指数的减小，黏附强度先快速减小然后基本保持不变 (图 13-9)。

卢韶芳等 (1999) 研究指出法向压力的增加能够增加水膜的面积和厚度，且水膜面积的增加速率大于厚度，当水膜面积达到一定值后，水膜厚度迅速增加，并达到饱和。当含水率达到一定值后，此阶段当压力较小时，随着压力的增加，水膜的面积逐渐增加，此时黏附强度随法向压力增加速度较快；当法向压力继续增加时，水膜面积增加速率变缓，同时水膜厚度增加速率变快，因此黏附强度的增加速率也变缓，即黏附强度对法向压力的依赖逐渐减弱。当含水率较高时，黏土与金属界面间的水膜面积和厚度基本趋于饱和，因此增加法向压力，黏附强度基本不再变化，即黏土黏附强度不再随法向压力的增加而变化 (图 13-10)。

黏土的黏稠指数表征土样的软硬程度，当不同土样的黏稠指数相同时，可认为土样中的水状态也是相同的，因此黏稠指数相同的土样在承受相同法向压力时，其水膜状态 (水膜面积 $S_{\mathrm{wf}}$ 和厚度 $h_{\mathrm{wf}}$) 也相同。

当土样的黏稠指数和水膜状态相同时，由式 (13-11) 可知，此时决定土样黏附强度的是黏土的接触角，而高岭土、蒙脱土与水的接触角分别为 73.89° 和 70.82° (赵士雄等，2018；陈花等，2016)，二者基本相等，因此相同黏稠指数的不同塑性指数土样在法向压力也相同的情况下，黏附强度也基本相同 (图 13-11)。金属板接触角增大，即式 (13-11) 中 $\theta_1$ 增大，则 $\cos\theta_1$ 减小，黏土的黏附强度也逐渐减小 (图 13-12)。金属板的表面粗糙度则主要影响式 (13-11) 中的黏土与金属板的摩擦系数 $\mu$，粗糙度增加，摩擦系数 $\mu$ 也增大，因此黏附强度也逐渐增大 (图 13-13)。

分散剂能够释放黏土颗粒周围的结合水,释放的结合水能够增大界面间液膜的厚度,因此相同含水率的分散剂改良渣土黏附强度要小于未改良渣土的黏附强度 (图 13-15)。而作为表征渣土软硬程度的黏稠指数则不受分散剂的影响,因此相同分散剂作用前后渣土在相同黏稠指数时的黏附强度也基本相同 (图 13-16)。

## 13.8　本 章 小 结

本章通过自制的小型旋转剪切仪测定了不同状态下黏土黏附强度的变化规律,分析了各因素对黏附强度的影响程度,研究了分散剂作用下黏附强度的变化特征,最后揭示了界面的黏附机理,得到了如下结论。

(1) 自主研发了小型旋转剪切仪,试验仪器由试样腔、加载系统、动力系统和操控系统组成,实现法向压力可控下流动性黏土的黏附强度测定。

(2) 当黏土含水率位于液塑限之间时,随着含水率的增加,黏土的黏附强度先急剧减小,然后基本保持不变;将土样的含水率换算成黏稠指数后,当黏稠指数小于 0.5 时,随着黏稠指数的增加,黏附强度基本保持不变,当黏稠指数大于 0.5 时,随着黏稠指数的增加,黏附强度急剧增加。

(3) 当土样的黏稠指数为 0.8 时,随着法向压力的逐渐增加,黏土的黏附强度与法向压力的曲线斜率逐渐减小,这表明法向压力对黏附强度的影响逐渐减弱。当黏稠指数减小至 0.4 时,土样趋于饱和,黏土的黏附强度不再随法向压力的增加而变化。当黏稠指数相同时,不同塑性指数的黏土的黏附强度差别较小。当土样的黏稠指数小于 0.5 时,不同接触角、粗糙度的圆盘与黏土间的黏附强度差别不大;当黏稠指数大于 0.5 时,不同接触角、粗糙度的圆盘与黏土的黏附强度差别也增大,接触角越大,粗糙度越小,黏附强度也就越小。

(4) 通过灰色关联度分析可知,对黏土黏附强度影响的程度由大到小依次是:法向压力 > 黏稠指数 > 接触角 > 塑性指数 = 粗糙度,其中法向压力、黏稠指数、接触角对黏土的黏附强度均有重要影响。通过对试验数据进行拟合分析,建立了黏土黏附强度计算模型。

(5) 相同含水率土样加入分散剂后黏附强度明显减小。当考虑了分散剂对黏土的液塑限影响后,相同黏稠指数的分散剂改良土样的黏附强度也相等,且基于未改良土得到的黏土黏附强度计算模型也适用于改良土样。

(6) 加入分散剂能够同时降低土样的液限和黏附强度,随着液限减小量的增加,不同法向压力情况下土样的平均黏附强度线性增大,即液限的减小能够表征土样黏附强度的减小。黏性渣土改良的主要目的是减小渣土的黏附性,液限的减小能够表征黏附性的降低,因此可通过测定改良剂作用下液限的变化评价改良的作用效果。

(7) 黏土与金属界面可简化为板–水–板模型,当黏土的含水率介于液塑限之间时,随着含水率的增加,水膜面积趋于饱和,水膜厚度先迅速增加然后保持不变,因此黏土黏附强度先快速减小然后基本保持不变。当含水率较低 (黏稠指数较大) 时,随着法向压力的增加,水膜的面积先逐渐增加,然后水膜厚度快速增加,因此黏附强度对法向压力的依赖逐渐减弱;当含水率较高 (黏稠指数较小) 时,法向压力对水膜状态基本无影响,因此黏附强度不随法向压力发生变化。相同黏稠指数的土样水膜状态也相同,且黏土的接触角也接近,因此在同样法向压力下黏稠指数相同的土样黏附强度也相同。增大金属接触角能够减小黏土颗粒与金属板间的法向黏附力，因此土样的黏附强度减小。增大金属粗糙度能增大土样与金属板的摩擦系数，因此土样的黏附强度增大。分散剂能够释放黏土颗粒周围的结合水，增大水膜的厚度，因此相同含水率的分散剂改良渣土黏附强度要小于未改良渣土的黏附强度。

# 参 考 文 献

陈花, 李迎军, 周元林, 等, 2016. 钠基蒙脱土的有机改性及表征 [J]. 武汉理工大学学报, 38(3): 36-40.

刘大鹏, 2012. 新型泡沫对土压平衡盾构土体改良作用评价 [D]. 北京: 中国地质大学.

刘亚川, 张克仁, 1993. 六偏磷酸钠的作用机理研究 [J]. 东北大学学报 (自然科学版), 014(3): 231-235.

卢韶芳, 石要武, 任露泉, 1999. 土壤–金属界面水膜粘附规律的试验研究 [J]. 农业机械学报, 2: 2-7.

任露泉, 佟金, 陈秉聪, 等, 1990. 土壤–固体表面粘附行为的热力学分析 [J]. 农业工程学报, 4: 7-12.

桑伟, 王保田, 刘文彬, 等, 2015. 粘土切削时含水率对界面抗剪强度的影响 [J]. 广西大学学报 (自然科学版), 4: 943-948.

赵士雄, 王智, 王显胜, 等, 2018. 微/纳米颗粒表面能测定方法适用性研究 [J]. 环境科学学报, 38(1): 259-266.

Akiyama Y, Yokoi H, 1972. Study on the adhesion of soil (Part 2) : theoretical analysis on the mechanism of adhesive force at the saturated stage[J]. Japanese Journal of Soil Science & Plant Nutrition, 43: 271-277.

ASTM, 2000. Standard test method for laboratory miniature vane shear test for saturated fine-grained clayey soil, D4648[S]. West Conshohocken: ASTM International.

ASTM, 2018. Standard test method for field vane shear test in saturated fine-grained soils, D2573 / D2573M-18[S]. West Conshohocken: ASTM International.

Basmenj A K, Ghafoori M, Cheshomi A, et al, 2016. Adhesion of clay to metal surface; Normal and tangential measurement[J]. Geomechanics and Engineering, 10(2): 125-135.

Birch R A, Ekwue E I, Phillip C J, 2016. Soil-metal sliding resistance forces of some trinidadian soils at high water contents. The West Indian Journal of Engineering, 38(2): 52-58.

Bowden F P, Tabor D F, 1950. The Friction and Lubrication of Solids: Part II[M]. Oxford: University Press, Clarendon.

Deng J, 1989. Introduction to grey system theory[J]. The Journal of grey system, 1(1): 1-24.

EFNARC, 2005. Specification and guidelines for the use of specialist products for soft ground tunnelling[S]. European Federation for Specialist Construction Chemicals and Concrete Systems, Surry, UK.

Feinendegen M, Ziegler M, Spagnoli G, et al, 2011. Evaluation of the clogging potential in mechanical tunnel driving with EPB-shields[C]. Proceedings of the 15th European Conference on Soil Mechanics and Geotechnical Engineering: Geotechnics of Hard Soils-Weak Rocks: 1633-1638.

Fountaine E R, 1954. Investigations into the mechanism of soil adhesion[J]. European Journal of Soil Science, 5(2): 251-263.

Liu P, Wang S, Ge L, et al, 2018. Changes of Atterberg limits and electrochemical behaviors of clays with dispersants as conditioning agents for EPB shield tunnelling[J]. Tunnelling and Underground Space Technology, 73: 244-251.

Liu P, Wang S, Shi Y, et al, 2019. Tangential adhesion strength between clay and steel for various soil softnesses [J]. Journal of Materials in Civil Engineering, 31(5): 04019048.

Liu S, Forrest J Y L, 2010. Grey Systems: Theory and Applications[M]. Berlin: Springer Science and Business Media.

Maidl B, Herrenknecht M, Anheuser L, 1996. Mechanised Shield Tunnelling[M]. Berlin: Ernst and Sohn.

Merritt A S, 2005. Conditioning of clay soils for tunnelling machine screw conveyors[D]. Cambridge: University of Cambridge.

Milligan G W E, 2000. Lubrication and soil conditioning in tunnelling, pipe jacking and micro-tunnelling: a state-of-the-art review[Z]. Geotechnical Consulting Group, London, UK.

Peila D, Picchio A, Martinelli D, et al, 2015. Laboratory tests on soil conditioning of clayey soil[J]. Acta Geotechnica, 11(5): 1-14.

Peila D, Picchio A, Martinelli D, et al, 2016. Laboratory tests on soil conditioning of clayey soil[J]. Acta Geotechnica, 11(5): 1061-1074.

Ren L, Cong Q, Tong J, et al, 2001. Reducing adhesion of soil against loading shovel using bionic electro-osmosis method[J]. Journal of Terramechanics, 38(4): 211-219.

Spagnoli G, 2011. Electro-chemo-mechanical manipulations of clays regarding the clogging during EPB-tunnel driving [D]. Aachen: RWTH Aachen University.

Stafford J V, Tanner D W, 1977. The frictional characteristics of steel sliding on soil[J]. European Journal of Soil Science, 28(4): 541-553.

Thewes M, 1999. Adhäsion von Tonböden beim Tunnelvortrieb mit Flüssigkteinsschilden[D]. Wuppertal: University of Wuppertal, Institute of Soil Mechanics and Foundation Engineering.

Thewes M, Hollmann F, 2016. Assessment of clay soils and clay-rich rock for clogging of TBMs[J]. Tunnelling & Underground Space Technology Incorporating Trenchless Technology Research, 7: 122-128.

Wang S, Liu P, Hu Q, et al, 2020. Effect of dispersant on the tangential adhesion strength between clay and metal for EPB shield tunnelling[J]. Tunnelling and Underground Space Technology, 95: 103144.

Ye X, Wang S, Yang J, et al, 2016. Soil conditioning for EPB shield tunneling in argillaceous siltstone with high content of clay minerals: case study[J]. International Journal of Geomechanics, 17(4): 05016002.

Zhang L, Ren L, Tong J, et al, 2004. Study of soil-solid adhesion by grey system theory[J]. Progress in Natural Science, 14(2): 119-124.

Zumsteg R, Puzrin A M, 2012. Stickiness and adhesion of conditioned clay pastes[J]. Tunnelling & Underground Space Technology Incorporating Trenchless Technology Research, 31(5): 86-96.

# 第 14 章　黏土-金属界面剪切破坏模式

## 14.1　引　言

当渣土的黏附强度较大，而自身抗剪强度较小时，在进行旋转剪切试验时破坏面位于试样内部，此种状态的渣土将会引起盾构结泥饼；相反地，当渣土的黏附强度较小，自身抗剪强度较大时，在进行旋转剪切试验时破坏面则位于渣土-金属界面，此种状态的渣土引起盾构结泥饼的可能性较小。因此，为了得到不引起结泥饼的渣土合适状态，首先应确定不同状态下渣土-金属界面间的破坏模式。在圆盘剪切试验 (Zumsteg 和 Puzrin，2012) 中，由于圆盘埋置于土样中，难以观察破坏面究竟是位于渣土-金属界面还是渣土试样本身，若试验结束后取出圆盘则容易对试样产生扰动，难以观察圆盘转动时土样的真实破坏模式；滑动试验 (乔国刚，2009；Peila et al.，2016) 能够较好地观测渣土-金属界面间的破坏模式，但是试验仅能在大气压下进行，土样与盾构中渣土受力状态明显不相符；黏附阻力试验 (Peila et al.，2016) 能够测定渣土-金属界面间的黏附强度，但是也难以观测界面破坏时的破坏模式，且试验中也无法对试样施加法向压力；拉拔试验 (Feinendegen et al.，2010；Spagnoli，2011；Spagnoli et al.，2013) 能够较好地观测到渣土-金属界面间的破坏模式，但试验过程中无法对渣土施加压力，难以模拟盾构土舱内渣土受力状态。已有研究中的试验手段均难以获得渣土-金属界面间的破坏模式，而数值模拟则能够补充试验手段的不足，通过模拟旋转剪切试验，方便调取试验结束后破坏面位于试样内部或是试样与圆盘界面，从而确定土压平衡盾构渣土的合适状态。

本章首先采用直剪仪测定不同状态下黏土的不排水抗剪强度，探究黏土抗剪强度的变化规律，建立黏土不排水抗剪强度计算模型，然后将获得的抗剪强度和黏附强度作为数值模拟中的计算参数，探究不同状态黏土旋转剪切试验时土样-金属界面的破坏模式，获得黏土地层预防 "泥饼" 时渣土的合适改良状态，为现场黏土地层渣土改良提供科学依据 (刘朋飞，2021)。

## 14.2　黏土抗剪强度变化

### 14.2.1　试验方案

以高岭土、蒙脱土、高蒙混合土 (高岭土与蒙脱土按照质量 1:1 混合后的土) 作为试验土样，材料详细参数见 2.2.1 节。根据《土工试验方法标准》(GB/T 50123—2019) 规定进行直剪试验，由于盾构在掘进过程中刀具在短时间内即可将渣土切削下来，渣土来不及排水固结，地层土样处于不排水不固结状态，因此试验条件定为不排水不固结，即采用快剪试验测定土样的不排水抗剪强度，试验工况如表 14-1 所示。

表 14-1　试验工况表

| 试验土样 | 黏稠指数 | 法向压力/kPa |
| --- | --- | --- |
| 蒙脱土、高岭土 | 0.2 ~ 1.0 | 50、100、150、200 |

注：表中黏稠指数按照公式 (2-2) 计算得到，由于盾构渣土黏稠指数一般为 0.4 ~ 0.75，为探究不排水抗剪强度变化规律，将土样的黏稠指数扩大至 0.2 ~ 1.0。

### 14.2.2　不同法向压力下黏土抗剪强度变化

不同状态下土样的抗剪强度与法向压力间的关系如图 14-1 ~ 图 14-5 所示，试样的抗剪强度与法向压力呈线性关系，与已有莫尔−库仑 (M-C) 理论模型相符。不同试样的内摩擦角和黏聚力如表 14-2 所示，随着黏稠指数的减小，即含水率的增加，土样的内摩擦角和黏聚力均逐渐减小。

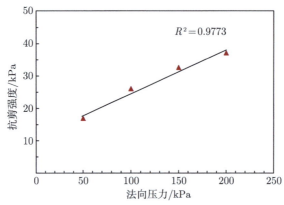

图 14-1　黏稠指数 0.85 时抗剪强度变化

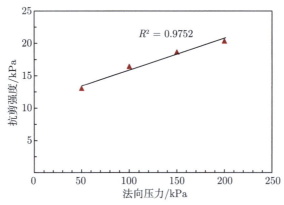

图 14-2　黏稠指数 0.73 时抗剪强度变化

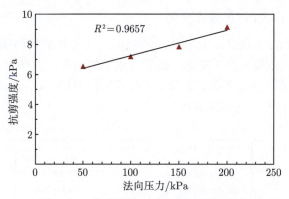

图 14-3 黏稠指数 0.56 时抗剪强度变化

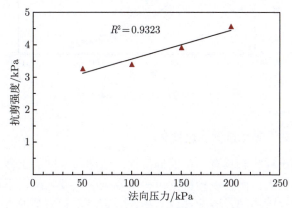

图 14-4 黏稠指数 0.39 时抗剪强度变化

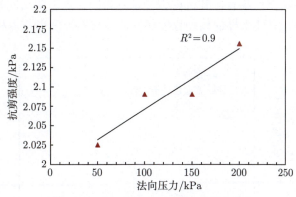

图 14-5 黏稠指数 0.30 时抗剪强度变化

表 14-2 土样内摩擦角和黏聚力

| 黏稠指数 | 内摩擦角/(°) | 黏聚力/kPa |
| --- | --- | --- |
| 0.85 | 7.67 | 11.43 |
| 0.73 | 2.77 | 11.11 |
| 0.56 | 0.97 | 5.55 |
| 0.39 | 0.51 | 2.68 |
| 0.30 | 0.05 | 1.99 |

### 14.2.3　不同含水率下黏土抗剪强度变化

在法向压力 50kPa、100kPa、150kPa 和 200kPa 下土样的抗剪强度随含水率的变化如图 14-6 所示，在不同法向压力工况下，随着含水率的增加，土样的抗剪强度均逐渐减小，且抗剪强度与含水率存在指数关系，这与邱长林等 (2017)，Kuomoto 和 Houlsby (2001) 得到的黏土不排水抗剪强度变化规律类似。

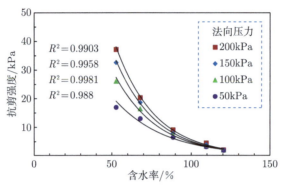

图 14-6　抗剪强度随含水率变化曲线

### 14.2.4　不同黏稠指数下黏土抗剪强度变化

采用含水率表征土样状态具有一定的局限性，液塑限不同的土样即使含水率相同，其软硬状态也可能差别较大，而黏稠指数则可表征黏土的软硬状态，不同的土样只要黏稠指数相同，其软硬程度也就相同。因此选取高岭土、蒙脱土和高蒙混合土作为试验土样，在不同法向压力下土样抗剪强度随黏稠指数变化如图 14-7 ∼ 图 14-10 所示，在相同法向压力下不同土样在相同黏稠指数时，其抗剪强度基本相同，这表明相同黏稠指数下黏土种类对抗剪强度影响较小，只要土样的软硬程度相同，其抗剪强度也基本相同。

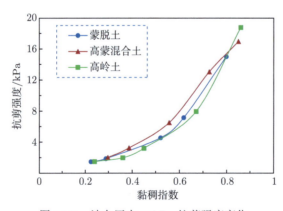

图 14-7　法向压力 50kPa 抗剪强度变化

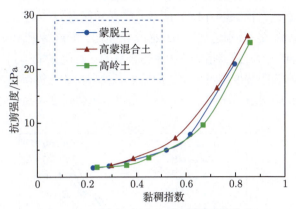

图 14-8　法向压力 100kPa 抗剪强度变化

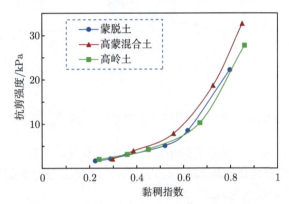

图 14-9　法向压力 150kPa 抗剪强度变化曲线

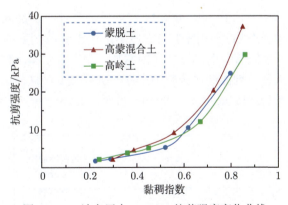

图 14-10　法向压力 200kPa 抗剪强度变化曲线

由图 14-7 ～ 图 14-10 可知不同种类的土样与黏稠指数均存在指数关系，采用指数函数拟合在 50kPa、100kPa、150kPa 和 200kPa 法向压力下的抗剪强度与黏稠指数的关系，对试验数据进一步拟合得到抗剪强度与法向压力、黏稠指数的关系如式 (14-1) 所示：

$$S_{\mathrm{u}} = 0.5853 \cdot (0.2547 \cdot \sigma_{\mathrm{n}} + 53.297)^{I_{\mathrm{c}}} \tag{14-1}$$

式中，$S_{\mathrm{u}}$ 表示土样的不排水抗剪强度；$\sigma_{\mathrm{n}}$ 表示法向压力；$I_{\mathrm{c}}$ 表示黏稠指数。

拟合曲线与试验数据对比如图 14-11 所示，在法向压力为 50kPa、100kPa、150kPa 和 200kPa 条件下拟合系数 $R^2$ 分别达到了 0.9281、0.9676、0.9823 和 0.9448，表明采用指数函数拟合抗剪强度与法向压力、黏稠指数的关系是合适的。对比式 (14-1) 和式 (13-8) 可知，黏土的不排水抗剪强度和黏附强度都可采用法向压力和黏稠指数计算得到，且表达式的形式也类似，这也表明土样的软硬状态和法向压力对黏土不排水抗剪强度和黏附强度的影响是相似的。

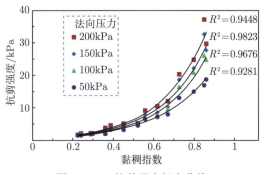

图 14-11　抗剪强度拟合曲线

## 14.3　分散剂作用下抗剪强度变化

为探究分散剂对黏土抗剪强度的影响，采用六偏磷酸钠改良土样，分散剂添加比 (分散剂原液与干燥土样质量之比) 为 2%、4% 和 6%，法向压力为 50kPa、100kPa、150kPa 和 200kPa，土样黏稠指数也为 0.2 ~ 1.0。

### 14.3.1　不同含水率下抗剪强度变化

在 50kPa、100kPa、150kPa 和 200kPa 法向压力条件下，加入不同含量分散剂后的土样抗剪强度随含水率变化曲线如图 14-12 所示，加入分散剂后的土样抗剪强度随着含水率的增加逐渐减小，且随着分散剂添加比的增加，相同含水率土样的抗剪强度也逐渐减小，这表明黏土中加入分散剂能够显著减小土样的抗剪强度，这与已有研究得到的结论类似 (Zumsteg et al.，2012；Peila et al.，2016；肖超，2016)。

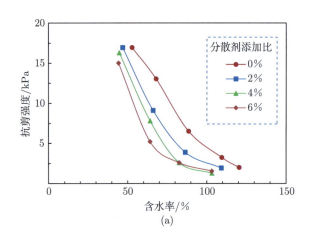

(a)

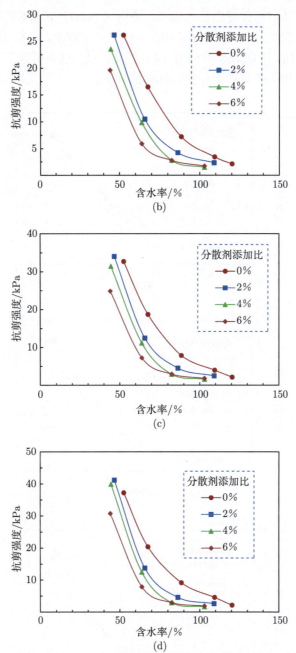

图 14-12 不同法向压力下土样抗剪强度随含水率变化曲线：(a)50kPa；(b)100kPa；(c)150kPa；(d)200kPa

### 14.3.2 不同黏稠指数下抗剪强度变化

在考虑分散剂对土样液塑限影响后，不同法向压力工况下土样的抗剪强度随黏稠指数变化情况如图 14-13 所示，随着黏稠指数的增加，加入分散剂后土样的抗剪强度也逐渐增大，且加入不同分散剂含量的土样在相同黏稠指数时，其抗剪强度也基本相同，这表明相同软硬程度的黏土,其抗剪强度也基本相同。采用式 (14-1) 拟合不同分散剂添加比情况下土样抗剪强度值,得到在法向压力为 50kPa、100kPa、150kPa 和 200kPa 条件下拟合系数分别为 0.9457、0.9679、0.9105 和 0.857,拟合程度较高,这表明基于未改良土样抗剪强度拟合得到的公式也适用于改良后土样抗剪强度的计算。

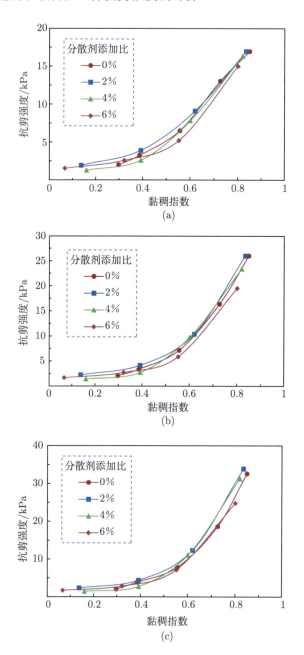

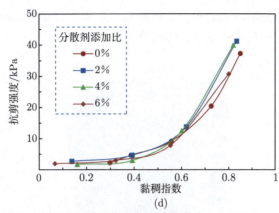

图 14-13　不同法向压力下土样抗剪强度随黏稠指数变化曲线：(a)50kPa；(b)100kPa；(c)150kPa；
(d)200kPa

# 14.4　旋转剪切数值模拟

　　采用数值模拟方法研究旋转剪切试验过程中土样–金属界面间的破坏模式,传统的拉格朗日有限元难以模拟旋转剪切过程中的大变形问题,欧拉有限元虽然能够模拟大变形,但是需要事先确定试样破坏后的形状,也难以真实模拟旋转剪切过程 (丁峻宏等,2007;汤华等,2006)。结合了拉格朗日和欧拉方法的任意拉格朗日–欧拉 (ALE) 描述充分融合了两种方法的优点,在有限元方法中,网格节点既不固定在材料上,也不固定在空间中。实际上,此时的网格节点可以独立于底层材料而发生任意运动,并且其运动控制方程可根据情况确定。通过恰当的网格运动控制,可以在材料发生大变形时仍保持较高的网格质量 (张凌博,2018)。因此,ALE 有限元方法可以用来模拟圆盘旋转剪切过程。ABAQUS 作为土木工程等领域常用的有限元软件,内嵌有 ALE 自适应网格功能,能够改进网格质量,防止在计算过程中网格产生严重扭曲从而导致计算终止 (王鹰宇,2018),配合扩展的 Drucker-Prager(D-P) 塑性本构模型能够模拟旋转剪切试验中土样–金属界面之间的剪切大变形问题。

## 14.4.1　数值模型

　　按照第 13 章旋转剪切仪的尺寸建立数值模型 (图 14-14),试样直径和高度都为 20cm,圆盘直径为 7.5cm。在试验过程中,底部土样不发生移动,上部加载后土样将沿着竖向被压缩,因此模型底边固定,限制侧面水平方向位移,仅在竖向能发生移动,并在顶面施加法向压力。

　　由于旋转剪切试验属于大变形问题,因此选用 ABAQUS 中的显式动力 (dynamic, explicit) 分析。计算模型中采用刚体单元模拟圆盘,而土样则采用扩展的 D-P 塑性本构模型模拟其力学行为。土样与金属板之间的法向接触采用软件中的“硬”接触,即接触后能够传递全部法向压力,分开后将不能够传递法向压力。为简化计算过程并增加计算速度,通过设置土样与圆盘间的等效摩擦系数模拟黏土–金属界面的切向黏附。由于在圆盘旋转过程中,将会导致部分网格扭曲变形，为避免由于网格畸形带来的计算中止问题，采用剪切失效准则并结合单元删除功能来删除变形过大的网格。

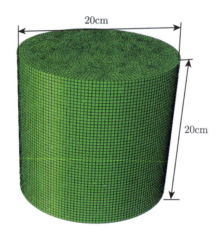

图 14-14　　计算模型图

采用式 (14-1) 拟合得到不同法向压力和黏稠指数下土样的抗剪强度，然后计算得到土样的内摩擦角 $\varphi$ 和黏聚力 $c$，扩展的 D-P 塑性本构模型的参数 $\beta$、$K$ 和 $\sigma_{\mathrm{c}}$ 间的转换公式为 (王鹰宇，2018)

$$\tan \beta = \frac{6 \sin \varphi}{3 - \sin \varphi} \tag{14-2}$$

$$K = \frac{3 - \sin \varphi}{3 + \sin \varphi} \tag{14-3}$$

$$\sigma_{\mathrm{c}} = 2c \frac{\cos \varphi}{1 - \sin \varphi} \tag{14-4}$$

运用式 (13-8) 得到不同黏稠指数和法向压力下土样与圆盘间的黏附强度，然后计算黏附强度与法向压力的比值即为等效摩擦系数，依此模拟土样与圆盘间的黏附作用，计算得到的土样和界面力学参数如表 14-3 所示。

表 14-3　　土样和界面力学参数

| $I_{\mathrm{c}}$ | M-C 本构参数 | | D-P 本构参数 | | | 黏附强度 | | 等效摩擦系数 | |
|---|---|---|---|---|---|---|---|---|---|
| | $\varphi/(°)$ | $c/\mathrm{kPa}$ | $\beta/(°)$ | $K$ | $\sigma_{\mathrm{c}}$ | $\tau_{\mathrm{as}100}$ | $\tau_{\mathrm{as}300}$ | $\mu_{100}$ | $\mu_{300}$ |
| 0.9 | 0.1127 | 17.8270 | 13.1554 | 0.9277 | 39.9177 | 24.5107 | 53.4763 | 0.2451 | 0.1783 |
| 0.8 | 0.0666 | 12.1380 | 7.7517 | 0.9566 | 25.9491 | 17.7899 | 35.5905 | 0.1779 | 0.1780 |
| 0.7 | 0.0389 | 8.2491 | 4.5034 | 0.9744 | 17.1525 | 12.9120 | 23.6868 | 0.1291 | 0.1184 |
| 0.6 | 0.0224 | 5.5963 | 2.5838 | 0.9852 | 11.4461 | 9.3715 | 15.7645 | 0.0937 | 0.0788 |
| 0.5 | 0.0127 | 3.7906 | 1.4611 | 0.9916 | 7.6781 | 6.8019 | 10.4919 | 0.0680 | 0.0525 |
| 0.4 | 0.0071 | 2.5640 | 0.8155 | 0.9953 | 5.1645 | 4.9368 | 6.9827 | 0.0494 | 0.0349 |
| 0.3 | 0.0038 | 1.7320 | 0.4360 | 0.9975 | 3.4772 | 3.5832 | 4.6473 | 0.0358 | 0.0232 |
| 0.2 | 0.0020 | 1.1686 | 0.2293 | 0.9987 | 2.3419 | 2.6007 | 3.0929 | 0.0260 | 0.0155 |

模拟分为两步,第一步首先在顶部施加法向荷载,待法向荷载施加完成后,圆盘开始旋转,整个过程圆盘一共旋转一周,即360°。计算过程中通过监测土样与金属界面间的剪切应力,并观察圆盘上是否黏附有土样,判断圆盘旋转过程中土样的破坏模式。

### 14.4.2 模型验证

为验证数值模拟计算的正确性,模拟高蒙混合土在黏稠指数为0.4、0.3和0.2,法向压力为100kPa工况下的旋转剪切试验,将数值模拟得到的扭矩随旋转角度变化曲线与试验得到的曲线进行对比,依此验证数值模拟的正确性。

圆盘旋转一周后如图14-15所示,圆盘上无土样黏附,这表明圆盘旋转过程中,破坏面位于土样与金属板的交界面。提取数值模拟圆盘旋转过程中的扭矩,并与试验得到的扭矩对比如图14-16所示,图例中"0.4、0.3、0.2"表示土样的黏稠指数,"实测"和"模拟"分别表示数据是通过旋转剪切试验和数值模拟得到。由图14-16可知,试验得到的扭矩随角度变化曲线与数值模拟得到的曲线相似,二者差别不大,证明了数值计算模型的正确性。

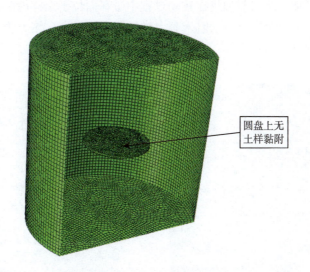

图 14-15 100kPa 法向压力下土样剪切后圆盘黏附土样情况

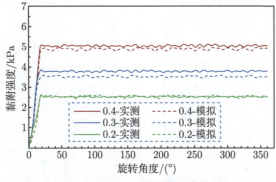

图 14-16 试验与模拟剪切曲线对比

# 14.5　数值模拟结果分析

### 14.5.1　旋转剪切破坏模式

在进行旋转剪切试验时，若破坏面发生在土样与金属的界面，此时渣土将不会黏附在金属圆盘上，此种状态的渣土将不会引起盾构结泥饼；若破坏面发生在土样内部，则渣土将黏附在金属圆盘上，此时的渣土状态易引起盾构结泥饼。为探究不同法向压力下土样与金属界面的破坏模式，选取黏稠指数小于 0.9 的土样分别在 100kPa 和 300kPa 法向压力下进行数值仿真，模拟旋转剪切试验，并观察试验结束后土样与金属界面的破坏模式。

法向压力分别为 100kPa 和 300kPa 时，数值模拟计算结果如图 14-17 和图 14-18 所示，分别选取圆盘在各状态土样中旋转 180° 和 360° 时，土样在圆盘上的黏附状态来表征土样与金属界面的破坏模式。在法向压力为 100kPa 和 300kPa 工况下，当土样黏稠指数大于 0.6 时，圆盘在旋转过程中土样均黏附其表面，且随着旋转角度的增加，圆盘表面累积的土样也逐渐增加，这表明圆盘在转动过程中破坏面位于土样内部；而当黏稠指数小于或等于 0.6 时，圆盘在土样中转动时未有土样黏附在圆盘上，这表明圆盘在转动过程中破坏面位于土样与金属界面。

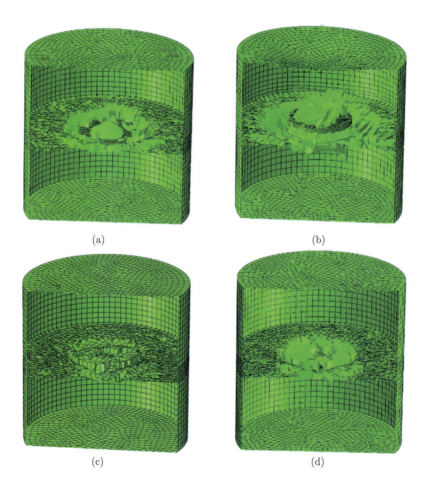

(a)　　　　　　　　　　　　　　　　　(b)

(c)　　　　　　　　　　　　　　　　　(d)

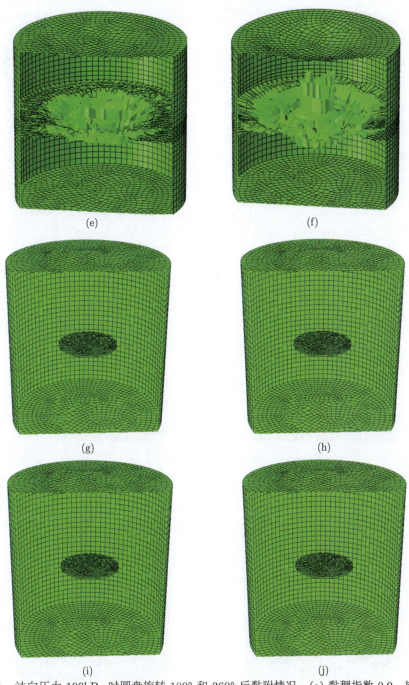

图 14-17　法向压力 100kPa 时圆盘旋转 180° 和 360° 后黏附情况：(a) 黏稠指数 0.9、旋转 180°；(b) 黏稠指数 0.8、旋转 360°；(c) 黏稠指数 0.8、旋转 180°；(d) 黏稠指数 0.8、旋转 360°；(e) 黏稠指数 0.7、旋转 180°；(f) 黏稠指数 0.7、旋转 360°；(g) 黏稠指数 0.6、旋转 180°；(h) 黏稠指数 0.6、旋转 360°；(i) 黏稠指数 0.5、旋转 180°；(j) 黏稠指数 0.5、旋转 360°

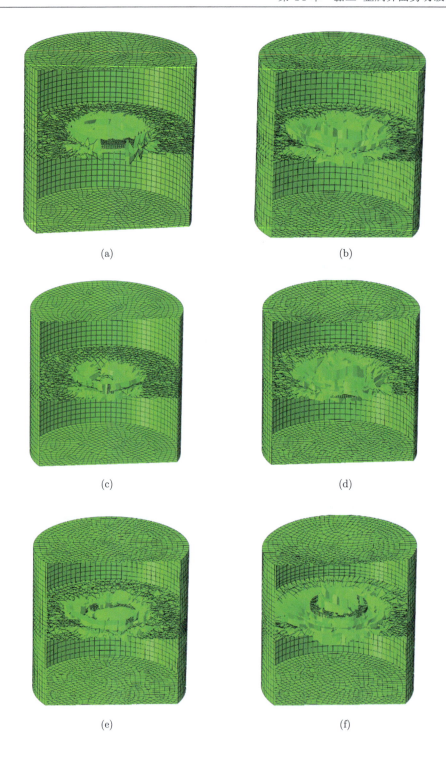

(a)

(b)

(c)

(d)

(e)

(f)

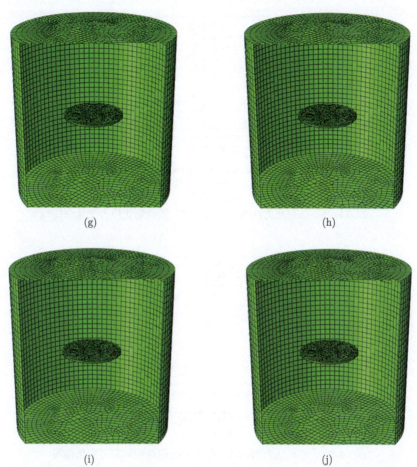

图 14-18　法向压力 300kPa 时圆盘旋转 180° 和 360° 后黏附情况：(a) 黏稠指数 0.9、旋转 180°；
(b) 黏稠指数 0.9、旋转 360°；(c) 黏稠指数 0.8、旋转 180°；(d) 黏稠指数 0.8、旋转 360°；(e) 黏稠指数
0.7、旋转 180°；(f) 黏稠指数 0.7、旋转 360°；(g) 黏稠指数 0.6、旋转 180°；(h) 黏稠指数 0.6、旋转
360°；(i) 黏稠指数 0.5、旋转 180°；(j) 黏稠指数 0.5、旋转 360°

### 14.5.2　界面剪切应力变化

不同黏稠指数土样在 100kPa 和 300kPa 法向压力作用下，金属圆盘旋转过程中由数值
模拟得到的土样–金属界面间的剪切应力随着圆盘旋转角度变化曲线如图 14-19 和图 14-20
所示，图例中数字表示土样的黏稠指数，"强度"表示土样的黏附强度，"应力"表示土
样–金属界面间的剪切应力。当试样的黏稠指数小于或等于 0.6 时，土样与金属界面间的剪
切应力与黏附强度基本相同，这表明圆盘在旋转过程中剪切应力达到了黏附强度，破坏面
位于土样与金属界面；当试样的黏稠指数大于 0.6 时，土样与金属界面间的剪切应力都小
于界面间的黏附强度，这表明在旋转剪切过程中界面还没有达到破坏时，土样内部已经发
生破坏。

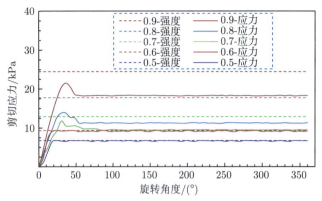

图 14-19　法向压力 100kPa 时土样与圆盘剪切应力变化曲线

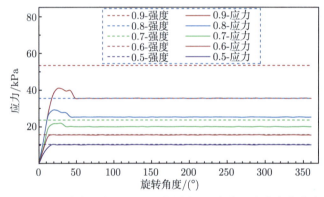

图 14-20　法向压力 300kPa 时土样与圆盘剪切应力变化曲线

## 14.6　黏土地层盾构渣土合适改良状态判定

　　由数值仿真结果可知,当黏土的黏稠指数大于 0.6 时,在进行旋转剪切时破坏面位于土样内部,黏土将会黏附在圆盘上;当黏土的黏稠指数小于或等于 0.6 时,在进行旋转剪切时破坏面位于圆盘与金属界面,黏土将不会黏附在圆盘上。但需要指出的是,在进行旋转剪切试验过程中难以确定破坏面是位于土样内部还是土样与金属界面,当破坏面位于土样与金属界面时,测得的强度值即为真实的黏附强度;当破坏面位于土样内部时,测得的强度为土样的内部强度,由于界面未发生破坏,测试值小于真实黏附强度值,即测试得到的黏附强度值偏小。因此在进行数值仿真时输入的黏附强度值也偏小,则依据数值仿真得到的结果与实际情况也存在一定的偏差,当黏稠指数大于 0.6 时,虽然输入的黏附强度值偏小,但土样与金属界面间的剪切应力也未达到黏附强度值,即输入黏附强度值的偏差未能引起试验过程中破坏模式的改变,因此当土样的黏稠指数大于 0.6 时,由于旋转剪切时破坏面位于土样内部,黏土将会黏附在圆盘上,因此土样在盾构掘进过程中易引起结泥饼。为防止盾构施工过程中“泥饼”的形成,黏土地层合适改良渣土的黏稠指数应小于 0.6。

当考虑了分散剂对土样的液塑限影响后,在同样法向压力条件下相同黏稠指数的土样抗剪强度也基本相同,式 (14-1) 也适用于加入分散剂后的土样。土样的黏附强度也表现出与抗剪强度类似的性质,即相同黏稠指数土样的黏附强度也基本相等。影响圆盘试验破坏模式的主要参数是土样的抗剪强度和黏附强度,因此加入分散剂后的土样旋转剪切试验时的破坏模式与未加入分散剂的土样破坏模式相同。当考虑了分散剂对黏土的液塑限影响后,由未改良土样分析得到的黏土地层的合适改良状态也适用于改良后的渣土,因此,为了避免黏土地层盾构渣土结泥饼,建议需要通过渣土改良,将渣土黏稠指数控制在 0.6 以内。

## 14.7 本 章 小 结

首先采用直剪仪测定了不同状态下黏土的抗剪强度,探究了分散剂对土样抗剪强度的影响,然后将得到的土样强度参数和界面强度参数输入有限元计算软件中,通过模拟旋转剪切试验揭示了黏土–金属界面剪切破坏模式,提出了黏土地层盾构渣土合适改良状态评价指标,主要得到了如下结论。

(1) 不同状态黏土的抗剪强度与法向压力呈线性关系,且随着黏稠指数的减小,即含水率的增加,土样的内摩擦角和黏聚力均逐渐减小,抗剪强度与含水率存在指数关系。在相同法向压力下不同土样在相同黏稠指数时,其抗剪强度基本相同,即黏土种类对抗剪强度影响较小。通过对试验数据进行拟合分析,建立了黏土不排水抗剪强度计算模型。

(2) 加入分散剂后的土样抗剪强度随着含水率的增加逐渐减小,且随着分散剂添加比的增加,相同含水率土样的抗剪强度也逐渐减小。当考虑了分散剂对黏土液塑限影响后,在同样法向压力下相同黏稠指数的土样抗剪强度也基本相同。

(3) 当土样黏稠指数大于 0.6 时,圆盘在旋转过程中土样均黏附其表面,且土样与金属界面间的剪切应力小于界面间的黏附强度,这表明圆盘在转动过程中破坏面位于土样内部;当黏稠指数小于或等于 0.6 时,圆盘在土样中转动时未有土样黏附在圆盘上,且土样与金属界面间的剪切应力与界面间的黏附强度基本相等,这表明圆盘在转动过程中破坏面位于土样与金属界面。

(4) 在旋转剪切试验时,黏稠指数大于 0.6 的土样易黏附在圆盘上,易引起盾构结泥饼,因此为防止盾构施工过程中“泥饼”的形成,黏土地层合适改良渣土的黏稠指数应小于 0.6。在考虑了分散剂对细颗粒渣土液塑限影响的情况下,由未改良渣土分析得到的黏土地层盾构渣土的合适状态也适用于改良后的渣土,即需要通过渣土改良,将渣土黏稠指数控制在 0.6 以内。

### 参 考 文 献

丁峻宏, 金先龙, 郭毅之, 等, 2007. 土壤切削大变形的三维数值仿真 [J]. 农业机械学报, 4: 118-121.

刘朋飞, 2021. 盾构渣土粘附特性及改良机理研究 [D]. 长沙: 中南大学.

乔国刚, 2009. 土压平衡盾构用新型发泡剂的开发与泡沫改良土体研究 [D]. 北京: 中国矿业大学.

邱长林, 张庆建, 闫澍旺, 等, 2017. 黏土黏附力试验研究 [J]. 岩土力学, 38(5): 1267-1272.

汤华, 金先龙, 丁峻宏, 等, 2006. 基于任意拉格朗日–欧拉法的盾构刀盘土体切削仿真 [J]. 上海交通大学学报, 12: 2177-2181.

王鹰宇, 2018. Abaqus 分析用户手册材料卷 [M]. 北京: 机械工业出版社.

肖超, 2016. 基于渣土特性的土压平衡盾构施工力学行为及其应用研究 [D]. 长沙: 中南大学.

张凌博, 2018. 平面齿式刀具切削软岩与粘土的数值仿真研究 [D]. 天津: 天津大学.

中华人民共和国住房和城乡建设部, 2019. 土工试验方法标准: GBT 50123—2019 [S]. 北京: 中国计划
出版社.

Feinendegen M, Ziegler M, Spagnoli G, et al, 2010. A new laboratory test to evaluate the problem of
clogging in mechanical tunnel driving with EPB-shields[C]. In ISRMEUROCK-Rock Mechanics
in Civil and Environmental Engineering, Lausanne; Switzerland: 429-432.

Kuomoto T, Houlsby G T, 2001. Theory and praxis of the fall cone test[J]. Géotechnique, 51(8):
701-712.

Peila D, Picchio A, Martinelli D, et al, 2016. Laboratory tests on soil conditioning of clayey soil[J].
Acta Geotechnica, 11(5): 1061-1074.

Spagnoli G, 2011. Electro-chemo-mechanical manipulations of clays regarding the clogging during
EPB-tunnel driving[D]. Aachen: RWTH Aachen University.

Spagnoli G, Feinendegen M, Rubinos D, 2013. Modification of clay adhesion to improve tunnelling
excavation[J]. Proceedings of the Institution of Civil Engineers-Ground Improvement, 166(1):
21-31.

Zumsteg R, Plötze M, Puzrin A M, 2012. Effect of soil conditioners on the pressure and rate-dependent
shear strength of different clays[J]. Journal of Geotechnical and Geoenvironmental Engineering,
138(9): 1138-1146.

Zumsteg R, Puzrin A M, 2012. Stickiness and adhesion of conditioned clay pastes[J]. Tunnelling and
Underground Space Technology, 31(5): 86-96.

# 第 15 章 粗–细颗粒混合土黏附性

## 15.1 引　言

土压平衡盾构不仅在黏土地层中易结泥饼，还会在粗–细颗粒混合的黏性地层中结泥饼。例如福州地铁某盾构区间隧道工程中，土压平衡盾构在穿越由风化岩石和碎卵石组成的复合地层时，最大掘进速度降低至 8mm/min，刀盘扭矩波动性增大，开舱后发现刀盘中心区域有大量"泥饼"形成 (傅鑫晖等，2020)。此外，当土压平衡盾构在砂卵石、砂砾石等较粗的地层中掘进时，为保证渣土的塑流性和抗渗性需要向渣土中注入膨润土泥浆，由于膨润土黏性较大，也有可能造成盾构结泥饼，如南昌轨道交通一号线艾溪湖东站–艾溪湖西站盾构隧道在施工过程中，向砂砾石渣土中注入泡沫膨润土泥浆混合液导致盾构结泥饼 (王志龙，2015)。根据《土工试验规程》(YS/T 5225—2016) 此类土的工程分类属于粗粒土或者细粒土，但是由于土样中包含一部分细颗粒，且渣土改良时也有可能注入膨润土等细颗粒泥浆，当这些细颗粒达到一定含量时，将会包裹粗颗粒，增大粗颗粒的黏附性，使渣土黏附在刀盘、刀具或土舱内，进而造成盾构结泥饼。

粗颗粒地层盾构结泥饼包含两个基本科学问题：首先是引起盾构结泥饼的渣土临界粒径问题，细颗粒易引起盾构结泥饼，而粗颗粒则不会引起盾构结泥饼，因此在粗、细颗粒间应存在一个界限，即引起盾构易结泥饼的临界粒径；其次是引起盾构结泥饼时细、粗颗粒含量比例问题，当细颗粒充分包裹粗颗粒时盾构才易结泥饼，在粗–细颗粒混合渣土中细颗粒含量达到多少比例时才能充分包裹粗颗粒，即引起盾构易结泥饼时细、粗颗粒含量比例问题，而细颗粒能够包裹粗颗粒的前提是细颗粒的表面积要大于粗颗粒表面积，因此确定易引起盾构结泥饼时细、粗颗粒含量比例本质是确定细、粗颗粒临界表面积比。

为解决粗–细颗粒混合渣土易结泥饼问题，首先研制了一台大型旋转剪切仪，用来测定粗–细颗粒土的黏附强度，然后基于界面黏聚力建立了盾构易结泥饼的判断准则，通过对不同粒径颗粒的黏附强度测定，提出了使盾构易结泥饼的渣土临界粒径，进一步通过对不同细、粗颗粒表面积比的渣土黏附强度测试，确定了易引起盾构结泥饼的细、粗颗粒土临界表面积比，最后探究了改良剂对盾构结泥饼预防的作用效果 (Wang et al., 2023; Liu et al., 2024)。

## 15.2　大型旋转剪切试验

### 15.2.1　试验材料

采用全风化花岗岩、中砂和砂卵石的筛分颗粒作为试验材料，然后再重新配制试验土样。在筛分前首先需要将土样在 105℃ 恒温下烘干 24h，然后采用橡胶锤对结块土样进行破碎，破碎过程中应保证土样自身颗粒不发生破坏，最后在筛机上通过筛分得到不同粒径的土样。试验主要选取土颗粒粒径小于 0.075mm、0.075 ~ 0.1mm、0.1 ~ 0.15mm、0.15 ~ 0.25mm、0.25 ~ 0.5mm、0.5 ~ 1mm、1 ~ 2mm、2 ~ 5mm、5 ~ 10mm、10 ~ 20mm、20 ~ 40mm 共 11 种试样。

为得到旋转剪切试验过程中土样的饱和度，需要对各土样的比重进行测试，根据《土工试验方法标准》(GB/T 50123—2019) 规定方法分别测定各土颗粒的比重，试验结果如表 15-1 所示。

表 15-1　各粒径范围土颗粒比重值

| 土样粒径范围/mm | 比重 | 土样粒径范围/mm | 比重 |
| --- | --- | --- | --- |
| <0.075 | 2.64 | 1 ~ 2 | 2.65 |
| 0.075 ~ 0.1 | 2.63 | 2 ~ 5 | 2.83 |
| 0.1 ~ 0.15 | 2.69 | 5 ~ 10 | 2.42 |
| 0.15 ~ 0.25 | 2.68 | 10 ~ 20 | 2.33 |
| 0.25 ~ 0.5 | 2.66 | 20 ~ 40 | 2.34 |
| 0.5 ~ 1 | 2.63 | — | — |

为测定不同表面积比粗–细颗粒混合渣土的黏附强度，需要得到各粒径范围土样的比表面积，求解方法如下所述。

假设土颗粒为球形，则每个颗粒的体积 $V$ 和表面积 $S$ 分别为

$$V = \frac{4}{3}\pi R^3 \tag{15-1}$$

$$S = 4\pi R^2 \tag{15-2}$$

式中，$R$ 为颗粒的半径，对于一定范围的粒径取平均值，例如 0.15 ~ 0.25mm 粒径范围的土样取 0.2mm，其他同理。

单位质量的土样含有的颗粒数 $n$ 为

$$n = \frac{1}{G_\text{s}V} \tag{15-3}$$

式中，$G_\text{s}$ 为土颗粒的比重。

土样的比表面积 $B_\text{ss}$ 为

$$B_\text{ss} = nS \tag{15-4}$$

计算得到各粒径范围的土样颗粒比表面积如表 15-2 所示。

表 15-2　各粒径范围土样颗粒比表面积

| 土样粒径范围/mm | 比表面积/(cm²/g) | 土样粒径范围/mm | 比表面积/(cm²/g) |
| --- | --- | --- | --- |
| <0.075 | 3826.30 | 1 ~ 2 | 15.09 |
| 0.075 ~ 0.1 | 260.73 | 2 ~ 5 | 6.06 |
| 0.1 ~ 0.15 | 178.44 | 5 ~ 10 | 3.31 |
| 0.15 ~ 0.25 | 111.94 | 10 ~ 20 | 1.72 |
| 0.25 ~ 0.5 | 60.15 | 20 ~ 40 | 0.85 |
| 0.5 ~ 1 | 30.42 | | |

### 15.2.2 试验装置与步骤

第 3 章中小型旋转剪切仪虽然能够测定细颗粒渣土与金属界面间的黏附强度，但是由于尺寸效应的限制，无法合理测定含有砾石、卵石等粗颗粒黏性渣土的黏附强度。为精确测定含有粗颗粒黏性渣土的黏附强度，自行研发了大型旋转剪切仪，原理图如图 15-1 所示，与小型旋转剪切仪原理类似，但由于大型旋转剪切仪的圆盘尺寸较大，在转动过程中很容易因旋转轴不对中导致圆盘摆动，为解决此问题，在试样腔底部加装了支撑轴，保持圆盘的对中精度，并且在支撑轴上安装有弹簧，保证在加载的过程中圆盘能竖向运动。

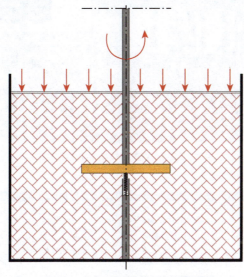

图 15-1 大型旋转剪切仪原理图

大型旋转剪切仪实物如图 15-2 所示，仪器由试样腔、加载系统、动力系统和操控系统组成，试样腔内放置土样，通过加载系统对试样施加法向压力，然后由动力系统带动圆盘转动，并实时测定旋转扭矩，操控系统则负责控制法向压力、转动速度等参数，记录并储存试验数据。

试样腔内有旋转圆盘、排水板和盖板，试样腔采用优质 304 不锈钢制成，根据 ASTM 标准 (D4648—2020) 规定，圆盘尺寸应大于最大土颗粒粒径的 5 倍，且圆盘最外侧至试样腔内壁或盖板的距离应大于 3 倍最大土颗粒粒径。设计最大土颗粒粒径为 60mm，因此圆盘直径取最大粒径的 6 倍，即 360mm；圆盘最外侧至试样腔内壁距离取 3 倍最大粒径，再加上圆盘尺寸，则试样腔内部直径取为 720mm；圆盘位于试样腔中央位置，距盖板和底板距离也应该大于 3 倍最大粒径，即应大于 360mm，考虑塑流性较好渣土的压缩量也较大，试样腔高度取为 560mm。加载系统由千斤顶和液压油泵组成，液压油泵能够将液压油加压输送至千斤顶，驱动千斤顶竖向运动，实现对土样的法向加载。由于盾构土舱压力一般不超过 3bar，因此设定土样最大法向压力为 5bar，精度为 0.1kPa。动力系统主要包含伺服电机、扭矩传感器和传动装置，扭矩传感器固定在电机上，并通过传动装置与圆盘旋转轴相连，带动圆盘转动，圆盘的转速控制范围为 $0 \sim 4.5$r/min，且可实现无级调速，扭矩传感器的量程为 3000 N·m，可精确至 0.1N·m。操控系统则由计算机和控制软件构成，控制

软件 (图 15-3) 可实现对法向压力、转动速度等参数的控制，且能够实时显示和记录扭矩和转动角度。

图 15-2   大型旋转剪切仪实物图

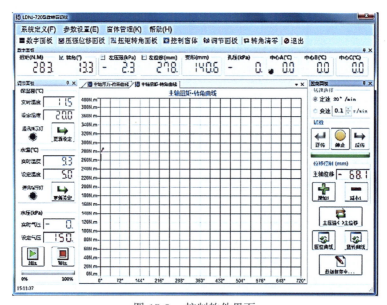

图 15-3   控制软件界面

为测定粗–细颗粒混合土的黏附强度，开展大型旋转剪切试验，主要试验步骤如下所述。

(1) 采用搅拌器将烘干后的土样与一定量的水混合，搅拌均匀后放置于容器内，并采用保鲜膜封闭容器，静置 24h 使土样充分润湿均匀 (图 15-4 (a))。

(2) 将静置过后的土样分 6 层装入试样腔内，待装完 3 层试样后，将圆盘下部转轴与底部卡槽连接，然后降低加载装置的高度，使圆盘转轴上部与连接器相连，保证转轴竖直放置 (图 15-4 (b))。

(3) 继续填入剩余的 3 层土样，并刮平试样上表面，测量记录试样高度，然后升高加载装置，使圆盘转轴与连接器分离，在土样表面盖上孔状透水板 (图 15-4 (c))，然后再安装加载板。

(4) 打开排水阀，降低加载装置的高度，并对加载板施加约 10kPa 的法向压力，排空加载板与土样间的空气。由于盾构在掘进过程中土舱内的渣土来不及排水固结，因此将试验条件定为不排水不固结，因此需要关闭盖板上部的排水阀，然后对土样施加设定的法向压力，待加载板竖向位移稳定后，测定试样与加载板、透水板的总高度，以 20°/min 的转速开始旋转剪切试验 (图 15-4 (d))。

(5) 驱动圆盘旋转 360°，记录并保存圆盘旋转过程中的扭矩，停止试验后，取少量圆盘附近的土样测定其含水率。

(6) 将圆盘旋转过程中的扭矩换算成为剪切应力，随着旋转角度的增加，剪切应力呈现出先增大然后再基本保持不变的趋势，当两相邻的剪切应力差小于 0.1kPa 时，则认为其基本稳定，然后求稳定后剪切应力的平均值即为渣土与圆盘间的黏附强度。

(7) 根据土样高度、含水率、土颗粒比重计算出饱和度。

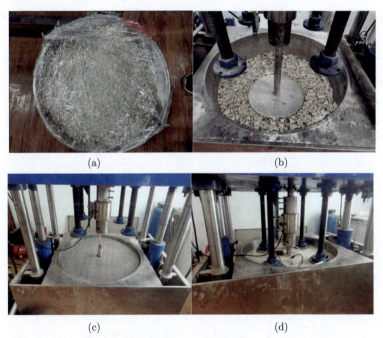

图 15-4　大型旋转剪切试验过程：(a) 润湿试样；(b) 分层装填；(c) 放置透水板；(d) 加载剪切试样

为探究仪器尺寸对试验结果的影响，采用同一高岭土试样分别在大、小剪切仪上进行旋转剪切试验，试验结果如图 15-5 所示，图例中"50kPa"、"100kPa"和"200kPa"表示法向压力，"大"和"小"分别表示采用的仪器是大型和小型旋转剪切仪。由试验结果可知，两种仪器测得的剪切曲线变化趋势基本相同，即随着旋转角度的增大剪切应力先增大然后基本趋于稳定，且两个型号的仪器得到的剪切应力差别不大，因此仪器的尺寸放大效应对试验结果基本没有影响，这也从另一个方面证明了两种试验仪器的可靠性。

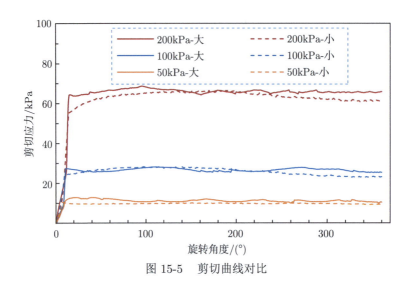

图 15-5　剪切曲线对比

为探究易引起盾构结泥饼的渣土临界粒径问题以及粗–细颗粒混合黏性渣土中细、粗颗粒的表面积比达到多少时将会引起盾构易结泥饼，大型旋转剪切试验工况如表 15-3 所示。

表 15-3　大型旋转剪切试验工况

| 粒径范围/mm | 表面积比 | 法向压力/kPa | 含水率/% |
|---|---|---|---|
| <0.075 | | | |
| 0.075 ~ 0.1 | | | |
| 0.1 ~ 0.15 | | | |
| 0.15 ~ 0.25 | 5:1 | | |
| 0.25 ~ 0.5 | 10:1 | 50 | |
| 0.5 ~ 1 | 15:1 | 100 | 0 ~ 50 |
| 1 ~ 2 | 25:1 | 150 | |
| 2 ~ 5 | 30:1 | 200 | |
| 5 ~ 10 | 35:1 | | |
| 10 ~ 20 | | | |
| 20 ~ 40 | | | |

注：虽然在配制试样时根据设计含水率加入了定量的水，但试样含水率则依据试验结束后采集的圆盘周围土样的含水率测定结果，导致土样含水率数据过多，在表中采用范围表示。

## 15.3　结泥饼渣土临界粒径

### 15.3.1　不同粒径土样黏附强度与法向压力关系

试验法向压力分别为 50kPa、100kPa、150kPa 和 200kPa，土样最小含水率为 0，最大含水率为土样表面开始泌水时的含水率。不同粒径土样在不同含水率情况下，土样的黏附强度与法向压力间的关系如图 15-6 ~ 图 15-10 所示，随着法向压力的增大，土样与金属界面的黏附强度也逐渐增大。在不同含水率状态下，黏附强度与法向压力均呈现出较好的线性关系。

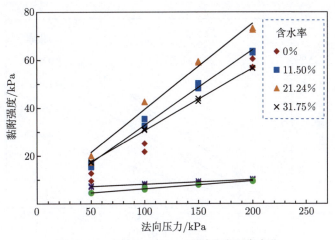

图 15-6  小于 0.075mm 试样黏附强度变化

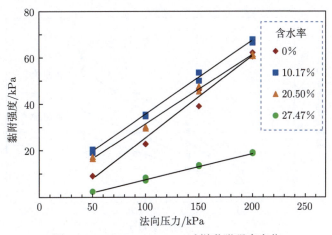

图 15-7  0.075 ～ 0.1mm 试样黏附强度变化

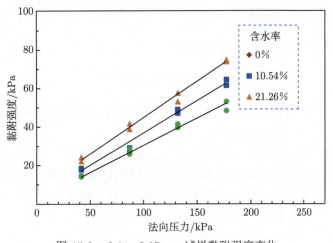

图 15-8  0.1 ～ 0.15mm 试样黏附强度变化

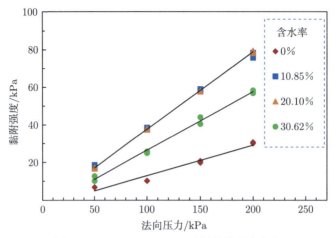

图 15-9   0.15 ~ 0.25mm 试样黏附强度变化

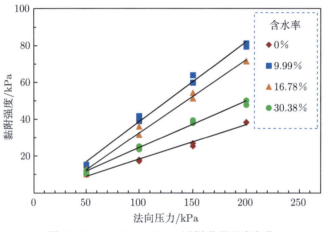

图 15-10   0.25 ~ 0.5mm 试样黏附强度变化

### 15.3.2   渣土结泥饼判据及临界粒径确定

土样的黏附强度与法向压力间的关系如下式：

$$\tau = \sigma \tan \beta_{\text{if}} + c_{\text{if}} \tag{15-5}$$

式中，$\tau$ 表示土样的黏附强度；$\sigma$ 表示作用于土样–金属界面的法向压力；$\beta_{\text{if}}$ 表示土样–金属界面内摩擦角；$c_{\text{if}}$ 表示界面黏聚力。

通过拟合黏附强度与法向压力的关系，即可得到土样–金属界面间的摩擦系数 $\tan \beta_{\text{if}}$ 和界面黏聚力 $c_{\text{if}}$。各土样在不同含水率情况下与金属界面间的摩擦系数、黏聚力和相关系数如表 15-4 所示，在不同含水率情况下各土样的黏附强度和法向压力的相关系数均超过了 0.95，这也验证了二者具有较强的线性关系。

表 15-4　　各土样黏附强度与法向压力拟合数据表

| 粒径/mm | 含水率/% | 界面摩擦系数 | 界面黏聚力/kPa | 相关系数 |
|---|---|---|---|---|
| <0.075 | 0 | 0.29 | 0 | 0.9875 |
|  | 11.50 | 0.32 | 1.35 | 0.9940 |
|  | 21.24 | 0.36 | 3.50 | 0.9822 |
|  | 31.75 | 0.26 | 4.52 | 0.9992 |
|  | 38.45 | 0.02 | 6.30 | 0.9331 |
|  | 48.60 | 0.03 | 3.01 | 0.9898 |
| 0.075~0.1 | 0 | 0.28 | 0 | 0.9854 |
|  | 10.17 | 0.32 | 3.76 | 0.9963 |
|  | 20.50 | 0.30 | 1.31 | 0.9966 |
|  | 27.47 | 0.09 | 0 | 0.9873 |
| 0.1~0.15 | 0 | 0.27 | 0 | 0.9890 |
|  | 10.54 | 0.31 | 0 | 0.9948 |
|  | 21.26 | 0.37 | 1.19 | 0.9922 |
|  | 30.22 | 0.25 | 0 | 0.9964 |
| 0.15~0.25 | 0 | 0.14 | 0 | 0.9863 |
|  | 10.85 | 0.39 | 0 | 0.9995 |
|  | 20.10 | 0.39 | 0 | 0.9992 |
|  | 30.62 | 0.28 | 0 | 0.9965 |
| 0.25~0.5 | 0 | 0.18 | 0 | 0.9974 |
|  | 9.99 | 0.40 | 0 | 0.9972 |
|  | 16.78 | 0.35 | 0 | 0.9946 |
|  | 30.38 | 0.25 | 0 | 0.9985 |

　　土样与金属界面间的摩擦系数随含水率变化情况如图 15-11 所示，试验各粒径土样与金属界面的摩擦系数均小于 0.4，且粒径越小，土样取得最大摩擦系数时的含水率也就越大，这主要是因为尺寸越小的粒径吸附水的能力较强。随着含水率的增加，土样与金属界面间的摩擦系数先增大，然后逐渐减小。

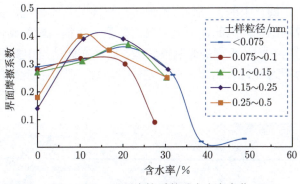

图 15-11　界面摩擦系数随含水率变化

　　不同粒径的界面黏聚力随含水率变化情况如图 15-12 所示，当土样粒径小于 0.075mm 时，除了含水率为 0 时，其余含水率的土样均表现出一定的黏聚力，在含水率约为 40% 时达到最大值 6.30kPa，随着含水率由 0 逐渐地增加，界面黏聚力呈现先增大然后再减小的趋势；当土样粒径为 0.075~0.1mm、0.1~0.15mm 时，随着含水率的增加，界面黏聚力先增大然后减小至 0，土样只有在特定含水率时才具有一定的界面黏聚力，且两个粒径的土样的最大界面黏聚力分别为 3.76kPa 和 1.19kPa；当土样粒径大于 0.15mm 时，在任何含水率状态时，土样均未表现出界面黏聚力。对比几种土样的界面黏聚力可知，随着粒径的增加，土样与金属界面的最大界面黏聚力逐渐减小，即土样对金属界面的黏附性逐渐减弱。

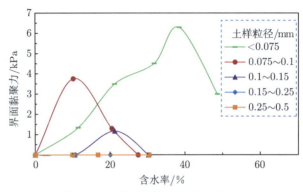

图 15-12　界面黏聚力随含水率变化

　　土样的黏附强度与黏稠指数紧密相关，因此黏稠指数可以作为评价渣土黏附强度的参数。但是由于黏稠指数需要采用土样的液塑限和含水率才能计算得到，而根据《土工试验方法标准》(GB/T 50123—2019) 规定只有粒径小于 0.5mm 的土样才能测定其液塑限，因此基于黏稠指数评价黏附性仅适用于最大粒径小于 0.5mm 的细粒土，对于最大粒径大于 0.5mm 的黏性渣土需要采用一种新的方法评价其黏附性。盾构结泥饼是渣土黏附在刀盘或者刀具上，其本质与黏性土黏附在金属圆盘上相同。在进行大型旋转剪切试验时发现，当土样与金属界面间的黏聚力为 0 时，试验完成后圆盘上无土样黏附 (图 5-13 (a))；当土样与金属间的黏聚力不为 0 时，在剪切试验完成后，土样将会黏附在圆盘上，且界面黏聚力越大，圆盘上黏附的土样越多 (图 5-13 (b) 和 (c))，虽然在取出圆盘的过程中对黏附在圆盘上的土样造成了扰动，圆盘上的土样黏附情况不能代表其真实情况，但仍可定性反映出界面黏聚力对黏附情况的影响。因此，可采用界面黏聚力表征粗颗粒黏性渣土的黏附性，即当土样的界面黏聚力为 0 时，土样的黏附性较差，盾构在此地层中掘进时无结泥饼的可能；当土样的界面黏聚力不为 0 时，土样具有一定的黏附性，盾构在此地层中掘进时则可能发生结泥饼。

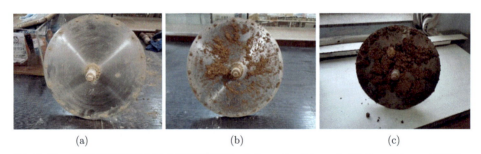

(a)　　　　　　　　　(b)　　　　　　　　　(c)

图 15-13　不同界面黏聚力时土样黏附情况：(a)$c = 0$；(b)$c = 1.35$kPa；(c)$c = 4.52$kPa

　　通过界面黏聚力表征土样是否具有结泥饼的可能性，当粒径小于 0.15mm 时，土样具有一定的界面黏聚力, 表明此粒径土样有结泥饼的可能; 当粒径大于 0.15mm 时, 土样的界面黏聚力始终为 0, 因此易引起盾构结泥饼的渣土临界粒径为 0.15mm。

### 15.3.3 界面参数变化机理

根据土样高度、含水率和土颗粒比重即可计算试样的饱和度, 然后得到各粒径土样与金属界面间的摩擦系数随饱和度的变化如图 15-14 所示, 随着饱和度的增加, 界面摩擦系数先增大然后逐渐减小, 这主要是因为在含水率较低时, 加入适量的水能够增大土样的密实度, 增加了土颗粒与金属界面的接触面积, 因此土样与金属界面间的摩擦系数增大; 但随着含水率的增加, 土样的饱和度也在增大, 此时试样中的水将填充在土颗粒和金属界面之间, 起到一定的润滑作用, 因此土样与金属界面间的摩擦系数逐渐减小。

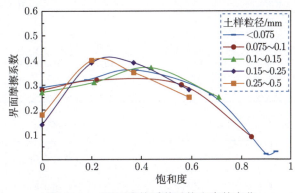

图 15-14 界面摩擦系数随饱和度的变化

对于非饱和土样, 土壤中的水可以浸润土颗粒和金属表面, 在接触面上形成弯月面, 产生毛细管力 $q_K$; 对于含有黏土矿物的土样, 由于其颗粒带有负电荷, 在颗粒周围将形成双电层, 在土颗粒与金属表面间的水膜极性分子的桥接作用下, 土颗粒将和金属表面产生静电引力 $q_E$。界面黏聚力 $c$ 主要受静电引力 $q_E$ 和毛细管力 $q_K$ 影响 (钱定华和张际先, 1984)。

为探究不同粒径土样界面黏聚力的产生机理, 采用 X 射线衍射 (XRD) 测定各土样的矿物成分, 结果如表 15-5 所示, 粒径小于 0.075mm 土样内的主要矿物成分为高岭石和绢云母, 粒径 0.075 ~ 0.1mm 土样内的主要矿物成分为钠长石、钾长石、方解石和白云石, 粒径 0.1 ~ 0.15mm 土样内的主要矿物成分为方解石、钠长石、钾长石和白云石, 粒径 0.15 ~ 0.25mm 土样内的主要矿物成分为石英、绢云母和钠菱沸石, 粒径 0.25 ~ 0.5mm 土样内的主要矿物成分为石英。将图 15-11 的含水率换算成为饱和度后得到界面黏聚力随饱和度变化曲线 (图 15-15), 当含水率为 0 时, 由于没有水膜形成, 土–金属界面既不存在静电引力也不存在毛细管力, 因此界面黏聚力为 0。对于粒径小于 0.075mm 的土样, 由于其含有大量的高岭石, 因此当饱和度较小时, 土颗粒与金属界面同时存在静电引力 $q_E$ 和毛细管力 $q_K$; 当饱和度接近 1 时, 土颗粒与金属界面间水膜达到饱和, 此时土样与金属界面仅存在静电引力, 因此随着饱和度的增加, 土样与金属界面间的黏聚力先增加然后减小至一定值。对于粒径 0.075 ~ 0.1mm 和 0.1 ~ 0.15mm 的土样, 由于其土颗粒中基本不含黏土矿物, 因此当饱和度较小时, 土颗粒与金属界面仅存在毛细管力 $q_K$; 当饱和度增加后, 由于土颗粒与金属界面间水膜接近饱和, 毛细管力将不复存在, 因此随着饱和度的增加, 土样与金属界面间的黏聚力先增加然后减小至 0。当土颗粒粒径大于 0.15mm 时，由于土颗粒粒径较大，难以在土颗粒与金属界面间形成弯月面，且土样中不含有黏土矿物，在土颗粒与金属界面既不存在静电引力 $q_E$，又不存在毛细管力 $q_K$，土样与金属界面间的黏聚力始终为 0。

表 15-5　小于 0.075mm 粒径土样矿物成分

| 矿物名称 | < 0.075mm 土样/% | 0.075 ~ 0.1mm 土样/% | 0.1 ~ 0.15mm 土样/% | 0.15 ~ 0.25mm 土样/% | 0.25 ~ 0.5mm 土样/% |
|---|---|---|---|---|---|
| 高岭石 | 72 | — | — | | |
| 绢云母 | 17.8 | — | — | 20.3 | 7.7 |
| 石英 | 6.7 | 3.0 | 4.3 | 60.5 | 80.4 |
| 正长石 | 2.2 | | | 8.5 | 8.9 |
| 钠菱沸石 | 1.1 | — | — | 10.7 | 4.0 |
| 钠长石 | — | 44.6 | 33.9 | — | — |
| 钾长石 | | 22.0 | 12.0 | | |
| 方解石 | | 15.4 | 34.2 | | |
| 白云石 | | 12.3 | 10.0 | | |
| 斜绿泥石 | | 1.8 | 3.1 | | |
| 白云母 | | 0.9 | 2.4 | | |

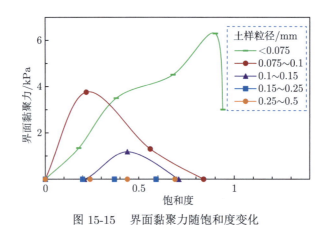

图 15-15　界面黏聚力随饱和度变化

## 15.4　粗–细颗粒混合土结泥饼判定依据

当渣土中黏性颗粒占比达到一定值后，盾构将会有结泥饼的风险。对于粗–细颗粒混合的黏性渣土，由于大于临界粒径 0.15mm 的粗颗粒黏附性比较弱，对结泥饼基本没有影响，而小于临界粒径 0.15mm 的细颗粒则是引起"泥饼"的主要原因。粗、细颗粒混合后，细颗粒包裹在粗颗粒的表面，当粗颗粒表面的细颗粒足够多时，被细颗粒包裹的粗颗粒也具有较强的黏附性，极易黏附在盾构刀具和刀盘上，造成盾构结泥饼。因此，应存在一个细颗粒与粗颗粒的临界表面积比，当渣土中的细颗粒与粗颗粒比大于此临界值时，渣土中的粗颗粒被细颗粒充分包裹，盾构易结泥饼；当渣土中的细颗粒与粗颗粒比小于此临界值时，渣土的黏附性较弱，盾构结泥饼的可能性较小。

为探究易引起盾构结泥饼的渣土中细、粗颗粒的临界表面积比，采用不同粒径范围的土样混合后配制细、粗颗粒表面积比分别为 5:1、10:1、15:1、25:1、30:1 和 35:1 试验土样，分别测定其在不同含水率时的界面黏聚力。为验证颗粒尺寸对界面黏聚力的影响，又补充了细、粗颗粒表面积比分别为 25:1 和 30:1 的两组试样进行旋转剪切试验，得到其不同含水率时的界面黏聚力。当土样的界面黏聚力始终为 0 时，此土样没有结泥饼的风险，依此可得到细、粗颗粒的临界表面积比。

### 15.4.1 不同表面积比土样黏附强度与法向压力关系

试验中采用的细、粗颗粒表面积比分别为 5:1、10:1、15:1、25:1、30:1 和 35:1 的试验土样颗粒级配曲线如图 15-16 所示，试样最大粒径为 40mm，各土样的不均匀系数 $C_u$、曲率系数 $C_c$ 和分类名称如表 15-6 所示，其中土的分类依据《土工试验规程》(YS/T 5225—2016) 给出的分类方法，所有试验土样均属于砂土。

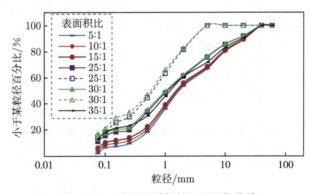

图 15-16　试验土样粒径级配累积曲线

**表 15-6　试验土样分类**

| 细、粗颗粒表面积比 | 不均匀系数 $C_u$ | 曲率系数 $C_c$ | 土的名称 |
|---|---|---|---|
| 5 | 12.95 | 0.75 | 级配不良砂 |
| 10 | 19.26 | 1.14 | 级配良好砂 |
| 15 | 30.09 | 1.81 | 含细粒土砂 |
| 25 | 28.36 | 1.45 | 含细粒土砂 |
| 25 补充 | 17.77 | 0.48 | 含细粒土砂 |
| 30 | 32.24 | 1.54 | 含细粒土砂 |
| 30 补充 | 18.84 | 0.76 | 黏土质砂 |
| 35 | 31.11 | 2.14 | 含细粒土砂 |

与上述试验类似，法向压力也分别为 50kPa、100kPa、150kPa 和 200kPa，土样最小含水率为 0，最大含水率为土样表面开始出现泌水时的含水率。不同细、粗颗粒表面积比土样在不同含水率情况下，土样的黏附强度与法向压力间的关系如图 15-17 ~ 图 15-22 所示，随着法向压力的增大，土样与金属界面的黏附强度也逐渐增大。在不同含水率状态下，黏附强度与法向压力均呈现出较好的线性关系。

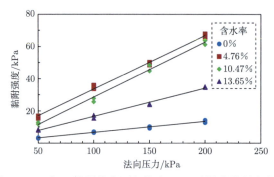

图 15-17  细、粗颗粒表面积比为 5∶1 试样黏附强度变化

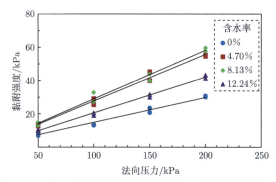

图 15-18  细、粗颗粒表面积比为 10∶1 试样黏附强度变化

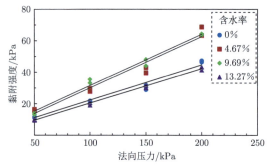

图 15-19  细、粗颗粒表面积比为 15∶1 试样黏附强度变化

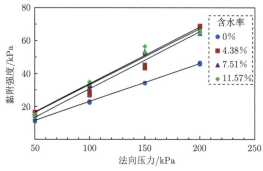

图 15-20  细、粗颗粒表面积比为 25∶1 试样黏附强度变化

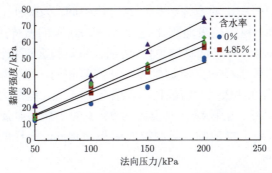

图 15-21　细、粗颗粒表面积比为 30∶1 试样黏附强度变化

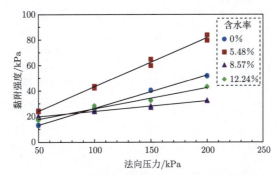

图 15-22　细、粗颗粒表面积比为 35∶1 试样黏附强度变化

### 15.4.2　界面黏聚力随表面积比变化及结泥饼判定依据

不同细、粗颗粒表面积比土样在不同含水率时的界面黏聚力如图 15-23 所示,当细、粗颗粒表面积比小于 25∶1 时,在任何含水率情况下,土样与金属界面间的界面黏聚力始终为 0;而当细、粗颗粒表面比大于 30∶1 时,仅当含水率为 0 时,界面黏聚力为 0,在其他含水率情况下,界面黏聚力都不为 0,且随着含水率的增加,土样与金属界面间的界面黏聚力先增大然后减小。细、粗颗粒的表面积比越大,土样与金属间的界面黏聚力也就越大,即土样的黏附性越强。

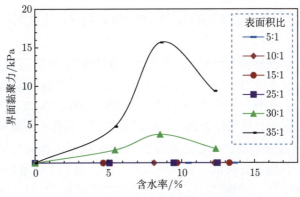

图 15-23　不同土样界面黏聚力变化

相同细、粗颗粒表面积比的土样级配也有可能不同，为验证土样级配对界面黏聚力的影响，分别补充了细、粗颗粒表面积比为 25:1 和 30:1 的试样进行试验，试验结果如图 15-24 所示 (图中虚线为补充试验结果)，当细、粗颗粒表面积比为 30:1 时，随着含水率增加，两种不同级配土样的界面黏聚力变化趋势相同，即先增大然后逐渐减小，且最大界面黏聚力分别为 3.7kPa 和 2.76kPa，二者差别不大，但最大界面黏聚力时对应的含水率有一定差别。而细、粗颗粒表面积比为 25:1 的土样与金属界面间的黏聚力始终为 0。试验结果表明只要土样的细、粗颗粒表面积比相同，土样的界面黏聚力随含水率的变化趋势也基本相同。

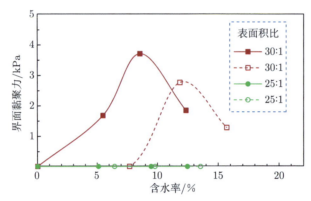

图 15-24　相同细、粗颗粒表面积比的不同土样界面黏聚力对比

判断盾构是否可能发生结泥饼的依据是土样是否存在界面黏聚力。当土样中细、粗颗粒的表面积比小于 25:1 时，土样与金属间的界面黏聚力始终为 0；当土样中细、粗颗粒的表面积比大于 30:1 时，土样与金属间的界面黏聚力开始出现。因此可以得到对于粗–细颗粒混合黏性渣土，盾构易结泥饼的细、粗颗粒临界表面积比为 25:1。当渣土中细颗粒与粗颗粒的表面积比小于 25:1 时，盾构不会发生结泥饼；而当渣土中细颗粒与粗颗粒的表面积比大于 25:1 时，盾构则易结泥饼，此时需要采用分散剂、泡沫等改良剂对渣土进行改良，使渣土与金属界面间的黏聚力减小为 0，防止盾构结泥饼。

## 15.5　分散剂作用下界面黏聚力变化

为探究分散剂对界面黏聚力的影响，选取细、粗颗粒表面积比为 50:1 的混合土作为试验土样，土样初始含水率为 10%，分散剂浓度为 10%，分散剂添加比分别为 0、0.5%、1%、2%、3% 和 4%，土样黏附强度随法向压力的变化如图 15-25 所示，与前面试验结果类似，黏附强度与法向压力呈线性关系，通过拟合二者关系即可得到界面黏聚力。

界面黏聚力随分散剂添加比变化曲线如图 15-26 所示，加入分散剂后能够显著降低土样的界面黏聚力，且随着分散剂添加比的增加，界面黏聚力由最初的 17.39kPa 减小至 0.25kPa，而界面黏聚力的大小则代表了此土样结泥饼的可能性，因此分散剂能够大幅降低粗–细颗粒混合黏性渣土结泥饼的可能。

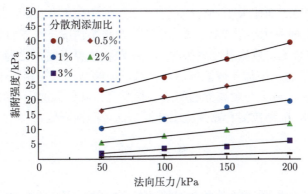

图 15-25　不同分散剂添加比时渣土黏附强度与法向压力关系

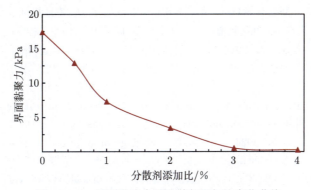

图 15-26　界面黏聚力随分散剂添加比变化曲线

分散剂作用下粗-细混合黏性渣土界面黏聚力减小的主要原因是在渣土中加入分散剂后，分散剂可以与渣土中的黏粒相互作用，吸附在黏粒边角处；由 2.5.1 节可知，吸附在黏土颗粒上的分散剂基团能够增强黏粒的 Zeta 电位和带电量，在电荷斥力的作用下黏粒之间的联结性减弱，黏性颗粒间的结合水得到释放；结合水转换成自由水后渣土与金属界面间的水膜厚度增大，导致毛细管力 $q_E$ 减小，而毛细管又是界面黏聚力的重要组成部分，因此界面黏聚力也逐渐减小。

## 15.6　本 章 小 结

采用大型旋转剪切仪测定了不同状态粗-细颗粒混合土的黏附强度，确定了易引起盾构结泥饼的土颗粒临界粒径，获得了盾构在粗-细颗粒混合黏性地层中掘进时易结泥饼的细、粗颗粒临界表面积比，主要有以下结论。

(1) 自主研发了用于测定粗-细颗粒混合土黏附强度的大型旋转剪切仪，试验仪器主要包含试样腔、加载系统、动力系统和操控系统，适用于最大粒径为 60mm 的粗-细颗粒混合土，可测定在不同法向压力条件下粗-细颗粒混合土的黏附强度。

(2) 当土样粒径小于 0.15mm 时，随着含水率由 0 逐渐增加，界面黏聚力呈现先增大然后再减小的趋势；当土样粒径大于 0.15mm 时，任何含水率的土样均未表现出界面黏聚力。采用界面黏聚力表征土样的黏附性，可得到易引起盾构结泥饼的渣土临界粒径为 0.15mm。

(3) 当细、粗颗粒表面比大于 30:1 时，随着含水率的增加，界面黏聚力先增大然后减小；当细、粗颗粒表面积比小于 25:1 时，在任何含水率情况下，界面黏聚力始终为 0。因此对于粗-细颗粒混合土，盾构易结泥饼的细、粗颗粒临界表面积比为 25:1。

(4) 粗-细颗粒混合土中加入分散剂后，分散剂能够与细颗粒相互作用，并释放出黏性颗粒间的结合水，增大渣土与金属界面间的水膜厚度，降低界面间毛细管力，因此界面黏聚力也逐渐减小，粗-细颗粒混合黏性渣土结泥饼的可能性降低。

## 参 考 文 献

傅鑫晖, 莫涛, 张晨, 等, 2020. 复合地层盾构机刀盘结泥饼成因及预防措施 [J]. 地下空间与工程学报, 16(S2): 864-869.

钱定华, 张际先, 1984. 土壤对金属材料黏附和摩擦研究状况概述 [J]. 农业机械学报, 1: 69-78.

王志龙, 2015. 南昌地铁水下区间隧道渣土改良技术研究 [D]. 南昌: 南昌工程学院.

中华人民共和国工业和信息化部, 2016. 土工试验规程: YS/T 5225—2016[S]. 北京: 中国计划出版社.

中华人民共和国住房和城乡建设部, 2019. 土工试验方法标准: GBT 50123—2019[S]. 北京: 中国计划出版社.

ASTM, 2000. Standard test method for laboratory miniature vane shear test for saturated fine-grained clayey soil, D4648[S]. West Conshohocken: ASTM International.

Liu P, Wang S, Yang Z, et al. 2024. Criteria for clogging potential in Coarse - Grained strata during shield tunneling[J]. International Journal of Geomechanics, 24(7): 04024112.

Wang S, Zhou Z, Liu P, 2023. On the critical particle size of soil having with potential of clogging potential in shield tunnelling [J]. Journal of Rock Mechanics and Geotechnical Engineering, 15: 477-485.

# 第二篇
# 盾构掘进力学行为

# 第 16 章　渣土改良下盾构掘进参数演化

## 16.1　引　　言

　　土压平衡盾构是由土舱渣土压力平衡掌子面水土压力 (侯永茂等，2012)，渣土改良状态直接决定掌子面"土压平衡"程度，塑流性状态较佳渣土有利于盾构顺利掘进 (闫鑫等，2010)，从而减小对周围地层的扰动。针对渣土塑流性对盾构掘进响应的影响研究，尽管 Ozoemena 等 (2018) 尝试采用离散元方法建立泡沫改良土数值模型，通过改变颗粒间摩擦系数反映土体塑流性状态差异，但泡沫颗粒在合适条件下可承受周围土颗粒作用力将其撑开 (Bezuijen et al.，1999)，仅改变接触力学参数无法体现泡沫颗粒对土体颗粒间接触力学特性的影响，暂无研究在模型中真实反映泡沫颗粒的存在。盾构掘进数值模拟主要包括有限元法 (范祚文和张子新，2013)、离散元法 (武力等，2010) 以及有限元–离散元耦合方法 (Wang et al.，2019；肖超等，2019)。

　　基于离散法，Hu 等 (2020) 建立包含刀盘、螺旋输送机以及土舱渣土改良系统的盾构推进数值模型，盾构掘进过程中土舱压力由初始的线性分布变为非线性分布，螺机排土速度变化对盾构总推力及刀盘扭矩没有明显影响。Zhu 等 (2020) 建立了砂卵石地层中盾构掘进数值模型，该模型能有效反映出不同改良程度渣土与盾构机相互作用情况，通过速度场及轨迹分析获悉了土舱内渣土流动规律。Jiang 和 Yin (2014) 建立长距离盾构掘进模型，分析了渣土改良程度对地表变形的影响，研究结果表明渣土改良可减小土体内摩擦角及增加其流动性，但改良渣土流动性越好，掘进过程中造成的地表变形就越大。

　　基于有限元法，Talebi 等 (2015) 采用计算流体力学 (CFD) 软件模拟改良渣土在螺旋输送机中流动过程，模型中假设渣土为理想 Bingham 流体。研究结果表明流体力学方法可较好模拟改良渣土在螺旋输送机中的流动行为，螺旋输送机扭矩模拟值与实际值误差仅为 0.1% ~ 6.2%。Hu 等 (2020) 基于 CFD 建立渣土塑流性分析模型，针对渣土不同塑流性状态对盾构掘进过程的影响进行分析。Zhang 等 (2016) 采用有限元模拟方法 (FEM) 分析了土压平衡盾构穿越既有隧道引发的地层变形影响，进而提出了该施工条件下的地层变形预测方法。

　　基于有限元与离散元耦合方法，Qu 等 (2019) 建立 FEM-DEM 耦合缩尺盾构掘进模型，从地表变形、渣土流动规律、土舱压力分布规律等方面深入诠释渣土改良对盾构掘进过程的影响。研究结果表明：① 改良后渣土塑流性明显提高，土舱渣土能更有效平衡掌子面压力，地表变形变小；② 通过对土舱渣土流动进行追踪，发现了改良剂最佳注入点，可为盾构机中泡沫改良剂注入口布置提供指导；③ 通过对土舱内压力进行监测发现，从刀盘至土舱隔板出现明显的压力降，压降幅度在螺机出口处最为明显。

　　综上所述，当前学者们针对渣土改良对盾构掘进过程的影响及相应的地层响应特征进行了较为深入的研究。但是所采用的数值模型都对改良工况及掘进工况进行了一定的简化，未有体现渣土中真实存在泡沫颗粒的相关研究。因而，需在建立盾构掘进模型时加入真正的泡沫颗粒，以反映不同改良状态渣土对盾构掘进过程的影响。在实际工程中一般采用坍落度试验评价改良渣土状态，结合渣土的坍落度值和析水析泡沫状态判断改良情况，进而为确定改良参数提供指导。但此方式主观性较强，且无法证明所确定的改良状态是否为可保证盾构顺利掘进的理想状态。因而，本章建立土压平衡盾构机在粗颗粒土地层中掘进的 DEM–FEM 耦合数值模型，针对未改良、欠改良、合适改良及过度改良等四种典型土体改良状态，探究不同改良状态渣土对盾构机掘进参数的变化规律，掘进过程中土舱的渣土流动情况，进而论证所选改良状态的合理性 (刘正日，2021)。

## 16.2　DEM–FEM 耦合数值模拟

离散元方法 (DEM) 可有效模拟出砂性土地层的颗粒离散性质，但由于其应用显式积分的迭代算法，巨大的计算量导致其无法用于工程尺度问题的分析。有限元方法 (FEM) 计算量相对较小，却无法体现粗颗粒土地层的离散特性。综合两种算法的优点，采用 DEM–FEM 耦合方式建立盾构在粗颗粒土地层中的掘进数值模型。模型主要由盾构机及地层组成，其中地层由离散元地层区域与有限元地层区域耦合而成。

### 16.2.1　盾构机模型

所模拟的土压平衡盾构机如图 16-1 所示，其构造参数如表 16-1 所示，依照 1:1 的比例原尺建立盾构机数值模型。盾构机的盾构开挖和出渣部分构造包括刀盘、土舱、土舱隔板、螺旋输送机、盾壳等几个主要部分。

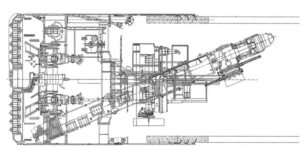

图 16-1　盾构机主机布置图

表 16-1　盾构机开挖与出渣构造参数表

| 参数 | 尺寸/m | 参数 | 尺寸/m |
|---|---|---|---|
| 刀盘直径 | 6.28 | 螺旋输送机长度 | 8.00 |
| 土舱直径 | 6.28 | 土舱宽度 | 1.50 |
| 螺旋输送机直径 | 0.80 | 螺机中轴直径 | 0.20 |
| 螺机叶片直径 | 0.79 | 螺旋输送机螺距 | 0.55 |

刀盘的基本结构采用准面板结构设计，包括 6 根主刀梁、6 个牛腿、6 根牛腿支撑梁及外圈梁等，刀盘整体开口率为 35%，中心开口率为 38%，其整体结构如图 16-2 (a) 所示。为在模型中最大程度地真实还原刀盘的各部分构造，首先在 Auto CAD 中绘出刀盘的

轮廓形状,而后将轮廓数据文件导入 Rhinoceros 中建立三维的刀盘实体模型,并将其通过 PFC$^{3D}$ 内置的外部图形数据文件接口导入软件中生成刀盘 (图 16-2 (b))。

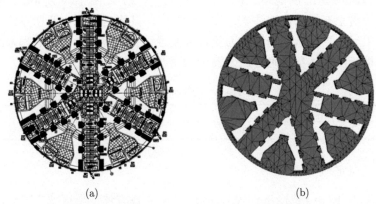

(a)                    (b)

图 16-2  盾构机刀盘:(a) 构造图;(b) 刀盘模型

土舱是盾构用于存放渣土的地方,建立土舱模型时,由于其结构较为简单可直接在刀盘后方绘制直径为 6.28m 的圆环形土舱,并在土舱的尾端布置圆形平面,从而形成密封的土舱空间。螺旋输送机是盾构机的主要组成部分,其主要由螺旋输送机中轴、叶片及螺旋输送机外表面构成。建立螺旋输送机模型时,首先在 Rhinoceros 中绘出各部分结构,然后依次导入 PFC$^{3D}$。叶片采用弹簧线命令绘制出直径 0.8m,螺距 0.55m 的螺旋线。其后绘制直径为 0.20m 的螺机中轴,并以螺机中轴为基准线绘制直径为 0.19m,螺距为 0.55m 的螺旋线。在两条螺旋之间扫略生成螺旋面,而后通过延伸命令形成螺旋输送机叶片,并将其导入 PFC$^{3D}$ 中生成对应部件。此外,螺旋输送机中轴及外表面的建模方式与此类似,不再赘述。土舱内布设有四根搅拌棒,用于搅拌土舱内的渣土。盾构机的构造如图 16-3 所示。

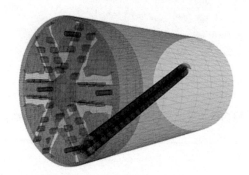

图 16-3  盾构机模型构造图

### 16.2.2  地层模型

地层模型主要分为离散元地层区域及有限元地层区域,在两种地层的接触区域建立耦合面,作为计算数据传输通道。

1. 有限元地层区域

有限元地层区域为 10m×12m×16m 的长方体地层，在该地层的一端对称地挖除长宽高分别为 1.5m×8m×14m 的地层，作为离散元分析区域，如图 16-4 所示。在盾构掘进过程中，泡沫通过刀盘上布置的泡沫注入口注入地层中，其影响范围主要在盾构机刀盘四周一定范围内，有限元地层区域未与盾构刀盘直接接触，因而将其全部考虑为未改良区域，相关地层参数依据一般土体参数确定，如表 16-2 所示。

表 16-2    有限元地层参数

| 参数 | 杨氏模量 | 泊松比 | 摩擦角 | 黏聚力 | 地层密度 |
|---|---|---|---|---|---|
| 量值 | $30×10^6$ | 0.25 | 35° | $5×10^3$kPa | 1900kg/$m^3$ |

2. 离散元地层区域

离散元地层为 1.5m (长)×8m (宽)×14m (高) 的长方体地层区域，建立离散元地层模型时，将其沿盾构掘进方向分为三层，每层厚度为 0.5m。同时，考虑到盾构掘进过程中的实际改良范围及平衡模型精度与计算量之间的关系，仅在以盾构形心位置为中心、边长为 8m 的正方形地层区域内设定改良土地层区域，改良土层厚度与盾构掘进距离相一致。此外，土舱内渣土同样为改良土体。粗颗粒土地层中盾构动态掘进 DEM–FEM 耦合数值模型如图 16-4 所示。

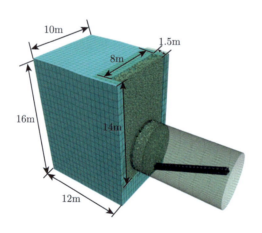

图 16-4    粗颗粒土地层中盾构动态掘进 DEM–FEM 耦合数值模型

### 16.2.3    模型参数

模拟渣土为第 4 章表 4-4 中未改良、欠改良、合适改良及过度改良等四种工况。由于离散元方法需占用大量的计算资源，若采用原尺寸砂土颗粒建立地层模型，则会造成模型过于庞大，导致在现有计算能力下模型无法正常运算的结果。在模拟工程问题时，可在模型中将颗粒的尺寸放大，以减小计算量 (Grima et al., 2011; Grima 和 Wypych, 2011)，并采用球形颗粒模拟对象材料 (Cavarretta et al., 2012)。同时，模型旨在分析不同土体改良状态对盾构掘进过程及地层响应的影响规律，为实际工程中选择合适的土体改良状态提供依据，采用放大颗粒的方式可有效平衡模型精度及计算量之间的矛盾，且具有一定的实际指导意义。

就盾构掘进模型中颗粒放大这一问题而言，多数研究采用单一粒径颗粒模拟地层土体 (Wu et al., 2013；瞿同明等，2017)，但该方式未能体现土颗粒粒径差异对掘进过程盾构力学特性的影响。因此，地层模型以第 4 章所采用的土体颗粒级配为基础生成土体颗粒。但该级配中最大粒径 (5mm) 与最小粒径 (0.5mm) 差异较大，若将所有颗粒按相同倍数同时放大，模型中则会出现超大颗粒，造成模型过度失真。经土体颗粒级配曲线分析可发现，该土体中 1.0 ～ 2.5mm 颗粒占比近 45%，为最主要的粒径组成部分，可在一定程度上体现土颗粒粒径分布特点，因而选择该粒径区间对颗粒进行放大。同时，为体现颗粒粒径间的差异，将 1 ～ 2.5mm 范围内粒径占比分为 4 个区间，各粒径区间颗粒占比保持不变，分别为 1 ～ 1.25mm (16.7%)，1.25 ～ 1.5mm (23.6%)，1.5 ～ 2mm (44.5%)，2 ～ 2.5mm (15.2%)。当颗粒放大倍数达到 50 倍时，颗粒总数量为 7.4 万，该条件下模型计算量较为合理，因而选择 50 倍作为土颗粒的放大倍数。相应离散云地层区域的土体颗粒级配为 5 ～ 6.25cm (16.7%)，6.25 ～ 7.5cm (23.6%)，7.5 ～ 10cm (44.5%)，10 ～ 12.5cm (15.2%)。此外，根据泡沫颗粒粒径与最小土颗粒粒径的关系，可将泡沫颗粒粒径定为 3cm。

离散元地层区域的颗粒间本构模型及参数标定方式均与前文一致，采用所提出的模型参数自动标定算法，但由于经过原尺坍落度试验已不适用于标定模型参数。因而选择建立放大的坍落度模型对改良土体参数进行标定，放大后坍落度桶尺寸为 100cm×200cm×300cm。Hu 等 (2020) 提出采用放大坍落桶标定改良土体细观参数时，若坍落度值与坍落桶高度比值相同，则可在一定程度上表明两种土体流动性相似。综合上述试验结果及文中提出的本构模型参数自动标定算法，可得各改良工况所采用的颗粒间细观接触参数如表 16-3 所示。模型中砂土颗粒各粒径分布及占比见表 16-4，盾构掘进所采用的掘进参数如表 16-5 所示。

表 16-3 模型细观参数表

| 编号 | 改良状态 | 接触关系 | $k_n$ | $k_s$ | 摩擦系数 | $P_{b\text{-ten}}$ |
|---|---|---|---|---|---|---|
| 1 | 未改良 | s-s | $3.46\times10^6$ | $3.46\times10^6$ | 0.76 | 0 |
| 2 | 欠改良 | s-s | $3.46\times10^6$ | $3.46\times10^6$ | 0.68 | 0 |
| | | f-f | $3.21\times10^{-2}$ | $3.21\times10^{-2}$ | 0.01 | 35.4 |
| | | f-s | $3.21\times10^{-2}$ | $3.21\times10^{-2}$ | 0.25 | 21.6 |
| 3 | 合适改良 | s-s | $3.46\times10^6$ | $3.46\times10^6$ | 0.42 | 0 |
| | | f-f | $3.21\times10^{-2}$ | $3.21\times10^{-2}$ | 0.01 | 35.4 |
| | | f-s | $3.21\times10^{-2}$ | $3.21\times10^{-2}$ | 0.21 | 21.6 |
| 4 | 过度改良 | s-s | $3.46\times10^6$ | $3.46\times10^6$ | 0.26 | 0 |
| | | f-f | $3.21\times10^{-2}$ | $3.21\times10^{-2}$ | 0.01 | 35.4 |
| | | f-s | $3.21\times10^{-2}$ | $3.21\times10^{-2}$ | 0.18 | 21.6 |

注：s-s，f-f，f-s 分别表示接触关系为土-土，泡沫-泡沫，泡沫-土。

表 16-4 模型颗粒粒径分布及占比

| 颗粒半径/cm | 5 ～ 6.25 | 6.25 ～ 7.5 | 7.5 ～ 10 | 10 ～ 12.5 |
|---|---|---|---|---|
| 占比 | 16.7% | 23.6% | 44.5% | 15.2% |

表 16-5　盾构模型掘进参数

| 掘进速度 | 刀盘转速 | 螺机转速 |
|---|---|---|
| 50mm/s | 1.5rad/s | 32.6rad/s |

注：由于当前计算能力限制，盾构掘进参数取为一般数值的 60 倍。

# 16.3　渣土改良状态对盾构掘进参数的影响

在盾构掘进过程中，掘进参数的变化是对掘进状态最直观的体现，也在一定程度上反映出土体的塑流性状态是否理想。为探究不同改良状态渣土对盾构掘进状态的影响规律，对盾构总推力、刀盘扭矩、土舱压力、螺旋输送机扭矩等关键掘进参数进行分析。

## 16.3.1　渣土改良对总推力的影响

图 16-5 为盾构在不同渣土改良状态下掘进过程中总推力变化曲线图，可以发现总推力随盾构掘进而呈现出增长的趋势，其中过度改良状态下的总推力值增长最为明显。究其原因，在盾构推进过程中，刀盘对前方地层产生挤压作用，在挤压力的影响下，一定范围内的土体变得更加密实。在盾构掘进速度不变的情况下，切削越加密实的土体势必会产生更大的总推力。此外，盾构机外表面与地层的摩擦力也是总推力的重要组成部分之一。本模型中盾构机是由地层边界开始推进，随盾构进尺不断增加，盾构机表面与地层的接触面积随之增加，因而地层土体与盾构机之间的摩擦力也相应增长，并最终导致盾构总推力的变大。过度改良土体较其他改良工况表现得更为明显，主要是由于该状态土体流动性较佳，其性质更加接近于流体，盾构掘进所需克服的掌子面前方阻力相对较小，而盾构与周围地层的摩阻力随掘进距离增加，该部分阻力所引起的总推力相较于其他改良土体状态占比更大，从而表现出过度改良状态土体掘进过程中总推力值明显增长。

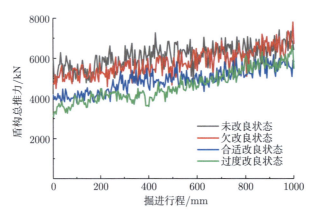

图 16-5　盾构在不同渣土改良状态下掘进过程中总推力变化曲线图

比较不同土体改良状态下的盾构总推力值可知，随土体塑流性状态改善程度提高，盾构掘进过程中的总推力随之减小。盾构机在未改良土体地层中掘进时，总推力值大致在 5000 ～ 7000kN 范围内。在盾构掘进过程中将土体改良至欠改良状态后，总推力值大体上保持在 4500 ～ 6500kN 范围内。而当盾构掘进过程中土体为合适改良状态时，总推力值减小至 4000 ～ 5500kN 范围内。与此相似，过度改良状态土体的总推力值大体在 3200 ～ 5500kN 范围波动，总体上盾构在该改良状态土体中掘进时，其总推力值更小但波动幅值相对较大。

盾构总推力值随改良程度提高呈现出减小的趋势，主要是由于加入的泡沫分散于土颗粒的孔隙中成为改良土体中的传力介质之一。泡沫颗粒所能传递的最大作用力远小于砂土颗粒所能承受的最大作用力，因而泡沫可弱化土体内部传递的接触力强度。且泡沫具有良好的压缩性可使土体压缩性能有效改善，使得盾构掘进特定距离时，土体对其产生的反作用力相应减小。当盾构推进时，泡沫改良土体的强度相较于未改良土体小，这就意味着盾构前进所需克服的阻力更小，且该量值随改良程度提高而相应减小。因而表现出经泡沫改良后的土体流动性显著增强，总推力值亦随之减小。

### 16.3.2 渣土改良对刀盘扭矩的影响

图 16-6 给出了盾构在不同渣土改良状态下掘进过程中盾构刀盘扭矩变化曲线，可知随土体改良程度的提高，盾构掘进过程中的刀盘扭矩表现出下降趋势。盾构在原始地层中掘进时，刀盘扭矩大体上在 2500 ～ 4000kN·m 范围内波动。当往土体中注入少量泡将其塑流性改善至欠改良状态时，刀盘扭矩值减小至 2000 ～ 3500kN·m 范围内。而当盾构掘进过程中土体为合适改良状态时，刀盘扭矩则保持在 1500 ～ 2500kN·m 范围内。继续增加土体的泡沫注入比 (FIR) 使土体成为过度改良状态时，刀盘扭矩值亦随之减小至 1000 ～ 2000kN·m 范围内。盾构在过度改良状态土体地层中掘进时的刀盘扭矩相较于原始地层中减小将近一半，表明在土体中注入泡沫后，可使掘进过程中刀盘扭矩值更加合理，明显改善盾构工作性能。

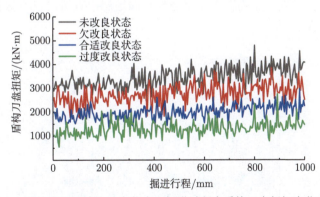

图 16-6 盾构在不同渣土改良状态下掘进过程中盾构刀盘扭矩变化曲线图

究其缘由，往砂性土体中注入泡沫后，经与泡沫混合后的土体更加均质松散，且泡沫填充于土颗粒之间可改变原本土体颗粒间紧凑的传力结构网络，使该结构网络强度弱化，受到外力作用后更易破坏。同时，存在土颗粒之间的泡沫颗粒可在一定程度上发挥"滚轮"作用，使土颗粒在受力作用后更易发生运动，这也就表现出土体的塑流性增强，盾构切削土体所产生的刀盘扭矩随之减小。从土体宏观角度分析可知，加入泡沫后土体的流动性增强，实质上是由于泡沫减小了改良土体的屈服应力，因而切削该状态土体所需的作用力相应减小。这也就表现出改良程度越高的土体，其掘进过程中盾构的刀盘扭矩越小。

### 16.3.3　渣土改良对螺机扭矩的影响

图 16-7 呈现了盾构在不同渣土改良状态下掘进过程中螺旋输送机扭矩变化曲线，可以发现盾构在粗颗粒土地层中掘进时，土体改良状态较差的情况下 (未改良及欠改良状态)，螺旋输送机排土过程中的扭矩较大且波动剧烈。当土体塑流性状态改善程度良好时 (合适改良及过度改良状态)，螺旋输送机扭矩值明显下降且波动幅度有所减小，并且随改良程度提高，这一趋势愈加明显。盾构在未改良地层中掘进时，螺旋输送机扭矩在整个掘进过程中波动剧烈，其量值涵盖 10 ～ 100kN·m 的整个区间。当采用少量泡沫改良地层渣土时，螺旋输送机扭矩幅值及波动程度稍有减小，但其量值仍处于 10 ～ 80kN·m 的区间范围。进一步增加掘进地层中的泡沫注入比将土体塑流性改善为合适改良状态时，螺旋输送机扭矩保持在 10 ～ 30kN·m 范围内波动。当盾构掘进过程中渣土为过改良状态时，螺旋输送机扭矩则减小至 5 ～ 20kN·m 区间内，其幅值及波动程度亦明显减小。

盾构掘进过程中的螺旋输送机扭矩变化情况，直观反映了螺旋输送机排土的顺畅程度。盾构在土体改良程度较差的地层中掘进时，螺旋输送机扭矩幅值大且波动剧烈，表明该渣土状态下螺旋输送机排土不畅，渣土流动性较差不能被螺旋输送机顺利排出，排土过程断断续续难以控制。而对于改良状态理想的地层，螺旋输送机排土过程中扭矩幅值及波动程度显著减小，这意味着该状态土体可使螺旋输送机排土顺畅，排土过程较为可控。

究其原因，泡沫的加入一方面起到"润滑"作用减小了土颗粒之间的摩擦力，另一方面具有一定的"滚轮"作用，使得土体发生运动所需克服的阻力减小，表现出土体流动性增强。此外，由于加入泡沫后土颗粒与泡沫混合均匀的过程中发生重新排列，使改良土体的均质性有效提高。土体的流动性及均质性越好，则表明渣土能够更加稳定顺畅地经由螺旋输送机排出。因而表现出盾构在改良状态理想的地层中掘进时，可保持较小的螺旋输送机扭矩幅值及波动程度。

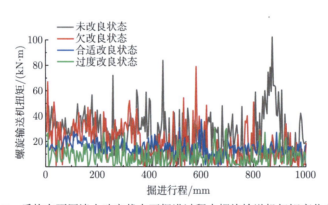

图 16-7　盾构在不同渣土改良状态下掘进过程中螺旋输送机扭矩变化曲线图

### 16.3.4　渣土改良对土舱压力的影响

土舱压力主要作用是平衡掌子面的水土压力，土舱压力的量值及其波动情况直接关系到盾构能否安全高效地掘进。依照太沙基理论计算该埋深情况下的土体压力可得，盾构掘进过程中的土压力范围为 0.7 ～ 1.4bar。

　　图 16-8 展现了盾构在不同渣土改良状态下掘进过程中土舱压力变化曲线,可知盾构在未改良及改良程度较差的地层中掘进时,土舱压力量值较大且波动剧烈。当盾构在改良程度较为理想的地层中掘进时,土舱压力量值更加接近于理想土压力且整个掘进过程中波动情况较为和缓。盾构在未改良地层中掘进时,土舱压力在整个掘进过程中波动剧烈,其量值涵盖 1.5 ~ 5bar 的整个区间。而当盾构掘进过程中将土体改良至欠改良状态后,土舱压力大体上保持在 1 ~ 4bar 范围内且其值起伏明显。进一步增加掘进地层中的泡沫注入比将土体塑流性改善为合适改良状态时,土舱压力保持在 0.5 ~ 1.5bar 范围,整体波动幅度明显减小。当盾构掘进过程中渣土为过改良状态时,土舱压力亦大致在 0 ~ 1.5bar 区间内上下浮动,但其波动幅度较合适改良状态土体有一定增大。

　　这主要是由于随土体的改良程度提高,土体的塑流性及均质性随之改善,这一变化使得改良土体的性质愈加趋近流体。此种状态下土体的传力性质得到有效的改善,土舱内部的土压力可以更加有效地传递且对土压力变化的响应更敏感,可随盾构掘进过程较好地适应土舱压力的变化。该作用随土体改良程度提高而愈加明显,当土体流动性过强时,其对土压力变化的响应过于灵敏,因而表现出过度改良状态土体的波动程度大于合适改良状态土体。

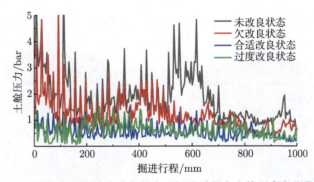

图 16-8　盾构在不同渣土改良状态下掘进过程中土舱压力变化曲线图

# 16.4　渣土改良状态对渣土流动特征的影响

　　土舱的土体塑流性状态与土舱压力的分布情况息息相关,从而直接关系到土压力能否有效平衡掌子面的水土压力,保证盾构安全高效掘进。依据第 3 章对不同改良状态砂性土体塑流性的研究可知,改良程度越高的土体流动性越强。为获悉土体改良程度对盾构土舱内渣土运动状态的影响,深入分析不同改良状态下砂性土体在土舱内的流动规律。

　　盾构机的刀盘后方布设有四根直径 0.2m、长度 0.8m 的搅拌棒伸入土舱内部,在刀盘转动切削土体的同时搅拌棒随之转动,搅动土舱内部的土体。搅拌棒的作用主要有两方面。其一为松动土舱内的渣土,由于盾构推进过程中前方及上部土体会对土舱内渣土产生挤压作用。若无搅拌棒松动土舱内渣土,则会造成土体过于密实形成土体板结,难以被螺旋输送机排出。另一作用为将土舱内部改良剂出口喷出的泡沫与渣土混合均匀,为了能够依据实际情况及时调整土舱内渣土的塑流性状态,在土舱内布设有水、泡沫等改良剂喷口,搅拌棒转动过程中可带动土体运动使其与改良剂混合均匀。改良剂喷口的布设数量有限,应布设在最为合理的位置，使其能充分发挥作用，因而需深入探究渣土在土舱内部的流动规律，以为相关工作提供理论依据。

　　土体的流动性与盾构掘进过程中土舱内渣土运动情况密切相关。为分析不同改良状态条件下土体在土舱内部的流动规律，在掘进开始掘进前，将土舱内渣土颗粒从上至下分为 6 个条带状粒组，粒组宽度为 1m 并标记不同颜色以示区分，分组情况如图 16-9 所示。待盾构完成掘进后，提取刀盘后方土舱内的土颗粒分布情况图，不同改良状态下盾构掘进 1m 距离后，土舱内渣土的最终流动结果如图 16-10 所示。

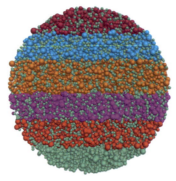

图 16-9　掘进前土舱内渣土分组标记情况示意图

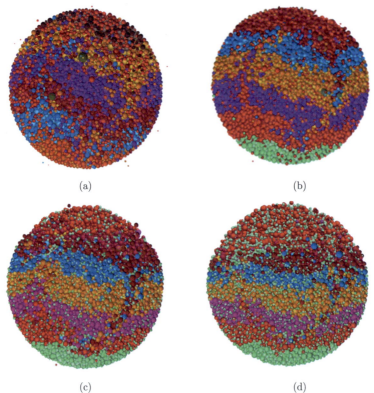

(a)　　　　　　　　　　　　　　　　　(b)

(c)　　　　　　　　　　　　　　　　　(d)

图 16-10　盾构机掘进 1m 后不同改良状态土体在土舱内的运动情况图：(a) 未改良状态；(b) 欠改良状态；(c) 合适改良状态；(d) 过度改良状态

　　图 16-10 (a) 为未改良状态渣土在土舱内的各粒组分布情况示意图,可以发现经搅拌棒搅拌后土舱内各粒组颗粒分布散乱,土颗粒明显沿搅拌棒的转动轨迹运动。其中以盾构中心为圆心、搅拌棒位置为半径的圆形轨迹是土颗粒发生流动的主要区域,并且在该位置两边的一定距离内为运动的辐射区域,该范围内的土体亦会随着搅拌棒的转动而整体流动,但土体的运动幅度随其与搅拌棒运动轨迹距离的增加而减弱。此外,可观察到土舱的上部区域散布着少量的标记为红色的土颗粒,该颜色颗粒表征经由刀盘切削进入土舱内部的土体。在该土舱区域内仅上部一小区域范围的土颗粒被切削渣土所替代,且整个土舱面散乱地分布着新掘渣土,这意味着刀盘前方渣土是在盾构掘进过程中被强行挤入土舱内部,而非在压力差的驱动下进入土舱内部。这表明土舱内部原有渣土仅有少部分被螺旋输送机排出,从而为新掘渣土提供存储空间。依据当前土舱内新进渣土量可知,该改良状态土体的流动性较差,渣土难以被螺旋输送机顺利排出,渣土大量积聚于土舱内部不利于盾构顺利掘进。

　　图 16-10 (b) 给出了欠改良状态渣土在土舱内的各粒组分布情况示意图,可以观察到土舱内的渣土随搅拌棒的转动发生了一定程度的整体流动,并且其也同未改良状态渣土条件下相似,在以搅拌棒轨迹为中心线的一定范围内为土体运动的辐射区域,但该区域内土体的运动幅度明显小于未改良状态土体辐射区域内的土体运动幅度。这一现象主要是由于加入泡沫后,土颗粒间的摩擦系数减小,使得土体内部颗粒之间的相互作用力减弱,在相同搅拌棒作用力的情况下,传递的接触力量值及距离均减小,因而表现出搅拌棒带动周围土体的协同运动的能力减弱。同时,土舱上部一定区域被新掘渣土所占据,且螺旋输送机进口位粒组颗粒数量减少,表明土体为欠改良状态时,螺旋输送机的排土能力有所增强,也意味着土体的流动性有所提高。

　　图 16-10 (c) 展示了合适改良状态渣土在土舱内的流动情况示意图,可以发现在搅拌棒转动作用的影响下,土舱内仅有局部区域渣土发生流动,且辐射区域范围明显小于前述两种改良状态。仅在以搅拌棒轨迹为中心线的径向一小段范围内,可观察到渣土的流动,其余区域渣土的运动基本不受搅拌棒的影响。究其原因,往土体中注入泡沫后,泡沫颗粒填充于砂土颗粒的孔隙之中。泡沫作为一种相较于砂土颗粒明显较弱的传力介质,其存在显著弱化了颗粒间的接触力传递,在一定程度上起到分散强接触力及阻隔其传递的作用,因而表现出搅拌棒转动对周围土体运动的影响及其影响范围较小。此外,可以观察到合适改良状态下土舱内的渣土有明显的整体下移,在螺旋输送机进口位置处的土层被有效排出,土舱上部位置存在较大区域的新掘渣土。这意味着合适改良状态渣土的流动性较佳,可使螺旋输送机排土过程较为顺畅。

　　图 16-10 (d) 呈现了过度改良状态渣土在土舱内的流动情况示意图,可以观察到螺旋输送机的搅拌作用对于土舱内部过度改良状态渣土的流动状态近乎没有影响。仅有在螺旋输送机轨迹线范围内的土体在其推动下发生流动,对轨迹线周边土体无明显带动作用。这主要是由于加入过量的泡沫进一步弱化了土体内部接触力,搅拌棒转动对土体产生的作用力无法向外传递形成运动辐射区域。另外,过度改良状态渣土在土舱内同样有整体下移现象,且下降程度较合适改良状态土体更为明显。各渣土粒组在螺旋输送机的进土口上方出现了指向其进口方向的弧形槽,同时土舱上部也流入大量的新掘渣土。这意味着过度改良状态渣土的流动性较强可被螺旋输送机不断排出,因而上部土体不断下移,并在土舱中部

这一渣土直接来源位置处形成弧形槽。

综上可知，不同改良状态土体在土舱内部的流动规律存在明显差异。当土舱内为未改良状态渣土时，渣土明显沿螺旋输送机的运动轨迹发生整体流动，且可带动其周边一定辐射区域内的渣土协同流动。当加入少量泡沫将土体改善至欠改良状态时，渣土沿螺旋输送机运行轨迹的整体流动情况减弱，并且辐射区域也随之减小。将土体的塑流性状态改善为合适改良状态后，在搅拌棒转动作用的影响下，土舱内仅有局部区域渣土发生流动，且辐射区域范围明显小于前述两种改良状态，但土舱内渣土出现了整体下移的现象。继续增加泡沫注入比可以发现，搅拌棒转动近乎不引起土舱内渣土的流动，同时渣土的整体下沉作用更加明显，并在螺旋输送机的进土口上方出现了指向其进口方向的弧形槽。

## 16.5　本 章 小 结

本章建立土压平衡盾构机在砂性土地层中掘进的 DEM-FEM 耦合数值模型，针对未改良、欠改良、合适改良及过度改良等四种典型土体改良状态，探究不同改良状态渣土对盾构机掘进参数变化规律及掘进过程中的土体流动规律。主要结论如下所述。

(1) 盾构总推力值随改良程度提高呈现出减小的趋势，主要是由于加入的泡沫分散于土颗粒的孔隙中成为改良土体中的传力介质之一。泡沫颗粒所能传递的最大作用力远小于砂土颗粒所能承受的最大作用力，因而泡沫可弱化土体内部传递的接触力强度。当盾构推进时，泡沫改良土体的强度相较于未改良土体小，这就意味着盾构前进所需克服的阻力更小，且该量值随改良程度提高而相应减小。因而表现出经泡沫改良后的土体流动性显著增强，总推力值亦随之减小。

(2) 随土体改良程度的提高，盾构掘进过程中的刀盘扭矩表现出下降趋势。究其原因，往砂性土体中注入泡沫后，经与泡沫混合后的土体更加均质松散，且泡沫填充于土颗粒之间可改变原本土体颗粒间紧凑的传力结构网络，使该结构网络强度弱化，受到外力作用后更易破坏。

(3) 盾构在粗颗粒土地层中掘进时，土体改良状态较差的情况下 (未改良及欠改良状态)，螺旋输送机排土过程中的扭矩较大且波动剧烈。当土体塑流性状态改善程度良好时 (合适改良及过度改良状态)，螺旋输送机扭矩值明显下降且波动度幅度有所减小，并且随着改良程度提高，这一趋势愈加明显。

(4) 盾构在未改良及改良程度较差的地层中掘进时，土舱压力量值较大且波动剧烈。当盾构在改良程度较为理想的地层中掘进时，土舱压力量值更加接近于理想土压力且整个掘进过程中波动情况较为和缓。

(5) 不同改良状态土体在土舱内部的流动规律存在明显差异，当土舱内为未改良状态渣土时，渣土明显沿搅拌棒的运动轨迹发生整体流动，且可带动其周边一定辐射区域内的渣土协同流动。当加入少量泡沫将土体改善至欠改良状态时，渣土受搅拌棒带动而流动的情况减弱，并且辐射区域也随之减小。将土体的塑流性状态改善为合适改良状态后，在搅拌棒转动作用的影响下，土舱内仅有局部区域渣土发生流动，且辐射区域范围明显小于前述两种改良状态，但土舱内渣土出现了整体下移的现象。继续增加泡沫注入比可以发现，搅拌棒转动近乎不引起土舱内渣土的流动，同时渣土的整体下沉作用更加明显，并在螺旋输送机的进土口上方出现了指向其进口方向的弧形槽。

## 参 考 文 献

范祚文, 张子新, 2013. 砂卵石地层土压力平衡盾构施工开挖面稳定及邻近建筑物影响模型试验研究 [J]. 岩石力学与工程学报, 32(12): 2506-2512.

侯永茂, 杨国祥, 葛修润, 等, 2012. 超大直径土压平衡盾构土舱压力和开挖面水土压力分布特性研究 [J]. 岩土力学, 33(9): 2713-2718.

刘正日, 2021. 粗颗粒土地层渣土改良机理及盾构掘进离散元数值仿真研究 [D]. 长沙: 中南大学.

瞿同明, 王树英, 刘朋飞, 2017. 土压平衡盾构土仓排土引起的干砂地层响应分析 [J]. 郑州大学学报 (工学版), 38(1): 16-21.

武力, 屈福政, 孙伟, 等, 2010. 基于离散元的土压平衡盾构密封舱压力分析 [J]. 岩土工程学报, 32(1): 18-23.

肖超, 谭立新, 陈仁朋, 等, 2019. 考虑渣土特征的盾构施工力学动态耦合仿真研究 [J]. 岩土工程学报, 041(6): 1108-1115.

闫鑫, 龚秋明, 姜厚停, 2010. 土压平衡盾构施工中泡沫改良砂土的试验研究 [J]. 地下空间与工程学报, 6(3): 449-453.

Bezuijen A, Schaminee P, Kleinjan J A, 1999. Additive testing for earth pressure balance shields[C]. Geotechnical Engineering for Transportation Infrastructure: Theory and Practice, Planning and Design, Construction and Maintenance Vol.3. Delft Geotechnics, Delft, Netherlands.

Cavarretta I, Sullivan C, Ibraim E, et al, 2012. Characterization of artificial spherical particles for DEM validation studies[J]. Particuology, 10: 209-220.

Grima A, Fraser T, Hastie D, 2011. Discrete element modelling: trouble-shooting and optimisation tool for chute design[J]. Beltcon, 16: 1-26.

Grima A, Wypych P, 2011. Investigation into calibration of discrete element model parameters for scale-up and validation of particle-structure interactions under impact conditions[J]. Powder Technol, 212: 198-209.

Hu W, Rostami J, 2020. A new method to quantify rheology of conditioned soil for application in EPB TBM tunneling[J]. Tunnelling and Underground Space Technology, 96: 103192.

Hu X, He C, Lai X, et al, 2020. A DEM-based study of the disturbance in dry sandy ground caused by EPB shield tunneling[J]. Tunnelling and Underground Space Technology, 101: 103410.

Hu X, He C, Lai X, et al. A DEM-based study of the disturbance in dry sandy ground caused by EPB shield tunneling[J]. 2020. Tunnelling and Underground Space Technology, 101: 103410.

Jiang M, Yin Z, 2014. Influence of soil conditioning on ground deformation during longitudinal tunneling[J]. Comptes rendus - Mécanique, 342(3): 189-197.

Ozoemena A, Ani B, Uzoejinwa A, et al, 2018. Overview of soil-machine interaction studies in soil bins[J]. Soil & Tillage Research, 175(2018): 13-27.

Qu T, Wang S, Hu Q, 2019. Coupled discrete element-finite difference method for analysing effects of cohesionless soil conditioning on tunneling behaviour of EPB shield[J]. KSCE Journal of Civil Engineering, 23(10): 4538-4552.

Talebi K, Memarian H, Rostami J, et al, 2015. Modeling of soil movement in the screw conveyor of the earth pressure balance machines (EPBM) using computational fluid dynamics[J]. Tunnelling and Underground Space Technology incorporating Trenchless Technology Research, 47: 136-142.

Wang S, Qu T, Fang Y, et al, 2019. Stress responses associated with earth pressure balance shield tunneling in dry granular ground using the discrete-element method[J]. International Journal of Geomechanics, 19(7): 04019060.1-04019060.9.

Wu L, Guan T, Lei L, 2013. Discrete element model for performance analysis of cutterhead excavation system of EPB machine[J]. Tunnelling and Underground Space Technology, 37: 37-44.

Zhang Z, Zhao Q, Zhang M, 2016. Deformation analyses during subway shield excavation considering stiffness influencesof underground structures[J]. Geomech, 11(1): 117-139.

Zhu H, Panpan C, Xiao Z, et al, 2020. Assessment and structural improvement on the performance of soil chamber system of EPB shield assisted with DEM modeling[J]. Tunnelling and Underground Space Technology, 96: 103092.

# 第 17 章　富水砾砂地层盾构渣土渗透性及喷涌风险评估

## 17.1　引　　言

盾构在富水地层中掘进时开挖面前方水压可能"击穿"土舱与螺机中的渣土，形成渗流通道，发生所谓的"喷涌"现象。喷涌会导致无法正常出渣，土舱压力难以保持，进而影响施工进度，甚至会引起开挖面失稳、地表塌陷等灾害。因此，为了避免上述问题发生，要求渣土要具有足够好的止水性。

国内外学者针对盾构渣土喷涌评价开展了相关研究。朱伟等 (2004) 建立了盾构机内水压力递减模型，推导了水压力和流量的变化关系来用于解释喷涌发生的机理，认为影响喷涌的因素包括渣土渗透系数与螺机出口的水压力及渗流量，并指出了喷涌发生的条件。秦建设 (2004) 进行了相似的推导，并通过比较盾构渣土运动速度与渗流水的实际流速来判断喷涌是否发生。魏康林 (2003) 详细区分了盾构内部的"渗流水"与"输送水"的差别，认为前者是喷涌主体，存在相对于土体的渗流行为，而后者则是正常输送过程中的随渣土同步排出的水量。张淑朝 (2017, 2018) 针对兰州砂卵石地层，采用自制的试验桶对满足和易性的改良渣土进行了渗透试验，进而确定渗透系数满足螺机防喷涌要求的配比方案。朱自鹏 (2016)、贺少辉等 (2017) 仿照真实的螺旋输送机，自制了螺机的一个节距并装满渣土，可实现渣土渗透性的测试，并分别研究了膨润土泥浆与泡沫对渣土抗渗性的影响，以及通过数值模拟探究了螺旋输送机内渗透水压分布，评估了其所用改良方案的防喷涌效果。Zheng 等 (2015) 考虑喷涌发生时孔隙流已经为紊流，基于 Ergun 方程建立了螺机中水压力分布的公式，并采用有限元数值模拟软件，研究了不同参数时螺机出口处的流速规律，以及提出了一些预防喷涌的措施。朱伟等 (2020) 结合工程实例分析指出，即使风化岩等高渗性地层开挖面整体稳定性计算满足不满舱施工的强度要求，也会出现局部渗透破坏甚至开挖面坍塌，开挖面局部渗透破坏等引起的超挖量大、窜浆引起的盾尾充填效果差均导致地表沉降过大。

综上所述，国内外学者给出了盾构渣土喷涌相关的评价依据。为了给盾构掘进过程中渣土渗流分析及喷涌评价提供借鉴，本章以昆明地铁 4 号线小菜园-火车北站区间 (以下简称小–火区间) 为依托，探究富水砾砂地层盾构掘进时面临渣土喷涌风险，建立盾构掘进渗流数值模型，研究不同渣土改良条件下盾构渣土渗流特征，提出喷涌评估方法。

## 17.2　工　程　概　况

### 1. 工程简介

昆明地铁 4 号线小–火区间采用土压平衡盾构施工，区间左、右线平面线路布设如图 17-1 所示。线路从西侧小菜园站始发井展开，出站后平行于昆石米轨线路进行铺设，下穿小菜园立交桥之后沿东南向进行偏移,依次下穿盘龙江、万华路,而后左、右线竖向间距慢慢增大,平面间距则呈减小趋势,并以左线在上、右线在下的叠落形式下穿地铁 2 号线,最后在火车北站接收井结束。盾构隧道左、右线起止里程分别为 ZDK8+435.252 ～ ZDK9+966.915 和 YDK8+435.252 ～ YDK9+966.915,区间线路总长度分别为 1538.913m (1283 环) 和 1531.694m (1277 环)。

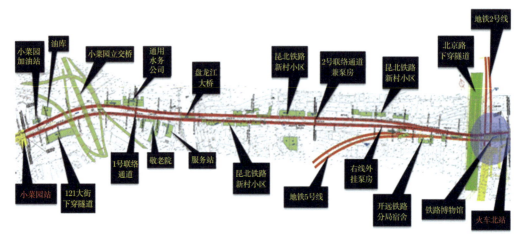

图 17-1　小-火区间线路平面图

小-火区间主要地质情况如图 17-2 所示,盾构沿线穿越地层主要为圆砾地层和砾砂地层,局部夹杂黏土地层和粉质黏土地层。各地层主要特点如下所述。

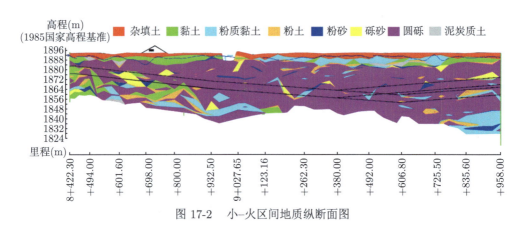

图 17-2　小-火区间地质纵断面图

(1) 圆砾:浅灰色、灰褐色、褐黄色,稍密 ～ 中密状。该地层渣土的粒径区间主要位于 2 ～ 20mm,其中砾石占比超过 1/2,且颗粒磨圆度较好,以砂土充填为主,辅以黏土充填。

(2) 砾砂:灰褐色、褐黄色、灰黄色,稍密 ～ 中密状。该地层渣土的粒径区间主要位于 2 ～ 20mm,其中砾石含量占比约 1/4 ～ 1/2,颗粒磨圆度较好,局部夹有薄层粗砂。

(3) 粉砂:黄色、灰褐色,稍密 ～ 中密状为主,局部存在粉细砂团块。该地层埋藏深度较浅,主要呈透镜状充填于黏土/粉质黏土地层、砾砂/圆砾地层。

(4) 黏土/粉质黏土：两种地层性质较为相似，均呈灰色、灰褐色、灰黄色，以可塑状为主，部分软塑及硬塑状。该地层埋藏深度较浅，呈条带状分布于地表素填土以下。

(5) 粉土：灰色、灰褐色、灰黄色，以稍密状为主。该地层埋藏深度较浅，呈透镜状充填于黏土地层。

(6) 泥炭质土：灰褐色、黑色，软塑状为主，局部可塑及流塑状。渣土富含有机质，土质均匀性较差，局部为淤泥或淤泥质土，韧性较低。具高压缩性。该地层埋藏深度较浅，呈透镜状零星分布。

2. 盾构机概况

本区间隧道左、右线施工分别拟采用辽宁三三工业有限公司和中铁工程装备集团有限公司生产的土压平衡盾构机 (型号依次分别为 RME254 和 R155)，刀盘刀具配制情况如表 17-1 所示，刀盘形式均为辐板式 (图 17-3)。两台盾构机按先右线后左线方式从小菜园站始发井先后发出，完成各自掘进里程后，于火车北站接收井解体吊出。

**表 17-1　盾构机刀盘刀具配置表**

| 刀盘刀具参数 | 左线 | 右线 |
|---|---|---|
| 刀盘开口率 | 40% | 40% |
| 刀具配置 (刀型/数量) | 12 寸刮刀/56 把<br>6 寸刮刀/8 把<br>右边缘刮刀/8 把<br>左边缘刮刀/8 把<br>保径刮刀/16 把<br>18 寸单刃滚刀/2 把<br>单刃滚刀/33 把<br>双联滚刀 1 把<br>仿形刀/1 把 | 中心双联滚刀/4 把<br>单刃滚刀/32 把<br>边刮刀/1 把<br>切刀/36 把<br>保径刀/8 把<br>仿形刀/1 把 |

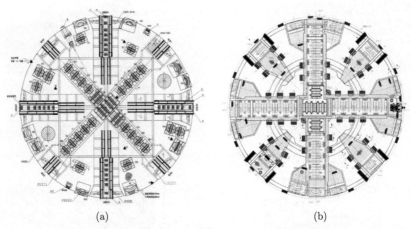

　　　　(a)　　　　　　　　　　　　　　　(b)

图 17-3　盾构机刀盘布置图：(a) 左线；(b) 右线

盾构配套渣土改良系统主要有泡沫系统和膨润土泥浆系统两种，如图 17-4 所示。泡沫系统采用单管单泵模式，共 6 路泡沫管路，可调节单个管路泡沫流量以防止管路堵塞影响掘进。膨润土泥浆系统中共 2 路管路，可与泡沫管路进行切换，泥浆膨化池设在小菜园站基坑中板内部，在需要泥浆时以泵送形式送进隧道。

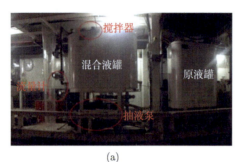

(a)

(b)

图 17-4　盾构配套渣土改良系统：(a) 泡沫系统；(b) 膨润土泥浆系统

## 17.3　数 值 模 拟

### 17.3.1　模型建立

针对昆明地铁 4 号线小–火区间中盾构穿越砾砂地层的区段，采用有限差分软件 FLAC3D 建立三维模型，研究地下水在盾构机出渣通道内的渗流行为。模拟目标区段取为 K8+522 ～ K8+552，图 17-5 给出了该区段的地质纵断面图。地下水埋深约 5m，位于隧道顶板上方 8m 处。模型中涉及的地层 (自上至下) 渗透参数如表 17-2 所示。需指出的是，尽管地质图中盾构穿越的主要是圆砾层，但根据实际揭露，该区段主要是砾砂地层，数值模拟时以此为准。图 17-6 所示为盾构–地层整体模型的左半部分及其尺寸，考虑到模型的对称性，可仅取一半模型计算，以提高计算效率。

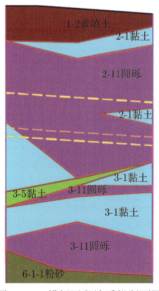

图 17-5　模拟区段地质纵断面图

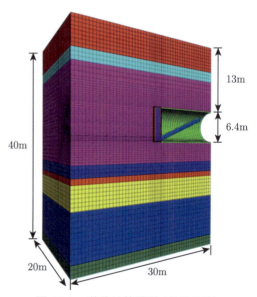

图 17-6　数值计算模型 (左半部分)

表 17-2    地层渗透参数取值

| 编号 | 土层 | 渗透系数 $k/(cm/s)$ | 孔隙率 $n$ |
|---|---|---|---|
| 1-2 | 素填土 | $1.1 \times 10^{-4}$ | 0.474 |
| 2-1 | 黏土 | $1.0 \times 10^{-6}$ | 0.543 |
| 2-11 | 砾砂 | $5.69 \times 10^{-2}$ | 0.412 |
| 3-5 | 粉土 | $5.0 \times 10^{-2}$ | 0.435 |
| 3-11 | 砾砂 | $5.0 \times 10^{-2}$ | 0.412 |
| 3-1 | 黏土 | $2.13 \times 10^{-7}$ | 0.524 |
| 3-11 | 砾砂 | $5.0 \times 10^{-2}$ | 0.412 |
| 6-6-1 | 粉砂 | $2 \times 10^{-3}$ | 0.415 |

计算时重点考虑渣土改良对渗流的影响,因此将盾构土舱与螺旋输送机中的渣土纳入模型。此外,考虑到幅板式刀盘会对地下水向土舱内渗流产生一定的影响,也对刀盘进行了简化建模。图 17-7 为小–火区间右线所采用"中铁山河号"盾构机的刀盘,图 17-8 为数值计算的盾构模型,由刀盘、土舱渣土与螺机渣土组成。其中,刀盘参考了施工所用盾构机的刀盘型式,但省略了刀具建模;土舱假设被渣土填满;螺机简化为一个充满渣土的连续土柱,其直径、倾角、长度都与实际盾构一致,并忽略了螺机叶片的影响。盾构机建模所用的参数见表 17-3。

图 17-7    小–火区间右线盾构刀盘

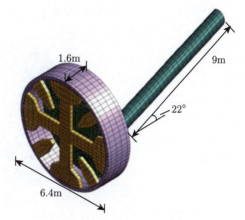

图 17-8    盾构土舱与螺机的建模

表 17-3    小–火区间盾构机参数

| 盾构参数 | 右线 |
|---|---|
| 生产商 | 中铁装备 |
| 挖掘直径 | 6440mm |
| 盾体长度 | 8.358m |
| 额定扭矩 | 6700 kN·m |
| 最大推力 | 42550kN |
| 刀盘形式 | 辐板式 |
| 开口率 | 40% |
| 刀具 (刀型/数量) | 中心双联滚刀/4 把<br>单刃滚刀/32 把<br>边刮刀/1 把<br>切刀/36 把<br>保径刀/8 把<br>仿形刀/1 把 |
| 渣土改良系统 | 泡沫喷口 6 个<br>膨润土喷口 2 个 (与泡沫共用) |

### 17.3.2　计算方法

计算时假设盾构不停机且能匀速地在地层中掘进，即盾构掘进是一个连续不间断的状态，每一时刻进入土舱的渣土都与上一时刻被螺机排出的渣土有着相同的改良状态，因此可认为盾构在每一时刻的状态都与其他任一时刻相同，从而将其视作是"静态"的。此外，由于研究重点在于改良渣土对盾构内部的渗透特征的影响，因此可不进行力学扰动模拟 (开挖、掘进)，仅对模型进行单渗流分析，进而获得盾构内部的孔压、流速等分布规律。为了简化分析，计算中还作了如下假设：① 水在地层与盾构内部符合达西定律；② 土舱与螺旋机被切削下来的渣土完全填充，不考虑螺机轴与叶片；③ 模型中水和土都是不可压缩的。

除模型的顶部边界与对称面外，将模型的其他边界设置为透水边界；并指定水位线，水位线可根据工况调整，土舱与螺机内的渣土初始孔压设置为 0，计算时通过改变其渗透系数来模拟渣土改良的影响。渗流计算的时间参考现场单环管片的掘进时间，取为 30min。此外，考虑到盾构刀盘上置有各类刀具，且面板上设有喷口，可向前喷出改良剂，使得刀盘前方一定范围内的土体，受到明显扰动并与改良剂混合，对计算结果可能存在影响，因此计算时在土舱前方也设置了长为 0.2m 的改良范围 (肖超，2016)，如图 17-9 所示。

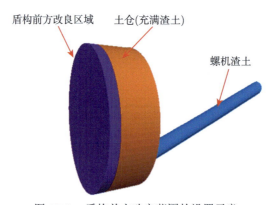

图 17-9　盾构前方改良范围的设置示意

# 17.4　数值结果分析

### 17.4.1　渣土渗流特征

图 17-10 给出了几种不同渣土改良效果下盾构机渣土的孔压分布。由图可知，距离螺机出口越近，渣土的孔压越小，但渣土的渗透系数不同时，其渗流场分布差别很大。当渣土渗透系数减小至 $5 \times 10^{-5}$cm/s 时，螺机中形成了一定长度的"不透水区"，地下水难以流过该区域，此时可观察到渗流矢量的箭头迅速减小。因此可知，渣土改良通过降低盾构内部渣土的渗透系数，可以改变盾构内部渗流场的分布状态，会在螺机中形成上述的止水区，且止水区的长度随渗透系数降低而变长。需注意的是，实际施工时螺机中的水会与渣土一同被排出。

图 17-11 给出了渣土渗透系数 $k = 5.69 \times 10^{-2}$cm/s 与 $k = 1 \times 10^{-2}$cm/s 时盾构机内部的渗流场。前者即渣土的初始渗透系数，相当于渣土未改良的情况；相比之下，后者渗

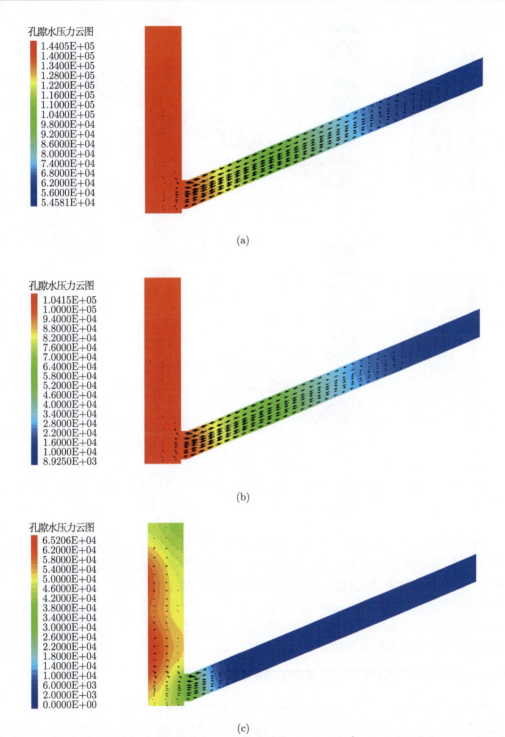

图 17-10 盾构机渣土孔压与渗流矢量分布：(a) 渗透系数 $k = 5 \times 10^{-4}$cm/s，孔压单位：Pa；(b) 渗透系数 $k = 2 \times 10^{-4}$cm/s，孔压单位：Pa；(c) 渗透系数 $k = 5 \times 10^{-5}$cm/s，孔压单位：Pa

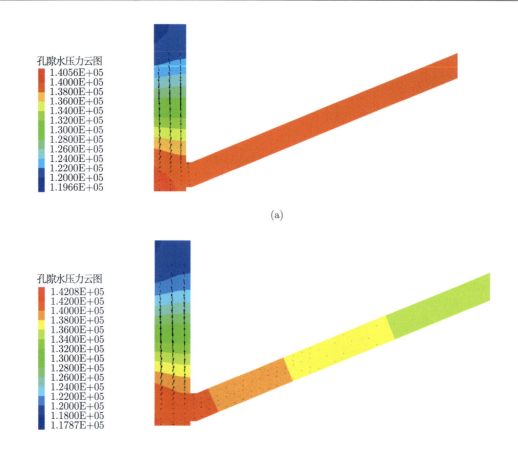

图 17-11　欠改良或未改良时盾构渣土渗流场：(a) 渗透系数 $k = 5.69 \times 10^{-2}$cm/s，孔压单位：Pa；(b) 渗透系数 $k = 1 \times 10^{-2}$cm/s，孔压单位：Pa

透系数小于前者，但仍处于较高水平，相当于渣土欠改良的情况。由图可知，渣土未改良或欠改良时，盾构机渣土的孔压分布形式相似，螺机出口处的孔压较大，几乎与地层的原始孔压相同，说明渣土未能起到对地下水的限制作用，地下水"击穿"了螺机中渣土，形成了自由渗流通道。比较图 17-11 (a) 与 (b) 可知，在渣土渗透系数从 $5.69 \times 10^{-2}$cm/s 降至 $1 \times 10^{-2}$cm/s 后，螺机出口处的孔压降幅很小，说明当渣土改良的效果较差时，渣土的抗渗作用与渣土未改良时并无实质性差别。

### 17.4.2　渣土渗透系数对螺机口孔压和流速的影响

模拟中通过降低渣土的渗透系数模拟渣土改良的效果，设置了 10 种计算工况。当土层的渗透系数 $k < 1 \times 10^{-5}$cm/s 时，即可视作不透水层 (马建林，2011)，事实上改良后的渣土渗透系数很难达到这一数值，因此各工况中最小的渗透系数设置为 $5 \times 10^{-5}$cm/s。图 17-12 为不同改良效果 (渗透系数 $k$) 与螺机出口处孔压关系。

由图 17-12 可知，随着渣土渗透系数的减小，螺机出口的孔压呈现"平缓–递减–平缓"的趋势。当渗透系数位于 $5.69 \times 10^{-2} \sim 5 \times 10^{-3}$cm/s 范围内时，出口的孔压几乎无变化，且此时渣土改良的效果很差,出口处的孔压都达到了 150kPa 以上,并未体现出渣土改良的效果,这时盾构内部的渣土渗透系数接近一般的细砂或中砂,仍具有较大的渗透性,极可能会发生喷涌现象。渗透系数降至 $2 \times 10^{-3}$cm/s 后,螺机排土口的孔压开始受到影响,表现为迅速降低,且与用对数坐标表示的渗透系数具有明显的线性关系。由此可见,渣土渗透系数在 $2 \times 10^{-3} \sim 2 \times 10^{-4}$cm/s 时,渣土改良可以有效地降低发生喷涌的概率。当渗透系数小于 $1 \times 10^{-4}$cm/s 后,对螺机出口处的孔压基本不再有影响,此时渣土已经具有较好的止水性,螺机排土后的孔压几乎为 0,此时可认为盾构掘进时能安全顺畅地排土。

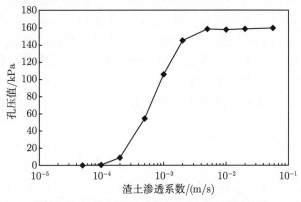

图 17-12　渣土渗透系数与螺机出口孔压关系

图 17-13 为不同改良效果下渗透系数 $k$ 与螺机出口处断面流量的关系。观察可知,螺机出口的断面流量与渣土渗透系数的关系曲线与孔压相似,总体也呈现"平缓-递减-平缓"的发展规律,孔压和流量具有较明显的关联性。

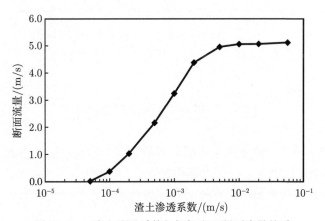

图 17-13　渣土渗透系数与螺机出口断面流量关系

### 17.4.3　地下水位对螺机口孔压和流速的影响

根据地质资料显示,模拟区间内的地下水位位于地面下方约 5m 处,距离隧道顶板高度为 8m。而实际施工时降雨等原因可能导致水位上升,由于隧道埋深较浅,水位上升将会明显增加开挖面处的初始水压力,从而增大开挖时螺机发生喷涌的可能性。因此,有必要将地下水位作为可能诱发喷涌的外部因素，探究其对盾构内部渗流特征的影响。图 17-14 为螺机排土口的孔压与地下水位的关系，图中地下水与隧道顶板间的距离为 8 ~ 13m，对应于水位线位于地下 5 ~ 0m。此外，考虑到渣土在不同改良程度时可能对水位变化的敏感程度不同，分别计算了渣土渗透系数为 $5 \times 10^{-4}$cm/s、$2 \times 10^{-4}$cm/s、$1 \times 10^{-4}$cm/s 时，水位变化对盾构内部渗流的影响。

由图 17-14 可知，渣土渗透系数不变时，螺机出口处孔压值与地下水位深度呈现明显的线性关系。渗透系数不同的渣土对地层水压的敏感程度不同：渗透系数较大时（如 $k = 5 \times 10^{-4}$cm/s），随着水位高度从 8m 升至 13m，螺机出口位置的孔压也明显增大，从 54.6kPa 升至 75.6kPa，增幅达到了 40% 左右。而当渗透系数较小（如 $k = 2 \times 10^{-4}$cm/s）时，地下水位的上升对螺机出口处的孔压影响显著减小，曲线更加平缓，孔压仅增加了 6.9kPa。当渣土渗透系数为 $1 \times 10^{-4}$cm/s 时，螺机出口处的孔压几乎是不变的，说明该状态的渣土具有较好的止水性，即使施工期间地下水位上升，螺机发生喷涌的概率依然较低。可以判断，倘若进一步通过渣土改良降低其渗透性，地下水位上升带来的风险将更低。

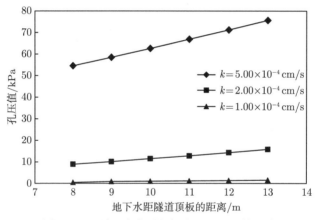

图 17-14　地下水位对螺机出口处孔压的影响

## 17.5　渣土喷涌风险评估

前面分析了渣土改良、地下水位等因素对盾构渣土渗流特征的影响，旨在有效评估盾构在高水压、强渗透地层中施工时发生喷涌的风险。现结合既有文献与上文模拟的结果，对所依托的富水砾砂地层盾构隧道工程喷涌风险进行评估。

### 17.5.1　评估方法

朱伟等 (2004) 参照诸多国内外工程实例，提出喷涌发生的临界条件为：螺机排土口处的水压达到 10kPa 且渗流量达到 3cm$^3$/s，进一步地，螺机排土口处的水压达到 20kPa 且渗流量达到 4cm$^3$/s 时认为发生了严重喷涌。Zheng 等 (2015) 用了这一临界条件以判定喷涌是否发生。然而，上述学者在相关文献中并未给出这一判据的出处或依据。事实上，地下水可能已经相对于盾构渣土发生了渗流，而姜厚停等 (2008) 将渗流量大于 3cm$^3$/s 且水压达到 10kPa 的情况，才视作喷涌发生。因此，上述评价标准的适用性有待商榷，针对具体的工程不宜直接套用。但仍可以采用螺机出口的孔压与渗流速度作为评价指标，但由于富水砾砂地层存在的喷涌风险较大，因此实际评估时有必要采取保守的标准：认为螺机排土口的孔压与渗流量都为 0 时，喷涌不发生。

确定喷涌的评价指标后，还需明确喷涌的诱因，从而可在施工前估计喷涌是否会发生。事实上，对于某一具体工程，喷涌发生与否主要取决于：当开挖面具有一定初始水头时，盾构内渣土是否具有足够的抗渗性。因此，在地层条件、水位条件、盾构选型等因素都已知的情况下，渣土渗透系数 $k$ 过高是导致喷涌发生的最重要因素。换言之，改良状态理想的渣土，其渗透系数应低于一定标准，否则施工将面临喷涌风险。

通过文献调研可知，国内外一些研究者在相关文献中指出了渣土渗透系数的建议值，其取值建议往往是依托某一具体工程得出的，现将其按所依托的工程特点归纳如表 17-4 所示。由此表可知，除 Budach 和 Thewes (2015) 将渣土渗透系数的建议值定为 $10^{-3}$cm/s 外，国内学者都更保守，基本都认为改良渣土渗透系数的数量级应为 $10^{-5}$cm/s。事实上，上述文献中所谓的建议值多没有明确来源，而是依靠工程经验确定。但可以肯定的是，改良渣土的合理渗透系数控制在 $10^{-5}$cm/s 量级时，基本满足防喷涌的安全要求。

综上可知，喷涌风险的评估应综合两方面，一方面是根据在螺机出口处观察到的水压或流速，判断螺机是否发生喷涌及其严重程度；另一方面是根据渣土渗透系数、地层参数、初始水位等条件，估计喷涌发生的概率。

表 17-4    国内外研究者的渣土渗透系数改良建议

| 研究者 | 渗透系数/(cm/s) | 地层特征 | 水位特征 (水位与隧顶的距离) |
|---|---|---|---|
| Quebaud 等 (1998) | $< 1 \times 10^{-4}$ | 砂性土 | 室内实验 |
| 朱伟等 (2004) | $< 1.49 \times 10^{-4}$ | 砂砾层 | 11m |
| | $< 1.75 \times 10^{-4}$ | 砂卵漂石 | 9m |
| | $< 2.33 \times 10^{-4}$ | 粉质砂土 | 6m |
| | $< 1.91 \times 10^{-4}$ | 软黏土 | 8m |
| 叶晨立 (2018) | $< 1 \times 10^{-5}$ | 高渗透性砂层 | 未提及 |
| 马连丛 (2010) | $9.551 \times 10^{-5} \sim 4.672 \times 10^{-5}$ | 富水砂卵石 | 最大 9.6m |
| 胡长明等 (2017) | $< 1 \times 10^{-5}$ | 富水砂卵石 | 未提及 |
| Budach 和 Thewes(2015) | $< 1 \times 10^{-3}$ | 粗粒土 | 室内实验 |
| 申兴柱等 (2017) | $10^{-5}$ | 透水砾砂地层 | $11 \sim 12$m |
| 彭磊等 (2017) | $10^{-5} \sim 10^{-6}$ | 砂砾土 | 未提及 |
| 贺少辉等 (2017) | $4.456 \times 10^{-5} \sim 5.601 \times 10^{-5}$ | 富水砂卵石 | 最大 24m |
| 卢康明 (2018) | $1.8 \times 10^{-5}$ | 富水砂性地层 | 未提及 |

### 17.5.2 案例分析

根据上文总结的评估方法，首先应确定喷涌评价指标。由于本文的数值模型相对于实际情况已作了大量简化，因此选用偏保守的评价指标，认为当螺机出口处的孔压与流速都为 0 时，盾构机必定处于未喷涌状态。由数值计算的结果可知，当渣土渗透系数降至 $5 \times 10^{-5}$cm/s 时，螺机出口位置的水压与流速都降至 0，而这一渗透系数的数量级也符合一般的工程经验，所对应的渣土已接近不透水介质。

综上可知，对于小–火区间所穿越的此类富水砾砂地层，若切削的渣土处于未改良或欠改良的状态，则地下水在盾构内易形成渗流通道，螺机出口有较高的流速与水压，进而发生喷涌。从渣土改良的角度出发，建议将该地层的改良目标设置为渗透系数不大于 $5\times10^{-5}$cm/s，此时螺机出口处的孔压与流速为 0，且喷涌的风险在地下水位上升时亦不会明显增加。

## 17.6　本 章 小 结

基于昆明地铁 4 号线小–火区间，采用 FLAC$^{3D}$ 对富水砾砂地层盾构渣土中渗流行为进行了数值分析，评价了盾构渣土喷涌风险。主要得出了以下结论。

(1) 盾构螺机内部的孔压沿长度方向递减，水在流向出口的过程中流速不断减小。当渣土渗透系数在减小至 $5\times10^{-5}$cm/s 时，螺机中形成了一定长度的止水区，且止水区的长度随渗透系数降低而变长。

(2) 渣土渗透系数会显著影响螺机排土口处的孔压，较低的渗透系数对应较低的孔压。但两者之间并非简单的线性对应：在渗透系数大于 $5\times10^{-3}$cm/s 时，渗透系数对出口孔压的影响很小；渗透系数降至 $2\times10^{-3}$cm/s 后，其影响变得明显，表现为与出口孔压随渗透系数的降低而明显减小；当渗透系数进一步降低，小于 $1\times10^{-4}$cm/s 后，由于渣土已经具有很好的止水性，出口处的孔压基本不再随渗透系数变化。

(3) 当水位从高于隧道顶板 8m 升至 13m 时，对于不同改良状态的渣土，其止水作用对地下水位升降的敏感程度不同。当渗透系数为 $5\times10^{-4}$cm/s 时，螺旋输送机排土口的孔压随水位上升从 54.6kPa 升至 75.6kPa，增幅明显；渗透系数为 $10^{-4}$cm/s 时，螺机出口的孔压仅由 0.49kPa 升至 1.59kPa，说明该状态的渣土对水位上升相对不敏感，亦说明了降低渣土渗透系数可以有效抵御开挖面初始水压增加带来的喷涌风险。

(4) 评估盾构掘进时螺机发生喷涌的可能性时，为了严格控制螺机出口的喷涌风险，本文选取了较保守的方案，即认为在螺机出口的水压与流速都为 0 时处于未喷涌状态。当渣土渗透系数降至 $5\times10^{-5}$cm/s 以下时，可以有效防止喷涌发生。

## 参 考 文 献

贺少辉, 张淑朝, 李承辉, 等, 2017. 砂卵石地层高水压条件下盾构掘进喷涌控制研究 [J]. 岩土工程学报, 9: 1583-1590.

胡长明, 张延杰, 谭博, 等, 2017. 富水砂卵石地层土压平衡盾构隧道碴土改良试验研究 [J]. 现代隧道技术, 54(6): 45-55.

姜厚停, 闫鑫, 龚秋明, 2008. 土压平衡盾构施工中泡沫改良圆砾地层试验研究 [J]. 现代隧道技术, (增刊): 187-190.

卢康明, 2018. 超大直径土压盾构承压水砂性地层中土体改良研究 [J]. 施工技术, 47(S1): 741-746.

马建林, 2011. 土力学 [M]. 3 版. 北京: 中国铁道出版社.

马连丛, 2010. 富水砂卵石地层盾构施工渣土改良研究 [J]. 隧道建设, 30(4): 57-63.

彭磊, 何文敏, 畅亚文, 等, 2017. 土压平衡盾构施工中泡沫改良砾砂土的试验研究 [J]. 隧道建设 (中英文), 37(5): 571-577.

秦建设, 朱伟, 2004. 土压式盾构施工中地下水出渗机理研究 [J]. 岩土力学, 25(10): 1632-1636.

申兴柱, 高锋, 王帆, 等, 2017. 土压平衡盾构穿越透水砾砂层渣土改良试验研究 [J]. 铁道标准设计, 61(4): 121-125.

魏康林, 2003. 土压平衡式盾构施工中喷涌问题的发生机理及其防治措施研究 [D]. 南京: 河海大学.

肖超, 2016. 基于渣土特性的土压平衡盾构施工力学行为及其应用研究 [D]. 长沙：中南大学.

叶晨立, 2018. 高水压高渗透砂性地层土压平衡盾构施工渣土改良技术研究 [J]. 隧道建设 (中英文), 38(2): 300-307.

张淑朝, 2018. 兰州地铁低含砂率强渗透性砂卵石降低土压平衡盾构扭矩及防喷涌研究 [D]. 北京: 北京交通大学.

张淑朝, 贺少辉, 朱自鹏, 等, 2017. 兰州富水砂卵石层土压平衡盾构渣土改良研究 [J]. 岩土力学, (s2): 279-286.

朱伟, 钱勇进, 王璐, 2020. 土压平衡盾构不满舱施工遇到的问题及对策. 中国公路学报, 33(12): 224-234.

朱伟, 秦建设, 魏康林, 2004. 土压平衡盾构喷涌发生机理研究 [J]. 岩土工程学报, 26(5): 589-593.

朱自鹏, 2016. 砂卵石地层高水压条件下土压平衡盾构防喷涌研究 [D]. 北京: 北京交通大学.

Budach C, Thewes M, 2015. Application ranges of EPB shields in coarse ground based on laboratory research[J]. Tunnelling and Underground Space Technology Incorporating Trenchless Technology Research, 50: 296-304.

Quebaud S, Sibai M, Henry J P, 1998. Use of chemical foam for improvements in drilling by earth-pressure balanced shields in granular soils[J]. Tunnelling and Underground Space Technology, 13(2): 173-180.

Zheng G, Dai X, Diao Y, 2015. Parameter analysis of water flow during EPBS tunnelling and an evaluation method of spewing failure based on a simplified model[J]. Engineering Failure Analysis, 58(part_P1): 96-112.

# 第 18 章　富水砾砂地层盾构掘进力学行为 与渣土状态关联性

## 18.1　引　　言

盾构掘进中许多问题都与渣土状态相关 (肖超等, 2017)。Leinala 等 (2000) 依托多伦多冻结砂土和黏土复合地层盾构隧道工程, 研究结果表明, 为减小刀具磨损泡沫注入比不得低于 10%, 盾构正常掘进时泡沫平均注入比约为 72%, 但是当地层条件较差时, 泡沫注入比达到 100% ~ 200% 才能取得理想的改良效果。Williamson 等 (1999) 指出淤泥质砂黏土复合地层采用泡沫和膨润土泥浆混合改良渣土, 有效地降低了掘进过程中的土舱压力。Shirlaw 等 (2002) 研究发现渣土改良效果较差时, 用于平衡掌子面压力的土舱压力不能保持稳定, 容易导致掌子面前方地层变形过大。Boone 等 (2002) 研究表明提高泡沫注入比可有效提高盾构掘进速度, 当泡沫注入速度为 120L/min 时, 盾构机的掘进速度达到最大。Vinai 等 (2008) 测得泡沫改良渣土后螺旋输送机扭矩大幅度减小, 土舱压力波动性减小。许恺等 (2012) 通过研究指出合理的泡沫掺量有利于盾构快速掘进, 缓解刀盘磨损, 降低扭矩。邱龑等 (2015) 依托富水砂层中某盾构工程, 通过室内试验确定了以泡沫、膨润土为主的改良方案, 研究表明渣土改良有助于稳定刀盘扭矩及推进速度。Ye 等 (2016) 和肖超等 (2017) 依托南昌地铁一号线泥质粉砂岩与砾砂岩复合地层盾构隧道工程, 通过试验获得坍落度与含水率、泡沫注入比的函数关系式, 表明优化后渣土改良参数能有效减小盾构总推力、扭矩以及土舱压力的波动幅度。程池浩等 (2018) 针对砂砾地层, 证实了渣土经合理改良后, 有利于土舱压力与螺机压力的平稳, 可以减小盾构掘进载荷, 明显提升施工效率。进一步地, 肖超等 (2019) 通过离散元–有限差分耦合模拟, 发现渣土改良能增大土舱压力传递系数, 降低土舱压力的离散性, 压力传递系数不是一个稳定值, 而是一个受刀盘转动角度影响的变化值。

已有研究表明, 渣土改良会显著影响盾构掘进参数, 进而对地层变形产生直接或间接的影响。然而, 目前砾砂地层盾构渣土改良相关的研究还较少, 其与掘进参数及地层变形的规律尚不明确, 需要开展深入研究。本文依托昆明地铁 4 号线小菜园站–火车北站区间 (简称小–火区间) 隧道, 研究富水砾砂地层渣土改良对盾构掘进的影响规律, 在此基础上提出合理改良建议与渣土状态评价指标, 可为今后其他类似地层的盾构施工提供借鉴 (杨鹏, 2019; Wang et al., 2022)。

## 18.2 现 场 测 试

### 1. 测试断面选取

本文的研究对象为昆明地铁 4 号线小–火区间前 500m 内的范围,该区段对应的起讫里程为 K8+436 ~ K8+936。测试断面将在此范围内选取,并观察地面是否具备布设多个测点的条件。现场踏勘显示,盾构右线始发后具备测试条件的共有两处:第一处为 K8+496 ~ K8+568 段,盾构侧穿小菜园加油站,且到达第一段米轨铁路前,该处实景如图 18-1 所示。盾构轴线位于绿化带左边缘上 (图中黄色箭头),绿化带右侧即为一二一大街,因此不具备钻孔布点的条件。隧道中轴线左侧为小菜园站的施工车辆通道,宽度约 5.5m,道路左侧有一污水沟。拟在该段内选择两个测试断面 K8+535 与 K8+536.7。

图 18-1 盾构侧穿加油站段实拍图

第二处便于实施测试的区段为 K8+781 ~ K8+834。此时右线盾构通过小菜园立交段,并沿米轨前进,盾构轴线位于米轨轨道下方,轴线左侧的地面为海特科技创业中心与水务公司,不具备测点展开条件,右侧为绿化带,可供布置孔压测点。该处的平面图与实景如图 18-2 与图 18-3 所示。

由于第一处的施工场地限制,在盾构掘进的侧向布置测点较少,为减小测点过小导致的偶然性,于下一段穿越砾砂地层段进行补充测试,该段隧道拱顶埋深为 18.3 ~ 20.2m,地下水位埋深为 3.6 ~ 4m。因此在该区段中选择里程为 K8+810.2 的断面,该断面位于盾构掘进的第 308 环上,作为补充测试。

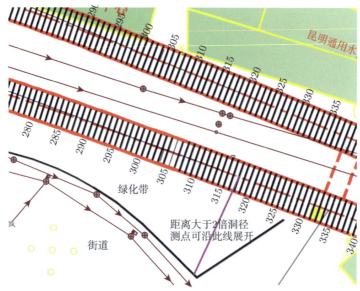

图 18-2　K8+781 ~ K8+834 区段平面图

图 18-3　K8+781 ~ K8+834 区段实景

**2. 测点布置**

选择了三个测试断面的里程的具体位置 (里程 K8+535、K8+536.7、K8+810.2，分别位于盾构掘进的第 78、80、308 环内) 后，综合考虑地面条件与钻孔耗时，在每个测试断面上布置的测点为 2 ~ 3 个，具体布设位置如图 18-4 所示。

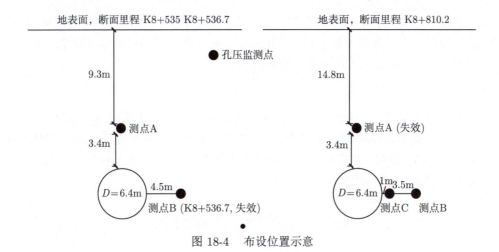

图 18-4　布设位置示意

本次现场测试采用 JMZX-5503HAT 型智能渗压计，最大量程为 0.3MPa。孔压计埋设的流程为：① 在测试点处人工挖出 3m 深的探孔，如图 18-5 (a) 所示，观察是否有地下管线，确保下方具备钻孔条件，必要时应调整孔位；② 使用钻机钻孔至指定深度，如图 18-5 (b) 所示；③ 放入孔压计，如图 18-5 (c) 所示；④ 将钻出的土体依次回填，尽量复原原始地层，如图 18-5 (d) 所示回填至地面下方 2 ~ 3m 时，使用水泥砂浆堵孔，防止盾构通过时地面冒浆。

图 18-5　孔压计埋设：(a) 人工挖探孔；(b) 钻机钻孔；(c) 放入孔压计；(d) 依次回填土样

　　除布置了孔压测点外，还在隧道拱顶正上方，每隔四环布置了一个地表沉降测点，测点每隔四环布设一个，布设于拱顶正上方的地表，孔压测试范围内的第 72、76、80、84 环以及第 300、304、308、312 环上方布置有测点。

3. 测试频率

　　由于砾砂地层的孔压变化速度较快，因此孔压的测试需与盾构掘进同步进行，频率为 2 ~ 3min 一次。地表沉降的测试频率为每日一次。根据《城市轨道交通工程监测技术规范》(GB 50911—2013) 要求，规范给出了相应的变形控制值为：变形速率不大于 3mm/d，累积隆起量与沉降量分别不超过 10mm、30mm。

## 18.3　地层响应规律分析

### 18.3.1　孔压变化规律

　　现场测试完整地监测了盾构掘进至第 73 环 ~ 84 环 (K8+528.3 ~ K8+542.7)、第 298 环 ~ 318 环 (K8+798.2 ~ K8+822.2) 的孔压变化，盾构掘进长度分别为 14.4m 与 24m。除去埋设于 K8+536.7 断面的 B 测点 (盾构侧方的孔压计) 与 K8+810.2 断面的 A 测点 (盾构顶部的孔压计) 失效外，两次监测的其他测点在监测期间的孔压变化分别如图 18-6 与图 18-7 所示。两次监测分别从第 73 环与第 298 环掘进开始计时 (开始记为第 0 分钟)，图中完整标记了每一环的推进时段与后续的拼装或停机时段。

　　由图 18-6 与图 18-7 可知，盾构掘进时，孔隙水压力值呈现周期性的变化特征：盾构掘进的同时会使地层孔压持续上升，掘进完成后孔压逐渐降低至初始值，若停机 (拼装管片) 的时间较长，则孔压也基本处于稳定状态，对应于每一环的时间范围，都包含一个上升段、一个下降段及一个平稳段。比较两次监测的曲线发现，两个区段的盾构埋深与水位不同，监测到的孔压变化幅度也不同：第一次监测的最大超孔压约 20kPa，第二次约为 40kPa。

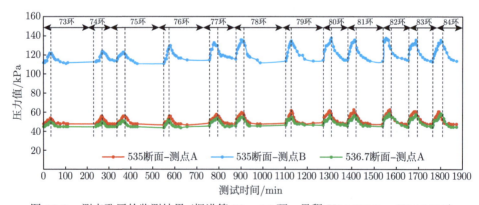

图 18-6　测点孔压的监测结果 (掘进第 73 ~ 84 环，里程 K8+528.3 ~ K8+542.7)

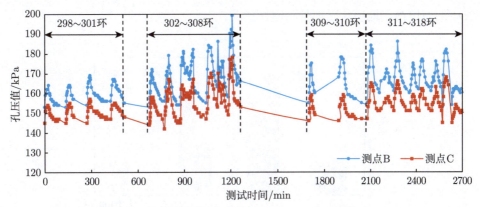

图 18-7　K8+810 断面孔压的监测结果 (掘进第 298 ~ 318 环，里程 K8+798.2 ~ K8+822.2)

为更直观说明孔压周期变化的特性，图 18-8 给出了盾构在第 77、78、80、81、82 环掘进过程中，K8+535 断面上测点 B (左侧点) 的孔压变化情况。上述几环的掘进时间比较接近，都位于 35 ~ 37min。除第 82 环外，盾构在掘进其余各环时，孔压的峰值基本都发生在掘进的第 30 ~ 35min，此时盾构掘进基本完成，对地层的孔压扰动也达到最大。盾构掘进完成后，孔压值开始下降，且在前 20min 左右下降得较快，之后下降速度减慢。图 18-9 详细统计了两次监测过程中，各环掘进完成后超孔压消散时间的分布，可以看出多数情况下，地层的孔压会在掘进完成后的 60 ~ 100min 内恢复至初始值。

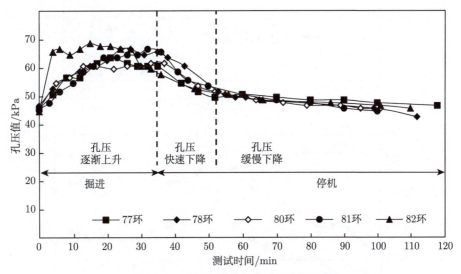

图 18-8　盾构掘进期间的孔压变化周期

此外，随着盾构逐渐接近，监测断面所受扰动也是逐渐加剧的，表现为测点孔压的峰值随盾构接近而不断增大。图 18-10 为盾构推进位置与测点孔压峰值的关系曲线，可以看出，随着切口环逐渐接近测试断面，测点孔压的峰值逐渐增加，当盾构机切口环通过监测断面时，测点的孔压峰值基本达到了稳定，仅有轻微波动，说明此时盾构掘进对地层孔压的扰动达到了最大程度。分析图 18-10 可知，在盾构切口环距离监测断面前后各 12m (略小于 2*D*) 的范围内，地层孔压都受到明显扰动。

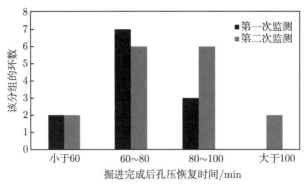

图 18-9 孔压消散时间统计

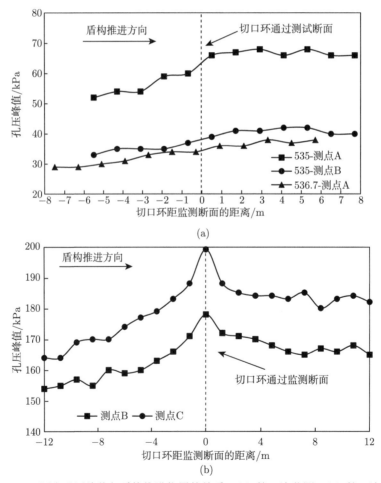

图 18-10 测点孔压峰值与盾构推进位置的关系：(a) 第一次监测；(b) 第二次监测

### 18.3.2　孔压与掘进参数的关系

上述分析证明了，盾构掘进会引起地层产生超孔压与地表隆起/沉降，而具体的量值往往受某些掘进参数影响，如掘进速度与土舱压力等。

图 18-11 是盾构掘进速度与测点孔压的关系，以 K8+535 断面 B 测点 (盾构左测点) 孔压为例，测试期间盾构掘进的速度为 28 ～ 45min，且多数为 30 ～ 35min，除去明显高于均值的少数点外，可认为盾构在该区段内掘进速度比较稳定。盾构切口环达到 K8+535 后，孔压峰值开始明显增加，而此时盾构的平均掘进速度却有两次明显的波动，但并未引起孔压峰值的曲线发生明显变化，说明盾构的掘进快慢对地层产生的超孔压影响不明显。

图 18-12 为土舱压力 (以顶部压力衡量) 与该测点孔压的关系。可以看出盾构掘进期间的土舱压力比较稳定，基本都位于 1.25 ～ 1.35MPa，说明盾构掘进在监测断面附近引起的超孔压，其量值主要是由切口环逐渐接近而导致的。据本次监测结果分析，未能观测到其与土舱压力的明显关系。

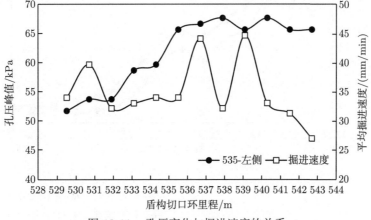

图 18-11　孔压变化与掘进速度的关系

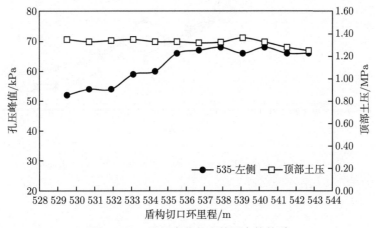

图 18-12　孔压变化与土舱压力的关系

### 18.3.3　地表沉降变化规律

对盾构掘进期间地表沉降的监测结果如图 18-13 所示，图中负值表示沉降，正值表示隆起。由图可知，盾构接近监测点前，地表会先发生一定程度的隆起，两次监测的最大隆起值分别为 3.14mm 与 2.99mm，均小于监测控制值 (10mm)，说明掘进期间设置的土舱压力偏大，但并未造成明显影响。盾构穿过监测断面后，监测点的沉降值迅速增加，后期由于二次注浆，沉降值略有减小。沉降发展稳定后，第 72 ~ 84 环各测点的最大沉降量为 5.53mm，第 302 ~ 314 环各测点的最大沉降量为 7.03mm，均远低于施工控制值，最大沉降速率为 1.77mm/d，亦小于控制值，说明该区段内盾构掘进对地层的扰动较小，未造成明显的沉降。

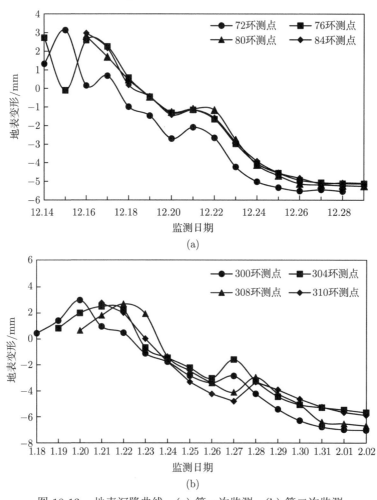

图 18-13　地表沉降曲线：(a) 第一次监测；(b) 第二次监测

# 18.4　渣土改良效果评价

## 18.4.1　颗粒级配

为了使获得的改良方案能够推广到其他类似工程，需充分了解本工程所穿越地层的特征，如颗粒级配特征。土作为不同粒组的混合物，其性质往往取决于不同粒组的相对含量。为得到盾构穿越地层的粒径成分，将现场坍落度实验所用土样在实验室内烘干，并采用筛析法测定级配。部分试验环的渣土级配如图 18-14 所示，渣土的不均匀系数 $C_u$ 与曲率系数 $C_c$ 计算如表 18-1 所示。如图 18-14 所示，取自不同环号的渣土级配相似，大于 2mm 的颗粒占渣土总重的 34% ~ 47%，界定该类渣土属于砾砂土。

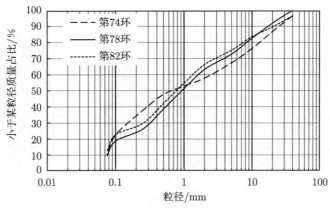

图 18-14　试验区段的渣土级配曲线

表 18-1　试验区段各环渣土 $C_u$ 及 $C_c$ 值

| 环号 | $d_{10}$/mm | $d_{30}$/mm | $d_{60}$/mm | $C_u$ | $C_c$ |
|---|---|---|---|---|---|
| 74 | 0.076 | 0.16 | 2.55 | 33.55 | 0.132 |
| 78 | 0.077 | 0.32 | 1.65 | 21.43 | 0.806 |
| 82 | 0.072 | 0.26 | 1.41 | 19.58 | 0.666 |

由表 18-1 可以看出，该区段内的渣土不均匀系数都较大，且曲率系数小于 1，前者表示粗颗粒与细颗粒的大小相差悬殊，土中粒组的变化范围宽；而后者表示渣土中缺乏中间粒径 (大于 $d_{30}$)，说明该段渣土级配既不均匀，也不连续。对于粗粒土，不均匀系数 $C_u$ 与曲率系数 $C_c$ 是评定渗透性的重要指标，而较低的渗透性也是理想渣土所必须具备的特征。

## 18.4.2　坍落度

理想的盾构渣土应具备良好的塑流性，从而在掘进过程中能被顺利排出。塑流性不佳会影响到进出土的平衡，进而影响土舱压力，因此有必要通过坍落度试验来评价盾构掘进期间的渣土改良情况。本次现场试验针对第 74 ~ 82 环所排出的渣土进行了坍落度试验，并测得了相应的含水率，测试结果如表 18-2 所示，现场坍落度试验如图 18-15 所示。

根据现场了解，该区段内仅使用了少量泡沫配合注水以改良渣土，泡沫浓度为 3%，发泡倍率约为 8，单环泡沫液用量 15 ~ 20L。由表 18-2 可知，孔压测试期间盾构掘进的渣土塑流性较差，除了第 78、79、81、82 环的坍落度位于 5 ~ 10cm，其他环均位于 0 ~ 6cm，仅有第 81 ~ 82 两环的坍落度位于 6 ~ 10cm。根据现场观察，渣土具有一定的黏性，过低的坍落度 (0 ~ 6cm) 不利于螺机出土，建议酌情增加改良剂或增加注水量，提高渣土的流动性。

表 18-2　现场坍落度试验结果表

| 环号 | 74 | 75 | 76 | 77 | 78 | 79 | 80 | 81 | 82 |
|---|---|---|---|---|---|---|---|---|---|
| 坍落度值/cm | 2.5 | 3.6 | 0.5 | 3.7 | 5.5 | 5.5 | 0.9 | 6.5 | 9.8 |
| 含水率 | 26.9 | 32.2 | 27.8 | 31.5 | 33.7 | 31.4 | 29.1 | 32.5 | 36.8 |
| 泡沫原液用量/L | 17.2 | 15.8 | 13.6 | 18.3 | 19.8 | 17.9 | 16.1 | 22.0 | 20.2 |
| 额外用水量/m³ | 0.62 | 0.62 | 1.78 | 2.15 | 3.16 | 2.94 | 1.62 | 3.62 | 5.24 |
| 泡沫液浓度/% | | | | | 3 | | | | |
| 发泡倍率 | | | | | 8 | | | | |

图 18-15　现场坍落度试验：(a) 第 74 环；(b) 第 75 环；(c) 第 76 环；(d) 第 77 环；(e) 第 78 环；(f) 第 79 环；(g) 第 80 环；(h) 第 81 环；(i) 第 82 环

完成坍落度实验后，取少量土样测定其含水率，并将其坍落度与含水率绘制成图 18-18 所示的关系图。根据图 18-16 可知，各试验环的渣土坍落度都不大于 10cm，在此范围内渣土坍落度与含水率呈明显的正相关关系，含水率越大，坍落度也随之增加。因此可见，对于小–火区间的砾砂类地层，当泡沫用量较少时，可通过增加水的用量改善渣土的塑流性状态。

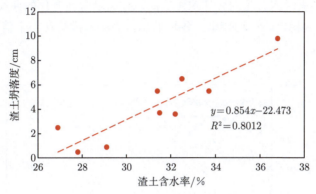

图 18-16　渣土坍落度与含水率的关系

### 18.4.3　渗透性

渣土改良的另一个重要目的是减小渣土的渗透性，增强其止水性，从而降低螺机发生喷涌的风险，对于粗颗粒地层尤为重要。反之，也可以通过渗透系数评价渣土改良的效果。现场坍落度试验后，取第 79、81 环的渣土，进行了渗透试验，测试其经过现场改良后的渗透系数。如图 18-17 所示，随着试验的进行，渣土中的细颗粒逐渐被渗流水携带至土样的底部，因此渣土渗透系数随测试时间的增加而降低。两组试样 (分别对应第 79 环与第 81 环) 的渗透系数变化基本一致，在 2h 后的渗流量为 0，说明在试验水头作用下 (12m)，渣土已经完全不透水。另一方面，土样在试验开始时的渗透系数就很低，仅为 $1.2 \times 10^{-7}$m/s。说明改良渣土的渗透性完全可以满足本区段中盾构掘进的抗渗性要求。

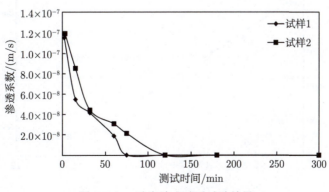

图 18-17　改良渣土渗透试验结果

## 18.5　渣土状态对盾构掘进参数的影响

### 18.5.1　渣土状态对掘进力学参数的影响

1. 渣土状态对总推力的影响

图 18-18 为小–火区间右线部分环掘进期间总推力随时间变化的曲线, 由图可知, 盾构掘进时的总推力较为稳定, 波动较小, 各环的总推力基本维持在一个值附近, 且彼此间有较明显的大小差异。

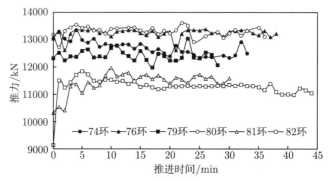

图 18-18　右线部分环掘进期间总推力变化曲线

取每环掘进期间总推力的平均值与标准差 (分别反映推力大小与波动程度), 将其与该环渣土所测得的坍落度联系起来, 得到如图 18-19 所示的关系图。可以看出盾构渣土的坍落度与总推力具有一定的负相关关系, 这是由于在一定范围内, 坍落度越大, 渣土的塑流性越好, 说明随着渣土改良不仅有利于渣土输送, 还可以降低盾构的推力。与此同时, 盾构推力的标准差却未表现出与渣土状态的明显关系, 原因是各环的总推力基本都比较平稳, 以波动较大的一环为例, 标准差也仅为均值的 1.9%。

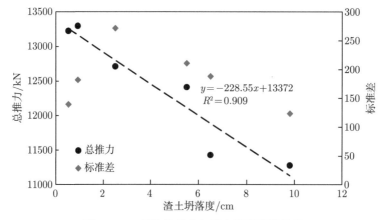

图 18-19　盾构总推力与渣土坍落度的关系

**2. 渣土状态对刀盘扭矩的影响**

图 18-20 为刀盘扭矩随时间变化的曲线,由图可知,除第 79 环、81 环与 82 环外的扭矩相对平稳外,另外三环的扭矩在推进时都有频繁的波动。与分析总推力类似,取每环掘进期间刀盘扭矩的平均值与标准差,将其与该环渣土所测得的坍落度联系起来,得到如图 18-21 所示的关系图。可以看出,刀盘扭矩受渣土状态的影响较大,随着坍落度逐渐增加,刀盘的扭矩更小,且由标准差变化大小可知,相对更平稳。

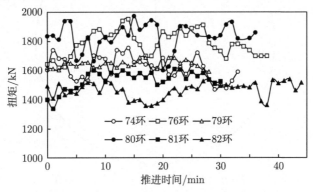

图 18-20 右线部分环掘进期间刀盘扭矩变化曲线

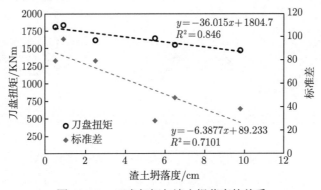

图 18-21 刀盘扭矩与渣土坍落度的关系

**3. 渣土状态对土舱压力的影响**

土压传感器位于土舱隔板,自上而下布置,如图 18-22 所示。将盾构掘进期间第 74 环 ~ 第 82 环 (缺少第 75 与 77 环数据) 的土舱压力数据按掘进时间整理如图 18-23 所示,土舱压力呈明显的梯度分布,自上而下逐渐减小。施工现场在实际推进时,通常是通过控制上部土压力实现整个土舱压力控制,而其他位置土压力可以不作重点关注,故针对各环的顶部土压,将其按每一环的掘进时间整理如图 18-24 所示,并仿照前文对盾构推力与刀盘扭矩的分析,计算一环内顶部土压的平均值与标准差,将其与该环渣土坍落度的关系整理如图 18-25 所示。

由图 18-24 与图 18-25 可知,盾构掘进期间的土舱压力都有一定幅度的波动,尽管土舱压力的量值与渣土坍落度的相关关系不显著 (相关系数仅为 0.37)，但标准差受坍落度的影响则较明显，说明塑流性更好的渣土在一定程度上有助于土舱压力的控制，使其更加稳定。

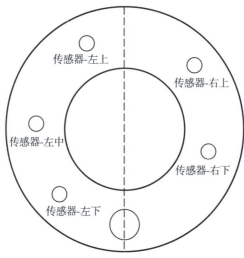

图 18-22　隔板上土压传感器布置示意图

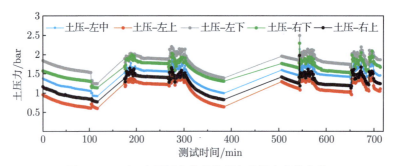

图 18-23　小–火区间右线部分环土舱压力变化曲线

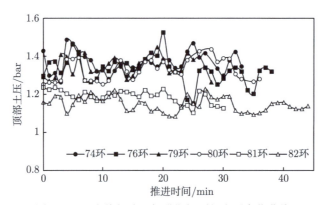

图 18-24　右线部分环掘进期间顶部土压变化曲线

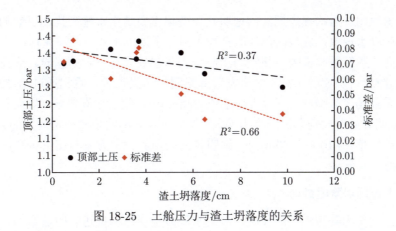

图 18-25　土舱压力与渣土坍落度的关系

**4. 渣土状态对推进速度的影响**

如前所述，渣土的塑流性状态会直接影响盾构掘进的效率，为分析这一影响的大小，重点关注各环的掘进速度，将其与对应的坍落度绘入图 18-26 中，可知渣土的坍落度与盾构掘进速度的关系不明显，相关系数较低，仅为 0.42，说明渣土状态有助于促进盾构的高效掘进，但并非决定性因素，盾构掘进速度主要由地层条件与盾构机操作人员决定。

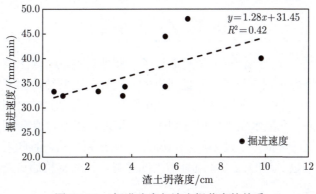

图 18-26　掘进速度与渣土坍落度的关系

### 18.5.2　渣土状态对地层响应的影响

采用矿山法修建的隧道在开挖后，掌子面及施做衬砌前的轮廓面为临空面，其压力水头为 0，地下水具有渗流条件，在开挖面周围会形成明显的降水区。而盾构法施工则由于盾构机土舱直接抵在开挖面上，土舱及后方的螺旋输送机内充填着经过改良的渣土，若其渗透系数足够低，则能有效防止地下水直接渗流。这也是盾构渣土改良的一个重要目标。

18.4.3 节中对所取渣土进行了渗透试验，结果表明在现有的改良方案下，所获得的渣土渗透系数很小，完全满足施工中的抗渗性要求。结合盾构掘进期间地层的孔隙水压力变化规律发现，盾构掘进时孔压迅速随之上升，停机时亦迅速回落至初始值，且孔压上升的峰值与盾构机和测试断面的相对位置有关，在盾构通过测试断面时孔压上升的峰值达到最大。上述现象说明，盾构掘进期间的地层孔压变化主要是由于施工扰动引起的超孔隙水压力，且不存在降水现象，盾构内部的改良渣土封堵了地下水唯一的渗流通道。

另一方面，尽管盾构推力、扭矩与土舱压力等参数具有一定的差异，或在一环掘进期间有一定的浮动，但从 18.3.3 节中地表沉降监测的结果来看，盾构通过第 72 ~ 84 环期间，地表先是经历了轻微隆起 (最大隆起值 2.99mm)，随后逐渐降低 (最大累积沉降值为 5.53mm)，说明开始时盾构掘进的推力偏大，但无论是先期的隆起还是后期的累积沉降，都远低于施工控制值 (+10 ~ −30mm)，说明目前采用的改良方案与掘进参数所带来的实际施工效果较好。

### 18.5.3 渣土合理坍落度讨论

渣土坍落度作为其塑流性的反映，对富水砾砂地层盾构掘进有明显影响，塑流性更好的渣土对应着较低的推力、刀盘扭矩，扭矩与土舱压力也较为平稳，且有助于提高盾构掘进速度。因此，从盾构掘进的安全高效出发，建议对渣土进行合理改良。根据上文的分析，第 81 环与 82 环的渣土基本满足掘进要求，其坍落度分别达到 6.5cm、9.8cm，因此对于本区段内的富水砾砂地层，可将合理的渣土坍落度值取为 5 ~ 10cm，参考这两环的改良参数可进一步确定适用的合理改良参数，即在泡沫原液消耗量为 20L，浓度为 3% 及发泡倍率为 8 时，单环额外的注水量应达到 3 ~ 6m$^3$，可使坍落度达到 5 ~ 10cm。事实上，从监测的结果来看，盾构掘进未对地层造成明显扰动，说明应用上述改良方案是合理的。

## 18.6 本 章 小 结

本章依托昆明地铁 4 号线小–火区间进行了一些现场测试与渣土改良试验，探究了富水砾砂地层盾构掘进力学行为与渣土改良状态的关联性，主要结论如下所述。

(1) 盾构在该类地层 ("全断面砾砂 + 上覆黏土") 中掘进时，会引起地层孔压的周期性变化，具体表现为：孔隙水压力在掘进期间持续增加，压力峰值多位于一环掘进完成前；掘进完成后，孔压逐渐降低，经过 60 ~ 100min 后降至初始值。且随着盾构切口环逐渐接近监测断面，盾构掘进引起的孔压峰值有增大的趋势。在盾构机通过监测断面期间，各环的孔压峰值基本稳定。

(2) 盾构经过测试断面前后，断面的地表沉降经历了先增大、后减小的变化历程。在监测区段的地表沉降逐渐稳定后，最大累积量仅为 5.53mm 与 7.03mm，说明盾构通过期间对地层的影响较小。

(3) 盾构在现场测试区段内穿越含有较多细粒土的砾砂层，施工期间盾构渣土的渗透系数很小，几乎处于不透水状态，因此施工期间基本不存在渗流现象，测得的孔压变化为盾构扰动导致的超孔隙水压力。此外，掘进期间地表沉降亦远低于控制值，说明目前渣土改良参数与盾构掘进参数相结合下的实际施工效果较好。

(4) 将盾构渣土的塑流性状态与掘进参数及地层变形相联系可知，塑流性较好的渣土对应着较低的刀盘扭矩与推力，较稳定的土舱压力，说明渣土改良能够有效降低盾构机能耗，更有利于土舱压力的控制。

# 参 考 文 献

程池浩, 廖少明, 陈立生, 等, 2018. 富水石英砂砾层盾构施工的土体改良试验 [J]. 上海交通大学学报, 52(11): 1492-1500.

邱爽, 杨新安, 唐卓华, 等, 2015. 富水砂层土压平衡盾构施工渣土改良试验 [J]. 同济大学学报 (自然科学版), 43(11): 1703-1708.

肖超, 谭立新, 陈仁朋, 2019. 考虑渣土特征的盾构施工力学动态耦合仿真研究. 岩土工程学报, 41(6): 1108-1115.

肖超, 谭立新, 夏一夫, 2017. 基于渣土改良的土压平衡盾构掘进参数特征研究 [J]. 铁道科学与工程学报, 14(11): 2418-2426.

许恺, 季昌, 周顺华, 2012. 砂性土层盾构掘进面前土体改良现场试验 [J]. 土木工程学报, 45(9): 147-155.

杨鹏, 2019. 渣土改良下盾构掘进富水砾砂地层响应特征研究 [D]. 长沙: 中南大学.

中华人民共和国住房和城乡建设部, 2013. 城市轨道交通工程监测技术规范: GB 50911—2013[S]. 北京: 中国建筑工业出版社.

Boone S, Mcgaghran S, Bouwer G, et al, 2002. Monitoring the performance of earth pressure balance tunnelling in Toronto[C]. NATC. North American Tunnelling Congress, Seattle: NATC: 11-16.

Leinala T, Grabinsky M, Delmar R, et al, 2000. Effects of foam soil conditioning on EPBM performance[C]. NATC. North American Tunnelling Congress, Boston: NATC: 543-552.

Shirlaw J, Ong J, Osborne N, et al, 2002. The relationship between face pressure and immediate settlement due to tunnelling for the North East Line,Singapore[C]. GAUC. Geotechnical Aspects of Underground Construction in Soft Ground, Toulouse: GAUC: 25-30.

Vinai R, Oggeri C, Peila D, 2008. Soil conditioning of sand for EPB applications: a laboratory research[J]. Tunnelling and Underground Space Technology, 23(3): 308-317.

Wang S, Liu P, Gong Z, et al, 2022. Auxiliary air pressure balance mode for EPB shield tunneling in water-rich gravelly sand strata: feasibility and soil conditioning [J]. Case Studies in Construction Materials, 6: e00799.

Williamson G, Traylor M, Higuchi M, 1999. Soil conditioning for EPB shield tunneling on the South Bay Ocean Outfall[C]. RETC. Rapid Excavation and Tunneling Conference, Orlando: RETC: 897-926.

Ye X, Wang S, Yang J, et al, 2016. Soil conditioning for EPB shield tunneling in argillaceous siltstone with high content of clay minerals: case study [J]. International Journal of Geomechanics, 17(4): 05016002.

# 第 19 章　渣土改良下盾构掘进富水砾砂地层响应特征研究

## 19.1　引　　言

第 18 章通过现场测试直接获得盾构掘进过程中地层响应和掘进参数等相关数据，能真实地反映工程实际情况，但受限于现场条件、测试断面和布点有限，测试数据只是片面地反映地层变化规律，背后力学机理研究需要结合其他手段才能更好地探明。在盾构施工引起地层响应研究方面，除了现场测试外，常采用的方法还有理论分析、模型试验和数值模拟。

在理论分析方面，例如，张冬梅等 (2013) 采用解析手段，推导了盾构隧道周围的孔压分布以及地层发生长期沉降的计算公式；梁荣柱等 (2015) 在 Mindlin 解的基础上，考虑了刀盘挤土效应等实际施工中存在的情况，推导出了地表沉降与深层土体水平位移的求解公式。应该来说，理论分析十分严谨，但往往基于一些假设，不利于在实际工程中使用。在模型试验方面，例如，朱合华等 (2007) 和徐前卫等 (2008) 设计了直径 400mm 的土压平衡盾构模型，在软土地层、软硬不均地层进行了掘进试验，研究了盾构施工参数间的关系，仅在验证模型可靠性时进行了地表沉降的分析；王俊等 (2017) 和 Hu 等 (2018) 研制了直径 800mm 的土压平衡缩尺模型，通过原样砂土地层的模型试验，验证了该模拟系统的可靠性。模型试验能够很好地反映盾构掘进的一些真实信息，但模型的制作耗时耗力，需要巨大的资金支持，每次试验的准备周期也较长，而且由于地下工程的特殊性，往往地层条件难以在模型试验中得到真实反映。

然而，随着计算机水平的提高，数值模拟技术越来越先进，可以对复杂盾构隧道施工工况进行分析，更好地为工程实践提供理论指导。例如，张云等 (2002) 用以综合考虑盾尾空隙、土体向盾尾空隙的自然充填及注浆后浆体的分布情况和隧道壁面受扰动的程度和范围，并将其视为弹性材料，分析了等代层参数对地表沉降的影响。张社荣等 (2012) 采用有限元软件 ABAQUS，考虑了流固耦合作用，分析了施工引起的地层位移与孔压变化。蒋胜光和张子新 (2015) 依托南宁地区典型的圆砾地层盾构工程，通过有限元软件模拟了双线盾构隧道的开挖，结合实测数据，研究了双线盾构掘进引起的地表沉降及其相互影响特征，并分析了开挖面支护力与注浆等因素对地表沉降的影响。李君旸 (2016) 采用有限差分软件 FLAC$^{3D}$ 研究了富水地层盾构掘进引起的地表沉降，分析了埋深与地下水位的影响，结果表明埋深越大，掘进导致的地表沉降越小，但地下水的存在会显著增加地表沉降量。Liu 等 (2019) 采用三维有限元模型，研究了盾构隧道开挖面泡沫改良对地下水流入的影响。贺少辉等 (2017) 开展了基于渣土改良试验结果的螺旋输送机内渗透水压数值模拟，并对渣土改良方案的现场实施效果进行了监测。肖超等 (2019) 通过编制离散元和有限差分耦合程序，模拟了土压平衡盾构机动态掘进过程，分析了渣土改良对土舱压力传递性和开挖面地层响应的影响。可以看出，数值模拟可获得一些难以实测的数据，且方便进行多工况多维度参数分析，更好地研究盾构掘进力学机理，然而目前基于数值模拟方法研究渣土改良对地层响应特征的成果还十分有限。

为了揭示富水粗粒土地层渣土改良对地层位移与稳定性的影响特征，本章采用数值模拟手段，研究渣土改良对富水砾砂地层响应特征的影响规律，通过单渗流分析建立开挖面孔压分布与渣土渗透系数的关系，在此基础上，进行盾构施工模拟，结合地层孔压与沉降的测试数据，分析盾构掘进期间地层位移场与孔压场的变化特征，研究不同渣土改良效果和地下水位对开挖面失稳形式与支护应力的影响，研究成果可为今后类似富水砾砂地层盾构施工提供理论基础和技术依据 (杨鹏，2019)。

## 19.2 数 值 模 拟

### 19.2.1 模型建立

依托小–火区间真实情况，建立数值计算模型如下：盾构开挖直径 $D_e$ 为 6.4m，隧道埋深 $C_{bd}$ 取为 12.8m，地下水位 $H_{gl}$ 根据第 4 章的实测结果，取为地表下方 4.5m 处，其中 $D_e$ 与 $H_{gl}$ 皆可调整以表征不同的工况，区间所用衬砌为 C50 钢筋混凝土管片，厚度为 35cm。计算中土体与管片都采用实体单元模拟，其中前者采用莫尔–库仑模型，后者设为弹性模型，材料参数如表 19-1 所示。为消除边界效应的影响，模型边界与开挖轮廓间的水平距离一般取为 3~5 倍洞径，在本模型中，$X$、$Y$、$Z$ 三个方向 (图 19-1) 的尺寸分别为 50m、48m、40m，并在开挖面附近对网格进行必要的加密，模型的单元总数为 82207，节点总数为 85356，模型的网格划分如图 19-1 所示。数值计算过程中约束模型四周与底部的法向位移，设置水位于模型顶部，四周均采用透水边界条件。

表 19-1 计算材料参数

| 材料 | 天然重度/(kN/m³) | 干重度/(kN/m³) | 弹性模量/MPa | 泊松比 | 内摩擦角/(°) | 黏聚力/kPa |
|---|---|---|---|---|---|---|
| 素填土 | 18.9 | 17.0 | 22 | 0.38 | 10 | 15 |
| 砾砂 | 21.0 | 16.0 | 30 | 0.26 | 35 | 0 |
| 黏土 | 19.8 | 16.0 | 28 | 0.35 | 10 | 30 |
| 管片 | 24.5 | — | 3450 | 0.2 | | |
| 盾构钢壳 | 78.0 | — | 210000 | 0.3 | | |

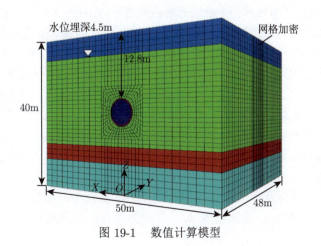

图 19-1 数值计算模型

### 19.2.2　施工模拟方案

#### 1. 计算模式的选取

隧道工程的许多问题都是由多种物理、化学共同作用的结果，这些作用同时存在并相互影响的现象，称为耦合作用。对于富水地层的隧道，开挖过程中应力场与渗流场存在着明显的耦合作用 (即流–固耦合作用)：一方面，当隧道在低于地下水位的地层中开挖时，地下水流入隧道开挖面, 受地下水的作用而产生动、静水压力，改变了围岩的物理力学性质，使其应力状态发生变化；反过来，应力变化也会影响土体的孔隙状态的变化，进而影响其渗透特征。若分析时忽略应力场与渗流场之间的相互影响 (即不耦合分析), 则相当于只考虑常荷载作用下产生的应力分析。会低估盾构掘进期间对地层的扰动，使得计算结果较大程度上偏离实际。因此，计算时有必要考虑流–固耦合作用的影响。

有限差分软件 FLAC$^{3D}$ 可以模拟多孔介质 (如岩土体) 中的流体及其力学行为，其渗流计算模块提供了多种考虑地下水的方法，根据所解决问题的不同，可以进行单渗流分析、固定孔压 (有效应力) 分析与流–固耦合分析等。由于盾构在富水砾砂地层中掘进时明显存在渗流场与应力场的相互作用，故应采用 FLAC$^{3D}$ 进行流–固耦合分析。

#### 2. 土舱压力的确定

土舱压力是盾构掘进过程中最重要的力学参数之一，采用 FLAC$^{3D}$ 等数值软件模拟盾构掘进时，会在开挖面上施加梯形分布的应力，以体现盾构对开挖面的支护作用。在研究开挖面稳定性特征及其支护应力情况时，一般更关注支护力与地层原始侧向压力的相对大小，并采用支护应力比的概念：

$$\lambda_s = \sigma_s/\sigma_1 \tag{19-1}$$

式中，$\sigma_s$ 为开挖面中心处的支护应力值；$\sigma_1$ 为该处水平静止土压力。

而在研究由盾构掘进引起的地层响应特征时，以模拟实际施工为主，采用第 18 章中的真实掘进参数，将顶部土压设置为 1.3MPa，并将其作为基础工况。探究水位、渣土改良等因素对地层响应的影响时，不改变土压。

#### 3. 盾壳接触面参数

近年的研究者在采用数值模拟手段研究盾构掘进时，已经不单纯将其看作一种简单的全断面开挖工法，而是逐渐开始考虑各项盾构要素，向实际情况靠拢。盾壳对地层的实时支护是盾构工法的一大重要特点，数值模拟中一般会划分出盾壳网格，通过更改参数表征盾壳特性。同时，由于盾构钢壳与周围地层是完全不同的两种材料，因此不得不考虑两者间的接触界面。

FLAC$^{3D}$ 中的接触面可以模拟两个不同物体之间的相互作用，如分离、滑移等。软件中的接触面由许多单面无厚度的接触面单元组成，每个接触面单元为三节点三角形单元。接触面附着在一物体的表面，并与另一物体 (目标面) 产生相互作用，在每个计算循环中，先计算接触面节点与目标面节点间的法向位移、剪切速度等，再代入接触面的本构模型来计算法向力和切向力。

FLAC$^{3D}$ 中接触面采用库仑摩擦模型，涉及的参数众多，模拟盾壳与地层间作用的所需的参数包括法向刚度 $k_n$、切向刚度 $k_s$、内摩擦角与抗拉强度等。接触面的参数取值如表 19-2 所示。

表 19-2 接触面参数

| 参数 | 法向刚度/MPa | 切向刚度/MPa | 摩擦角/(°) | 抗拉强度/MPa |
|---|---|---|---|---|
| 取值 | 450 | 450 | 20 | 0 |

#### 4. 注浆等代层

盾构的推进与管片拼装基本是同步进行的，盾尾脱出后，地层与已拼装的管片直接存在环状空隙，需通过同步注浆将其填充，否则围岩会发生突然的塌陷，并引发地表沉降。因此有必要考虑盾尾注浆层。事实上，盾构机内径略大于管片外径，脱出前就存在盾尾间隙，且盾构掘进对周围土体的扰动范围也略大于盾构机外径，因此注浆区域的确定是较为困难的。目前常用的做法是将其简化为"等代层"（张云等，2002），将其视作均匀、厚度相等且有弹性特征的环形圈层，如图 19-2 所示。

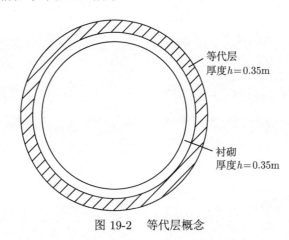

图 19-2 等代层概念

等代层的主要计算参数包括厚度、重度、泊松比与弹性模量等，其取值一般通过经验确定，参考张云等 (2002) 和张海波等 (2005)，等代层参数详见表 19-3。

表 19-3 等代层参数取值

| 参数 | 重度/(kN/m³) | 弹性模量/MPa | 泊松比 | 厚度/m |
|---|---|---|---|---|
| 取值 | 21.0 | 300 | 0.2 | 0.35 |

#### 5. 流固耦合时长的确定

流固耦合计算还需确定合理的计算时长，参考宋锦虎等 (2013) 中的方法，流固耦合分析的计算时间取为实际施工时每一环的掘进时间，根据第 18 章的数据可知，现场掘进速度较快，一般在 30min 左右，因此流固耦合计算时长设为 1800s。模型纵向长度为 48m，共计分 40 步开挖，每次开挖 1.2m (即一环管片的宽度)。

#### 6. 盾构渣土的处理

与第 3 章的单渗流计算不同，本章采用流–固耦合模式研究盾构掘进期间引起的地层响应特征，着眼点主要是隧道开挖对地层的影响，故简化了对盾构刀盘、土舱渣土、螺机渣土等细节的建模。但仍考虑了富水地层中盾构渣土的抗渗作用，认为改良渣土会对开挖面渗流条件产生明显影响，进而影响盾构掘进对地层的扰动特征，对盾构渣土的具体表征方法见 19.3 节。

**7. 基础计算工况**

本章的数值模拟研究主要包括两类分析：一是包括盾构掘进引起的位移/渗流场的空间分布特征、开挖面失稳形态、开挖面位移与支护应力的关系等；二是地下水位、渣土改良、开挖面支护力等因素对上述特征的影响，其中渣土改良是本文重点考虑的因素。

由于计算中会改变土体参数、隧道埋深、地下水位等因素，因此将 5.2.2 节中所展示的模型与参数作为基础工况，即隧道埋深为 12.8m，地下水位于地表下方 4.5m 处，且土体参数如表 19-1 所示。对某一参数进行分析时，以该模型为基础修改参数。模型开挖的部分阶段示意见图 19-3。

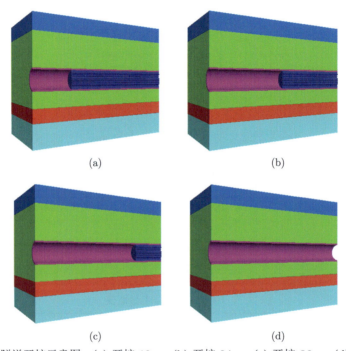

图 19-3　隧道开挖示意图：(a) 开挖 12m；(b) 开挖 24m；(c) 开挖 36m；(d) 开挖 48m

## 19.3　渣土改良效应表征

不少学者 (康志军等，2017；黄振恩等，2018) 模拟盾构工法时，往往将其看作一种普通的全断面隧道开挖工法，隧道开挖后及时施作衬砌 (管片)，位于水位面下方的隧道则将开挖后的临空面设置为透水的 0 水头边界。然而对于土压平衡盾构施工的隧道，这种做法实际是有待商榷的。宋锦虎等 (2013) 指出，当隧道开挖面未采取渗透控制措施时水头取为 0，而当开挖面采取良好的渗透控制措施时则为初始水头。并在模拟上海某盾构工程时，认为该工程对开挖面渗流进行了有效控制，故开挖面上的孔压可取为初始值，将开挖面的水头取为初始水头。白永学等 (2013) 则进一步阐明，在进行盾构开挖的流–固耦合分析时，开挖面常采用两种假设: 开挖面的孔隙压力为 0 或开挖面不透水。后者是土压平衡盾构施工时采用了两类措施造成的: 一是渣土改良使渣土具有良好的止水性与抗渗性, 二是采用气压辅助工法时, 若气压大于水压, 则可使开挖面附近的地下水不发生渗流。

综合上述文献的观点可知, 模拟土压平衡盾构时, 对开挖面渗流条件的设置可以体现渣土改良的效果 (假设盾构以满仓掘进)。开挖面水头为 0 与不透水分别对应了渣土改良极差或极好的情况, 但渣土改良的其他情形所对应的开挖面水头状态则未可知, 在分析地层扰动特征时, 欲将盾构渣土改良纳入考虑, 则有必要将渣土改良的不同程度与开挖面水头分布特征联系起来。

为此, 首先需了解盾构渣土渗透系数 $k$ 不同时, 对地下水向开挖面渗流的限制程度, 进而建立渣土 $k$ 值与开挖面孔压分布的对应关系。并在流–固耦合分析时, 不再建立渣土的模型, 而是在开挖面上设置不同的孔压条件, 以表示不同的渣土改良效果。

联系渣土 $k$ 值与开挖面渗流条件时, 仍采用 19.2 节所述的基础工况模型, 即隧道埋深为 12.8m(两倍隧道洞径), 进行与第 3 章相似的单渗流分析, 考虑盾构渣土的存在, 改变其渗透系数, 分别进行计算, 再取各种情况下隧道开挖面顶部、中心、底部的水压。图 19-4、图 19-5 分别展示了水位高度为 12.8m、8.3m 时 (相当于水位埋深 0m 与 4.5m) 两种情况的计算结果。

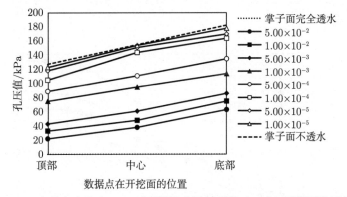

图 19-4  水位高度为 12.8m 时不同渣土渗透系数 (cm/s) 开挖面孔压分布

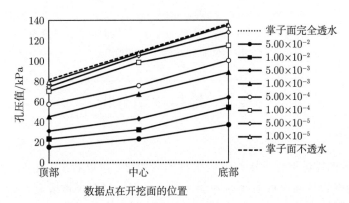

图 19-5  水位高度为 8.3m 时不同渣土渗透系数 (cm/s) 开挖面孔压分布

图 19-4 与图 19-5 中的虚线分别代表上文提到的两种极端情况,两线间的各曲线分别表示土舱渣土的渗透系数不同时,开挖面的孔压分布。可以看出,在土舱渣土降至 $1\times10^{-4}$cm/s 后,开挖面的水头分布已接近原始孔压。根据第 4 章的现场试验结果可知,盾构在小–火区间与模拟段相对应的区段内掘进时,其渣土在掺加泡沫后,渗透系数极低,因此可将数值模拟中盾构开挖面的孔压分布按初始孔压考虑。通过前文对现场孔压数据的分析可知,实际掘进过程中会引起明显的超孔压,而非降水现象,亦说明了这一计算方法的合理性。

根据第 3 章的渗流计算结果可知,不同的地下水位会对渣土改良的要求不同,图 19-6 为地下水位不同时,开挖面中心水头随渗透系数的变化曲线。可以看出,开挖面中心位置的孔压随着渣土渗透系数的降低,是逐渐增加的,并最终接近该处的初始孔压。另一方面,不同水位对应的曲线形态也存在一定差异:地下水位较高 (水位高 0m) 时,曲线可分为三部分:渣土渗透系数较大时,曲线较平坦,说明此时渣土的抗渗效果不明显;随后开始明显增加,伴随着开挖面上的孔压迅速上升;当渗透系数小于 $1\times10^{-4}$cm/s 后,曲线再次进入平坦段,开挖面附近的孔压较接近初始孔压,说明此改良效果基本满足了开挖面的止水需要。当地下水位较低 (水位高度 3.8m) 时,曲线只包括了上升段与平坦段,这是由于初始孔压较低,渣土渗透系数在较低时就会发挥效果,其平坦段起点位于 $2.5\times10^{-4}$cm/s 附近。可见水位越低,同样渗透系数的渣土所能发挥的止水效果越好。

综上可见,当地下水位改变时,降低改良渣土的止水能力存在差异,可认为高水位对渣土改良的要求更高。

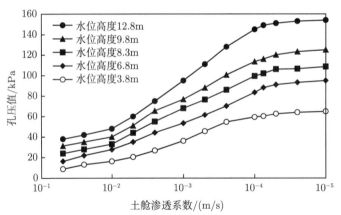

图 19-6　不同渣土渗透系数 (cm/s) 开挖面中心孔压分布

说明:水位高度为高出隧道顶板的距离

# 19.4　地层扰动分析

## 19.4.1　地层变形

图 19-7 为盾构推进过程中围岩竖向位移场的变化。可以看出:随着开挖面不断向前推进,盾构附近的围岩竖向位移也逐渐向前发展,底部围岩有轻微隆起,最大竖向位移位于隧道拱顶附近,开挖面前方的变形较小,但在开挖面到达时该处位移迅速增加。

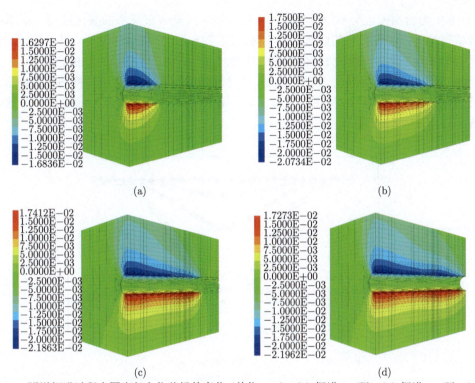

图 19-7 隧道掘进过程中围岩竖向位移场的变化 (单位：m)：(a) 掘进 10 环；(b) 掘进 20 环；(c) 掘进 30 环；(d) 掘进 40 环

　　为直观地了解地表沉降沿纵向与横向的分布规律，在模型中设置了纵、横两个观测断面，如图 19-8 所示。横向观测断面为模型中 $Y = 24\mathrm{m}$ 断面，位于盾构掘进长度的一半处，纵向观测断面为模型中 $X = 0$ 断面，亦是过模型对称轴的剖面。

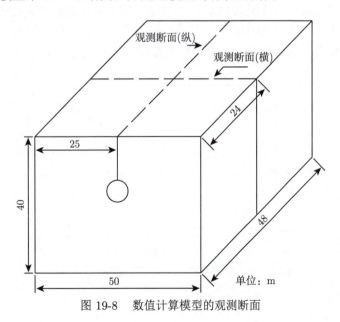

图 19-8 数值计算模型的观测断面

图 19-9 为盾构掘进至不同位置时，横向观测断面地表沉降槽的变化过程。由图可知，由于数值模拟进行了理想化的假设并对实际情况进行了一定程度的简化，故计算而得的沉降槽呈对称形状，且与一般的 Peck 沉降曲线形式接近，印证了计算方法的合理性。从图中可以看出，最大地表沉降位于截面中心处，盾构掘进的前 10 环都未对横向观测断面上方地表造成明显影响，而第 15 环掘进完成后，开始产生较明显的响应，并逐渐增大，影响范围约等于隧道的 2 倍洞径。

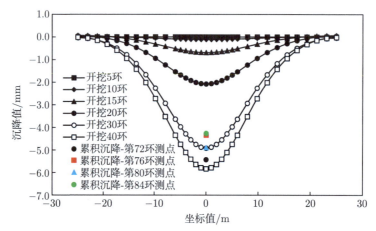

图 19-9　横向观测断面地表沉降槽 (累积沉降测点)

图 19-10 为隧道拱顶上方地表的纵向沉降曲线，从该图可以看出，某一断面在盾构通过 48m 后 (40 环，可认为变形稳定)，沉降值为 5.78mm，而在盾构刚经过时会产生约 4mm 的沉降，占总沉降值的一半以上。根据实际施工时的要求，地表沉降的控制值为 30mm，总体而言，计算结果远小于此要求。图中的 4 个点对应第 4 章中地表沉降测点的累积沉降值，可以看出，计算结果要略大于监测结果。这是由于施工中地表沉降先经历了轻微隆起 (由于开挖面推力较大)，随后才发生沉降，且数值模拟未考虑同步注浆对地层的抬升作用，因此算得的沉降值稍大。总体而言，计算模型的精度基本满足分析的要求。

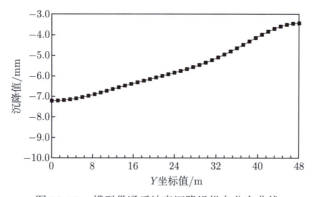

图 19-10　模型贯通后地表沉降沿纵向分布曲线

### 19.4.2  孔压变化

如上文所述，由于本次计算将开挖面设置为不透水条件，地层在受到扰动后将产生超孔压。在通过流固耦合模式算得模型的孔压场后，采用 FLAC$^{3D}$ 内置的 FISH 语言编译函数，将每个节点的孔压减去其初始孔压，即获得超孔压分布云图。图 19-11 为前 20 环 (模型前半段) 掘进完成时，地层超孔压在纵向与横断面上的分布云图。图 19-12 为监测值与数值计算的对比。

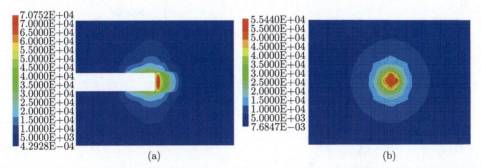

图 19-11    地层超孔压纵向与横向分布分布 (单位：Pa)：(a) 纵向观测断面；(b) 横向观测断面

根据图 19-11 可知，盾构掘进会使一定范围内的地层产生超孔隙水压力。从模型纵剖面上看，盾构前方一定范围都受到明显扰动，且由于盾壳与地层的相互作用，盾壳周围也形成了具有一定影响半径的影响区，其形状接近圆形。且从图 19-12 可以看出，测点的实测数据与数值模拟的吻合性较好，侧面反映出了计算参数及方法的正确性。

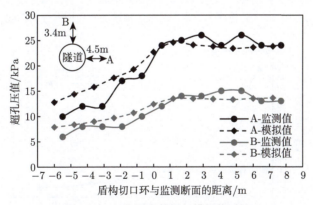

图 19-12    监测点数据与模拟值对比

在横、纵向观测断面上分别设置一条具有代表性的超孔压测线，作为超孔压分布规律的重点观测对象，如图 19-13 所示。分别提取横向测线与纵向测线上各点的超孔压值，将其绘制成图 19-14 与图 19-15。

可以看出，盾构正前方的超孔压较大，但随着与开挖面距离的增加，超孔压逐渐降低。可以看出在盾构前方 5m 的范围内，超孔压的衰减速度较快，5m 以外则较慢，纵向上的明显扰动范围 (按超孔压＞ 5kPa) 约为 12m。此外，盾壳四周的土体亦受到明显扰动，最大影响半径 (按超孔压 >5kPa) 约为 12m。

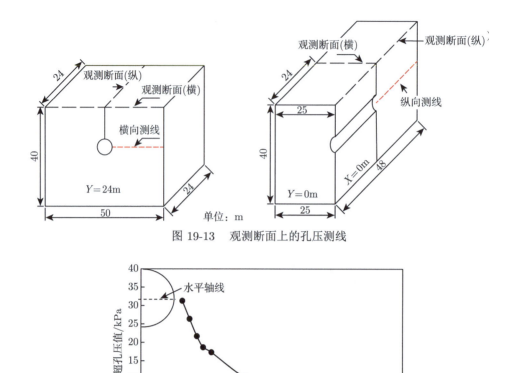

图 19-13 观测断面上的孔压测线

图 19-14 开挖面侧方水平轴线上地层超孔压横向分布曲线

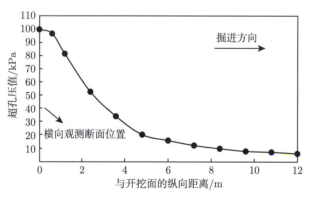

图 19-15 开挖面前方中心位置地层超孔压沿纵向分布曲线

### 19.4.3 地下水位对地层响应的影响

在 19.3.1 节与 19.3.2 节的基础上，保持其他条件不变，改变模型的地下水位高度为 12.8m，9.8m，6.8m，3.8m，分析水位对地表沉降与超孔压的影响。图 19-16 为不同地下水位对应的地表沉降曲线，图 19-17 为地下水位与最大地表沉降的关系曲线。可以看出，地下水位变化时沉降槽的形式是相似的，且水位越高，地表沉降有增大的趋势。尽管如此，水位最高时地表沉降也仅为 8.2mm, 仍远低于施工控制值, 说明模拟中对掘进参数与改良参数等的设置较为合理。

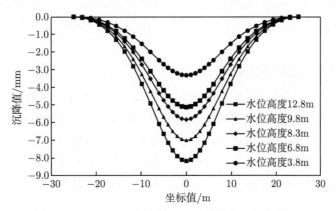

图 19-16    不同水位高度的地表沉降横向分布曲线对比

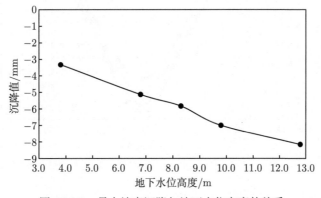

图 19-17    最大地表沉降与地下水位高度的关系

图 19-18 为地下水位高处隧顶高度与地层监测点超孔压的关系曲线。根据第 18 章监测点的布置, 提取了模型中与之对应点的超孔压。由图可知, 地下水位对地层中的超孔压

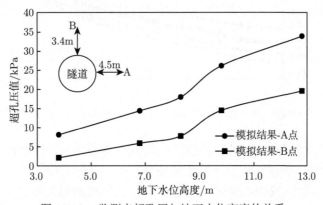

图 19-18    监测点超孔压与地下水位高度的关系

值有一定影响，以 A 点为例，当水位高度从 3.8m 升至 12.8m 时，A 点的超孔压从 9.3kPa
也升至 38.1kPa。由第 18 章的监测结果可知，对于距隧道侧方 4.5m 的测点，当初始水
位高度为 11.2m 时 (K8+535 断面)，所产生的最大超孔压约为 23kPa；当初始水位高度
为 15.3m 时 (K8+810 断面)，所产生的最大超孔压约为 40kPa。计算结果与监测结果较
为接近。

### 19.4.4  渣土改良对地层响应的影响

为了研究渣土欠改良时盾构掘进的地层响应特征，计算了渣土渗透系数不同时，开挖
面的水头条件按 19.2.2 节的基础计算工况来设置。图 19-19 与图 19-20 为渣土系数不同时，
掘进完成的地表沉降情况，可以看出，横、纵方向上的地表沉降曲线形式都比较接近，且
渣土渗透系数越低，最终地表沉降值越小。提取各工况下，横向观测断面上方的地表沉降，
其与渣土渗透系数关系如图 19-21 所示，上述关系在图 19-21 中更为明显。

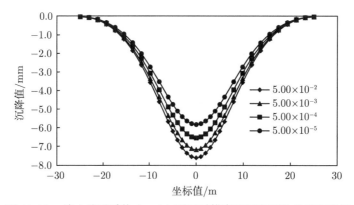

图 19-19　渣土渗透系数 (cm/s) 不同时横向观测断面的地表沉降槽

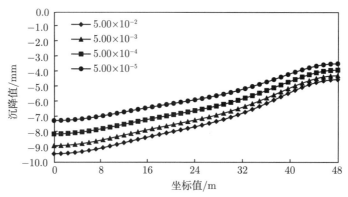

图 19-20　渣土渗透系数 (cm/s) 不同时模型的纵向沉降曲线

图 19-22 为渣土渗透系数与模型监测点 (与现场测点对应) 处超孔压的关系，可以看
出，渗透系数较大时，地层附近属于降水的条件，不存在超孔隙水压力；当土体渗透系数
低于 $1 \times 10^{-3}$cm/s 后，随着渗透系数的降低，开挖面附近的超孔隙水压力逐渐增加。这反
映了土舱内部渣土对地下水渗透的限制作用。

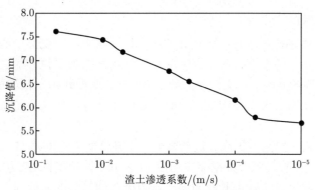

图 19-21 最大地表沉降与渣土渗透系数的关系

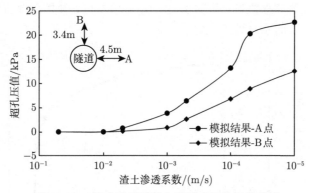

图 19-22 渣土渗透系数与监测点超孔压的关系

## 19.5 开挖面稳定性分析

盾构在小–火区间内的较长范围内穿越富水砾砂地层，属于典型的易失稳地层。事实上，维持开挖面的稳定一直是盾构开挖中被重点关注的问题，开挖面一旦失稳，则会进一步引发地表发生过大沉降或隆起。因此，在探究砾砂地层的开挖响应特征时，有必要针对开挖面稳定性进行分析。调研国内外文献可知，开挖面稳定性的探究多集中于各类地层的失稳形式、盾构掘进合理支护力 (土舱压力) 及前两者的参数分析。

本文借鉴已有的模拟计算方法，研究富水砾砂地层盾构开挖面稳定性特征。对于开挖面稳定性的计算需明确以下几点。

(1) 一般来说，稳定性计算更关注支护应力比的大小，而非支护应力的绝对数值。本文也采用这种方式，仅在是否考虑地下水与水位变化的情形间比较时，会比较不同工况的支护应力值。

(2) 数值计算的模型与基本方法与 5.3 节相同，一次性开挖至第 20 环 (24m)，开始进行稳定性计算，在开挖面上施加梯形支护应力，并逐渐减小，反复计算平衡，直至开挖面失稳。

(3) 当开挖面中心土体的水平位移随支护应力减小而发生突变时，认为开挖面失去稳定性，此时终止计算。

### 19.5.1　开挖面失稳特征

图 19-23 为不考虑地下水时，随着支护应力逐渐减小，开挖面中心处土体的水平位移变化曲线。由图可知：随着支护应力逐渐减小，开挖面的水平位移随之增加，且增速逐渐加快，表现为曲线逐渐陡峭。当支护应力低于 0.2 时，变形开始急剧增加，并在 $\lambda < 0.1$ 后增至无穷大，开挖面彻底失去稳定性。此时可以终止计算，并认为维持开挖面不失稳的极限支护应力应为 0.1。

图 19-24 为随着开挖面支护应力逐渐降低，计算模型水平位移 ($Y$-位移，下同) 与竖向位移 ($Z$-位移，下同) 的云图。开挖面失稳后 ($\lambda < 0.1$)，模型的 $Y$ 方向与 $Z$ 方向的位移云图。盾构开挖面前上方土体由开挖面向土舱内涌入的趋势非常明显，形成向土舱移动的滑动面，这与 Kirsch (2010) 采用干砂进行的模型试验结果相似，滑动面的存在亦是一些解析方法分析稳定性时的前提假设。从图 19-24(b) 可以看出，开挖面前方的竖向位移也较大，并直接发展至地表，进而引起地表塌陷。

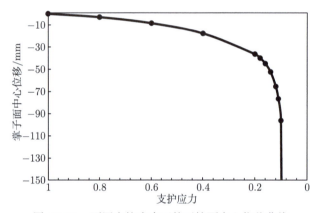

图 19-23　不同支护应力下的开挖面中心位移曲线

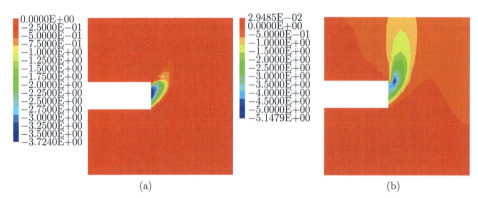

图 19-24　开挖面失稳云图 (单位：m)：(a) $Y$-位移；(b) $Z$-位移

### 19.5.2　地下水位对开挖面稳定性的影响

小–火区间富含地下水，而地下水的存在与水位都对开挖面极限支护压力产生一定的影响，本节探究地下水位对开挖面稳定性的影响。图 19-25 为不同地下水位条件下，支护应力与开挖面中心位移的关系图。

　　根据图 19-25 可知,不同的地下水位高度对支护应力特性影响较大。当不考虑地下水作用时,维持开挖面不失稳的极限支护应力约为 0.1,而当地下水位高出隧道顶板 12.8m 时,极限支护应力已达到 0.4 附近,维持开挖面稳定所需的支护应力大大增加了。随着地下水位的升高,维持开挖面所需的极限支护应力迅速增加。水位高度对开挖面支护应力的影响十分明显,支护应力中所增加的部分是为了抵消开挖面上水压力或渗透力的影响。

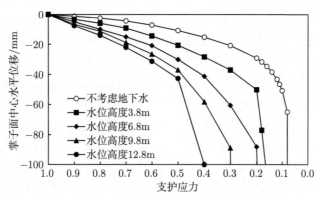

图 19-25　地下水位与开挖面中心位移关系

### 19.5.3　渣土改良对开挖面稳定性的影响

　　调研已有文献可知,盾构在强渗透性地层中掘进时,开挖后地下水向盾构内部的渗流作用会在开挖面上产生渗透力,从而影响开挖面的稳定性,但在进行富水地层盾构开挖面稳定性的数值分析时,往往将开挖后面的孔压直接设置为 0,而不考虑盾构渣土改良的因素。事实上,掘削下来的渣土与改良剂 (泡沫、膨润土泥浆等) 在土舱内部混合后,使其具有一定的止水性,地下水不能自由渗透,在理想状态下,能够做到完全止水,此时应将开挖面设置为不透水条件,再进行稳定性分析。开挖面渗流边界根据 19.2.4 节中计算结果,将其与渣土渗透系数对应起来。图 19-26 为渣土渗透系数不同时,支护应力与开挖面中心位移的关系图。

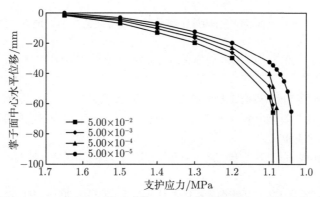

图 19-26　不同渣土渗透系数 (cm/s) 与开挖面中心位移的关系

由图 19-26 可知，渣土渗透系数对开挖面稳定性有一定的影响。当支护应力相同时，渗透系数大的工况开挖面土体位移更大。换言之，随着支护应力的减小，渗透系数越来越小，开挖面越不易失稳。因此，渣土改良可以有效降低土舱内渣土的渗透系数，从而阻挡开挖面前方地下水的自由渗流，进而提高开挖面的稳定性。

## 19.6　本章小结

作为对第 18 章试验结论的补充，本章采用数值模拟手段，对富水砾砂地层盾构掘进期间的地层响应特征进行了研究，并考虑了盾构渣土改良和地下水位变化等因素的影响，探究了地表沉降、地层孔压与开挖面失稳特征，主要结论如下所述。

(1) 土舱内渣土处于理想的改良状态时，具有较强的抗渗性，因此可认为盾构前方开挖面不透水。此时盾构掘进会引起附近地层产生一定的超孔隙水压力，超孔压的主要响应范围约位于盾构前方的 12m 内，盾壳四周一定范围内的土体亦受到明显扰动。

(2) 砾砂地层盾构开挖面失稳时，会在开挖面前方形成一滑移面，前方土体沿这一滑移面涌向开挖面后方。开挖面失稳后，变形常常会发展至地表，进而引发地表过度沉降。因此，施工时应及时调整支护压力，维持开挖面的稳定，这对盾构顺利、安全地掘进具有重要意义。

(3) 盾构隧道开挖面稳定受到地下水位与渣土改良的影响。地下水的存在则会大幅提高维持稳定所需的支护应力，而渣土改良可通过降低盾构土舱内渣土的渗透系数，减小富水地层开挖面的渗流，进而提高开挖面的稳定性。

### 参 考 文 献

白永学, 漆泰岳, 李有道, 等, 2013. 浅埋砂卵石地层盾构开挖面稳定性影响因素研究 [J]. 铁道学报, 35(3):115-121.

贺少辉, 张淑朝, 李承辉, 等, 2017. 砂卵石地层高水压条件下盾构掘进喷涌控制研究 [J]. 岩土工程学报, 39(9): 1583.

黄振恩, 吴俊, 张洋, 等, 2018. 考虑流固耦合效应的盾构隧道开挖面稳定性研究 [J]. 现代隧道技术, 55(5): 61-71.

蒋胜光, 张子新, 2015. 圆砾地层双线盾构施工参数及沉降特征分析 [J]. 地下空间与工程学报, 11(s2): 698-705.

康志军, 谭勇, 李金龙, 2017. 基于流–固耦合的盾构隧道开挖面稳定性研究 [J]. 隧道建设 (中英文), 37(10): 1287-1295.

李君旸, 2016. 渗流作用下地铁盾构施工过程地层变形规律及稳定性研究 [D]. 济南: 山东大学.

梁荣柱, 夏唐代, 林存刚, 等, 2015. 盾构推进引起地表变形及深层土体水平位移分析 [J]. 岩石力学与工程学报, 34(3): 583-593.

宋锦虎, 缪林昌, 戴仕敏, 等, 2013. 盾构施工对孔压扰动的三维流固耦合分析 [J]. 岩土工程学报, 35(2): 302-312.

王俊, 何川, 胡瑞青, 等, 2017. 土压平衡盾构掘进对上软下硬地层扰动研究 [J]. 岩石力学与工程学报, 4: 179-189.

肖超, 谭立新, 陈仁朋, 等, 2019. 考虑渣土特征的盾构施工力学动态耦合仿真研究 [J]. 岩土工程学报, 41(6): 1108.

徐前卫, 朱合华, 廖少明, 等, 2008. 均匀软质地层条件下土压平衡盾构施工的合理顶进推力分析 [J]. 岩土工程学报, 30(1): 79-85.

杨鹏, 2019. 渣土改良下盾构掘进富水砾砂地层响应特征研究 [D]. 长沙：中南大学.

张冬梅, 刘印, 黄宏伟, 2013. 软土盾构隧道渗流引起的地层和隧道沉降 [J]. 同济大学学报 (自然科学版), 41(8): 1185-1190.

张海波, 殷宗泽, 朱俊高, 2005. 地铁隧道盾构法施工过程中地层变位的三维有限元模拟 [J]. 岩石力学与工程学报, 24(5): 755-760.

张社荣, 王刚, 崔溦, 2012. 软土地区盾构法隧道施工三维数值模拟 [J]. 地下空间与工程学报, 8(4): 807-814.

张云, 殷宗泽, 徐永福, 2002. 盾构法隧道引起的地表变形分析 [J]. 岩石力学与工程学报, 21(3): 388-392.

朱合华, 徐前卫, 廖少明, 等, 2007. 土压平衡盾构施工的顶进推力模型试验研究 [J]. 岩土力学, 28(8): 1587-1594.

Hu X, He C, Peng Z, et al, 2018. Analysis of ground settlement induced by Earth pressure balance shield tunneling in sandy soils with different water contents[J]. Sustainable Cities and Society, 45(2019): 296-306.

Kirsch A, 2010. Experimental investigation of the face stability of shallow tunnels in sand[J]. Acta Geotechnica, 5(1): 43-62.

Liu X, Shen S, Zhou A, et al, 2019. Evaluation of foam conditioning effect on groundwater inflow at tunnel cutting face[J]. International Journal for Numerical and Analytical Methods in Geomechanics, 43(2): 463.

# 第三篇
# 盾构渣土改良技术及其智能化

# 第 20 章　盾构渣土塑流性调控技术及应用

## 20.1　引　言

土压平衡盾构在粗颗粒土地层中掘进时，因土体塑流性状态不佳而造成的刀盘及螺旋输送机扭矩过大、排土不畅、土舱压力难以稳定等问题，是工程顺利实施必须攻克的重难点。为保证盾构能够高效掘进，需将渣土的塑流性改善至理想状态。坍落度试验虽然无法评价渣土的渗透性、压缩性及黏附性，但通过坍落度和析水析泡沫现象的定量和定性分析相结合方式，可以快速判断渣土的整体改良特性。Peila 等 (2009) 通过观察坍落度试验的结果，将改良渣土分为不能形成塑性体、边界体、塑流性过大和合适四种状态，渣土中的粗粒含量直接影响改良剂的参数选取。目前渣土合适状态坍落度取值标准尚未统一，例如，Vinai 等 (2008) 通过砂土的改良试验，指出坍落度在 150～200mm 为合理的坍落度值；Jancsecz 等 (1999) 根据现场经验，认为改良后渣土的合理坍落度值为 200～250mm；乔国刚 (2009) 通过砂土和黏土的坍落度试验，建议合理的改良坍落度值为 100～160mm；汪国锋 (2011) 通过北京地区地铁经验判断坍落度值大于 150mm 时符合要求；叶新宇 (2017) 在南昌粉质泥砂岩地层开展的现场渣土改良试验中，选取 170～200mm 为合理改良坍落度范围。表 20-1 列出了国内外学者对合适渣土状态的坍落度取值建议。由表可见，国内外的研究中对合理改良渣土的坍落度值没有统一的取值，该现象可能是由地层类型的差异造成的，但可发现大部分合理坍落度取值集中在 100～200mm。然而，由于操作简单方便，坍落度试验是目前常规工程地质和环境下盾构隧道施工现场检验渣土改良性能时常采用的评价方法。

表 20-1　砂性渣土坍落度建议范围汇总表

| 作者 | 渣土类型 | 坍落度建议值/mm |
| --- | --- | --- |
| 乔国刚 (2009) | 粗砂和细砂 | 100～160 |
| 姜厚停等 (2013) | 砂卵石 | 150～200 |
| 邱龚等 (2015) | 砾砂 | 195～210 |
| Budach 和 Thewes (2015) | 粗粒土 | 100～200 |
| Jancsecz 等 (1999) | 砾砂、粉砂 | 200～250 |
| Leinala 等 (2000) | 粉砂 | 100 |
| Martinelli 等 (2015) | 沥青砂 | 150～200 |
| Peila 等 (2009) | 砾粒和砂以一定比例混合 | 150～200 |
| Quebaud 等 (1998) | 硅质砂 | 120 |
| Vinai 等 (2008) | 中砂、粉土 | 150～200 |
| Wang 等 (2020) | 级配不良砾砂 | 150～200 |
| Ye 等 (2017) | 强风化泥质粉砂岩 | 170～200 |
| Zhao 等 (2018) | 砂卵石 | 205～210 |
| Kim 等 (2019) | 风化花岗岩 | 100～200 |

本章首先基于坍落度值和坍落体合理形态，提出盾构粗颗粒渣土塑流性改良流程，并

将其应用于南宁地铁 5 号线 02 标 6 工区新秀公园站–广西大学站区间 (以下简称新–广区间)，通过现场试验结果验证了改良工艺的合理性。在此基础上，为了更好地定量反映渣土改良状态，基于第 3 章盾构渣土塑流性状态研究成果，提出基于综合评价指标的盾构粗颗粒土渣土塑流性改良优化技术。

## 20.2　盾构渣土塑流性改良流程

为将渣土改良至理想塑流性状态，需解决两个关键问题：其一，是如何确定渣土的理想塑流性状态；其二，是怎样将现场渣土改良至理想塑流性状态。为解决盾构渣土改良这一关键性技术难题，基于第 3、4 章研究成果，本节提出了确定适于现场盾构掘进的粗颗粒渣土理想塑流性状态改良工艺，具体流程如图 20-1 所示，主要工序如下所述。

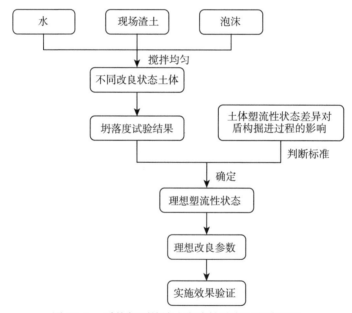

图 20-1　盾构粗颗粒渣土塑流性改良工艺流程图

### 1. 现场渣土塑流性改良试验

设计现场改良试验，获取不同改良参数作用下现场渣土的塑流性状态，并以坍落度值定量给出土体状态评价指标，具体步骤如下所述。

(1) 在盾构掘进过程中，从皮带输送机上取得足量渣土，并称取 10L 土体依照表 20-2 所示工况进行改良。

(2) 依照试验工况所定的泡沫注入比，从盾构机内的发泡装置中量取要求体积的泡沫。

(3) 将泡沫添加至渣土试样中，并搅拌均匀。

(4) 将改良土分为 5 层依次添加至坍落度桶中，每层渣土添加完成后用捣棒将土体轻捣均匀后，继续添加下一层泡沫改良土。控制每次试验在 180s 内完成装样，并在 3~5s 内竖向匀速提起坍落度桶。

(5) 测量土体坍落度及延展度值，并拍照记录相应的渣土状态。

(6) 改良试验过程中，应结合改良后土体的状态判断改良试验是否需继续进行。若渣土出现析水、析泡沫现象，则表明渣土为过改良状态，应结束改良试验。同时，试验过程可视实际渣土状态增加注水量或泡沫注入比工况。

(7) 在渣土坍落完成后应对坍落体形态进行判断，如出现塌边、坍落体倾斜、局部坍落等情况，则该试样作废，应重新进行相同工况的试验。在测量坍落体延展度时，应测量 3 次取平均值，且最大及最小值误差不应超过 5cm，否则试样作废。

表 20-2    渣土塑流性改良试验工况

| 注水量 | 泡沫注入比 |
|---|---|
| 0% | 0%、5%、10%、15%、20%、25%、30%、$\cdots$、$n$% |
| 1% | 0%、5%、10%、15%、20%、25%、30%、$\cdots$、$n$% |
| 2% | 0%、5%、10%、15%、20%、25%、30%、$\cdots$、$n$% |
| 3% | 0%、5%、10%、15%、20%、25%、30%、$\cdots$、$n$% |
| $\cdots$ | $\cdots$ |
| $m$% | 0%、5%、10%、15%、20%、25%、30%、$\cdots$、$n$% |

**2. 判断适宜于盾构掘进的渣土理想塑流性状态**

以第 4 章所述的渣土塑流性状态差异对盾构掘进过程中掘进参数及地层响应特征的影响结果作为渣土状态判断标准。当盾构在粗颗粒土地层中掘进，渣土状态为"合适改良"状态时，盾构掘进过程中的总推力、刀盘扭矩、螺旋输送机扭矩等掘进参数皆处于较为理想的区间，且波动程度相对较小。土舱压力也最为接近确定合理土压力值，且波动程度相对较小。同时，亦可限制盾构掘进引发的地表沉降在合适范围。因此，可以判断"合适改良"状态即为可保证盾构顺利掘进的"理想"渣土状态。

**3. 判断理想渣土状态的坍落流动特性**

以第 3 章所阐述的不同塑流性状态渣土的坍落流动特性为指导，确定合适状态的坍落流动特征。"理想"塑流性状态渣土的坍落变形模式为协同变形，表现为坍落体上部土体向下坍落变形的同时也发生径向变形，两部分土体变形过程较为一致，且变形速度相当。最终坍落形态一般呈圆台状，与坍落桶相似，且坍落体表面较为光滑平整。同时，坍落体未出现析水、析泡沫现象。

**4. 确定理想状态改良参数**

依据工序 3 所述标准，即可从现场塑流性试验结果中，确定"理想"塑流性状态渣土，并获得对应的理想状态改良参数。

**5. 实施效果验证**

选择试验区间验证理想状态改良参数的实施效果，在盾构掘进过程中，跟踪测试每环渣土状态，其后对比分析未采用理想改良参数及采用理想改良参数区间的掘进参数差异，进而论证改良参数的实施效果。

综上所述，本工艺通过坍落度试验，获知渣土在不同改良参数作用下的塑流性状态，并以坍落度试验结果定量地给出土体改良状态评价指标。同时，以第 4 章所阐明的土体塑流性状态差异对盾构掘进过程的影响结果为判断标准，确定可保证盾构顺畅掘进的理想渣土塑流性状态。而后依据第 3 章中所述该种状态渣土的坍落流动特征，确定实际渣土的理想塑流性状态，进而得出适用于该地层的理想渣土塑流性改良参数，为现场盾构掘进过程中的渣土改良参数确定提供指导。最后通过设置试验区间进行改良参数应用，验证该参数的合理性。

# 20.3　工程概况

## 20.3.1　工程简介

南宁市轨道交通 5 号线总承包 02 标土建 6 工区地处广西壮族自治区南宁市西乡塘区，线路走向如图 20-2 所示。区间由新秀公园站出站后，沿途经过明秀西路向北，在广西大学明秀路口处下穿既有 1 号线广西大学站，最后接入 5 号线广西大学站。左线起讫里程为 ZDK20+588.134～ZDK22+031.821，总长 1443.7m，右线起讫里程为 YDK20+712.134～YDK22+031.821，总长 1319.7m。

图 20-2　南宁地铁 5 号线 02 标 6 工区盾构走向示意图

线路由新秀公园站端头引出后沿明秀西路下方铺设，进入半径为 $R = 800\text{m}$ 的曲线段，随后以半径为 $R = 800\text{m}$ 和 $R = 700\text{m}$ 的连续曲线段绕避已废弃的铁路桥，最后通过约 40m 直线段和一个 $R = 400\text{m}$ 的曲线段后接入广西大学站。区间在左线第 939～956 环 (共计 972 环) 和右线第 856～875 环 (共计 882 环) 之间分别下穿 1 号线广西大学站地下连续墙，下穿范围内的地下连续墙均为玻璃纤维筋混凝土结构，左右线下穿范围线路均位于 $R = 400\text{m}$ 的缓和曲线段上。线路自新秀公园站出站后，先以 2‰、20‰ 和 10.2‰ 的下坡在泥岩、圆砾土层中施工到线路最低点，其后依次按照 5‰、20‰ 和 2‰ 的坡度向上掘进至广西大学站，整个区间隧道的覆土厚度为 10.5～20m。区间左右线均在 2‰ 的上坡坡度范围下穿 1 号线广西大学站。

## 20.3.2　地层条件

### 1. 工程地质

图 20-3 为新–广区间部分地质纵断面图，区间隧道主要穿越地层为圆砾地层，局部地区穿越砂土及泥岩地层。圆砾地层中夹杂有少量粉砂质泥岩层、粉土及黏性土地层，地层主要物理力学参数如表 20-3 所示，本区间主要岩土特征如下所述。

1) 砂土层 (Q3al)

(1) 粉细砂④ 1-1(Q3al)：深灰色，松散 ~ 稍密，矿物成分以长石、石英为主，含黑云母，级配不良，含泥量为 5%~7%。

(2) 粉细砂④ 1-2(Q3al)：深灰色，湿，中密，矿物成分以长石、石英为主，不均匀系数 $C_u$ 平均值 2.13，曲率系数 $C_c$ 平均值 1.26，级配不良。

(3) 中粗砂④ 2-2(Q3al)：深灰、灰褐色，湿，中密，局部稍密，矿物成分以长石、石英为主，含黑云母，不均匀系数 $C_u$ 平均值 36.33，曲率系数 $C_c$ 平均值 9.37，级配不良。

(4) 砾砂④ 4-2(Q3al)：深灰、灰褐色，湿，中密，矿物成分以长石、石英为主，含黑云母，偶含圆砾，不均匀系数 $C_u$ 平均值 131.14，曲率系数 $C_c$ 平均值 4.01，级配不良。

2) 圆砾层⑤ 1-1(Q3al)

灰色、灰白色、灰黄色等杂色，饱和，中密 ~ 密实状，级配良好，主要成分为圆砾及砂，母岩成分以石英岩、砂岩、硅质岩为主，多呈弱 ~ 微风化状，不均匀系数 $C_u$ 平均值 78.69，曲率系数 $C_c$ 平均值 4.9，级配不良，粒径一般 2~20mm，少量 30~50mm，卵石占 10%~20%，圆砾占 30%~40%，砂占 30%~40%，粉、黏粒约占 10%。

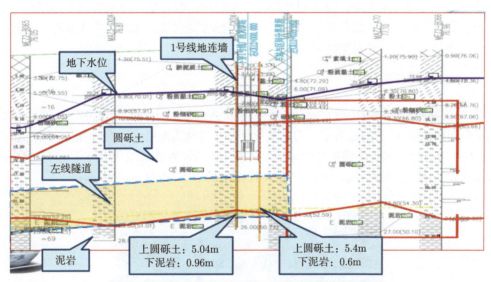

图 20-3　区间下穿 1 号线广西大学站左线地质剖面图

表 20-3　地层主要物理力学参数

| 层号 | 岩土类型 | 含水率/% | 天然重度/(kN/m³) | 土粒比重 | 液限/% | 塑限/% | 黏聚力/kPa | 内摩擦角/(°) |
|---|---|---|---|---|---|---|---|---|
| ① | 素填土 | — | — | — | 23.9 | 17.5 | — | — |
| ② | 粉质黏土 | 26.1 | 19.6 | 2.72 | 38.8 | 25.5 | 34.5 | 21.5 |
| ③ | 粉土 | 25.08 | 19.9 | 2.68 | 24.8 | 17.4 | 18.58 | 18.1 |
| ④₁ | 粉细砂 | 24.1 | 20.0 | 2.69 | 23.7 | 16.05 | 25.4 | 19.7 |
| ④₂ | 中粗砂 | 13.9 | 19.7 | 2.70 | 20.9 | 13.2 | — | — |
| ⑤₁ | 圆砾 | 9.9 | 20.3 | 2.65 | — | — | — | 35 |
| ⑦₁ | 泥岩、粉砂质泥岩 | 17.59 | 21.1 | 2.71 | 27.89 | 17.70 | 42.30 | 19.80 |

2. 水文情况

本区间地下水类型主要是上层滞水、第四系松散岩类孔隙水、碎屑岩类孔隙裂隙水,地下水主要赋存于第四系砂层、圆砾层中。

(1) 上层滞水:主要赋存于素填土①$_2$中,水量贫乏,大体上由大气降雨及生活废水补给,其水位埋深、水量受填土层厚度、降雨影响较大,不具统一水位。

(2) 第四系松散岩类孔隙水:主要赋存于砂层和圆砾层中,其中主要含水层为圆砾层。该层厚度较大,透水性较好,储水条件好,水量丰富,具承压性,靠大气降水及地下径流补给,与邕江河水有水力联系,为相互补给关系,丰水期邕江水向地下水补给,枯水期地下水向邕江排泄,由于邕江防洪堤的建设,受防洪堤透水性减弱影响,该层地下水与邕江水位的联系趋弱。

初见水位埋深 2.90~8.80m,标高 65.90~71.85m,多出现在粉土的底部或砂土层的顶部;稳定水埋深在 4.20~10.20m,承压水标高 66.53~70.64m,平均高程为 68.50m。圆砾层上部主要为黏性土、粉土层,透水性弱,局部区域为粉砂层黏粒含量较高或夹薄层粉土,透水性变弱,为相对隔水层,隔水层底面有一定起伏;圆砾层下部为古近系半成岩层,以泥岩为主,少部分为粉砂岩,其透水性弱,也为相对隔水层。该层地下水赋存于砂层、圆砾层内,位于两层相对隔水层之间。

### 20.3.3　施工及设备概况

新–广区间隧道出新秀公园站后向北而行,沿明秀西路布设。采用 2 台中铁装备 CTE6250 盾构机分别掘进新–广区间左右线,刀盘采用复合式刀盘结构形式,由 6 根主刀梁、6 个牛腿、6 根牛腿支撑梁以及外圈梁等组成。刀盘整体开口率为 35%,中心开口率为 38%,中心区域的开口较大。盾构机示意图及刀盘布置图如图 20-4 和图 20-5 所示。

图 20-4　盾构机整体示意图

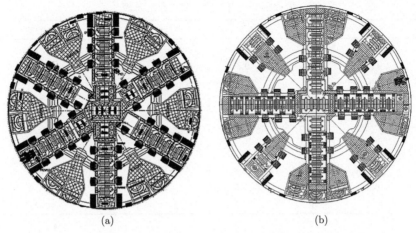

(a)                                        (b)

图 20-5    盾构刀盘刀具布置图：(a) 左线盾构刀盘；(b) 右线盾构刀盘

## 20.4    盾构渣土塑流性改良技术方案

### 20.4.1    塑流性试验

新–广区间盾构施工主要穿越圆砾地层，盾构掘进过程中易出现排土不畅、刀盘及螺旋输送机扭矩过大以及对周边地层扰动明显等问题。这是由于原始的粗颗粒土地层塑流性状态不佳，难以保证盾构安全高效掘进。因而，对于该类型地层主要以调控渣土"塑流性"状态、保证盾构顺畅掘进、控制盾构相关掘进参数处于理想区间作为渣土改良的最终目标。

现场渣土塑流性状态测试采用坍落度试验进行，以盾构掘进过程中排出的渣土作为材料，通过添加水及泡沫对渣土塑流性状态进行改良，试验步骤与第 3 章所述塑流性试验一致。在盾构初始掘进过程中已往渣土中注入了一定量的改良剂，为获得该渣土的塑流性状态及相应改良剂含量，对盾构掘进过程中排出渣土的塑流性状态进行测试，记录对应初始改良参数值并测定该状态下渣土含水率，相关参数如表 20-4 所示。其后，依据表 20-5 所示试验工况对不同改良参数条件下，改良土体的塑流性进行测试，试验结果如表 20-6 所示。

表 20-4    坍落度试验结果及相关改良参数记录表

| 参数 | 量值 | 参数 | 量值 |
|---|---|---|---|
| 含水率 | 9.9% | 注水量 | 0.54m³ |
| 泡沫原液用量 | 16.7L | 发泡倍率 | 15 |
| 坍落度值 | 8.55cm | 单环出土量 | 47m³ |

表 20-5    渣土塑流性试验工况

| 注水量 | 泡沫注入比 |
|---|---|
| 0% | 0%、5%、10%、15%、20%、25% |
| 1% | 0%、5%、10%、15%、20%、25% |
| 2.5% | 0%、5%、10%、15%、20%、25% |
| 4% | 0%、5%、10%、15%、20%、25% |

表 20-6　坍落度试验结果汇总表

| 序号 | $w$/% | FIR/% | 坍落度/cm | 序号 | $w$/% | FIR/% | 坍落度/cm |
|---|---|---|---|---|---|---|---|
| 1 | 9.9 | 0 | 8.7 | 11 | 10.9 | 20 | 19.2 |
| 2 | 9.9 | 5 | 9.3 | 12 | 10.9 | 25 | 19.4 |
| 3 | 9.9 | 10 | 11.5 | 13 | 12.4 | 0 | 18.6 |
| 4 | 9.9 | 15 | 12.5 | 14 | 12.4 | 5 | 19.8 |
| 5 | 9.9 | 20 | 14.6 | 15 | 12.4 | 10 | 21.1 |
| 6 | 9.9 | 25 | 17.4 | 16 | 12.4 | 15 | 21.4 |
| 7 | 10.9 | 0 | 15.2 | 17 | 12.4 | 20 | 21.1 |
| 8 | 10.9 | 5 | 16.8 | 18 | 12.4 | 25 | 19.8 |
| 9 | 10.9 | 10 | 17.6 | 19 | 13.9 | 0 | 25.1 |
| 10 | 10.9 | 15 | 17.8 | 20 | 13.9 | 5~25 | 严重析水 |

图 20-6 为不同含水率条件下渣土坍落度值随泡沫注入比的变化曲线，可知相同含水率条件下，渣土坍落度值随泡沫注入比的增加而提高，表明加入泡沫后可明显提高渣土的流动性。且渣土含水率越高时，泡沫对土体流动性的改善效果越不明显。当在初始改良渣土中注入 25%的泡沫后，渣土坍落度值由 8.7cm 提高至 17.4cm。在渣土中增加 2.5%的注水量的基础上注入 25%的泡沫后，渣土坍落度值由 18.6cm 增加至 19.8cm。由此可得在渣土高含水率的条件下，泡沫的改良效果有限。此外，渣土流动性随含水率增加而提高，但根据试验结果可发现，当含水率增大至 12.4%时，渣土出现轻微析水现象；含水率增大至 13.9%时，渣土则出现严重的析水现象。这意味着该类型地层对含水率较为敏感，为避免在掘进过程中发生螺机喷涌事故，应主要采用泡沫对其进行改良。

此外，根据第 4 章所述砂性渣土塑流性状态差异对盾构掘进过程的影响可知，合适改良状态渣土能够最大程度保证盾构安全高效掘进。同时，结合第 3 章对合适改良状态土体坍落过程及坍落形态的研究结果可知，理想改良状态渣土需具备适宜的流动性以及一定的塑性，同时坍落体表面较为均匀，未出现析水及析泡沫现象。因而，可以提出在增加 1%注水量基础上，增加泡沫注入比 0~15%时，渣土可保持理想的塑流性状态 (图 20-7)，即改良渣土坍落度值应处于 12~18cm 范围内。

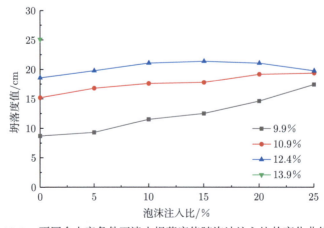

图 20-6　不同含水率条件下渣土坍落度值随泡沫注入比的变化曲线图

(a)　　　　　　　　　(b)　　　　　　　　　(c)

图 20-7　理想改良状态土体坍落度试验结果图

### 20.4.2　现场渣土塑流性改良方案

在盾构掘进施工过程中，渣土保持为理想的塑流性状态，可保证盾构进排土顺畅，掘进参数理想以及对周围地层扰动较小，这是施工顺利进行的关键。为确保新–广区间隧道的盾构施工能够安全高效地进行，提出如下现场盾构渣土塑流性改良参数确定方案。

1. 确定渣土的理想"塑流性"状态

适宜于盾构掘进施工的改良渣土理想塑流性状态，即为保证盾构掘进过程中进排土顺畅及掘进参数合理时所对应的渣土状态。根据 5.3.1 节所述的改良渣土塑流性试验可知，理想渣土状态下的改良参数为：注水量 1%，泡沫注入比 17.8%~32.8%，泡沫溶液浓度为 3%，发泡倍率为 15，对应土体坍落度值 12~18cm。

2. 渣土状态跟踪测试

在盾构掘进过程中，应对每一环的渣土状态进行测试，以确保在盾构掘进时，渣土始终保持为理想塑流性状态，并判定当前改良参数是否合理，便于及时优化改良参数。渣土状态仍采用坍落度试验测定，试验土体应取自皮带输送机，以保证试验渣土具有代表性。

3. 改良参数优化

针对现场排出渣土的坍落度试验结果，若土体坍落度值处于 12~18cm 范围内，且未出现析水及泡沫的现象，则表明改良参数仍适用于当前地层，可继续沿用。若坍落度试验结果反映出渣土状态不佳，则应在此基础上，以表 20-2 所示工况重新进行塑流性试验，优化改良参数。

## 20.5　现场盾构渣土改良效果验证

为验证所选择的改良参数是否合理，选择左线第 160~215 环作为跟踪测试区间，其中第 160~184 环未采用优化改良参数，第 185~215 环则采用 5.2.2 节所推荐的优化改良参数掘进。在盾构掘进过程中对渣土坍落度值进行跟踪测试，并收集相应的掘进参数进行分析。

### 20.5.1　现场渣土塑流性状态跟踪

跟踪测试现场渣土状态时，考虑到未采用优化改良参数掘进区间，土体塑流性变化可能较为明显，因而每 3 环测定一次土体坍落度。对于采用优化改良参数掘进区间，其土体塑流性状态可控性较强，因而每 5 环测定一次土体坍落度，跟踪测试环号如表 20-7 所示，试验结果如图 20-8 所示。

表 20-7　跟踪测试区间渣土塑流性测定环号

| 类型 | 环号 |
| --- | --- |
| 未采用优化改良参数 | 160、163、166、169、172、175、178、181、184 |
| 采用优化改良参数 | 185、190、195、200、205、210、215 |

图 20-9 给出了跟踪测试区间渣土坍落度试验测定结果，可知改良参数对渣土塑流性状态有明显影响，未采用优化改良参数掘进时，渣土塑流性状态差 (图 20-9(a))，坍落度明显偏小；而采用优化改良参数掘进后，渣土坍落度值基本上处于 12~18cm 这一理想范围内，土体流动性良好，且塑性适宜 (图 20-9(b))。

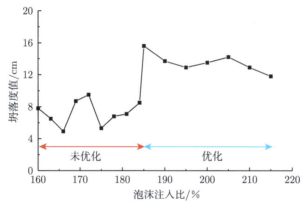

图 20-8　跟踪测试区间渣土坍落度试验测定结果图

(a)　　　　　　　　　　　　　　　　　　　　(b)

图 20-9　渣土坍落度试验结果图片

### 20.5.2　掘进参数分析

为验证理想改良参数的合理性，对未采用建议改良参数及采用建议改良参数的优化区间的掘进参数进行分析，并选择跟踪测试区间中第 166、184、185、215 环这四个典型渣土塑流性状态掘进环作掘进参数时变分析曲线。

**1. 总推力**

图 20-10 为跟踪测试区间各环总推力变化曲线图，可知在未优化段内盾构总推力为 12000~16000kN，在优化段内总推力则减小至 9000~13000kN，在盾构掘进过程中，采用建议改良参数可有效改善渣土塑流性，明显减小盾构总推力值。试验段第 185 环为开始采用建议改良参数的掘进环，该位置处盾构总推力出现骤减，这一现象是由于采用建议改良参数后，渣土的流动性得到改善，盾构推进过程中所受正面推进阻力随之减小，从而使得总推力出现骤减。

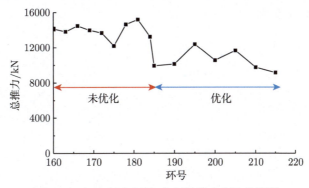

图 20-10 跟踪测试区间各环总推力变化曲线图

图 20-11 给出了跟踪测试区间典型渣土塑流性状态掘进环总推力时变曲线，可以发现未优化改良参数的掘进环 (第 166、184 环)，掘进过程中的总推力明显大于优化的掘进环，且整体波动程度更加剧烈。就第 185 环这一初始优化环而言，可观察到前段掘进过程中的总推力值明显高于后段，参数波动情况亦更加明显。究其原因，初始采用建议改良参数掘进时，刀盘前方及土舱中渣土都是前期遗留的欠改良渣土，因而总推力值与未优化掘进环相似。但随着盾构推进，渣土状态逐渐改善，从而表现出总推力值明显减小。当盾构掘进至第 215 环时，由于前期已采用建议改良参数掘进，与盾构相互作用区域土体塑流性状态较佳，使得整环掘进过程中总推力值较小，且数值相对稳定。

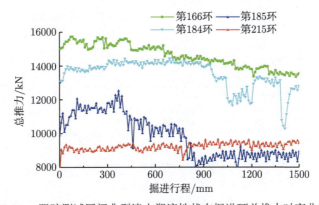

图 20-11 跟踪测试区间典型渣土塑流性状态掘进环总推力时变曲线图

## 2. 刀盘扭矩

盾构机掘进时切削渣土的难易程度体现在刀盘扭矩上，改良状态良好的渣土可使盾构机刀盘切削时所受阻力较小，且刀盘扭矩值较稳定。图 20-12 给出了跟踪测试区间各环刀盘扭矩变化曲线图，可以发现在未优化段内刀盘扭矩为 3100~3900kN·m，采用建议改良参数后 (优化段)，盾构掘进过程中刀盘扭矩下降至 2400~3200kN·m，优化段的刀盘扭矩值明显小于未优化段。究其原因，采用建议改良参数后，渣土流动性显著提高，土体内摩擦角及抗剪强度随之减小，因而刀盘在切削渣土的过程中所需克服阻力减小。同时，由于渣土流动性提高，刀盘及搅拌棒搅拌土舱渣土过程中所需克服的阻力亦随之减小，采用建议改良参数后，刀盘扭矩显著减小。

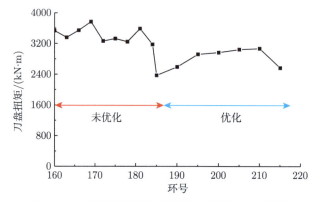

图 20-12　跟踪测试区间各环刀盘扭矩变化曲线图

图 20-13 呈现了跟踪测试区间典型渣土塑流性状态掘进环刀盘扭矩时变曲线，可以知道盾构掘进至第 166 及 184 环时，改良参数未优化，渣土塑流性状态差，掘进过程中刀盘扭矩值明显较大，且波动程度剧烈。开始采用建议改良参数后 (第 185 环)，掘进初期刀盘扭矩值仍有较大起伏。但随盾构前行，刀盘及土舱内理想塑流性状态渣土增多，刀盘扭矩值逐渐趋于平稳。而当采用建议改良参数掘进一定距离后，刀盘扭矩在整环掘进过程中量值及波动幅度皆较小。

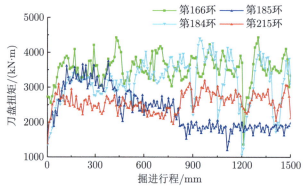

图 20-13　跟踪测试区间典型渣土塑流性状态掘进环刀盘扭矩时变曲线图

### 3. 螺旋输送机扭矩

渣土流动性对螺旋输送机排土效果的影响较大，流动性好时排土顺畅，且能耗小。螺旋输送机排土速度可控，易于建立稳定的土舱压力，保持掘进过程中的掌子面稳定。因此，通过螺旋输送机扭矩分析渣土改良对排土状态的影响。

图 20-14 呈现了跟踪测试区间各环螺旋输送机扭矩变化曲线，可知在未优化段内螺旋输送机扭矩值大致为 11~13.5kN·m；在优化段应用建议改良参数改良渣土后，螺旋输送机扭矩值减小至 7.5~11kN·m，且波动幅度更小，排土过程顺畅。出现螺旋输送机扭矩减小是由于经改良后渣土流动性明显提高，渣土的抗剪强度及屈服应力随之减小，螺旋输送机排出渣土所需克服的阻力下降，因而螺旋输送机扭矩也就随之减小。

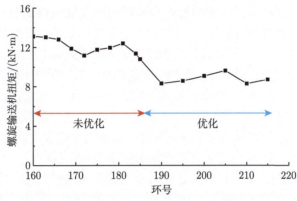

图 20-14　跟踪测试区间各环螺旋输送机扭矩变化曲线图

图 20-15 给出了跟踪测试区间典型渣土塑流性状态掘进环螺旋输送机扭矩时变曲线，可以知道盾构掘进至第 166 环时，螺旋输送机扭矩值较大，但波动明显。这主要是由于该环渣土塑流性差，土舱内渣土难以被螺旋输送机有效排出，排土阻力较大，因而表现出高扭矩值。第 184 环渣土塑流性状态有所改善，使得螺旋输送机排土能力提高，但由于渣土状态依然较差，未能连续排土，因而表现出扭矩值剧烈波动。当盾构掘进第 185 及 215 环时，土舱内渣土塑流性状态较为理想，从而表现出螺旋输送机扭矩值波动程度较小。

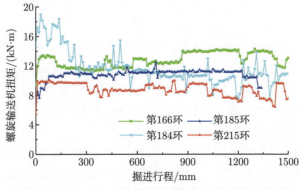

图 20-15　跟踪测试区间典型渣土塑流性状态掘进环螺旋输送机扭矩时变曲线图

综上所述，盾构在圆砾地层掘进过程中未采用建议改良参数时，盾构机的总推力、刀盘扭矩、螺旋输送机扭矩量值较大。采用建议改良参数后，可有效减小盾构掘进过程中的总推力、刀盘及螺旋输送机扭矩量，且使其波动程度更小。同时，可以发现该结果与第 4 章中所述，盾构在土体为合适改良状态下掘进时，总推力、扭矩等参数明显小于未完全改良状态渣土，且波动程度更小这一结论相一致。证明了模拟结果的可靠性，同时，有力地证明了现场渣土改良方案的可行性以及对应改良参数的合理性。

## 20.6　盾构渣土塑流性状态评价优化及应用

### 20.6.1　塑流性状态评价优化

由第 3 章可知，在坍落度及延展度合理范围内改良细颗粒土塑流性状态良好，说明采用坍落度或延展度均可以合理评价改良细颗粒土塑流性状态。而对于泡沫改良粗颗粒土，仅依据坍落度、延展度或顶部平台直径均无法准确表征其塑流性状态。因此，需要提出一种能够准确评价泡沫改良粗颗粒土塑流性状态的方法。在粗颗粒土塑流性试验过程中，发现合适改良状态的粗颗粒土均会在顶部形成一定直径的平台。因此，Wang 等 (2022) 基于表 3-3 九江砂坍落度试验结果，对于三种平台直径的情况进行分析发现如下规律：

(1) 顶部无平台：对应试样处于欠改良状态，改良土顶部平台直径 ($d$) 为 0；延展度值 ($D$) 大于 30cm。因此，延展度值与顶部平台直径间的差值 ($D - d$) 总大于坍落度值 ($S$)。

(2) 顶部有平台：对应试样包括欠改良及合适改良这两种状态。①欠改良状态，其顶部平台直径等于 10cm，坍落度值 ($S$) 小于 15cm；②合适改良状态，其顶部平台直径介于 18~25cm，延展度值大于顶部其平台直径，坍落度值介于 15~20cm。

(3) 顶部平台过大：对应试样处于过改良状态，其顶部平台直径总是等于延展度值，因此两者差值总是等于 0。

通过上述分析可以发现，当试样顶部无平台形成时，$(D - d)/S$ 的值总是大于 1；当试样顶部平台过大时，$(D - d)/S$ 的值总是等于 0。因此，为了探究参数 $(D - d)/S$ 与渣土改良状态间是否有一定的联系，这里将其定义为坍落度综合指标 $F$，其综合了坍落度值、延展度值及顶部平台直径，计算方法为

$$F = \frac{D - d}{S} \tag{20-1}$$

图 20-16 给出了参数 $F$ 值汇总情况，通过计算得到的 $F$ 值来判断渣土改良状态，可以发现：当 $d = 0$ 或 10cm 时，$F \geqslant 1.42$，渣土为欠改良状态 (情况 1 及情况 2-1)；当 $0 < d < D$ 时，$0 < F \leqslant 0.81$，渣土为合适改良状态 (情况 2-2)；当 $d = D$ 时，$F = 0$，渣土为过改良状态 (情况 3)。因此，通过试验结果可以看出，综合评价指标可以更加准确地区分改良渣土的流塑性状态。

坍落筒的标准装样体积约为 5.5L，表 20-8 给出了改良粗颗粒土坍落度试验结果汇总情况，根据坍落后试样体积变化值 $V$ 可以发现：合适改良状态试样坍落后体积变化较小；过改良和欠改良状态试样体积会比初始状态明显增加。

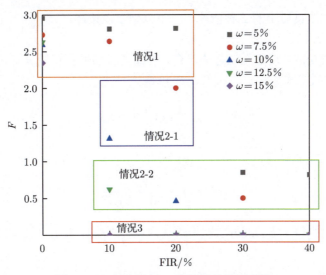

图 20-16 综合指标 $F$ 值计算结果汇总图

表 20-8 改良粗颗粒土坍落度试验结果汇总

| $w$/% | FIR/% | $S$/cm | $d$/cm | $D$/cm | $F$ | 状态 | $V$/L |
|---|---|---|---|---|---|---|---|
| | 0 | 15.9 | 0 | 47 | 2.96 | 欠改良 | 8.1 |
| | 10 | 17.1 | 0 | 48 | 2.81 | 欠改良 | 7.8 |
| 5 | 20 | 16.7 | 0 | 47 | 2.81 | 欠改良 | 7.6 |
| | 30 | 18.6 | 18 | 33 | 0.81 | 合适改良 | 5.5 |
| | 40 | 22 | 22 | 40 | 0.80 | 合适改良 | 5.5 |
| | 0 | 16.5 | 0 | 45 | 2.73 | 欠改良 | 7.1 |
| | 10 | 16.3 | 0 | 43 | 2.64 | 欠改良 | 6.6 |
| 7.5 | 20 | 14 | 10 | 38 | 2.00 | 欠改良 | 5.5 |
| | 30 | 21 | 24.5 | 35 | 0.50 | 合适改良 | 5.6 |
| | 40 | 23.3 | 43.5 | 43.5 | 0 | 过改良 | 6.0 |
| | 0 | 16.6 | 0 | 43 | 2.59 | 欠改良 | 6.5 |
| | 10 | 13.7 | 10 | 28 | 1.31 | 欠改良 | 5.5 |
| 10 | 20 | 20.6 | 25 | 34.5 | 0.46 | 合适改良 | 5.5 |
| | 30 | 22.4 | 45 | 45 | 0 | 过改良 | 6.6 |
| | 40 | 23.2 | 47 | 47 | 0 | 过改良 | 5.8 |
| | 0 | 15.8 | 0 | 41.5 | 2.63 | 欠改良 | 6.4 |
| | 10 | 19.3 | 22 | 31 | 0.47 | 合适改良 | 5.5 |
| 12.5 | 20 | 21.3 | 44 | 44 | 0 | 过改良 | 5.7 |
| | 30 | 22.5 | 47 | 47 | 0 | 过改良 | 6.5 |
| | 40 | 23.8 | 59 | 59 | 0 | 过改良 | 7.5 |
| | 0 | 16.2 | 0 | 38 | 2.35 | 欠改良 | 5.7 |
| | 10 | 19.4 | 33.5 | 33.5 | 0 | 过改良 | 5.5 |
| 15 | 20 | 19.7 | 44 | 44 | 0 | 过改良 | 5.6 |
| | 30 | 22.2 | 57 | 57 | 0 | 过改良 | 6.6 |
| | 40 | 23.4 | 67 | 67 | 0 | 过改良 | 7.8 |

综合指标 $F$ 评价改良渣土塑流性的合理性，可根据试样体积变化规律进行验证。由于试样坍落后渣土形状呈现为圆台形态，则相应的体积计算公式如下：

$$V = \frac{\pi}{12}(30 - h)\left(D^2 + Dd + d^2\right) \tag{20-2}$$

根据前面所述改良渣土的三种情况，以下分别予以论述。

1) 顶部无平台

此时渣土比较松散，顶部无法形成平台，因此其顶部平台直径 $d=0$，坍落后渣土呈圆锥状。将 $d=0$，联立式 (20-1)、式 (20-2) 可得

$$V_{\text{case1}} = \frac{\pi}{4}(30-S)(FS)^2 \tag{20-3}$$

因此，$F$ 可以通过下式计算：

$$F = \sqrt{\frac{12V_{\text{case1}}}{\pi(30-S)S^2}} \tag{20-4}$$

由于 $V_{\text{case1}}$ 至少等于 5500cm³ (即坍落筒内试样体积)，$S$ 介于 0~30cm，因此 $F$ 会大于 3.96，高于 1.42。

2) 顶部有平台

(1) 欠改良。

此时渣土形成的顶部平台直径均为 10cm，坍落度小于 15cm，由式 (20-2) 和式 (20-4) 可得

$$V_{\text{case2-1}} = \frac{\pi}{12}(30-S)\left[(FS+10)^2 + 10(FS+10) + 100\right] \tag{20-5}$$

通过表 20-8 可以发现，此时坍落后渣土的体积几乎不变，因此令 $V_{\text{case2-1}} = 5500\text{cm}^3$，可得

$$F_{\text{case2-1}} = \frac{\sqrt{\frac{66000}{\pi(30-S)} - 75} - 15}{S} \tag{20-6}$$

对于 $S$ 介于 0~15cm，通过 MATLAB 求极小值可得，$F_{\min} = 1.42 > 0.85$。

(2) 合适改良。

合适改良工况，渣土流塑性良好，坍落后渣土呈圆台状 $(D>d)$，形成的顶部平台直径较大且介于 18~25cm，坍落度介于 15~20cm，联立式 (20-1) 和式 (20-2) 可得

$$V_{\text{case2-2}} = \frac{\pi}{12}(30-S)\left[\left(FS+\frac{3}{2}d\right)^2 + \frac{3}{4}d^2\right] \tag{20-7}$$

通过表 20-8 可以看出，合适改良状态渣土的体积变化较小，因此，假定 $V=5500\text{cm}^3$，可得

$$F_{\text{case2-2}} = \frac{\sqrt{\frac{66000}{\pi(30-S)} - \frac{3}{4}d^2} - \frac{3}{2}d}{S} \tag{20-8}$$

对于 $d\in[18,25]$、$S\in[15,20]$，通过 MATLAB 求极大值可得，$F_{\max} \approx 0.81$。

3) 顶部平台过大

此时渣土顶部平台直径与延展度值相等，因此指标 $F$ 值恒等于 0。

综上所述，从体积变化的角度计算得到的结果与实测数据相符合，进一步说明了基于综合评价指标 $F$ 来判断渣土改良效果是可行的。结合试验数据和理论推导可以看出，对于综合指标 $F$，当 $F = 0$ 时，泡沫改良粗颗粒土处于过改良状态；当 $0 < F \leqslant 0.81$ 时，泡沫改良粗颗粒土处于合适改良状态；当 $F > 1.42$ 时，泡沫改良粗颗粒土处于欠改良状态。同时，考虑到实际测量的准确性，指标 $F$ 的数值接近于数值 0.81 或 1.42 时，也相应地属于合适改良或欠改良状态。

### 20.6.2 综合评价指标应用流程

图 20-17 给出了基于综合评价指标 $F$ 值的盾构渣土改良现场实施流程。在试验段每次掘进一环时，对盾构渣土进行两次坍落度测试，并得到 $D$、$d$ 和 $S$ 的平均值。然后可以使用式 (20-1) 计算出 $F$ 值，并以此直接评估盾构渣土的改良状态。根据评估结果，可以相应地调整最初的渣土改良方案 (添加泡沫、水等)，直到盾构渣土达到合适改良状态。

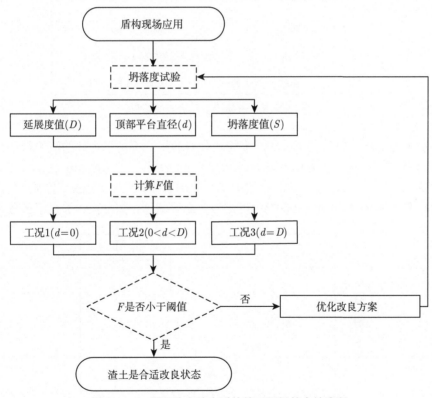

图 20-17 新评估方法在盾构施工现场的实施流程

### 20.6.3 应用案例

为验证上述评估方法的合理性和有效性，在昆明地铁 4 号线小–火区间段进行了现场试验。选择右线第 760~820 环范围内为一个试验段，该试验段的工程地质剖面如图 20-18

所示。在此试验段中，土压平衡盾构主要穿越饱和圆砾地层，圆砾含量 (2~60mm) 为 50%~80%，其中粒径主要为 2~20mm，最大粒径为 40mm。圆砾的成分包括砂岩、玄武岩等。颗粒磨圆度较好，几乎没有尖角，砾石颗粒之间的孔隙主要填充有砂和少量黏土。该试验段的地下水埋深为 2.7~4.2m。在盾构掘进一环结束后并在下一环重新掘进时收集渣土试样，并进行坍落度试验。

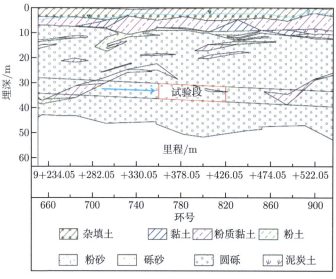

图 20-18　试验段工程地质剖面图

图 20-19 为现场盾构典型掘进环渣土粒径分布曲线。不同掘进环的渣土粒径分布曲线差异不大。可以看到，渣土主要由 9.48%~12.33% 的细颗粒 (<0.075mm)、36.14%~42.68% 的砂土颗粒 (0.075~2mm) 和 45.67%~51.83% 的砾石颗粒 (2~20mm) 组成。根据《土的工程分类标准》(GB/T 50145—2007)，可知该土属于圆砾。图 20-20 展示了部分现场渣土

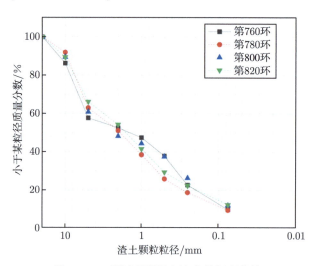

图 20-19　测试环所掘出渣土的级配曲线

坨落度的照片。表 20-9 汇总了根据坨落度试验结果计算得到的 $F$ 值。由于存在细颗粒以及含水率低,渣土具有一定的黏性,导致盾构在第 760、770、800 和 820 等环中掘进时,渣土的坨落度值也较低。从表 20-9 可以看到,除第 775、779、780 和 783 环外,盾构掘进至第 760~820 环时所掘出渣土的 $F$ 值普遍高于 1.42,这也说明盾构在第 775、779、780 和 783 环掘进时所掘出的渣土处于合适改良状态。

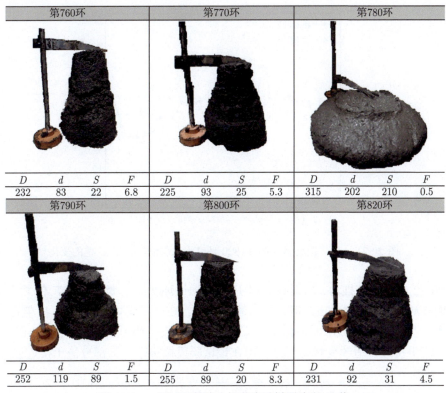

| 第760环 | | | | 第770环 | | | | 第780环 | | | |
|---|---|---|---|---|---|---|---|---|---|---|---|
| $D$ | $d$ | $S$ | $F$ | $D$ | $d$ | $S$ | $F$ | $D$ | $d$ | $S$ | $F$ |
| 232 | 83 | 22 | 6.8 | 225 | 93 | 25 | 5.3 | 315 | 202 | 210 | 0.5 |
| 第790环 | | | | 第800环 | | | | 第820环 | | | |
| $D$ | $d$ | $S$ | $F$ | $D$ | $d$ | $S$ | $F$ | $D$ | $d$ | $S$ | $F$ |
| 252 | 119 | 89 | 1.5 | 255 | 89 | 20 | 8.3 | 231 | 92 | 31 | 4.5 |

图 20-20    测试环的渣土坨落度试样照片和 $F$ 值

表 20-9    盾构掘进至第 760~820 环时 $F$ 值汇总情况

| 环号 | $F$ | 环号 | $F$ | 环号 | $F$ | 环号 | $F$ | 环号 | $F$ |
|---|---|---|---|---|---|---|---|---|---|
| 760 | 6.8 | 772 | 1.5 | 784 | 1.5 | 796 | 1.6 | 808 | 12 |
| 761 | 7.8 | 773 | 2 | 785 | 1.6 | 797 | 3 | 809 | 14 |
| 762 | 6.8 | 774 | 3 | 786 | 2.6 | 798 | 4 | 810 | 12.5 |
| 763 | 3.4 | 775 | 0.8 | 787 | 3.4 | 799 | 3.1 | 811 | 2.7 |
| 764 | 2.2 | 776 | 1.7 | 788 | 2 | 800 | 8.3 | 812 | 18 |
| 765 | 2.6 | 777 | 4 | 789 | 3 | 801 | 2.4 | 813 | 17 |
| 766 | 5 | 778 | 1.4 | 790 | 1.5 | 802 | 5 | 814 | 14 |
| 767 | 6 | 779 | 0.4 | 791 | 2.2 | 803 | 5.2 | 815 | 16.7 |
| 768 | 1.9 | 780 | 0.5 | 792 | 2.8 | 804 | 8 | 816 | 10 |
| 769 | 1.5 | 781 | 1.4 | 793 | 5.5 | 805 | 7.4 | 817 | 2 |
| 770 | 5.3 | 782 | 5.3 | 794 | 5.8 | 806 | 3.8 | 818 | 3 |
| 771 | 2.1 | 783 | 0.5 | 795 | 5.9 | 807 | 5 | 819 | 2 |
| 第 775、779、780 和 783 环的渣土处于合适改良状态 | | | | | | | | 820 | 4.5 |

　　图 20-21 为盾构掘进至第 760~820 环时的泡沫原液用量和 $F$ 值的变化情况。当掘进一环的泡沫原液体积从 25L 变化到 29L 时，渣土的 $F$ 值主要在 2.0~7.5 的范围内，这表明渣土处于欠改良状态且流动性较低。当掘进一环的泡沫原液体积超过 35L 时，渣土的 $F$ 值降低至 0~0.81 范围内，表明渣土处于合适改良状态。尽管略有一些波动，但从图 20-21 中可以看出，$F$ 值总体上与泡沫剂体积呈负相关变化。

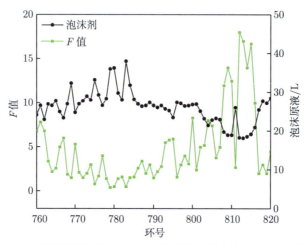

图 20-21　盾构掘进至第 760~820 环时泡沫原液体积和 $F$ 值的变化

　　图 20-22 显示了总推力、刀盘扭矩和 $F$ 值随掘进环数量的变化。当 $F$ 值大于 1.42 时，刀盘扭矩通常高于 2500kN·m，但总推力波动较大。在区域①中，大多数 $F$ 值在 0~1.42，如前所述，当 $0 < F \leqslant 0.81$ 时，渣土处于合适改良状态；当 $0.81 < F < 1.42$ 时，$F$ 值接近 0.81，渣土接近合适改良状态。这表明在该试验段掘进时，大部分渣土接近或处于合适

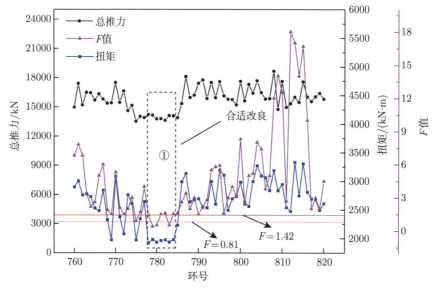

图 20-22　盾构掘进至第 760~820 环时掘进参数和 $F$ 值变化

改良状态。此时，刀盘扭矩显著降低，盾构总推力更加稳定。此外，当 $F$ 值大幅偏离 1.42 时，刀盘推力和盾构总扭矩极其波动。因此，$F$ 值可以很好地反映出渣土改良状态，并可作为控制盾构掘进参数的指标。

### 20.6.4 讨论

先前盾构渣土改良主要依赖于坍落度值来评估渣土的塑流性，坍落度试样顶部平台直径 $d$ 的影响和作用一直被忽视。在大量坍落度试验现象的启发下，人们发现坍落度试样顶部平台直径 $d$ 可以作为一个额外评估改良渣土的指标。具体而言，当渣土处于合适改良状态时，顶部平台直径 $d$ 将清晰可见，且 $d$ 值大于初始试样直径 (通常为 10 cm)，小于延展度值 $D$。根据其他学者研究，也可以发现相同的试验结果 (Vinai et al.，2008；Budach 和 Thewes，2015；Hu et al.，2020)。

$F$ 值指标评估方法是基于大量坍落度试验现象后提出的。尽管 $F$ 指标来源于室内坍落度试验现象和工程现场，但我们发现它与颗粒材料休止角存在一定联系，而休止角是反映颗粒材料静摩擦角且被广泛认可的一个衡量标准。对于图 20-23 所示的砂堆体，休止角为最大高度 ($S_H$) 与平均半径 ($D/2$) 的比率的反正切值。然而，$F$ 值是从三个参数 $S$、$d$ 和 $D$ 计算的，所以 $F$ 值是较休止角更全面反映砂土状态的一种评价指标。具体而言，在 $d$ 为 0 的工况 1 中，$F$ 与休止角 $\varphi_{re}$ 之间存在如下数学关系：

$$F = (60/S - 2)\cot(\varphi_{re}) \tag{20-9}$$

上述关系意味着所提出的 $F$ 值指标与颗粒材料的休止角存在一定的联系，而这种内在的关系也进一步说明所提出的 $F$ 值可以合理地近似反映改良渣土的物理状态。

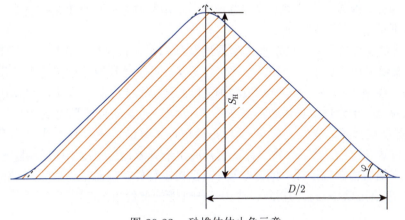

图 20-23 砂堆体休止角示意

然而，新的评估方法是基于对粗颗粒砂土的坍落度试验现象观察后提出的，该评估方法在细颗粒土中的适用性仍需进一步研究。此外，当前工作未考虑试验土的级配。尽管土的级配不是导致剪切强度变化的主要原因，但如果土的级配发生变化，合适改良状态下 $F$ 值的阈值可能会在一定程度上发生改变，这需要通过更多盾构施工现场应用案例以进一步验证基于 $F$ 值的渣土评价方法的适应性。此外，所提出的 $F$ 指标只能评估渣土改良状态合适与否。如果渣土欠改良,则 $F$ 值无法提供具体哪种改良方案 (例如添加水或泡沫) 来进行有用指导,渣土改良方案的改进和优化仍需要现场工程师的参与。

## 20.7　本章小结

本章提出了一种盾构粗颗粒渣土塑流性改良工艺,并在此基础上,为了更好地定量反映渣土改良状态,提出基于综合评价指标 $F$ 的盾构粗颗粒土渣土塑流性评价方法,并进行了相关工程验证应用。主要结论如下所述。

(1) 通过渣土的塑流性试验,结合第 4 章所述的渣土塑流性状态差异对盾构掘进过程中的掘进参数影响研究,可知合适改良状态土体能保证盾构高效掘进,而后依据第 3 章中对合适改良状态土体流动特性的相关研究,可判断出适宜于盾构顺利掘进的改良渣土塑流性状态,该状态土体即为理想“塑流性”状态渣土。

(2) 盾构在新–广区间掘进时,渣土的理想“塑流性”状态为土体坍落度值 12~18cm,且渣土需具备适宜的流动性以及一定的塑性,同时坍落体表面较为均匀,未出现析水及析泡沫现象。理想渣土状态下的改良参数为,注水量 1%,泡沫注入比 17.8%~32.8%,泡沫溶液浓度 3%,发泡倍率 15。

(3) 通过现场验证结果可知,改良参数对渣土塑流性状态有明显影响,未采用优化改良参数掘进时,渣土塑流性状态差,坍落度明显偏小。而采用优化改良参数掘进后,渣土坍落度值基本上处于 12~18cm 这一理想区间内。

(4) 根据跟踪测试段的掘进参数分析可知,盾构在圆砾地层掘进过程中未采用建议改良参数时,盾构机的总推力、刀盘扭矩、螺旋输送机扭矩量值较大。采用建议改良参数后,总推力、刀盘及螺旋输送机扭矩明显减小,且波动程度更小。这一结果与第 4 章中所述,盾构在土体为合适改良状态下掘进时,总推力、扭矩等参数明显小于未完全改良状态渣土,且波动程度更小这一结论相一致。

(5) 通过对改良粗颗粒土坍落度、延展度及顶部平台直径进行分析,发现其存在明显规律,基于发现的规律提出了一种综合评价指标 $F$,并从体积变化的角度进行验证及分析。由分析可知,当 $F = 0$ 时,泡沫改良粗颗粒土处于过改良状态;当 $0 < F \leqslant 0.81$ 时,泡沫改良粗颗粒土处于合适改良状态;当 $F > 1.42$ 时,泡沫改良粗颗粒土处于欠改良状态。

(6) 根据土样体积的变化,对 $F$ 评价指标进行了验证,并基于 $F$ 提出了盾构粗颗粒土塑流性评价优化方法。最后,将该评价指标应用于砾砂地层土压平衡盾构隧道施工现场。通过对土压平衡盾构掘进过程中掘进参数 (刀盘扭矩和盾构机总推力) 和 $F$ 值的变化进行研究,发现 $F$ 值可以作为盾构粗颗粒渣土工作性能的评价指标。

### 参 考 文 献

姜厚停, 龚秋明, 杜修力, 2013. 卵石地层土压平衡盾构施工土体改良试验研究 [J]. 岩土工程学报, 35(2): 284-292.

乔国刚, 2009. 土压平衡盾构用新型发泡剂的开发与泡沫改良土体研究 [D]. 北京: 中国矿业大学.

邱龑, 杨新安, 唐卓华, 等, 2015. 富水砂层土压平衡盾构施工渣土改良试验 [J]. 同济大学学报, 43(11): 1703-1708.

汪国锋, 2011. 北京砂卵石地层土压平衡盾构土体改良技术试验研究 [D]. 北京: 中国地质大学.

叶新宇, 王树英, 阳军生, 等, 2017. 泥质粉砂岩地层土压平衡盾构渣土改良技术 [J]. 铁道科学与工程学报, 9: 127-135.

中华人民共和国水利部, 2008. 土的工程分类标准: GB/T 50145—2007 [S]. 北京：中国计划出版社.

Budach C, Thewes M, 2015. Application ranges of EPB shields in coarse ground based on laboratory research[J]. Tunnelling and Underground Space Technology Incorporating Trenchless Technology Research, 50: 296-304.

Hu Q, Wang S, Qu T, et al, 2020. Effect of hydraulic gradient on the permeability characteristics of foamconditioned sand for mechanized tunnelling[J]. Tunnelling and Underground Space Technology, 99 (4): 103377.

Jancsecz S, Krause R, Langmaack L, 1999. Advantages of Soil Conditioning in Shield Tunnelling Experiences of LRTS Izmir[C]// In Proceedings of WTC, Challenges for the 21st Century. Alten, et al (eds): 865-875.

Kim T H, Kim B K, Lee K H, et al, 2019. Soil conditioning of weathered granite soil used for EPB shield TBM: A laboratory scale study[J]. KSCE Journal of Civil Engineering, 23: 1829-1838.

Leinala T, Grabinsky M, Delmar R, et al, 2000. Effects of foam soil conditioning on EPBM performance[C]. Proceedings of the North American Tunneling 2000. American Underground Construction Association: 543-552.

Martinelli D, Peila D, Campa E, 2015. Feasibility study of tar sands conditioning for earth pressure balance tunnelling [J]. Journal of Rock Mechanics and Geotechnical Engineering, 7(6): 684-690.

Peila D, Oggeri C, Borio L, 2009. Using the slump to assess the behavior of conditioned soil for EPB tunneling[J]. Environmental & Engineering Geoscience, 15(3): 167-174.

Quebaud S, Sibai M, Henry J P, 1998. Use of chemical foam for improvements in drilling by earth-pressure balanced shields in granular soils[J]. Tunnelling and Underground Space Technology, 13(2): 173-180.

Vinai R, Oggeri C, Peila D, 2008. Soil conditioning of sand for EPB applications: a laboratory research[J]. Tunnelling and Underground Space Technology, 23(3): 308-317.

Wang S, Hu Q, Wang H, et al, 2020. Permeability characteristics of poorly graded sand conditioned with foam in different conditioning states[J]. Journal of Testing and Evaluation, 49(5): 3620-3636.

Wang S, Ni Z, Qu T, et al, 2022. A novel index to evaluate the workability of conditioned coarse-grained soil for EPB shield tunnelling[J]. Journal of Construction Engineering and Management, 148(6): 04022028.

Ye X, Wang S, Yang J, et al, 2017. Soil conditioning for EPB shield tunneling in argillaceous siltstone with high content of clay minerals: case study[J]. International Journal of Geomechanics, 17(4): 05016002-1~05016002-8.

Zhao B, Liu D, Jiang B, 2018. Soil conditioning of waterless sand-pebble stratum in EPB tunnel construction[J]. Geotechnical and Geological Engineering, 36(4): 2495-2504.

# 第 21 章　盾构渣土喷涌防控技术及应用

## 21.1　引　　言

在我国北京、郑州、昆明、南昌等城市地区广泛分布着富水砂性土地层，盾构渣土的渗透性和流动性很大程度上影响着盾构掘进安全与效率 (王海波等，2018；赵世森等，2022)。盾构穿越该地层时易发生喷涌风险，喷涌可根据螺机喷出流态物的类型划分为"喷水"和"喷土"。当砂性渣土抗渗性较差时，动水作用下渣土孔隙中的渗流通道范围逐渐扩大，地下水不断从螺机涌出，螺机出口发生"喷水"现象，进一步带出土颗粒 (贺少辉等，2017)。另外，砂性渣土经泡沫等改良后孔隙内部能形成稳定的堵水结构，排渣过程中渣土、泡沫、水等以混合物形式排出，当泡沫改良渣土自身剪切强度较低时，排出物具有强流动性而流量不受螺机转速控制，螺机出口则出现"喷土"现象，导致土舱压力急剧下降，致使开挖面前方地层过大变形乃至坍塌失稳 (Wang et al.，2022)。黄硕 (2020) 定义了渣土级配参数分界粒径 $d_b$，根据细颗粒含量界定了富水地层"喷水"和"喷土"问题。由于土压平衡盾构掘进过程中既有掘进装备或配件改造难度大，因此为了提高盾构的地层适应性，砂性地层掘进过程中需往渣土中添加泡沫、膨润土等改良剂，来满足合适塑流性、较低渗透性、适中压缩性、较低剪切强度等力学性质需求，来确保土舱压力稳定和排渣顺畅。然而，目前现场多基于施工经验或试错法来选择渣土改良参数，试错过程费时费力且可能诱发施工风险。

针对喷水问题，泡沫凭借制备便捷且成本较低等优势，在土压平衡盾构掘进砂性地层得到较广泛使用。然而在高水压粗粒土地层泡沫改良渣土抗渗效果欠佳，且在盾构停机过程中伴随泡沫衰变，土舱内压力不稳定，复推时存在喷涌风险，严重时还会引起开挖面失稳。工程上常采用组合改良技术来保证土舱和螺旋输送机内渣土具有较低的渗透系数。胡钦鑫 (2019) 通过采用室内渗透试验与坍落度试验对渣土状态进行评价，提出在富水圆砾地层渣土抗渗改良方案选取时，渣土级配和水头高度是两个重要因素，在粉黏粒含量较低或水头高度较大时，若仅采用泡沫改良，则渣土渗透性仍较大，仍存在喷涌风险，无法满足渣土渗透性要求，因此需要在泡沫单一改良的基础上，考虑组合改良，如泡沫–膨润土泥浆组合改良与膨润土泥浆–高聚物组合改良等。对于现场何种情况下选用组合改良以及组合改良参数的选取，现有研究仍较少。然而，常用的坍落度试验评价方法不能正确反映土舱压力状态下改良剂改良效果和渣土剪切力学行为，掘进时仍存在由于渣土整体流动性过强引起的"喷土"风险。

因此，在优化渣土改良工艺的基础上，需要完善满足排渣顺畅且可控的掘进参数调控技术，以应对突发的螺旋输送机出口渣土"喷土"和"喷水"等问题。然而，常用的单参数调节方法在解决当前排渣异常状况的同时，可能伴随出现掘进负荷过大、土舱支护压力偏离合理范围等其他问题。因此，需设置多级控制目标，协调多个掘进主动参数对盾构排渣行为进行调控。

为解决富水砂性地层盾构渣土改良难题，本章提出富水砂性地层盾构渣土改良抗渗工艺，并依托昆明地铁 4 号线小–火盾构区间开展泡沫–膨润土泥浆组合改良现场应用，验证工艺合理性。进一步地，结合第 11 和 12 章盾构渣土强度试验与理论研究成果，形成多指标控制下盾构掘进砂性渣土改良工艺，并提出多参数协调的盾构排渣调控技术，将研究成果应用于滇中引水工程昆明段龙泉倒虹吸隧洞盾构区间，验证所提出技术方案的可行性。

## 21.2　盾构渣土抗渗改良流程

归纳总结前期研究成果，提出一套适用于富水砂性地层的土压平衡盾构渣土抗渗改良技术，其主要流程如图 21-1 所示。Wilms(1995) 指出土舱和螺机中渣土的渗透系数应低于 $10^{-5}$m/s。首先对地层土取样进行喷涌可能性判定，通过室内渗透试验测定渗透系数 $k$，若 $k$ 小于 $10^{-5}$m/s，则此种地层无须考虑抗渗改良，仅需开展坍落度试验评定渣土塑流性状态，此类地层渣土不在本文所提出的抗渗改良技术范畴内；若 $k$ 大于 $10^{-5}$m/s，则此类地层存在喷涌的可能性。

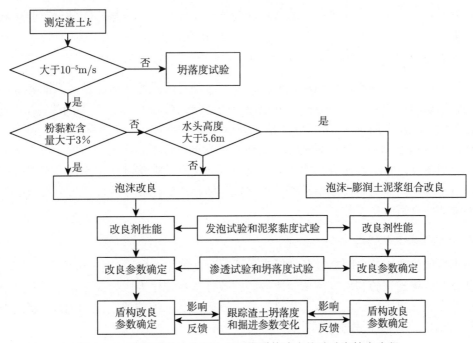

图 21-1　富水砂性土地层土压平衡盾构渣土抗渗改良技术流程

其次，对于存在喷涌风险的地层渣土进行级配测定，结合前期研究发现 (胡钦鑫, 2019)，在粉黏粒 (<0.075mm) 含量高于 3% 时，地层细颗粒含量较多无须考虑水头影响，宜采用泡沫改良手段；而对于粉黏粒 (<0.075mm) 含量低于 3% 时，应再考虑水头影响。根据 Hu 等 (2020) 和 Ling 等 (2022) 研究发现，在水头高度高于 5.6m 时，不同含水率粗颗粒渣土采用泡沫单一改良后均不满足渗透性要求，而采用泡沫–膨润土泥浆组合改良方案满足抗渗要求，故以 5.6m 水头为分界，低于 5.6m 水头采用泡沫改良，高于 5.6m 水头采用泡沫–膨

润土泥浆组合改良。

在改良剂性能方面，针对泡沫改良仅需进行发泡试验测定其发泡倍率与半衰期；针对泡沫–膨润土泥浆组合改良，除上述发泡试验外还需要进行马氏漏斗黏度试验，以对膨润土泥浆性能进行测定。在确定好对应性能符合要求的改良剂后，对于粗颗粒渣土，不仅要满足防喷涌的抗渗要求，还需要具有适宜的塑流性状态，便于盾构顺利出渣。预防喷涌的渣土合适改良状态由渗透系数进行评价，而塑流性状态由坍落度值进行评价，同时满足渗透系数与坍落度值要求的改良参数即为粗颗粒地层渣土的合适改良参数。

进一步地，将室内试验得到的渣土改良参数应用至现场，通过跟踪渣土坍落度和掘进参数反馈来验证改良方案的合理性。

针对图 21-1 中的关键步序作如下说明。

### 1. 改良剂性能

首先对于泡沫而言，土压平衡盾构掘进过程中要求泡沫的半衰期不小于 5min，且发泡倍率在 5～30，泡沫剂浓度是影响上述性能的重要参数，须配制相应浓度的泡沫剂并测定其性能，使其满足施工要求。其次对于膨润土泥浆而言，要求泥浆马氏漏斗黏度值在 30～50s，膨润土泥浆的质量浓度是影响该性能的重要参数，按适宜土水质量比配制得到的泥浆满足黏度要求。

### 2. 改良参数确定

土压平衡盾构掘进粗粒土地层，要求渣土同时满足渗透性和塑流性两方面要求，以防止螺旋输送机喷涌的发生。一方面，要求渣土的渗透系数 $k$ 较小。对不同改良工况 (改变泡沫注入比、膨润土泥浆注入比等) 下渣土开展渗透试验测定其渗透系数小于 $10^{-5}$m/s 并维持至少 90min 的改良范围，即为渗透性满足要求的改良参数。另一方面，渣土塑流性评价指标为坍落度，根据现场盾构实际掘进情况选择合理的坍落度值范围，满足坍落度值要求的改良工况即为满足塑流性要求的改良参数。结合渗透性和塑流性两方面要求所得到的改良参数即为合适改良参数。

### 3. 盾构改良参数确定

考虑盾构机渣土改良配套设备均以流量控制改良剂注入量，与室内试验注入比有别，因此需要将室内渗透试验和坍落度试验所得到的改良参数转化为盾构改良参数，并采用现场跟踪坍落度试验来验证改良参数适用性。室内试验得到的泡沫注入比 (FIR)、膨润土泥浆注入比 (BIR) 可按照下式进行转化：

$$Q = \kappa \frac{\pi D_e^2 v_t}{4n} \text{ (FIR 或 BIR)} \tag{21-1}$$

式中，$\kappa$ 为开挖渣土松散系数，取 1.2；$D_e$ 为盾构开挖直径；$v_t$ 为盾构掘进速度；$n$ 为改良系统管路条数。

在盾构机设定完成改良参数后，对后续几环渣土取样进行坍落度试验，并与室内坍落度试验结果进行对比。若结果相差不大，则说明改良参数合适；若结果相差较大，则应对应调整改良参数，使跟踪坍落度试验结果与室内试验结果保持基本一致。

# 21.3 富水圆砾地层盾构渣土改良应用案例

## 21.3.1 渣土喷涌可能性评价

昆明地铁小–火区间盾构隧道在穿越圆砾地层时，渣土中粗颗粒含量较高，具体工程概况详见第 17 章，盾构掘进所排出的渣土和烘干后得到的土样如图 21-2 所示，通过渗透试验 (图 21-3) 测定其渗透系数为 $2.29 \times 10^{-4}$ m/s，远大于 $10^{-5}$ m/s，有较高喷涌风险，故应考虑抗渗改良。进一步地，通过振筛机筛分得到渣土的级配曲线如图 21-4 所示，其中小于 0.075mm 的粉黏粒含量约占 2.2%，低于 3%；水头高度约 10m，高于临界水头高度 (5.6m)，根据图 21-1 渣土抗渗改良流程可知，采用泡沫改良已无法满足要求，故应选择泡沫–膨润土泥浆组合改良来预防喷涌风险。

(a)　　　　　　　　　　　　　(b)

图 21-2　盾构现场渣土：(a) 现场渣土；(b) 烘干土样

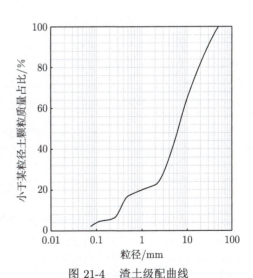

图 21-3　渣土渗透试验　　　　　　图 21-4　渣土级配曲线

## 21.3.2 改良剂性能试验

根据第 7 章所述的试验方法对现场所用的膨润土泥浆和泡沫进行选配与性能测定。在配制膨润土泥浆时，结合现场前期实际使用情况，选择土水比为 1:4 和 1:5 的工况进行马氏漏斗黏度试验。由图 21-5 可知，在土水比为 1:5 时，钠基膨润土泥浆的马氏漏斗黏度在膨化 18h 后基本稳定，约为 36s，符合盾构掘进渣土改良要求，其对应的比重为 1.17g/cm³，胶体率为 96%。

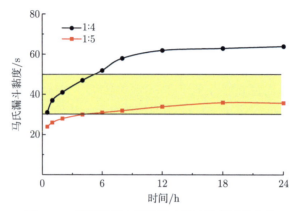

图 21-5　现场膨润土泥浆马氏漏斗黏度试验曲线

同时在发泡压力 3bar 情况下，现场采用 3%浓度泡沫剂所制备的泡沫发泡倍率达到 15，对应半衰期约 7min，符合盾构掘进渣土改良要求。

综上所述，改良剂选择发泡压力为 3bar、浓度为 3%的泡沫剂，以及膨化时间为 18h、土水比为 1:5 的膨润土泥浆。

### 21.3.3　渣土改良参数确定

本工程中左线区段粗颗粒渣土的天然含水率约为 35.8%，粉黏粒含量较低，仅约 2%，盾构掘进前期采用泡沫与水改良，螺旋输送机所排渣土流动性过大，有喷涌风险，并且存在渣土在皮带传送机上打滑的现象，不利于稳定出渣，严重影响盾构掘进效率。故改良过程中无须额外注水，宜采用泡沫–膨润土泥浆组合改良。为满足渣土渗透性和塑流性要求，拟定开展室内试验的泡沫改良工况如表 21-1 所示。

表 21-1　泡沫–膨润土泥浆组合改良工况

| 含水率 $w$ | 泡沫注入比 | 膨润土泥浆注入比 |
| --- | --- | --- |
| 35.8% | 0、20%、40%、60% | 5%、10%、20% |

首先对各组合改良工况下渣土开展坍落度试验，并以此判定具有合适塑流性状态的改良工况。坍落度试验结果如图 21-6 所示，坍落度值随泡沫注入比与膨润土泥浆注入比的增加而增加，理想坍落度值区间取为 15~20cm。对于该地层粗颗粒渣土，其合适塑流性状态的泡沫改良参数为：泡沫注入比 20%，膨润土泥浆注入比 10%；泡沫注入比 20%，膨润土泥浆注入比 20%；泡沫注入比 40%，膨润土泥浆注入比 5%；泡沫注入比 40%，膨润土泥浆注入比 10%。

对上述四种泡沫–膨润土泥浆组合改良渣土进行渗透试验，考虑工程上对渣土渗透系数维持时间的要求，对每组渗透试验时间设定为 120min，试验过程严格按照第 7 章所述步骤进行，所得到的结果如图 21-7 所示。四种适宜塑流性状态渣土的渗透系数均位于 $10^{-6}$m/s 数量级，小于 $10^{-5}$m/s，满足渣土抗渗要求。

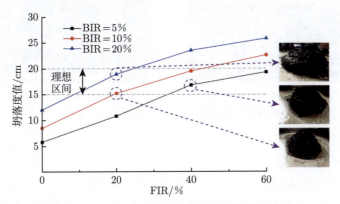

图 21-6　不同组合改良工况下渣土坍落度试验结果

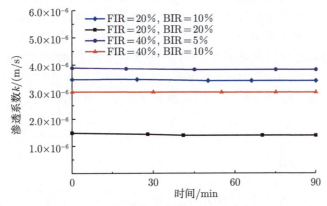

图 21-7　不同组合改良工况下渣土渗透试验结果

综合渣土渗透性和塑流性两方面以及改良经济性考虑，针对该粗粒土地层推荐采用的改良参数为：泡沫注入比 20%～40%，膨润土泥浆注入比 5%～10%。

### 21.3.4　现场应用

#### 1. 现场改良参数确定

盾构掘进第 600～620 环过程中，螺旋输送机出口端有少量喷涌，跟踪渣土状态如图 21-8(a) 所示，坍落度值过大，渣土塑流性状态较差，故取试验段为第 621～740 环，采用推荐改良参数进行优化。根据推荐的改良参数对盾构设置界面中渣土改良系统进行设定，即注入 20%～40%泡沫和 5%～10%膨润土泥浆。根据式 (21-1) 计算将室内参数转化应用于施工中，得到单环 (1.2m) 渣土改良参数如表 21-2 所示。

表 21-2　盾构现场渣土改良优化方案

| 泡沫溶液溶度/% | 发泡压力/bar | 发泡倍率 | 泡沫原液量/L | 膨润土泥浆土水比 | 膨润土泥浆注入量/m³ |
|---|---|---|---|---|---|
| 3 | 3 | 10 | 28.5～56.9 | 1:5 | 2.3～4.6 |

 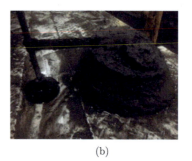

(a)                                                   (b)

图 21-8   跟踪渣土坍落度试验结果：(a) 优化前 23.1cm；(b) 优化后 18.4cm

### 2. 渣土改良效果验证

优化后渣土状态如图 21-8(b) 所示，坍落度值有所降低 (为 16~20cm)，与室内试验结果 (15~20cm) 基本一致，渣土塑流性状态明显提升，且盾构掘进过程中再无喷涌发生。图 21-9 展示了采用推荐改良参数优化前后盾构土舱压力的变化曲线，表 21-3 所示为改良参数优化前后盾构土舱压力的变化情况。在采用推荐改良参数进行优化前后，土舱压力标准差分别为 0.156bar 和 0.099bar，土舱压力波动明显下降，也从侧面表明渣土状态良好，不易喷涌。同时选取优化前的第 606、617 环和优化后的第 670、725 环对土舱压力随掘进时间的变化进行研究，由图 21-10 不难看出，在采用推荐改良参数优化后，土舱压力在掘进过程中更加稳定，进排土顺畅的同时也相应降低了喷涌风险。

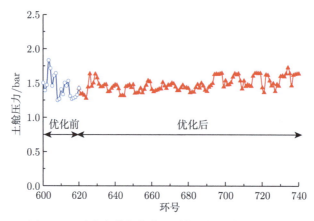

图 21-9   改良参数优化前后盾构土舱压力变化曲线

**表 21-3   改良参数优化前后掘进参数对比**

| 掘进参数 | 平均值 | | 中位数 | | 标准差 | |
|---|---|---|---|---|---|---|
| | 优化前 | 优化后 | 优化前 | 优化后 | 优化前 | 优化后 |
| 土舱压力/bar | — | — | — | — | 0.135 | 0.098 |
| 推力/kN | 22383.7 | 19581.7 | 22418.6 | 19482.5 | 1379.5 | 955.4 |
| 扭矩/(kN·m) | 3070.7 | 2443.6 | 3093.5 | 2405.0 | 417.0 | 311.2 |
| 掘进速度/(mm/min) | 35.5 | 47.0 | 35.2 | 48.3 | 7.7 | 4.9 |

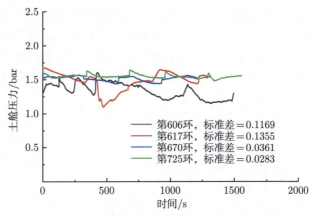

图 21-10 盾构掘进单环土舱压力随时间变化曲线

图 21-11 展示了采用推荐改良参数优化前后盾构总推力的变化曲线，表 21-3 所示为改良参数优化前后盾构总推力相应数字特征的变化情况。在第 600~620 环未优化段，由于地层圆砾含量较高，盾构推进阻力较大，总推力随盾构掘进维持较高值，总推力平均值达到约 22383.7kN，且离散波动较明显，标准差约为 1379.5kN，现有改良方案不利于平稳掘进。在第 621~740 环掘进时采用推荐改良参数进行优化，切削渣土的流动性状态得到改善，盾构推进过程中所受正面推进阻力减小，总推力值有所下降且离散程度显著减小，对应平均值和标准差分别为 19581.7kN 和 955.4kN，分别下降 12.5% 和 30.7%。

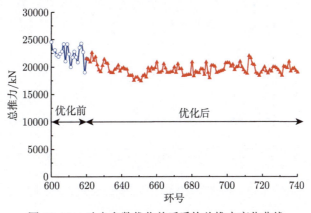

图 21-11 改良参数优化前后盾构总推力变化曲线

图 21-12 展示了采用推荐改良参数优化前后盾构刀盘扭矩的变化曲线，相应数字特征的变化情况列于表 21-3。在未采用推荐改良参数进行优化前，刀盘扭矩普遍较高，且在掘进至第 616~619 环时，刀盘扭矩随之增高，未优化段扭矩平均值和标准差分别为 3070.7kN·m 和 417.0kN·m，不利于盾构安全高效掘进。从第 621 环开始采用推荐改良参数进行优化，刀盘扭矩逐渐减小，平均值和标准差分别降低至为 2443.6 kN·m 和 311.2 kN·m，降低幅度较为显著，分别为 20.4% 和 25.4%。此优化改良参数能够在一定程度上降低盾构刀盘扭矩波动，促进盾构平稳掘进；同时膨润土泥浆的注入还能够提高渣土中细颗粒含量，进而改善渣土塑流性状态，降低喷涌风险的同时便于高效出渣。

　　图 21-13 展示了采用推荐改良参数优化前后盾构掘进速度的变化曲线，相应数字特征的变化情况列于表 21-3。在未采用推荐改良参数进行优化前，掘进速度普遍较低，效率不高，未优化段掘进速度平均值为 35.5mm/min。采用推荐改良参数进行优化后，掘进速度有所提升，平均值提高至 47.0mm/min，增长幅度为 32.4%，说明此优化改良参数能够明显提升盾构掘进速度，促进盾构高效掘进。

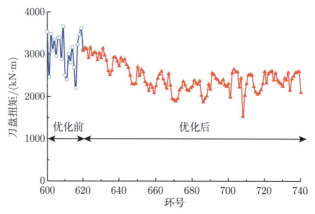

图 21-12　改良参数优化前后盾构刀盘扭矩变化曲线

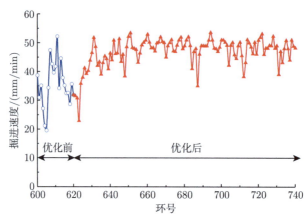

图 21-13　改良参数优化前后盾构掘进速度变化曲线

## 21.4　多指标盾构砂性渣土改良工艺

### 21.4.1　砂性渣土改良流程

　　通过总结前期研究成果，本节提出了适用于砂性地层土压平衡盾构掘进的渣土改良工艺，具体流程图如图 21-14 所示。首先从盾构原状渣土中取样，测试其基本物理特性，包括土的级配、含水率、常压下密度、最大孔隙比、颗粒比重等。对于砂性渣土，优先考虑泡沫作为改良剂，其中泡沫需通过发泡试验，优选出合适的发泡参数，包括泡沫剂浓度、发泡压力等，使生成泡沫的发泡倍率和半衰期符合 EFNARC (2005) 规范要求。然后，通过坍落度试验和渗透试验分别评价不同改良参数下改良渣土的常压塑流性和渗透性，根据改良渣土需同时满足合适坍落度值范围和低于渗透系数阈值的目标，初步确定合适改良参数范围。

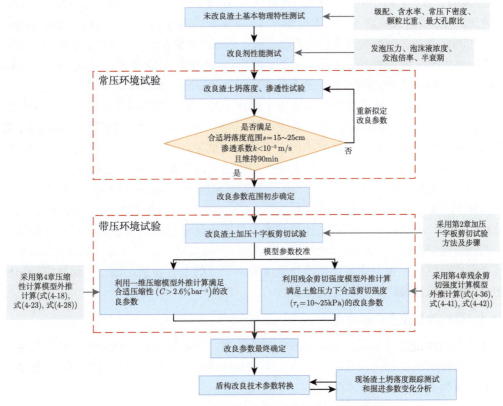

图 21-14　砂性地层土压平衡盾构渣土改良流程图

在此基础上，参考第 11 章试验方法，开展改良渣土的不排水加压十字板剪切试验，以测定拟土舱压力环境下不排水压缩和剪切力学行为。根据试验结果拟合第 12 章所提出计算模型的参数，进一步地利用一维压缩模型外推计算满足合适压缩性指标的改良参数范围，利用残余剪切强度模型外推计算满足土舱压力下合适剪切强度的改良参数范围，取交集而最终确定合适改良参数范围。

最后，将室内试验获得的满足塑流性、渗透性、压缩性、残余剪切强度指标的渣土合适改良参数应用于盾构现场，通过跟踪分析出渣状态和掘进参数反馈来验证所提出改良工艺的合理性。

### 21.4.2　改良剂性能优选

首先从依托工程的盾构用泡沫剂原液中取样，配制不同浓度的泡沫剂溶液，然后在泡沫发生系统中设置不同的发泡压力，将压缩泡沫剂溶液与压缩空气混合产生泡沫，并及时测定其发泡倍率和半衰期。以满足土压平衡盾构掘进要求的泡沫发泡倍率在 5～30 范围内和半衰期不低于 5min 作为目标值，优选出经济的发泡压力和泡沫剂浓度。

### 21.4.3　渣土改良参数确定

当土压平衡盾构在砂性地层中掘进时，改良渣土需同时满足合适塑流性、低渗透性、适中压缩性、适中剪切强度等方面的要求，以确保开挖面稳定和排渣顺畅，避免出现"喷土"和"喷水"风险。首先，对不同改良参数 (泡沫注入比) 的改良渣土进行坍落度试验来评价其常压下的塑流性，要求改良渣土的坍落度值在 15~25cm 范围内 (Wang et al.，2020；Jancsecz et al.，1999)；然后，对不同改良参数的改良渣土进行渗透试验，测定其渗流初始稳定期的渗透系数，要求改良渣土的渗透系数小于 $1 \times 10^{-5}$m/s 并维持至少 90min (Ling et al.，2022；Hu et al.，2020)。结合坍落度和渗透系数两项指标初步确定合适改良参数范围。

进一步地，由于坍落度试验在大气压下进行，其结果会误判高压缩性泡沫的改良效果，以及高估改良渣土在土舱压力环境下的流动性。因此，在初定改良参数范围的基础上，对某一改良工况的改良渣土进行不排水加压十字板剪切试验，试验结果用来拟合压缩和剪切强度理论表征模型的材料常数，包括与压缩性相关的材料常数 $a$ 和 $b$(见式 (12-17))、经验函数 $f(\sigma'_{v0})$ (见式 (12-41))、残余黏聚力 $c_r$ 和有效内摩擦角 $\varphi'_r$(见式 (12-42)) 等。然后，以压缩性指标 (计算见式 (12-28)) 控制在不小于 2.6%/bar (Budach，2012；Mori et al.，2018) 为目标，利用一维压缩性计算模型计算满足改良渣土压缩性的改良参数，再以土舱压力下对应的残余剪切强度 (计算见式 (12-42)) 控制在 10~25kPa (王树英等，2020) 为目标，利用残余剪切强度计算模型计算满足改良渣土剪切强度的改良参数，结合压缩性指标和残余剪切强度两项指标最终确定合适改良参数。

### 21.4.4　盾构改良技术参数确定

区别于室内试验以注入比来确定改良剂注入量，实际盾构机配套的渣土改良设备通过体积流量来控制改良剂注入量，故需通过式 (21-2) 将基于室内试验多指标综合评价的合适改良参数转换为盾构改良技术参数。

$$q = \kappa \frac{\pi D_e^2 v_t}{4n} \cdot \text{FIR} \qquad (21\text{-}2)$$

式中，$q$ 为单条注入管路的体积流量，L/min；$\kappa$ 为渣土松散系数，一般取 1.1~1.2；$D_e$ 为盾构开挖直径，mm；$v_t$ 为掘进速度，mm/min；$n$ 为改良剂注入管路的条数。

实际盾构掘进在设定改良技术参数后，从出渣土中取样进行跟踪坍落度试验，且观察掘进参数反馈，从而评价渣土改良效果，动态调整改良技术参数，使现场改良渣土坍落度值与盾构掘进参数在合适范围内。

## 21.5　多参数协调的排渣调控技术

### 21.5.1　排渣调控技术流程

盾构施工在采用优选渣土改良参数的基础上需动态调整螺机转速，使之与掘进速度匹配，保障进排渣量平衡和开挖面稳定。然而，面对突发的排渣失控甚至螺机出口渣土"喷土"和"喷水"等异常状况，排渣流量不受螺机转速控制，迫切需要提出适用的排渣调控技术。因此，通过归纳前期研究成果，本节针对砂性地层气压辅助式盾构掘进时易出现的异常状况，以符合盾构控制指标为目标，参考钟嘉政 (2023) 获得的掘进主动参数与控制指标关联性特征，提出相对应的基于多掘进主动参数协调的逐级循环排渣调控技术，通过逐级循环进行掘进风险评估和主动参数调节来保障排渣安全可控，具体流程图如图 21-15 所示。

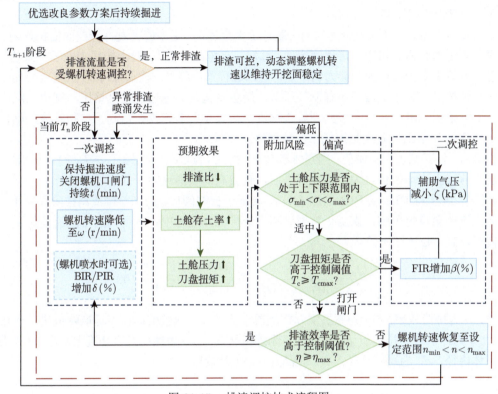

图 21-15　排渣调控技术流程图

### 21.5.2　控制目标

　　盾构在富水砂性地层掘进过程中，当砂性渣土中细粒成分较少或随地下水渗流而流失时，渣土表现出流动性较强或水土无法有效结合，此时容易出现"喷土"或"喷水"问题，该现象在气压辅助、欠压掘进模式的应用中发生概率更大。螺机喷涌会导致调节螺机转速无法控制排渣流量，进而土舱失压，导致开挖面失稳甚至出现较大的地层沉降 (丁二威等，2023)。因此，盾构掘进应重点观察排渣流量随螺机转速的变化，排渣流量可采用激光扫描仪测量螺机后方皮带输送机上堆积渣土的流量变化来获得，判断排渣流量是否受螺机转速控制，进而评估喷涌风险发生的可能性。此外，盾构掘进风险规避还应关注其他次要目标，例如土舱压力是否偏离控制范围，刀盘扭矩是否超过控制阈值等，参考钟嘉政 (2023) 研究成果，选取有效调整掘进控制目标的对应掘进主动参数。

### 21.5.3　逐级循环调控

　　气压辅助盾构掘进时，实时判断排渣流量是否受螺机转速控制，若排渣可控，则在设定范围内动态调整螺机转速来控制排渣流量和土舱压力，维持正常掘进期间的开挖面稳定；

若过大排渣流量不受螺机转速控制，则表明排渣异常，"喷土"风险可能发生，伴随土舱逐渐失压，需进行"一次调控"，即及时关闭螺机出口闸门，将螺机转速降低至 $\omega$ (r/min)，保持当前掘进速度持续 $t$ (min)；特别地，若螺机出现"喷水"，则可借鉴既有研究 (万泽恩等，2022；钟小春等，2022) 选择性补充膨润土泥浆或高分子聚合物 (常用聚丙烯酰胺 (PAM))，注入比 BIR 或 PIR 增加 $\delta$ (%)。

调整后土舱进土而不排土，预期土舱存土率会提高，更多渣土发挥开挖面支护作用，进而使土舱压力和刀盘扭矩一定程度增加。然后，判别附加风险，若土舱压力低于下限值，则表明土舱渣土支护开挖面的能力仍不足，返回进行下一级"一次调控"；若土舱压力高于上限值，则按 $\zeta$ (kPa) 逐级减小辅助气压值，避免盾构前方地层被过度挤压，直至土舱压力处于上下限值范围内。进一步判别盾构掘进负荷大小，若刀盘扭矩高于控制阈值，则按 $\beta$ (%) 逐级增加 FIR，直至扭矩低于控制阈值。

最后，打开螺机出口闸门，判别排渣效率 (由式 (21-3) 计算得到)，若高于控制阈值，则表明当前渣土流动性仍过大，恢复掘进后仍有较高的喷涌风险，故需返回进行下一级"一次调控"，继续将 BIR 或 PIR 增加 $\delta$(%)；若低于控制阈值，则当前排渣调控阶段结束，增大螺机转速至设定范围，恢复正常掘进和可控排渣，过程中再重新判别排渣流量是否受螺机转速控制，进入下一阶段。

$$\eta = \frac{Q_{\mathrm{p}}}{Q_{\mathrm{t}}} = \frac{Q_{\mathrm{p}}}{\pi N_{\mathrm{sc}} \rho_{\mathrm{sc}} \left(D_{\mathrm{c}}^2 - d_{\mathrm{b}}^2\right) \left(s_{\mathrm{b}} - a_{\mathrm{b}}\right)/4} \times 100\% \qquad (21\text{-}3)$$

式中，$\eta$ 为排渣效率；$Q_{\mathrm{p}}$ 为螺机实际排渣质量流量，可从数值模型中提取螺机出口质量流量；$Q_{\mathrm{t}}$ 为螺机理论排渣质量流量；$N_{\mathrm{sc}}$ 为螺机转速；$\rho_{\mathrm{sc}}$ 为螺机出口处渣土密度；$D_{\mathrm{c}}$ 为螺机筒体内径；$d_{\mathrm{b}}$ 为螺杆直径；$s_{\mathrm{b}}$ 为螺距；$a_{\mathrm{b}}$ 为螺旋叶片厚度。

## 21.6　砂性地层盾构渣土改良与排渣调控应用案例

### 21.6.1　工程概况

滇中引水工程旨在解决制约滇中地区可持续发展的水资源极度匮乏问题，是目前国内西南片区投资最多、规模最大的水资源配置工程。其中，滇中引水一期工程昆明段施工 4 标位于昆明市五华区和盘龙区内，包含龙泉隧洞出口段、龙泉倒虹吸隧洞以及昆呈隧洞进口段。

龙泉倒虹吸隧洞的进出口分别与龙泉隧洞和昆呈隧洞连接，起止桩号为 KM53+513.9m～KM58+585.6m，隧洞经过盘龙江分水口前后流量分别设计为 70m³/s 和 55m³/s，线路平面布置图如图 21-16 所示。始发井布置在昆明重机厂附近，线路进洞后下穿龙泉路，沿沣源路下方穿越昆明主城区，地表管线及周边构筑物多，接收井位于沣源路与昆曲高速西南角。倒虹吸隧洞进水池水位高程为 1906.8m，而出水池水位高程为 1899.1m，中心线最低点的水位高程为 1886.0m。

龙泉倒虹吸隧洞采用土压平衡盾构法独头掘进，是滇中引水工程全线唯一的盾构隧道项目，全长约 5071.7m，是目前国内城区最长的盾构隧洞。盾构从始发井分体始发，单向掘进，最后在接收井分解，而后拆卸吊出。盾构长距离掘进且穿越多类地层，施工风险较大，尤其在下穿盘龙江大桥段。

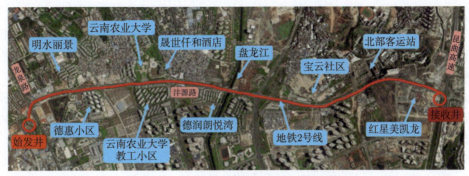

图 21-16　龙泉倒虹吸隧洞线路平面布置图

如图 21-17 所示,盘龙江大桥采用扩大基础,隧洞线路与大桥大致平行,洞顶到桥墩基础的高差约 6.9m,到盘龙江河床的高差约 9.8m。下穿期间桥梁变形沉降控制要求高,因此盾构掘进施工亟须可靠的渣土改良和排渣调控措施。

图 21-17　盾构隧洞下穿盘龙江大桥示意图:(a) 盘龙江大桥实景;(b) 相对位置示意

### 1. 地质水文情况

根据地勘资料,龙泉倒虹吸隧洞所处地层的地质水文情况如下:隧洞埋深为 9~75m,平均值约 20m。整个隧洞段位于地下水位以下,除了 KM53+555.921 到 KM53+624.921 段位于灰岩地层,其他隧洞段主要位于②-7 黏土、②-3 砾质土、②-2 砂卵砾石、③-1 砂卵砾石和①-1 粉细砂等地层。各地层的主要特点如下所述。

(1) 黏土地层 (②-7):以可塑状态为主,局部呈软塑状;土质较均匀,处于湿 ~ 饱和状态,切面呈光滑状,具有中等的韧性;干燥状态下具有中等的压缩性和强度。该地层主要由高液限黏土、低液限黏土、少量有机质土和高液限粉土等组成。标准贯入试验 (SPT) 的修正击数均值为 10.82 击,相应承载力的标准值 $f_k$ 为 301kPa,剪切波速的均值为 230m/s,表明该地层属于中软土。

(2) 砾质土地层 (②-3):从软塑到可塑状,处于饱和状态;土质不均匀,以黏性土为主,少数为粉土、砂砾石颗粒,具有中等的压缩性。SPT 的修正击数均值为 12.15 击,相应承载力的标准值 $f_k$ 为 467kPa,剪切波速的均值为 232m/s,表明该地层属于中软土。

(3) 砂卵砾石地层 (②-2)：以中密状为主，部分呈稍密状，处于湿 ～ 饱和状态，砾石粒径多为 2~15mm，卵石粒径多为 20~80mm，粒间主要由黏性土及少量砾砂、粉砂充填。SPT 的修正击数均值为 13.70 击，相应承载力的标准值 $f_k$ 为 571kPa，剪切波速的均值为 324m/s，表明该地层属于中硬土。

(4) 砂卵砾石地层 (③-1)：呈松散 ～ 中密状，透水性强，压缩性中等，砾粒径多为 10~20mm，卵石粒径多为 60~70mm。SPT 的修正击数均值为 21.06 击，相应承载力的标准值 $f_k$ 为 830kPa，剪切波速的均值为 224m/s，表明该地层属于中软土。

(5) 粉细砂地层 (①-1)：砂感较强，呈流动变形特征，钻孔常出现缩径甚至塌孔现象，其中粉细砂主要以透镜状分布，而细砂分布连续性较好。SPT 的修正击数均值为 10.28 击，相应承载力的标准值 $f_k$ 为 288kPa，剪切波速的均值为 455m/s，表明该地层属于中硬土。

所提出砂性渣土改良和排渣调控技术应用的区段是掘进里程 KM56+002.92m~KM56+158.93m，此区段盾构主要穿越②-2 砂卵砾石地层，其地质纵断面如图 21-18 所示。

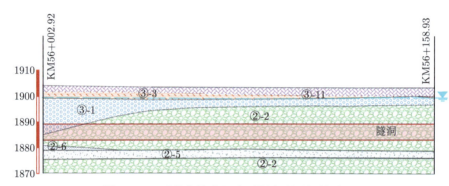

图 21-18　盾构穿越砂卵砾石地层区段地质纵断面图

### 2. 盾构装备选型

龙泉倒虹吸隧洞盾构段采用中铁山河工程装备股份有限公司生产的 "龙祥号" 土压平衡盾构机 (CTE6440E-1200)，如图 21-19 所示。为了适应盾构穿越的不同类型地层，刀盘选择辐板式，在满足最大出土率的同时可有效防止泥饼产生。盾构主机由刀盘、土舱、盾

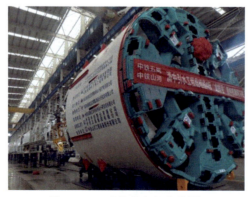

图 21-19　盾构机主机实物图

壳、螺旋输送机等组成，相关构造参数如表 21-4 所示。

**表 21-4  盾构机部件尺寸参数**

| 参数 | 直径 × 长度/mm | 参数 | 直径 × 长度/mm |
|---|---|---|---|
| 前盾 | $\phi6440 \times 2078$ | 刀盘 | $\phi6470 \times 1603$ |
| 中盾 | $\phi6430 \times 2660$ | 螺旋输送机 | $\phi900 \times 13116$ |
| 尾盾 | $\phi6420 \times 3910$ | 皮带机规格 (带宽/带长) | 900/125000 |

具体地，为同时满足软土掘进和岩层掘进功能，盾构刀盘采用四主梁负荷结构形式，根据实际情况配置滚刀或撕裂刀，刀盘开口率为 40%，开挖直径为 6470mm，刀具配置表如表 21-5 所示。

**表 21-5  盾构机刀具配置表**

| 刀具类型 | 规格 | 数量/把 |
|---|---|---|
| 单刃滚刀 | 18in | 20 |
| 单刃滚刀 | 18in | 8 |
| 面刮刀 | 14in | 36 |
| 边刮刀 | 250 宽 6 孔钝型 | 8 |
| 中心双刃撕裂刀 | 18in | 2 |
| 中心双刃撕裂刀 | 18in | 2 |
| 正面单刃撕裂刀 | 18in | 4 |
| 焊接撕裂刀 | — | 23 |

注：1in= 2.54cm。

另外，盾构机配套了渣土改良系统，包括泡沫和膨润土泥浆系统，如图 21-20 所示。泡沫系统包含泡沫原液储存箱、泡沫发生装置、输送泵等，在盾构主机内配置了 6 个单管单控式注入管路。在操作界面可设置泡沫混合液浓度、发泡倍率和各管路泡沫注入流量，通过可编程逻辑控制器 (programmable logic controller，PLC) 系统控制泡沫混合液的流量计和气压阀，进而调节泡沫混合液和空气的流量，压力驱动下两者在泡沫发生装置中混合生成泡沫，再经管路注入刀盘前方或土舱中。

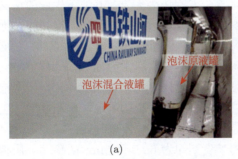
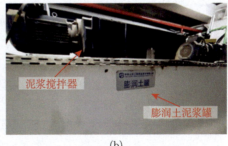

(a)　　　　　　　　　　　　　　(b)

图 21-20  盾构机配套渣土改良系统：(a) 泡沫系统；(b) 膨润土系统

膨润土泥浆系统可用于渣土改良和同步注浆，包括泥浆储存罐、搅拌器、挤压泵等，在刀盘前方设置 2 个单管单控式注入管路。膨润土泥浆预先在地面按规定土水比配置并充分膨化，然后经抽液泵输入洞内泥浆储存罐，在操作界面可设置泥浆注入流量，通过 PLC 系统控制泥浆的流量计和挤压泵，泥浆经管路注入刀盘前方或土舱中。

### 21.6.2　盾构掘进风险识别

　　龙泉倒虹吸隧洞在里程 KM56+002.92m～KM56+158.93m 位置时,盾构主要穿越砂卵砾石地层,地层中砂性土含量较高,盾构现场渣土与其级配如图 21-21 所示。渣土的基本物性指标如表 21-6 所示。渣土中砂粒 (0.075～2mm) 含量为 27.32％,砾粒 (2～20mm) 含量为 59.79％,因此粗颗粒含量较高,渣土塑流性和渗透性不满足合适支护介质的要求,存在"喷土"或"喷水"风险,故优先考虑采用泡沫改良来保障排渣可控和顺畅。

(a)　　　　　　　　　　　　　　(b)

图 21-21　盾构现场渣土:(a) 实物图;(b) 级配

表 21-6　现场渣土基本物理力学参数

| 含水率/％ | 常压下密度/(g/cm³) | 颗粒比重 | 最大孔隙比 |
|---|---|---|---|
| 30.0 | 1.91 | 2.65 | 0.91 |

### 21.6.3　改良剂技术参数优选

　　为优选出合适的泡沫剂浓度和发泡压力,取少量盾构现场采用的泡沫剂原液进行性能测试。首先,针对泡沫剂溶液浓度 $c_f$ 为 1％～3％,发泡压力为 2～5bar 下生成的泡沫进行发泡倍率 (计算见式 (1-1)) 测定,试验结果如图 21-22 所示。由图可知,泡沫的发泡倍率 (FER) 随着泡沫剂溶液浓度增大而非线性增大,增长率逐渐降低,当 $c_f \geqslant 3$％时,FER 趋于不变;而 FER 随着发泡压力增大呈先增后减的规律,当发泡压力为 3bar 时,FER 最大。基于经济性和最优性能考虑,优选发泡压力为 3bar,泡沫剂溶液浓度为 3％,所得泡沫的 FER 为 8.0。进一步地,对优选发泡参数下生成泡沫进行半衰期测定,即测试泡沫生成后在大气环境下的排液衰变情况,重复试验测定的泡沫消散质量分数时变曲线如图 21-23 所示,结果表明泡沫质量分数消散了 50％对应的半衰期约为 6min(>5min)。综上,盾构现场用泡沫剂在发泡压力为 3bar、泡沫剂溶液浓度为 3％的发泡参数下生成的泡沫,其发泡倍率和半衰期可满足 EFNARC (2005) 的要求。

### 21.6.4　渣土改良参数确定

　　盾构穿越区段的②-2 砂卵砾石地层原始 (天然) 含水率为 30％,为根据渣土塑流性和渗透性需求初步确定合适泡沫改良参数范围,首先开展变改良工况室内坍落度试验,工况如表 21-7 所示，其中试样含水率是对试样额外添加水获得。

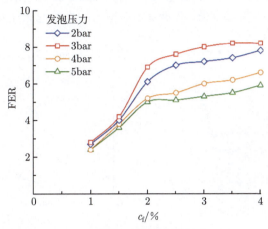

图 21-22　不同溶液浓度和发泡压力下 FER

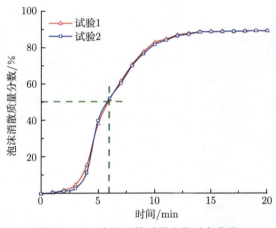

图 21-23　泡沫消散质量分数时变曲线

坍落度试验结果如图 21-24 所示。由图可知，坍落度随泡沫注入比 (FIR) 增大而增大，也随含水率增大而增大，当坍落度值合适范围取 15~25cm 时，合适塑流性状态改良渣土对应的改良工况有："含水率 35%+FIR40%"、"总含水率 35%+FIR60%"、"含水率 40%+FIR40%"、"含水率 40%+FIR60%"。

表 21-7　渣土坍落度试验改良工况

| 原始含水率/% | 含水率/% | FIR/% |
|---|---|---|
| | 30 | 0、20、40、60 |
| 30 | 35 | 0、20、40、60 |
| | 40 | 0、20、40、60 |

对前述合适改良工况的改良渣土进行渗透试验，试验过程参照 Ling 等 (2022) 的渗透试验步骤进行，单次渗透试验测试时间为120min，所得渗透系数时变曲线如图 21-25 所示。

由图可知，未改良渣土的渗透系数大于 $10^{-5}$m/s，不满足渗透性要求；而塑流性合适的改良渣土渗透系数均能在 $10^{-7}$m/s 的数量级上维持 90min 以上，满足渣土渗透性要求。综合渣土常压塑流性和渗透性指标要求，初步确定该地层的推荐泡沫注入比范围为 40%～60%。

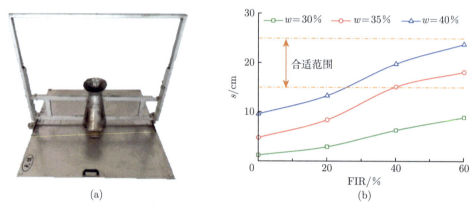

(a)                   (b)

图 21-24　改良渣土室内坍落度试验：(a) 坍落度仪；(b) 试验结果

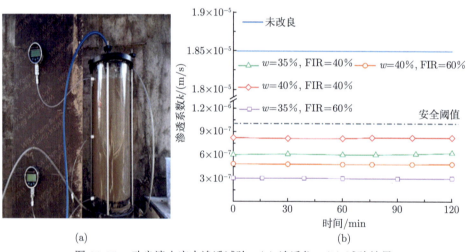

(a)                   (b)

图 21-25　改良渣土室内渗透试验：(a) 渗透仪；(b) 试验结果

进一步地，为探究满足土舱压力状态下渣土压缩性和强度指标的改良参数，在初定改良参数范围的基础上开展加压式十字板剪切试验。参照第 11 章的试验步骤，对含水率为 35%、FIR 为 60% 以及含水率为 40%、FIR 为 40% 的两个试样进行试验，加压范围为 0～300kPa。试验结果可用于拟合第 12 章所提出计算模型的参数，如图 21-26 所示。由图 21-26(a) 展示的剪切前孔隙比与竖向有效应力关系可知，有效应力产生对应的孔隙比临界值大小为 1，约等于 1.1 倍 $e_{\max}$。当孔隙比小于临界值时，孔隙比与竖向有效应力呈双曲线关系，利用式 (12-17) 拟合得到压缩材料常数 $a$ 为 151.85，$b$ 为 4.74。图 21-26(b) 展示了剪切引起的超孔隙压力与孔压系的比值和剪切前竖向有效应力的近线性关系，利用式 (12-41) 拟合得经验函数 $f(\sigma'_{v0}) = 0.516\sigma'_{v0}$。图 21-26(c) 展示了残余剪切强度与对应竖向有效应力的近线性关系，利用式 (12-42) 拟合得残余黏聚力为 1.717kPa，残余有效内摩

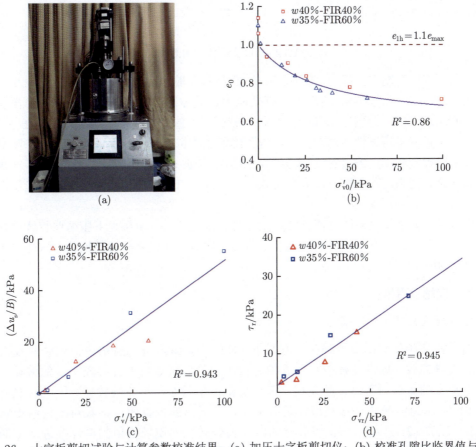

图 21-26 十字板剪切试验与计算参数校准结果：(a) 加压十字板剪切仪；(b) 校准孔隙比临界值与压缩材料常数 $a$，$b$；(c) 校准超孔隙压力计算经验函数；(d) 校准残余黏聚力与有效内摩擦角

擦角为 17.56°。然后，分别利用一维压缩和残余剪切强度理论表征模型外推计算该类渣土在不同压力和 FIR 下对应的压缩性指标和残余剪切强度。代入模型参数后得到的计算公式如式 (21-4) ~ 式 (21-9) 所示。

$$e_{\mathrm{c},p=0} = 0.8 + 0.9\mathrm{FIR} \tag{21-4}$$

$$S_{\mathrm{r}} = \frac{1 - 0.85\mathrm{FIR}}{1 + 1.13\mathrm{FIR}} \times 100\% \tag{21-5}$$

$$\sigma_{\mathrm{v}}' = \begin{cases} 0, & e \geqslant 1.0 \\ \dfrac{-E - \sqrt{E^2 - 4DF}}{2D}, & e < 1.0 \end{cases}$$

$$D = 4.645 e_{\mathrm{c},p=0} S_{\mathrm{r}} - 2.74 \tag{21-6}$$

$$E = 2.74\sigma_{\mathrm{v}} - 480.28 e_{\mathrm{c},p=0} + e_{\mathrm{c},p=0} S_{\mathrm{r}} (148.81 - 4.64\sigma_{\mathrm{v}}) + 125.78$$

$$F = 151.85\sigma_{\mathrm{v}} + 15386.2 (1 - e_{\mathrm{c},p=0}) - 148.81\sigma_{\mathrm{v}} S_{\mathrm{r}} e_{\mathrm{c},p=0}$$

$$\Delta e = \frac{\sigma_{\mathrm{v}}' + \Delta\sigma_{\mathrm{v}}'}{75.93 + 2.37 (\sigma_{\mathrm{v}}' + \Delta\sigma_{\mathrm{v}}')} - \frac{\sigma_{\mathrm{v}}'}{75.93 + 2.37\sigma_{\mathrm{v}}'} \tag{21-7}$$

$$C = \frac{\Delta e}{(1 + e_{c,p=0})\,\Delta\sigma_v} \tag{21-8}$$

$$\tau_r = 1.72 + 0.32\sigma_v'\,(1 - 0.52B') \tag{21-9}$$

为了更好地控制支护压力，Budach(2012) 建议土舱内渣土的压缩性应大于 2.6％/bar。根据式 (21-6) ~ 式 (21-8) 逐步求解有效应力、孔隙比和压缩性指标，可知当含水率在 35％~40％时，FIR 在大于 29％时土舱压力 (依托工程的土舱渣土平均压力控制在 200kPa) 下改良渣土可满足压缩性要求。另外，为了降低盾构机械负荷和保证排渣可控，渣土不排水强度一般控制在 10~25kPa (王树英等，2020)。根据式 (21-6) 和式 (21-7) 逐步求解有效应力和残余剪切强度，可知当含水率在 35％~40％，FIR 在 45％~64％时，土舱压力下改良渣土可满足强度要求。

综合盾构安全掘进对改良渣土常压塑流性、渗透性、土舱压力下压缩性和残余剪切强度的要求，并考虑改良剂使用的经济性，最终确定该砂性地层盾构的推荐泡沫注入比范围为 45％~60％。

### 21.6.5　现场应用情况

#### 1. 现场改良技术参数确定

当盾构穿越砂卵砾石地层时，前期第 1911 环 ~ 1960 环，盾构司机凭经验设定改良参数和掘进参数，掘进过程中发现盾构总推力、刀盘扭矩较大且有较明显的波动，而且针对出渣土的跟踪坍落度试验发现，渣土坍落度值较小，塑流性较差。因此，取后续的第 1961 环 ~ 2040 环作为试验段，采用 21.6.4 节提出的推荐改良参数对改良渣土状态进行优化，由式 (21-2) 将室内试验确定的改良参数转化为现场应用的单环掘进所需的改良技术参数，结果如表 21-8 所示，进而在盾构操作室内控制界面上根据该技术参数设定渣土改良系统参数。

表 21-8　优化后盾构现场单环渣土改良参数用量

| 发泡倍率 | 泡沫原液量/L | 注水量/m³ |
| --- | --- | --- |
| 8 | 66.58~88.77 | 1.97~3.95 |

#### 2. 排渣调控方案实现

气压辅助盾构在试验段掘进采用优选的改良方案之余，在 6~10r/min 范围内动态调整螺机转速以适应掘进速度的变化，进而保障进排渣量平衡和开挖面稳定。同时，盾构司机还应注意排渣流量是否受螺机转速控制，进而判断螺旋输送机是否存在喷涌发生可能性，当出现异常排渣状况时，应及时依据图 21-15 排渣调控流程图逐级循环优化掘进参数，依次将各级掘进控制目标控制在合适范围内，其中土舱上部压力传感器监测值的目标上下限范围取 100~200kPa，刀盘扭矩的目标控制阈值取 3000kN·m，排渣效率的目标控制阈值取 0.8。此外，若螺机出现严重"喷水"，则表明泡沫改良不再适用，需采用组合改良，即按需补充添加膨润土泥浆或 PAM 溶液。当该阶段排渣调控结束后，盾构恢复正常掘进和可控排渣，进入下一阶段的风险判定和排渣调控。

### 21.6.6 应用效果评价

#### 1. 排出渣土状态

图 21-27 对比了经改良参数和排渣调控优化前后的出渣土流动性，优化后第 1962 环渣土 (图 21-27(b)) 坍落度比优化前第 1960 环渣土 (图 21-27(a)) 显著增加，并处于合适范围内 (15cm < 16.2cm < 25cm)，渣土流动性状态良好。

(a) (b)

图 21-27    优化前后跟踪坍落度试验结果：(a) 优化前，$S = 7.6$cm；(b) 优化后，$S = 16.2$cm

#### 2. 掘进参数

图 21-28 展示了优化前后各环盾构刀盘扭矩的变化，而优化前后刀盘扭矩的平均值和标准差如表 21-9 所示。标准差常用来衡量数据组相对其均值的离散波动程度，由式 (21-10) 计算得到。在未优化段 (第 1911~1960 环)，刀盘扭矩较高且波动程度较大，其平均值和标准差分别为 2046.26kN·m 和 563.86kN·m。在优化段 (第 1961~2040 环)，泡沫注入量逐级提高后，渣土流动性增强且泡沫液有效润滑刀具表面，盾构掘进负荷降低，刀盘扭矩的平均值和标准差分别降低至 1384.83 kN·m 和 419.49kN·m，降低率分别为 32.32% 和 25.60%，结果表明优化后盾构掘进负荷显著降低，有助于降低刀盘刀具磨损程度。

$$\mathrm{SD} = \sqrt{\dfrac{\sum\limits_{i=1}^{n}\left(\varphi_i - \overline{\varphi}\right)^2}{n}} \qquad (21\text{-}10)$$

式中，SD 为标准差；$\varphi_i$ 为掘进参数的单环内平均值；$n$ 为测试段环数；$\overline{\varphi}$ 为掘进参数的测试段内平均值。

表 21-9    改良参数优化前后掘进参数对比

| 掘进参数 | 平均值 | | 标准差 | |
|---|---|---|---|---|
| | 优化前 | 优化后 | 优化前 | 优化后 |
| 扭矩/($\times 10^3$kN·m) | 2.046 | 1.385 | 0.564 | 0.419 |
| 总推力/($\times 10^3$kN) | 13.548 | 9.250 | 1.444 | 1.374 |
| 上部土舱压力/($\times 10^2$kPa) | 1.126 | 1.359 | 0.174 | 0.133 |
| 掘进速度/(mm/min) | 43.286 | 55.445 | 6.910 | 9.070 |
| 比推力/(kN/mm) | 467.848 | 228.522 | 105.354 | 68.800 |
| 比扭矩/(kN/mm) | 31.500 | 15.032 | 11.344 | 5.478 |

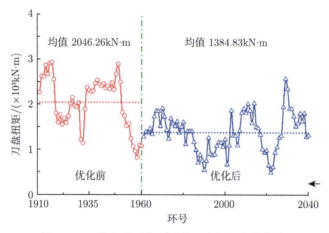

图 21-28　优化前后各环盾构刀盘扭矩变化曲线

　　图 21-29 展示了优化前后各环盾构总推力的变化,而优化前后盾构总推力的平均值和标准差如表 21-9 所示。在未优化段 (第 1911~1960 环),盾构总推力较高且波动程度较大,其平均值和标准差分别为 13547.55kN 和 1444.24kN。在优化段 (第 1961~2040 环),泡沫注入量逐级提高后,渣土流动性增强使刀盘正面推进阻力减小,盾构掘进负荷降低,总推力的平均值和标准差分别降低至 9249.77kN 和 1373.52kN,降低率分别为 31.72% 和 4.90%,结果表明优化后盾构掘进负荷显著降低,且总推力波动程度略有减小,有利于盾构平稳掘进。

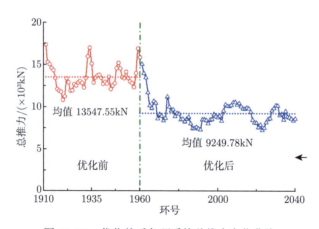

图 21-29　优化前后各环盾构总推力变化曲线

　　图 21-30 展示了优化前后各环盾构上部土舱压力的变化,而优化前后上部土舱压力的平均值和标准差如表 21-9 所示。在未优化段,上部土舱压力较低且波动程度较大,其平均值和标准差分别为 112.59kPa 和 17.36kPa。在优化段,泡沫注入量和辅助气压值组合调节后,土舱压力略有提高,上部土舱压力平均值升高至 135.93kPa,升高率为 20.73%,结果表明优化后土舱渣土对开挖面的支护能力增强。此外,土舱压力波动程度略有减小,上部土舱压力标准差降低至 13.26kPa,降低率为 23.62%,结果表明优化后土舱压力稳定性提高,亦有助于盾构平稳掘进,降低喷涌风险发生的可能性。

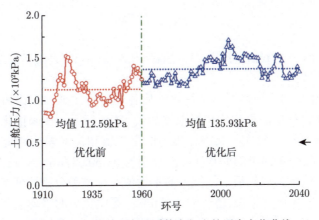

图 21-30 优化前后各环盾构上部土舱压力变化曲线

图 21-31 展示了优化前后各环盾构掘进速度的变化，而优化前后掘进速度的平均值和标准差如表 21-9 所示。在未优化段，盾构掘进速度平均值为 43.29mm/min。在优化段，渣土改良和排渣行为经优化后刀盘扭矩和盾构总推力显著降低且土舱压力波动减小，有助于掘进效率提高，因此掘进速度升高至 55.45mm/min，升高率为 28.09%，结果表明优化后盾构掘进速度显著提升，优化方案促进了盾构高效掘进。

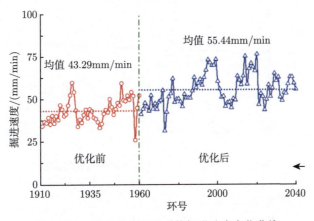

图 21-31 优化前后各环盾构掘进速度变化曲线

进一步地，为衡量盾构掘进的难易程度，在掘进参数的基础上提出比推力和比扭矩 (宋克志等，2009)。比推力定义为掘进单位贯入度所需的法向推力，反映刀具法向贯入地层的能力，由式 (21-11) 计算得到

$$SF = \frac{F_t N}{v_t} \tag{21-11}$$

式中，SF 为比推力，kN/mm；$F_t$ 为总推力，kN；$N$ 为刀盘转速，r/min；$v_t$ 为掘进速度，mm/min。

比扭矩定义为掘进单位贯入度所需的切向切割力，反映刀具对地层沿切向形成切槽的能力，由式 (21-12) 计算得到

$$ST = \frac{T_c \omega}{r_0 v_t} \tag{21-12}$$

式中，ST 为比扭矩，kN/mm；$T_c$ 为刀盘扭矩，kN·mm；$r_0$ 为刀具安装半径，mm，一般取刀盘半径的 0.7 倍。

图 21-32 和图 21-33 分别展示了优化前后各环盾构比推力和比扭矩的变化，而优化前后盾构比推力和比扭矩的平均值和标准差如表 21-9 所示。在未优化段，盾构比推力和比扭矩均较高且波动程度较大，其中比推力的平均值和标准差分别为 467.85kN/mm 和 105.35kN/mm，而比扭矩的平均值和标准差分别为 31.50kN/mm 和 11.34kN/mm。在优化段，渣土改良和排渣行为优化后，比推力的平均值和标准差分别降低至 228.52kN/mm 和 68.80kN/mm，降低率分别为 51.15% 和 34.70%；而比扭矩的平均值和标准差分别降低至 15.03kN/mm 和 5.48kN/mm，降低率分别为 52.28% 和 51.67%。结果表明优化后盾构刀具法向贯入和切向成槽的能力均显著提升，更直观地反映盾构掘进效率在渣土改良和排渣优化后大大提高。另外，比推力和比扭矩的波动程度显著减小，直观地反映优化后盾构掘进更为平稳。

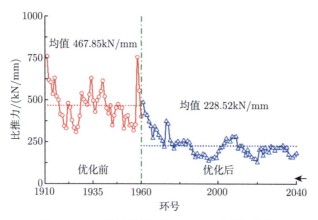

图 21-32　优化前后各环盾构比推力变化曲线

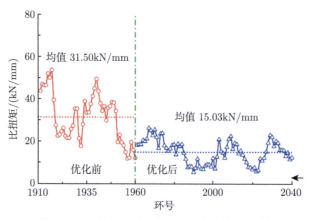

图 21-33　优化前后各环盾构比扭矩变化曲线

**3. 下穿桥梁沉降数据**

龙泉倒虹吸盾构隧洞约在第 2000~2040 环下穿盘龙江大桥，下穿过程中及时监测桥墩高程变化，以评估盾构下穿对桥梁结构安全的影响，各桥墩墩身的监测布点如图 21-17(a) 所示。图 21-34 展示了盾构下穿过程中桥墩高程随时间的变化。盾构刀盘穿越桥台正下方前，桥墩高程几乎不变；在刀盘穿越桥梁正下方期间，各桥墩高程均有小幅度波动，大部分桥墩高程变化量在 ±1mm 内，而盾构正上方的桥墩 (4、5、6 号) 高程变化较大，隆起最大值为 2.3mm，沉降最大值为 2.1mm，相邻桥墩高程变化值之差的最大值约为 2mm，远低于《地铁设计规范》(GB 50157—2013) 建议的 10mm 差异沉降容许值。刀盘穿越桥梁后，桥墩高程趋于稳定。由此可知，本章提出的技术方案可靠地保证了盾构隧洞下穿盘龙江期间上方桥梁结构的安全稳定。

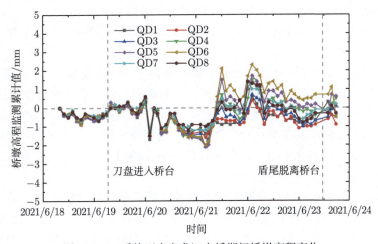

图 21-34　盾构下穿盘龙江大桥期间桥墩高程变化

## 21.7　本章小结

针对富水砂性地层盾构渣土改良难题，本章先是提出了富水砂性地层盾构渣土抗渗改良工艺，依托昆明地铁 4 号线小–火盾构区间开展泡沫–膨润土泥浆组合改良现场应用，验证工艺合理性。进一步地，形成多指标控制下盾构掘进砂性渣土改良工艺和多参数协调盾构排渣调控技术，通过滇中引水工程昆明段龙泉倒虹吸隧洞盾构区间工程应用验证了技术可行性。主要结论如下所述。

(1) 结合改良剂对粗颗粒渣土渗透性和塑流性的作用规律等研究成果，提出了粗颗粒地层盾构掘进渣土抗渗改良技术，主要流程包括：首先对喷涌可能性进行评价，然后通过改良剂性能试验确定匹配该地层的渣土改良剂，进一步地，采用室内试验包括坍落度试验和渗透试验来确定适宜改良参数，最后再将室内试验得到的推荐优化改良参数转化应用至现场，并通过跟踪渣土状态对改良参数的合理性进行验证。

(2) 对于昆明地铁 4 号线小菜园站–火车北站盾构区间的粗粒土渗透系数为 $2.29×$ $10^{-4}m/s$，远大于 $10^{-5}m/s$，盾构在此地层掘进时存在喷涌风险。此外，地层中粉黏粒含量约占 2.2%，低于 3%，故宜采用泡沫–膨润土泥浆组合改良方案以取得理想的抗渗改良效果。推荐采用改良参数为泡沫注入比 20%~40%，膨润土泥浆注入比 5%~10%。采用推荐改良参数进行优化后，盾构掘进时土舱压力更加稳定，盾构总推力和刀盘扭矩均出现一定程度降低，平均值分别降低 12.5% 和 20.4%，且离散性也显著减小，标准差分别降低 30.7% 和 25.4%。盾构在试验段掘进过程中，掘进速度提升 32.4%，且未出现喷涌现象，表明渣土抗渗改良取得了理想的效果。

(3) 兼顾考虑砂性土的塑流性、渗透性、压缩性、不排水剪切强度等特征，结合压力、改良参数对泡沫改良砂性土不排水带压剪切大变形行为影响以及相关计算模型的研究成果，优化了砂性地层盾构渣土改良工艺，其主要流程为：首先对地层进行土性识别和测试基本物性参数，然后采用改良剂性能测试优选发泡参数，再采用坍落度试验和渗透试验来初步确定满足常压塑流性和渗透性要求的改良参数，进一步地采用加压十字板剪切试验以及压缩性与残余剪切强度计算模型来确定满足压缩性和不排水强度要求的改良参数，最后将最终确定的推荐改良参数范围转化为盾构技术参数，在现场应用中验证所推荐改良参数的合理性。

(4) 提出了应对盾构掘进异常状况的多参数协调排渣调控技术，其主要流程为：首先对盾构螺机喷涌风险进行判定，若排渣失控则及时对螺机转速、组合改良参数进行一次调控，观察预期效果并判定土舱压力偏离合适范围、刀盘扭矩或排渣效率超出控制阈值等附加风险，有必要时再对掘进主动参数进行二次调控，逐级调节后使掘进附加风险解除，返回判定排渣流量是否受螺机转速控制，从而通过逐级循环调节多个掘进主动参数来确保盾构掘进期间的排渣可控。

(5) 针对滇中引水龙泉倒虹吸盾构隧洞穿越砂卵砾石地层区段，为满足渣土常压塑流性、渗透性、压缩性、土舱压力下残余剪切强度的要求，推荐采用的泡沫注入比为 45%~60%。经渣土改良和排渣调控优化后，反映盾构掘进负荷的刀盘扭矩和盾构总推力明显降低，其均值降低率分别为 32.32% 和 31.72%；土舱压力略有增加且波动程度减小，有利于开挖面稳定；而掘进速度有所提升，其均值升高率为 28.09%；反映盾构掘进难易程度的比推力和比扭矩显著降低，其均值降低率分别为 51.15% 和 52.28%；此外，盾构下穿盘龙江大桥期间，相邻桥墩高程变化差的最大值约 2mm，有效保证了桥梁结构的安全。

## 参 考 文 献

丁二威, 骆介华, 刘少凯, 等, 2023. 利用盾构螺旋机双闸门开度差防喷涌施工技术 [J]. 隧道建设 (中英文), 43(S1): 493-498.

贺少辉, 张淑朝, 李承辉, 等, 2017. 砂卵石地层高水压条件下盾构掘进喷涌控制研究 [J]. 岩土工程学报, 39(9): 1583-1590.

胡钦鑫, 2019. 盾构改良粗颗粒渣土渗流特征及控制技术研究 [D]. 长沙: 中南大学.

黄硕, 2020. 盾构泡沫改良粗颗粒渣土渗流时变性及其理论预测方法研究 [D]. 长沙: 中南大学.

宋克志, 袁大军, 王梦恕, 2009. 基于盾构掘进参数分析的隧道围岩模糊判别 [J]. 土木工程学报, 42(1): 107-113.

万泽恩, 李树忱, 赵世森, 等, 2022. 富水砂性地层盾构渣土改良试验与喷涌防治技术 [J]. 土木工程学报, 55(3): 83-93.

王海波, 王树英, 胡钦鑫, 等, 2018. 盾构砂性渣土–泡沫混合物渗透性影响因素研究 [J]. 隧道建设 (中英文), 38(5): 833-838.

王树英, 刘朋飞, 胡钦鑫, 等, 2020. 盾构隧道渣土改良理论与技术研究综述 [J]. 中国公路学报, 33(5): 8-34.

赵世森, 李树忱, 王鹏程, 等, 2022. 土压平衡盾构渣土改良泡沫半衰期细观测定方法 [J]. 中国公路学报, 35(4): 195-202.

中华人民共和国住房和城乡建设部, 2013. 地铁设计规范: GB 50157—2013[S]. 北京: 中国建筑工业出版社.

钟嘉政, 2023. 盾构泡沫改良砂性土带压剪切大变形机理与排渣调控技术 [D]. 长沙：中南大学.

钟小春, 刘健美, 郑翔, 等, 2022. 砂卵石地层土压平衡盾构渣土改良难易分类机制研究 [J]. 隧道建设 (中英文), 42(2): 237-243.

Budach C, 2012. Untersuchungen zum erweiterten Einsatz von Erddruckschilden in grobkörnigem Lockergestein[D]. Bochum: Ruhr-Universität Bochum.

EFNARC, 2005. Specification and guidelines for the use of specialist products for mechanized tunnelling (TBM) in soft ground and hard rock[R]. Farnham: European Federation for Specialist Construction Chemicals and Concrete Systems.

Hu Q, Wang S, Qu T, et al, 2020. Effect of hydraulic gradient on the permeability characteristics of foam-conditioned sand for mechanized tunneling[J]. Tunnelling and Underground Space Technology, 99: 103377.

Jancsecz S, Krause R, Langmaack L, 1999. Advantages of soil conditioning in shield tunnelling experiences of LRTS Izmir[C]// Alten, et al. Challenges for the 21st Century. Proceedings of WTC: 865-875.

Ling F, Wang S, Hu Q, et al, 2022. Effect of bentonite slurry on the function of foam for changing the permeability characteristics of sand under high hydraulic gradients[J]. Canadian Geotechnical Journal, 59(7): 1061-1070.

Mori L, Mooney M, Cha M, 2018. Characterizing the influence of stress on foam conditioned sand for EPB tunneling[J]. Tunnelling and Underground Space Technology, 71: 454-465.

Wang S, Hu Q, Wang H, et al, 2020. Permeability characteristics of poorly graded sand conditioned with foam in different conditioning states[J]. Journal of Testing and Evaluation, 49(5): 3620-3636.

Wang S, Liu P, Gong Z, et al, 2022. Auxiliary air pressure balance mode for EPB shield tunneling in water-rich gravelly sand strata feasibility and soil conditioning[J]. Case Studies in Construction Materials, 16: e00799.

Wilms J, 1995. Zum Einfluss der Eigenschaften des Stützmediums auf das Verschlei ßverhalten eines Erddruckschildes (Transl.: Influence of properties of the support medium on the wear of EPB-Shields)[J]. Mitteilungen aus dem Fachgebiet Baubetrieb und Bauwirtschaft, Essen.

# 第 22 章　盾构渣土结泥饼防控技术及应用

## 22.1　引　　言

已有工程表明盾构不仅在黏土、粉质黏土等细颗粒地层中结"泥饼"，也会在风化花岗岩、砂岩等粗–细颗粒混合地层中结"泥饼"(Jiang et al.，2011，钟长平等，2013；张家年等，2014)。土压平衡盾构一旦形成"泥饼"，将会大大影响盾构施工效率，现场一般采用渣土改良措施防止"泥饼"的形成。

在细颗粒地层盾构渣土改良方面，学者一般都是结合具体工程进行研究。王明胜等 (2020) 针对成都地区粉质黏土地层渣土改良问题，研制了新型分散型泡沫剂。伦敦朱比利线扩建工程中盾构在黏土地层中掘进时遇到了结泥饼问题，随后采用泡沫改良渣土，泡沫剂浓度和发泡倍率分别为 5% 和 10~15，泡沫注入流量为 50~100L/m³，泡沫注入比为 50%~150%，注入泡沫后刀盘和螺旋输送机扭矩减小了 20%，掘进速度明显增加 (Wallis，1996)。Webb 和 Breeds(1997) 依托西雅图某盾构隧道工程，研究了黏土、粉土等地层渣土改良方法，主要采用泡沫改良黏土，以减小其黏附性。Langmaack 和 Feng(2005) 依托意大利罗马地铁 4 号线某联络线和法国图卢兹地铁扩建项目 2 标段的盾构隧道工程，提出当盾构穿越黏性地层时可向土舱和刀盘处同时注入泡沫和抗黏剂，将渣土改良成为一种软而不黏的状态，既有利于渣土的排出，又能防止盾构结泥饼。程池浩等 (2016) 对武汉老黏土地层渣土改良进行了研究，提出针对此种地层需要采用分散剂和泡沫剂共同改良的策略，并结合地层给出了合适的改良参数。

在粗–细颗粒混合黏性地层盾构渣土改良方面，国内外也有一些成功案例。汪辉武 (2018) 依托广州地铁 21 号线 13 标段盾构隧道工程，对全风化花岗岩地层渣土改良进行了研究，通过试验得到此地层的最佳改良参数为：泡沫剂浓度 3%、发泡倍率 10，泡沫注入比 60%。张宏伟等 (2019) 针对深圳风化花岗岩地层中盾构结泥饼的防治进行了研究，研究表明盾构结泥饼后，采用分散剂能够去除部分"泥饼"，但若渣土改良参数选取不当，则"泥饼"会快速再次形成；在风化花岗岩地层中采用分散型泡沫剂和水将渣土改良至坍落度值 15~20cm，即可预防"泥饼"的产生。肖超等 (2015，2016) 和叶新宇等 (2015，2017) 依托南昌地铁 1 号线某盾构区间工程，研究了泥质粉砂岩地层渣土改良技术，研究表明采用分散型泡沫能够显著改良泥质粉砂岩的物理力学性质，当盾构停机时，泡沫的消散作用使盾构土舱压力逐渐减小，而在渣土被合适改良后，盾构的推力、扭矩、土舱压力等掘进参数趋于平稳。

在土压平衡盾构"泥饼"预防方面的研究基本都是基于现场工程给出具体渣土改良参数，缺乏统一的黏性地层渣土改良方法和改良流程。盾构在黏性地层中掘进时，常用的改良剂有泡沫剂和分散剂。目前市场上改良剂品牌繁多，改良剂有效成分也不尽相同，而对于改良剂的选型和改良参数的确定缺乏统一的评价方法，因此施工现场多采用经验法和试错法确定渣土改良的参数，费时费力且增大施工风险。

为解决黏性地层盾构渣土改良问题，本章基于盾构渣土黏附特性及改良机理研究成果，首先提出土压平衡盾构在黏性地层中的渣土改良技术，然后分别针对杭州地铁 10 号线汽车北站站–国际会展中心站盾构区间细颗粒土和南宁地铁 5 号线新秀公园站–广西大学站盾构区间粗细颗粒混合土，将提出的渣土改良技术应用于细颗粒地层和粗–细颗粒混合黏性地层，验证所提出的黏性地层盾构渣土改良技术的合理性。

## 22.2  盾构渣土结泥饼防控改良流程

根据已有研究成果，总结出土压平衡盾构在黏性地层中掘进时渣土改良的流程如图 22-1 所示，首先判定地层的结泥饼可能，若小于 0.15mm 颗粒与大于 0.15mm 颗粒的表面积比 $R_s$

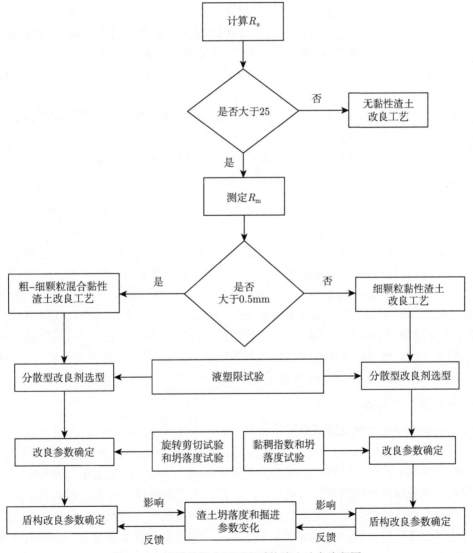

图 22-1　黏性地层土压平衡盾构渣土改良流程图

小于 25:1，则此种地层没有结泥饼的可能，此类渣土不在本文讨论的范围；若小于 0.15mm 颗粒与大于 0.15mm 颗粒的表面积比 $R_s$ 大于 25，则此种地层有结泥饼的可能。

第 13~15 章针对黏土和粗–细颗粒混合土分别采用黏稠指数和界面黏聚力评价土样的黏附性，黏稠指数需要结合液塑限才能计算得到，而《土工试验方法标准》(GB/T 50123—2019) 规定测定液塑限的土样最大粒径不能超过 0.5mm，因此对于最大粒径小于 0.5mm 的渣土，可采用黏稠指数评价其黏附性；最大粒径大于 0.5mm 的渣土，则采用界面黏聚力评价渣土的黏附性。因此，若渣土最大粒径小于 0.5mm，则可将此渣土视为细颗粒渣土，采用细颗粒黏性渣土改良技术；若渣土最大粒径大于 0.5mm，则可将此渣土视为粗–细颗粒混合渣土，采用粗–细颗粒混合黏性渣土改良技术。

两类黏性渣土的改良方案都是运用液塑限试验对同类改良剂进行选型。在确定改良剂后，对于细颗粒渣土不仅要满足盾构“泥饼”预防的要求，还要具有合适的塑流性，便于螺旋输送机将渣土排出。预防“泥饼”的渣土合适改良状态采用黏稠指数评价，而塑流性则采用坍落度评价，同时满足黏稠指数和坍落度要求的改良参数就是细颗粒渣土的合适改良参数。对于粗–细颗粒混合黏性渣土则采用大型旋转剪切试验确定渣土改良参数，然后对此参数改良后的渣土进行坍落度试验，记录坍落度值，采用此坍落度值控制现场渣土状态。

最后将室内试验得到的渣土改良参数应用于盾构施工现场，通过分析掘进参数的变化验证渣土改良参数的合理性。

针对黏性地层土压平衡盾构渣土改良流程中的关键步序作如下说明。

1. 地层结泥饼判定

根据《土工试验方法标准》(GB/T 50123—2019) 对现场盾构渣土进行粒径分析试验，需要注意的是筛分试验孔径分别为 0.075mm、0.1mm、0.15mm、0.25mm、0.5mm、1mm、2mm、5mm、10mm、20mm、40mm 和 60mm。根据式 (15-1) ~ 式 (15-4) 计算各粒径的比表面积，然后依据各粒径的比表面积分别计算渣土中小于临界粒径 0.15mm 颗粒的表面积和大于临界粒径 0.15mm 颗粒的表面积，求出二者之间的比值 $R_s$。若比值小于临界表面积比 25:1，则盾构在此地层掘进时无结泥饼风险，渣土无须针对预防结泥饼进行渣土改良；若比值大于临界表面积比 25:1，且土样的最大粒径小于 0.5mm，则按照细颗粒渣土改良技术对渣土进行改良；若比值大于临界表面积比 25:1，且土样的最大粒径大于 0.5mm，则按照粗–细颗粒混合黏性渣土改良技术对渣土进行改良。

2. 分散型改良剂选型

泡沫剂浓度是影响泡沫质量的一个重要参数，土压平衡盾构掘进时要求泡沫半衰期大于 5min，且发泡倍率 (FER) 大于 10，泡沫剂需要在一定浓度下才能满足这两个泡沫参数，据此确定泡沫剂的浓度。采用液塑限联合测试仪测定在不同分散型改良剂添加比时土样的液塑限值，然后以改良剂添加比为横坐标，土样液塑限为纵坐标绘图，得到渣土液塑限随改良剂添加比的变化曲线。若改良剂能够减小渣土的液塑限，则此种改良剂是有效的；若有多种改良剂都有效，则渣土液塑限减小越大，说明改良剂效果越明显，最终选出最有效的渣土改良剂。

### 3. 渣土改良参数确定

#### 1) 细颗粒渣土改良参数确定

在此地层中盾构掘进时，需要防止盾构结泥饼，并且保证渣土能够顺利排出，即盾构渣土需要满足黏附性和塑流性两方面的要求。在黏附性要求方面，当盾构渣土的黏稠指数 $I_c$ 小于 0.6 时，渣土的黏附强度较低，能够防止盾构结泥饼。在考虑改良剂对渣土液塑限影响的情况下，使渣土的黏稠指数小于 0.6，依此确定一个渣土的改良参数范围。在渣土塑流性要求方面，评价渣土塑流性的指标为坍落度，根据现场盾构掘进模式和土舱压力选择合适的坍落度值。同时满足渣土黏稠指数小于 0.6 和渣土塑流性要求的改良参数即为合适改良参数。

#### 2) 粗-细颗粒混合黏性渣土改良参数确定

按照 15.2.2 节中的试验步骤测定在不同改良工况下土样界面黏聚力变化情况，根据大型旋转剪切试验结果选取界面黏聚力接近于 0 的工况，对土样进行坍落度试验，记录坍落度值，现场应用时依据此坍落度值确定现场盾构渣土改良参数。

### 4. 盾构改良参数确定

将室内试验得到的改良参数转换成盾构改良参数，结合现场坍落度试验确定现场渣土改良参数，操作步骤如下所述。

当采用泡沫改良渣土时，在盾构机操作面板上按照室内试验得到的泡沫剂浓度设置泡沫剂溶液，并设置发泡倍率，然后采用 2.2.2 节中的方法测定泡沫的实际发泡倍率。若泡沫发泡倍率大于 10，则满足要求；若泡沫发泡倍率小于 10，则需要调整发泡参数，直至满足要求。若调整发泡参数后仍不能满足要求，则调整泡沫剂浓度，使其满足要求。根据室内试验得到的泡沫注入比 (FIR)，可以得到现场盾构每条改良管路的流速为

$$Q = \kappa \frac{\pi D_e^2 v_t}{4n} \mathrm{FIR} \tag{22-1}$$

式中，$Q$ 为每条管路的流速，L/min；$\kappa$ 为松散系数；$D_e$ 为盾构开挖直径，m；$v_t$ 为盾构掘进速度，mm/min；$n$ 为盾构改良管路条数；FIR 为泡沫注入比。在设定改良参数约 5min 后，取现场渣土进行坍落度试验，并与室内坍落值进行对比。若现场与室内坍落度值差别不大，则表明改良参数合适；若现场试验与室内试验坍落度值差别较大，则需调整改良参数，使现场坍落度值在室内坍落度值范围内。

当采用分散剂改良渣土时，将分散剂溶液通过渣土改良管道注入土舱和刀盘前方，约 5min 后对排出的渣土在现场进行坍落度试验，并与室内得到的坍落度值进行对比，使现场得到的坍落度值与室内试验得到的合理坍落度值相同，此时的改良参数即为现场渣土改良参数。

# 22.3 黏土地层盾构渣土改良应用案例

## 22.3.1 工程概况

### 1. 工程简介

汽车北站-国际会展中心站区间 (简称"汽-国区间") 为杭州地铁 10 号线一期工程全地下盾构区间。图 22-2 给出了盾构线路平面布置情况，线路出汽车北站站后沿莫干山路向

北敷设,在西塘河与石祥路交口接入国际会展中心站。区间右线起讫里程为 YDK7+815.148
～YDK8+737.886,长度 922.738m;左线起讫里程为 ZDK7+815.148～ZDK8+737.886 (长
链 24.525m),长度 947.263m。

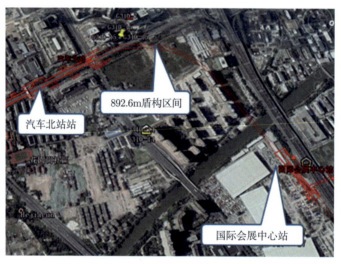

图 22-2　汽–国区间线路平面图

　　汽–国区间的地质纵断面图如图 22-3 所示,盾构隧道上部主要有杂填土、粉质黏土、淤
泥质粉质黏土和粉质黏土夹粉土地层,隧道主要穿越粉质黏土、粉质黏土夹粉土和淤泥质
粉质黏土地层。粉质黏土和粉质黏土夹粉土外形及物理力学参数都相似,呈灰黄色,可塑,
局部软塑,大部分地段呈薄层状,单层厚度 1～5mm,黏塑性偏差,切面较粗糙,局部见有
氧化斑点,层间夹较多粉土薄片,分布不均;稍有光泽,无摇震反应,干强度中等偏低,韧
性低,土质不均。淤泥质粉质黏土呈流塑,局部呈软塑,厚层状,切面较光滑,黏塑性好,
局部夹有粉土薄片,含云母片、有机质,略具腥臭味,见腐殖质,无摇震反应;稍有光泽,
干强度高,韧性高,土质较均一。各土层的主要物理力学参数如表 22-1 所示。

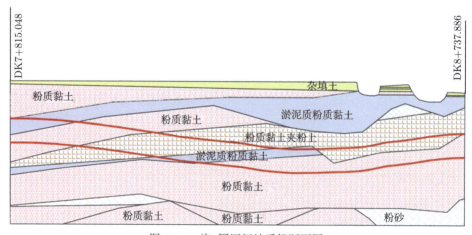

图 22-3　汽–国区间地质纵断面图

表 22-1    地层主要物理力学参数

| 岩土名称 | 含水率/% | 天然重度/(kN/m³) | 土粒比重 | 液限/% | 塑限/% | 液性指数 | 固结快剪 $c$/kPa | 固结快剪 $\varphi$/(°) |
|---|---|---|---|---|---|---|---|---|
| 杂填土 | 19.8 | 17.2 | 2.54 | — | — | — | 13.1 | 8.3 |
| 粉质黏土夹粉土 | 28.5 | 19.3 | 2.73 | 37.2 | 21.5 | 0.45 | 30.0 | 14.9 |
| 粉质黏土 | 30.3 | 19.0 | 2.72 | 33.4 | 20.6 | 0.78 | 27.4 | 14.3 |
| 淤泥质粉质黏土 | 40.8 | 17.8 | 2.73 | 38.4 | 22.1 | 1.16 | 15.3 | 10.0 |

**2. 盾构机概况**

土压平衡盾构刀盘如图 22-4 所示，刀盘形式为辐板式，由 6 根主辐条和小面板构成，盾构机开挖直径为 6480mm，盾体直径为 6450mm，开口率为 40%。刀盘配置概况如表 22-2 所示，盾构主要配置有撕裂刀和刮刀，其中撕裂刀 35 把，在刀盘中心布置双联撕裂刀 6 把，切刀 43 把，边刮刀 12 把。

图 22-4    刀盘示意图

表 22-2    刀盘配置概况

| 刀具名称 | 数量 | 高度/mm |
|---|---|---|
| 中心双联撕裂刀 | 6 把 | 175 |
| 撕裂刀 | 35 把 | 175 |
| 切刀 | 43 把 | 140 |
| 边刮刀 | 12 把 | 140 |

### 22.3.2    结泥饼可能性评价

由表 22-1 可知，粉质黏土和粉质黏土夹粉土液塑限和含水率相近，因此二者改良参数也基本相同，在进行渣土改良时考虑粉质黏土和淤泥质粉质黏土两种地层即可。粉质黏土和淤泥质粉质黏土在烘干破碎后得到的试样如图 22-5 所示，进一步对土样进行筛分，得到土样的级配曲线如图 22-6 所示，两种土样的级配差别不大，最大粒径约为 0.5mm，通过计算得出粉质黏土和淤泥质粉质黏土的细、粗颗粒表面积比分别为 356∶1 和 342.65∶1，远大于临界表面积比 25∶1，因此盾构在此地层中掘进时易结泥饼，需要通过渣土改良预防"泥饼"产生。

(a) (b)

图 22-5 干燥破碎后土样：(a) 粉质黏土；(b) 淤泥质粉质黏土

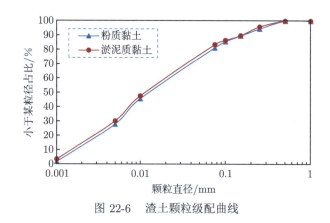

图 22-6 渣土颗粒级配曲线

### 22.3.3 分散型改良剂选型

在黏性地层中渣土改良的目的主要是降低渣土的黏附性，并使其具有合适的塑流性，常用的改良剂有分散型泡沫剂和分散剂。

#### 1. 泡沫剂参数

将泡沫剂按一定浓度配制成溶液，通过发泡装置产生大量的泡沫，生成的泡沫与渣土混合后即可改善渣土性能。为探究最合适的泡沫剂浓度，采用 2.2.2 节中所述方法测定不同浓度泡沫剂生成的泡沫的发泡倍率和半衰期。泡沫剂的浓度分别设定为 1%、2%、3% 和 5%，测得的泡沫消散曲线如图 22-7 所示，泡沫溶液的浓度越高，产生的泡沫消散越慢，但当浓度超过 3% 时，前期泡沫消散速度减慢，后期泡沫消散速度反而增加。

不同浓度的泡沫剂产生的泡沫发泡倍率试验结果如表 22-3 所示，随着泡沫剂浓度的升高，产生泡沫的发泡倍率也逐渐增加。当溶液浓度达到 3% 时，发泡倍率和半衰期均能够满足盾构施工的要求。综合半衰期试验和发泡倍率试验的结果，并考虑经济性后，将泡沫剂溶液的浓度定为 3%。

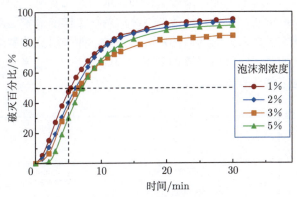

图 22-7　泡沫消散曲线图

**表 22-3　不同浓度泡沫发泡倍率和半衰期**

| 泡沫剂溶液浓度/% | 发泡倍率 | 半衰期/min |
|---|---|---|
| 1 | 5.3 | 5.33 |
| 2 | 9.2 | 6.12 |
| 3 | 13.5 | 6.57 |
| 5 | 15.7 | 7.17 |

### 2. 改良剂选型

改良剂主要采用分散型泡沫剂和分散剂，土样分别选取盾构穿越的粉质黏土和淤泥质粉质黏土地层，试验工况如表 22-4 所示。

**表 22-4　液塑限试验工况**

| 渣土类型 | 分散剂注入比 | 泡沫注入比 |
|---|---|---|
| 粉质黏土 | 0、1%、2%、3%、4%、5% | 0、20%、40%、60% |
| 淤泥质粉质黏土 | | |

分散剂和分散型泡沫对渣土液塑限的影响试验结果分别如图 22-8 和图 22-9 所示，图

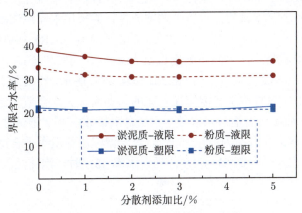

图 22-8　分散剂对渣土液塑限影响

例中"淤泥质"、"粉质"分别表示试验土样为淤泥质黏土和粉质黏土，由图中结果可以看出随着分散剂或泡沫注入比的增加，两种土样的塑限均变化有限，加入分散剂后土样的液限先减小然后基本保持不变，而加入分散型泡沫后两种土样的液限逐渐减小，且加入泡沫后土样的液限减小量大于加入分散剂后的液限减小量，即采用分散型泡沫改良粉质黏土和淤泥质粉质黏土地层的渣土时具有显著的效果。因此本工程主要考虑采用 3%浓度分散型泡沫剂溶液产生的泡沫改良渣土。

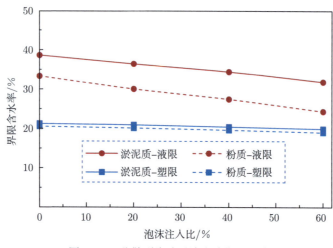

图 22-9　分散型泡沫对渣土液塑限影响

### 22.3.4　渣土改良参数确定

盾构在黏土地层中掘进时，渣土需要具有较小的黏附性，防止盾构结泥饼。由 14.6 节中研究可知，为预防盾构在细颗粒地层中结泥饼，渣土的黏稠指数应小于 0.6。本工程中粉质黏土的自然含水率为 30.3%，液限和塑限分别为 33.4%和 20.6%，计算可知土样黏稠指数为 0.24；淤泥质粉质黏土的自然含水率为 40.8%，液限和塑限分别为 38.4%和 22.1%，黏稠指数为 −0.1，因此两种土样均能够满足盾构结泥饼预防的要求。

除满足黏稠指数小于 0.6 外，盾构渣土也要具有合适的塑流性，保证螺旋输送机能够顺利将其排出。运用坍落度试验评价渣土的塑流性，并采用水和泡沫改良渣土。对于粉质黏土，含水率分别设定为 30%、35%和 40%，泡沫注入比 (FIR) 分别设定为 20%、40%、60%；对于淤泥质粉质黏土，含水率分别设定为 40%、45%和 50%，泡沫注入比分别为 20%、40%、60%。坍落度试验结果如表 22-5 和表 22-6 所示，粉质黏土和淤泥质粉质黏土两种土样的坍落度值随着含水率和泡沫注入比的增加而增大，合适塑流性渣土的坍落度值为 8~17cm。对于粉质黏土合适改良参数为：当含水率 30%时，泡沫注入比为 40%~60%；当含水率 35%时，泡沫注入比为 0%~60%。对于淤泥质粉质黏土合适改良参数为：当含水率 40%时，泡沫注入比为 20%~60%；当含水率 45%时，泡沫注入比为 0%~60%。

表 22-5　粉质黏土坍落度试验结果

| 含水率 | FIR | 坍落度值/cm | 坍落度测试图 |
|---|---|---|---|
| 30% | 0 | 0 | |
| | 20% | 4 | |
| | 40% | 8 | |
| | 60% | 11 | |
| 35% | 0 | 11 | |
| | 20% | 13 | |
| | 40% | 16 | |
| | 60% | 17 | |
| 40% | 0 | 18 | |
| | 20% | 19.5 | 塑流性过大 |
| | 40% | 27 | |
| | 60% | 28 | |

表 22-6　淤泥质粉质黏土坍落度试验结果

| 含水率 | FIR | 坍落度/cm | 坍落度测试图 |
|---|---|---|---|
| 40% | 0 | 6 | |
| | 20% | 10 | |
| | 40% | 11 | |
| | 60% | 12 | |
| 45% | 0 | 15 | |
| | 20% | 15 | |
| | 40% | 16 | |
| | 60% | 17 | |
| 50% | 0 | 23 | |
| | 20% | 25 | 塑流性过大 |
| | 40% | 27 | |
| | 60% | 28 | |

### 22.3.5 现场应用

#### 1. 现场渣土改良参数确定

由 22.3.3 节中内容可知，在泡沫剂溶液为 1%～5% 时，产生的泡沫半衰期均能满足盾构渣土改良的要求。因此在现场施工时，就不再对盾构机发泡系统产生的泡沫进行半衰期测试，而仅仅对其进行发泡倍率测试。盾构机设置界面中，设置泡沫溶液浓度为 3%，发泡倍率为 10，并测定现场的发泡倍率，测得的现场泡沫的发泡倍率约为 14，能够满足盾构施工的要求。

通过室内试验可知，在粉质黏土和淤泥质粉质黏土地层中，采用分散型泡沫和水联合改良渣土，既有较好的经济性，又能取得理想的渣土改良效果。但在现场掘进过程中，当向盾构刀盘和土舱内注入水时，由于短时间内水难以与渣土混合均匀，螺机口出现喷水现象，盾构出渣难以控制，因此后续工程仅采用分散型泡沫作为改良剂。根据室内试验结果，粉质黏土和淤泥质粉质黏土地层在自然含水率状态下达到合适的塑流性时，所需的泡沫注入比分别为 40%～60% 和 20%～60%，取二者的交集，即泡沫注入比为 40%～60%，则此改良参数对于两种土样均合适。盾构一共设置 6 个泡沫注入孔，各孔管路相互独立，泡沫注入比为 40%～60%，将已知参数代入式 (22-1) 可知泡沫注入流量与盾构掘进速度的关系为

$$Q = (2.83 \sim 4.25)v_t \tag{22-2}$$

现场根据不同的掘进速度调整每条泡沫注入管路的流量，即可得到合适改良的渣土。

#### 2. 渣土改良效果

在现场盾构掘进时，取螺旋输送机排出的渣土进行坍落度试验，结果如图 22-10 所示，现场坍落度值 $S$ 为 9～13cm，与室内试验结果 (8～17cm) 基本相同。

图 22-10 现场坍落度试验：(a) $S = 12.3$cm；(b) $S = 10.2$cm；(c) $S = 10.5$cm；(d) $S = 11.7$cm

渣土改良优化前后每环的泡沫剂用量如图 22-11 所示，在优化前每环的泡沫剂用量波动较大，而在优化后其波动性明显减小。由式 (22-2) 计算可知，每环的理论泡沫原液用量为 61.1～91.8L，优化后每环的泡沫剂注入量基本为 60～90L，与理论计算基本相符。

盾构土舱内一共布置 5 个土压力传感器，分别位于土舱隔板的左上、右上、左中、右下和左下部 (图 22-12)，选取左中传感器的测试数据来分析渣土改良参数对土舱压力的影响。

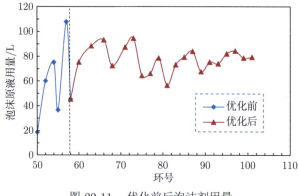

图 22-11　优化前后泡沫剂用量

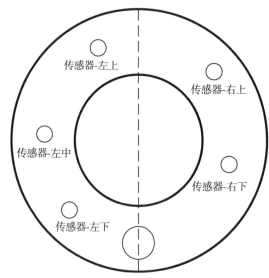

图 22-12　隔板上土压传感器布置示意图

选取渣土改良参数优化前的第 52、54 环和改良参数优化后的第 75、79 环掘进过程中的土舱压力随时间变化曲线 (图 22-13)，对比分析改良参数对土舱压力的影响。盾构掘进过程中设置土舱压力为 1.5bar，由图 22-13 可知，在改良参数优化前，盾构掘进过程中土舱压力波动较大，改良参数优化后，土舱压力波动性明显减弱。图 22-14 表示盾构在掘进过程中土舱压力的标准差变化情况，表 22-7 列出了渣土改良参数优化前后土舱压力值变化，由于土舱压力属于主动控制参数，未列出平均值和中位数，仅采用标准差反映其波动性，在改良参数优化后，土舱压力的标准差明显减小，这证明了合理渣土改良参数能够减弱土舱压力的波动性。

盾构渣土改良优化前后的推力、扭矩和掘进速度对比分别如图 22-15 ~ 图 22-17 所示，表 22-7 表示渣土改良参数优化前后总推力、扭矩和掘进速度的平均值、中位数和标准差变化情况。渣土改良参数优化前盾构的推力、扭矩和掘进速度范围分别为 7500~8300kN、700~1100kN·m 和 23~27mm/min，盾构推力的平均值、中位数和标准差分别为 7793kN、7650.8kN 和 324.2kN，盾构扭矩的平均值、中位数和标准差分别为 844.7kN·m、797.6kN·m

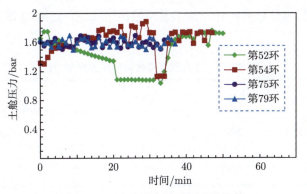

图 22-13 土舱压力随时间变化曲线

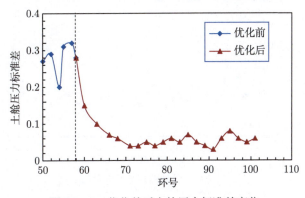

图 22-14 优化前后土舱压力标准差变化

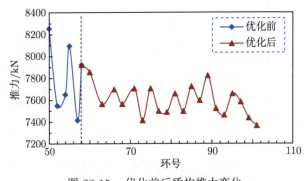

图 22-15 优化前后盾构推力变化

和 110.5kN·m，盾构掘进速度的平均值、中位数和标准差分别为 25mm/min、25mm/min、1.41mm/min。渣土改良参数优化后盾构的推力、扭矩和掘进速度范围分别为 7300~8000kN、730~830kN·m 和 33~39mm/min，盾构推力的平均值、中位数和标准差分别为 7607.5kN、7584.6kN 和 146.1kN，盾构扭矩的平均值、中位数和标准差分别为 779.7kN·m、769kN·m 和 31.9kN·m，盾构掘进速度的平均值、中位数和标准差分别为 35.71mm/min、36mm/min 和 1.67mm/min。在改良参数优化前盾构推力和扭矩都较大，且波动幅度较强，掘进速度较低，不利于盾构施工和地层变形控制；优化后，盾构推力和扭矩出现一定程度减小，波动性明显减弱，盾构掘进速度增加，且未发生结泥饼现象，这表明渣土改良取得了理想的效果。

表 22-7　优化改良参数前后掘进参数对比

| 掘进参数 | 平均值 | | 中位数 | | 标准差 | |
|---|---|---|---|---|---|---|
| | 优化前 | 优化后 | 优化前 | 优化后 | 优化前 | 优化后 |
| 土舱压力/bar | — | — | — | — | 0.28 | 0.06 |
| 总推力/kN | 7793 | 7607.5 | 7650.8 | 7584.6 | 324.2 | 146.1 |
| 扭矩/(kN·m) | 844.7 | 779.7 | 797.6 | 769 | 110.5 | 31.9 |
| 掘进速度/(mm/min) | 25 | 35.71 | 25 | 36 | 1.41 | 1.67 |

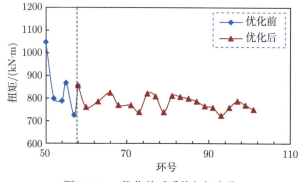

图 22-16　优化前后盾构扭矩变化

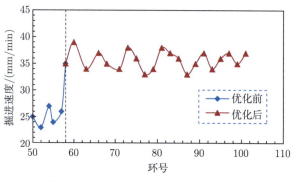

图 22-17　优化前后盾构掘进速度变化

## 22.4　上软下硬地层黏性盾构渣土改良应用案例

### 22.4.1　工程概况

南宁地铁 5 号线新秀公园站–广西大学站（简称"新–广区间"）平面线路如图 22-18 所示，线路南起新秀公园站，沿明秀西路向北，在大学明秀路口下穿既有 1 号线广西大学站，最后接入 5 号线广西大学站，包括一车站和一盾构区间。该区间右线设计起始里程为 YCK10+709.895，设计终点里程为 YCK12+032.331，区间长度为 1322.436m。区间设计左线起点里程为 ZCK10+585.895，设计终点里程为 ZCK12+032.331，长链 10.654m，区间左线长度为 1457.09m。结构底板埋深为 11.19～27.58m，底板高程为 45.31～62.58m。

图 22-18　南宁地铁 5 号线新秀公园站–广西大学站平面线路图

　　本区间范围内主要揭露第四系、古近系及泥盆系地层，包括填土层、黏性土层、粉土层、砂土层、圆砾层、古近系半成岩的泥岩和粉砂岩地层。区间左线隧道主要穿越地层为粉质黏土、中粗砂、圆砾土及粉砂质泥岩层，区间右线隧道主要穿越地层为粉土、圆砾土及粉砂质泥岩层 (图 22-19)，各地层的物理力学参数如表 22-8 所示。

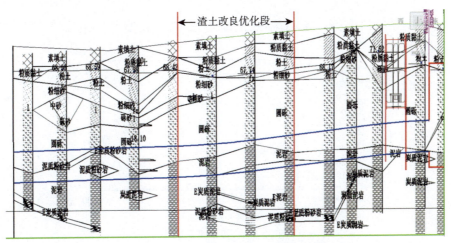

图 22-19　新–广区间右线部分地质剖面图

表 22-8　地层主要物理力学参数

| 岩土名称 | 含水率/% | 天然重度 /(kN/m³) | 土粒比重 | 液限/% | 塑限/% | 液性指数 | 固结快剪 c/kPa | 固结快剪 φ/(°) |
|---|---|---|---|---|---|---|---|---|
| 素填土 | — | — | — | 23.9 | 17.5 | — | — | — |
| 粉质黏土 | 26.1 | 19.6 | 2.72 | 38.8 | 25.5 | 0.05 | 34.5 | 21.5 |
| 粉土 | 25.08 | 19.9 | 2.68 | 24.8 | 17.4 | 1.04 | 18.58 | 18.1 |
| 粉细砂 | 24.1 | 20.0 | 2.69 | 23.7 | 16.05 | 1.05 | 25.4 | 19.7 |
| 中粗砂 | 13.9 | 19.7 | 2.70 | 20.9 | 13.2 | 0.09 | — | — |
| 泥岩、粉砂质泥岩 | 17.59 | 21.1 | 2.71 | 27.89 | 17.70 | −0.06 | 42.30 | 19.80 |

### 22.4.2　盾构结泥饼可能性评价

隧道在 YCK11+770～YCK11+895 穿越泥岩和圆砾复合地层 (图 22-19)，且泥岩占比较高。盾构掘进时现场排出的渣土和烘干破碎后得到的土样如图 22-20 所示，进一步对土样进行筛分，得到土样的级配曲线如图 22-21 所示，土样的最大粒径约为 40mm，其中粒径小于 0.25mm 的颗粒占比达到 50.5%，根据《土工试验规程》(YS/T 5225—2016) 分类，此渣土属于砂土。通过计算得出此土样的细、粗颗粒表面积比为 151.25∶1，远大于临界表面积比 25∶1，因此土压平衡盾构在此地层中掘进时结泥饼的风险较大，需要对渣土进行改良，预防"泥饼"产生。

(a)　　　　　　　　　　　　　　　　(b)

图 22-20　现场盾构渣土：(a) 现场渣土；(b) 烘干后土样

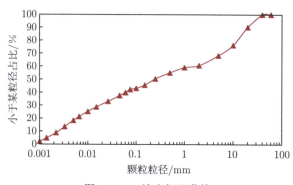

图 22-21　渣土级配曲线

### 22.4.3　分散型改良剂选型

根据第 2 章研究成果，黏性地层盾构渣土改良主要采用分散型泡沫剂或分散剂改良渣土。采用前面所述发泡方法得到在 3bar 发泡压力下泡沫剂的合适浓度为 4%，产生的泡沫发泡倍率为 11，半衰期为 7min。分散剂的浓度根据厂家建议定为 2%。将现场的渣土烘干后，采用木槌将土块破碎，由于大于 0.15mm 的土样对结泥饼基本没有贡献，因此将土样过 0.15mm 筛，以筛下的土作为试验土样，然后分别测定在不同泡沫和分散剂添加比工况下，土样的液塑限变化情况，并据此确定渣土所需改良剂类型。

土样中加入泡沫和分散剂后液塑限变化分别如图 22-22 和图 22-23 所示，随着泡沫注入比的增加，土样的液限逐渐减小，但总体减小幅度不大，塑限基本不发生变化，塑性指数也逐渐减小。当分散剂添加比小于 0.5％时，渣土的液限快速减小，当分散剂添加比大于 0.5％时，液限基本不发生变化；随分散剂添加比增加，塑限基本不发生变化，塑性指数变化趋势与液限基本相同。因此，结合液塑限测定结果和经济性方面考虑，分散剂的添加比小于 0.5％。

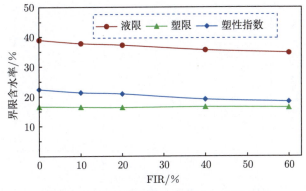

图 22-22　渣土界限含水率随 FIR 变化曲线

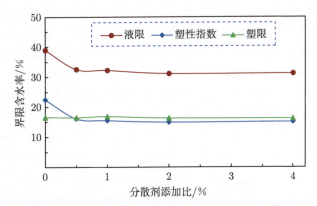

图 22-23　渣土界限含水率随分散剂添加比变化曲线

如表 22-8 所示，泥岩的液塑限分别为 27.89％和 17.70％，而天然含水率则为 17.59％，接近塑限。当黏性土的含水率接近塑限时，采用泡沫改良渣土时会使泡沫迅速破灭，难以达到理想的改良效果，且由液塑限测定结果可知，分散剂的作用效果明显优于分散型泡沫，因此采用分散剂对此地层渣土进行改良。

### 22.4.4　渣土改良参数确定

为防止盾构结泥饼，改良后的渣土与金属界面间的黏聚力应接近 0，需要对改良后渣土进行大型旋转剪切试验以确定改良参数。由于现场取出的渣土含水率约为 20％，因此将土样烘干破碎后，加入 20％的水并搅拌均匀，密封静置 24h 后作为试验土样，然后根据不同工况需求向土样中加入浓度为 2％的分散剂溶液，测定其界面黏聚力变化情况。图 22-24 为分散剂添加比为 0％~0.3％时渣土界面黏聚力随分散剂添加比变化曲线，加入分散剂后渣土的界面黏聚力显著减小，这表明盾构在此地层中掘进时，此分散剂能够降低其结泥饼的风险。由于施工现场难以进行大型旋转剪切试验，因此为确保盾构排出的渣土状态与室内试验得到的状态一致，采用坍落度试验确定在界面黏聚力接近 0 时渣土的坍落度，然后在现场仅需控制排出渣土的坍落度值与此相同，即可保证现场的渣土与室内试验得到的渣土合适状态基本一致。

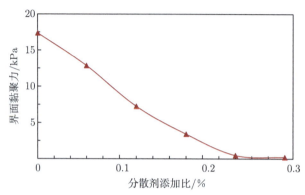

图 22-24　界面黏聚力随分散剂添加比变化曲线

　　对每个渣土试样进行坍落度试验，测定不同分散剂添加比工况下试样的坍落度值。各分散剂添加比工况下渣土坍落度情况如表 22-9 所示。结合图 22-24 和表 22-9 可知，在含水率为 20％时，土样塑流性较差，渣土没有坍落度值，土样与金属界面间黏聚力较大，达到了 17.39kPa；随着分散剂溶液的注入比增加，土样的含水率增大，坍落度值增大，塑流性增强，界面黏聚力则减小。当渣土中分散剂添加比分别达到 0.24％和 0.3％时，渣土与金属界面的黏聚力分别减小为 0.51kPa 和 0.25kPa，此时盾构掘进过程中结泥饼的概率相对较低，此时土样的坍落度值分别为 15.8cm 和 17.4cm，塑流性较好。因此可确定渣土的改良参数：分散剂浓度 2％，分散剂添加比 0.24％~0.3％，合适改良渣土坍落度值 15.8~17.4cm。

表 22-9　坍落度试验工况及结果

| 含水率/% | 分散剂添加比/% | 坍落度值/cm | 坍落度测试图 |
|---|---|---|---|
| 20 | 0 | 0 | |
| 23 | 0.06 | 3.1 | |

续表

| 含水率/% | 分散剂添加比/% | 坍落度值/cm | 坍落度测试图 |
|---|---|---|---|
| 26 | 0.12 | 7.4 |  |
| 29 | 0.18 | 10.47 |  |
| 32 | 0.24 | 15.8 | 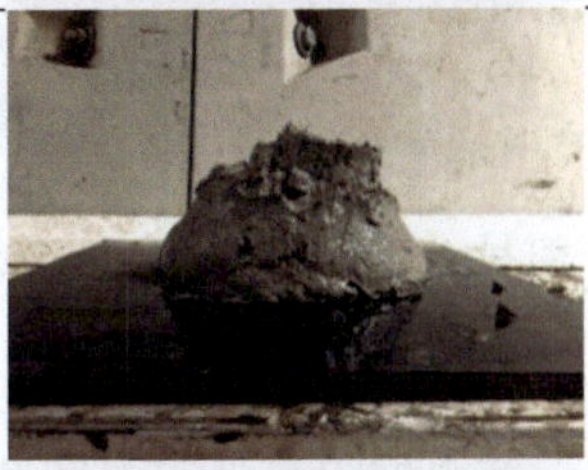 |
| 35 | 0.30 | 17.4 |  |

### 22.4.5 现场应用

1. 现场改良参数确定

渣土改良参数优化前,现场仅采用水作为改良剂,若注水过量,则短时间内水难以与渣土充分混合,造成螺旋输送机口出现喷水现象,不利于出渣控制,因此现场渣土改良注水量较低。对改良参数优化前盾构掘进过程中排出渣土进行坍落度测试,测试结果如图 22-25 所示。

为防止盾构结泥饼,并保证渣土排土顺畅,对现场渣土改良参数进行优化,现场渣土改良参数确定方法如下:将分散剂配制成浓度为 2% 的溶液,向刀盘和土舱内注入分散剂溶液,然后取渣土输送皮带上的渣土测试其坍落度值,控制渣土的坍落度值为 15.8~17.4cm。优化改良参数后对渣土进行坍落度测试,结果如图 22-26 所示,优化改良参数后渣土塑流性较好,且坍落度值基本在 15.8~17.4cm 的控制值范围内。

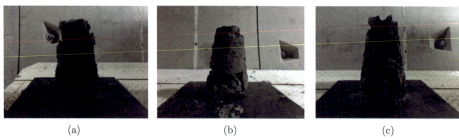

(a)　　　　　　　　　　　(b)　　　　　　　　　　　(c)

图 22-25　改良参数优化前渣土坍落度测试图：(a) 坍落度值 1.1cm；(b) 坍落度值 3.2cm；
(c) 坍落度值 1.2cm

(a)　　　　　　　　　　　(b)　　　　　　　　　　　(c)

图 22-26　优化改良参数后渣土坍落度测试图：(a) 坍落度值 18.7cm；(b) 坍落度值 16.5cm；
(c) 坍落度值 17.2cm

　　将室内试验得到的改良参数应用于盾构施工中后，并对渣土改良参数进行调整后，得到此地层中每环的渣土改良参数如表 22-10 所示。

表 22-10　盾构渣土改良参数建议值

| 分散剂溶液浓度/% | 分散剂注入比 /% | 分散剂溶液注入量/m$^3$ | 每环分散剂用量/L |
|---|---|---|---|
| 2 | 0.24~0.3 | 9.75~12.19 | 195~243.8 |

### 2. 渣土改良效果验证

　　土舱压力在掘进过程中产生一定的波动，采用标准差可以反映出其波动性。此工程采用的盾构土舱内压力传感器布置与图 22-12 所示相同，仍选取左中土压力传感器数据表征渣土改良参数对土舱压力的影响。图 22-27 表示渣土改良参数优化前后土舱压力标准差变化曲线图，表 22-11 列出了改良参数优化前后土舱压力标准差变化，渣土改良参数优化后，盾构在掘进过程中土舱压力标准差由 0.54 减小至 0.1，明显减弱，这表明土舱压力波动性明显减小，即优化后改良参数能显著减小土舱压力的波动性。

　　图 22-28 表示渣土改良参数优化前后盾构总推力变化曲线图，表 22-11 列出了渣土改良参数优化前后总推力的平均值、中位数和标准差变化情况，在改良参数优化前盾构总推力大致在 12000~14000kN 范围内波动，总推力平均值、中位数和标准差分别为 12614.8kN、12655.4kN 和 794.2kN。从第 718 环开始为采用建议改良参数的掘进环，可明显看出从第 717 环到第 718 环的总推力出现骤减，这一现象主要是由于采用建议改良参数后，渣土的流动性有效提高，渣土处于较理想的塑流性状态。渣土流动性显著改善，盾构推进过程中所受正面推进阻力明显减小，从而使得盾构掘进过程中的总推力出现骤减，渣土改良参数

优化后盾构掘进过程中总推力大致保持在 9000~11000kN 范围内，平均值和中位数分别减小为 9390.4kN 和 9257.8kN，标准差则减小为 682kN，这也表明优化改良参数后能够降低盾构总推力的波动性。

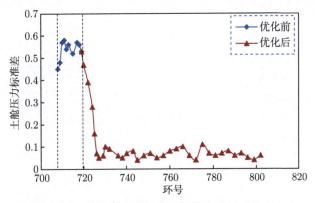

图 22-27　优化改良参数前后土舱压力标准差变化曲线

表 22-11　优化改良参数前后掘进参数对比

| 掘进参数 | 平均值 | | 中位数 | | 标准差 | |
|---|---|---|---|---|---|---|
| | 优化前 | 优化后 | 优化前 | 优化后 | 优化前 | 优化后 |
| 土舱压力/bar | — | — | — | — | 0.54 | 0.1 |
| 推力/kN | 12614.8 | 9390.4 | 12655.4 | 9257.8 | 794.2 | 682 |
| 扭矩/(kN·m) | 3095 | 2377.3 | 3101 | 2332.8 | 181.9 | 169.9 |
| 掘进速度 /(mm/min) | 19 | 36.45 | 19 | 37 | 1.76 | 3.46 |

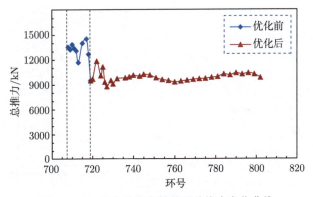

图 22-28　优化改良参数前后总推力变化曲线

图 22-29 为渣土改良参数优化前后盾构扭矩变化曲线图，表 22-11 列出了渣土改良参数优化前后扭矩的平均值、中位数和标准差变化情况，刀盘扭矩明显可以以第 717 环为界分为两个部分，即改良参数优化前和改良参数优化后。在盾构掘进过程中的第 717 环采用建议改良参数改良渣土后，刀盘扭矩值在此处出现骤减。在改良参数优化前掘进过程中刀盘扭矩大致处于 3000~3400kN·m 范围内，平均值、中位数和标准差分别为 3095kN·m、3101kN·m

和 181.9kN·m。采用建议改良参数后，渣土流动性大大提高，改良后土体抗剪强度明显减小，刀盘在切削渣土的过程中所受阻力减小，且盾构刀盘及搅拌棒在搅拌土舱渣土过程中所需克服的力明显减小，从而使盾构掘进过程中刀盘扭矩显著减小，改良参数优化后刀盘扭矩在 2200~2900kN·m 范围内波动，平均值、中位数和标准差分别减小为 2377.3kN·m、2332.8kN·m 和 169.9kN·m。

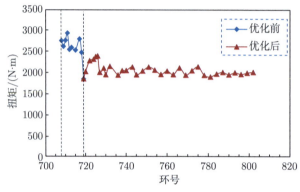

图 22-29　优化改良参数前后扭矩变化曲线

图 22-30 表示渣土改良参数优化前后盾构掘进速度变化曲线图，表 22-11 列出了渣土改良参数优化前后掘进速度的平均值、中位数和标准差变化情况，在改良参数优化前盾构掘进速度为 15~21mm/min，掘进速度平均值、中位数和标准差分别为 19mm/min、19mm/min 和 1.76mm/min。在第 718 环后渣土改良参数开始变化，盾构掘进速度明显增加，这主要是因为采用建议改良参数后，渣土处于较理想的塑流性状态，盾构推进过程中所需推力减小，因此掘进速度增加，这表明优化后的改良参数能够显著增加盾构掘进速度。

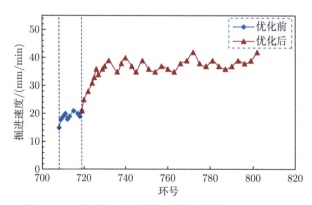

图 22-30　优化改良参数前后盾构掘进速度变化曲线

由上述分析可知，在渣土改良参数优化后，渣土塑流性增强、黏附性减小，因此盾构掘进过程中的推力和扭矩也减小，掘进速度增加，土舱压力波动性减弱，且盾构掘进过程中未发生结泥饼现象，这充分表明优化后的渣土改良效果明显提升。

## 22.5　本 章 小 结

依托杭州地铁 10 号线汽–国区间和南宁地铁 5 号线新–广区间盾构隧道工程分别对细颗粒黏性地层和粗–细颗粒混合黏性地层渣土改良方法进行了研究,取得了理想的渣土改良效果,主要得到以下结论。

(1) 结合改良剂对黏土液塑限影响、黏性渣土的黏附性等研究成果,提出了黏性地层渣土改良技术,主要流程为:首先对地层结泥饼可能性进行评估,然后采用液塑限试验确定合适的改良剂类型,进一步地运用室内试验确定渣土的合适改良参数,最后将室内试验得到的改良参数应用于盾构施工现场,并验证改良参数的合理性。

(2) 对于杭州地铁 10 号线汽–国区间的粉质黏土和淤泥质粉质黏土地层渣土,细、粗颗粒表面积比分别为 356.0∶1 和 342.65∶1,远大于临界表面积比 25∶1,盾构在此地层中掘进时结泥饼的风险较大。采用分散型泡沫改良渣土即可取得理想的改良效果,每环的理论泡沫原液用量为 61.1~91.8L。改良参数优化后,盾构掘进时的推力和扭矩均出现了一定程度减小,土舱压力波动性减弱,盾构掘进速度增加,且掘进过程中未出现结泥饼现象,表明渣土改良取得了良好的效果。

(3) 对于南宁地铁 5 号线新–广区间右线中的泥岩和圆砾混合渣土,渣土中细、粗颗粒表面积比为 151.25∶1,远大于临界表面积比 25∶1,土压平衡盾构在此地层中掘进时结泥饼的风险较大。采用分散剂对此地层渣土进行改良,当分散剂添加比达到 0.24%~0.3%时,渣土即可达到合适坍落度值 15.8~17.4cm,改良参数优化后,盾构掘进时的推力和扭矩均减小,土舱压力波动性减弱,盾构掘进速度增加,且掘进过程中盾构未结泥饼,表明渣土改良取得了理想的效果。

### 参 考 文 献

程池浩, 赵国强, 廖少明, 等, 2016. 武汉老黏土地层土压盾构适应性研究 [J]. 施工技术, 45(19): 105-109+115.

汪辉武, 2018. 全风化花岗岩土压平衡盾构泡沫渣土改良技术试验研究 [D]. 成都: 西南交通大学.

王明胜, 路军富, 罗奥雷, 2020. 粉质黏土地层隧道盾构施工渣土改良剂试验 [J]. 铁道工程学报, 37(5): 74-79.

肖超, 王树英, 叶新宇, 等, 2015. 泥质粉砂岩地层土压平衡盾构碴土改良技术研究 [J]. 现代隧道技术, 52(5): 165-170.

肖超, 阳军生, 王树英, 等, 2016. 土压平衡盾构改良渣土力学行为及其地层响应特征 [J]. 中南大学学报(自然科学版), 47(7): 2432-2440.

叶新宇, 王树英, 肖超, 等, 2015. 上软下硬地层碴土改良试验及应用研究 [J]. 现代隧道技术, 52(6): 147-153.

叶新宇, 王树英, 阳军生, 等, 2017. 泥质粉砂岩地层土压平衡盾构渣土改良技术 [J]. 铁道科学与工程学报, 14(9): 1925-1933.

张宏伟, 金平, 刘朋飞, 等, 2019. 深圳风化花岗岩地层盾构防泥饼渣土改良技术 [J]. 施工技术, 48(17): 62-66, 80.

张家年, 胡玉娟, 2014. 成都富水砂卵石地层盾构刀盘设计及应用 [J]. 隧道建设, 34(12): 1202-1206.

中华人民共和国工业和信息化部, 2016. 土工试验规程: YS/T 5225—2016[S]. 北京: 中国计划出版社.

中华人民共和国住房和城乡建设部, 2019. 土工试验方法标准：GBT 50123—2019 [S]. 北京：中国计划出版社.

钟长平, 竺维彬, 周翠英, 2013. 花岗岩风化地层中盾构施工风险和对策研究 [J]. 现代隧道技术, 50(3): 17-23.

Jiang H, Jiang Y, Huang M, et al, 2011. Study on soil conditioning and key construction parameters of EPB TBM advancing in sand-pebble layer of Beijing metro[C]. Proceedings of International Conference on Civil Engineering and Transportation. Durnten-Zurich: Trans Tech. Publications Ltd.

Langmaack L, Feng Q, 2005. Soil conditioning for EPB machines: balance of functional and ecological properties[C]. Proceedings of ITA-AITES World Tunnel Congress. London: Taylor and Francis Group.

Wallis S, 1996. Jubilee line extension - underground construction[J]. World Tunnelling Supplement, 128(2): 94-100.

Webb R, Breeds C D, 1997. Soft ground EPBM tunnelling-west Seattle, Alki tunnel[C]. Proceedings of Tunnelling 97. London: Inst. of Mining and Metallurgy.

# 第 23 章　盾构渣土改良状态评价方法及应用

## 23.1　引　　言

由于渣土改良技术的飞速发展，土压平衡盾构已经广泛应用于城市隧道工程 (Wei et al.，2020；Dias 和 Kastner，2013；Li et al.，2022)，在软弱地层中超过 90％的盾构隧道采用这种开挖方法进行施工 (Maidl et al.，2013；Zumsteg 和 Langmaack，2017)。在盾构掘进过程中，刀具切削原始地层，被切削下来的土体和改良剂一块通过刀盘的开口进入到土舱内 (Peila et al.，2009；Zhong et al.，2022)。土舱内的开挖土通常扮演着一种支撑媒介来抵消掌子面前方的水土压力。渣土的水力和力学性质对于掌子面获取足够支撑压力而言至关重要，而这种水力和力学性质与渣土的改良状态密切相关 (Merritt 和 Mair，2008；Wang et al.，2021)。此外，如若想确保渣土以一种可控的方式通过螺旋输送机排出，则也需要渣土具有合适的改良状态 (Budach 和 Thewes，2015；Galli 和 Thewes，2014)。否则，在掘进过程中会出现渣土滞排或者超挖问题。因此，合理地评价渣土的改良状态对盾构的安全高效掘进至关重要。

为了评价渣土的改良状态，诸多学者通过坍落度试验对其开展了研究工作 (Vinai et al.，2008；Peila et al.，2013；Feng et al.，2023)。他们的研究结果建议在砂性地层中，渣土的合理坍落度应控制在 15~20cm。其中 Peila 等 (2013) 通过观察坍落度试样的外观定性地评价渣土的改良状态，主要包括：析泡沫状态、析水状态、过流动状态和过干状态。此外 Wang 等 (2022) 通过综合考虑坍落度试样的坍落度、延展度和顶部平台直径，提出了一个可以定量评价渣土改良状态的指标。然而坍落度试验通常是在大气压状态下进行的，因此其无法考虑土舱压力对渣土改良状态的影响。

为了弥补上述研究的不足，有学者开始尝试通过测量表观密度来评估盾构渣土的调节状态。表观密度的概念是由 Guglielmetti 等 (2003) 首次提出的，其定义为垂直腔室压力梯度与重力加速度的比值。Mosavat 和 Mooney(2015) 进一步指出竖向土舱压力梯度由侧向土压力系数、渣土密度和土舱内液体的密度共同决定的。此外，Mori 等 (2017) 提出了一种表观密度评价方法来识别土压平衡盾构中的气腔和渣土堵塞问题，研究表明当表观密度小于 $1\mathrm{g/cm^3}$ 时，土舱的顶部会形成一个气腔，而当表观密度大于原始土壤密度时，则可能会出现堵塞问题，并给出了渣土的合理表观密度。然而，最近的压缩试验结果表明，上述的合理类密度范围可能过于宽泛。在这个范围内，一些渣土的压缩性并不能满足盾构施工的要求。换句话说，基于 Mori 等 (2017) 提出的合理类密度范围制定的渣土改良方案在某些情况下可能不合适。此外，现有的表观密度评价方法难以有效推广应用的另外一个重要原因是渣土的侧向土压力系数难以确定。因此有必要提出一种考虑合理压缩性且便于应用的表观密度评价方法。

本章研究是在 Mori 等 (2017) 的工作基础上开展的，其研究成果表明表观密度可以视作一个重要的参数来定量评判渣土的改良状态。在此基础上，基于机器学习提出了一种渣土侧向土压力系数预测模型。进一步地，合理压缩性指标被引入既有的表观密度评价方法中，并基于改进的表观密度评价方法，提出了渣土改良状态评价流程。该评价方法被应用于昆明地铁 4 号线，对其改良参数进行优化，极大程度上提高了盾构的掘进效率。最后，通过对比分析优化前后渣土的掘进参数，验证了所提评价方法的合理性。

## 23.2　基于机器学习的渣土表观密度预测方法

### 23.2.1　表观密度计算

表观密度作为评价盾构渣土改良状态的重要指标，其定义为垂直土舱压力梯度 ($\nabla$) 与重力加速度 ($g$) 的比值 (Mori et al.，2017)。渣土的表观密度与其基本参数之间的关系如下所示：

$$\rho_a = \frac{\nabla}{g} = \frac{1}{g}\frac{\mathrm{d}\sigma_x}{\mathrm{d}z} = K'\rho + \rho_f\left(1 - K'\right) \tag{23-1}$$

式中，$K'$ 为渣土的侧向土压力系数；$\rho$ 为土舱内渣土的密度 (g/cm$^3$)；$\rho_f$ 为土舱内液体密度 (g/cm$^3$)。

根据土力学中侧向土压力系数的定义，其表达式如下：

$$K' = \frac{\sigma'_1}{\sigma'_v} \tag{23-2}$$

式中，$\sigma'_1$ 有效侧向土压力；$\sigma'_v$ 有效竖向土压力。

当足够的泡沫注入土舱内时，开挖土达到一种良好的改良状态，在这种情况下，渣土可以被认为是具有各向同性应力状态的牛顿流体 (Hu 和 Rostami，2021)，此时渣土的侧向土压力系数可近似等于 1。然而在大多数情况下，特别是在考虑土舱压力时，盾构渣土不能被等效为各向同性的流体，一般认为土舱内渣土的侧向土压力系数应小于 1。遗憾的是，目前尚未有成熟的理论公式来求解侧向土压力系数。由于侧向土压力系数获取比较困难，因此严重限制了现有表观密度评价方法的应用推广。

### 23.2.2　渣土侧向土压力系数预测方法

如上所述，侧向土压力系数是计算表观密度的一个重要参数，它与改良参数和级配参数密切相关。然而很难建立一个精确的表达式来描述侧向土压力系数与这些参数之间的关系。在这种背景下，机器学习不失为一个好的替代手段，通过训练大量的压缩试验数据以获取预测侧向土压力系数。随机森林算法是由 Breiman (2001) 首次提出的，并广泛应用于解决分类和回归问题。该算法通过集合多个决策树来减少偏差或错误预测的风险，因此在预测过程中具有更好的防止过度拟合的能力。基于此，本研究选择随机森林算法作为训练模型来预测侧压力系数。

随机森林算法的示意图如图 23-1 所示，第一步，输入数据样本集，将训练参数随机化，以防止出现过拟合问题，随机分割的训练参数样本集分为训练集和测试集，将分割后的数据封装进各个不同的袋中进行训练；进一步，通过测试集对上述训练得到的决策树进行了验证；随后通过组合不同的决策树，得到了泛化能力强、准确率高的优化预测模型。在该模型中，通过网格搜索和 10 折交叉验证算法获得的最优决策树数量为 57 棵，分裂内部节点最小样例数为 2，叶子节点最小样例数为 1。

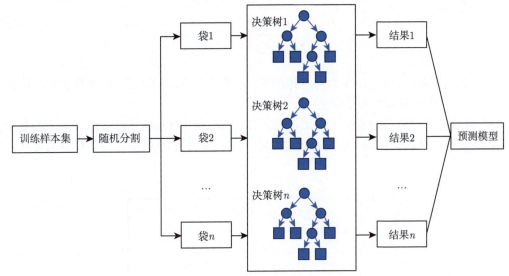

图 23-1　随机森林算法示意图

根据现有渣土有效侧向土压力系数研究，泡沫改良土有效侧向土压力系数主要受 FIR、$w$、$d_{60}$、$C_c$、$C_u$ 和总压力的影响。因此，选取 150 组采用相同压缩仪开展的不同级配参数和改良参数条件下泡沫改良土试验数据作为样本集 (Wang et al.，2023；Wang et al.，2021)。其中随机选取 130 组作为训练样本集，剩余的 20 组作为测试样本集。模型特征空间由 FIR、$w$、$d_{60}$、$C_c$、$C_u$ 和总压力共计 6 个特征的输入参数组成，以盾构渣土有效侧向土压力系数作为输出变量。此外，由于各个输入参数的度量单位和量级不同，可能会影响模型预测精度。因此，数据进行训练前需进行归一化预处理，通过 Sklearn 库中的 Standard Scaler 算法将各维度特征归一化到 [0,1] 区间，进而得到精确的预测结果，具体计算过程如下所示：

$$\mu = \frac{1}{N} \sum_{i=1}^{N} x^{(i)} \tag{23-3}$$

$$\sigma^2 = \frac{1}{N} \sum_{i=1}^{N} \left( x^{(i)} - \mu \right)^2 \tag{23-4}$$

$$\tilde{x}^{(i)} = \frac{x^{(i)} - \mu}{\sigma} \tag{23-5}$$

式中，$x^{(i)}$ 表示样本集某特征的第 $i$ 个数据；$N$ 为样本数量；$\mu$ 为样本集某特征的平均值；$\sigma$ 为样本集某特征的标准差；$\tilde{x}^{(i)}$ 为归一化处理后样本集某特征的第 $i$ 个数据。

选择均方差误差 (MSE) 和决定系数 ($R^2$) 作为随机森林算法模型的评价指标，计算公式如下所示：

$$\text{MSE} = \frac{1}{n} \sum_{i=1}^{n} \left[ f\left(x_i\right) - y_i \right]^2 \tag{23-6}$$

$$R^2 = 1 - \frac{\displaystyle\sum_{i=1}^{n} \left[ y_i - f\left(x_i\right) \right]^2}{\displaystyle\sum_{i=1}^{n} \left[ \bar{y} - \bar{f}\left(x\right) \right]^2} \tag{23-7}$$

式中，$y_i$ 为样本实际值；$f(x_i)$ 为样本预测值；$n$ 为预测样本的数量；$\bar{y}$ 为样本实际值的平均值；$\bar{f}(x)$ 为样本预测值的平均值。

图 23-2 为实测值与预测值的对比，经计算 MSE 为 $1.60 \times 10^{-3}$，考虑到渣土的复杂异质性，该误差是可以接受的。决定系数 $R^2$ 为 0.964，证明了随机森林预测模型的可靠性和合理性。

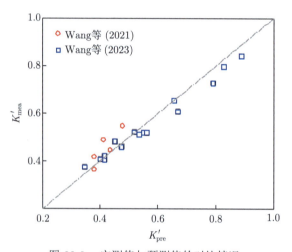

图 23-2　实测值与预测值的对比情况

## 23.3　渣土类密度评价方法

### 23.3.1　土舱内渣土类密度计算方法

类密度定义为土舱内的水平压力梯度 ($\nabla$) 与重力加速度 ($g$) 的比值，根据盾构土舱压力传感器位置布置可以计算出土舱内渣土类密度，如式 (23-8) 和式 (23-9) 所示，其中土舱压力传感器布置如图 23-3 所示。

$$\rho_{\text{T}} = \frac{P_5 - P_1}{g H_{\text{T}}} \tag{23-8}$$

$$\rho_{\text{B}} = \frac{P_4 - P_5}{g H_{\text{B}}} \tag{23-9}$$

式中，$g$ 是重力加速度；$P_1$、$P_4$ 和 $P_5$ 为土舱内压力传感器的示数；$H_{\text{T}}$ 和 $H_{\text{B}}$ 分别为上部及下部相邻压力盒高度差。

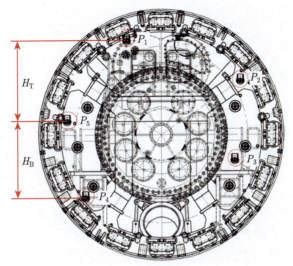

图 23-3　土压传感器布置

### 23.3.2　土舱压力求解

Budach(2012) 提出，泡沫改良土的压缩系数要求不小于 2.6%/bar。此外，Wang 等 (2021) 还发现压缩系数随着土舱压力的增加而单调下降。这意味着，当给出泡沫改良土压缩系数最小建议值时，即可确定其对应的土舱压力。

在一维压缩条件下，双曲线方程可以用作表征土的轴向应力–轴向应变关系，彭长学和杨光华 (2008) 基于双曲线方程建立了 $e$-$p$ 曲线分析模型：

$$e_i = e_0 - \frac{(1 + e_0)P_i}{A + BP_i} \tag{23-10}$$

式中，$P_i$ 为竖向压力；$e_i$ 为 $P_i$ 下土的孔隙比；$e_0$ 为土的初始孔隙比；$A$ 与 $B$ 为经验参数，采用数据拟合方式确定。

进一步，曹文贵等 (2015) 提出新的模型参数确定方法，赋予参数 $A$ 和 $B$ 明确的物理含义：

$$A = E_S \tag{23-11}$$

$$B = E_S \left[ \sqrt{1 + 8(1 + e_0)/(E_S a_{1\text{-}2})} - 3 \right] / 400 \tag{23-12}$$

$$a_{1\text{-}2} = \frac{e_1 - e_2}{P_2 - P_1} = \frac{e_1 - e_2}{100} \tag{23-13}$$

式中，$E_S$ 为初始压缩模量；$a_{1\text{-}2}$ 为压缩系数。

最后，占永杰等 (2023) 推导出了描述泡沫改良的压缩模型，泡沫改良土的压缩系数可通过对式 (23-14) 进行求导而得，泡沫改良土压缩系数最小建议值对应的土舱压力可通过式 (23-15) 求得。

$$e_i = e_0 - \frac{(1 + e_0)P_i}{E_S + \left\{ E_S \left[ \sqrt{1 + 8(1 + e_0)/E_S a_{1\text{-}2}} - 3 \right] / 400 \right\} P_i} \tag{23-14}$$

$$C = -\frac{\mathrm{d}e_i}{\mathrm{d}P_i} = \frac{(1 + e_0)E_S}{\left\{ E_S + P_i E_S \left[ \sqrt{1 + 8(1 + e_0)/E_S a_{1\text{-}2}} - 3 \right] /400 \right\}^2} \tag{23-15}$$

### 23.3.3　基于类密度的渣土分类

泡沫的密度通常低于盾构开挖土的密度，当泡沫被注入土舱内时通常会增加挖掘土的孔隙率，从而降低挖掘土的密度。假设在土舱内充满水的情况下，类密度等于 $1\mathrm{g/cm^3}$ (即水的密度)。因此可以推断如果类密度小于 $1\mathrm{g/cm^3}$，则说明土舱内被注入了过量的泡沫，此时渣土处于过度改良状态。在这种情形下，多余的泡沫会迁移到土舱的顶部，进而形成一个空气腔。尽管在掘进过程中，由于泡沫的持续流入，这个带压空气腔可以暂时抵抗掌子面的水土压力。但由于空气腔的存在，可能会引发一系列的问题，包括过度挖掘、地下水入渗、支撑压力降低和地表沉降过大等。此外，当上述这个空气腔遇到密封失效或地层裂缝时，泡沫会通过地质钻孔排出到地表，如图 23-4 所示。因此，当类密度小于 $1\mathrm{g/cm^3}$ 时，有必要减少泡沫的注入。

在土压平衡盾构掘进过程中，刀盘切割原始地层，土颗粒会发生重新排列，导致原本致密的土体变得疏松。此外，泡沫等低密度材料的注入，会进一步导致开挖土体的密度降低。通常情况下，渣土的密度应该小于原始地层的密度。而如果挖掘土体的密度超过原始地层的密度，则可以推断挖掘土体被过度压缩并达到异常致密的状态。盾构的刀盘开口可能已经出现堵塞的现象，如图 23-5 所示。此外根据现场的施工实例，也发现渣土堵塞问题只有在早期才可通过调整渣土改良方案来解决。否则，一旦随着温度的升高，黏性土将紧密附着在刀盘、刀具和土舱侧壁上。这种情况下，刀盘的推力和扭矩急剧增加，盾构必须被迫停机并使用气动风镐进行手动清除。因此，在盾构掘进过程中应调整改良参数以确保渣土的类密度小于原始地层密度。

图 23-4　泡沫从失效的地质钻孔溢出

图 23-5　刀盘堵塞照片

除了上述两个问题外，开挖土体还应具有足够的压缩性，以减缓盾构掘进过程中渣土体积和支撑压力的波动 (Wang et al.，2023)。通常建议泡沫改良土的压缩系数要高于 $2.6\%/\mathrm{bar}$ (Budach，2012)。当类密度超过压缩系数最小建议值对应的类密度时，表明开挖土体的压缩性不满足盾构施工的要求。在这种情况下，土舱压力波动可能会导致开挖面失稳，进而给盾构的施工带来了潜在风险。此外，泡沫改良土的低压缩性也会降低盾构的排渣效率。因此 $1 < \rho_a < \rho_e$ 被建议应用于盾构掘进。

根据 Mori 等 (2017) 和 Wang 等 (2023) 的研究，基于渣土的类密度，渣土可被划分为四类：①过改良状态 ($\rho_a < 1$)；②合适改良状态 ($1 < \rho_a < \rho_e$)；③合适改良状态但压缩性不合适 ($\rho_e < \rho_a < \rho_0$)；④欠改良状态 ($\rho_0 < \rho_a$)。其中第②类改良状态被推荐应用于盾构施工。

### 23.3.4 基于类密度评价的盾构渣土改良流程

图 23-6 为泡沫改良渣土带压下改良状态评价流程示意图，包括如下步骤。

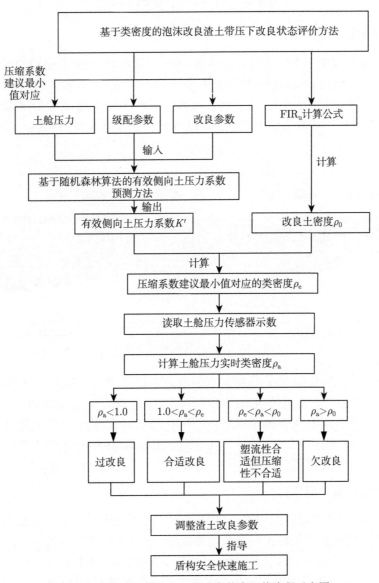

图 23-6 泡沫改良渣土带压下改良状态评价流程示意图

第一步，基于室内压缩试验数据，训练和测试侧向土压力系数随机森林预测模型；

第二步，根据公式 (23-15) 计算压缩系数最小建议值对应的土舱压力 ($\rho_e$)；

第三步，将土舱压力、级配参数 ($d_{60}$、$C_u$、$C_c$)、改良参数 (FIR，$w$) 输入到上述的随机森林模型中，进而获得压缩系数最小建议值对应的侧向土压力系数；

第四步，根据公式 (23-1) 计算压缩系数最小建议值对应的类密度；

第五步，根据土舱内的压力传感器分别测量土舱上半部分和下半部分的类密度；

第六步，基于测量的类密度评价盾构渣土的改良状态；

第七步，根据渣土的改良状态，对改良参数进行优化。

## 23.4　工程应用与验证

### 23.4.1　工程概况

昆明地铁 4 号线位于中国云南省昆明市，其中小菜园站–火车北站盾构区间 (简称"小–火区间") 左线长度 1531m，盾构埋深范围在地下 11~33m。盾构隧道的外径 6.2m。隧道主要穿越富水、高渗透性地层，地下水位深度在 1.8~4.5m。隧道相当一部分穿过圆砾地层，如图 23-7 所示。隧道开挖采用一台直径 6.44m 的土压平衡盾构机，盾构刀盘开孔率为 40%。

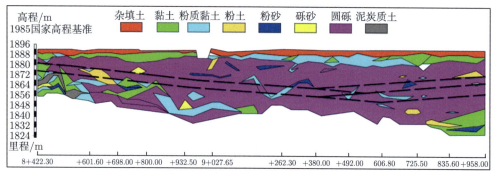

图 23-7　小–火区间地质纵断面图

选取盾构左线第 500~550 环作为试验段，主要位于圆砾地层。地层的原始密度为 2.12g/cm³。盾构施工中采用的泡沫剂浓度为 3%，泡沫的发泡倍率大约为 8。从螺旋输送机皮带上收集渣土并烘干，如图 23-8(a) 所示，测得的盾构渣土含水量为 35.8%。随后对盾构渣土进行筛分，并制备成砂样，其级配曲线如图 23-8(b) 所示。砂样自然堆积状态下的孔隙比为 0.73，最大孔隙比为 1.11。这些物理参数如表 23-1 所示。

### 23.4.2　渣土类密度合理范围

第 500~520 环段采用的泡沫注入比为 20%，掘进过程中偶尔发生渣土滞排现象。盾构的刀盘扭矩和盾构推力均较大。这种现象也进一步表明，当盾构渣土的改良状态不合适时会制约盾构的掘进效率。为了解决这一问题，对改良参数进行优化，优化后的泡沫注入比为 30%。此时泡沫改良土的初始孔隙比为 1.39，根据式 (23-14) 可获取泡沫改良土的压

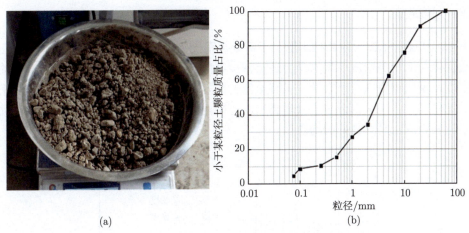

(a)                                                    (b)

图 23-8    盾构现场渣土：(a) 渣土实拍图；(b) 渣土级配

**表 23-1    试验段土样基本物理参数**

| 名称 | 天然密度/(g/cm³) | 颗粒密度/(g/cm³) | 孔隙比 | 最大孔隙比 | 含水率/% |
|------|------|------|------|------|------|
| 圆砾 | 2.12 | 2.65 | 0.73 | 1.11 | 35.8 |

缩曲线，如图 23-9(a) 所示。进一步地，利用式 (23-15) 可得到泡沫改良土压缩系数随压力的变化曲线，如图 23-9(b) 所示。根据压缩系数曲线，可知当压缩系数为 2.6%/bar (建议最小值) 时，土舱压力为 137kPa。

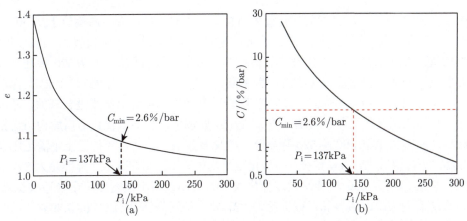

图 23-9    压缩曲线：(a) 孔隙比随压力变化；(b) 压缩系数随压力变化

将盾构试验段现场渣土的级配参数 $d_{60}$、$C_c$、$C_u$ 和现场改良参数以及压缩系数最小值对应的土舱压力值代入基于随机森林算法的有效侧压力系数预测模型中，可以得到渣土压缩系数最小建议值对应的有效侧压力系数 $K'$ 为 0.29。最后，可得渣土压缩系数建议最小值对应的类密度 $\rho_e$ 为 1.20g/cm³。因此，盾构试验段渣土合理类密度范围介于 1.00~1.20g/cm³。

### 23.4.3　现场验证

图 23-10 展示了试验段盾构土舱上半部分类密度值和下半部分类密度值。可以看出，改良参数优化前渣土类密度值均大于合适类密度区间，部分环数的类密度已大于渣土的原状土体密度，说明该段改良不合适，具有堵塞的风险。经过改良参数优化后，渣土类密度明显小于优化前，且绝大部分位于合理类密度范围内。此外，优化后渣土类密度的波动也明显减小，表明渣土具有良好的均质性。

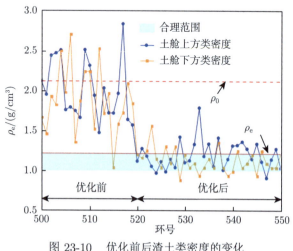

图 23-10　优化前后渣土类密度的变化

图 23-11(a) 展示了改良参数优化前后盾构总推力对比曲线图。盾构位于第 500 ～ 520 环段时，改良参数尚未优化，盾构渣土不满足压缩性要求，总推力数值较大，波动性强，总推力平均值为 27258.39kN，标准差为 1608.17，不利于盾构掘进。从第 520 环开始通过优化改良参数调控渣土类密度位于合适改良阈值后，总推力平均值为 22343.13kN，标准差为 1344.21，分别降低 18.03% 和 16.41%，说明合适类密度阈值计算结果是合理的，通过类密度实时评价渣土改良效果是有效的。图 23-11(b) 展示了改良参数优化前后盾构刀盘扭矩对比曲线图。盾构位于第 500 ～ 520 环段时，改良参数尚未优化，盾构渣土不满足压缩性要求，刀盘扭矩数值较大，波动性强，刀盘扭矩平均值为 3283.55kN·m，标准差为 247.14，不利于盾构掘进。从第 520 环开始通过优化改良参数调控渣土类密度位于合适改良阈值后，总推力平均值为 2391.99kN·m，标准差为 237.52，分别降低 27.15% 和 3.89%，说明合适类密度阈值计算结果是合理的，通过类密度实时评价渣土改良效果是有效的。此外，刀盘扭矩的降低在一定程度上对盾构在粗颗粒地层掘进中刀具减磨有积极意义。图 23-11(c) 展示了改良参数优化前后盾构掘进速度对比曲线图。盾构位于第 500 ～ 520 环段时，改良参数尚未优化，盾构渣土不满足压缩性要求，盾构掘进速度较慢，未优化段盾构平均掘进速度为 40.74mm/min，该段刀盘扭矩平均值为 3233.55 kN·m，总推力平均值为 26658.39kN，不利于盾构掘进。从第 520 环开始通过优化改良参数调控渣土类密度位于合适改良阈值后，刀盘扭矩和总推力均一定程度上降低，改良后的平均掘进速度为 50.73mm/min，提升幅度为 24.52%，说明类密度位于合适阈值内有效提高了盾构的掘进效率。

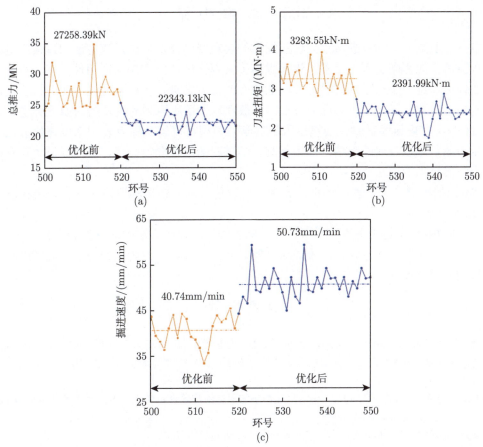

图 23-11 优化前后试验段盾构掘进参数的变化：(a) 总推力；(b) 刀盘扭矩；(c) 掘进速度

此外，对改良参数优化前后的渣土进行坍落度试验。其对应的坍落度值分别为 7.6cm 和 15.4cm，如图 23-12 所示。一般来说，砂土地层的建议的坍落度值范围为 15~20cm (Vinai et al.，2008)。尽管大气压下的坍落度试验不能反映土舱压力对改良状态的影响，但能从侧面佐证优化后渣土的塑流性要优于优化前渣土的塑流性。

图 23-12 坍落度试验结果：(a) 优化前；(b) 优化后

## 23.5　本　章　小　结

本章主要提出一种考虑渣土合理压缩性的表观密度评价方法，该方法通过采用机器学习来预测渣土的侧向土压力系数，进而提高了表观密度评价方法的适用性。基于渣土改良状态的评价，进一步对隧道掘进过程中的渣土改良方案进行优化。通过对比分析优化前后的盾构掘进参数，证实了所提评估方法的有效性。本章所得到的主要结论如下所述。

(1) 基于室内压缩试验，通过引入机器学习模型可以解决原有表观密度评价方法中侧向土压力系数难以获取的弊端，该模型与压缩试验的结果非常一致，进而促进了表观密度评价方法的推广应用。

(2) 根据考虑渣土合理压缩性的表观密度评价方法，在试验段渣土的合理类密度范围应为 $1.00\sim1.20\mathrm{g/cm^3}$。

(3) 通过应用上述考虑渣土合理压缩性的表观密度评价方法对改良参数进行优化后，盾构推力和刀盘扭矩显著下降，而推进速度明显上升，进一步说明了合理的表观密度有利于提高盾构的掘进效率。

## 参 考 文 献

曹文贵, 李鹏, 张超, 等, 2015. 土的初始和再压缩曲线分析模型 [J]. 岩石力学与工程学报, 34(1): 166-173.

彭长学, 杨光华, 2008. 软土 e-p 曲线确定的简化方法及在非线性沉降计算中的应用 [J]. 岩土力学, 6: 1706-1710.

占永杰, 王树英, 杨秀竹, 等, 2023. 考虑级配影响的盾构泡沫改良粗粒土一维压缩理论计算模型 [J]. 岩土工程学报, 45(8): 1644-1652.

Breiman L, 2001. Random forests [J]. Machine Learning, 45: 5-32.

Budach C, 2012. Unter suchungen zumerweiterten Einsatz von Erddrucks childening robkörni gem Lockergestein (Transl.: Investigations for extended use of EPB Shields in coarse-grained soils)[D]. Bochum: Ruhr-Universität.

Budach C, Thewes M, 2015. Application ranges of EPB shields in coarse ground based on laboratory research [J]. Tunnelling and Underground Space Technology, 50: 296-304.

Dias D, Kastner R, 2013. Movements caused by the excavation of tunnels using face pressurized shields-Analysis of monitoring and numerical modeling results[J]. Engineering Geology, 152: 17-25.

Feng Z, Wang S, Qu T, et al, 2023. Experimental study on workability and permeability of sandy soils conditioned with thickened foam[J]. Journal of Rock Mechanics and Geotechnical Engineering, 16(2): 532-544.

Galli M, Thewes M, 2014. Investigations for the application of EPB shields in difficult grounds [J]. Geomechanics and Tunnelling, 7: 31-44.

Guglielmetti V, Grasso P, Gaj F, et al, 2003. Mechanized tunneling in urban environment: control of ground response and face stability, when excavating with an EPB Machine[C]. In: (Re)claiming the Underground Space: Proceedings of the ITA World Tunnelling Congress, Amsterdam, Netherlands: 645-652.

Hu W, Rostami J, 2021. Evaluating rheology of conditioned soil using commercially available surfactants (foam) for simulation of material flow through EPB machine[J]. Tunnelling and Underground Space Technology, 112: 103881.

Li S, Wan Z, Zhao S, et al, 2022. Soil conditioning tests on sandy soil for earth pressure balance shield tunneling and field applications[J]. Tunnelling and Underground Space Technology, 120: 104271.

Maidl B, Herrenknecht M, Maidl U, et al, 2013. Mechanised Shield Tunnelling[M]. New York: John Wiley & Sons.

Merritt A, Mair R, 2008. Mechanics of tunnelling machine screw conveyors: a theoretical model[J]. Geotechnique, 58: 79-94.

Mori L, Alavi E, Mooney M, 2017. Apparent density evaluation methods to assess the effectiveness of soil conditioning[J]. Tunnelling and Underground Space Technology, 67: 175-186.

Mosavat K, Mooney M, 2015. Examination of excavation chamber pressure behavior on a 17.5m diameter earth pressure balance tunnel boring machine[C]. Proceedings International Conference on Tunnel Boring Machines in Difficult Ground, Singapore: 18-20.

Peila D, Oggeri C, Borio L, 2009. Using the slump test to assess the behavior of conditioned soil for EPB tunneling[J]. Environmental & Engineering Geoscience, 15: 167-174.

Peila D, Picchio A, Chieregato A, 2013. Earth pressure balance tunnelling in rock masses: laboratory feasibility study of the conditioning process[J]. Tunnelling and Underground Space Technology, 35: 55-66.

Vinai R, Oggeri C, Peila D, 2008. Soil conditioning of sand for EPB applications: a laboratory research[J]. Tunnelling and Underground Space Technology, 23: 308-317.

Wang H, Wang S, Zhong J, et al, 2021. Undrained compressibility characteristics and pore pressure calculation model of foam-conditioned sand[J]. Tunnelling and Underground Space Technology, 118: 104161.

Wang S, Ni Z, Qu T, et al, 2022. A novel index to evaluate the workability of conditioned coarse-grained soil for EPB shield tunnelling[J]. Journal of Construction Engineering and Management, 148: 04022028.

Wang S, Zhan Y, Qu T, et al, 2023. Effect of gradation on undrained compressibility of foam-conditioned coarse-grained soils[J]. International Journal of Geomechanics, 23: 04023089.

Wei Y, Yang Y, Tao M, et al, 2020. Earth pressure balance shield tunneling in sandy gravel deposits: a case study of application of soil conditioning[J]. Bulletin of Engineering Geology and the Environment, 79: 5013-5030.

Zhong J, Wang S, Liu P, et al, 2022. Investigation of the dynamic characteristics of muck during EPB shield tunnelling in a full chamber model using a CFD method[J]. KSCE Journal of Civil Engineering, 26: 4103-4116.

Zumsteg R, Langmaack L, 2017. Mechanized tunneling in soft soils: choice of excavation mode and application of soil-conditioning additives in glacial deposits[J]. Engineering, 3: 863-870.

# 第 24 章　盾构渣土改良参数机器学习及应用

## 24.1　引　　言

针对土压平衡盾构现场渣土改良策略优化，如何精确地实时调整渣土改良剂的用量，仍然是工程人员面临的一项挑战。室内外试验 (图 24-1) 是目前确定现场盾构渣土改良参数的主要手段，但是这些试验往往滞后于实际盾构掘进的需求。此外，实验室中试验土样的压力和孔隙状态往往不同于土舱内部渣土，因此试验结果难以应用到施工现场，工程技术人员和盾构司机往往不得不依靠以往工程经验来作出决策。然而，仅依靠经验来操作土压平衡盾构机这类大型复杂机械具有较大的风险。盾构工程迫切需要新的解决方案，以实现自动、精确和高效的渣土改良决策。

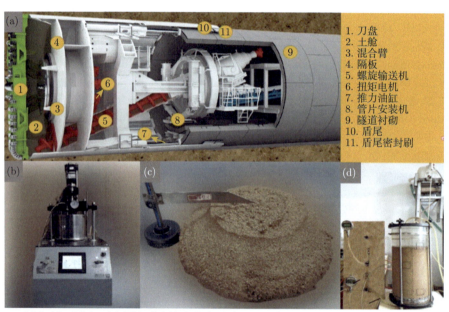

图 24-1　土压平衡盾构机示意图和改良渣土室内试验：(a) 盾构内部组成示意；(b) 十字板剪切试验；(c) 坍落度试验；(d) 渗透试验

机器学习为优化当前盾构掘进过程中的渣土改良策略提供了一种潜在方法。各种机器学习算法已证明其有能力解决机械化隧道工程中的实际挑战，包括开挖引起的地面沉降预测 (Zhang et al.，2019；Zhao et al.，2019；Zhang et al.，2021)、盾构姿态偏差预测 (Huang et al.，2022；Wang et al.，2024)、刀具寿命预测 (Elbaz et al.，2021)、地层条件预测 (Zhao 和 Wang，2020；Zhang et al.，2023)、隧道结构缺陷检测 (Zhu et al.，2016；Xue 和 Li，2018)、隧道施工和运营期性能评估 (Spackova 和 Straub，2013；Zhu et al.，2021)，以及

盾构推力 (Kong et al., 2022)、刀盘扭矩 (Cachim 和 Bezuijen, 2019)、掘进速度 (Feng et al., 2021) 和土舱压力 (Gao et al., 2021) 等隧道机械参数的预测。对于渣土改良问题, Lin 等 (2022) 比较了不同机器学习模型的预测效果, 发现随机森林算法优于其他模型。但是该研究中, 仅依托数据进行机器学习, 未考虑实际工程中改良剂的物理意义, 预测效果是否达到最佳还需进一步研究。

本章依托实际工程进行渣土改良机器学习, 在考虑改良渣土物理意义背景下, 建立一个解决盾构渣土改良机器学习问题的基本范式和流程, 并开发一种主动学习策略, 使在不知道待预测真值的情况下, 准确判断模型预测结果的可靠性。通过特征工程, 对来自盾构施工现场的原始数据进行处理, 使之为高质量机器学习奠定基础。对比不同机器学习模型预测性能, 选择最佳机器学习算法。此外, 提出基于 TSNE 降维的高维数据可视化方法, 分析不同数据集划分方式下预测结果差异较大的原因。提出基于主动学习的不确定性量化策略, 并通过举例验证该策略发现不可靠预测的能力。进一步地, 讨论特征工程与不确定性量化的重要意义, 以及本研究的局限性。

## 24.2　背 景 介 绍

### 24.2.1　问题陈述

如 24.1 节所述, 渣土改良方案及其最终改良效果受地质条件和盾构掘进参数的影响。与传统的代理模型问题相比, 渣土改良的机器学习面临以下三个不同的挑战。

(1) 渣土改良涉及大量因素, 包括地质参数和盾构掘进参数。映射关系非常复杂, 需要结合基于物理和数据驱动的关联分析, 以揭示潜在的映射规则。

(2) 从盾构数据采集系统和地质勘测报告中获得的原始数据涵盖了隧道掘进的不同阶段, 包括启动阶段、正常开挖阶段和关闭阶段。这些数据混杂且相对混乱, 如果不通过明确的阶段划分提取有价值的数据, 无法直接用于机器学习。此外, 原始数据中还包含大量噪声, 需要通过有效的特征工程来过滤噪声, 使其适用于机器学习。

(3) 当使用泡沫改良渣土时, 它们不会立即消散, 而是会在渣土中保持稳定一段时间。泡沫的稳定性会影响后续盾构掘进中添加剂的用量, 这使得渣土改良成为机器学习中的一个时间序列问题。

(4) 当使用训练有素的机器学习模型对实际值未知的新任务进行预测时, 如何评估该模型是否能得出可信的预测结果?

### 24.2.2　工程背景

本研究以安徽省合肥市地铁 7 号线盾构施工现场为研究对象, 进行基于机器学习的渣土改良框架示范。该项目采用直径 6.48m 的土压平衡盾构机, 每天可掘进 4~10 环, 每环长度约为 1.5m。设备数据采集系统在盾构掘进过程中共采集 206 类参数, 包括主动控制参数 (如盾构推力、螺旋输送机转速等) 和被动控制参数 (如刀盘扭矩、螺旋输送机扭矩等)。在整个挖掘过程中, 包括管片拼装和异常停机阶段, 所有数据均以每分钟一次的频率进行记录。

图 24-2 为该盾构区间隧道的地质纵断面图，隧道所处地层主要由人工填土、素填土、可塑状黏土、可塑状粉质黏土、硬塑状粉质黏土、全风化泥质砂岩与泥岩、强风化泥质砂岩与泥岩等组成。盾构隧道全断面穿越可塑状粉质黏土地层，盾构掘进过程中存在结泥饼和排渣不畅风险。盾构掘进前，通过钻孔勘探，选择性地获取了共 14 项地质参数，如天然密度、含水率、孔隙比、黏聚力、液限、塑限、内摩擦角等。

根据现场调研，盾构掘进前 100 环属于盾构司机调试阶段。该阶段数据往往呈现无规则变化和波动，不能有效反映实际盾构掘进状态。因此，本研究选取第 100~530 环区间 (图 24-2 中黑框部分) 的数据，共 255323 组原始掘进数据样本进行机器学习处理。但少量的地质勘探孔使得大部分位置处的地质参数仍不明确，导致地质参数无法与不同掘进位置处的掘进参数对应，如若忽略此问题进行机器学习，则会产生较差的预测效果。为克服这一问题，相邻钻孔之间的地质参数通过线性插值法获得，该方法假定地质参数在同一地层中不会发生突然变化。因此，每组掘进参数都有相应的地质参数供机器学习使用。基于机器学习的渣土改良映射关系为

$$Q_{\mathrm{f}}^{(t+1)} = \mathcal{F}(\boldsymbol{T}^{(t)}, \boldsymbol{G}^{(t)}) \tag{24-1}$$

式中，$Q_{\mathrm{f}}^{(t+1)}$ 表示在 $t+1$ 时刻的泡沫液体流量；$\boldsymbol{T}^{(t)}$ 与 $\boldsymbol{G}^{(t)}$ 则分别为对应 $t$ 时刻盾构掘进参数与地质参数。

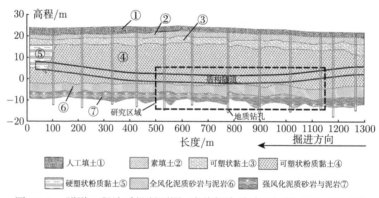

图 24-2　隧道工程地质纵断面图 (虚线框为试验区间第 100~530 环)

## 24.3　盾构掘进数据特征工程

机器模型的性能上限取决于数据的质量。特征工程可以将未经处理的原始数据转化为有效捕捉数据内在模式的格式。它是机器学习中必不可少的一步，能使模型准确地从数据中提取信息，从而提高训练模型的预测能力 (Casari 和 Zheng，2018)。

### 24.3.1　数据预处理

#### 1. 稳定掘进阶段划分

盾构机数据采集系统在运行期间每分钟都会记录数据，从而产生大量数据集，其中大部分数据来自停机阶段，如管片安装。例如，在本项目第 160~165 环区间，共记录了 1361

组数据,但只有约 180 组数据来自挖掘阶段 (图 24-3)。在当前背景下使用该数据集进行机器学习会产生两个主要问题:

(1) 停机数据和掘进数据之间的不平衡会使学习产生偏差,因为模型可能会优先处理更普遍的停机数据,从而降低掘进阶段的准确性;

(2) 原始数据集的规模需要大量计算资源,影响训练过程的效率和时间。

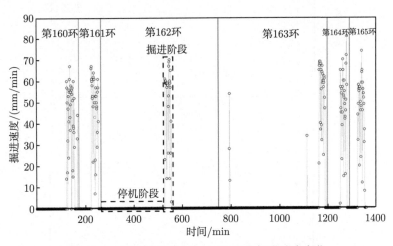

图 24-3　盾构机在第 160~165 环处掘进速度变化

在对盾构掘进过程进行系统研究的基础上,将停机阶段与掘进阶段区分,并从整个掘进阶段中筛选稳定掘进段的数据。主要措施如下所述。

(1) 掘进阶段的确定。

根据盾构机司机的经验,掘进一般持续到直至完成单环长度,通常需要 25~30min。因此,根据经验以 25min 为临界值来确定掘进段的特征。

(2) 稳定段的基本标准。

图 24-4 显示掘进阶段分为三个部分:起始段、稳定掘进段和结束段,由速度变化决定。起始段的特点是,随盾构机调整掘进参数,速度持续增加;而结束段的特点则是随着盾构机完成单环的长度,速度不断降低。起始和结束部分并不能反映常规的盾构掘进,不适合进行机器学习分析。因此,针对整个试验区间,数据集从 255323 组压缩到 4305 组,确保能够更有效地训练机器学习模型。

2. 异常值识别

箱形图和正态分布等传统离群值检测方法不足以识别多元数据中的离群值。为避免这一局限性,本节采用 K-Means 聚类算法 (Likas et al., 2002) 对样本进行分类,并通过测量每个样本与其聚类中心点之间的欧氏距离来检测离群值,同时应用 “3σ 原则” 将与平均值相差三个标准差以上的数据点标记为罕见离群值。由于聚类算法的目标函数 (偏差平方和) 随 $k$ 的变化而变化,因此选择最佳聚类数目 $(k)$ 至关重要。关联图显示,当 $k$ 值为 3 时,目标函数显著下降 (图 24-5),表明该算法适用于这种渣土改良情景。

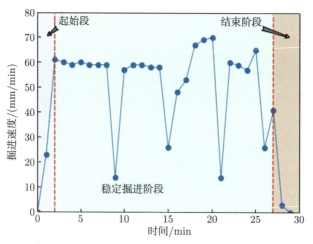

图 24-4　第 162 环隧道掘进周期内掘进速度变化

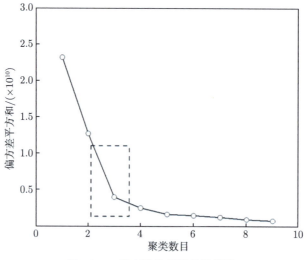

图 24-5　拐点法选择最佳聚类数

**3. 掘进数据降噪**

在盾构施工过程中，传感器采集受刀盘与土体之间冲击振动及施工干扰影响的数据。这些数据包括冲击振动产生的噪声成分和实际施工信息 (Xiao et al.，2022)。许多现有的降噪滤波方法 (Vaseghi，2008；Alhasan et al.，2016) 可用于此目的。本研究采用巴特沃斯滤波器 (Gustafsson，1996) 进行噪声处理，详见公式 (24-2)。

$$|H(w)|^2 = \frac{1}{1 + \left(\dfrac{w}{w_c}\right)^{2m}} \tag{24-2}$$

式中，$m$ 表示滤波器的阶数；$w_c$ 表示截止频率；$H(w)$ 表示频率 $w$ 处的相应振幅。

在渣土改良研究中，滤波器阶数为 4 可以有效去除噪声。截止频率利用傅里叶变换和能量谱密度图确定 (Long et al.，2017)。具体来说，从傅里叶变换中得出的能谱密度图 (Rosso et al., 2023) 有助于选择截止频率，在保留有用的低频信息的同时将高频噪声降至最低。图 24-6 展示了原始掘进速度数据的去噪情况。原始数据能谱密度图中 0~0.0002 的频率范围是振幅趋近于零的地方。在此频率范围内进行的测试确定了 0.0002 的最佳截止频率。

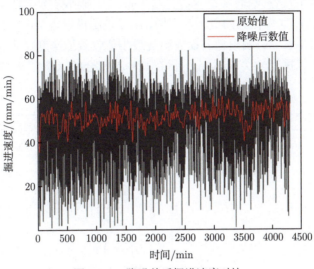

图 24-6　降噪前后掘进速度对比

### 24.3.2　特征选择

在对数据进行预处理后，初步选择 9 个盾构掘进参数和来自地勘报告的 8 个地质参数进行特征选择，具体如表 24-1 所示。

表 24-1　掘进参数与地质参数列表

| 掘进参数 | a: 刀盘转速;<br>b: 土舱平均压力;<br>c: 盾构推力;<br>d: 螺旋输送机转速;<br>e: 刀盘扭矩;<br>f: 贯入度;<br>g: 螺旋输送机扭矩;<br>h: 螺旋输送机表面土压;<br>i: 盾构掘进速度 | 地质参数 | A: 自然含水率;<br>B: 饱和度;<br>C: 液限;<br>D: 压缩模量;<br>E: 内摩擦角;<br>F: 黏聚力;<br>G: 塑性指数;<br>H: 塑限 |
| --- | --- | --- | --- |

#### 1. 数据缩放

为了降低不同特征量级的影响，确保预测的准确性，本研究采用 Min-Max 缩放法。如式 (24-3) 所示，该过程将所有特征值归一化为 0 和 1 之间的范围。

$$\tilde{x}_i = \frac{x_i - \min(x)}{\max(x) - \min(x)} \tag{24-3}$$

式中，$x_i$ 是单个特征的第 $i$ 个值；$\min(x)$ 和 $\max(x)$ 分别代表特征的最小值和最大值；$x_i$ 对应于 $x_i$ 特征缩放后的值。

**2. 特征重要度排序**

LightGBM 算法被用于评估特征的重要性。此算法将掘进参数和地质参数作为输入特征，而以泡沫液体流速作为输出特征。在构建回归模型时，采用了一系列优化的超参数，包括：max_depth=−1 (这意味着决策树会持续生长，直到所有的叶节点都不能再进一步分裂)、num_leaves=31 (即每棵树的最大叶子数，用以控制模型复杂度)、learning_rate=0.05 (决定了每次迭代的步长，影响模型向损失函数最小值收敛的速度)，以及 bagging_freq=5 (即每进行五次迭代就执行一次 bagging，旨在减少过拟合的风险)。模型对参数重要性的评估如图 24-7 所示。

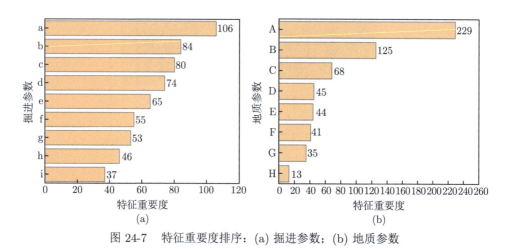

图 24-7　特征重要度排序：(a) 掘进参数；(b) 地质参数

**3. 特征相关性分析**

根据前面特征重要性概述，其可通过使用特征相关性分析来简化机器学习的输入特征。该节采用皮尔森相关系数法 (式 (24-4)) 来评估盾构掘进参数与地质参数之间的相关性。这种方法能够识别出具有高度相关性的特征 (即那些皮尔森系数的绝对值大于 0.8 的特征)。这些特征将被进一步细化，而相关性较低的特征则在领域知识的确认后可能会被排除。

$$r = \frac{\sum_{i=1}^{n}\left(X_i - \overline{X}\right)\left(Y_i - \overline{Y}\right)}{\sqrt{\sum_{i=1}^{n}\left(X_i - \overline{X}\right)^2}\sqrt{\sum_{i=1}^{n}\left(Y_i - \overline{Y}\right)^2}} \qquad (24\text{-}4)$$

式中，$r$ 表示皮尔森相关系数；$X_i$ 和 $Y_i$ 分别表示变量 $X$ 和 $Y$ 的样本值；而 $\overline{X}$ 和 $\overline{Y}$ 则表示相应变量的平均值。

图 24-8 展示了不同特征间的相关系数。在这张图中，较深的红色阴影表示强烈的负相关，而较深的蓝色阴影则表示强烈的正相关。值得注意的是，贯入度和掘进速度 (特征 f 和 i)，以及螺旋输送机扭矩和螺旋输送机表面土压力 (特征 g 和 h) 之间展现出了高度的相关性。在地质参数方面，液限 (特征 C) 与黏聚力 (特征 F)、塑性指数 (特征 G) 和塑限 (特征 H) 也呈现出密切的相关性。

综合考虑这些参数的特征重要性，最终选择了七个盾构掘进参数 (a、b、c、d、e、f 和 g) 和五个地质参数 (A、B、C、D 和 E) 用于机器学习模型的训练和分析。这种方法有效地简化了模型的输入特征，同时确保了关键信息的保留，从而提高了模型的效率和精确度。

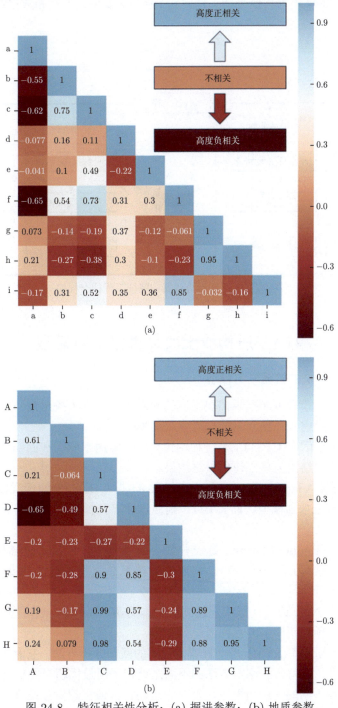

图 24-8 特征相关性分析：(a) 掘进参数；(b) 地质参数

### 24.3.3　特征工程流程

如图 24-9 所示，为处理与盾构隧道相关的原始数据，总结了一套标准的特征工程程序。特征工程主要通过预处理和特征选择两大步骤来完善数据。该标准程序并不只适用于特定的隧道工程，也可作为其他复杂工程问题 (涉及众多相关因素和数据噪声) 的数据以备参考。

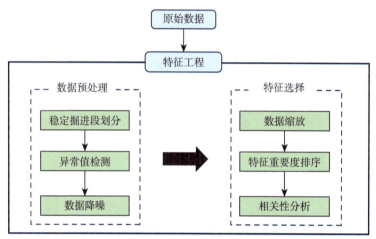

图 24-9　盾构掘进数据的特征工程标准程序

## 24.4　盾构渣土改良机器学习模型

### 24.4.1　适合渣土改良的机器学习模型

不同的机器学习模型可能擅长捕捉不同的映射关系。为了找出最适合于盾构渣土改良问题的模型，该节考虑了几种常见的机器学习模型：

(1) 梯度提升决策树 (GBDT) 是一种迭代算法，常用于分类和回归任务。它依靠多棵决策树，将每棵树的结论汇总，得出最终结果。

(2) 自适应增强 Adaptive Boosting (AdaBoost) 与 GBDT 的原理类似。它通过调整误分类数据点的权重来增强模型，而 GBDT 则通过计算负梯度来识别问题，并相应地改进模型。

(3) 随机森林 (Random Forest) 是一种集合学习技术，包括通过随机抽样获取数据，将数据输入多个弱学习器 (决策树)，并通过投票汇总它们的预测结果，从而获得最终输出。

(4) $K$-近邻 (KNN) 通过计算实例找到新样本的 $K$ 个近邻，然后通过取这 $K$ 个近邻目标值的平均值来预测新样本的目标值。

(5) 支持向量机回归 (SVM) 是一种非常有用的回归分析方法，它利用支持向量机的思想来构建回归模型。它与传统回归方法的不同之处在于用最优超平面拟合数据点。

在评估和比较不同的候选模型时，每个模型均在其最佳超参数组合下进行训练。为了确定最优超参数组合，采用了贝叶斯优化方法。这种方法通过智能搜索，最多进行 50 次选代, 寻找最佳参数设置, 从而提高模型的性能。此外, 由于渣土中的泡沫可在土舱内持续存在, 因此盾构机在确定后续调节参数 (如泡沫液体流量和泡沫气体流量) 时, 应考虑历史渣土改良参数。为了验证渣土改良的时序性, 这里考虑了两种不同的训练策略, 即使用历史改良参数和不使用历史改良参数来训练模型。

$$Q_{\mathrm{f}}^{(t+1)} = \mathcal{F}(\boldsymbol{T}^{(t)}, \boldsymbol{G}^{(t)}, \boldsymbol{Q}_{\mathrm{f}}^{(t)}, \boldsymbol{Q}_{\mathrm{A}}^{(t)}) \tag{24-5}$$

其中, $\boldsymbol{Q}_{\mathrm{f}}^{(t)}$、$\boldsymbol{Q}_{\mathrm{A}}^{(t)}$ 分别表示 $t$ 时刻的泡沫液体流量和泡沫气体流量。

为了评估模型的性能, 采用了两个指标: 决定系数 $R^2$ 和预测误差的方差 $\sigma^2$ (参见式 (24-6) 和式 (24-7))。$R^2$ 的范围是 0~1, 其值越接近 1 表示模型性能越好。$\sigma^2$ 的范围则是 0~ $+\infty$, 它反映了预测误差的波动程度, 值越小表示误差变化越稳定。

$$R^2 = 1 - \frac{\sum\limits_{i=1}^{n}(y_i - f(x_i))^2}{\sum\limits_{i=1}^{n}(y_i - \bar{y})^2} \tag{24-6}$$

$$\sigma^2 = \sum_{i=1}^{n}\left((y_i - f(x_i)) - \frac{\sum\limits_{i=1}^{n}(y_i - f(x_i))}{n}\right)^2 \Big/ n \tag{24-7}$$

式中, $y_i$ 表示样本真值; $f(x_i)$ 是模型预测结果; $\bar{y}$ 是所有样本点均值; $n$ 则为测试集中样本点的数量。

表 24-2 展示了几种机器学习模型的预测结果, 可以得出以下几点发现。

(1) 当纳入历史渣土改良参数后, 所有机器学习模型的性能都可以得到显著提升。

(2) 添加渣土改良参数后, 所有机器学习模型显示出相似的决定系数 $R^2$。这些结果表明, 当提供高质量的输入数据时, 不同模型均能达到类似的预测性能水平。

(3) 尽管可以达到类似的预测结果, 但在上述模型中预测误差的评价指标 $\sigma^2$ 存在细微差异, 这反映了预测误差的稳定性。GBDT 模型的预测误差方差 $\sigma^2$ 最低, 因此是最稳定的候选模型。

表 24-2  不同算法预测结果比较

| 算法 | $R^2$ (没有历史变量) | $\sigma^2$ (没有历史变量) | $R^2$ (含有历史变量) | $\sigma^2$ (含有历史变量) |
|---|---|---|---|---|
| GBDT | 0.8736 | 0.3324 | 0.9991 | 0.0023 |
| AdaBoost | 0.6041 | 1.0397 | 0.9932 | 0.0178 |
| 随机森林 | 0.8740 | 0.3311 | 0.9959 | 0.0106 |
| KNN | 0.9652 | 0.0915 | 0.9988 | 0.0029 |
| SVM | 0.8097 | 0.4906 | 0.9982 | 0.0045 |

GBDT 模型的预测结果如图 24-10 和图 24-11 所示。在图 24-10 中, GBDT 算法对泡沫液流量 $Q_{\mathrm{f}}$ 预测的决定系数 $R^2$ 为 0.8736, 预测误差方差 $\sigma^2$ 为 0.3324, 即使模型已设定为最

优状态,这些结果也不够理想。目前,最佳超参数组合被确定为:最大深度 (max_depth)=3,学习率 (learning_rate)=0.1,基学习器数量 (n_estimators)= 100。通过纳入前一时刻的泡沫液体流量和泡沫气体流量参数,预测性能得到了显著提升。如图 24-11 所示,决定系数 $R^2$ 达到 0.9991,预测方差 $\sigma^2$ 降至 0.0023。

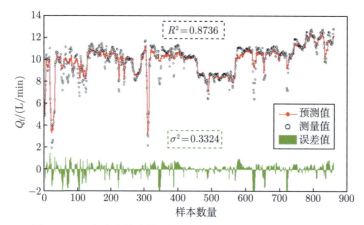

图 24-10    泡沫液体流量预测 (没有纳入历史渣土改良参数)

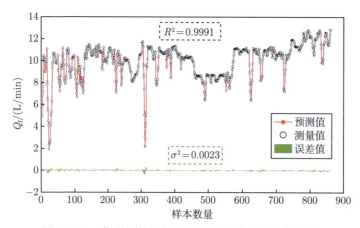

图 24-11    泡沫液体流量预测 (纳入历史渣土改良参数)

其他模型在纳入或不纳入历史变量的情况下的性能展示如图 24-12 所示。所有结果都证实了渣土改良问题的历史依赖性,纳入先前的渣土改良参数可以促进未来渣土改良参数的预测。

### 24.4.2    数据分布对机器学习的影响

在机器学习中,通常有两种方式划分数据集:随机划分和有序划分。随机划分是指根据数据分布,随机选择相应比例的数据作为训练集和测试集。相反,有序划分则基于数据集的时间序列,例如选择连续数据集的前一定比例作为训练集,剩余部分作为测试集。需要强调的是,在本研究中,测试集对训练数据集来说是完全未见过的、符合外样本测试的标准。这种方法确保了测试阶段评估模型在新的、以前未遇到的数据上的泛化能力和性能，从而提供了对其预测能力的更严格评估。

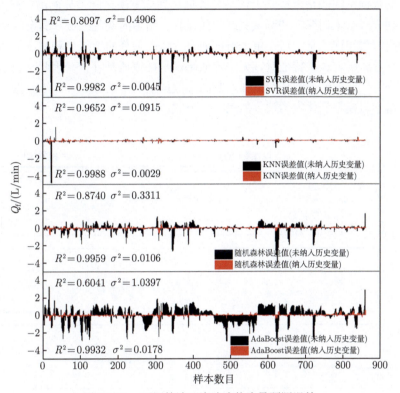

图 24-12 不同算法下泡沫液体流量预测误差

先前工作主要关注随机划分的数据集，其中 80% 随机选为训练集，剩余 20% 作为测试集。通过有序划分数据进行了一系列比较实验，以研究数据分布对机器学习模型性能的影响。图 24-13 显示了相应的预测结果，其中决定系数 $R^2$ 为 0.6869，预测方差 $\sigma^2$ 降

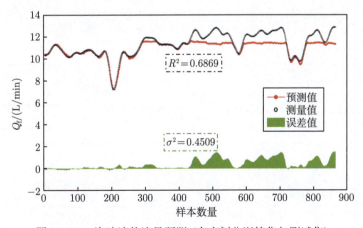

图 24-13 泡沫液体流量预测 (有序划分训练集与测试集)

至 0.4509。尽管采用了相同的模型、超参数和架构，但有序划分的预测性能显著低于随机划分。

　　本研究从数据空间的角度探索上述两种数据集划分方法之间差异的潜在原因。图 24-14 展示了两种划分方法下训练集和测试集之间的差异。图中的灰色区域和其余区域分别代表有序划分下的测试集和训练集。对于单个特征而言，随机划分的训练集和测试集似乎具有类似的特征，但在考虑所有高维特征时，无法评估测试是插值还是外推。因此，利用降维技术来帮助可视化分析，并理解训练和测试样本在高维数据空间中的分布。高维数据可视化策略提供了理解机器学习模型泛化能力边界的另一种方式。

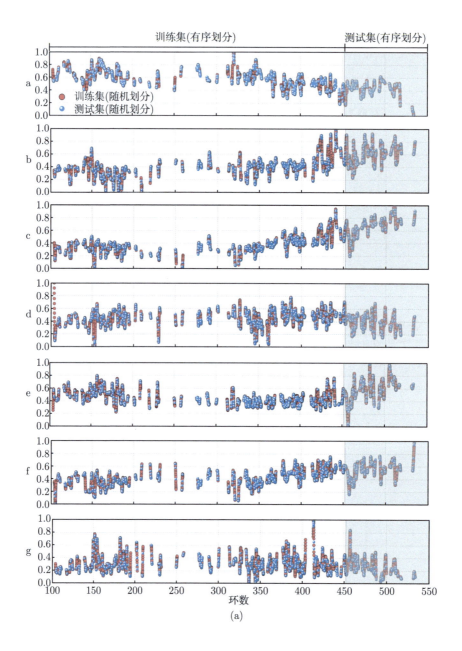

(a)

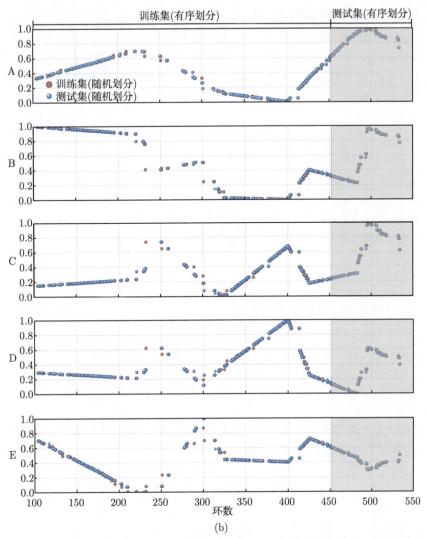

图 24-14　不同训练集与测试集划分方法可视化：(a) 掘进参数；(b) 地质参数

### 24.4.3　高维掘进数据可视化

隧道建设是一个典型的工程问题，涉及众多因素，分析这些高维数据一直是隧道工程师的重要任务。解决这个问题的一种策略是使用降维技术进行高维数据可视化，这主要分为两类：主成分分析 (PCA)(Maćkiewicz 和 Ratajczak，1993) 和 t 分布随机邻居嵌入 (TSNE)(Pezzotti et al.，2017)。PCA 是一种线性降维算法，其缺点包括处理非线性问题的能力有限和丢失重要信息。相反，TSNE 属于非线性降维算法，能够捕捉高维数据的复杂流动结构。因此，在本研究中，选择 TSNE 方法对与盾构隧道相关的高维数据进行降维。

1. TSNE 原理概述

TSNE 算法将原始盾构数据点之间的相似性转化为概率分布，用对称联合概率密度表示盾构数据空间中任意两个样本点之间的相似性。设定原始高维盾构数据空间 $X =$

$\{x_1, x_2, \cdots, x_n\}$ 中的任意两个样本点 $x_i$ 和 $x_j$，样本点 $x_j$ 接近样本点 $x_i$ 的概率表示为 $P_{j|i}$，且该条件概率服从高斯分布。$\sigma_i$ 是以数据点 $x_i$ 为中心的高斯分布的方差。相应地，在低维数据空间 $Y = \{y_1, y_2, \cdots, y_n\}$ 中的样本点为 $y_i$ 和 $y_j$，它们的条件概率服从重尾长尾的 t 分布。与之前的方式相同，样本点 $y_j$ 作为样本点 $y_i$ 的近邻的概率为 $Q_{j|i}$。对于任意具有对称位置的样本点，有 $P_{j|i} = P_{i|j}$ 和 $Q_{j|i} = Q_{i|j}$，即

$$P_{j|i} = \begin{cases} \dfrac{\exp[-\|x_i - x_j\|^2 / (2\sigma_i^2)]}{\sum\limits_{k \neq i} \exp[-\|x_i - x_k\|^2 / (2\sigma_i^2)]}, & i \neq j \\ 0, & i = j \end{cases} \qquad (24\text{-}8)$$

其中，$x_k$ 是数据集 $X$ 中除了 $x_i$ 和 $x_j$ 之外的一个数据点。

因此高维盾构数据样本之间的联合概率密度 $P_{ij}$ 为

$$P_{ij} = \frac{P_{i|j} + P_{j|i}}{2n} \qquad (24\text{-}9)$$

低维盾构数据样本之间的联合概率密度 $Q_{ij}$ 为

$$Q_{ij} = \begin{cases} \dfrac{(1 + \|y_i - y_j\|^2)^{-1}}{\sum\limits_{k} \sum\limits_{k \neq l} (1 + \|y_k - y_l\|^2)^{-1}}, & i \neq j \\ 0, & i = j \end{cases} \qquad (24\text{-}10)$$

为衡量高维盾构数据样本和低维数据样本的相似性，通过 KL 散度 (Kullback-Leibler divergences) 衡量两个分布的差异，得到式 (24-11) 的目标函数：

$$C = \text{KL}(P \parallel Q) = \sum_i \sum_j P_{ij} \log \frac{P_{ij}}{Q_{ji}} \qquad (24\text{-}11)$$

将目标函数 $C$ 对 $y_i$ 进行求导，可得到梯度：

$$\frac{\delta C}{\delta y_i} = 4 \sum_j (P_{ij} - Q_{ij})(y_i - y_j)(1 + \|y_i - y_j\|^2)^{-1} \qquad (24\text{-}12)$$

将低维盾构数据空间表达式作为优化结果，对中间变量目标函数 $C$ 进行迭代寻优，同时不断更新低维盾构数据点，直至得到对应所求最优解：

$$Y^t = Y^{t-1} + \eta \frac{\mathrm{d}C}{\mathrm{d}Y} + \alpha(t)(Y^{t-1} - Y^{t-2}) \qquad (24\text{-}13)$$

式中，$Y^t$ 表示第 $t$ 次迭代所得结果；$\eta$ 为学习率；$\alpha(t)$ 为第 $t$ 次迭代时的动量项。

2. 高维数据分布可视化

使用 TSNE 进行降维后，对与渣土改良相关的隧道掘进数据进行的可视化分析显示如图 24-15 所示。在随机划分的数据集中，测试集与训练集在数据空间上重叠，表明训练集和测试集在数据空间中具有相似的分布，且测试属于插值预测。相比之下，在有序划分方

法中，训练集和测试集在数据空间中的分布彼此显著不同。因此，对于所学习的模型来说，测试将是外推预测。

机器学习算法擅长插值而不擅长外推。因此，机器学习预测的有效性取决于训练集和测试集的分布。数据空间中的差异是观察到的两种数据集划分方法之间差异的主要原因。

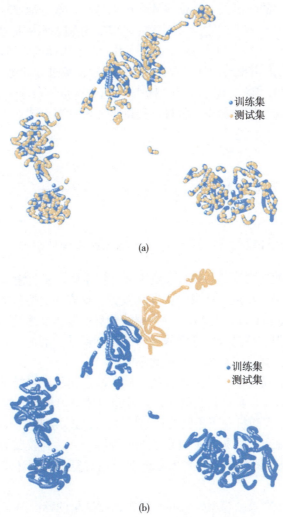

图 24-15　经 TSNE 降维后训练集与测试集可视化：(a) 随机划分；(b) 有序划分

## 24.5　模型预测不确定性评价

机器学习模型通常是在相同的数据分布下进行训练和验证的。当一个模型被用于一个之前没有已知数据分布的建筑项目时，预测模型将进行插值预测还是外推预测是不明确的(Guo et al.，2023)。在这种情况下，机器学习预测的可靠性是值得质疑的。这种预测的不确定性限制了最新机器学习技术在渣土改良和自动化盾构隧道方面可能带来的潜在革命。为了解决这一挑战，本节提出了一种基于委员会的方法来估计机器学习预测的不确定性，从而增强解决实际工程挑战的信心。

### 24.5.1 基于委员会的不确定性评价原理

基于委员会的方法最初是用来识别最具信息量的数据，以训练一个表现良好的代理模型。本研究将该方法重新用于基于机器学习的预测不确定性量化。假设有一些数据 $X$ 和 $Y$，两者之间存在一定的映射关系，这些数据可以是标记数据池 $\boldsymbol{D}_{\mathrm{l}} = \{(x_i, y(x_i))\}_{i=1}^{N_{\mathrm{l}}}$ 也可以是未标记数据池 $\boldsymbol{D}_{\mathrm{u}} = \{x_i\}_{i=1}^{N_{\mathrm{u}}}$，其中 $N_{\mathrm{l}}$ 和 $N_{\mathrm{u}}$ 分别表示标记数据池和未标记数据池中的数据数量。委员会 $C = \left\{M^{(1)}, \cdots, M^{(N)}\right\}$ 由 $N$ 个代理机器学习模型 (也称为委员会成员或模型) 组成，它们用相同的标记数据集 $\boldsymbol{D}_{\mathrm{l}}$ 和超参数进行训练。然后，委员会用于对数据集 $\boldsymbol{D}_{\mathrm{u}}$ 中的 $x_i$ 进行预测，即 $\hat{y}(x_i) = \left\{y^{(1)}(x_i), \cdots, y^{(N)}(x_i)\right\}$。随后用标准偏差 (SD) 来量化所有代理模型输出的预测不一致性，标准偏差的计算公式为

$$\mathrm{SD}(x_i) = \sqrt{\frac{\sum\limits_{k=1}^{N} \left(y^{(k)}(x_i) - \bar{y}(x_i)\right)^2}{N}} \tag{24-14}$$

其中，$\bar{y}(x_i)$ 是 $N$ 个代理模型针对样本 $x_i$ 的平均预测值，即 $\bar{y}(x_i) = \left.\sum\limits_{k=1}^{N} y^{(k)}(x_i) \right/ N$。如果这些模型的输出彼此非常接近，并且收敛于某一特定值，表明输出结果紧密逼近真实值，可以被视为可靠的预测。相反，如果输出变化较大，这表明这些机器学习模型没有学习到潜在的规律和知识 (Qu et al.，2023)。这个想法背后的基本原理是，机器学习模型需要大量的参数进行训练，但训练过程中通常只有一个目标函数。因此，只要这些训练参数的初始值不同，训练出的机器学习模型就会彼此不同。

如图 24-16 所示，提出的基于委员会的不确定性量化程序包括以下步骤。

步骤 1：通过已有样本集进行机器学习，选定机器学习模型及对应的超参数。

步骤 2：训练多个仅随机种子不同的初始模型，即委员会模型 (committee model)，确保这些委员会模型均在初始数据集上进行了充分训练，并达到较高的预测水准。

步骤 3：利用步骤 2 中不同的委员会模型分别对复杂工程环境中的问题进行预测或决策。

步骤 4：计算多个委员会模型针对同一样本预测结果的标准差。

步骤 5：设置阈值 $\varepsilon$，当委员会模型预测结果的标准差低于设定阈值时，可认为步骤 3 中的预测结果具有可靠性，即机器学习模型的预测可信，此问题可相信机器决策。若委员会模型预测结果的标准差高于设定阈值，则认为机器预测结果不具备参考价值，该问题需要人工决策。

### 24.5.2 不确定性评价验证

为了验证 24.4 节中训练的模型和数据集 (包括随机和有序划分) 的不确定性量化方法的有效性，可以对每个训练模型中标准偏差 (SD) 最大和最小的 $10\%$ 样本点的实际预测误差进行分析。这些替代模型的逐点预测误差定义为

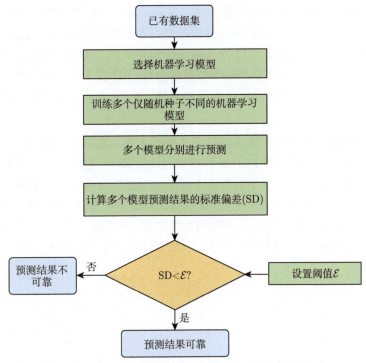

图 24-16　基于委员会的不确定性评估基本程序

$$\varepsilon(x_i) = \left| \frac{\bar{y}(x_i) - y_{\text{true}}(x_i)}{y_{\text{true}}(x_i)} \right| \tag{24-15}$$

式中，$y_{\text{true}}(x_i)$ 是 $x_i$ 的真实目标值。

表 24-3 展示了在不同委员会模型组合中，SD 最大的 10%样本点与 SD 最小的 10%样本点相比，平均实际预测误差 $\varepsilon_1$ 显著较高。这表明了一个强相关性，即随着委员会模型预测 SD 的增加，相应的实际预测误差也增加。此外，随着委员会中模型数量的增加，SD 最小的点的平均误差减少，而 SD 较大的点的平均误差增加。本质上，随着使用更多的委员会模型，SD 较大的点越来越可能存在较高的实际误差，而 SD 较小的点则倾向于有较低的实际误差。这两个观察结果都证实了随着委员会规模的增长，预测准确性得到提升。

表 24-3　不同数量代理模型不确定性预测效果比较

| 委员会模型数量 | 平均实际预测误差 | | | |
|---|---|---|---|---|
| | 具有最小 SD 的 10%数据点 | | 具有最大 SD 的 10%数据点 | |
| | 随机划分 | 有序划分 | 随机划分 | 有序划分 |
| 3 | 0.0013 | 0.0094 | 0.0184 | 0.0519 |
| 4 | 0.0012 | 0.0087 | 0.0208 | 0.0525 |
| 5 | 0.0011 | 0.0084 | 0.0222 | 0.0529 |
| 10 | 0.0010 | 0.0067 | 0.0263 | 0.0903 |
| 15 | 0.0009 | 0.0035 | 0.0282 | 0.0941 |
| 20 | 0.0009 | 0.0034 | 0.0290 | 0.0958 |
| 25 | 0.0009 | 0.0034 | 0.0299 | 0.0958 |
| 50 | 0.0008 | 0.0033 | 0.0324 | 0.0975 |
| 100 | 0.0008 | 0.0033 | 0.0366 | 0.1043 |

　　图 24-17 以使用数据集的有序划分为例，展示了委员会模型预测的标准偏差 ($x$ 轴) 和实际预测误差 ($y$ 轴) 的相对排名。需要注意的是，本研究中使用的测试数据集对所有训练数据集而言均是完全未见过的。$x$ 轴和 $y$ 轴都按顺序排列，使得较小的数字分别对应于较小的 SD 或实际预测误差。当委员会模型数量较少时，SD 排名和实际预测误差排名之间的相关性不明确。然而，随着委员会模型数量的增加，SD 排名和实际预测误差排名之间表现出正相关。

　　为了探索 SD 排名和实际预测误差排名之间的关系，在 $y = 0.7x$ 和 $y = 1.3x$ 之间增加了一个灰色区域，假设相对排名在 30% 以内为满意预测。然后，居住在这个区域的样本点被视为有效预测。图 24-17 显示随着 SD 排名的增加，落入有效预测区域的样本点数量逐渐增加。鉴于模型预测的可靠性主要通过展示最差预测性能的少量数据来评估，因此分析仅专注于这一关键的数据分数。从应用的角度来看，分析优先考虑最高变异性的样本 (前 10%、前 15% 和前 20%)，因为它们在实际工程场景中出现误判的可能性更高。

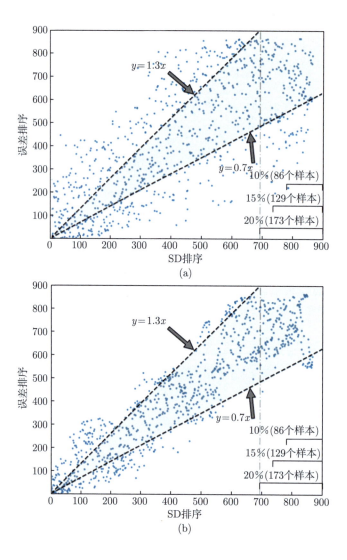

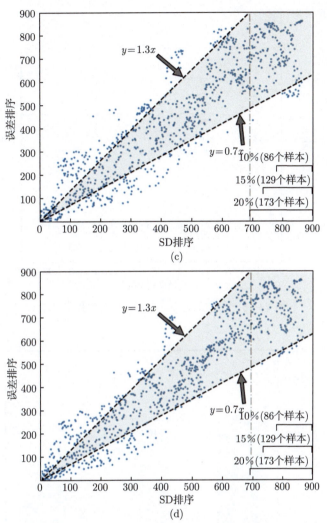

图 24-17　在不同数量的委员会模型下 SD 与实际预测误差之间的关系：(a) 3 个代理模型；(b) 20 个代理模型；(c) 50 个代理模型；(d) 100 个代理模型

图 24-18 展示了在不同数量的委员会模型下，标准偏差最大的样本 (分别为前 10%、前 15% 和前 20%) 中有效预测的比例。在所有三种条件下，随着委员会模型数量的增加，有效预测的百分比逐渐增加。然而，当模型数量达到大约 30 时，有效预测的百分比稳定地收敛。考虑到更多委员会模型带来的较高计算成本，建议使用总共 30 个委员会模型来估计预测的可靠性。图 24-19 呈现了在这三种条件下机器学习模型实际预测误差的统计分析。结果显示，在最大标准偏差的前 10% 范围内的预测准确性优于前 15% 和前 20% 范围，表明在最大 SD 区域选择较少数量的样本更容易获得更有效的预测。将图 24-18 与图 24-19 进行比较发现，样本比例增加所带来的有效预测率变化和实际预测误差的变化不一致。具体来说，当选择较小比例的最大标准偏差样本时，会导致更高的整体平均实际预测误差。根据图 24-17，发现大多数预测失误的点确实在最大 SD 的前 10% 区域内。这些结果揭示了所提出的基于委员会的不确定性量化是一种工程策略，而不是一个数学上严格的方法，这

将在 24.5.3 节中进一步讨论。

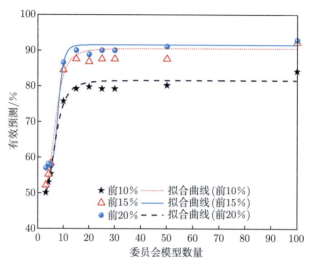

图 24-18　不同最大 SD 范围内的有效预测曲线

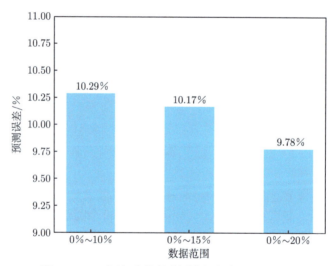

图 24-19　不同标准偏差范围数据的实际预测误差

### 24.5.3　不确定性量化数据可视化

在 24.5.2 节中，通过使用基于委员会的不确定性识别方法评估了有序划分的预测可靠性，其中标准偏差 (SD) 阈值分别设置为 0.13 和 0.11。图 24-20 展示了数据集降维后不可靠预测的分布情况。当设定阈值后，这些不可靠的预测被观察到位于数据空间中远离训练集的位置。随着 SD 阈值的降低，不可靠预测的数量逐渐增加，并且其分布向数据空间中的训练集扩散。这一发现也证实了数据分布在机器学习中的重要性。如果训练集的分布与测试集的分布存在显著差异，那么预测可能不理想。为了开发出可靠的预测模型，将广泛的相关和高质量数据纳入训练过程是非常重要的。

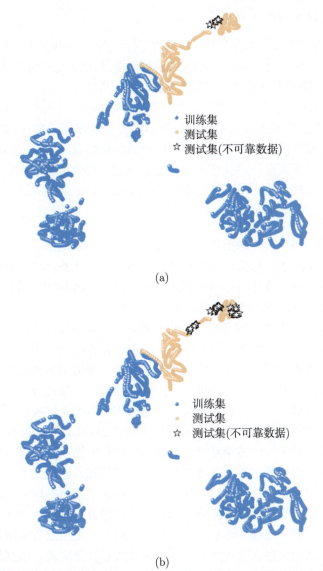

图 24-20　不同阈值下基于主动学习的 GBDT 模型不确定性识别：(a) 阈值为 0.13 ；(b) 阈值为 0.11

## 24.6　讨　论

### 24.6.1　特征工程

一个良好的机器学习模型需要高保真数据和模型本身强大的近似能力。高保真数据和特征为机器学习设定了上限。对于来自盾构隧道施工现场的监测数据来说尤其如此，因为这些数据往往是断断续续，充满了噪声和异常值。因此，在机械化掘进问题上，特征工程是机器学习取得成功的先决条件。在 24.4 节中，通过特征工程处理的数据甚至可以为所有机器学习模型带来更好的性能。此外，根据处理过的数据，即使相应的超参数组合没有经过仔细选择，模型的性能也会保持相对稳定。

### 24.6.2　不确定性评估的意义

在使用数据驱动的机器学习模型指导复杂的工程实践 (如盾构掘进过程中的渣土改良) 时,一个关键问题是该机器学习模型是否具有足够的可信度。根据所提出的基于委员会的策略概念,具有相同架构但不同随机种子的多个代理模型可以量化预测的差异。如果这些预测在某一点上存在显著差异,那么这一点就可能存在较高的错误预测风险,需要专家介入进行最终决策。

在 24.5.3 节中,基于委员会的不确定性估计方法通过高维数据可视化技术展示了不可靠预测的出现和发展过程。不出所料,不可靠点最初出现在数据空间中远离训练集的位置。这一发现凸显了不确定性估计在识别不可靠预测方面的重要性。所提出的策略概念简单,但对增强针对工程问题开发可信数据驱动模型的信心非常实用。

### 24.6.3　优点及局限性

传统实验室方法因其在控制条件下的直接和可观察结果提供了关于材料和技术性能的洞察。然而,如前文所述,它们可能更耗时且资源密集。此外,它们可能无法完全复制机械化隧道掘进过程中渣土改良所经历的状态。相比之下,机器学习能够处理和分析大量数据,揭示潜在模式,并提供快速预测和显著的适应性。

正如 24.5 节关于数据空间所强调的,通过机器学习获得良好预测需要训练数据集涵盖模型预期的所有可能场景。然而,在本研究中,核心目标是提出一个基于机器学习的标准化策略来自动化渣土改良过程,而非寻求开发一个可以立即适用于其他工程场地的模型。因此,所有数据都来自中国合肥的一个单一盾构隧道项目,模型是否能外推到其他不同的隧道条件仍然是一个问题。如果目标是开发一个在盾构隧道掘进过程中可以替代经验丰富的盾构司机的通用机器学习模型,未来将需要大量不同工作场景下的数据进行训练。

基于委员会的不确定性评估策略可以被视为一种经验性或工程性方法。随着委员会成员数量的增加,预测的标准偏差排名逐渐与实际相对预测误差的排名一致,揭示了两者排名之间日益增长的相关性。然而,这种相关性并没有建立在严格理论基础之上。即使委员会成员数量达到足够水平以令人满意地识别误判,经验方法仍然不能保证两个排名之间的一对一对应,因为绝对一致性并非总是可实现的。此外,使用这种策略需要同时训练一组机器学习模型,当采用大量训练数据集时,将消耗大量计算资源。虽然这种策略在识别不可靠预测方面被证明非常有效,如 24.5 节所述,对模型不确定性的识别仍值得进一步探索。例如,研究委员会模型预测的标准偏差与实际预测误差之间的量化关系将是有益的。通过检验标准偏差的大小,我们可能更准确地衡量预测误差的具体程度。

## 24.7　本　章　小　结

本研究旨在为智能盾构掘进开发一个以机器学习为基础的渣土改良框架。研究详细探讨了与数据驱动渣土改良相关的三个关键挑战,即特征工程、模型选择和不确定性量化。主要贡献和发现如下所述。

(1) 针对与盾构掘进渣土改良相关的原始数据,提出了一套系统的特征工程程序,包括数据处理和特征选择。结果证实,通过特征工程可以显著提高机器学习模型的性能。同样的工作流程也适用于其他具有噪声和间歇性监测数据的工程问题。

(2) 通过数据挖掘，可以有效揭示盾构掘进参数之间的潜在映射关系。研究发现，盾构掘进过程中的渣土改良是一个典型的时序问题，具有显著的历史依赖性。加入历史改良参数可以显著提高模型的性能。

(3) GBDT、AdaBoost、随机森林、KNN 和 SVM 等常见机器学习模型都具有足够的近似能力来捕捉复杂的渣土改良映射关系，但 GBDT 的预测误差方差最小，意味着预测误差更稳定。

(4) 提出了一种基于委员会的不确定性识别策略，用于在不知道现场实况数据的情况下评估与渣土改良相关的内插或外推预测的可靠性。通过对预测模型进行不确定性分析，不确定性较小的预测可被视为足够可靠，而不确定性相对较大的预测则可能需要专家决策。这种方法可以大大提高工程师对机器学习模型所作预测的信心。

# 参 考 文 献

Alhasan A, White D J, de Brabanter K, 2016. Wavelet filter design for pavement roughness analysis [J]. Computer-Aided Civil and Infrastructure Engineering, 31(12): 907-920.

Cachim P, Bezuijen A, 2019. Modelling the torque with artificial neural networks on a tunnel boring machine [J]. KSCE Journal of Civil Engineering, 23(10): 4529-4537.

Casari A, Zheng A, 2018. Feature Engineering for Machine Learning [M]. Sebastopol: O'Reilly Media, Inc.

Elbaz K, Shen S, Zhou A, et al, 2021. Prediction of disc cutter life during shield tunneling with AI via the incorporation of a genetic algorithm into a GMDH-type neural network [J]. Engineering, 7(2): 230-258.

Feng S, Chen Z, Luo H, et al, 2021. Tunnel boring machines (TBM) performance prediction: a case study using big data and deep learning[J]. Tunnelling and Underground Space Technology, 110: 103636.

Gao B, Wang R, Lin C, et al, 2021. TBM penetration rate prediction based on the long short-term memory neural network [J]. Underground Space, 6(6): 718-731.

Guo J, Wang Q, Su S, et al, 2023. Informativeness-guided active learning for deep learning-based facade defects detection [J]. Computer-Aided Civil and Infrastructure Engineering, 38(17): 2408-2425.

Gustafsson F, 1996. Determining the initial states in forward-backward filtering [J]. IEEE Transactions on Signal Processing, 44(4): 988-992.

Huang H, Chang J, Zhang D, et al, 2022. Machine learning-based automatic control of tunneling posture of shield machine [J]. Journal of Rock Mechanics and Geotechnical Engineering, 14(4): 1153-1164.

Kong X, Ling X, Tang L, et al, 2022. Random forest-based predictors for driving forces of earth pressure balance (EPB) shield tunnel boring machine (TBM) [J]. Tunnelling and Underground Space Technology, 122: 104373.

Likas A, Vlassis N, Verbeek J J, 2002. The global K-means clustering algorithm [J]. Pattern Recognition, 36(2): 451-461.

Lin L, Guo H, Lv Y, et al, 2022. A machine learning method for soil conditioning automated decision-making of EPBM: hybrid GBDT and random forest algorithm[J]. Eksploatacja I Niezawodnosc-Maintenance and Reliability, 24(2): 237-247.

Long Y, Zhou H, Liang X, et al, 2017. Underwater explosion in centrifuge part II: dynamic responses of defensive steel plate [J]. Science China Technological Sciences, 60: 1941-1957.

Maćkiewicz A, Ratajczak W, 1993. Principal components analysis (PCA) [J]. Computers & Geosciences, 19(3): 303-342.

Pezzotti N, Lelieveldt B P F, van der Maaten L, et al, 2017. Approximated and user steerable tSNE for progressive visual analytics [J]. IEEE Transactions on Visualization and Computer Graphics, 23(7): 1739-1752.

Qu T, Guan S, Feng Y, et al, 2023. Deep active learning for constitutive modelling of granular materials: from representative volume elements to implicit finite element modelling [J]. International Journal of Plasticity, 164: 103576.

Rosso M M, Aloisio A, Randazzo V, et al, 2023. Comparative deep learning studies for indirect tunnel monitoring with and without Fourier pre-processing [J]. Integrated Computer-Aided Engineering (Preprint): 31(2): 213-232.

Spackova O, Straub D, 2013. Dynamic Bayesian network for probabilistic modeling of tunnel excavation processes [J]. Computer-Aided Civil and Infrastructure Engineering, 28(1): 1-21.

Vaseghi S V, 2008. Advanced Digital Signal Processing and Noise Reduction [M]. New York: John Wiley & Sons.

Wang L, Pan Q, Wang S, et al, 2024. Data-driven predictions of shield attitudes using Bayesian machine learning [J]. Computers and Geotechnics, 166: 106002.

Wang S, Yuan X, Qu T, 2024. Machine learning-informed soil conditioning for mechanized shield tunneling: feature engineering, model selection, and uncertainty quantification [J]. Computer-Aided Civil and Infrastructure Engineering: 1-21.

Xiao H, Yang W, Hu J, et al, 2022. Significance and methodology: preprocessing the big data for machine learning on TBM performance [J]. Underground Space, 7(4): 680-701.

Xue Y, Li Y, 2018. A fast detection method via region-based fully convolutional neural networks for shield tunnel lining defects [J]. Computer-Aided Civil and Infrastructure Engineering, 33(8): 638-654.

Zhang D, Fu L, Huang H, et al, 2023. Deep learning-based automatic detection of muck types for earth pressure balance shield tunneling in soft ground [J]. Computer-Aided Civil and Infrastructure Engineering, 38(7): 940-955.

Zhang P, Chen R, Wu H, 2019. Real-time analysis and regulation of EPB shield steering using Random Forest [J]. Automation in Construction, 106: 102860.

Zhang W, Li H, Wu C, et al, 2021. Soft computing approach for prediction of surface settlement induced by earth pressure balance shield tunneling [J]. Underground Space, 6(4): 353-363.

Zhao C, Holter R, Konig M, et al, 2019. A hybrid model for estimation of ground movements due to mechanized tunnel excavation [J]. Computer-Aided Civil and Infrastructure Engineering, 34(7): 586-601.

Zhao T, Wang Y, 2020. Interpolation and stratification of multilayer soil property profile from sparse measurements using machine learning methods [J]. Engineering Geology, 265: 105430.

Zhu M, Gutierrez M, Zhu H, et al, 2021. Performance evaluation indicator (PEI): a new paradigm to evaluate the competence of machine learning classifiers in predicting rockmass conditions [J]. Advanced Engineering Informatics, 47: 101232.

Zhu Z, Fu J, Yang J, et al, 2016. Panoramic image stitching for arbitrarily shaped tunnel lining inspection [J]. Computer-Aided Civil and Infrastructure Engineering, 31(12): 936-953.